住房城乡建设系统“六五”普法知识读本

GONGCHENG JIANSHE YU JIANZHUYE
FAGUI ZHISHI DUBEN

工程建设与建筑业法规知识读本

住房和城乡建设部法规司 编

知识产权出版社
全国百佳图书出版单位

内容提要

本书根据住房城乡建设系统“六五”普法规划的要求编写，深入浅出地介绍了工程建设与建筑业法律、法规的起草背景、基本概念以及重点知识，层次清晰，内容丰富，并附有最新的建设法律、行政法规、部门规章，具有较强的实用性和权威性，不仅可以作为住房城乡建设系统法律知识的培训教材，也是住房城乡建设系统行政执法人员必备的工具书。

责任编辑：彭小华　　**责任校对**：董志英
执行编辑：王丽丽　　**责任出版**：卢运霞

图书在版编目（CIP）数据

工程建设与建筑业法规知识读本／住房和城乡建设部法规司编．北京：知识产权出版社，2012.1

ISBN 978-7-5130-0952-2

Ⅰ.①工…　Ⅱ.①住…　Ⅲ.①建筑法-基本知识-中国

Ⅳ.①D922.297.4

中国版本图书馆CIP数据核字（2012）第235479号

住房城乡建设系统“六五”普法知识读本

工程建设与建筑业法规知识读本

住房和城乡建设部法规司　编

出版发行：知识产权出版社

社　　址：	北京市海淀区马甸南村1号	邮　　编：	100088
网　　址：	http://www.ipph.cn	邮　　箱：	bjb@cnipr.com
发行电话：	010-82000860转8101/8102	传　　真：	010-82005070/82000893
责编电话：	010-82000860转8115	责编邮箱：	pengxiaohua@cnipr.com
印　　刷：	保定市中画美凯印刷有限公司	经　　销：	新华书店及相关销售网点
开　　本：	880mm×1230mm　1/32	印　　张：	21
版　　次：	2012年1月第1版	印　　次：	2012年1月第1次印刷
字　　数：	761千字	定　　价：	48.00元

ISBN 978-7-5130-0952-2/D·1363（3835）

目　录

附录

法律

行政法规

部门规章

第一章　工程建设与建筑业法规概述

第一节　工程建设和建筑业的法制建设

工程建设和建筑业（以下统称工程建设）法规是指由国家权力机关或者其授权的行政机关制定的，由国家强制力保证实施的，调整国家及其有关机构、企事业单位、社会团体、公民之间在工程建设活动中发生的各种社会关系的法律规范的总称。工程建设领域的法规建设，是贯彻落实依法治国基本方略、建设社会主义法治国家的要求，是社会主义法制建设的重要内容之一。经过多年的发展，工程建设法律制度不断健全、完善，形成了以《中华人民共和国建筑法》（以下简称《建筑法》）为中心，以工程建设标准化、建筑市场、工程质量安全管理相关行政法规、部门规章为配套的工程建设法规体系，对保证建设工程质量安全、保障工程建设各方主体的权利以及促进建筑市场秩序健康稳定发展，具有重要意义和作用。

计划经济时期，建筑业作为国家计划经济调控的重要产业，被看作是"吃基建投资的消费部门"，其发展随着基建投资的涨落而兴衰，施工生产也按照国家下达的计划任务由施工单位来完成。因此，20 世纪 70 年代以前，调整工程建设领域法律关系的规范，主要是国家下达的指令性计划和各政府部门的文件，既没有相对独立的法律部门，也没有统一的法律体系和规范的法律制度。

20 世纪 80 年代以后，工程建设作为经济体制改革的前沿行业率先进入市场，其发展受到市场的调整，法制建设有了一定的发展。1983 年国务院发布了《建筑安装工程承包合同管理条例》、《建设工程勘察设计合同条例》。1986 年经国务院批准，国家计划委员会（现名为国家发展和改革委员会）、对外经济贸易部（已于 2003 年整合入商务部）发布了《中外合作设计工程项目暂行规定》。1989 年建设部发布了《施工企业资质管理规定》。这些法规标志着工程建设和建筑业的发展迈入了法制规范调整阶段。

20 世纪 90 年代以后，工程建设的各项改革取得了初步成果，建设工程招标投标制度、建设监理制度、工程建设合同制度、企业资质管理制度及个人执业资格制度等建筑业的各项制度相继建立，工程建设法制建设得到迅速发展，大量规范建筑活动的部门规章相继出台。如《建筑安全生产监督管理规定》、《工程建设监理单位资质管理试行办法》、《工程建设施工招标投标管理办法》、《建筑装饰装修管理规定》、《建筑业企业资质管理规定》、《在中国境内承包工程的外国企业资质管理暂行办法》等。但由于立法依据不足，以及国家有关行政立法体制没有确立，这一时期的法制建设仍具有一定的局限性，表现为：法规效力层次低，部门规章和大量部门文件并存；行政处罚设定不规范，对违法行为的处罚没有设定统一的标准；立法计划性差等。但工程建设和建筑业的发展已经逐步进入了依法治理的轨道，各级政府依法规范建筑市场的观念已经形成。

党的十五大提出，依法治国、建设社会主义法治国家是我党领导人民治理国家的基本方略。随着 1997 年 11 月《建筑法》的颁布实施，以及与工程建设和建筑业相关的经济管理、行政管理方面基本法的相继出台，工程建设的法制建设进入了一个新的发展阶段，以《建筑法》为主线的工程建设法规框架开始形成并且日趋完善。配合《建筑法》，国务院出台了《建设工程质量管理条例》、《建设工程勘察设计管理条例》、《建设工程安全生产管理条例》等，建设部也发布了《建设工程勘察设计市场管理规定》、《建筑工程施工许可管理办法》、《房屋建筑工程和市政基础设施工程竣工验收备案管理暂行办法》、《房屋建筑工程质量保修办法》、《建筑业企业资质管理规定》、《建设工程勘察设计资质管理规定》、《工程监理企业资质管理规定》、《外商投资建筑业企业管理规定》、《外商投资建设工程设计企业管理规定》、《外商投资建设工程服务企业管理规定》、《建筑施工企业安全生产许可证管理规定》、《房屋建筑工程抗震设防管理规定》等一系列配套的部门规章，使《建筑法》的实施更具可操作性。

为贯彻落实《中华人民共和国行政许可法》（以下简称《行政许可法》），2006 年建设部修订了《工程造价咨询企业管理办法》，2007 年修订了《建设工程勘察设计资质管理规定》、《建筑业企业资质管理规定》、《工程监理企业资质管理规定》、《工程建设项目招标代理机构资格认定办法》等一系列部门规章。为推进工程建设领域个人注册执业制度的建设，建设部 2005 年制定了《勘察设计注册工程师管理规定》，2006 年制定了《注册建造师管理规定》，2006 年修订了《注册监理工程师管理规定》和《注册造价工程师管理办法》，2008 年修订了《注册建筑师条例实施细则》。为加强对工程建设质量安全的监管，住房和城乡建设部 2008 年制定了《市政公用设施抗灾设防管理规定》，2010 年制定了《房屋建筑和市政基础设施工程质量监督管理规定》等规章。这些规章的制定和修改，进一步完善了工程建设与建筑业法律法规体系。

第二节　工程建设与建筑业法规框架

根据《中华人民共和国立法法》（以下简称《立法法》）规定的法律体系，工程建设法规涵盖了法律、行政法规、部门规章、地方性法规、自治条例、单行条例和地方政府规章。目前以《建筑法》为龙头，由相关法律、行政法规、部门规章、地方性法规、自治条例、单行条例、地方政府规章组成的工程建设法规框架已基本形成。整体框架可以从工程建设法规的效力层次和规范内容两方面来掌握。

一、工程建设法规的层级

工程建设法律是指由全国人民代表大会及其常委会审议通过的规范工程建设活动的法律规范，由国家主席签署主席令予以公布。如《建筑法》、《中华人民共和国招标投标法》（以下简称《招标投标法》）等。在工程建设法律体系的层级中，法律具有最高法律效力。除法律特别规定外，其他法规的规定与法律相抵触的，一律无效。

工程建设行政法规是指由国务院根据宪法和法律制定的规范工程建设活动方面的各项法规，由国务院总理签署，以国务院令的形式予以公布。如《建设工程质量管理条例》、《建设工程勘察设计管理条例》、《建设工程安全生产管理条例》等。

工程建设部门规章是指国务院各部门、各委员会等按照国务院规定的职责范围，根据法律和国务院的行政法规、决定、命令，独立或者联合国务院有关部门，制定并颁布的规范工程建设活动的规章，由首长签署，以首长令的形式予以公布。如《建设工程勘察设计资质管理规定》、《建筑业企业资质管理规定》等。

工程建设地方性法规是指省、自治区、直辖市的人民代表大会及其常务委员会根据本行政区域的具体情况和实际需要，在与宪法、法律、行政法规不相抵触的前提下，制定的有关规范工程建设活动的法规，或者由省、自治区人民政府所在地的市和经济特区所在的市、经国务院制定的较大的市人民代表大会及其常委会制定的规范工程建设活动方面的法规。

工程建设自治条例和单行条例是指民族自治地方的人民代表大会依照当地的政治、经济和文化特点，制定的有关规范工程建设活动的法规。

工程建设地方政府规章是指省、自治区、直辖市以及省、自治区人民政府所在地的城市和经济特区所在的市、经国务院批准的较大的市的人民政府，根据法律、行政法规和本省、自治区、直辖市的地方性法规，制定并颁布的规范工程建设活动的规章。

上述法规，从立法主体的角度，可以大致分为国家立法和地方立法两个层次。法律、行政法规、部门规章属于国家立法；地方性法规、自治条例、单行条例和地方政府规章属于地方立法。法律的效力高于行政法规、地方性法规、规章；行政法规的效力高于地方性法规、规章；地方性法规的效力高于本级和下级地方政府规章；省、自治区的人民政府制定的规章的效力高于本行政区域内的较大的市的人民政府制定的规章；自治条例和单行条例依法对法律、行政法规、地方性法规作变通规定的，在本自治地方适用自治条例和单行条例的规定；经济特区法规根据授权对法律、行政法规、地方性法规作变通规定的，在本经济特区适用经济特区法规的规定；部门规章之间、部门规章与地方政府规章之间具有同等效力，在各自的调整范围内施行。

二、工程建设法规的内容

工程建设法规的内容主要包括以下几个方面：

一是规范建筑市场准入的法规。主要体现在对建筑市场各方活动主体的企业资质管理和从业人员资格管理，包括工程勘察设计企业、建筑业企业、工程监理企业、建设工程质量检测机构的资质管理和工程建设项目招标代理机构资格认定；注册建筑师、勘察设计注册工程师、注册监理工程师、注册建造师等注册执业制度。

二是有关工程建设程序的法规，包括招标投标管理法规、建设工程施工许可管理法规规章等。

三是有关建设工程质量安全监督管理，包括建设工程安全生产监督管理、质量管理法规规章等。

四是建设工程标准管理，包括工程建设国家标准、行业标准管理法规规章等。

三、工程建设法规框架结构

现行的工程建设法规的框架结构已经形成了以《建筑法》、《招标投标法》、《中华人民共和国合同法》（以下简称《合同法》）等法律为基本骨干，以《建设工程质量管理条例》、《建设工程勘察设计管理条例》、《建设工程安全生产管理条例》、《注册建筑师条例》等行政法规为补充，以住房和城乡建设部部门规章为配套的法规框架。各地方出台的地方性法规和政府规章同时作为框架的重要组成部分，是调整各地方工程建设活动的重要法规依据。

工程建设法规框架结构见图 1－1。

- 建筑法
- 招标投标法
- 合同法
- 安全生产法
- 防震减灾法
- 标准化法

→

- 建设工程质量管理条例
- 建设工程勘察设计管理条例
- 注册建筑师条例
- 建设工程安全生产管理条例
- 安全生产许可证条例生产安全事故报告和调查处理条例
- 特种设备安全监察条例
- 标准化法实施条例

→

- 工程建设国家标准管理办法
- 工程建设行业标准管理办法
- 房屋建筑工程质量保修办法
- 实施工程建设强制性标准监督规定
- 建筑工程设计招标投标管理办法
- 建设工程监理范围和规模标准规定
- 房屋建筑和市政基础设施工程施工招标投标管理办法
- 城市建设档案管理规定
- 建筑工程施工许可管理办法
- 建筑工程施工发包与承包计价管理办法
- 超限高层建筑工程抗震设防管理规定
- 外商投资建筑业企业管理规定
- 外商投资建设工程设计企业管理规定
- 《外商投资建筑业企业管理规定》的补充规定
- 《外商投资建设工程设计企业管理规定》的补充规定
- 房屋建筑和市政基础设施工程施工分包管理办法
- 建筑施工企业安全生产许可证管理规定
- 房屋建筑和市政基础设施工程施工图设计文件审查管理办法
- 城市地下管线工程档案管理办法
- 建设工程质量检测管理办法
- 注册监理工程师管理规定
- 房屋建筑工程抗震设防管理规定
- 工程造价咨询企业管理办法
- 注册造价工程师管理办法
- 注册建造师管理规定
- 工程建设项目招标代理机构资格认定办法
- 外商投资建设工程服务企业管理规定
- 工程监理企业资质管理规定
- 建筑业企业资质管理规定
- 建设工程勘察设计资质管理规定
- 建设工程勘察质量管理办法
- 建筑起重机械安全监督管理规定
- 中华人民共和国注册建筑师条例实施细则
- 市政公用设施抗灾设防管理规定
- 房屋建筑和市政基础设施工程竣工验收备案管理办法
- 房屋建筑和市政基础设施工程质量监督管理规定

图 1－1　工程建设法规框架结构

第二章　工程建设标准化管理

第一节　工程建设标准化概述

工程建设标准是我国工程建设领域的一项重要基础工作，涉及城乡规划、城镇建设、房屋建筑、交通运输、铁道、水利、电力、通信、冶金、煤炭、石油、石化、化工、轻工、林业等各个行业和领域的工程建设活动。工程建设标准化作为我国标准化的重要组成部分，对我国工程建设的发展发挥了重要作用。工程建设标准是特定形式的公共产品，与产品标准有着较大差异，突出体现了技术政策性强、综合性强、受自然环境影响大等诸多特点。

一、工程建设标准化的概念

（一）工程建设标准定义

参照国际标准化组织和我国标准化管理机构对标准的定义，结合我国工程建设管理的实际，工程建设标准的定义是：为在工程建设领域内获得最佳秩序，对各类建设工程的勘察、规划、设计、施工、安装、验收、运营维护及管理等活动或其结果，规定共同的、重复使用的规则、导则或特性的文件。它经协商一致并由一个公认机构审查批准，以科学技术和实践经验的综合成果为基础，以保障建设工程的质量、安全及保护环境和维护公共利益为核心，以促进最佳社会效益为目的。

上述定义，从不同侧面揭示了工程建设标准的含义，归纳起来，主要包括以下几点：

（1）明确了制定工程建设标准的出发点和目的。“在工程建设领域内获得最佳秩序”是制定标准的出发点，“最佳秩序”指在标准技术内容有机衔接、相互配套的基础上，建设活动中不同阶段、不同专业的技术人员按照标准中统一的技术要求完成各自的工作，从而使建设活动及所采取技术措施统一、规范、有序。“促进最佳社会效益”是制定标准的目的。“最佳社会效益”就是结合我国国情和不同自然环境条件，分析技术与经济、投入与产出、局部与全局、当前与长远等相互关系，确定最佳结合点，选择最佳技术方案和要求，使得各方利益、效益达到平衡。

（2）阐述了制定工程建设标准的基础。每制定一项工程建设标准，都必须做好两方面基础工作。

一是必须以科学研究、技术进步新成果，工程建设活动实践中积累的成熟经验为依据，保证标准技术规定的科学性和可靠性。纳入标准的科技新成果和工程实践经验，应当是经过分析、比较后再确定。但是，受人们认知水平的限制，纳入标准的科技新成果、成熟经验都是标准制定时的认知水平，从发展角度看是相对的。随着科技和建设技术发展，标准需要适时修订，及时纳入更多、更新的科技新成果等。

二是必须符合协商一致、共同确定的原则。标准作为社会公共产品，其内容应当反映社会的共同需求和利益，标准制定人员在制定标准技术规定过程中，应当从全局、整体角度合理提出标准的内容和明确应达到的技术水平，并应广泛征求不同方面的意见，与有关人员、有关方面就涉及技术、经济、管理等方面的内容进行认真的讨论、充分协商，共同确定标准的最终内容。这样制定的标准才能体现科学性和民主性，也才能得到更好的执行，实现制定标准的价值。

（3）规定了制定标准的对象。一方面，建设活动包括了建设工程全生命周期各阶段的活动，从大的阶段可以分为可行性研究阶段、规划勘察阶段、设计阶段、施工阶段、运行维护阶段等，其中各阶段还可以进一步细分。例如，施工阶段还可以根据不同的工作内容细分为：土方施工、结构施工、装修施工、安装施工等。另一方面，建设活动也包括了工程人员的技术活动和管理活动。对于建设结果，包括了一项工程的最终建设结果，也包含了工程建设过程中的阶段性结果，甚至是一道工序的结果。对不同的建设阶段的技术要求和需要取得的相应结果，都需要通过制定标准进行规定。也就是说，建设活动全过程和建设项目全生命周期内的所有技术要求，都是制定标准的对象。

（4）制定标准的本质是实现统一。工程建设标准定义中规定的“对建设活动或其结果规定共同的、重复使用的规则、导则或特性的文件”，反映了标准“统一”的本质。体现了“统一”的本质，便可为工程建设或建设成果确立一个为各方所公认的“衡量准则”。工程建设标准的作用归根结底来源于统一，来源于必要的合理的统一规定。

（二）工程建设标准的特点

工程建设标准为工程建设活动提供了重要的技术基础，在国家经济社会发展中具有重要地位。工程建设具有专业划分细、分工明显、需多方协调配合、对相关行业的影响与拉动作用显著、寿命周期长、投资额度高、投资不可逆、社会影响大等特点。工程建设的特殊性决定了工程建设标准的特殊性，工程建设标准的特殊性反映并刻画了工程建设的特点。工程建设标准具有以下特点：

（1）政策性强。工程建设标准是引导和落实国家节约资源、保护环境等一系列重大方针政策的有效手段，是保障社会利益和公众利益的根本措施。国务院原副总理曾培炎在致全国工程建设标准定额工作会议的贺信中指出，要充分发挥标准定额的引导和约束作用，把优化工程建设与转变发展方式、调整经济结构结合起来，把提高建设标准与节约环保、改善民生结合起来，把改进企业管理与规范经济秩序、增强市场竞争力结合起来，为经济社会又好又快发展提供优质高效服务，在全面建设小康社会的进程中作出新的贡献。这充分表明，工程建设标准关系到经济社会建设的各个方面，因此，工程建设标准必须符合国家法律法规的规定，贯彻国家经济社会建设的方针政策，体现以人为本的发展理念，落实节能、节地、节水、节材、环保的各项要求，将国家政策性规定通过具体的标准贯彻落实到工程建设活动中。

（2）综合性强。建设工程是一项复杂的系统工程，经过环节多、涉及专业广。如：为达到节能效果，建筑节能要经过规划设计、施工调试、运行管理、设备维护、设备更新、废物回收等一系列环节；在技术层面上涉及建筑围护结构的隔热保温、节能门窗、节能灯具、节能电器和可再生能源的利用等多学科。正因为建设工程的复杂性，使得为建设工程服务的工程建设标准也必须综合考虑各方条件和因素，提供系列的或完整的标准规定。因此，工程建设标准的制定不仅要考虑技术条件，而且必须综合考虑经济条件和管理水平，并妥善处理好技术、经济、管理水平三者之间的相互关系。在综合分析、全面衡量、统筹兼顾的基础上，选定最佳技术解决方案，实现通过标准化获得最佳效果的目的。

（3）地域性强。工程建设标准的制定，遵循因地制宜，统筹兼顾技术与经济、资源与环境的原则。我国地域广阔，东西部经济发展差异大，水文地质、地理气候、人文习俗各不相同，因此，工程建设标准的制定，必须在适应不同地区经济社会发展水平的同时，结合工程所在地的具体自然条件、社会文化环境等因素综合确定，满足地域条件差异的需求。工程建设地方标准是国家工程建设标准的重要组成部分，是国家标准、行业标准技术要求在具体行政区域的细化、完善和提高，具有很强的地域性。

（4）阶段性强。工程建设标准对工程建设的各个阶段技术和管理进行了规定。在城乡规划环节，有一系列规划标准；在勘察阶段，有相关勘察测量标准；在设计阶段，制定了相应的设计规范；在施工阶段，有一系列施工、试验、检验的标准和质量验收标准等。工程建设标准通过工程建设各方主体执行，最终落实到工程建设各阶段。因此，工程建设标准具有明显的阶段性。

二、工程建设标准化的管理

（一）工程建设标准化管理体制

目前，工程建设标准化的管理机构包括政府管理机构、国家行业协会以及受行政机关委托的国有大型企业和归口管理机构，基本形成了覆盖各行业、各领域的较为完善的管理组织体系。

1. 国务院工程建设标准化行政主管部门

按照国务院“三定”职责分工，住房和城乡建设部在标准定额方面的职责是：承担建立科学规范的工程建设标准体系的责任。组织制定工程建设实施阶段的国家标准，制定和发布工程建设全国统一定额和行业标准，拟订建设项目可行性研究评价方法、经济参数、建设标准和工程造价的管理制度，拟订公共服务设施（不含通信设施）建设标准并监督执行，指导监督各类工程建设标准定额的实施和工程造价计价，组织发布工程造价信息。在工程建设标准化方面具体职责包括：组织拟订工程建设国家标准，拟订部管行业工程标准和产品标准，指导监督各类工程建设标准的实施等。

2. 国务院有关工程建设标准化行政主管部门

国务院有关行政主管部门，包括水利部、交通运输部、铁道部、工业和信息产业部、国家广播电影电视总局等，它们分工管理本部门、本行业的工程建设标准化工作。

3. 省、自治区、直辖市建设行政主管部门

各省、自治区、直辖市建设行政主管部门统一管理本行政区域的工程建设标准工作。

4. 国家行业协会和受行政机关委托的国有大型企业

在一些行业中，由相关行业协会全面指导管理工程建设标准化工作。其中，一些行业设有常设专门机构，在行业协会的领导下，负责工程建设标准化的管理。如电力行业，由中国电力企业联合会内设的标准化中心，全面负责电力工程建设标准化的管理工作。化工行业工程建设标准化工作由中国石油和化工勘察设计协会进行组织和管理，各专业中心站在协会的领导下开展具体工作。冶金行业工程建设领域标准化工作由中国冶金建设协会负责，协会下设标准化专业委员会，负责标准化日常管理工作。有色金属工程建设标准化工作现由中国有色金属工业协会全面指导管理，中国有色金属工业工程建设标准规范管理处作为常设机构，负责组织全国有色金属工程建设国家标准和行业标准的制定和修订工作，组织开展本行业工程建设标准的宣传贯彻、培训和日常管理工作。

在有些行业中，行业协会工程建设标准化归口管理机构将日常事务委托其他机构管理。如机械工业工程建设标准化管理机构为中国机

械工业联合会，职能部门为标准工作部，机械工业工程建设标准化管理的日常事务，委托中国机械工业勘察设计协会负责。

在有些行业中，由龙头企业相关部门主管该行业的工程建设标准化工作。以石化行业为例，受政府委托，中国石油化工集团公司承担国家标准、行业标准的制定和修订以及相应的管理工作，具体由集团公司工程部归口负责。工程部的主要职责是贯彻落实标准化法律、法规、方针、政策，组织石化行业工程建设标准化 5 年工作计划和年度计划的编制和实施，组织国家标准和石化行业工程建设标准的编制和审查，组织并监督标准的实施，指导并推动所属企业的企业标准化工作。石化集团在各设计、施工单位设立专业技术中心站，作为石化行业工程建设标准的专业技术管理机构，协助工程部开展标准化工作，并由各设计、施工单位作为标准编制单位具体承担编制责任。

5. 主管部门的归口管理机构

很多行业主管部门均设立了专门的标准化管理机构。如工业与信息产业部电子工程标准定额站为电子工程建设行业标准化管理机构，其主要职责包括：电子工程建设领域标准化工作的组织和管理，包括标准计划的制订、标准项目的组织申报、标准制定和修订工作的组织开展等编制工作的全过程管理；标准颁布实施的配合和指导、标准宣传贯彻的组织与实施、标准的复审与局部修订等标准实施过程的运作和协调等。建材行业工程建设标准化工作由国家建筑材料工业标准定额总站负责，其主要职责为：负责建材行业工程建设标准及定额的制定（修订）工作、建材行业造价工程师及工程建设造价员的日常管理工作。铁道部的工程建设标准化工作由铁道部建设司主管，铁道部专业设计院归口管理，各下属单位设工程建设标准规范管理处承担工程建设标准化具体的日常管理工作，形成自下而上的三级管理机构；住房和城乡建设部承担城建、建工行业的工程建设标准化工作，由住房和城乡建设部标准定额司委托部标准定额研究所负责具体管理，住房和城乡建设部设立的勘察与岩土工程、城乡规划、城镇建设、建筑工程等 18 个技术归口单位，分别负责组织本专业范围内标准的制定、修订和审查等标准化工作。

（二）工程建设标准化管理制度

工程建设标准化工作是一项政策性、技术性、经济性都很强的工作，直接影响到建设工程的质量和安全、人身健康、环境保护以及社会公众利益的实现，影响到建设工程的技术进步、工程建设的投资效益和社会效益等，而且工程建设标准化涉及范围广、人员多、环节复杂。因此，需要建立完善的管理制度，以保障工程建设标准化工作顺利开展。工程建设标准化的管理制度在新中国成立以来，经历了一个漫长的发展过程。它的产生、发展和逐步完善，一方面体现了随着我国社会主义事业的发展，生产和建设实际对标准化工作的要求；另一方面也反映了党和政府对标准化工作的重视和寄予的殷切希望，同时，在工程建设标准化工作管理制度的形成过程中，也充分体现了我国工程建设标准化工作者对这项事业的探索和所掌握的实际经验。

工程建设标准化管理制度主要包括针对工程建设标准化工作的各项管理制度和建设工程管理制度。

1. 规范工程建设标准化工作的各项管理制度

这部分管理制度大体分为三个层面：法律、法规；部门规章和规范性文件；地方标准化管理办法等。

工程建设标准化工作的主要法律依据为《中华人民共和国标准化法》（以下简称《标准化法》）和《中华人民共和国标准化法实施条例》（以下简称《标准化法实施条例》）。

工程建设标准化制度管理主要依据《标准化法》、《标准化法实施条例》开展。按照法律、法规的规定，建设部先后制定颁布了《工程建设国家标准管理办法》、《工程建设行业标准管理办法》、《实施工程建设强制性标准监督规定》等部门规章；为规范标准制定管理，印发了《工程建设标准局部修订管理办法》、《工程建设标准编写规定》、《工程建设标准出版印刷规定》、《工程建设标准翻译出版工作管理办法》等；为加强行业标准和地方标准的管理，印发了《关于建立工程建设行业标准和地方标准备案制度的通知》；为加强对工程建设地方标准化工作的管理，印发了《工程建设地方标准化工作管理规定》；为加强工程建设标准的复审工作，不断提高工程建设标准的质量和技术水平，印发了《工程建设标准复审管理办法》。如图 2 –1 所示。

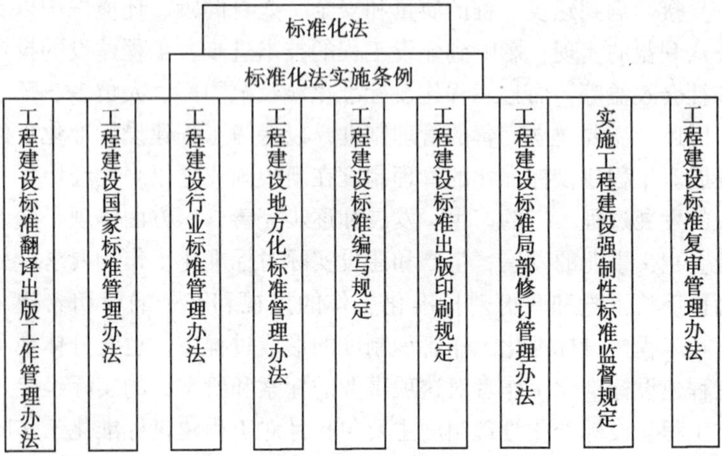

图 2 –1　工程建设标准化综合管理制度体系

同时，国务院各有关部门，各省、自治区、直辖市建设行政主管部门也先后发布了有关工程建设标准化的规章制度。例如：交通部发布了《交通部水运工程建设行业标准管理办法》，公安、水利、铁道等部门和行业，也都制定或完善了有关标准管理的规章制度。上海、山西、陕西、云南、湖南、浙江、河南、山东、青海等 20 多个省市，根据国家的有关要求，相继印发了《上海市工程建设地方性标准规范管理暂行办法》、《山西省工程建设地方标准化工作管理规定》、《陕西省工程建设地方标准化工作暂行管理办法》等管理规定及有关标准实施与监督工作的实施细则或办法，基本形成了比较完善的工程建设标准化的管理制度体系。如图 2 –2 所示。

2. 与工程建设标准化相关的管理制度

工程建设标准是工程建设的技术基础，是建设工程管理的技术依据，受各项建设工程管理法律、法规的约束。《建筑法》、《建设工程质量管理条例》、《建设工程勘察设计管理条例》等法律、法规均对工程建设标准化工作提出了具体的要求。例如，《建筑法》第 3 条规

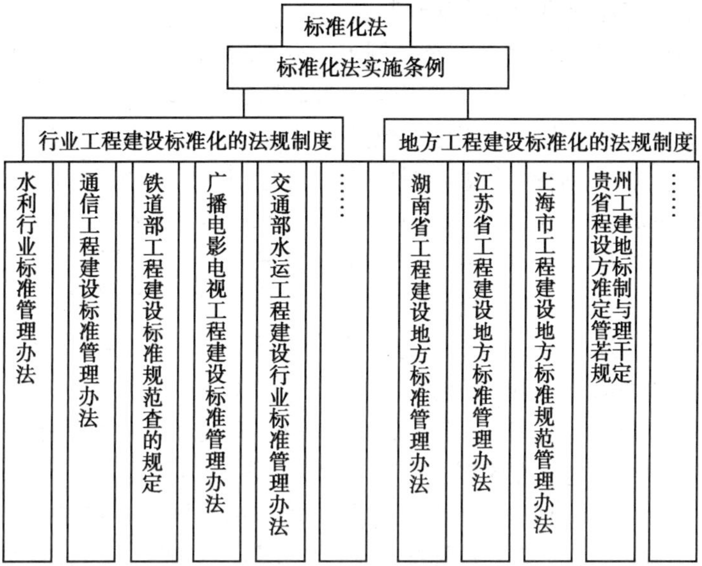

图 2－2　行业或地方工程建设标准化管理制度体系

定，“建筑活动应当确保建筑工程质量和安全，符合国家的建筑工程安全标准”。第 52 条规定，“有关建筑工程安全的国家标准不能适应确保建筑安全的要求时，应当及时修订”。《建设工程勘察设计管理条例》第 19 条规定，“建设工程勘察、设计单位必须依法进行建设工程勘察、设计，严格执行工程建设强制性标准，并对建设工程勘察、设计的质量负责”。《建设工程勘察设计管理条例》第 25 条规定：“编制建设工程勘察、设计文件，应当以下列规定为依据：（一）项目批准文件；（二）城市规划；（三）工程建设强制性标准；（四）国家规定的建设工程勘察、设计深度要求。”这些法律、法规的规定，体现了工程建设标准对建设工程管理的各项规章制度的支撑和保障作用，同时也要求工程建设标准化工作要紧紧围绕各项法律、法规及各项管理制度的落实，完善工程建设标准体系，提高工程建设标准的科学合理性。工程建设标准已成为建设工程管理法律法规体系的重要支撑。

三、工程建设标准化法规制度

目前，直接对工程建设标准制定、实施、监督和管理等作出明确规定的国家级法律、法规及部门规章，约267部。其中法律约49部，主要法律为《标准化法》，相关法律包括《建筑法》、《中华人民共和国城乡规划法》（以下简称《城乡规划法》）、《中华人民共和国节约能源法》（以下简称《节约能源法》）、《中华人民共和国物权法》（以下简称《物权法》），以及各专业法等；行政法规约60部，主要为《标准化法实施条例》、《建设工程勘察设计管理条例》、《建设工程质量管理条例》、《民用建筑节能条例》等；相关条例包括：《水文条例》、《风景名胜区条例》、《民用爆炸物品安全管理条例》、《防汛条例》等。

《标准化法》是标准化工作的上位法，确定了强制性标准与推荐性标准相结合的标准体制；明确了国务院各部门及地方政府的职责，强化了“统一管理、分工负责”的管理体制；规定了制定标准的对象与原则；提出了强制性标准必须严格执行的实施要求；并且对于违法行为的法律责任和处罚办法作出了明确的规定。《标准化法实施条例》对于标准化管理体制、制定标准的对象、标准的实施与监督等问题作出了详细的规定。《标准化法》和《标准化法实施条例》的颁布实施，促进了工程建设标准化的发展。

工程建设标准化法规框架如图2－3所示。

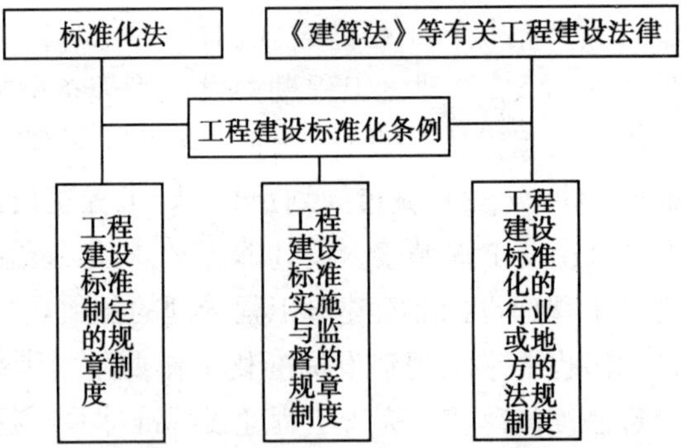

图2－3　工程建设标准化法规框架

第二节　工程建设标准的范围与类别

一、工程建设标准的范围

工程建设标准是从事各类工程建设活动的技术依据和准则，是政府运用技术手段实现对建设市场宏观调控、推动科技进步和提高建设水平的重要途径。工程建设标准覆盖面广，涉及各类建设工程的各个环节。

从工程类别上看，其范围包括房屋建筑、市政、公路、铁路、水运、航空、电力、石油、化工、水利、轻工、机械、纺织、林业、矿业、冶金、通讯、人防等工程；

从建设程序上看，其范围包括了勘察、规划、设计、施工、安装、验收、鉴定、维护、加固等多个环节。

从需要统一的内容上看，其范围包括：

—— 工程建设勘察、规划、设计、施工及验收等的技术要求；

—— 工程建设的术语、符号、代号、量与单位、建筑模数和制图方法；

—— 工程建设中的有关安全、卫生、环保的技术要求；

—— 工程建设的试验、检验和评定等的方法；

—— 工程建设的信息技术要求；

—— 工程建设的管理技术要求等。

二、工程建设标准的类别

目前，工程建设标准的类别，从不同的角度出发有多种不同的划分方式。习惯用的分类方法主要有：层次分类、阶段分类、属性分类、性质分类、对象分类五种。

（一）层次分类

层次分类法是按照每一项工程建设标准的使用范围，即：标准的覆盖面，将其划分为不同层次的分类方法。根据这种分类方法，工程建设标准可以划分为企业标准、地方标准、行业标准、国家标准、国际区域性标准和国际标准等。在某一企业使用的标准为企业标准；在某一地方行政区域使用的标准为地方标准；在全国某一行业使用的标准为行业标准；在全国范围使用的标准为国家标准；可以在国际某一区域使用的标准为国际区域性标准，如欧共体标准等；由国际标准化组织、国际电工委员会制定或认可的，可以在各成员国使用的标准为国际标准。

由于世界各国的条件不同，对工程建设标准层次的划分也不完全相同。根据我国发布的有关标准化管理的法律和行政法规，工程建设标准按层次可划分为国家标准、行业标准、地方标准和企业标准四个层次。

（二）阶段分类

阶段分类法是根据基本建设的程序，按照每一项工程建设标准的服务阶段，将其划分为不同阶段的标准。习惯上，人们通常把基本建设程序划分为决策阶段和实施阶段两个大的阶段。

决策阶段即可行性研究和制定任务书阶段，为这个阶段服务的标准，称为决策阶段的标准。这类标准，主要规定特定工程项目的建设规模、项目构成、投资估算指标等内容，是确定特定工程项目是否具备建设条件或建设该特定工程项目需要的具体条件等。

实施阶段即从工程项目的勘察、规划、设计、施工到竣工验收、交付使用的阶段，为这个阶段服务的标准，称为实施阶段的标准。这类标准，主要针对拟建项目的勘察、规划、设计、施工、验收以及使用维护等阶段的技术要求，作出相应的规定，是工程建设各阶段的具体技术依据和准则。人们通常将实施阶段标准称为工程建设标准，而且这一习惯在《工程建设标准化管理规定》中得到了明确。

（三）属性分类

属性分类法是按照每一项工程建设标准的法律属性，将其划分为不同法律属性标准的分类方法。

按照属性分类法，工程建设标准可划分为强制性标准和推荐性标准，强制性标准必须执行，推荐性标准自愿采用。按属性对工程建设标准进行分类，是现阶段我国标准化工作的特殊需要。

（四）性质分类

性质分类法是按照每一项建设标准的内容，将其划分为不同性质标准的分类方法。根据这种分类方法，工程建设标准一般划分为技术标准、经济标准和管理标准。

（五）对象分类

对象分类法是指按照每一项工程建设标准的标准化对象，将其进行分类的方法。就工程建设标准化的对象来看，种类相当多，而且标准化的方法也不尽相同，无法用一个固定的尺度进行划分。在工程建设标准化领域，通常采用两种方法，一是按标准对象的专业属性进行分类，目前一般应用在确立标准体系方面。二是按标准对象本身的特性进行分类，一般分为基础标准，方法标准，安全、卫生和环境保护标准，综合性标准，质量标准等。

第三节　工程建设标准的制定与修订

一、工程建设标准的计划

在工程建设标准的制定、修订工作中，计划工作既是“龙头”，也是基础，通过计划的编制，保证为拟订标准做好前期可行性研究工作，对有组织、有目的地开展标准的制定、修订工作，具有重要的意义。《标准化法实施条例》、《工程建设国家标准管理办法》、《工程建设行业标准管理办法》以及国务院各有关部门，各省、自治区、直辖市建设行政主管部门发布的有关工程建设标准化的管理制度中，对工程建设国家标准、行业标准、地方标准计划的编制作出了相应的规定。

住房和城乡建设部提出年度工程建设国家标准计划项目的原则和要求，项目申报单位按照《技术标准制订修订项目申请表》的要求，经主编部门同意后直接向住房和城乡建设部申报。住房和城乡建设部会同国务院有关部门、行业协会、集团公司对申报的项目进行审查、协调，组织实施工程建设国家标准项目计划。

行业主管部门提出本行业工程建设行业标准计划项目的原则和要

求，项目申报单位按要求向行业主管部门提出申请，经行业主管部门审查批准后实施。工程建设行业标准计划，应由各行业主管部门报国务院工程建设主管部门备案。

工程建设地方标准计划，由申报单位提出，经省级建设行政主管部门审查、批准后实施。

二、工程建设标准的制定原则

制定工程建设标准要遵循以下原则：

（1）必须贯彻执行国家、行业、地方的有关法律、法规和方针、政策，密切结合自然条件，合理利用资源，充分考虑使用和维修的要求，做到技术先进、经济合理、安全适用。

（2）以行之有效的生产、建设经验和科学技术的综合成果为依据。对需要进行科学测试或验证的项目，要纳入计划、组织实施，并写出成果报告，对已经鉴定或实践检验的技术上成熟、经济上合理的科研成果，应当纳入标准。

（3）应当积极采取新技术、新工艺、新设备、新材料，纳入标准的新技术、新工艺、新设备、新材料，应当具有完整的技术文件，且经实践检验行之有效。

（4）积极采用国际标准，对经过认真分析论证或测试验证，符合我国国情的应当纳入标准或作为标准制定的基础。

（5）充分发扬技术民主，与有关方面协商一致，共同确认。对标准中有关政策性的问题，应当认真研究、充分讨论、统一认识；对有争议的技术性问题，应当在调查研究、试验验证或专题论证的基础上进行协商，并恰如其分地作出结论。

（6）做好与现行相关标准之间的协调工作，避免重复或矛盾。对需要与现行强制标准协调的，一般应当遵守现行强制性标准的规定；确有充分依据对同级或上级强制性标准内容进行更改的，必须经过现行强制性标准的批准部门批准，否则不得另行规定；对属于应当由产品标准规定的内容，不得在工程建设标准中加以规定。

（7）标准条文的规定，应当严谨明确，文句简练，不得模棱两可，其内容深度、术语、符号、计量单位应当前后一致，不得矛盾。

三、工程建设标准的编制程序

标准的制定工作是标准化活动中最为重要的一个环节，只有严格按照规定的程序开展，才能保证和提高标准的质量和水平，加快标准的制定速度。因此，工程建设标准制修订程序管理制度，是工程建设标准化管理制度中重要的一项内容，在《工程建设国家标准管理办法》、《工程建设行业标准管理办法》以及国务院各有关部门和各省、自治区、直辖市建设行政主管部门发布的有关工程建设标准化的管理制度中，均对编制、修订程序作出了具体的规定。各级各类工程建设标准由于其复杂程度、涉及面的大小和相关因素的多少，差异比较大，因此，在编制的程序上也不尽相同，但一般都要经历准备阶段、征求意见阶段、送审阶段、报批阶段等四个阶段。

一方面，工程建设标准，无论是强制性的还是推荐性的，在实际工作中都是一项具有一定约束力的技术文件，具有科学性和权威性，因此，标准文本的编写体例和文字表述方法非常重要。另一方面，规范的标准文本的格式、内容构成、表达方法等也会使标准的使用者易于接受，有利于正确理解和使用标准。《工程建设标准编写规定》对标准的编写作出了明确的规定。

（1）准备阶段。主要工作包括：筹建编制组、制定工作大纲、召开编制组成立会议。

（2）征求意见阶段。主要工作包括：搜集整理有关的技术资料、开展调查研究或组织试验验证、编写标准的征求意见稿、公开征求各有关方面的意见。

（3）送审阶段。主要工作包括：补充调研或试验验证、编写标准的送审稿、筹备审查工作、组织审查。

（4）报批阶段。主要工作包括：编写标准的报批稿、完成标准的有关报批文件、组织审核等。

标准的版权（著作权）属管理部门所有，编制单位享有署名权。各级标准设计图集的出版、发行工作由国家、省（部）标准设计主管部门指定专门单位负责。未经版权所有单位同意，任何单位和个人不得翻印、复制，否则将视为侵权，并视情节轻重追究其经济和法律责任。

四、工程建设标准的审批、发布

工程建设国家标准由国务院住房和城乡建设行政主管部门批准，由国务院住房和城乡建设行政主管部门和国务院标准化行政主管部门联合发布。

工程建设行业标准由国务院有关行业主管部门批准、发布和编号，涉及两个及以上国务院行政主管部门的行业标准，一般联合批准发布，由一个行业主管部门负责编号。行业标准批准发布后30日内应报国务院住房和城乡建设行政主管部门备案。

目前，在工程建设地方标准的批准发布和编号方面，各省、自治区、直辖市的做法不尽相同，主要有三种情况，一是由住房和城乡建设行政主管部门负责，绝大部分省、自治区、直辖市如此；二是由住房和城乡建设行政主管部门批准，并和技术监督部门联合发布，由技术监督部门统一编号；三是由技术监督部门负责批准发布和编号，目前只有个别省、自治区、直辖市如此。地方标准批准发布后30日内应当报国务院住房和城乡建设行政主管部门备案。

五、工程建设标准的修订

工程建设标准实施后，根据科学技术发展的情况以及标准复审的结果，对标准进行修订或局部修订。修订是对标准全部内容进行重新研究并修订；局部修订是对标准部分内容进行修改。

现行标准凡属下列情况之一时，应当及时进行局部修订：

—— 标准的部分规定已制约了科学技术新成果的推广应用；

—— 标准的部分规定经修订后可取得明显的经济效益、社会效益、环境效益；

—— 标准的部分规定有明显缺陷或与相关的标准相抵触；

—— 根据工程建设的需要而又可能对现行的标准作局部补充规定。

标准的局部修订计划，应当由标准的管理单位，根据标准的实施情况和有关规定，提出标准局部修订的工作报告和修订内容的建议方案，上报工程建设有关主管部门。其中，国家标准的局部修订工作计划由有关主管部门审查，报国务院住房和城乡建设行政主管部门下达；行业标准的局部修订工作计划由行业主管部门审查并下达。

标准的局部修订，必须贯彻执行有关的国家法律、法规和方针、政策，做到安全适用、技术先进、经济合理。标准管理单位要根据主管部门下达的标准局部修订计划开展工作。局部修订后的工程建设国家标准由国务院住房和城乡建设行政主管部门批准并公告；局部修订后的行业标准由行业主管部门批准并公告。

第四节　工程建设标准的复审与日常管理

一、工程建设标准的复审

工程建设标准复审是指对现行工程建设标准的适用范围、技术水平、指标参数等内容进行复查和审议，以确认其继续有效、废止或予以修订的活动。对于确保或提高标准的技术水平，使标准的技术规定及时适应客观实际的要求，不断提高标准自身的有序化程度，具有十分重要的意义。

工程建设标准的复审，一般在标准实施后5年进行一次。属于下列情况之一的应及时进行复审：

—— 不适应法律、法规、国家产业政策、产业结构调整、产品更新换代或科学技术发展需要的。

—— 不适应我国加入世界贸易组织的有关规定或开展国际贸易需要的。

—— 所引用的或相关的技术标准进行了重大修改、修订并批准发布的。

—— 重大突发性事件、自然灾害、工程质量或安全事故发生后需要的。

—— 标准实施中有重要反馈意见的。

工程建设标准的复审，由标准主编单位或有关组织单位提出申请，报请标准批准部门同意后开展。工程建设国家标准的复审工作由国务院住房和城乡建设行政主管部门负责组织；工程建设行业标准的复审工作由国务院有关行政主管部门或行业协会负责组织；工程建设地方标准的复审工作由各省、自治区、直辖市建设行政主管部门负责组织。

工程建设标准的复审工作按照以下程序进行：

—— 标准批准部门拟定复审工作年度计划、组织方案，年度计划包括标准名称及编号、主编单位、进度要求等；

—— 主编单位或组织单位拟定复审工作实施方案，按要求完成复审工作，报标准批准部门；

—— 标准批准部门对工程建设标准复审审议意见进行审核，确定标准的复审意见。

工程建设标准复审的审议意见应当按下列原则确定：

—— 部分技术内容不再适用、与上级标准重复或矛盾、不满足现行法律、法规规定等，应当建议修订或局部修订。

—— 全部技术内容不再适用、与上级标准重复或矛盾、不符合现行法律、法规规定等，应当建议废止。

—— 技术内容仍然适用且可与其他工程建设标准合并的，应当建议合并。

—— 技术内容仍然适用的标准，应当建议继续有效。

工程建设标准复审的结果应当由标准批准部门确认。对确认为继续有效或废止的，应当由标准批准部门公告；对确认为修订或合并的，应当按照轻重缓急的原则，由标准批准部门纳入工程建设标准的修订计划。工程建设行业标准和地方标准复审公告应当报送国务院住房和城乡建设行政主管部门。

经复审确认继续有效的工程建设标准，再版时在该标准的封面和扉页上增加“××××年××月确认继续有效”标记。

二、工程建设标准的日常管理

工程建设标准是工程建设规划、勘察、设计、施工、验收以及维护加固的技术依据和准则，无论其法律属性如何，发布实施后，都将对建设工作产生一定的影响，人们在贯彻执行标准的过程中，必然会对标准的技术内容提出各种各样的问题，包括对标准内容的进一步解释、对标准内容的修改意见等；同时，科技进步和生产、建设实践经验的积累，也需要及时调整标准的技术规定。这些具体问题的存在都要求标准管理部门加强日常管理。

目前，各行业、各地方管理标准的方式、方法以及深度不甚相同，标准的日常管理在机构设置、工作内容、管理方式上都存在差别。《工程建设国家标准管理办法》对工程建设国家标准日常管理作出了规定，主要规定了以下两方面的内容：

一是标准日常管理工作机构的设立和管理。具体要求是：

——工程建设国家标准发布后，应当由其管理单位组建国家标准管理组，负责国家标准的日常管理工作；

——国家标准管理组设专职或兼职若干人。其人员组成，经管理单位报相应的管理部门审定后，报国家标准的批准部门备案；

——国家标准管理人员在该国家标准的管理部门和管理单位的领导下开展工作。管理单位应当加强领导，进行经常性的督促检查，定期研究和解决标准日常管理工作中的问题。

二是标准日常管理工作的要求和主要任务。具体包括七个方面的内容：

——根据主管部门的授权负责国家标准的解释；

——对国家标准中遗留的问题，负责组织调查研究、必要的测试验证和重点科研工作；

——负责国家标准的宣传贯彻工作；

——调查了解国家标准的实施情况，收集和研究国内外有关标准、技术信息资料和实践经验，参加相应的国际标准化活动；

——参与有关工程质量事故的调查和咨询；

——负责开展标准的研究和学术交流活动；

——负责国家标准的复审、局部修订和技术档案工作。

第五节　工程建设标准的实施与监督

制定标准、实施标准和对标准的实施进行监督是《标准化法》

规定的标准化工作的三项任务。对标准化工作而言，这三项任务是一个有机的整体，相辅相成，缺一不可，共同作用。

制定标准是标准化工作的前提。没有标准，标准的实施与监督就没有依据；标准的质量和技术水平状况，决定着标准化作用发挥的程度。实施标准是标准化工作的目的。制定了标准而不实施和执行，标准确定的目标就不可能在工程建设活动中得到实现，标准化的作用就没有了发挥的可能，标准化工作也就失去了意义。对标准的实施进行监督是标准实施的重要保障，也是监督管理的有效手段，从而确保标准化效果的实现。

一、工程建设标准的实施

对于工程建设标准化而言，其目的就是要在工程建设领域内，通过标准化工作，实现工程建设活动在技术上的科学、协调、有序，取得建设活动应当达到的最佳经济效益、社会效益和环境效益，并确保合理的公众利益。因此，任何一项工程建设标准的制定，其目的都是围绕标准化的这一根本目的，保证该技术事项在确保工程质量、安全、卫生、环保和公众利益的同时，贯彻国家或地方的技术经济政策，推广新技术、新材料、新工艺、新设备以及科研新成果的广泛应用等。但是，如果仅仅把标准制定出来，是远远不够的，即使该标准制定的再好、技术水平再高、对工程建设工作可能发挥的作用再大，不在建设活动中予以贯彻实施，束之高阁，也只能成为一纸空文，标准化的目的也只能是空中楼阁。从某种程度上讲，没有实施标准这一环节，开展工程建设标准化工作就没有任何实际意义，实施标准的工作不到位，标准化的作用就不可能得到充分发挥。

（一）工程建设标准实施主体

法律、法规对建设活动中实施工程建设标准的主体分为单位和参与工程建设活动的有关人员。单位主要有建设、规划、勘察设计、施工、监理、工程咨询和相关检验检测单位；人员主要指取得职业、执业等相应资格证书的人员，如注册建筑师、注册结构工程师、监理工程师、安全员、质量监督员等。例如：《民用建筑节能条例》中规定“设计单位、施工单位、工程监理单位及其注册执业人员，应当按照民用建筑节能强制性标准进行设计、施工、监理。”

标准设计是具有技术指导性的设计文件，各设计、生产、施工和建设单位在各类工程建设项目中，都应结合实际积极采用。已被采用的标准设计应按照标准设计所规定的技术经济指标和质量标准进行施工或生产，质量达不到要求的，工程不得验收。各级住房和城乡建设主管部门应对建筑标准设计的推广采用进行监督。各省、自治区、直辖市住房和城乡建设主管部门应积极组织编制适用于本地区的建筑构配件产品目录，以利于工业化生产和推广使用。

（二）我国现行法律法规对标准实施的相关规定

1. 法律层面

《建筑法》对参与建设的设计、施工、监理单位执行工程建设标准的行为进行了明确规定，并对建筑材料以及建筑工程的质量标准也作了明确规定。该法第 3 条规定：“建筑活动应当确保建筑工程质量和安全，符合国家的建筑工程安全标准。”第 32 条规定：“建筑工程监理应当依照法律、行政法规及有关的技术标准、设计文件和建筑工程承包合同，对承包单位在施工质量、建设工期和建设资金使用等方面，代表建设单位实施监督。”第 37 条规定：“建筑工程设计应当符合按照国家规定制定的建筑安全规程和技术规范，保证工程的安全性能。第 52 条规定：“建筑工程勘察、设计、施工的质量必须符合国家有关建筑工程安全标准的要求，具体管理办法由国务院规定。”

《城乡规划法》则针对城乡规划编制活动执行标准进行了规定。该法第 24 条规定：“编制城乡规划必须遵守国家有关标准。”

《节约能源法》对节能标准的实施以及节能材料的生产、销售、使用要求作了具体规定。该法第 15 条规定：“国家实行固定资产投资项目节能评估和审查制度。不符合强制性节能标准的项目，依法负责审批或者核准的机关不得批准或者核准建设；建设单位不得开工建设；已经建成的，不得投入生产、使用……”第 17 条规定：“禁止生产、进口、销售国家明令淘汰或者不符合强制性能源效率标准的用能产品、设备；禁止使用国家明令淘汰的用能设备、生产工艺。”第 35 条规定：“建筑工程的建设、设计、施工和监理单位应当遵守建筑节能标准。不符合建筑节能标准的建筑工程，建设主管部门不得批准开工建设；已经开工建设的，应当责令停止施工、限期改正；已经建成的，不得销售或者使用。”

《中华人民共和国行政许可法》（以下简称《行政许可法》）对需要按照有关技术标准、技术规范实施行政许可的事项作出了明确规定。第12条第（4）项规定，直接关系公共安全、人身健康、生命财产安全的重要设备、设施、产品、物品，需要按照技术标准、技术规范，通过检验、检测、检疫等方式进行审定的事项设定行政许可。第55条规定：“实施本法第12条第（4）项所列事项的行政许可的，应当按照技术标准、技术规范依法进行检验、检测、检疫，行政机关根据检验、检测、检疫的结果作出行政许可决定。行政机关实施检验、检测、检疫，应当自受理申请之日起五日内指派两名以上工作人员按照技术标准、技术规范进行检验、检测、检疫。不需要对检验、检测、检疫结果作进一步技术分析即可认定设备、设施、产品、物品是否符合技术标准、技术规范的，行政机关应当当场作出行政许可决定。行政机关根据检验、检测、检疫结果，作出不予行政许可决定的，应当书面说明不予行政许可所依据的技术标准、技术规范。”

《物权法》对建造物的建造标准作了简要规定。第89条规定：“建造建筑物，不得违反国家有关工程建设标准，妨碍相邻建筑物的通风、采光和日照。”

《中华人民共和国安全生产法》（以下简称《安全生产法》）对建设生产活动中安全生产标准的实施作出了规定。第16条规定：“生产经营单位应当具备本法和有关法律、行政法规和国家标准或者行业标准规定的安全生产条件；不具备安全生产条件的，不得从事生产经营活动。”

《中华人民共和国防震减灾法》（以下简称《防震减灾法》）对建设工程抗震标准的实施提出了要求。第19条规定：“建设工程必须按照抗震设防要求和抗震设计规范进行抗震设计，并按照抗震设计进行施工。”

《中华人民共和国矿山安全法》（以下简称《矿山安全法》）对

矿山建设工程的设计、施工、竣工验收、设备及器材的使用应符合的技术标准和技术要求作出了明确的规定。第 8 条规定：“矿山建设工程的设计文件，必须符合矿山安全规程和行业技术规范，并按照国家规定经管理矿山企业的主管部门批准；不符合矿山安全规程和行业技术规范的，不得批准。”

《中华人民共和国消防法》（以下简称《消防法》）对建筑工程设计、施工以及材料、设备的使用符合消防标准的要求作出了具体规定。第 10 条规定：“按照国家工程建设消防技术标准需要进行消防设计的建筑工程，除本法第 11 条另有规定的外，建设单位应当自依法取得施工许可之日起七个工作日内，将消防设计文件报公安机关消防机构备案，公安机关消防机构应当进行抽查。”第 26 条规定：“建筑构件、建筑材料和室内装修、装饰材料的防火性能必须符合国家标准；没有国家标准的，必须符合行业标准。人员密集场所室内装修、装饰，应当按照消防技术标准的要求，使用不燃、难燃材料。”

《中华人民共和国城市房地产管理法》（以下简称《城市房地产管理法》）针对房地产开发项目设计、施工以及评估工作执行工程建设标准作出了具体规定。第 26 条规定：“房地产开发项目的设计、施工，必须符合国家的有关标准和规范。”

《中华人民共和国人民防空法》（以下简称《人民防空法》）针对人民防空工程建设行为执行工程建设标准作出了明确规定。第 23 条规定：“人民防空工程建设的设计、施工、质量必须符合国家规定的防护标准和质量标准。人民防空工程专用设备的定型、生产必须符合国家规定的标准。”

《中华人民共和国土地管理法》（以下简称《土地管理法》）对城市建设用地执行工程建设标准作出了相应规定。第 22 条规定：“城市建设用地规模应当符合国家规定的标准，充分利用现有建设用地，不占或者尽量少占农用地。”

《中华人民共和国公路法》（以下简称《公路法》）针对公路工程建设行为执行工程建设标准作出了具体规定。第 26 条规定：“公路建设必须符合公路工程技术标准。承担公路建设项目的设计单位、施工单位和工程监理单位，应当按照国家有关规定建立健全质量保证体系，落实岗位责任制，并依照有关法律、法规、规章以及公路工程技术标准的要求和合同约定进行设计、施工和监理，保证公路工程质量。”

《中华人民共和国港口法》（以下简称《港口法》）对港口建设项目执行工程建设标准提出了明确要求。该法第15条规定：“按照国家规定须经有关机关批准的港口建设项目，应当按照国家有关规定办理审批手续，并符合国家有关标准和技术规范。”

2. 行政法规层面

《建设工程质量管理条例》从保障建设工程质量的角度，对建设单位、设计单位、施工单位、工程监理单位以及工程质量监督管理单位执行工程建设质量标准的责任和义务作了明确规定，以规范建设各方在实施标准中的行为，提高实施标准对工程质量的保障作用。第10条规定：“建设单位不得明示或暗示设计单位或者施工单位违反工程建设强制性标准，降低工程质量。”第19条规定：“勘察、设计单位必须按照工程建设强制性标准进行勘察、设计，并对其勘察、设计的质量负责。”第22条规定：“设计单位在设计文件中选用的建筑材料、建筑构配件和设备，应当注明规格、型号、性能等技术指标，其质量要求必须符合国家规定的标准。”第28条规定：“施工单位必须按照工程设计图纸和施工技术标准施工，不得擅自修改工程设计，不得偷工减料。”第29条规定：“施工单位必须按照工程设计要求、施工技术标准和合同约定，对建筑材料、建筑构配件、设备和商品混凝土进行检验，检验应当有书面记录和专人签字；未经检验或者检验不合格的，不得使用。”第36条规定：“工程监理单位应当依照法律、法规以及有关技术标准、设计文件和建设工程承包合同，代表建设单位对施工质量实施监理，并对施工质量承担监理责任。”

《建设工程安全生产管理条例》从保障建设活动安全的角度，对建设单位、设计单位、施工单位、工程监理单位以及工程质量监督管理单位执行安全生产标准的责任和义务作了明确规定，以规范建设各方在实施安全标准中的行为，保障建筑工程安全生产和施工现场人身、财产安全。第7条规定："建设单位不得对勘察、设计、施工、工程监理等单位提出不符合建设工程安全生产法律、法规和强制性标准规定的要求，不得压缩合同约定的工期。"第12条规定："勘察单位应当按照法律、法规和工程建设强制性标准进行勘察，提供的勘察文件应当真实、准确，满足建设工程安全生产的需要。"第13条规定："设计单位应当按照法律、法规和工程建设强制性标准进行设计，防止因设计不合理导致生产安全事故的发生。"第14条规定："工程监理单位应当审查施工组织设计中的安全技术措施或者专项施工方案是否符合工程建设强制性标准……工程监理单位和监理工程师应当按照法律、法规和工程建设强制性标准实施监理，并对建设工程安全生产承担监理责任。"第33条规定："作业人员应当遵守安全施工的强制性标准、规章制度和操作规程，正确使用安全防护用具、机械设备等。"

《建设工程勘察设计管理条例》对建设工程勘察、设计单位在经营活动中以及从业人员在业务活动中实施工程建设标准进行了规定。要求建设工程勘察、设计单位及人员依法进行建设工程勘察、设计，严格执行工程建设强制性标准。第5条规定："县级以上人民政府建设行政主管部门和交通、水利等有关部门应当依照本条例的规定，加强对建设工程勘察、设计活动的监督管理。建设工程勘察、设计单位必须依法进行建设工程勘察、设计，严格执行工程建设强制性标准，并对建设工程勘察、设计的质量负责。"

（三）促进标准实施的重要措施

1. 工程建设标准的宣传贯彻、培训

标准宣传贯彻、培训是促进标准实施的有效方式。一直以来，住房和城乡建设部高度重视标准的宣传贯彻、培训工作，对于重要标准均组织开展了宣传贯彻、培训活动，一方面要求各地方制定宣传贯彻、培训计划，积极开展宣传贯彻、培训；另一方面组织师资培训，参加培训的学员经考试合格后，颁发培训合格证书，为扩大培训范围提供师资力量。

2. 施工图审查制度

严把工程建设标准施工图审查关，是保证工程建设标准特别是强制性条文贯彻执行的重要手段。目前，各地方均已建立了施工图审查制度，对本地区施工图设计文件进行审查，审查的重点是工程建设强制性标准的执行情况，对审查出的问题进行通报和提出整改要求，建立施工图审查不良业绩登记，有力地促进了工程建设强制性标准的执行。施工图审查作为开工前的最后一个设计审查环节与规划审批及消防、人防、节能、抗震等专项主管部门的审查工作起到了很好的衔接作用。

3. 工程监督检查

近年来，住房和城乡建设部连续组织开展了建筑节能检查和工程质量安全监督检查，对工程建设标准的实施具有极大的促进作用。这些检查目标是针对建筑节能和工程质量安全工作，是否严格执行工程建设强制性标准是检查的核心内容之一，不符合工程建设强制性标准将会依法受到处罚，这类检查的开展有力地促进了标准的贯彻执行。

各地方、各行业按照国家的相关要求均已建立了施工安全质量监督制度，各级建设行政主管部门均设立了安全质量监督机构，针对施工过程中是否违反工程建设强制性标准情况进行监督检查，有效地促进了工程建设强制性标准的实施。

4. 竣工验收备案制度

各地方按照法律法规的有关要求，建立了完善的竣工备案制度。认真核查竣工备案资料，特别是施工图设计文件审查意见、设计变更、工程隐检资料等，对没有按规定进行审查或审查合格后又进行重大设计变更的不予备案，责令其进行整改，将工程中存在的安全隐患消灭在投入使用之前。使得报建—施工图审查—核发施工许可证—工程质量监督检查—竣工验收—备案形成封闭管理链，以上任一环节有问题均不能进入下一环节，使工程建设标准在各个环节中都得到认真的贯彻和执行。

5. 标准咨询工作

标准咨询是标准日常管理工作的重要内容，为工程建设标准的准确执行提供了保障，开展标准咨询，一是对标准的内容进行解释，使广大工程技术人员能够全面掌握标准的要求；二是积极提供咨询服务，处理工程建设标准在实施中的问题；三是参加工程建设相关检查，处理相关工程质量安全事故。

二、对工程建设标准实施的监督

从我国现行的标准体制而言，工程建设标准分为强制性标准和推荐性标准两类。强制性标准必须在工程建设活动中贯彻执行，推荐性标准虽然法律规定自愿采用，但是，一旦经建设活动各方或双方共同确认，在工程承包活动中作了明确约定，同样具有法律约束力而必须在建设活动中执行。严格贯彻执行工程建设强制性标准，应当说是从事建设活动者应尽的法律义务，但是，目前工程建设中出现的工程质量低劣、重大或特大恶性事故等问题，绝大部分都是没有贯彻强制性标准的结果。因此，对标准实施进行监督，不仅仅是加强工程建设管理的一个环节，而且可以说是一个必不可少的重要环节。只有对工程建设标准的实施做到了有效的监督，标准化的目的才能够真正实现，其意义是重大的。

（一）监督的职责

目前，在建设领域对工程建设标准实施进行监督是与建筑工程质量、安全管理相结合的，在相关法规中作出了明确的规定。

《建设工程质量管理条例》第 44 条规定：“国务院建设行政主管部门和国务院铁路、交通、水利等有关部门应当加强对有关建设工程质量的法律、法规和强制性标准执行情况的监督检查。”第 47 条规定：“县级以上地方人民政府建设行政主管部门和其他有关部门应当加强对有关建设工程质量的法律、法规和强制性标准执行情况的监督检查。”

《建设工程勘察设计管理条例》第 31 条规定：“国务院建设行政主管部门对全国的建设工程勘察、设计活动实施统一监督管理。国务院铁路、交通、水利等有关部门按照国务院规定的职责分工，负责对全国的有关专业建设工程勘察、设计活动的监督管理。县级以上地方人民政府建设行政主管部门对本行政区域内的建设工程勘察、设计活动实施监督管理。县级以上地方人民政府交通、水利等有关部门在各自的职责范围内，负责对本行政区域内的有关专业建设工程勘察、设计活动的监督管理。”第33条规定：“县级以上人民政府建设行政主管部门或者交通、水利等有关部门应当对施工图设计文件中涉及公共利益、公众安全、工程建设强制性标准的内容进行审查。施工图设计文件未经审查批准的，不得使用。”

《建筑工程安全生产管理条例》第40条规定：“国务院建设行政主管部门对全国的建设工程安全生产实施监督管理。国务院铁路、交通、水利等有关部门按照国务院规定的职责分工，负责有关专业建设工程安全生产的监督管理。县级以上地方人民政府建设行政主管部门对本行政区域内的建设工程安全生产实施监督管理。县级以上地方人民政府交通、水利等有关部门在各自的职责范围内，负责本行政区域内的专业建设工程安全生产的监督管理。”

2008年国务院批准的住房和城乡建设部“三定”方案，明确了“指导监督各类工程建设标准定额的实施”作为住房和城乡建设部的一项管理职责。

《实施工程建设强制性标准监督规定》（建设部令第81号）规定：“国务院建设行政主管部门负责全国实施工程建设强制性标准的监督管理工作。国务院有关行政管理部门按照国务院的职能分工负责实施工程建设标准的监督管理工作。县级以上地方人民政府建设行政主管部门负责本行政区内实施工程建设强制性标准的监督管理工作。”

（二）监督检查

建设项目规划审查机构应当对工程建设规划阶段执行强制性标准的情况实施监督。施工图设计文件审查单位应当对工程建设勘察、设计阶段执行强制性标准的情况实施监督。建筑安全监督管理机构应当对工程建设施工阶段执行施工安全强制性标准的情况实施监督。工程质量监督机构应当对工程建设施工、监理、验收等阶段执行强制性标准的情况实施监督。

建设项目规划审查机关、施工图设计文件审查单位、建筑安全监督管理机构、工程质量监督机构的技术人员必须熟悉、掌握工程建设强制性标准。工程建设标准批准部门定期对建设项目规划审查机关、施工图设计文件审查单位、建筑安全监督管理机构、工程质量监督机构实施强制性标准的监督进行检查，对监督不力的单位和个人，给予通报批评，并建议有关部门处理。对工程项目执行强制性标准情况进行监督检查，采取重点检查、抽查和专项检查的方式。

强制性标准监督检查的内容包括：

—— 有关工程技术人员是否熟悉、掌握强制性标准；

—— 工程项目的规划、勘察、设计、施工、验收等是否符合强制性标准的规定；

—— 工程项目采用的材料、设备是否符合强制性标准的规定；

—— 工程项目的安全、质量是否符合强制性标准的规定；

—— 工程中采用的导则、指南、手册、计算机软件的内容是否符合强制性标准的规定。

工程建设标准批准部门应当将强制性标准监督检查结果在一定范围内公告。

三、工程建设标准实施的要求及法律责任

由于实施标准和对标准的实施进行监督这两项工作的重要性，因此，在目前已经发布的有关工程建设的法律、行政法规、部门规章以及规范性文件中，几乎都有相关的规定。比较重要的法律、行政法规有《标准化法》、《标准化法实施条例》、《建筑法》、《建设工程质量管理条例》、《建设工程勘察设计管理条例》、《工程建设标准化管理规定》以及《实施工程建设强制性标准监督规定》等。这些法律和法规，从不同的角度对实施工程建设标准和对标准实施进行监督作了或原则或具体的规定。

（一）《标准化法》、《标准化法实施条例》的规定

《标准化法》及《标准化法实施条例》对标准实施及监督均作出了具体的规定，一是强制性标准必须执行，不符合强制性标准的产品，禁止生产、销售和进口，推荐性标准，国家鼓励企业自愿采用；二是监督的对象，包括强制性标准，企业自愿采用的推荐性标准，企业备案的产品标准，认证产品的标准和研制新产品、改进产品和技术改造过程中应当执行的标准；三是监督机构及职责，国务院标准化主

管部门统一负责全国标准实施的监督，国务院有关行政主管部门分工负责本部门、本行业的标准实施的监督，省、自治区、直辖市标准化行政主管部门统一负责本行政区域内的标准实施的监督，市、县标准化行政主管部门和有关行政主管部门，按照省、自治区、直辖市人民政府规定的各自职责，负责本行政区域的标准实施的监督；四是对标准实施进行监督的手段，包括产品质量认证和检验机构进行检验。

这一规定也是我国标准实施与监督的最高的原则规定，目前，其他各有关法律、法规和规范性文件的有关规定，可以说都是落实这一规定的具体化。

（二）《建筑法》等法律法规中的规定

工程建设标准作为工程建设的技术依据，与建设工程管理、工程安全、工程质量等是密不可分，对于工程建设标准的实施的相关要求，体现在《建筑法》、《建设工程质量管理条例》和《建设工程勘察设计管理条例》等法律法规的规定中。

《建筑法》规定“建筑活动应当确保建筑工程质量和安全，符合国家的建设工程安全标准”。涉及建设单位的规定有，“建设单位不得以任何理由，要求建筑设计单位或建筑施工企业在工程设计或者施工作业中，违反法律、行政法规和建筑工程质量、安全标准，降低工程质量。建筑设计单位和建筑施工企业对建设单位违反前款规定提出的降低工程质量的要求，应当予以拒绝”和“建设单位违反本法规定，要求建筑设计单位或者建筑施工企业违反建筑工程质量、安全标准，降低工程质量的，责令改正，可以处以罚款；构成犯罪的，依法追究刑事责任”。涉及建筑工程勘察、设计单位的规定有，“建筑工程设计应当符合按照国家规定制定的建筑安全规程和技术规范，保证工程的安全性能”、“建筑工程勘察、设计单位必须对其勘察、设计的质量负责。勘察、设计文件应当符合有关法律、行政法规的规定和建筑工程质量、安全标准、建筑工程勘察、设计规范以及合同的约定。设计文件选用的建筑材料、建筑构配件和设备，应当注明其规格、型号、性能等技术指标，其质量要求必须符合国家规定的标准”和“建筑设计单位不按照建筑工程质量、安全标准进行设计的，责令改正，处以罚款；造成工程质量事故的，责令停业整顿，降低资质等级或者吊销资质证书，没收非法所得，并处罚款；造成损失的，承担赔偿责任；构成犯罪的，依法追究刑事责任”。涉及建筑施工企业的规定有，“建筑施工企业和作业人员在施工过程中，应当遵守有关安全生产的法律、法规和建筑行业安全规章、规程，不得违章指挥或违章作业”、“建筑施工企业对工程的施工质量负责。建筑施工企业必须按照工程设计图纸和施工技术标准施工，不得偷工减料”和“交付竣工验收的建筑工程，必须符合规定的建筑工程质量标准，有完整的工程技术经济资料和经签署的工程保修书，并具备国家规定的其他竣工条件”。涉及建筑工程监理的规定有，“建筑工程监理应当依照法律、行政法规及有关的技术标准、设计文件和建筑工程承包合同，对承包单位在施工质量、建设工期和建设资金使用等方面，代表建设单位实施监督。工程监理人员认为工程施工不符合工程设计要求、施工技术标准和合同约定的，有权要求建筑施工企业改正。工程监理人员发现工程设计不符合建筑工程质量标准或者合同约定的质量要求的，应当报建设单位要求设计单位改正”。

《建设工程勘察设计管理条例》规定，“县级以上人民政府建设行政主管部门和交通、水利等有关部门应当依照本条例的规定，加强对建设工程勘察、设计活动的监督管理。建设工程勘察、设计单位必须依法进行建设工程勘察、设计，严格执行工程建设强制性标准，并对建设工程勘察、设计的质量负责”。另外，对于设计文件规定，“编制建设工程勘察、设计文件，应当以下列规定为依据：（一）项目批准文件；（二）城市规划；（三）工程建设强制性标准；（四）国家规定的建设工程勘察、设计深度要求”和“设计文件中选用的材料、构配件、设备，应当注明其规格、型号、性能等技术指标，其质量要求必须符合国家规定的标准。除有特殊要求的建筑材料、专用设备和工艺生产线等外，设计单位不得指定生产厂、供应商”。对于施工图审查规定，“县级以上人民政府建设行政主管部门或者交通、水利等有关部门应当对施工图设计文件中涉及公共利益、公众安全、工程建设强制性标准的内容进行审查。施工图设计文件未经审查批准的，不得使用”。

《建设工程质量管理条例》中涉及建设单位的规定有，“建设单位不得明示或者暗示设计单位或者施工单位违反工程建设强制性标准，降低建设工程质量。勘察、设计单位必须按照工程建设强制性标准进行勘察、设计、并对其勘察、设计的质量负责。施工单位必须按照工程设计图纸和施工技术标准施工，不得擅自修改工程设计，不得偷工减料”。涉及勘察、设计单位的规定有，“勘察设计单位必须按照工程建设强制性标准进行勘察、设计，并对其勘察、设计的质量负责”、“设计单位在设计文件中选用的建筑材料、建筑构配件和设备，应当注明规格、型号、性能等技术指标，其质量要求必须符合国家规定的标准”以及“违反本条例规定，有下列行为之一的，责令改正，处10万元以上30万元以下的罚款：（一）勘察单位未按照工程建设强制性标准进行勘察的……（四）设计单位未按照工程建设强制性标准进行设计的。有前款所列行为，造成工程质量事故的，责令停业整顿，降低资质等级；情节严重的，吊销资质证书；造成损失的，依法承担赔偿责任”。涉及施工单位的规定有，“施工单位必须按照工程设计图纸和施工技术标准施工，不得擅自修改工程设计，不得偷工减料”、“施工单位必须按照工程设计要求、施工技术标准和合同约定，对建筑材料、建筑构配件、设备和商品混凝土进行检验，检验应当有书面记录和专人签字；未经检验或者检验不合格的，不得使用”、“违反本条例规定，施工单位在施工中偷工减料的，使用不合格的建筑材料、建筑构配件和设备的或者有不按照工程设计图纸或者施工技术标准施工的其他行为的，责令改正，处工程合同价款2%以上4%以下的罚款；造成建设工程质量不符合规定的质量标准的，负责返工、修理，并赔偿因此造成的损失；情节严重的，责令停业整顿，降低资质等级或者吊销资质证书”。涉及工程监理单位的规定有，“工程监理单位应当依照法律、法规以及有关技术标准、设计文件和建设工程承包合同，代表建设单位对施工质量实施监理，并对施工质量承担建立责任”。涉及政府对工程建设强制性标准实施情况进行监督的规定有，“国务院建设行政主管部门和国务院铁路、交通、水利等有关部门应当加强对有关建设工程质量的法律、法规和强制性标准执行情况的监督检查”、“县级以上地方人民政府建设行政主管部门和其他有关部门应当加强对有关建设工程质量的法律、法规和强制性标准执行情况的监督检查”。

第六节　行政许可

为促进工程建设标准实施，适应科技快速发展和科技新成果及时推广应用的需要，规范建设工程中采用现行标准未作规定或超出现行强制性标准规定的新技术、新工艺、新材料，根据《行政许可法》和《建设工程勘察设计管理条例》设立了“采用不符合工程建设强制性标准的新技术、新工艺、新材料核准”行政许可（以下简称“三新核准”）。

（一）申请条件

申请“采用不符合工程建设强制性标准的新技术、新工艺、新材料核准”行政许可的事项，应当符合下列条件：

第一，申请事项不符合现行相关的工程建设强制性标准；“不符合工程建设强制性标准”是指与现行工程建设强制性标准不一致的情况，或直接涉及建设工程质量安全、人身健康、生命财产安全、环境保护、能源资源节约和合理利用以及其他社会公共利益，且工程建设强制性标准没有规定，又没有现行工程建设国家标准、行业标准和地方标准可依的情况；

第二，申请事项直接涉及建设工程质量安全、人身健康、生命财产安全、环境保护、能源资源节约和合理利用以及其他社会公共利益；

第三，申请事项已通过省级、部级或国家级的鉴定或评估，并经过专题技术论证。

（二）申请材料

1. 申请

申请“采用不符合工程建设强制性标准的新技术、新工艺、新材料核准”行政许可的事项，建设单位应当提交下列材料：

——《采用不符合工程建设强制性标准的新技术、新工艺、新材料核准申请书》；

—— 采用不符合强制性标准的新技术、新工艺、新材料的理由；

—— 工程设计图（或施工图）及相应的技术条件；

—— 省级、部级或国家级的鉴定或评估文件，新材料的产品标准文本和国家认可的检验、检测机构的意见（报告），以及专题技术论证会纪要；

—— 新技术、新工艺、新材料在国内或国外类似工程应用情况的报告或中试（生产）试验研究情况报告；

—— 省、自治区、直辖市建设行政主管部门或国务院有关行政主管部门的审核意见。

2. 在相同类型工程中采用的再次申请

对于住房和城乡建设部已经作出准予行政许可决定的同一种新技术、新工艺或新材料，需要在其他相同类型工程中采用，且应用条件相似的，可以由建设单位直接向住房和城乡建设部标准定额司提出行政许可申请，并提供以下材料：

——《采用不符合工程建设强制性标准的新技术、新工艺、新材料核准申请书》；

—— 采用不符合强制性标准的新技术、新工艺、新材料的理由；

—— 工程设计图（或施工图）及相应的技术条件；

—— 原《准予建设行政许可决定书》。

（三）专题技术论证会

专题技术论证会应当由建设单位提出和组织，在报请国务院有关部门的标准化管理机构或省、自治区、直辖市建设行政主管部门的标准化管理机构同意后召开。

专题技术论证会应有相应标准的管理机构代表、相关单位的专家或技术人员参加，专家组成员不得少于 7 人，且应具备高级技术职称并熟悉相关标准。

专题技术论证会纪要应当包括会议概况、不符合工程建设强制性标准的情况说明、应用的可行性概要分析、结论、专家组成员签字、会议记录。专题技术论证会的结论应当由专家组全体成员认可，一般包括：不同意、同意、同意但需要补充有关材料或同意但需要按照论证会提出的意见进行修改。

（四）办理

1. 受理

受理单位在收到申请后，根据下列情况分别作出处理：

—— 对依法不需要取得“三新核准”或者不属于核准范围的，申请人隐瞒有关情况或者提供虚假材料的，即时制作《建设行政许可不予受理通知书》，送达申请人；

—— 对申请材料存在可以当场更正的错误的，应当允许申请人当场更正；

—— 对属于符合材料申报要求的申请，即时制作《建设行政许可申请材料接收凭证》，送达申请人；

—— 对申请材料不齐全或者不符合法定形式的申请，当场或者在5个工作日内制作《建设行政许可补正材料通知书》，送达申请人。逾期不告知的，自收到申请材料之日起即为受理；

—— 对属于本核准职权范围，材料（或补正材料）齐全、符合法定形式的行政许可申请，在5个工作日内制作《建设行政许可受理通知书》，送达申请人。

2. 审查和决定

（1）受理申请后，按照建设部行政许可工作的有关规定的要求，组织有关专家对申请事项进行审查，提出审查意见。

（2）根据审查意见对申请事项作出处理决定：

—— 对符合法定条件的，制作《准予建设行政许可决定书》，送达申请人；

—— 对不符合法定条件的，制作《不予建设行政许可决定书》，说明理由，送达申请人，并告知申请人享有依法申请行政复议或者提起行政诉讼的权利。

3. 变更与撤回

(1) 被许可人要求变更“三新核准”事项的，应当向办理单位提出变更申请。变更申请应当阐明变更的理由、依据，并提供相关材料。

(2) 有符合下列情形之一的，应当依法办理行政许可变更手续。

—— 被许可人的法定名称发生变更的；

—— 行政许可决定所适用的工程名称发生变更的。

(3) 有下列情形之一的，住房和城乡建设部可依法变更或者撤回已经生效的行政许可，办理单位应当制作《变更、撤回建设行政许可决定书》，送达被许可人。

—— 建设行政许可所依据的法律、法规、规章修改或者废止；

—— 建设行政许可所依据的客观情况发生重大变化的。

第三章 建设工程造价管理

第一节 建设工程造价管理概述

一、建设工程造价管理概念

建设工程造价管理包括建设工程投资管理和建设工程价格管理。

建设工程投资管理是指为了达到预期投资效益，对建设工程的投资行为进行计划、预测、组织、指挥和监控等系统活动。

建设工程价格管理分两个层次。在微观层次上，是指生产企业在掌握市场价格信息的基础上，为实现管理目标而进行的成本控制、计价、定价和竞价的系统活动；在宏观层次上，是指政府根据社会经济发展的要求，利用法律手段、经济手段对工程价格进行管理和调控，以及通过市场管理规范市场主体价格行为的系统活动。

建设工程造价管理是建设工程管理的重要组成部分。由于工程建设特点所决定，工程造价管理贯穿于建设项目可行性研究投资估算、初步设计概算、施工图预算、施工发包承包计价、工程结算直至竣工结算的全过程中。针对各阶段工程造价管理的范围，相应的部门规章和规范性文件予以规定，如项目建议书和可行性研究投资估算编制办法，概算、预算编制办法，承发包计价管理规定，标底和投标报价编制办法，合同价价差调整办法以及工程结算、竣工结算的管理规定等。

由于建设工程造价管理涉及内容十分广泛，除了由建设行政主管部门制定的规章以外，其他有关的法律、法规中也有许多涉及工程造价管理的条文，如《中华人民共和国价格法》（以下简称《价格法》）、《合同法》、《招标投标法》等。

二、建设工程造价管理法规的产生和发展

我国工程造价管理法规的建设主要从20世纪80年代中期开始。

为了适应当时基本建设体制改革的需要，国家制定了一系列有关工程造价管理的规章制度。1985 年原国家计划委员会、中国人民建设银行联合发布了《关于改进工程建设概预算定额管理工作的若干规定》(计标〔1985〕352 号)；1986 年原国家计划委员会印发了《关于加强工程建设标准定额工作的意见》（计标〔1986〕288 号)；1988 年原国家计划委员会发布了《关于控制建设工程造价的若干规定》（计标〔1988〕30 号)。上述文件构成了我国工程造价管理法规的基本框架。

20 世纪 90 年代后，我国工程造价管理的改革随着社会主义市场经济体制的确立而不断的深入。1992 年提出了工程造价动态管理和“控制量、指导价、竞争费”的工程造价改革新思路，1993 年建设部和中国人民建设银行印发了《关于调整建筑安装工程费用项目组成的若干规定》（建标〔1993〕894 号)。为规范建设市场经济秩序，1999 年建设部制定了《建设工程施工发包与承包价格管理暂行规定》(建标〔1999〕1 号)。2001 年在进一步贯彻《招标投标法》、《价格法》、《合同法》的基础上，根据 1 号文件发布后执行的情况，结合各地区和国务院有关部门在工程发包承包价立法工作的实践，建设部制定了《建筑工程施工发包与承包计价管理办法》。

在此期间，为适应建设市场运行机制的要求，促进工程造价管理的健康发展和提高工程造价管理水平，建设部印发了《工程造价咨询单位资质管理办法（试行)》(建标〔1996〕133 号)，并与原人事部联合发布了《造价工程师执业资格制度暂行规定》（人发〔1996〕77 号)。2000 年，建设部颁发了《工程造价咨询单位管理办法》，《造价工程师注册管理办法》。2006 年 3 月 22 日建设部发布了《工程造价咨询企业管理办法》，原《工程造价咨询单位管理办法》同时废止。2006 年 12 月 25 日建设部发布了《注册造价工程师管理办法》，原《造价工程师注册管理办法》同时废止。

第二节　建设工程造价的构成

建设工程造价由设备及工、器具购置费用，建筑安装工程费用，工程建设其他费用，预备费，建设期贷款利息构成。

一、设备及工、器具购置费用

设备及工、器具购置费用由设备购置费和工具、器具及生产家具购置费组成。

设备购置费是指为建设项目购置或自制的达到固定资产标准的各种国产或进口设备、工具、器具的购置费用。

工具、器具及生产家具购置费，是指新建或扩建项目初步设计规定的，保证初期正常生产必须购置的没有达到固定资产标准的设备、仪器、工卡模具、器具、生产家具和备品备件等的购置费用。

二、建筑安装工程费用组成

2003 年，建设部与财政部印发了《建筑安装工程费用项目组成》（建标〔2003〕206 号），按照文件的要求，建筑安装工程费用由直接费、间接费、利润和税金构成。

（一）直接费

直接费由直接工程费和措施费组成。

直接工程费是指施工过程中耗费的构成工程实体和有助于工程形成的各项费用，包括人工费、材料费、施工机械使用费。

措施费是指完成工程项目施工，发生于该工程施工前和施工过程中非工程实体项目的费用。内容包括：环境保护费、文明施工费、安全施工费、临时设施费、夜间施工费、二次搬运费、大型机械设备进出场及安拆费、混凝土和模板及支架费、脚手架费、已完工程及设备保护费、施工排水降水费。

（二）间接费

间接费由规费和企业管理费组成。

规费是指政府和有关部门规定必须交纳的费用。包括：工程排污费、社会保障费、住房公积金、危险作业意外伤害保险。

企业管理费是指建筑安装企业组织施工生产和经营管理需要的费用。

（三）利润

利润是指施工企业完成所承包工程获得的盈利。

（四）税金

税金是指国家税法规定的应计入建筑安装工程费用内的营业税，城市维护建设税及教育费附加。

三、工程建设其他费用

工程建设其他费用是指从工程筹建起到工程竣工验收交付使用止的整个建设期间，除建筑安装工程费用和设备及工、器具购置费用以外的，为保证工程建设顺利完成和交付使用后能够正常发挥效用而产生的各项费用。

工程建设其他费用主要由土地征用及迁移补偿费、土地使用权出让金、建设单位管理费、勘察设计费、研究试验费、工程监理费、工程保险费、供电贴费、引进技术和设备的其他费、联合试运转费、生产准备费、办公和生活家具购置费等构成。

四、预备费

预备费由基本预备费和涨价预备费两部分组成。

基本预备费是指在初步设计及概算内难以预料的工程费用。

涨价预备费是指建设项目在建设期间内由于价格等变化引起工程造价变化的预测预留费用。

五、建设期贷款利息

建设期贷款利息包括向国内银行和其他非银行金融机构贷款、出口信贷、外国政府贷款、国际商业银行贷款以及在境内外发行的债券等在建设期间内应偿还的贷款利息。

第三节　建筑工程施工发包与承包计价管理

建筑工程施工发包与承包计价（以下简称工程发承包计价）包括编制施工图预算、招标标底、投标报价、签订合同价和工程结算等活动。

为了规范建筑市场施工发包与承包计价行为，保护建筑工程发包与承包双方的合法权益，促进建筑市场的健康发展，建设部于2001年11月颁发了《建筑工程施工发包与承包计价管理办法》，明确建筑工程施工发包与承包价在政府宏观调控下，由市场竞争形成。工程发承包计价应当遵循公平、合法和诚实信用的原则。

一、工程发承包计价方法

施工图预算、招标标底和投标报价的编制可采用工料单价法和综合单价法。

工料单价法是指分部分项工程量的单价为直接费。直接费以人工、材料、机械的消耗量及其相应价格确定。间接费、利润、税金按照有关规定另行计算。

综合单价法是指分部分项工程量的单价为全费用单价。全费用单价综合计算完成分部分项工程所发生的直接费、间接费、利润、税金。

工料单价法在我国是较为传统的计价方法，并与现行定额相配套。综合单价法主要适用于招投标工程编制招标标底、投标报价编制，该方法是国外较为常用的一种，我国目前正在积极推行工程量清单综合单价计价方法。

近年来，国内许多水利、公路等工程也都实行了工程量清单招标与投标报价，并取得了较好的效果。工程量清单主要依据招标文件、施工图纸、施工现场条件和国家制定的统一工程量清单计算规则、分部分项工程项目划分、计量单位进行编制。

工程量清单计价有以下特点：

（1）工程量清单反映了一个具体工程的实物消耗和有关费用，以工程量清单招标投标计价，能够结合工程的具体情况进行定价，更能反映工程的个别成本及实际造价。

（2）工程量清单作为招标文件和合同文件的一部分，推行工程量清单招标，对于规范招标投标中计价行为起到积极的作用。

（3）推行工程量清单投标报价是工程造价管理改革的一项具体

措施，施工企业或承包单位通过招标文件提供的工程量清单，根据企业的自身技术和管理水平进行自主报价，有利于市场竞争机制得到更充分的发挥。

(4) 推行工程量清单招标与投标报价可以加强工程实施中对结算与合同价的管理，工程量清单作为工程结算的主要依据之一，有利于工程变更、工程款支付与结算方面的规范管理。

二、招标标底与投标报价的编制

标底与投标报价编制是工程发承包计价管理的核心。过去相当长一个时期招标标底和投标报价多以量价合一的定额为计价依据，其结果是一方面未能及时反映市场价格变动的因素，另一方面定额也束缚了企业自主报价的能力和要求。

为了适应招标投标市场的要求，需要对工程标底和投标报价编制依据进行相应的改革，现阶段建筑工程招标中，编制标底仍是国家投资或项目法人控制工程造价和保证工程质量的主要措施，同时《招标投标法》第40条也规定在对投标文件进行评审时，设有标底的，应当参考标底的情况，对标底编制和投标报价计价依据要区别对待。

招标标底的编制应依据国务院和省、自治区、直辖市人民政府住房和城乡建设主管部门制定的工程造价计价办法及其他有关规定。其中"计价办法"主要指"四统一"内容，即统一工程量计量规则、统一项目划分、统一编码和统一计量单位。"有关规定"主要包括工料机消耗量定额等内容。

投标报价要求应依据企业定额和市场价格信息，并按照国务院和省、自治区、直辖市人民政府住房和城乡建设主管部门制定的工程造价计价办法进行编制。

上述规定体现了政府对工程造价的宏观调控，既执行了统一性计价规则从而规范了招投标行为，又反映了企业自主定价和市场竞争形成价格的原则。

三、建筑工程合同价确定

招投标工程应由招标人与中标人根据中标价订立合同；不实行招标投标的工程，在承包方编制的施工图预算的基础上，由发承包双方协商订立合同。

发承包双方在确定合同价时，应当考虑市场环境和生产要素价格变化对合同价的影响，并可采用以下形式确定合同价：

（1）固定价。合同总价或者单价在合同约定的风险范围内不可调整。

（2）可调价。合同总价或者单价在合同实施期内，可以根据合同约定的办法调整。

（3）成本加酬金。

四、工程价款结算

工程价款结算是建筑工程合同履行中的重要环节，为了规范工程价款结算行为，保护发承包双方的合法权益，建筑工程发承包双方应当按照合同约定定期或者按照工程进度分段进行工程款结算。同时要求在工程竣工验收合格后，按照下列规定进行竣工结算：

（1）承包方应当在工程竣工验收合格后的约定期限内提交竣工结算文件。

（2）发包方应当在收到竣工结算文件后的约定期限内予以答复。逾期未答复的，竣工结算文件视为已被认可。

（3）发包方对竣工结算文件有异议的，应当在答复期内向承包方提出，并可以在提出之日起的约定期限内与承包方协商。

（4）发包方在协商期内未与承包方协商或者经协商未能与承包方达成协议的，应当委托工程造价咨询企业进行竣工结算审核。

（5）发包方应当在协商期满后的约定期限内向承包方提出工程造价咨询企业出具的竣工结算审核意见。

承发包双方在合同中对上述事项的期限没有明确约定的，其期限应为28日。

发承包双方对工程造价咨询企业出具的竣工结算审核意见仍有异议的，在接到审核意见后1个月内可向县级以上人民政府住房和城乡建设行政主管部门申请调解，调解不成的，可依法申请仲裁或提起诉讼。

为了进一步规范建设工程价款结算工作，解决建设领域中因结算导致拖欠工程款的问题，2004 年建设部与财政部联合制定了《建设工程价款结算暂行办法》(以下简称《办法》)。

《办法》总则规定，建设工程价款结算是指对建设工程的发承包合同价款进行约定和依据合同约定进行工程预付款、工程进度款、工程竣工结算的活动。

《办法》共分六章，分别是：总则、工程合同价款的约定与调整、工程价款结算、工程价款结算争议处理、工程价款结算管理和附则。

第四节　工程造价咨询业的法律制度

一、工程造价咨询业概述

工程造价咨询业是随着社会主义市场经济体制的建立逐步发展起来的。在计划经济时期，国家以指令性的方式进行工程造价的管理，并且培养和造就了一大批工程概预算人员。进入 20 世纪 90 年代中期以后，随着投资体制的多元化以及《招标投标法》的颁布，工程造价更多的是通过招标投标竞争定价。市场环境的变化，客观上要求有专门从事工程造价咨询的机构提供工程造价咨询服务。为了规范工程造价中介组织的行为，保障其依法进行经营活动，维护建设市场的秩序，在充分论证的基础上，建设部发布了《工程造价咨询单位资质管理办法（试行）》(建标〔1996〕133 号)，经过几年的发展，工程造价咨询企业的发展已具备一定的规模。为了加强对工程造价咨询企业资质的管理，2000 年 3 月建设部颁布了《工程造价咨询单位管理办法》。为了规范工程造价咨询企业的发展，建设部于 2000 年按照国务院办公厅〔2000〕51 号《关于经济鉴证类社会中介机构与政府部门实行脱钩改制的意见》的精神，部署了工程造价咨询企业从业人员、财务、业务、单位名称等方面与政府部门及受委托行使行政管理职能的事业单位、社会团体和集团公司脱钩，并改制为主要由有造价工程师执业资格的人员出资的合伙制或有限责任制公司。工程造价咨询机构的脱钩改制，解除了工程造价咨询机构与政府部门的行政管理关系，初步建立起工程造价咨询机构自主经营、自担风险、自我约束、自我发展、平等竞争的新秩序。2006 年 2 月建设部修订了《工程造价咨询单位管理办法》并颁布了《工程造价咨询企业管理办法》。目前，全国取得资质的工程造价咨询企业约 6 000家，其中甲级约 1 900家，乙级约 4 000多家。

二、工程造价咨询企业资质等级与标准

工程造价咨询企业，是指接受委托，对建设项目投资、工程造价的确定与控制提供专业咨询服务的企业。

工程造价咨询企业资质等级分为甲级和乙级。

甲级工程造价咨询企业的资质标准为：

（1）已取得乙级工程造价咨询企业资质证书满 3 年；

（2）企业出资人中，注册造价工程师人数不低于出资人总人数的 60%，且其出资额不低于企业注册资本总额的 60%；

（3）技术负责人已取得造价工程师注册证书，并具有工程或工程经济类高级专业技术职称，且从事工程造价专业工作 15 年以上；

（4）专职从事工程造价专业工作的人员（以下简称专职专业人员）不少于 20 人，其中，具有工程或者工程经济类中级以上专业技术职称的人员不少于 16 人；取得造价工程师注册证书的人员不少于 10 人，其他人员具有从事工程造价专业工作的经历；

（5）企业与专职专业人员签订劳动合同，且专职专业人员符合国家规定的职业年龄（出资人除外）；

（6）专职专业人员人事档案关系由国家认可的人事代理机构代为管理；

（7）企业注册资本不少于人民币 100 万元；

（8）企业近 3 年工程造价咨询营业收入累计不低于人民币 500 万元；

（9）具有固定的办公场所，人均办公建筑面积不少于 10 平方米；

（10）技术档案管理制度、质量控制制度、财务管理制度齐全；

（11）企业为本单位专职专业人员办理的社会基本养老保险手续

齐全；

（12）在申请核定资质等级之日前3年内无建设部第149号部长令第27条禁止的行为。

乙级工程造价咨询企业资质标准为：

（1）企业出资人中，注册造价工程师人数不低于出资人总人数的60%，且其出资额不低于注册资本总额的60%；

（2）技术负责人已取得造价工程师注册证书，并具有工程或工程经济类高级专业技术职称，且从事工程造价专业工作10年以上；

（3）专职专业人员不少于12人，其中，具有工程或者工程经济类中级以上专业技术职称的人员不少于8人；取得造价工程师注册证书的人员不少于6人，其他人员具有从事工程造价专业工作的经历；

（4）企业与专职专业人员签订劳动合同，且专职专业人员符合国家规定的职业年龄（出资人除外）；

（5）专职专业人员人事档案关系由国家认可的人事代理机构代为管理；

（6）企业注册资本不少于人民币50万元；

（7）具有固定的办公场所，人均办公建筑面积不少于10平方米；

（8）技术档案管理制度、质量控制制度、财务管理制度齐全；

（9）企业为本单位专职专业人员办理的社会基本养老保险手续齐全；

（10）暂定期内工程造价咨询营业收入累计不低于人民币50万元；

（11）申请核定资质等级之日前无建设部第149号部长令第27条禁止的行为。

三、工程造价咨询企业的管理

（一）管理部门

国务院住房和城乡建设主管部门负责全国工程造价咨询企业的统一监督管理工作。省、自治区、直辖市人民政府住房和城乡建设主管部门负责本行政区域内工程造价咨询企业的监督管理工作。有关专业部门负责对本专业工程造价咨询企业实施监督管理工作。

（二）工程造价咨询资质申请与审批

申请甲级工程造价咨询企业资质的，应当向申请人工商注册所在地的省、自治区、直辖市人民政府住房和城乡建设主管部门或者有关专业部门提出申请。

省、自治区、直辖市人民政府住房和城乡建设主管部门、有关专业部门应当自受理申请材料之日起20日内审查完毕，并将初审意见和全部申请材料报国务院住房和城乡建设主管部门；国务院住房和城乡建设主管部门应当自受理之日起20日内作出决定。

申请乙级工程造价咨询企业资质的，由省、自治区、直辖市人民政府建设主管部门审查决定。其中，申请有关专业的乙级工程造价咨询企业资质的，由省、自治区、直辖市人民政府住房和城乡建设主管部门商同级有关专业部门审查决定。

申请工程造价咨询企业资质，应当提交下列材料并同时在网上申报：

（1）《工程造价咨询企业资质等级申请书》；

（2）专职专业人员（含技术负责人）的造价工程师注册证书或造价员资格证书、专业技术职称证书和身份证；

（3）专职专业人员（含技术负责人）的人事代理合同和企业为其交纳的本年度社会基本养老保险费用的凭证；

（4）企业章程、股东出资协议并附工商部门出具的股东出资情况证明；

（5）企业缴纳营业收入的营业税发票或税务部门出具的缴纳工程造价咨询营业收入的营业税完税证明；企业营业收入含其他业务收入的，还需出具工程造价咨询营业收入的财务审计报告；

（6）工程造价咨询企业资质证书；

（7）企业营业执照副本；

（8）固定办公场所的租赁合同或产权证明；

（9）有关企业技术档案管理、质量控制、财务管理等制度的文件；

（10）法律、法规规定的其他材料。

新申请工程造价咨询企业资质的，不需要提交前款第（5）项、第（6）项所列材料。

工程造价咨询企业资质等级的申请，经资质管理部门审批后，颁发相应的《工程造价咨询企业资质证书》。《工程造价咨询企业资质证书》由国务院住房和城乡建设主管部门统一印制，分为正本和副本。正本和副本具有同等法律效力。

（三）工程造价咨询企业资质的延续、变更、合并、分立

工程造价咨询企业资质有效期为3年。资质有效期届满，需要继续从事工程造价咨询活动的，应当在资质有效期届满30日前向资质许可机关提出资质延续申请。资质许可机关应当根据申请作出是否准予延续的决定。准予延续的，资质有效期延续3年。

工程造价咨询企业的名称、住所、组织形式、法定代表人、技术负责人、注册资本等事项发生变更的，应当自变更确立之日起30日内，到资质许可机关办理资质证书变更手续。

工程造价咨询企业合并的，合并后存续或者新设立的工程造价咨询企业可以承继合并前各方中较高的资质等级，但应当符合相应的资质等级条件。

工程造价咨询企业分立的，只能由分立后的一方承继原工程造价咨询企业资质，但应当符合原工程造价咨询企业资质等级条件。

（四）工程造价咨询企业的执业

工程造价咨询企业依法从事工程造价咨询活动，不受行政区域限制。

甲级工程造价咨询企业可以从事各类建设项目的工程造价咨询业务。乙级工程造价咨询企业可以从事工程造价在5 000万元人民币以下的各类建设项目的工程造价咨询业务。

工程造价咨询企业跨省、自治区、直辖市承接工程造价咨询业务的，应当自承接业务之日起30日内到建设工程所在地的省、自治区、直辖市建设主管部门备案。

工程造价咨询业务范围包括：

（1）建设项目建议书及可行性研究投资估算、项目经济评价报告的编制和审核；

（2）建设项目概预算的编制与审核，并配合设计方案比选、优化设计、限额设计等工作进行工程造价分析与控制；

（3）建设项目合同价款的确定（包括招标工程工程量清单和标底、投标报价的编制和审核）；合同价款的签订与调整（包括工程变更、工程洽商和索赔费用的计算）与工程款支付，工程结算及竣工结（决）算报告的编制与审核等；

（4）工程造价经济纠纷的鉴定和仲裁的咨询；

（5）提供工程造价信息服务等。

工程造价咨询企业可以对建设项目的组织实施进行全过程或者若干阶段的管理和服务。

工程造价咨询企业在承接各类建设项目的工程造价咨询业务时，应当与委托人订立书面工程造价咨询合同。

工程造价咨询企业与委托人可以参照《建设工程造价咨询合同》（示范文本）订立合同。

工程造价咨询企业从事工程造价咨询业务，应当按照执业操作规程规定的程序和格式出具工程造价成果文件。

工程造价成果文件应当由工程造价咨询企业加盖有企业名称、资质等级及证书编号的执业专用章，并由执行咨询业务的注册造价工程师签字、加盖执业专用章。

工程造价咨询企业设立分支机构的，应当自领取分支机构营业执照之日起30日内，持下列材料到分支机构工商注册所在地的省、自治区、直辖市人民政府建设主管部门备案：

（1）分支机构营业执照复印件；

（2）工程造价咨询企业资质证书复印件；

（3）拟在分支机构执业的不少于3名的注册造价工程师证书复印件；

（4）分支机构固定办公场所的租赁合同或产权证明。

省、自治区、直辖市人民政府建设主管部门应当在接受备案之日起10日内，报国务院住房和城乡建设主管部门备案。

分支机构从事工程造价咨询业务，应当由设立该分支机构的工程造价咨询企业负责承接工程造价咨询业务、订立咨询合同、出具工程造价成果文件。

分支机构不得以自己的名义承接工程造价咨询业务、订立咨询合同、出具工程造价成果文件。

（五）工程造价咨询企业的信用档案

工程造价咨询企业应当按照有关规定，向资质许可机关提供真实、准确、完整的工程造价企业信用档案信息。

工程造价咨询企业信用档案应当包括工程造价咨询企业的基本情况、业绩、良好行为、不良行为等内容。违法行为、被投诉举报处理、行政处罚等情况应当作为工程造价咨询企业的不良记录记入其信用档案。任何单位和个人都有权查阅信用档案。

（六）工程造价咨询企业的禁止行为

工程造价咨询企业不得有下列行为：

（1）涂改、倒卖、出租、出借资质证书，或者以其他形式非法转让资质证书；

（2）超越资质等级业务范围承接工程造价咨询业务；

（3）同时接受招标人和投标人或两个以上投标人对同一工程项目的工程造价咨询业务；

（4）以给予回扣、恶意压低收费等方式进行不正当竞争；

（5）转包承接的工程造价咨询业务；

（6）法律、法规禁止的其他行为。

除法律、法规另有规定外，未经委托人书面同意，工程造价咨询机构不得对外提供工程造价咨询服务过程中获知的当事人的商业秘密和业务资料。

（七）工程造价咨询活动的监督检查主体及其职责

县级以上地方人民政府住房和城乡建设主管部门或者有关部门应当依照有关法律、法规和建设部第149号令的规定，对工程造价咨询企业从事工程造价咨询业务的活动实施监督检查。

监督检查机关履行监督检查职责时，有权采取下列措施：

（1）要求被检查单位提供工程造价咨询资质证书、造价工程师注册证书，有关工程造价咨询业务的文档，技术档案管理、质量控制、财务管理等企业内部管理制度；

（2）进入被检查单位进行检查，查阅工程造价咨询成果文件以及工程造价咨询合同等相关资料；

（3）纠正违反有关法律、法规和建设部第149号部令及执业规程规定的行为。

监督检查机关应当将监督检查的处理结果向社会公布。

监督检查机关进行监督检查时，应当有两名以上监督检查人员参加，并出示执法证件，不得妨碍被检查单位的正常经营活动，不得索取或者收受财物、谋取其他利益。

有关单位和个人对依法进行的监督检查应当协助与配合，不得拒绝或者阻挠。

有下列情形之一的，资质许可机关或者其上级机关，根据利害关系人的请求或者依据职权，可以撤销工程造价咨询企业资质：

（1）资质许可机关工作人员滥用职权、玩忽职守作出准予工程造价咨询企业资质许可的；

（2）超越法定职权作出准予工程造价咨询企业资质许可的；

（3）违反法定程序作出准予工程造价咨询企业资质许可的；

（4）对不具备行政许可条件的申请人作出准予工程造价咨询企业资质许可的；

（5）依法可以撤销工程造价咨询企业资质的其他情形。

工程造价咨询企业以欺骗、贿赂等不正当手段取得工程造价咨询企业资质的，应当予以撤销。

工程造价咨询企业取得工程造价咨询企业资质后，不再符合相应资质条件的，资质许可机关根据利害关系人的请求或者依据职权，可以责令其限期改正；逾期不改的，可以撤回其资质。

有下列情形之一的，资质许可机关应当依法注销工程造价咨询企业资质：

（1）工程造价咨询企业资质有效期满，未申请延续的；

（2）工程造价咨询企业资质被撤销、撤回的；

（3）工程造价咨询企业依法终止的；

（4）法律、法规规定的应当注销工程造价咨询企业资质的其他情形。

（八）法律责任

（1）申请人隐瞒有关情况或者提供虚假材料申请工程造价咨询企业资质的，不予受理或者不予资质许可，并给予警告，申请人在1年内不得再次申请工程造价咨询企业资质。

（2）以欺骗、贿赂等不正当手段取得工程造价咨询企业资质的，由县级以上地方人民政府建设主管部门或者有关部门给予警告，并处以1万元以上3万元以下的罚款，申请人3年内不得再次申请工程造价咨询企业资质。

（3）未取得工程造价咨询企业资质从事工程造价咨询活动或者超越资质等级承接工程造价咨询业务的，出具的工程造价成果文件无效，由县级以上地方人民政府建设主管部门或者有关部门给予警告，责令限期改正，并处以1万元以上3万元以下的罚款；造成当事人损失的，依法承担赔偿责任。

（4）工程造价咨询企业不及时办理资质证书变更手续的，由资质许可机关责令限期办理；逾期不办理的，可处以1万元以下的罚款。

（5）有下列行为之一的，由县级以上地方人民政府建设主管部门或者有关部门给予警告，责令限期改正；逾期未改正的，可处以5 000元以上2万元以下的罚款：

第一，违反建设部第149号令第23条规定，新设立分支机构不备案的；

第二，违反建设部第149号令第25条规定，跨省、自治区、直辖市承接业务不备案的。

工程造价咨询企业有建设部第149号令第27条行为之一的，由县级以上地方人民政府建设主管部门或者有关部门给予警告，责令限期改正，并处以 1 万元以上 3 万元以下的罚款。

（6）资质许可机关有下列情形之一的，由其上级行政主管部门或者监察机关责令改正，对直接负责的主管人员和其他直接责任人员依法给予处分；构成犯罪的，依法追究刑事责任：

第一，对不符合法定条件的申请人准予工程造价咨询企业资质许可或者超越职权作出准予工程造价咨询企业资质许可决定的；

第二，对符合法定条件的申请人不予工程造价咨询企业资质许可或者不在法定期限内作出准予工程造价咨询企业资质许可决定的；

第三，利用职务上的便利，收受他人财物或者其他利益的；

第四，不履行监督管理职责，或者发现违法行为不予查处的。

第五节　注册造价工程师执业的法律制度

一、注册造价工程师执业资格制度概述

我国每年固定资产投资约 4 万多亿元，从事工程造价专业的人员近 100 万人，这一队伍在专业和技术方面对管好用好固定资产投资发挥了重要的作用。近年来，随着我国社会主义市场经济体制的建立和完善，投融资体制不断改革和建设工程推行招投标制，工程造价管理逐步由政府定价转变为市场形成造价的机制，这对工程造价专业人员的业务素质提出了更高的要求。因此，为了适应社会主义市场经济体制的需要，更好地发挥工程造价专业人员在工程建设中的作用，急需尽快规范工程造价专业人员的执业行为，提高工程造价专业人员的素质。

根据党的十四届三中全会《关于建立社会主义市场经济体制若干问题的决定》中提出的实行学历与职业资格两种证书制度的精神，政府要对事关国家和社会公众利益、技术性强的行业或专业，通过建立执业资格制度来规范行业的秩序。

1996 年 8 月，原人事部、建设部联合发布了《造价工程师执业资格制度暂行规定》，明确国家在工程造价领域实施造价工程师执业资格制度。同时规定造价工程师是经全国造价工程师执业资格统一考

试合格，并注册取得《造价工程师注册证》，从事建设工程造价活动的人员。凡从事工程建设活动的建设、设计、施工、工程造价咨询等单位，必须在计价、评估、审查（核）、控制等岗位配备有造价工程师执业资格的专业技术人员。

在全国统一考试前，对已从事工程造价管理工作并具有高级专业技术职务的人员，经考核合格，可通过认定办法取得造价工程师资格。1997 年 3 月建设部和人事部联合发布了《造价工程师执业资格认定办法》。于 1997 年、1998 年分两批共考核认定了 1853 名造价工程师。同时，1997 年组织了 9 省市试点考试，并于 1998 年开始每年举行一次全国统一考试。目前，取得造价工程师注册资格的人员达 110 000 人，造价工程师执业资格制度已经初步建立。为了加强对造价工程师的注册管理，规范造价工程师的执业行为，2006 年 12 月 25 日建设部修订了《造价工程师注册管理办法》，并重新颁布了《注册造价工程师管理办法》。

二、注册造价工程师的考试注册

（一）造价工程师执业资格考试

造价工程师执业资格考试实行全国统一大纲、统一命题、统一组织的办法。原则上每年举行一次。

1. 报考条件

凡中华人民共和国公民，符合下列条件之一的，均可申请参加造价工程师执业资格考试：

(1) 工程造价专业大专毕业后，从事工程造价业务工作满 5 年；工程或工程经济类大专毕业后，从事工程造价业务工作满 6 年。

(2) 工程造价专业本科毕业后，从事工程造价业务工作满 4 年；工程或工程经济类本科毕业后，从事工程造价业务工作满 5 年。

(3) 获上述专业第二学士学位或研究生班毕业和获硕士学位后，从事工程造价业务工作满 3 年。

(4) 获上述专业博士学位后，从事工程造价专业业务工作满 2 年。

2. 申请材料

申请参加造价工程师执业资格考试，需提供下列证明文件：

（1）造价工程师执业资格考试报名申请表。

（2）学历证明。

（3）工作实践经历证明。

3. 考试科目

造价工程师执业资格考试分为四个科目：《工程造价管理基础理论与相关法规》、《工程造价的计价与控制》、《建设工程技术与计量》（土建或安装）和《工程造价案例分析》。

对长期从事工程造价业务工作的专业技术人员，凡符合下列学历和专业年限条件之一的人员，可免试《工程造价管理基础理论与相关法规》、《建设工程技术与计量》2 个科目，只参加《工程造价的计价与控制》和《工程造价案例分析》2 个科目的考试。

（1）1970 年（含 1970 年，下同）以前工程或工程经济类本科毕业，从事工程造价工作满 15 年。

（2）1970 年以前工程或工程经济类大专毕业，从事工程造价工作满 20 年。

（3）1970 年以前工程或工程经济类中专毕业，从事工程造价工作满 25 年。

造价工程师四个科目分别单独考试、单独计分。参加全部科目考试的人员，必须在连续的两个考试年度通过；参加免试部分考试科目的人员，须在一个考试年度内通过应试科目。

4. 证书取得

造价工程师执业资格考试合格者，由省、自治区、直辖市人事（职改）部门颁发造价工程师执业资格证书，该证书在全国范围内有效，并作为造价工程师注册的凭证。

（二）造价工程师的注册

1. 注册管理部门

国务院住房和城乡建设主管部门对全国注册造价工程师的注册、执业活动实施统一监督管理；国务院铁路、交通、水利、工信等有关部门按照国务院规定的职责分工，对有关专业注册造价工程师的注册、执业活动实施监督管理。

省、自治区、直辖市人民政府住房和城乡建设主管部门对本行政区域内注册造价工程师的注册、执业活动实施监督管理。

2. 初始注册

注册造价工程师的注册条件为：

（1）取得执业资格；

（2）受聘于一个工程造价咨询企业或者工程建设领域的建设、勘察设计、施工、招标代理、工程监理、工程造价咨询等单位；

（3）无《注册造价工程师管理办法》第12条不予注册的情形。

有下列情形之一的，不予注册：

（1）不具有完全民事行为能力的；

（2）申请在两个或者两个以上单位注册的；

（3）未达到造价工程师继续教育合格标准的；

（4）前一个注册期内工作业绩达不到规定标准或未办理暂停执业手续而脱离工程造价业务岗位的；

（5）受刑事处罚，刑事处罚尚未执行完毕的；

（6）因工程造价业务活动受刑事处罚，自刑事处罚执行完毕之日起至申请注册之日止不满5年的；

（7）因前项规定以外原因受刑事处罚，自处罚决定之日起至申请注册之日止不满3年的；

（8）被吊销注册证书，自被处罚决定之日起至申请注册之日止不满3年的；

（9）以欺骗、贿赂等不正当手段获准注册被撤销，自被撤销注册之日起至申请注册之日止不满3年的；

（10）法律、法规规定不予注册的其他情形。

申请初始注册的，应当提交下列材料：

（1）初始注册申请表；

（2）执业资格证件和身份证件复印件；

（3）与聘用单位签订的劳动合同复印件；

（4）工程造价岗位工作证明；

（5）取得资格证书的人员，自资格证书签发之日起1年后申请初始注册的，应当提供继续教育合格证明；

（6）受聘于具有工程造价咨询资质的中介机构的，应当提供聘用单位为其交纳的社会基本养老保险凭证、人事代理合同复印件，或者劳动、人事部门颁发的离退休证复印件；

（7）外国人、台港澳人员应当提供外国人就业许可证书、台港澳人员就业证书复印件。

准予注册的，应由注册机关核发注册证书和执业印章。

注册证书和执业印章是注册造价工程师的执业凭证，应当由注册造价工程师本人保管、使用。

造价工程师的注册证书由注册机关统一印刷。

3. 续期注册

注册造价工程师注册有效期满需继续执业的，应当在注册有效期满30日前，按照建设部令第150号第8条规定的程序申请延续注册。延续注册的有效期为4年。

申请延续注册的，应当提交下列材料：

（1）延续注册申请表；

（2）注册证书；

（3）与聘用单位签订的劳动合同复印件；

（4）前一个注册期内的工作业绩证明；

（5）继续教育合格证明。

4. 变更注册

在注册有效期内，注册造价工程师变更执业单位的，应当与原聘用单位解除劳动合同，并按照建设部令第150号第8条规定的程序办理变更注册手续。变更注册后延续原注册有效期。

申请变更注册的，应当提交下列材料：

（1）变更注册申请表；

（2）注册证书；

（3）与新聘用单位签订的劳动合同复印件；

（4）与原聘用单位解除劳动合同的证明文件；

（5）受聘于具有工程造价咨询资质的中介机构的，应当提供聘用单位为其交纳的社会基本养老保险凭证、人事代理合同复印件，或者劳动、人事部门颁发的离退休证复印件；

(6) 外国人或者台港澳人员应当提供外国人就业许可证书、台港澳人员就业证书复印件。

三、注册造价工程师的管理

注册造价工程师只能在一个单位执业。

(一) 执业范围

注册造价工程师执业范围包括：

(1) 建设项目建议书、可行性研究投资估算的编制和审核，项目经济评价，工程概、预、结算、竣工结（决）算的编制和审核；

(2) 工程量清单、标底（或者控制价）、投标报价的编制和审核，工程合同价款的签订及变更、调整、工程款支付与工程索赔费用的计算；

(3) 建设项目管理过程中设计方案的优化、限额设计等工程造价分析与控制，工程保险理赔的核查；

(4) 工程经济纠纷的鉴定。

(二) 权利与义务

注册造价工程师享有下列权利：

(1) 使用注册造价工程师名称；

(2) 依法独立执行工程造价业务；

(3) 在本人执业活动中形成的工程造价成果文件上签字并加盖执业印章；

(4) 发起设立工程造价咨询企业；

(5) 保管和使用本人的注册证书和执业印章；

(6) 参加继续教育。

注册造价工程师应当履行下列义务：

(1) 遵守法律、法规、有关管理规定，恪守职业道德；

(2) 保证执业活动成果的质量；

(3) 接受继续教育，提高执业水平；

(4) 执行工程造价计价标准和计价方法；

（5）与当事人有利害关系的，应当主动回避；

（6）保守在执业中知悉的国家秘密和他人的商业、技术秘密。

（三）禁止行为

注册造价工程师的禁止行为有：

（1）不履行造价工程师义务；

（2）在执业过程中，索贿、受贿或者谋取合同约定费用外的其他利益；

（3）在执业过程中实施商业贿赂；

（4）签署有虚假记载、误导性陈述的工程造价成果文件；

（5）以个人名义承接工程造价业务；

（6）允许他人以自己名义从事工程造价业务；

（7）同时在两个或两个以上单位执业；

（8）涂改、倒卖、出租、出借或者以其他形式非法转让注册证书或者执业印章；

（9）法律、法规、规章禁止的其他行为。

（四）继续教育

注册造价工程师在每一注册期内应当达到注册机关规定的继续教育要求。

注册造价工程师继续教育分为必修课和选修课，每一注册有效期接受继续教育的时间各为60学时，经继续教育达到合格标准的，颁发继续教育合格证明。

第四章　建筑市场管理

第一节　建筑市场管理概述

建筑市场管理，是指各级人民政府住房和城乡建设行政主管部门、工商行政管理机关等有关部门，对建筑市场上的各种建筑经营活动所实施的监督、管理。由于建筑市场不同于一般商品市场，建筑市场管理也不同于一般商品市场的管理，其管理的范围、内容和方式也不大一样。

为了加强对建筑活动的监督管理，维护建筑市场秩序，保证工程质量和安全，促进建筑业的健康发展，1998 年 3 月 1 日《建筑法》开始实施，它是我国工程建设和建筑业的一部大法，标志着我国工程建设和建筑业的发展开始迈入了法治管理的新时期。为了加强对建设工程质量的管理，保证建设工程质量，保护人民生命和财产安全，2000 年 1 月 30 日，国务院发布了《建设工程质量管理条例》。根据《建筑法》和《建设工程质量管理条例》，2001 年 7 月 4 日，建设部发布了《关于修改建筑工程施工许可管理办法的决定》（建设部令第 91 号）。为贯彻落实《行政许可法》，建设部对《建设工程勘察设计资质管理规定》、《建筑业企业资质管理规定》、《工程监理企业资质管理规定》、《工程建设项目招标代理机构资格认定办法》、《工程造价咨询企业管理办法》进行了重新修订。2007 年，建设部先后发布了《工程建设项目招标代理机构资格认定办法》（建设部令第 154 号）、《工程监理企业资质管理规定》（建设部令第 158 号）、《建筑业企业资质管理规定》（建设部令第 159 号）和《建设工程勘察设计资质管理规定》（建设部令第 160 号）。

中国加入 WTO 后，为进一步提高建筑业的对外开放水平，建立内外资建筑市场准入的统一监管机制，按照我国入世的承诺，2002

年9月27日，建设部和对外贸易经济合作部联合出台了《外商投资建筑业企业管理规定》（建设部、对外贸易经济合作部令第113号）、《外商投资建设工程设计企业管理规定》（建设部、对外贸易经济合作部令第114号），2007年1月22日，又出台《外商投资建设工程服务企业管理规定》（建设部、商务部令第155号），进一步开放了中国建筑市场，健全和完善了建筑业涉外经济法规，将对外商投资企业的管理纳入了统一的建筑市场资质管理体系。在以上规定及相关补充规定中，允许设立外商独资建筑企业，在中外合资、合作建筑业企业中允许外资控股，取消对于中外合资、合作企业在适用资质标准方面的歧视性待遇。对外商投资企业的资质取得标准实行国民待遇。为进一步推动内地和香港、澳门更紧密的经贸合作，2003年12月19日，建设部和商务部联合出台了《〈外商投资建筑业企业管理规定〉的补充规定》（建设部、商务部令第121号）、《〈外商投资建设工程设计企业管理规定〉的补充规定》（建设部、商务部令第122号）以及有关文件。对于香港和澳门服务提供者在大陆设立从事建筑活动的企业提供了一系列的优惠政策。

针对招标投标制度推行过程中存在的问题，在认真总结我国推行招标投标制度的实践经验，研究借鉴国外招标投标通行做法的基础上，2000年1月1日，《招标投标法》发布实施，其以法律的形式规范招标投标活动，确立了招标投标必须遵守的基本规则和程序，以保证招标投标制度在我国的顺利实施。2000年4月4日，经国务院批准，原国家计划委员会发布了《工程建设项目招标范围和规模标准规定》；2000年5月3日，中央机构编制委员会办公室印发了《关于国务院有关部门实施招标投标活动行政监督的职责分工的意见》；2000年10月18日，建设部发布了《建筑工程设计招标投标管理办法》（建设部令第82号）；2001年6月1日，建设部发布了《房屋建筑和市政基础设施工程施工招标投标管理办法》（建设部令第89号）；2001年7月5日，原国家计划委员会、原国家经济贸易委员会、建设部、铁道部、交通部、信息产业部、水利部联合制定了《评标委员会和评标方法暂行规定》；2003年3~6月，国家发改委、建设部等部委又相继发布了《工程建设项目施工招标投标办法》、《工程建设项目勘察设计招标投标办法》。

为了保护合同当事人的合法权益，加强合同管理，1999 年 10 月 1 日国家颁布了《合同法》。1999 年 12 月，建设部和国家工商行政管理局对 1991 年颁布的《建设工程施工合同示范文本》作了重大修订，并予重新印发，并对 1999 年 12 月 24 日印发的《建设工程施工合同》（示范文本）附件 3《工程质量保修书》进行了修订，并将修订后的《工程质量保修书》更名为《房屋建筑工程质量保修书》，于 2000 年 8 月 20 日与《建设工程施工合同示范文本》一并推行。2010 年，建设部发布了《关于进一步强化住宅工程质量管理和责任的通知》（建市〔2010〕68 号）。

为进一步推进工程担保工作，转变建筑市场监管方式，规范建筑市场，建立科学合理的建筑市场运行机制，在多次调研的基础之上，2004 年 8 月建设部发布了《关于在房地产开发项目中推行工程建设合同担保的若干规定（试行）》（建市〔2004〕137 号）；2005 年 5 月发布了《工程担保合同示范文本》；2005 年 10 月发布了《关于选择深圳、厦门等市作为推行工程担保试点城市的意见》（建市招函〔2005〕73 号），确定将深圳、厦门、青岛、成都、杭州、常州、天津 7 城市作为推行工程担保试点城市；2006 年，发布了《关于在建设工程项目中进一步推行工程担保制度的意见》（建市〔2006〕326 号）；2007 年，发布了《关于启用全国建筑市场诚信信息平台的通知》（建市函〔2007〕337 号）；2009 年，发布了《关于进一步做好建筑市场不良行为上报工作的通知》（建办市函〔2009〕560 号），推动建筑市场诚信体系建设。

针对建设领域拖欠工程款问题，2003 年 11 月国务院办公厅下发了《关于切实解决建设领域拖欠工程款的通知》，提出“自 2004 年起用 3 年时间基本解决建设领域拖欠工程款以及拖欠农民工工资问题”。经过建设部以及国务院有关部门、地方政府的共同努力，通过综合运用法律、经济和必要的行政手段进行综合治理，解决建设领域拖欠工程款问题达到了预期目标，同时长效机制建设初见成效。先后出台了《建设工程价款结算暂行办法》、《建设领域农民工工资支付管理暂行办法》等系列规范性文件，为规范工程施工分包活动，彻底治理违法分包、转包、允许他人以本企业名义承揽工程的行为，维护建筑市场秩序，保证工程质量和施工安全，2004 年 2 月 3 日，建设部出台《房屋建筑和市政基础设施工程施工分包管理办法》（建设部令第 124 号），明确提出“严禁个人承揽分包工程业务”，“分包合同必须明确约定支付工程款和劳务工资的时间、结算方式以及保证按期支付的相应措施，确保工程款和劳务工资的支付”。第一次从部门规章层次提出解决拖欠工程款和农民工工资问题。以上法规、规范性文件的出台，对于深入整顿和规范建筑市场秩序，从源头上避免产生新的拖欠，起到了促进作用。

建筑市场法规的颁布和施行，保证和促进了建筑业体制改革的顺利进行，有利于调动承发包单位的积极性和建立正常的市场环境，充分发挥竞争机制的作用，维护建筑市场的秩序，提高建设水平，保证国家经济建设的健康发展。

第二节　企业资质管理

一、工程勘察设计资质管理

依据建设部 2007 年发布的《建设工程勘察设计资质管理规定》（建设部令第 160 号），工程勘察设计资质主要包括以下几方面的内容：

（一）资质等级与业务范围

1. 资质等级

工程勘察资质分为工程勘察综合资质、工程勘察专业资质、工程勘察劳务资质。工程勘察综合资质只设甲级；工程勘察专业资质设甲级、乙级，根据工程性质和技术特点，部分专业可以设丙级；工程勘察劳务资质不分等级。

工程设计资质分为工程设计综合资质、工程设计行业资质、工程设计专业资质和工程设计专项资质。工程设计综合资质只设甲级；工程设计行业资质、工程设计专业资质、工程设计专项资质设甲级、乙级。根据工程性质和技术特点，个别行业资质、专业资质、专项资质可以设丙级，建筑工程专业资质可以设丁级。

建设工程勘察、工程设计资质标准和各资质类别、级别企业承担工程的具体范围由国务院住房和城乡建设主管部门商国务院有关部门制定。

2. 承担业务范围

取得工程勘察综合资质的企业，可以承接各专业（海洋工程勘察除外）、各等级工程勘察业务；取得工程勘察专业资质的企业，可以承接相应等级相应专业的工程勘察业务；取得工程勘察劳务资质的企业，可以承接岩土工程治理、工程钻探、凿井等工程勘察劳务业务。

取得工程设计综合资质的企业，可以承接各行业、各等级的建设工程设计业务；取得工程设计行业资质的企业，可以承接相应行业相应等级的工程设计业务及本行业范围内同级别的相应专业、专项（设计施工一体化资质除外）工程设计业务；取得工程设计专业资质的企业，可以承接本专业相应等级的专业工程设计业务及同级别的相应专项工程设计业务（设计施工一体化资质除外）；取得工程设计专项资质的企业，可以承接本专项相应等级的专项工程设计业务。

（二）资质申请与审批

1. 申请资料

按照《建设工程勘察设计资质管理规定》（建设部令第160号）和《建设工程勘察设计资质管理规定实施意见》（建市〔2007〕202号）的规定，申请资质应提交以下材料：

（1）工程勘察、工程设计资质申请表；

（2）企业法人、合伙企业营业执照副本复印件；

（3）企业章程或合伙协议；

（4）企业法定代表人、合伙人的身份证明；

（5）企业负责人、技术负责人的身份证明、任职文件、毕业证书、职称证书及相关资质标准要求提供的材料；

（6）工程勘察、工程设计资质申请表中所列注册执业人员的身份证明、注册执业证书；

（7）工程勘察、工程设计资质标准要求的非注册专业技术人员的职称证书、毕业证书、身份证明及个人业绩材料；

（8）工程勘察、工程设计资质标准要求的注册执业人员、其他专业技术人员与原聘用单位解除聘用劳动合同的证明及新单位的聘用劳动合同；

（9）资质标准要求的其他有关材料。

2. 审批程序

申请工程勘察甲级资质、工程设计甲级资质，以及涉及铁路、交通、水利、信息产业、民航等方面的工程设计乙级资质的，应当向企业工商注册所在地的省、自治区、直辖市人民政府住房和城乡建设主管部门提出申请。其中，国务院国有资产监督管理委员会管理的企业应当向国务院住房和城乡建设主管部门提出申请；国务院国有资产监督管理委员会管理的企业下属一层级的企业申请资质，应当由国务院国有资产监督管理委员会管理的企业向国务院住房和城乡建设主管部门提出申请。

省、自治区、直辖市人民政府住房和城乡建设主管部门应当自受理申请之日起20日内初审完毕，并将初审意见和申请材料报国务院住房和城乡建设主管部门。

国务院住房和城乡建设主管部门应当自省、自治区、直辖市人民政府住房和城乡建设主管部门受理申请材料之日起60日内完成审查，公示审查意见，公示时间为10日。其中，涉及铁路、交通、水利、信息产业、民航等方面的工程设计资质，由国务院住房和城乡建设主管部门送国务院有关部门审核，国务院有关部门在20日内审核完毕，并将审核意见送国务院住房和城乡建设主管部门。

工程勘察乙级及以下资质、劳务资质、工程设计乙级（涉及铁路、交通、水利、信息产业、民航等方面的工程设计乙级资质除外）及以下资质许可由省、自治区、直辖市人民政府住房和城乡建设主管部门实施。具体实施程序由省、自治区、直辖市人民政府住房和城乡建设主管部门依法确定。

省、自治区、直辖市人民政府住房和城乡建设主管部门应当自作出决定之日起30日内，将准予资质许可的决定报国务院住房和城乡建设主管部门备案。

二、建筑业企业资质管理

《建筑法》规定，从事建筑活动的建筑施工企业，应当具备下列条件：(1) 有符合国家规定的注册资本；(2) 有与其从事的建筑活动相适应的具有法定执业资格的专业技术人员；(3) 有从事相关建筑活动所应有的技术装备；(4) 法律、行政法规规定的其他条件。《建设工程质量管理条例》规定，施工单位应当依法取得相应等级的资质证书，并在其资质等级许可的范围内承揽工程。本条例所称建设工程，是指土木工程、建筑工程、线路管道和设备安装工程及装修工程。2007年建设部修订的《建筑业企业资质管理规定》规定，建筑业企业应当按照其拥有的注册资本、专业技术人员、技术装备和已完成的建筑工程业绩等条件申请资质，经审查合格，取得建筑业企业资质证书后，方可在资质许可的范围内从事建筑施工活动。

(一) 资质管理范围和主管部门

凡是从事土木工程、建筑工程、线路管道设备安装工程、装修工程的新建、扩建、改建活动的建筑业企业，需要具备相应的资质。

取得施工总承包资质的企业（简称施工总承包企业），可以承接施工总承包工程。施工总承包企业可以对所承接的施工总承包工程内各专业工程全部自行施工，也可以将专业工程或劳务作业依法分包给具有相应资质的专业承包企业或劳务分包企业。

取得专业承包资质的企业（简称专业承包企业），可以承接施工总承包企业分包的专业工程和建设单位依法发包的专业工程。专业承包企业可以对所承接的专业工程全部自行施工，也可以将劳务作业依法分包给具有相应资质的劳务分包企业。

取得劳务分包资质的企业（简称劳务分包企业），可以承接施工总承包企业或专业承包企业分包的劳务作业。

我国对建筑业企业的资质管理，实行分级实施与有关部门相配合的管理模式。国务院住房和城乡建设主管部门负责全国建筑业企业资质的归口管理工作。国务院铁路、交通、水利、信息产业、民航等有关部门配合国务院住房和城乡建设主管部门负责相关资质类别建筑业企业资质的管理工作。

省、自治区、直辖市人民政府住房和城乡建设主管部门负责本行政区域内建筑业企业资质的归口管理工作。省、自治区、直辖市人民政府交通、水利、信息产业等有关部门配合同级建设主管部门负责本行政区域内相关资质类别建筑业企业资质的管理工作。

（二）资质序列、类别和等级

根据建设部2001年颁发的《建筑业企业资质等级标准》和2007年颁布的《施工总承包企业特级资质标准》以及住房和城乡建设部2010年发布的《施工总承包企业特级资质标准实施办法》（建市〔2010〕210号）规定：

建筑业企业资质分为施工总承包、专业承包和劳务分包三个序列。

（1）施工总承包企业资质序列，包括房屋建筑、铁路工程、港口与航道、公路工程、水利水电、电力工程、冶炼工程、化工石油工程、矿山工程、市政公用工程、通信工程、机电安装等12个类别；每个类别划分3或4个资质等级，即特级、一级、二级、三级。

（2）专业承包企业资质序列，包括地基与基础工程、建筑装修装饰工程、建筑幕墙工程、园林古建筑工程、钢结构工程、建筑智能化工程、桥梁工程、隧道工程、海洋石油、城市轨道交通等60个类别；每个类别分为1~3个等级，或不分等级。

（3）劳务分包企业资质序列，包括砌筑作业、抹灰作业、钢筋作业、混凝土作业、脚手架作业等13个类别；每个类别分为一级、二级，或不分等级。

（三）申请和审核

1. 企业申请资料

《关于印发〈建设工程企业资质申报材料清单〉、〈建设工程企业资质申报示范文本〉和〈建设工程企业资质规定和标准说明〉的通知》（建办市函〔2006〕274号）对建筑业企业申请资质，企业因改制、分立、合并、重组等原因重新核定资质，企业工商注册地跨省变更，申请资质变更需提交资料作了规定。

2. 审核权限和程序

下列建筑业企业资质的许可，由国务院住房和城乡建设主管部门实施，企业工商注册所在地省、自治区、直辖市人民政府住房和城乡建设主管部门提出申请。其中，国务院国有资产管理部门直接监管的企业及其下属一层级的企业申请施工总承包资质的，应当由国务院国有资产管理部门直接监管的企业向国务院住房和城乡建设主管部门提出申请。

①施工总承包序列特级资质、一级资质；

②国务院国有资产管理部门直接监管的企业及其下属一层级的企业的施工总承包二级资质、三级资质；

③水利、交通、信息产业方面的专业承包序列一级资质；

④铁路方面、民航方面的专业承包序列一级、二级资质；

⑤公路交通工程专业承包不分等级资质、城市轨道交通专业承包不分等级资质。

省、自治区、直辖市人民政府住房和城乡建设主管部门应当自受理申请之日起20日内初审完毕并将初审意见和申请材料报国务院住房和城乡建设主管部门。

国务院住房和城乡建设主管部门应当自省、自治区、直辖市人民政府住房和城乡建设主管部门受理申请材料之日起60日内完成审查，公示审查意见，公示时间为10日。其中，涉及铁路、交通、水利、信息产业、民航等方面的建筑业资质，由国务院住房和城乡建设主管部门送国务院有关部门审核，国务院有关部门在20日内审核完毕，并将审核意见送国务院住房和城乡建设主管部门。

下列建筑业企业资质许可，由企业工商注册所在地省、自治区、直辖市人民政府住房和城乡建设主管部门实施，实施程序由省、自治区、直辖市人民政府住房和城乡建设主管部门依法确定。

①施工总承包序列二级资质（不含国务院国有资产管理部门直

接监管的企业及其下属一层级的企业的施工总承包序列二级资质)；

②专业承包序列一级资质（不含铁路、交通、水利、信息产业、民航方面的专业承包序列一级资质)；

③专业承包序列二级资质（不含民航、铁路方面的专业承包序列二级资质)；

④专业承包序列不分等级资质（不含公路交通工程专业承包序列和城市轨道交通专业承包序列的不分等级资质)。

省、自治区、直辖市人民政府住房和城乡建设主管部门应当自作出决定之日起30日内，将准予资质许可的决定报国务院住房和城乡建设主管部门备案。

下列建筑业企业资质许可，由企业工商注册所在地设区的市人民政府住房和城乡建设主管部门实施，实施程序由省、自治区、直辖市人民政府住房和城乡建设主管部门依法确定。

（1）施工总承包序列三级资质（不含国务院国有资产管理部门直接监管的企业及其下属一层级的企业的施工总承包三级资质)；

（2）专业承包序列三级资质；

（3）劳务分包序列资质；

（4）燃气燃烧器具安装、维修企业资质。

企业工商注册所在地设区的市人民政府住房和城乡建设主管部门应当自作出决定之日起30日内，将准予资质许可的决定报国务院住房和城乡建设主管部门备案。

（四）建筑业企业的主要资质条件

（1）有符合规定的注册资本。注册资本是判断企业经济实力的依据之一。从事工程建设施工活动的企业，必须具备基本的责任承担能力，能够担负与其承包施工工程相适应的财产义务。企业的注册资本不得低于最低限额。以房屋建筑工程施工总承包企业为例，按照《建筑业企业资质等级标准》、《施工总承包企业特级资质标准》、《施工总承包企业特级资质标准实施办法》规定：特级企业的注册资本金3亿元以上，企业净资产3.6亿元以上；一级企业注册资本金5 000万元以上，企业净资产6 000万元以上；二级企业注册资本金

2 000万元以上，企业净资产2 500万元以上；三级企业注册资本金600 万元以上，企业净资产 700 万元以上。

（2）有符合规定的已完成工程业绩。工程经验是衡量企业实际能力和水平的重要依据，以房屋建筑工程施工总承包企业为例，一级企业近 5 年承担过下列 6 项中的 4 项以上工程的施工总承包或主体工程承包，工程质量合格：①25 层以上的房屋建筑工程；②高度 100 米以上的构筑物或建筑物；③单体建筑面积 3 万平方米以上的房屋建筑工程；④单跨跨度 30 米以上的房屋建筑工程；⑤建筑面积 10 万平方米以上的住宅小区或建筑群体；⑥单项建安合同额 1 亿元以上的房屋建筑工程。

（3）有符合规定的专业技术人员。从事工程建设施工活动的企业必须拥有足够的专业技术人员，其中一些专业技术人员还须有通过考试和注册取得的法定执业资格。以房屋建筑工程施工总承包特级企业为例，按照《施工总承包企业特级资质标准》的规定：特级企业的企业经理要具有 10 年以上从事工程管理工作的经历；技术负责人具有 15 年以上从事工程技术管理工作的经历，且具有工程序列高级职称及一级注册建造师或注册工程师执业资格，主持完成过两项及以上施工总承包一级资质要求的代表工程的技术工作或甲级设计资质要求的代表工程或合同额 2 亿元以上的工程总承包项目；财务负责人具有高级会计师职称及注册会计师资格。企业具有注册一级建造师 50 人以上。企业具有本类别相关的行业工程设计甲级资质标准要求的专业技术人员。

（4）有符合规定的技术装备。随着建筑业技术进步，大跨度、超高层、结构复杂的建设工程越来越多，施工单位必须拥有与其从事的施工活动相适应的技术装备。

企业首次申请、增项申请建筑业企业资质，不考核企业工程业绩，其资质等级按照最低资质等级核定。已取得工程设计资质的企业首次申请同类别或相近类别的建筑业企业资质的，可以将相应规模的工程总承包业绩作为工程业绩予以申报，但申请资质等级最高不超过其现有工程设计资质等级。建筑业企业在资质证书有效期内名称、地址、注册资本、法定代表人等发生变更的，应当在工商部门办理变更手续后30日内办理资质证书变更手续。企业合并的，合并后存续或者新设立的建筑业企业可以承继合并前各方中较高的资质等级，但应当符合相应的资质等级条件。企业分立的，分立后企业的资质等级，根据实际达到的资质条件核定资质等级。企业改制的，改制后不再符合资质标准的，应按其实际达到的资质标准及本规定申请重新核定；资质条件不发生变化的，依法办理资质变更手续。

（五）法律责任

建筑业企业违法从事建筑活动的，违法行为发生地的县级以上地方人民政府住房和城乡建设主管部门或者其他有关部门应当依法查处，并将违法事实、处理结果或处理建议及时告知该建筑业企业的资质许可机关。

（1）禁止无资质承揽工程。《建筑法》、《建设工程质量管理条例》规定，施工单位应当依法取得相应等级的资质证书，并在其资质等级许可的范围内承揽工程。建设部《房屋建筑和市政工程施工分包管理办法》规定，分包工程承包人必须具有相应的资质，并在其资质等级许可的范围内承揽业务。严禁个人承揽分包工程业务。

《建筑法》、《建设工程质量管理条例》规定，发包单位将工程发包给不具有相应资质条件的承包单位的，或者违反本法规定将建筑工程肢解发包的，责令改正，处以罚款。未取得资质证书承揽工程的，予以取缔，并处罚款；有违法所得的，予以没收。

（2）禁止越级承揽工程。《建筑法》、《建设工程质量管理条例》规定，禁止施工单位超越本单位资质等级许可的业务范围承揽工程。两个以上不同资质等级的单位实行联合共同承包的，应当按照资质等级低的单位的业务许可范围承揽工程。

《建筑法》、《建设工程质量管理条例》规定，超越本单位资质等级承揽工程的，责令停止违法行为，处以罚款，可以责令停业整顿，降低资质等级；情节严重的，吊销资质证书；有违法所得的，予以没收。

（3）禁止违法分包。《建筑法》、《建设工程质量管理条例》规定，禁止总承包单位将工程分包给不具备相应资质条件的单位。建设部《房屋建筑和市政基础设施工程施工分包管理办法》规定，分包工程承包人必须具有相应的资质，并在其资质等级许可的范围内承揽业务。

《建筑法》、《建设工程质量管理条例》规定，承包单位将承包的工程转包的，或者违反本法规定进行分包的，责令改正，没收违法所得，并处罚款，可以责令停业整顿，降低资质等级；情节严重的，吊销资质证书。承包单位有以上规定的违法行为的，对因转包工程或者违法分包的工程不符合规定的质量标准造成的损失，与接受转包或者分包的单位承担连带赔偿责任。

（4）禁止施工企业转让、出借资质证书或者以其他形式允许其他单位或者个人以本企业的名义承揽工程。

《建筑法》、《建设工程质量管理条例》规定，建筑施工企业转让、出借资质证书或者以其他方式允许他人以本企业的名义承揽工程的，责令改正，没收违法所得，并处罚款，可以责令停业整顿，降低资质等级；情节严重的，吊销资质证书。对因该项承揽工程不符合规定的质量标准造成的损失，建筑施工企业与使用本企业名义的单位或者个人承担连带赔偿责任。

三、工程监理企业资质管理

为了加强工程监理企业资质管理，规范建设工程监理活动，维护建筑市场秩序，建设部于2007年6月26日发布了《工程监理企业资质管理规定》（建设部第158号令），该规定自2007年8月1日起施行。为了进一步贯彻执行该规定，2007年建设部又印发了《工程监理企业资质管理规定实施意见》（建市〔2007〕190号）。

（一）工程监理企业资质等级和业务范围

1. 工程监理企业资质

工程监理企业资质是企业技术能力、管理水平、业务经验、经营规模、社会信誉等综合性实力指标。对工程监理企业实施资质管理是我国政府实行市场准入控制的有效手段。

工程监理企业应当按照所拥有的注册资本、专业技术人员数量和工程监理业绩等资质条件申请资质，经审查合格，取得相应等级的资质证书后，才能在其资质等级许可的范围内从事工程监理活动。

工程监理企业的注册资本不仅是企业从事经营活动的基本条件，同时也是企业清偿债务的保证。工程监理企业所拥有的专业技术人员数量主要体现在注册监理工程师的数量，这反映企业从事监理工作的工程范围和业务能力。工程监理业绩则反映工程监理企业开展监理业务的经历和成效。

工程监理企业资质分为综合资质、专业资质和事务所资质。其中，专业资质按照工程性质和技术特点划分为若干工程类别。综合资质、事务所资质不分级别。专业资质分为甲级、乙级；其中，房屋建筑、水利水电、公路和市政公用专业资质可设立丙级。

甲级、乙级和丙级，按照工程性质和技术特点分为14个专业工程类别，每个专业工程类别按照工程规模或技术复杂程度又分为3个等级。

2. 工程监理企业资质等级标准

（1）综合资质标准。

需具备的条件为：

①具有独立法人资格且注册资本不少于600万元；

②企业技术负责人应为注册监理工程师，并具有15年以上从事工程建设工作的经历或者具有工程类高级职称；

③具有5个以上工程类别的专业甲级工程监理资质；

④注册监理工程师不少于60人，注册造价工程师不少于5人，一级注册建造师、一级注册建筑师、一级注册结构工程师及其他勘察设计注册工程师累计不少于15人次；

⑤企业具有完善的组织结构和质量管理体系，有健全的技术、档案等管理制度；

⑥企业具有必要的工程试验检测设备；

⑦申请工程监理资质之日前1年内没有规定禁止的行为；

⑧申请工程监理资质之日前1年内没有因本企业监理责任造成重大质量事故；

⑨申请工程监理资质之日前1年内没有因本企业监理责任发生三级以上工程建设重大安全事故或者发生两起以上四级工程建设安全事故。

（2）专业资质标准。

①甲级需具备的条件为：

a. 具有独立法人资格且注册资本不少于300万元；

b. 企业技术负责人应为注册监理工程师，并具有15年以上从事工程建设工作的经历或者具有工程类高级职称；

c. 注册监理工程师、注册造价工程师、一级注册建造师、一级注册建筑师、一级注册结构工程师及其他勘察设计注册工程师累计不少于25人次；其中，相应专业注册监理工程师不少于《专业资质注册监理工程师人数配备表》（表4－1）中要求配备的人数，注册造价工程师不少于2人；

d. 近2年内独立监理过3个以上相应专业的二级工程项目；

e. 具有完善的组织结构和质量管理体系，有健全的技术、档案等管理制度；

f. 具有必要的工程试验检测设备；

g. 申请工程监理资质之日前1年内没有规定禁止的行为；

h. 申请工程监理资质之日前1年内没有因本企业监理责任造成重大质量事故；

i. 申请工程监理资质之日前1年内没有因本企业监理责任发生三级以上工程建设重大安全事故或者发生2起以上四级工程建设安全事故。

②乙级需具备的条件为：

a. 具有独立法人资格且注册资本不少于100万元；

b. 企业技术负责人应为注册监理工程师，并具有10年以上从事工程建设工作的经历；

c. 注册监理工程师、注册造价工程师、一级注册建造师、一级注册建筑师、一级注册结构工程师及其他勘察设计注册工程师累计不少于15人次。其中，相应专业注册监理工程师不少于《专业资质注册监理工程师人数配备表》（表4－1）中要求配备的人数，注册造价工程师不少于1人；

表4－1　专业资质注册监理工程师人数配备表　（单位：人）

序号	工程类别	甲级	乙级	丙级
1	房屋建筑工程	15	10	5
2	冶炼工程	15	10	—
3	矿山工程	20	12	—
4	化工石油工程	15	10	—
5	水利水电工程	20	12	5
6	电力工程	15	10	—
7	农林工程	15	10	—
8	铁路工程	23	14	—
9	公路工程	20	12	5
10	港口与航道工程	20	12	—
11	航天航空工程	20	12	—
12	通信工程	20	12	—
13	市政公用工程	15	10	5
14	机电安装工程	15	10	—

注：表中各专业资质注册监理工程师人数配备是指企业取得本专业工程类别注册的注册监理工程师人数。

d. 有较完善的组织结构和质量管理体系，有技术、档案等管理制度；

e. 有必要的工程试验检测设备；

f. 申请工程监理资质之日前1年内没有规定禁止的行为；

g. 申请工程监理资质之日前1年内没有因本企业监理责任造成重大质量事故；

h. 申请工程监理资质之日前1年内没有因本企业监理责任发生三级以上工程建设重大安全事故或者发生2起以上四级工程建设安全事故。

③丙级需具备的条件为：

a. 具有独立法人资格且注册资本不少于50万元；

b. 企业技术负责人应为注册监理工程师，并具有8年以上从事工程建设工作的经历；

c. 相应专业的注册监理工程师不少于《专业资质注册监理工程师人数配备表》（表4－1）中要求配备的人数；

d. 有必要的质量管理体系和规章制度；

e. 有必要的工程试验检测设备。

（3）事务所资质标准。

①取得合伙企业营业执照，具有书面合作协议书；

②合伙人中有3名以上注册监理工程师，合伙人均有5年以上从事建设工程监理的工作经历；

③有固定的工作场所；

④有必要的质量管理体系和规章制度；

⑤有必要的工程试验检测设备。

3. 业务范围

（1）综合资质。可以承担所有专业工程类别建设工程项目的工程监理业务。

（2）专业资质。

①甲级资质。可承担相应专业工程类别建设工程项目的工程监理业务。

②乙级资质。可承担相应专业工程类别二级以下（含二级）建设工程项目的工程监理业务。

③丙级资质。可承担相应专业工程类别三级建设工程项目的工程监理业务。

（3）事务所资质。可承担三级建设工程项目的工程监理业务，但是，国家规定必须实行强制监理的工程除外。

此外，工程监理企业都可以开展相应类别建设工程的项目管理、技术咨询等业务。

（二）工程监理企业的资质申请和审批

工程监理企业申请综合资质、专业甲级资质的，应当向企业工商注册所在地的省、自治区、直辖市人民政府住房和城乡建设主管部门提出申请。省、自治区、直辖市人民政府住房和城乡建设主管部门应当自受理申请之日起20日内初审完毕，并将初审意见和申请材料报国务院住房和城乡建设主管部门。

国务院住房和城乡建设主管部门应当自省、自治区、直辖市人民政府住房和城乡建设主管部门受理申请材料之日起60日内完成审查，公示审查意见，公示时间为10日。其中，涉及铁路、交通、水利、通信、民航等专业工程监理资质的，由国务院住房和城乡建设主管部门送国务院有关部门审核。国务院有关部门应当在20日内审核完毕，并将审核意见报国务院住房和城乡建设主管部门。国务院住房和城乡建设主管部门根据初审意见审批。

专业乙级、丙级资质和事务所资质则由企业所在地省、自治区、直辖市人民政府住房和城乡建设主管部门审批。省、自治区、直辖市人民政府住房和城乡建设主管部门应当自作出决定之日起10日内，将准予资质许可的决定报国务院住房和城乡建设主管部门备案。

1. 申请工程监理企业资质需要提交的材料

新设立工程监理企业的，应当先到工商行政管理部门登记注册并取得企业法人营业执照后，才能到建设行政主管部门办理资质申请手续。申请工程监理企业资质需要提交以下材料：

（1）工程监理企业资质申请表（一式三份）及相应电子文档；

（2）企业法人、合伙企业营业执照；

（3）企业章程或合伙人协议；

（4）企业法定代表人、企业负责人和技术负责人的身份证明、工作简历及任命（聘用）文件；

（5）工程监理企业资质申请表中所列注册监理工程师及其他注册执业人员的注册执业证书；

（6）有关企业质量管理体系、技术和档案等管理制度的证明材料；

(7) 有关工程试验检测设备的证明材料。

取得专业资质的企业申请晋升专业资质等级或者取得专业甲级资质的企业申请综合资质的，除上述规定的材料外，还应当提交原工程监理企业资质证书正、副本复印件，企业《监理业务手册》及近两年已完成代表工程的监理合同、监理规划、工程竣工验收报告及监理工作总结。

2. 工程监理企业资质延续手续

工程监理企业资质证书的有效期为5年。工程监理企业资质有效期届满，需要继续从事工程监理活动的，应当在资质证书有效期届满60日前，向原资质许可机关申请办理延续手续。

对在资质有效期内遵守有关法律、法规、规章、技术标准，信用档案中无不良记录，且专业技术人员满足资质标准要求的企业，经资质许可机关同意，有效期延续5年。

3. 工程监理企业资质证书变更手续

工程监理企业在资质证书有效期内名称、地址、注册资本、法定代表人等发生变更的，应当在工商行政管理部门办理变更手续后30日内办理资质证书变更手续。涉及综合资质、专业甲级资质证书中企业名称变更的，由国务院住房和城乡建设主管部门负责办理，并自受理申请之日起3日内办理变更手续。其余资质证书变更手续，由省、自治区、直辖市人民政府住房和城乡建设主管部门负责办理。省、自治区、直辖市人民政府住房和城乡建设主管部门应当自受理申请之日起3日内办理变更手续，并在办理资质证书变更手续后15日内将变更结果报国务院住房和城乡建设主管部门备案。

申请资质证书变更应当提交以下材料：

(1) 资质证书变更的申请报告；

(2) 企业法人营业执照副本原件；

(3) 工程监理企业资质证书正本、副本原件。

工程监理企业改制的，除提交上述材料外，还应当提交企业职工代表大会或股东大会关于企业改制或股权变更的决议、企业上级主管部门关于企业申请改制的批复文件。

4. 工程监理企业的合并与分立

工程监理企业合并的，合并后存续或者新设立的工程监理企业可以承继合并前各方中较高的资质等级，但应当符合相应的资质等级条件。

工程监理企业分立的，分立后企业的资质等级，根据实际达到的资质条件，按照规定的审批程序核定。

（三）工程监理企业的资质管理

1. 工程监理企业资质管理机构及其职责

根据我国现阶段管理体制，我国工程监理企业的资质管理原则是“分级管理，统分结合”，按中央和地方两个层次进行管理。

国务院住房和城乡建设主管部门负责全国工程监理企业资质的统一监督管理工作。涉及铁道、交通、水利、信息产业、民航等专业工程监理资质的，由国务院铁道、交通、水利、信息产业、民航等有关部门配合国务院住房和城乡建设主管部门实施相关资质类别工程监理企业资质的监督管理工作。

省、自治区、直辖市人民政府住房和城乡建设主管部门负责本行政区域内工程监理企业资质的统一监督管理工作，省、自治区、直辖市人民政府交通、水利、通信等有关部门配合同级建设主管部门实施相关资质类别工程监理企业资质的监督管理工作。

2. 资质审批实行公示公告制度

资质初审工作完成后，初审结果先在住房和城乡建设部官方网站公示。经公示后，对于工程监理企业符合资质标准的，予以审批，并将审批结果在住房和城乡建设部官方网站上公告。实行这一制度的目的是提高资质审批工作的透明度，便于社会监督，从而增强其公正性。

3. 禁止行为

工程监理企业不得有下列行为：

（1）与建设单位串通投标或者与其他工程监理企业串通投标，以行贿手段谋取中标；

（2）与建设单位或者施工单位串通弄虚作假、降低工程质量；

(3) 将不合格的建设工程、建筑材料、建筑构配件和设备按照合格签字;

(4) 超越本企业资质等级或以其他企业名义承揽监理业务;

(5) 允许其他单位或个人以本企业的名义承揽工程;

(6) 将承揽的监理业务转包;

(7) 在监理过程中实施商业贿赂;

(8) 涂改、伪造、出借、转让工程监理企业资质证书;

(9) 其他违反法律法规的行为。

4. 法律责任

(1) 申请人隐瞒有关情况或者提供虚假材料申请工程监理企业资质的,资质许可机关不予受理或者不予行政许可,并给予警告,申请人在1年内不得再次申请工程监理企业资质。

(2) 以欺骗、贿赂等不正当手段取得工程监理企业资质证书的,由县级以上地方人民政府住房和城乡建设主管部门或者有关部门给予警告,并处1万元以上2万元以下的罚款,申请人3年内不得再次申请工程监理企业资质。

(3) 工程监理企业有下列行为之一的,由县级以上地方人民政府住房和城乡建设主管部门或者有关部门予以警告,责令其改正,并处1万元以上3万元以下的罚款;造成损失的,依法承担赔偿责任;构成犯罪的,依法追究刑事责任:

①在监理过程中实施商业贿赂;

②涂改、伪造、出借、转让工程监理企业资质证书。

(4) 工程监理企业违反规定不及时办理资质证书变更手续的,由资质许可机关责令限期办理;逾期不办理的,可处以1千元以上1万元以下的罚款。

(5) 工程监理企业未按照规定要求提供工程监理企业信用档案信息的,由县级以上地方人民政府住房和城乡建设主管部门予以警告,责令限期改正;逾期未改正的,可处以1千元以上1万元以下的罚款。

四、工程建设项目招标代理机构资格管理

根据《招标投标法》、《工程建设项目招标代理机构资格认定办法》（建设部令第154号）和《工程建设项目招标代理机构资格认定办法实施意见》（建市〔2007〕230号）的规定，招标代理机构是依法设立、从事招标代理业务并提供相关服务的社会中介组织。招标代理机构应当具备下列条件：

（1）有从事招标代理业务的营业场所和相应资金；

（2）有能够编制招标文件和组织评标的相应专业力量；

（3）有符合《招标投标法》第37条第3款规定条件、可以作为评标委员会成员人选的技术、经济等方面的专家库。

（一）资格等级和营业范围

1. 资格等级

工程招标代理机构资格分为甲级、乙级和暂定级。

甲级工程招标代理机构资格由国务院住房和城乡建设主管部门认定。

乙级、暂定级工程招标代理机构资格由工商注册所在地的省、自治区、直辖市人民政府住房和城乡建设主管部门认定。

2. 营业范围

甲级工程招标代理机构可以承担各类工程的招标代理业务。

乙级工程招标代理机构只能承担工程总投资为1亿元人民币以下的工程招标代理业务。

暂定级工程招标代理机构，只能承担工程总投资为6 000万元人民币以下的工程招标代理业务。

（二）工程招标代理机构的设立和变更

申请工程招标代理机构资格，机构因改制、分立、合并、重组等原因核定资质，企业工商注册地跨省变更，申请资格变更需提交的资料在《关于印发〈建设工程企业资质申报材料清单〉、〈建设工程企业资质申报示范文本〉和〈建设工程企业资质规定和标准说明〉的通知》（建办市函〔2006〕274号）中作出了明确的规定。

工程招标代理机构在资格证书有效期内发生下列情形之一的，应

当自情形发生之日起30日内，到原资格许可机关办理资格证书变更手续，原资格许可机关在2日内办理变更手续：

(1) 工商登记事项发生变更的；

(2) 技术经济负责人发生变更的；

(3) 法律、法规规定的其他需要变更资格证书的情形。

由省、自治区、直辖市人民政府住房和城乡建设主管部门办理变更的，省、自治区、直辖市人民政府住房和城乡建设主管部门应当在办理变更后15日内，将变更情况报国务院住房和城乡建设主管部门备案。

第三节　个人注册执业资格管理

一、注册建筑师

1995年9月23日国务院发布的《注册建筑师条例》(国务院令第184号) 和2008年1月29日建设部发布的《注册建筑师条例实施细则》(建设部令第167号)，对注册建筑师执业资格作了具体规定。

(一) 注册建筑师制度

注册建筑师是指对具备一定专业教育背景的设计人员，通过考试、特许、考核认定或资格互认方式取得注册建筑师执业资格证书或互认资格证书，经注册取得注册建筑师注册证书和执业印章，获得设计文件签字权的一种制度。在我国设计行业中实行注册建筑师制度，以提高建筑工程的设计质量与水平，保障公民的生命和财产安全，维护国家和公众的利益，是我国继勘察设计单位资质管理、勘察设计收费等方面改革后进行的又一项重大改革。

建立注册建筑师制度是深化我国工程设计管理体制改革的需要。注册建筑师制度建立以后，我国在工程设计行业推行了单位资质管理与个人执业资格管理相结合的市场准入管理机制，改变了以往工程设计行业市场准入管理实行的以企业资质为主的管理制度，进一步完善了我国工程设计市场管理体制。

建立注册建筑师制度是加强国际交流、适应对外开放的需要。当前世界绝大多数国家和地区对从事涉及公众生命和财产安全的建筑设计职业都制定了严格的资格审查制度、注册制度和相应的管理制度。如英国、美国、加拿大、日本、中国香港、中国台湾地区等国家和地区都建立了注册建筑师制度。近年来，随着改革开放的深入发展，我国稳步推进了双边或多边建筑师的国际合作和交流工作，逐步实现专业技术人才国际化，为我国建筑设计实施“走出去”战略，积极参与国际竞争创造了条件。

建立注册建筑师制度是加速人才培养，提高设计人员业务水平和队伍素质的需要。注册建筑师制度的建立，不仅使人才选拔做到了公正、公平、透明，而且通过教育评估有力地推动了高校的专业建设，提高了其办学水平和人才培养质量；通过严格的考试、注册管理和继续教育，促使我国建筑师总体水平和执业能力得到不断提高和提升，从而形成了一批建筑设计领域专业技术人才队伍中的中坚力量。

（二）注册建筑师的级别设置

根据我国《注册建筑师条例》的规定，我国注册建筑师分为两级，即一级注册建筑师和二级注册建筑师。两级注册建筑师在考试条件、注册条件以及执业范围等方面均有所区别。我国之所以设置两级注册建筑师，是由国际水准和我国的实际情况决定的。一方面，我国的一级注册建筑师注册标准不低于目前发达国家现行注册标准。另一方面，考虑到我国建筑设计市场的实际情况，须满足当前对设计人员需求增长的需要。

（三）注册建筑师的管理体制

我国的注册建筑师管理体制分为中央和地方两级，是在建设行政主管部门、人事行政主管部门指导和监督下的专门委员会负责制。

在中央，设立全国注册建筑师管理委员会，负责注册建筑师考试、一级注册建筑师注册、制定颁布注册建筑师有关标准以及相关国际交流等具体工作。全国注册建筑师管理委员会委员由国务院住房和城乡建设主管部门商人事主管部门聘任。全国注册建筑师管理委员会由国务院住房和城乡建设主管部门、人事主管部门、其他有关主管部门的代表和建筑设计专家组成，设主任委员一名、副主任委员若干名。全国注册建筑师管理委员会秘书处设在住房和城乡建设部执业资格注册中心，具体承担全国注册建筑师管理委员会的日常工作职责，并承担相应的法律责任。

在地方，设立省、自治区、直辖市注册建筑师管理委员会，负责本行政区域内注册建筑师考试、注册以及协助全国注册建筑师管理委员会选派专家等具体工作。省、自治区、直辖市注册建筑师管理委员会由省、自治区、直辖市人民政府住房和城乡建设主管部门商同级人事主管部门参照全国注册建筑师管理委员会组成的有关规定成立。

在我国实行专门委员会负责制的注册建筑师管理体制，是根据国际惯例和我国的现实情况确定的。目前世界各国注册建筑师管理体制大体有两种方式：一是政府行政许可类。注册建筑师实行强制性的执业准入控制。一般由政府主管部门实行宏观指导监督，具体事项授权给专门机构（专门的管理委员会或注册局）负责，如美国；二是行业自律管理类。国家对从事该专业工作人士没有强制性的资格要求。一般由行业学会、协会制定会员资格标准，对专业技术人员进行资格认定和注册管理，如英国。我国工程设计体制改革正在逐步深化和不断完善，加强政府宏观调控是十分必要的。因此，我国目前注册建筑师管理体制实行在政府指导和监督下的专门委员会负责制，既符合大多数国家和地区对注册建筑师管理的惯例，也符合我国的现实情况。

（四）注册建筑师的考试

1. 考试的级别、时间和方式

注册建筑师考试分为一级注册建筑师考试和二级注册建筑师考试。注册建筑师考试实行全国统一考试，每年进行一次。遇特殊情况，经国务院住房和城乡建设主管部门和人事主管部门同意，可调整该年度考试次数。

注册建筑师考试由全国注册建筑师管理委员会统一部署，省、自治区、直辖市注册建筑师管理委员会组织实施。

2. 考试内容与科目考试合格有效期

一级注册建筑师考试内容包括：建筑设计前期工作、场地设计、建筑设计与表达、建筑结构、环境控制、建筑设备、建筑材料与构造、建筑经济、施工与设计业务管理、建筑法规等。上述内容分成若干科目进行考试。科目考试合格有效期为 8 年。

二级注册建筑师考试内容包括：场地设计、建筑设计与表达、建筑结构与设备、建筑法规、建筑经济与施工等。上述内容分成若干科目进行考试。科目考试合格有效期为 4 年。

3. 考试条件

符合下列条件之一的，可以申请参加一级注册建筑师考试：

（1）取得建筑学硕士以上学位或者相近专业工学博士学位，并从事建筑设计或者相关业务 2 年以上的；

（2）取得建筑学学士学位或者相近专业工学硕士学位，并从事建筑设计或者相关业务 3 年以上的；

（3）具有建筑学专业大学本科毕业学历并从事建筑设计或者相关业务 5 年以上的，或者具有建筑学相近专业大学本科毕业学历并从事建筑设计或者相关业务 7 年以上的；

（4）取得高级工程师技术职称并从事建筑设计或者相关业务 3 年以上的，或者取得工程师技术职称并从事建筑设计或者相关业务 5 年以上的；

（5）不具有前四项规定的条件，但设计成绩突出，经全国注册建筑师管理委员会认定达到前四项规定的专业水平的。

符合下列条件之一的，可以申请参加二级注册建筑师考试：

（1）具有建筑学或者相近专业大学本科毕业以上学历，从事建筑设计或者相关业务 2 年以上的；

（2）具有建筑设计技术专业或者相近专业大专毕业以上学历，并从事建筑设计或者相关业务 3 年以上的；

（3）具有建筑设计技术专业 4 年制中专毕业学历，并从事建筑设计或者相关业务 5 年以上的；

（4）具有建筑设计技术相近专业中专毕业学历，并从事建筑设计或者相关业务 7 年以上的；

（5）取得助理工程师以上技术职称，并从事建筑设计或者相关业务3年以上的。

一级注册建筑师考试条件中第（1）～（3）项，二级注册建筑师考试条件中第（1）项中所称相近专业，是指大学本科及以上建筑学的相近专业，包括城市规划、建筑工程和环境艺术等专业。一级注册建筑师考试条件中第（5）项所称设计成绩突出，是指获得国家或省部级优秀工程设计铜质或二等奖（建筑）及以上奖励。

二级注册建筑师考试条件中第（2）项所称相近专业，是指大学专科建筑设计的相近专业，包括城乡规划、房屋建筑工程、风景园林、建筑装饰技术和环境艺术等专业。第（4）项所称相近专业，是指中等专科学校建筑设计技术的相近专业，包括工业与民用建筑、建筑装饰、城镇规划和村镇建设等专业。

4. 考试合格证书的颁发

经一级注册建筑师考试，在有效期内全部科目考试合格的，由全国注册建筑师管理委员会核发国务院住房和城乡建设主管部门和人力资源社会保障主管部门共同用印的一级注册建筑师执业资格证书。

经二级注册建筑师考试，在有效期内全部科目考试合格的，由省、自治区、直辖市注册建筑师管理委员会核发国务院住房和城乡建设主管部门和人力资源社会保障主管部门共同用印的二级注册建筑师执业资格证书。

（五）注册建筑师的注册

1. 注册条件

申请注册建筑师初始注册，应当具备以下条件：

（1）依法取得执业资格证书或者互认资格证书；

（2）只受聘于中华人民共和国境内的一个建设工程勘察、设计、施工、监理、招标代理、造价咨询、施工图审查、城乡规划编制等单位（以下简称聘用单位）；

（3）近3年内在中华人民共和国境内从事建筑设计及相关业务1年以上；

（4）达到继续教育要求。

但申请人有下列情形之一的，不予注册：

（1）不具有完全民事行为能力的；

（2）申请在两个或者两个以上单位注册的；

（3）未达到注册建筑师继续教育要求的；

（4）因受刑事处罚，自刑事处罚执行完毕之日起至申请注册之日止不满5年的；

（5）因在建筑设计或者相关业务中犯有错误受行政处罚或者撤职以上行政处分，自处罚、处分决定之日起至申请之日止不满2年的；

（6）受吊销注册建筑师证书的行政处罚，自处罚决定之日起至申请注册之日止不满5年的；

（7）申请人的聘用单位不符合注册单位要求的；

（8）法律、法规规定不予注册的其他情形。

2. 注册机构与申请程序

（1）注册机构。

一级注册建筑师的注册，由全国注册建筑师管理委员会负责；二级注册建筑师的注册，由省、自治区、直辖市注册建筑师管理委员会负责。

（2）注册程序。

①一级注册建筑师。

申请人向聘用单位提出申请，并填写注册建筑师注册申请表；聘用单位审核同意后，连同有关材料一并报送单位工商注册所在地的省、自治区、直辖市注册建筑师管理委员会；省、自治区、直辖市注册建筑师管理委员会受理后提出初审意见，并将初审意见和申请材料报全国注册建筑师管理委员会审批；符合条件的，由全国注册建筑师管理委员会颁发一级注册建筑师注册证书和执业印章。

②二级注册建筑师。

二级注册建筑师的注册办法由省、自治区、直辖市注册建筑师管理委员会依法制定。

（3）注册应提交的材料。

申请人可以自执业资格证书签发之日起3年内提出申请。逾期未申请者，须符合继续教育的要求后方可申请初始注册。初始注册需要提交下列材料：

① 初始注册申请表；

② 资格证书复印件；

③ 身份证明复印件；

④ 聘用单位资质证书副本复印件；

⑤ 与聘用单位签订的聘用劳动合同复印件；

⑥ 相应的业绩证明；

⑦ 逾期初始注册的，应当提交达到继续教育要求的证明材料。

3. 延续注册和变更注册

（1）延续注册。

注册建筑师每一注册有效期为 2 年。注册建筑师注册有效期满需继续执业的，应在注册有效期届满 30 日前，按规定申请延续注册。延续注册的程序与初始注册程序相同。

延续注册需要提交下列材料：

① 延续注册申请表；

② 与聘用单位签订的聘用劳动合同复印件；

③ 注册期内达到继续教育要求的证明材料。

（2）变更注册。

注册建筑师变更执业单位，应当与原聘用单位解除劳动关系，并按照《注册建筑师条例实施细则》规定的程序办理变更注册手续。变更注册后，仍延续原注册有效期。原注册有效期届满在半年以内的，可以同时提出延续注册申请。准予延续的，注册有效期重新计算。

变更注册需要提交下列材料：

① 变更注册申请表；

② 新聘用单位资质证书副本的复印件；

③ 与新聘用单位签订的聘用劳动合同复印件；

④ 工作调动证明或者与原聘用单位解除聘用劳动合同的证明文件、劳动仲裁机构出具的解除劳动关系的仲裁文件、退休人员的退休证明复印件；

⑤ 在办理变更注册时提出延续注册申请的，还应当提交在本注册有效期内达到继续教育要求的证明材料。

4. 注册的监督和管理

注册建筑师管理委员会发现注册建筑师存在以下情形的，要及时办理注销手续，收回注册证书和执业印章或公告注册证书和执业印章作废。

（1）聘用单位破产、被吊销营业执照或其相应资质证书被吊销或者撤回的；

（2）已与聘用单位解除聘用劳动关系的；

（3）注册有效期满且未延续注册的；

（4）死亡或者丧失民事行为能力的；

（5）依法被撤销注册的；

（6）依法被吊销注册证书的；

（7）受刑事处罚的；

（8）法律、法规规定应当注销注册的其他情形。

国务院住房和城乡建设主管部门对注册建筑师管理委员会的注册是否符合规定进行监督，发现注册不符合法律规定的，应当通知有关注册建筑师管理委员会撤销注册。

已取得注册建筑师证书的人员，注册后有下列情形的，由注册机关撤销其注册，吊销其注册证书：

（1）注册建筑师管理委员会的工作人员滥用职权、玩忽职守颁发注册证书和执业印章的；

（2）超越法定职权颁发注册证书和执业印章的；

（3）违反法定程序颁发注册证书和执业印章的；

（4）对不符合法定条件的申请人颁发注册证书和执业印章的；

被撤销注册的人员可以依照规定重新申请注册。

（六）注册建筑师的执业

国务院住房和城乡建设主管部门对注册建筑师注册执业活动实施统一的监督管理。县级以上地方人民政府住房和城乡建设主管部门负责对本行政区域内的注册建筑师注册执业活动实施监督管理。

1. 注册建筑师的执业范围

取得执业资格证书的人员，应当受聘于中华人民共和国境内的一个建设工程勘察、设计、施工、监理、招标代理、造价咨询、施工图审查、城乡规划编制等单位，经注册后方可从事相应的执业活动。从事建筑工程设计执业活动的，应当受聘并注册于中华人民共和国境内一个具有工程设计资质的单位。注册建筑师的执业范围具体为：

（1）建筑设计；

（2）建筑设计技术咨询；

（3）建筑物调查与鉴定；

（4）对本人主持设计的项目进行施工指导和监督；

（5）国务院住房和城乡建设主管部门规定的其他业务。

注册建筑师的执业范围中所称建筑设计技术咨询包括建筑工程技术咨询，建筑工程招标、采购咨询，建筑工程项目管理，建筑工程设计文件及施工图审查，工程质量评估，以及国务院住房和城乡建设主管部门规定的其他建筑技术咨询业务。

一级注册建筑师的执业范围不受工程项目规模和工程复杂程度的限制。二级注册建筑师的执业范围只限于承担工程设计资质标准中建设项目设计规模划分表中规定的小型规模的项目。

注册建筑师的执业范围不得超越其聘用单位的业务范围。注册建筑师的执业范围与其聘用单位的业务范围不符时，个人执业范围服从聘用单位的业务范围。

注册建筑师所在单位承担民用建筑设计项目，应当由注册建筑师任工程项目设计主持人或设计总负责人；工业建筑设计项目，须由注册建筑师任工程项目建筑专业负责人。

2. 执业的机构、业务的承担及收费

注册建筑师执业业务，应当纳入工程设计单位。

注册建筑师执业业务应由工程设计单位统一接受委托并指派。注册建筑师不得私自承接业务。

注册建筑师执业业务，应当由工程设计单位统一收费。注册建筑师不得私自收费。

3. 注册建筑师的权利和业务

注册建筑师的权利：（1）专有名称权。注册建筑师有权以注册建筑师的名义执行注册建筑师业务。非注册建筑师不得以注册建筑师的名义执行注册建筑师业务。二级注册建筑师不得以一级注册建筑师的名义执行业务，也不得超越国家规定的二级注册建筑师的执业范围执行业务。（2）设计文件签字权。凡属工程设计资质标准中建筑工程建设项目设计规模划分表规定的工程项目，应当由注册建筑师主持建筑设计并在设计文件上签字。（3）独立设计权。任何单位和个人修改注册建筑师的设计图纸，应当征得该注册建筑师的同意，且应当由该注册建筑师进行；但是，因特殊情况不能征得该注册建筑师同意的除外。

注册建筑师的义务有：（1）遵守法律、法规和职业道德，维护社会公共利益；（2）保证建筑设计的质量，并在其负责的设计图纸上签字；（3）保守在执业中知悉的单位和个人的秘密；（4）不得同时受聘于两个以上建筑设计单位执行业务；（5）不得准许他人以本人名义执行业务。

4. 注册建筑师的责任

因设计质量造成的经济损失，首先由设计单位承担赔偿责任，再由设计单位对签字的注册建筑师根据其责任大小，进行追偿。

因建筑设计质量不合格发生重大责任事故，造成重大损失的，对负有直接责任的注册建筑师责令停止执行业务，情节严重的，吊销注册建筑师证书，构成犯罪的，依法追究刑事责任。

（七）注册建筑师的继续教育

注册建筑师继续教育旨在使其适应建设事业的发展，及时了解和掌握国内外建筑设计技术、经济、管理、法规等方面的动态，使注册建筑师的知识和技能得到不断更新、补充、拓展和提高，以完善其知识结构，提高职业素质和执业能力，确保建设工程的质量安全。继续教育作为注册建筑师逾期初始注册、延续注册、重新申请注册的条件之一，未达到继续教育要求的，将不予注册。

注册建筑师在每一注册有效期内应当达到全国注册建筑师管理委员会制定的继续教育标准。具体标准为：继续教育分为必修课和选修课，在每一注册有效期内各为40学时。

继续教育实行登记制度，《注册建筑师继续教育登记证书》由全国注册建筑师管理委员会统一印制，各地管理委员会或有关部门发放。必修课程须由符合条件的代培单位承担教学，经考核合格后由代培单位盖章有效。选修部分须由证明单位填写，并盖章有效。

（八）法律责任

根据《注册建筑师条例》及其实施细则，应受行政处罚的违法行为有：

（1）隐瞒有关情况或者提供虚假材料申请注册的；

（2）以欺骗、贿赂等不正当手段取得注册建筑师考试合格资格或者注册建筑师证书和执业印章的；

（3）同时受聘于两个及以上设计单位从事建筑工程设计执业活动的；

（4）未办理变更注册而继续执业的；

（5）涂改、倒卖、出租、出借或者以其他形式非法转让执业资格证书、互认资格证书、注册证书和执业印章的；

（6）以个人名义承接注册建筑师业务，收取费用的；

（7）准许他人以本人名义执行业务的；

（8）二级注册建筑师以一级注册建筑师的名义执行业务或者超越国家规定执业范围执行业务的；

（9）因建筑设计质量不合格造成重大责任事故，造成重大损失的；

（10）未经注册建筑师同意，擅自修改其设计图纸的；

（11）未按照要求提供注册建筑师信用档案信息的。

二、勘察设计注册工程师

2001年1月4日，原人事部、建设部发布了《勘察设计注册工程师总体框架及实施规划》（人发〔2001〕5号）。根据这一规定，我国勘察设计注册工程师（以下简称注册工程师）按专业划分为土木、结构、公用设备、电气等18个类别。除注册结构工程师分为一级和二级外，其他专业注册工程师不分级别。截至2010年年底，已启动注册执业制度并开始实施执业资格考试有化工、公用设备、电气、港口与航道、水利水电、环保、结构、岩土共8个专业；已实施注册的专业有：注册结构工程师、注册土木工程师（岩土）、注册电气工程师、注册化工工程师、注册公用设备工程师；已启动执业的专业有：注册结构工程师、注册土木工程师（岩土）。

（一）注册工程师制度

2005年2月4日，建设部发布《勘察设计注册工程师管理规定》（建设部令第137号），对注册工程师的注册、执业和继续教育等作出了规定。

注册工程师，是指经考试取得中华人民共和国注册工程师资格证书，并按照本管理规定注册，取得中华人民共和国注册工程师注册执业证书和执业印章，从事建设工程勘察、设计及有关业务活动的专业技术人员。

（二）注册工程师管理体制

国务院住房和城乡建设主管部门对全国的注册工程师的注册、执业活动实施统一监督管理；国务院铁路、交通、水利等有关部门按照国务院规定的职责分工，负责全国有关专业工程注册工程师执业活动的监督管理。

县级以上地方人民政府住房和城乡建设主管部门对本行政区域内的注册工程师的注册、执业活动实施监督管理；县级以上地方人民政府交通、水利等有关部门在各自的职责范围内，负责本行政区域内有关专业工程注册工程师执业活动的监督管理。

注册工程师按专业类别设置，具体专业划分由国务院住房和城乡建设主管部门和人力资源社会保障主管部门商国务院有关部门制定。

（三）注册工程师的考试

注册工程师的执业资格考试实行全国统一大纲、统一命题的考试制度，原则上每年举行一次。资格考试由基础考试和专业考试两部分组成。各注册工程师专业委员会负责拟定勘察设计注册工程师资格考试大纲和试题，建立并管理考试试题库，组织评阅卷工作，提出评分标准和合格标准建议。根据不同的专业类别由住房和城乡建设部、人力资源和社会保障部共同组织专家审定考试大纲、试题、评分标准与合格标准。

凡中华人民共和国公民，遵守国家法律、法规，恪守职业道德，并具备相应专业教育和职业实践条件者，均可申请参加勘察设计注册工程师资格考试。资格考试合格者，由人力资源和社会保障部、住房和城乡建设部委托省、自治区、直辖市人民政府人力资源和社会保障主管部门，颁发人力资源和社会保障部统一印制、人力资源和社会保障部和住房和城乡建设部用印的《中华人民共和国勘察设计注册工程师资格证书》。

（四）勘察设计注册工程师的注册

1. 审批机构和注册程序

取得资格证书的人员申请注册，由省、自治区、直辖市人民政府住房和城乡建设主管部门初审，国务院住房和城乡建设主管部门审批；其中涉及有关部门的专业注册工程师的注册，由国务院住房和城乡建设主管部门和有关部门审批。二级注册结构工程师的注册受理和审批，由省、自治区、直辖市人民政府住房和城乡建设主管部门负责。

取得资格证书并受聘于一个建设工程勘察、设计、施工、监理、招标代理、造价咨询等单位的人员，应当通过聘用单位向单位工商注册所在地的省、自治区、直辖市人民政府住房和城乡建设主管部门提出注册申请；省、自治区、直辖市人民政府住房和城乡建设主管部门受理后提出初审意见，并将初审意见和全部申报材料报审批部门审批；符合条件的，由审批部门核发由国务院住房和城乡建设主管部门统一制作、国务院住房和城乡建设主管部门或者国务院住房和城乡建设主管部门和有关部门共同用印的注册证书，并核发执业印章。

2. 注册应提交的材料及注册有效期

初始注册者，可自资格证书签发之日起3年内提出申请。逾期未申请者，须符合本专业继续教育的要求后方可申请初始注册。初始注册需要提交下列材料：

（1）申请人的注册申请表；

（2）申请人的资格证书复印件；

（3）申请人与聘用单位签订的聘用劳动合同复印件；

（4）逾期初始注册的，应提供达到继续教育要求的证明材料。

注册工程师每一注册期为3年，注册期满需继续执业的，应在注册期满前30日，按照本规定第7条规定的程序申请延续注册。延续注册需要提交下列材料：

（1）申请人延续注册申请表；

（2）申请人与聘用单位签订的聘用劳动合同复印件；

（3）申请人注册期内达到继续教育要求的证明材料。

在注册有效期内，注册工程师变更执业单位，应与原聘用单位解除劳动关系，并按本规定第7条规定的程序办理变更注册手续，变更注册后仍延续原注册有效期。变更注册需要提交下列材料：

（1）申请人变更注册申请表；

（2）申请人与新聘用单位签订的聘用劳动合同复印件；

（3）申请人的工作调动证明（或者与原聘用单位解除聘用劳动合同的证明文件、退休人员的退休证明）。

3. 不予注册、注册失效和注销注册的情形

有下列情形之一的，不予注册：

（1）不具有完全民事行为能力的；

（2）因从事勘察设计或者相关业务受到刑事处罚，自刑事处罚执行完毕之日起至申请注册之日止不满2年的；

（3）法律、法规规定不予注册的其他情形。

注册工程师有下列情形之一的，其注册证书和执业印章失效：

（1）聘用单位破产的；

（2）聘用单位被吊销营业执照的；

（3）聘用单位相应资质证书被吊销的；

（4）已与聘用单位解除聘用劳动关系的；

（5）注册有效期满且未延续注册的；

（6）死亡或者丧失行为能力的；

（7）注册失效的其他情形。

注册工程师有下列情形之一的，负责审批的部门应当办理注销手续，收回注册证书和执业印章或者公告其注册证书和执业印章作废：

（1）不具有完全民事行为能力的；

（2）申请注销注册的；

（3）有本规定第 14 条所列情形发生的；

（4）依法被撤销注册的；

（5）依法被吊销注册证书的；

（6）受到刑事处罚的；

（7）法律、法规规定应当注销注册的其他情形。

（五）注册工程师的执业

1. 注册工程师的执业范围

取得资格证书的人员，应受聘于一个具有建设工程勘察、设计、施工、监理、招标代理、造价咨询等一项或多项资质的单位，经注册后方可从事相应的执业活动。但从事建设工程勘察、设计执业活动的，应受聘并注册于一个具有建设工程勘察、设计资质的单位。注册工程师的执业范围：

（1）工程勘察或者本专业工程设计；

（2）本专业工程技术咨询；

（3）本专业工程招标、采购咨询；

（4）本专业工程的项目管理；

（5）对工程勘察或者本专业工程设计项目的施工进行指导和监督；

（6）国务院有关部门规定的其他业务。

建设工程勘察、设计活动中形成的勘察、设计文件由相应专业注册工程师按照规定签字盖章后方可生效。各专业注册工程师签字盖章的勘察、设计文件种类及办法由国务院住房和城乡建设主管部门会同有关部门规定。

2. 注册工程师的权利和义务

注册工程师享有下列权利：

（1）使用注册工程师称谓；

（2）在规定范围内从事执业活动；

（3）依据本人能力从事相应的执业活动；

（4）保管和使用本人的注册证书和执业印章；

（5）对本人执业活动进行解释和辩护；

（6）接受继续教育；

（7）获得相应的劳动报酬；

（8）对侵犯本人权利的行为进行申诉。

注册工程师应当履行下列义务：

（1）遵守法律、法规和有关管理规定；

（2）执行工程建设标准规范；

（3）保证执业活动成果的质量，并承担相应责任；

（4）接受继续教育，努力提高执业水准；

（5）在本人执业活动所形成的勘察、设计文件上签字、加盖执业印章；

（6）保守在执业中知悉的国家秘密和他人的商业、技术秘密；

（7）不得涂改、出租、出借或者以其他形式非法转让注册证书或者执业印章；

（8）不得同时在两个或两个以上单位受聘或者执业；

（9）在本专业规定的执业范围和聘用单位业务范围内从事执业活动；

（10）协助注册管理机构完成相关工作。

（六）注册工程师的继续教育

注册工程师在每一注册期内应达到国务院住房和城乡建设主管部门规定的本专业继续教育要求。继续教育作为注册工程师逾期初始注册、延续注册和重新申请注册的条件。

继续教育按照注册工程师专业类别设置，分为必修课和选修课，每注册期各为60学时。

（七）法律责任

注册工程师在执业过程中必须严格遵纪守法，对以下违规行为应承担相应的法律责任并接受相应处罚：

（1）隐瞒有关情况或者提供虚假材料申请注册的，审批部门不予受理，并给予警告，1 年之内不得再次申请注册。

（2）以欺骗、贿赂等不正当手段取得注册证书的，由负责审批的部门撤销其注册，3 年内不得再次申请注册；并由县级以上人民政府住房和城乡建设主管部门或者有关部门处以罚款，其中没有违法所得的，处以 1 万元以下的罚款；有违法所得的，处以违法所得 3 倍以上但不超过 3 万元的罚款；构成犯罪的，依法追究刑事责任。

（3）注册工程师在执业活动中有下列行为之一的，由县级以上人民政府住房和城乡建设主管部门或者有关部门予以警告，责令其改正，没有违法所得的，处以 1 万元以下的罚款；有违法所得的，处以违法所得 3 倍以上但不超过 3 万元的罚款；造成损失的，应当承担赔偿责任；构成犯罪的，依法追究刑事责任：

①以个人名义承接业务的；

②涂改、出租、出借或者以形式非法转让注册证书或者执业印章的；

③泄露执业中应当保守的秘密并造成严重后果的；

④超出本专业规定范围或者聘用单位业务范围从事执业活动的；

⑤弄虚作假提供执业活动成果的；

⑥其他违反法律、法规、规章的行为。

（4）有下列情形之一的，负责审批的部门或者其上级主管部门，可以撤销其注册：

①建设主管部门或者有关部门的工作人员滥用职权、玩忽职守颁发注册证书和执业印章的；

②超越法定职权颁发注册证书和执业印章的；

③违反法定程序颁发注册证书和执业印章的；

④对不符合法定条件的申请人颁发注册证书和执业印章的；

⑤依法可以撤销注册的其他情形。

三、注册建造师

为了加强建设工程项目管理，提高建设工程施工管理专业技术人员素质，规范施工管理行为，保证工程质量和施工安全，根据《建筑法》、《建设工程质量管理条例》，我国决定建立建造师执业资格制度。人事部、建设部于2002年12月5日联合下发了《关于印发〈建造师执业资格暂行规定〉的通知》（人发〔2002〕111号），印发了《建造师执业资格制度暂行规定》。2003年2月，《国务院关于取消第二批行政审批项目和改变一批行政审批项目管理方式的决定》（国发〔2003〕5号）规定“取消建筑施工企业项目经理资质核准，由注册建造师代替”，明确规定注册建造师制度替代项目经理资质审批制度。2006年12月28日，建设部颁发了《注册建造师管理规定》（建设部令第153号）。2007年，建设部发布了《一级建造师注册实施办法》（建市〔2007〕101号）、《注册建造师执业工程规模标准》（建市〔2007〕171号）。2008年，建设部发布了《注册建造师执业管理办法（试行）》（建市〔2008〕48号）。2010年，住房和城乡建设部发布了《注册建造师继续教育管理暂行办法》（建市〔2010〕192号）。

作为规范建筑市场秩序的基础制度之一，建造师制度的建立，一是通过设置准入门槛，提高项目管理人员素质，发挥工程技术和管理人员的作用，二是从强化执业人员的责任义务角度，细化质量安全、守法经营的规则制度，强化关键岗位或技术人员个人对工程事故和违规行为的责任落实。

对承担项目管理的关键人员实行执业资格制度，通过“统一考试、注册许可、持证上岗”，在全国公开选拔有技术懂管理、有丰富工程实践经验的专业人才，建立一支“依照法律办事、懂得管理和技术”的建造师队伍，从事工程建设施工管理活动。担任施工项目负责人的注册建造师对工程的质量安全负责，承担相应责任，应当按照国家法律、法规、工程建设强制性标准组织施工，保证工程施工符合质量、安全、环保、节能等规定。按照国家劳动用工的规定，规范项目劳动用工管理，保障劳务人员合法权益。

（一）专业设置

按照与现行建设管理体制及建筑业企业资质制度相衔接的原则，依照工程的专业性质和规模，一级建造师设置建筑、公路、铁路、民航机场、港口与航道、水利水电、市政公用、通信与广电、矿业、机电10个专业；二级建造师设置建筑、公路、水利水电、市政公用、矿业、机电6个专业。

（二）管理分工

建造师实行分级管理、多部门分工负责。一级建造师的考试组织工作由人力资源和社会保障部负责，住房和城乡建设部负责命题等工作；国务院铁路、交通、水利、信息产业、民航等部门按职责分工，对相应专业一级建造师进行注册审核，住房和城乡建设部审批，部注册中心受委托承担具体注册审查工作。二级建造师由各省管理，省级建设主管部门负责本省二级建造师的注册管理。

（三）建造师的考试

2004年起，全国每年开展一、二级建造师考试（2008年停考）。其中，一级考试为全国统考，二级由各地自行组织考试。

1. 报考条件

报考一级建造师要求具有工程类或工程经济类学历，大专学历的需工作满6年且从事建设工程项目施工管理工作满4年，大专以上学历的，年限要求相应降低（本科需工作满4年且从事施工管理满3年；双学士或研究生需工作满3年且从事施工管理满2年；硕士需工作满2年且从事施工管理满1年；博士需从事施工管理工作满1年）。二级建造师要求中专以上学历，从事施工管理工作满2年。

2. 考试组织

一级建造师实行全国统一考试，一般在每年的9月份考试，由人力资源和社会保障部负责组织，发布全国统一的考试时间和考试合格线，省级（或经批准的地级市）人力资源和社会保障部门接受考生的报名，审查考生的报考资格，发布本地区的考场地址，发布考生分数，颁发考试合格证书。

二级建造师由各省（自治区、直辖市）自行组织考试，并自行颁布本地区的考试合格线。

自建立建造师制度以来，得到全社会的高度关注，每年报名参加建造师资格考试的考生人数较多，其中2009年、2010年两年，每年报名参加一、二级考试的人数均达百万人。

目前，通过考试取得一级建造师注册资格的已超过22万人，通过考试取得二级建造师注册资格的已超过50万人。

3. 考试大纲

2010年以来，为落实“以素质测试为基础、以工程实践内容为主导”的考试指导思想，侧重对工程实践能力的测试，住房和城乡建设部组织开展了建造师考试大纲的修订工作，考试大纲于2011年4月已公开出版，供考生参阅。新版的考试大纲增加了工程建设项目管理的实践比例和案例分析，尤其是质量安全事故案例解剖，增加了合同履约、诚信经营、依法维护农民工合法权益、禁止转包和违法分包的相关内容，这些内容自2011年起列入考试范围。

（四）建造师的注册

1. 注册机构

注册建造师实行注册执业管理制度，注册建造师分为一级注册建造师和二级注册建造师。

取得一级建造师资格证书并受聘于一个建设工程勘察、设计、施工、监理、招标代理、造价咨询等单位的人员，应当通过聘用单位向单位工商注册所在地的省、自治区、直辖市人民政府住房和城乡建设主管部门提出注册申请。

省、自治区、直辖市人民政府住房和城乡建设主管部门受理后提出初审意见，并将初审意见和全部申报材料报国务院住房和城乡建设主管部门审批；涉及铁路、公路、港口与航道、水利水电、通信与广电、民航专业的，国务院住房和城乡建设主管部门应当将全部申报材料送同级有关部门审核。符合条件的，由国务院住房和城乡建设主管部门核发《中华人民共和国一级建造师注册证书》，并核定执业印章编号。

取得二级建造师资格证书的人员申请注册，由省、自治区、直辖市人民政府住房和城乡建设主管部门负责受理和审批，具体审批程序由省、自治区、直辖市人民政府住房和城乡建设主管部门依法确定。对批准注册的，由国务院住房和城乡建设主管部门核发统一样式的《中华人民共和国二级建造师注册证书》和执业印章，并在核发证书后30日内报国务院住房和城乡建设主管部门备案。

2. 初始注册

初始注册者，可自资格证书签发之日起3年内提出申请。逾期未申请者，须符合本专业继续教育的要求后方可申请初始注册。

申请初始注册需提交下列材料：

（1）注册建造师初始注册申请表；

（2）资格证书复印件和身份证明复印件；

（3）申请人与聘用单位签订的聘用劳动合同复印件或其他有效证明文件；

（4）所学专业、工作经历和工程业绩等有关证明材料；

（5）逾期申请初始注册的，应提供继续教育合格的证明材料。

3. 延续注册

注册有效期满需继续执业的，应当在注册有效期届满30日前，按照建设部令第153号第7～8条的规定申请延续注册。延续注册的，有效期为3年。

申请延续注册的，应当提交下列材料：

（1）注册建造师延续注册申请表；

（2）原注册证书；

（3）申请人与聘用单位签订的聘用劳动合同复印件或其他有效证明文件；

（4）申请人注册有效期内达到继续教育要求的证明材料。

4. 变更注册

在注册有效期内，注册建造师变更执业单位，应当与原聘用单位解除劳动关系，并按照《注册建造师管理规定》办理变更注册手续，变更注册后仍延续原注册有效期。

申请变更注册的，应当提交下列材料：

（1）注册建造师变更注册申请表；

（2）注册证书和执业印章；

（3）申请人与新聘用单位签订的聘用合同复印件或有效证明文件；

（4）工作调动证明（与原聘用单位解除聘用合同或聘用合同到期的证明文件、退休人员的退休证明）。

（五）执业要求

《注册建造师管理规定》（建设部令第153号）规定，取得资格证书的人员应当受聘于一个具有建设工程勘察、设计、施工、监理、招标代理、造价咨询等一项或者多项资质的单位，经注册后方可从事相应的执业活动。担任施工单位项目负责人的，应受聘并注册于一个具有施工资质的企业。

《注册建造师管理规定》（建设部令第153号）规定，大中型建设工程的项目负责人必须由注册建造师担任。注册建造师不得同时在两个及两个以上的建设工程项目上担任施工单位项目负责人。注册建造师可以从事建设工程项目总承包管理或施工管理，建设工程项目管理服务，建设工程技术经济咨询，以及法律、行政法规和国务院住房和城乡建设主管部门规定的其他业务。

（六）注册建造师继续教育

《注册建造师继续教育管理暂行办法》（建市〔2010〕192号）规定，注册建造师应通过继续教育，掌握工程建设有关法律、法规、标准规范，增强职业道德和诚信守法意识，熟悉工程建设项目管理新方法、新技术，总结工作中的经验教训，不断提高综合素质和执业能力。注册建造师按规定参加继续教育，是申请初始注册、延续注册、增项注册和重新注册的必要条件。国务院住房和城乡建设主管部门在中国建造师网（网址：www. coc. gov. cn）上公布培训单位名单，供广大注册建造师选择。

继续教育的方式。注册建造师应在企业注册所在地选择中国建造师网公布的培训单位接受继续教育。在企业注册所在地外担任项目负责人的一级注册建造师，报专业牵头部门备案后可在工程所在地接受继续教育。个别专业的一级注册建造师可在专业牵头部门的统一安排下，跨地区参加继续教育。注册建造师在每一注册有效期内可根据工作需要集中或分年度安排继续教育的学时。

学时规定。注册一个专业的建造师在每一注册有效期内应参加继续教育不少于120学时，其中必修课60学时，选修课60学时。注册两个及以上专业的，每增加一个专业还应参加所增加专业60学时的继续教育，其中必修课30学时，选修课30学时。

（七）注册建造师的权利和义务

注册建造师享有下列权利：

（1）使用注册建造师名称；

（2）在规定范围内从事执业活动；

（3）在本人执业活动中形成的文件上签字并加盖执业印章；

（4）保管和使用本人注册证书、执业印章；

（5）对本人执业活动进行解释和辩护；

（6）接受继续教育；

（7）获得相应的劳动报酬；

（8）对侵犯本人权利的行为进行申述。

注册建造师应当履行下列义务：

（1）遵守法律、法规和有关管理规定，恪守职业道德；

（2）执行技术标准、规范和规程；

（3）保证执业成果的质量，并承担相应责任；

（4）接受继续教育，努力提高执业水准；

（5）保守在执业中知悉的国家秘密和他人的商业、技术等秘密；

（6）与当事人有利害关系的，应当主动回避；

（7）协助注册管理机关完成相关工作。

四、注册监理工程师

为了加强对注册监理工程师的管理，维护公共利益和建筑市场秩序，提高工程监理质量与水平，建设部于2006年1月26日发布了《注册监理工程师管理规定》（建设部第147号令），该规定自2006年4月1日起施行。2006年，建设部发布了《注册监理工程师注册管理工作规程》（建市监函〔2006〕28号）和《注册监理工程师继续教育暂行办法》（建市监函〔2006〕62号），分别对注册监理工程师的注册程序以及继续教育作了规定。

（一）监理工程师的注册

监理工程师的注册是政府对监理从业人员实行市场准入控制的有效手段。监理工程师经注册，即表明获得了政府对其以监理工程师名义从业的行政许可，因而具有相应工作岗位的责任和权力。仅取得《监理工程师执业资格证书》，没有取得《监理工程师注册证书》的人员，不具备这些权力，也不承担相应的责任。

根据注册内容不同，监理工程师的注册分为3种形式，即初始注册、延续注册和变更注册。监理工程师依据其所学专业、工作经历、工程业绩，按专业注册，每人最多可以申请2个专业注册，并且只能在1家具有建设工程勘察、设计、施工、监理、招标代理、造价咨询等一项或多项资质的企业注册。

1. 初始注册

取得中华人民共和国监理工程师执业资格证书的申请人，应自证书签发之日起3年内提出初始注册申请。逾期未申请者，须符合近3年继续教育要求后方可申请初始注册。

（1）申请初始注册应具备的条件：

①经全国注册监理工程师执业资格统一考试合格，取得资格证书；

②受聘于一个相关单位；

③达到继续教育要求（逾期初始注册的）。

（2）申请初始注册须提供的材料：

①申请人的注册申请表；

②申请人的资格证书和身份证件（身份证或军官证、警官证等）复印件；

③申请人与聘用单位签订的有效聘用劳动合同及社会保险机构出具的参加社会保险的清单复印件（退休人员仅需提供有效的聘用合同和退休证明复印件）；

④学历或学位证书、职称证书复印件，与申请注册专业相关的工程技术、工程管理工作经历和工程业绩证明；

⑤逾期初始注册的，应当提供达到继续教育要求的证明材料。

（3）申请注册程序：

①申请人向聘用单位提出申请。

②聘用单位同意后，将注册申请材料上报聘用单位工商注册所在地的省、自治区、直辖市人民政府住房和城乡建设主管部门。

③省、自治区、直辖市人民政府住房和城乡建设主管部门受理后提出初审意见，并将初审意见和全部申报材料报国务院住房和城乡建设主管部门审批。

符合条件的，由国务院住房和城乡建设主管部门核发注册证书和执业印章。省、自治区、直辖市人民政府住房和城乡建设主管部门初审合格后，报国务院住房和城乡建设行政主管部门。

④国务院住房和城乡建设主管部门对初审意见进行审核，符合条件的，由国务院住房和城乡建设主管部门核发统一印制的《监理工程师注册证书》和执业印章。注册证书和执业印章是注册监理工程师的执业凭证，由注册监理工程师本人保管、使用。

国务院住房和城乡建设主管部门随时受理审批监理工程师的注册申请，并实行公示、公告制度，对符合注册条件的进行网上公示，经公示未提出异议的予以批准确认。

2. 延续注册

监理工程师每一注册有效期为 3 年，注册有效期满需继续执业的，应当在注册有效期届满 30 日前申请延续注册。延续注册须提交下列材料：

（1）申请人延续注册申请表；

（2）申请人与聘用单位签订的聘用劳动合同复印件及社会保险机构出具的参加社会保险的清单复印件（退休人员仅需提供有效的聘用合同和退休证明复印件）；

（3）申请人注册有效期内达到继续教育要求的证明材料。

延续注册的有效期同样为 3 年，从准予延续注册之日起计算。国务院住房和城乡建设主管部门定期向社会公告准予延续注册的人员名单。

3. 变更注册

监理工程师注册后，如果注册内容发生变更，如变更执业单位、注册专业等，应当向原注册管理机构办理变更注册。变更注册须提交下列材料：

（1）申请人变更注册申请表；

（2）申请人与新聘用单位签订的聘用劳动合同复印件和社会保险机构出具的参加社会保险的清单复印件（退休人员仅需提供有效的聘用合同和退休证明复印件）；

（3）申请人的工作调动证明（与原聘用单位解除聘用劳动合同或者聘用劳动合同到期的证明文件、退休人员的退休证明）；

（4）在注册有效期内或有效期届满，变更注册专业的，应提供与申请注册专业相关的工程技术、工程管理工作经历和工程业绩证明，以及满足相应专业继续教育要求的证明材料；

（5）在注册有效期内，因所在聘用单位名称发生变更的，应提供聘用单位新名称的营业执照复印件。

4. 不予初始注册、延续注册或者变更注册的情形

注册申请人有下列情形之一的，不予初始注册、延续注册或者变更注册：

（1）不具有完全民事行为能力的；

（2）刑事处罚尚未执行完毕或者因从事工程监理或者相关业务受到刑事处罚，自刑事处罚执行完毕之日起至申请注册之日止不满2年的；

（3）未达到监理工程师继续教育要求的；

（4）在两个或者两个以上单位申请注册的；

（5）以虚假的职称证书参加考试并取得资格证书的；

（6）年龄超过65周岁的；

（7）法律、法规规定不予注册的其他情形。

5. 注册证书和执业印章失效的情形

注册监理工程师有下列情形之一的，其注册证书和执业印章

失效：

（1）聘用单位破产的；

（2）聘用单位被吊销营业执照的；

（3）聘用单位被吊销相应资质证书的；

（4）已与聘用单位解除劳动关系的；

（5）注册有效期满且未延续注册的；

（6）年龄超过 65 周岁的；

（7）死亡或者丧失行为能力的；

（8）其他导致注册失效的情形。

6. 注销注册的情形

注册监理工程师有下列情形之一的，负责审批的部门应当办理注销手续，收回注册证书和执业印章或者公告其注册证书和执业印章作废：

（1）不具有完全民事行为能力的；

（2）申请注销注册的；

（3）注册证书和执业印章已失效的；

（4）依法被撤销注册的；

（5）依法被吊销注册证书的；

（6）受到刑事处罚的；

（7）法律、法规规定应当注销注册的其他情形。

被注销注册者或者不予注册者，在重新具备初始注册条件，并符合继续教育要求后，可以按照规定的程序重新申请注册。

（二）注册监理工程师的执业

注册监理工程师可以从事工程监理、工程经济与技术咨询、工程招标与采购咨询、工程项目管理服务以及国务院有关部门规定的其他业务。从事工程监理执业活动的，应当受聘并注册于一个具有工程监理资质的单位。

工程监理活动中形成的监理文件由注册监理工程师按照规定签字盖章后方可生效。修改经注册监理工程师签字盖章的工程监理文件，应当由该注册监理工程师进行；因特殊情况，该注册监理工程师不能进行修改的，应当由其他注册监理工程师修改，并签字、加盖执业印章，对修改部分承担责任。

因工程监理事故及相关业务造成的经济损失，聘用单位应当承担赔偿责任；聘用单位承担赔偿责任后，可依法向负有过错的注册监理工程师追偿。

（三）注册监理工程师的继续教育

为了及时掌握与工程监理有关的政策、法律、法规和标准规范，熟悉工程监理与工程项目管理的新理论、新方法，了解工程建设新技术、新材料、新设备及新工艺，适时更新业务知识，不断提高注册监理工程师的业务素质和执业水平，注册监理工程师每年都应接受一定学时的继续教育。

1. 继续教育的学时

注册监理工程师在每一注册有效期（3 年）内应接受 96 学时的继续教育，其中必修课和选修课各为 48 学时。必修课 48 学时每年可安排 16 学时。选修课 48 学时按注册专业安排学时，只注册 1 个专业的，每年接受该注册专业选修课 16 学时的继续教育；注册 2 个专业的，每年接受相应 2 个注册专业选修课各 8 学时的继续教育。

注册监理工程师申请变更注册专业时，在提出申请之前，应接受申请变更注册专业 24 学时选修课的继续教育。注册监理工程师申请跨省级行政区域变更执业单位时，在提出申请之前，还应接受新聘用单位所在地 8 学时选修课的继续教育。

注册监理工程师在公开发行的期刊上发表有关工程监理的学术论文，字数在 3 000 字以上的，每篇可充抵选修课 4 学时；从事注册监理工程师继续教育授课工作和考试命题工作，每年每次可充抵选修课 8 学时。

2. 继续教育的方式和内容

继续教育的方式有两种，即集中面授和网络教学。继续教育的内容主要有：

（1）必修课：国家近期颁布的与工程监理有关的法律、法规、标准规范和政策；工程监理与工程项目管理的新理论、新方法；工程监理案例分析；注册监理工程师职业道德。

（2）选修课：地方及行业近期颁布的与工程监理有关的法规、标准规范和政策；工程建设新技术、新材料、新设备及新工艺；专业工程监理案例分析；需要补充的其他与工程监理业务有关的知识。

（四）法律责任

1. 注册违规责任

（1）隐瞒有关情况或者提供虚假材料申请注册的，建设主管部门不予受理或者不予注册，并给予警告，1 年之内不得再次申请注册。

（2）以欺骗、贿赂等不正当手段取得注册证书的，由国务院住房和城乡建设主管部门撤销其注册，3 年内不得再次申请注册，并由县级以上地方人民政府住房和城乡建设主管部门处以罚款，其中没有违法所得的，处以 1 万元以下罚款，有违法所得的，处以违法所得 3 倍以下且不超过 3 万元的罚款；构成犯罪的，依法追究刑事责任。

2. 执业违规责任

（1）未经注册，擅自以注册监理工程师的名义从事工程监理及相关业务活动的，由县级以上地方人民政府住房和城乡建设主管部门给予警告，责令停止违法行为，处以 3 万元以下罚款；造成损失的，依法承担赔偿责任。

（2）未办理变更注册仍执业的，由县级以上地方人民政府住房和城乡建设主管部门给予警告，责令限期改正；逾期不改的，可处以 5 000元以下的罚款。

（3）注册监理工程师在执业活动中有下列行为之一的，由县级以上地方人民政府住房和城乡建设主管部门给予警告，责令其改正，没有违法所得的，处以 1 万元以下罚款，有违法所得的，处以违法所得 3 倍以下且不超过 3 万元的罚款；造成损失的，依法承担赔偿责任；构成犯罪的，依法追究刑事责任：

①以个人名义承接业务的；

②涂改、倒卖、出租、出借或者以其他形式非法转让注册证书或者执业印章的；

③泄露执业中应当保守的秘密并造成严重后果的；

④超出规定执业范围或者聘用单位业务范围从事执业活动的；

⑤弄虚作假提供执业活动成果的；

⑥同时受聘于两个或者两个以上的单位，从事执业活动的；

⑦其他违反法律、法规、规章的行为。

第四节　工程招标投标管理

一、《招标投标法》立法目的

《招标投标法》自2000年1月1日起施行，其立法目的是为了规范招标投标活动，保护国家利益、社会公共利益和招标投标活动当事人的合法权益，提高经济效益，保证项目质量。

二、建设工程招标的范围

（一）必须进行招标的范围

依照《招标投标法》第3条和《工程建设项目招标范围和规模标准规定》（国家发展计划委员会令第3号）的规定，在中华人民共和国境内进行下列工程建设项目包括项目的勘察、设计、施工、监理以及与工程建设有关的重要设备、材料等的采购，必须进行招标。

1. 大型基础设施、公用事业等关系社会公共利益、公众安全的项目

（1）关系社会公共利益、公众安全的基础设施项目的范围包括：一是煤炭、石油、天然气、电力、新能源等能源项目；二是铁路、公路、管道、水运、航空以及其他交通运输业等交通运输项目；三是邮政、电信枢纽、通信、信息网络等邮电通讯项目；四是防洪、灌溉、排涝、引（供）水、滩涂治理、水土保持、水利枢纽等水利项目；五是道路、桥梁、地铁和轻轨交通、污水排放及处理、垃圾处理、地下管道、公共停车场等城市设施项目；六是生态环境保护项目；七是其他基础设施项目。

（2）关系社会公共利益、公众安全的公用事业项目的范围包括：一是供水、供电、供气、供热等市政工程项目；二是科技、教育、文

化等项目；三是体育、旅游、文化等项目；四是卫生、社会福利等项目；五是商品住宅，包括经济适用住房；六是其他公用事业项目。

2. 全部或者部分使用国有资金投资或者国家融资的项目

(1) 使用国有资金投资项目的范围：一是使用各级财政预算资金的项目；二是使用纳入财政管理的各种政府性专项建设基金的项目；三是使用国有企业事业单位自有资金，并且国有资金投资者实际拥有控制权的项目。

(2) 国家融资项目的范围：一是使用国家发行债券所筹资金的项目；二是使用国家对外借款或者担保所筹资金的项目；三是使用国家政策性贷款的项目；四是国家授权投资主体融资的项目；五是国家特许的融资项目。

3. 使用国际组织或者外国政府贷款、援助资金的项目

《招标投标法》第 67 条规定，使用国际组织或者外国政府贷款、援助资金的项目进行招标，贷款方、资金提供方对招标投标的具体条件和程序有不同规定的，可以适用其规定，但违背中华人民共和国的社会公共利益的除外。

使用国际组织或者外国政府资金的项目的范围包括：一是使用世界银行、亚洲开发银行等国际组织贷款资金的项目；二是使用外国政府及其机构贷款资金的项目；三是使用国际组织或者外国政府援助资金的项目。

根据《工程建设项目招标范围和规模标准规定》的规定，上述规定范围内的各类工程建设项目，包括项目的勘察、设计、施工、监理以及与工程建设有关的重要设备、材料等的采购，达到下列标准之一的，必须进行招标：一是施工单项合同估算价在 200 万元人民币以上的；二是重要设备、材料等货物的采购，单项合同估算价在 100 万元人民币以上的；三是勘察、设计、监理等服务的采购，单项合同估算价在 50 万元人民币以上的；四是单项合同估算价低于前三项规定的标准，但项目总投资额在 3 000万元人民币以上的。

(二) 可以不进行招标的范围

《招标投标法》第 66 条规定，涉及国家安全、国家秘密、抢险

救灾或者属于利用扶贫资金实行以工代赈、需要使用农民工等特殊情况，不适宜进行招标的项目，按照国家有关规定可以不进行招标。

《建设工程勘察设计管理条例》第16条规定，下列建设工程的勘察、设计，经有关主管部门批准，可以直接发包：（1）采用特定专利或者专有技术的；（2）其建筑艺术造型有特殊要求的；（3）国务院规定的其他建设工程的勘察、设计。

《工程建设项目施工招标投标办法》第12条规定，不需要审批但依法必须招标的工程建设项目有下列情形之一的，可以不进行施工招标：（1）涉及国家安全、国家秘密或者抢险救灾而不适宜招标的；（2）属于利用扶贫资金实行以工代赈需要使用农民工的；（3）施工主要技术采用特定的专利或者专有技术的；（4）施工企业自建自用的工程，且该施工企业资质等级符合工程要求的；（5）在建工程追加的附属小型工程或者主体加层工程，原中标人仍具备承包能力的；（6）法律、行政法规规定的其他情形。

三、招标投标的原则及其行政监督

（一）招标投标活动应当遵循的原则

《招标投标法》规定，招标投标活动应当遵循公开、公平、公正和诚实信用的原则。

公开原则，是指招标投标的程序要透明，招标人应当将招标信息公布于众，以招引投标人做出积极反映。在招标采购制度中，公开原则要贯穿于整个招标投标程序中。

公平原则，是指所有投标人在招标投标活动中机会都是平等的，所有投标人享有同等的权利，要一视同仁，不得对投标人实行歧视待遇。

公正原则，是要求客观地按照事先公布的条件和标准对待各位投标人。

诚实信用原则，是指民事主体在从事民事活动时，应当诚实守信，以善意的方式履行其义务，不得滥用权利及规避法律或者合同规定的义务。

（二）招标投标活动的行政监督管理

行政监督管理，是指国家行政机关和行使行政管理权的单位对于招标投标活动的主体执行法律、法规、行政决定的情况所进行的调查、统计、检查、督促并提出处理意见的行政行为。

为了保证招标投标活动能够依法进行，需要行政机关对其进行有效的监督，并对违法行为依法查处。因此，《招标投标法》第7条规定，招标投标活动及其当事人应当接受依法实施的监督。有关行政监督部门依法对招标投标活动实施监督，依法查处招标投标活动中的违法行为。对招标投标的行政监督及有关部门的具体职权划分，由国务院规定。

根据《国务院办公厅印发国务院有关部门实施招标投标活动行政监督的职责分工意见的通知》（国办发〔2000〕34号）的规定，国家发展和改革委员会指导和协调全国招投标工作，工业（含内贸）、水利、交通、铁道、民航、信息产业等行业和产业项目的招标投标活动的监督执法，分别由经贸、水利、交通、铁道、民航、信息产业等行政主管部门负责；各类房屋建筑及其附属设施的建造和与其配套的线路、管道、设备的安装项目和市政工程项目的招投标活动的监督执法，由建设行政主管部门负责；进口机电设备采购项目的招投标活动的监督执法，由外经贸行政主管部门负责。从事各类工程建设项目招标代理业务的招标代理机构的资格，由建设行政主管部门认定；从事与工程建设有关的进口机电设备采购招标代理业务的招标代理机构的资格，由外经贸行政主管部门认定；从事其他招标代理业务的招标代理机构的资格，按现行职责分工，分别由有关行政主管部门认定。国家发展计划委员会负责组织国家重大建设项目稽查特派员，对国家重大建设项目建设过程中的工程招投标进行监督检查。

四、建设工程招标

（一）建设工程招标

1. 建设工程招标概述

（1）建设工程招标的概念。

建设工程招标，是指项目法人单位依据特定程序，招请潜在的投标人依据招标文件参与竞争，从中评定符合全面完成工程项目建设的优秀承建单位，并与之达成协议的经济法律活动。

（2）建设工程招标的方式。

①公开招标。

公开招标，依照《招标投标法》第10条第2款的规定，是指招标人以招标公告的方式邀请不特定的法人或者其他组织投标。《招标投标法》规定的公开招标的含义有两项重要内容：一是招标人以招标公告的方式邀请投标；二是邀请投标的对象是不特定的法人或者其他组织。

公开招标的一般程序。公开招标可划分为三个阶段：第一，招标准备阶段；第二，招标阶段；第三，开标、评标和定标阶段。依照《招标投标法》的规定，招标人采用公开招标方式的，应当发布招标公告。依法必须进行招标的项目的招标公告，应当通过国家指定的报刊、信息网络或者其他媒介发布。招标公告应当载明招标人的名称和地址，招标项目的性质、数量、实施地点和时间以及获取招标文件的办法等事项。招标人可以根据招标项目本身的要求，在招标公告中，要求潜在投标人提供有关资质证明文件和业绩情况，并对潜在投标人进行资格审查；国家对投标人的资格有规定的，依照其规定。招标人应当承担有关保密义务。招标人应当确定投标人编制投标文件所需要的合理时间；但是，依法必须进行招标的项目，自招标文件发出之日起至投标人提交投标文件截止之日止，最短不得少于20日。

②邀请招标。

《招标投标法》第10条第3款规定，邀请招标，是指招标人以投标邀请书的方式邀请特定的法人或者其他组织投标。邀请招标同公开招标相比有两点不同：一是邀请招标是以投标邀请书的方式邀请投标，而不像公开招标那样以招标公告的方式邀请投标；二是邀请投标的对象是特定的法人或者其他组织，而公开招标则是向不特定的法人或者其他组织邀请招标。

根据《工程建设项目施工招标投标办法》（国家计划委员会等七部委30号令），有下列情形之一的，经批准可以进行邀请招标：

a. 项目技术复杂或有特殊要求，只有少量几家潜在投标人可供选择的；

b. 受自然地域环境限制的；

c. 涉及国家安全、国家秘密或者抢险救灾，适宜招标但不宜公开招标的；

d. 拟公开招标的费用与项目的价值相比，不值得的；

e. 法律、法规规定不宜公开招标的；

国家重点建设项目的邀请招标，应当经国务院发展计划部门批准；地方重点建设项目的邀请招标，应当经各省、自治区、直辖市人民政府批准。

全部使用国有资金投资或者国有资金投资占控股或者主导地位的并需要审批的工程建设项目的邀请招标，应当经项目审批部门批准，但项目审批部门只审批立项，由有关行政监督部门批准。

2. 招标人和招标代理机构

(1) 招标人。

①招标人的含义。

招标人，是指依照《招标投标法》的规定提出招标项目、进行招标的法人或者其他组织。

②招标人的权利。

依照《招标投标法》的规定，招标人主要有以下权利：

a. 招标人有权自行选择招标代理机构，委托其办理招标事宜。招标人具有编制招标文件和组织评标能力的，可以自行办理招标事宜；

b. 自由选定招标代理机构并核验其资质证明；

c. 招标人根据招标项目本身的要求，在招标公告或者投标邀请书中，要求潜在投标人提供有关资质证明文件和业绩情况，并对潜在投标人进行资格审查；国家对投标人的资格条件有规定的，依照其规定；

d. 在招标文件要求提交投标文件截止时间至少 15 日前，招标人可以以书面形式对已发出的招标文件进行必要的澄清或者修改。该澄清或者修改的内容为招标文件的组成部分；

e. 招标人有权拒收在招标文件要求提交投标文件截止时间后送达的投标文件；

f. 开标由招标人主持；

g. 招标人根据评标委员会提出的书面评标报告和推荐的中标候选人确定中标人。招标人也可以授权评标委员会直接确定中标人。

③招标人的义务。

依照《招标投标法》的规定，招标人主要有以下义务：

a. 招标人委托招标代理机构时，应当向其提供招标所需要的有关资料并支付委托费；

b. 招标人不得以不合理的条件限制或者排斥潜在投标人，不得对潜在投标人实行歧视待遇；

c. 招标文件不得要求或者标明特定的生产供应者以及含有倾向或者排斥潜在投标人的其他内容；

d. 招标人不得向他人透露已获取招标文件的潜在投标人的名称、数量以及可能影响公平竞争的有关招标投标的其他规定。招标人设有标底的，标底必须保密；

e. 招标人应当确定投标人编制投标文件所需要的合理时间；但是，依法必须进行招标的项目，自招标文件开始发出之日起至投标人提交投标文件截止之日止，最短不得少于20日；

f. 招标人在招标文件要求提交投标文件的截止时间前收到的所有投标文件，开标时都应当当众予以拆封、宣读；

g. 招标人应当采取必要的措施，保证评标在严格保密的情况下进行；

h. 中标人确定后，招标人应当向中标人发出中标通知书，并同时将中标结果通知所有未中标的投标人；

i. 招标人和中标人应当自中标通知书发出之日起30日内，按照招标文件和中标人的投标文件订立书面合同。

（2）招标代理机构

从事工程建设项目招标代理业务的招标代理机构，其资格由国务院或者省、自治区、直辖市人民政府的建设行政主管部门认定。具体办法由国务院住房和城乡建设行政主管部门会同国务院有关部门制定。从事其他招标代理业务的招标代理机构，其资格认定的主管部门由国务院规定。对招标代理机构的性质、应当具备的条件、资格认定，招标人与招标代理机构的关系等，本章的第二节已作了专门的讲述。

3. 招标程序

（1）招标公告与投标邀请书。

①招标公告。

招标公告，是指采用公开招标方式的招标人（包括招标代理机构）向所有潜在的投标人发出的一种广泛的通告。

依照《招标投标法》第16条第1款的规定，招标人采用公开招标方式的，应当发布招标公告。依法必须进行招标的项目的招标公告，应当通过国家指定的报刊、信息网络或者其他媒介发布。

招标公告发布的具体办法执行《招标公告发布暂行办法》的规定。

②投标邀请书。

投标邀请书，是指采用邀请招标方式的招标人，向3个以上具备承担招标项目的能力、资信良好的特定的法人或者其他组织发出的投标邀请的通知。《招标投标法》第17条第1款对投标邀请书作了规定，即：招标人采用邀请招标方式的，应当向3个以上具备承担招标项目的能力、资信良好的特定的法人或者其他组织发出投标邀请书。

③招标公告和投标邀请书内容。

《招标投标法》第16条第3款规定："招标公告应当载明招标人的名称和地址，招标项目的性质、数量、实施地点和时间以及获取招标文件的办法等事项。"该法第17条第2款又规定："投标邀请书应当载明本法第16条第2款规定的事项。"

（2）资格预审。

《房屋建筑和市政基础设施工程施工招标投标管理办法》第16条规定，招标人可以根据招标工程的需要，对投标申请人进行资格预审，也可以委托工程招标代理机构对投标申请人进行资格预审。实行资格预审的招标工程，招标人应当在招标公告或者投标邀请书中载明资格预审的条件和获取资格预审文件的办法。资格预审文件一般应当包括资格预审申请书格式、申请人须知，以及需要投标申请人提供的企业资质、业绩、技术装备、财务状况和拟派出的项目经理与主要技术人员的简历、业绩等证明材料。

①资格预审的概念。

资格预审，是指招标人在招标开始之前或者开始初期，由招标人对申请参加投标人进行资格审查。认定合格后的潜在投标人，可以参加投标。一般来说，对于大中型建设项目、“交钥匙”项目和技术复杂的项目，资格预审程序是必不可少的。

②资格审查。

根据《工程建设项目施工招标投标办法》第17条，资格审查分为资格预审和资格后审。资格预审，是指在投标前对潜在投标人进行的资格审查。资格后审，是指在开标后对投标人进行的资格审查。

进行资格预审时，一般不再进行资格后审，但招标文件另有规定的除外。资格预审主要包括以下几个程序：一是资格预审公告；二是编制、发出资格预审文件；三是对投标人资格的审查和确定合格投标人名单。

a. 资格预审公告。是指招标人向潜在投标人发出的参加资格预审的广泛邀请。该公告可以在购买资格预审文件前一周内至少刊登两次，也可以考虑通过规定的其他媒介发布资格预审公告。

b. 发出资格预审文件。资格预审公告后，招标人向申请参加资格预审的申请人发放或者出售资格审查文件。资格审查是对潜在投标人的生产经营能力、技术水平及资信能力、财务状况的考察。

c. 对潜在投标人资格的审查和评定。招标人在规定的时间内，按照资格预审文件中规定的标准和方法，对提交资格预审申请书的潜在投标人资格进行审查。剔除不合格的申请人，只有经过资格预审合格的潜在投标人才有权参加投标。

（3）编制招标文件。

《招标投标法》第 19 条规定，招标人应当根据招标项目的特点和需要编制招标文件。招标文件应当包括招标项目的技术要求、对投标人资格审查的标准、投标报价要求和评标标准等所有实质性要求和条件以及拟签订合同的主要条款。

国家对招标项目的技术、标准有规定的，招标人应当按照其规定在招标文件中提出相应要求。

招标项目需要划分标段、确定工期的，招标人应当合理划分标段、确定工期，并在招标文件中载明。

《工程建设项目勘察设计招标投标办法》第 15 条规定，招标人应当根据招标项目的特点和需要编制招标文件，勘察设计招标文件应当包括下列内容：

①投标须知；

②投标文件格式及主要合同条款；

③项目说明书，包括资金来源情况；

④勘察设计范围，对勘察设计进度、阶段和深度要求；

⑤勘察设计基础资料；

⑥勘察设计费用支付方式，对未中标人是否给予补偿及补偿标准；

⑦投标报价要求；

⑧对投标人资格审查的标准；

⑨评标标准和方法；

⑩投标有效期。

招标人应根据《〈标准施工招标资格预审文件〉和〈标准施工招标文件〉试行规定》（国家发展和改革委员会等九部委第 56 号令）、《房屋建筑和市政工程标准施工招标文件》和《房屋建筑和市政工程标准施工资格预审文件》，结合招标项目特点和实际需要，按照公开、公平、公正和诚实信用原则编制施工招标资格预审文件或施工招标文件。《〈标准施工招标资格预审文件〉和〈标准施工招标文件〉试行规定》规定的招标文件应包括下列内容：

a. 招标函及招标函附录；

b. 法定代表人身份证明或富有法定代表人身份证明的授权委

托书；

c. 联合体协议书；

d. 投标保证金；

e. 已标价工程量清单；

f. 施工组织设计；

g. 项目管理机构；

h. 拟分包项目情况表；

i. 资格审查资料。

j. 投标人须知前附表规定的其他材料。

（二）建设工程投标

1. 建设工程投标概述

（1）建设工程投标的概念。

建设工程投标，是指投标人依据有关规定和招标单位拟定的招标文件参与竞争，预期取得建设工程项目任务，以图与建设工程项目法人单位达成协议的经济法律活动。

根据《招标投标法》第25条的规定，投标人是响应招标、参加投标竞争的法人或者其他组织。所谓响应招标，主要是指投标人对招标文件中提出的实质性要求和条件作出响应。

（2）投标人的资格要求。

《招标投标法》第26条规定，投标人应当具备承担招标项目的能力；国家有关规定对投标人资格条件或者招标文件对投标人资格条件有规定的，投标人应当具备规定的资格条件。

2. 投标前的有关准备工作

对投标人来说，投标前的准备工作十分重要，对投标人能否顺利中标有着直接的影响。投标前，投标人需要做好可行性研究，因为参加投标需要耗费大量的金钱和时间，而这些代价都需要投标人来承担。这些准备工作主要是：调查研究；收集投标信息和资料；建立投标小组；准备资格预审材料；开具投标保函；现场踏勘。

3. 编制和送达投标文件

（1）投标文件的组成。

投标文件应当包括下列内容：①投标函；②施工组织设计或者施工方案；③投标报价；④招标文件要求提供的其他材料。

（2）投标文件的编制。

投标文件的编制是一个复杂的过程。投标人制作投标文件前，应首先对招标文件进行分析和研究。《招标投标法》第 27 条第 1 款规定，投标人应当按照招标文件的要求编制投标文件。投标文件应当对招标文件提出的实质性要求和条件作出响应。

（3）投标文件的送达及其补充、修改和撤回。

①投标文件的送达。

投标人应当在招标文件要求提交投标文件的截止时间前，将投标文件密封送达投标地点。招标人收到投标文件后，应当向投标人出具标明签收人和签收时间的凭证，在开标前任何单位和个人不得开启。在招标文件要求提交投标文件的截止时间后送达的投标文件，招标人应当拒收。

②投标文件的补充、修改或者撤回。

投标人在招标文件要求提交投标文件的截止时间前，可以补充、修改或者撤回已提交的投标文件，并书面通知招标人。补充、修改的内容为投标文件的组成部分。

4. 联合体共同投标

（1）联合体共同投标的概念。

联合体共同投标，是指两个以上法人或者其他组织自愿组成一个联合体，以一个投标人的身份共同投标的法律行为。

（2）联合体共同投标的特征。

联合体共同投标具有以下基本特征：

①该联合体的主体包括两个以上的法人或者其他组织。

②该联合体的各组成单位通过签订共同投标协议来约束彼此的行为。

③该联合体以一个投标人的身份共同投标。就中标项目向招标人承担连带责任。

（3）联合体各方均应当具备承担招标项目的相应能力。

《招标投标法》第 31 条第 2 款规定，联合体各方均应具备承担招标项目的相应能力；国家有关规定或者招标文件对投标人资格条件有规定的，联合体各方均应当具备规定的相应的资格条件。由同一专业的单位组成的联合体，按照资质等级较低的单位确定资质等级。

（三）建设工程开标、评标和中标

1. 开标

（1）开标的时间和地点。

《招标投标法》第 34 条规定，开标应当在招标文件确定的提交投标文件截止时间的同一时间公开进行；开标地点应当为招标文件中预先确定的地点。

《房屋建筑和市政基础设施工程施工招标投标管理办法》第 13 条规定，全部使用国有资金投资或者国有资金投资占控股或者主导地位，依法必须进行施工招标的工程项目，应当进入有形建筑市场进行招标投标活动。

在有些情况下，可以暂缓或者推迟开标时间，如招标文件发售后对原招标文件做了变更或者补充；开标前，发现有足以影响采购公正性的违法或者不正当行为；招标人接到质疑或者诉讼；出现突发事故等。

（2）出席开标。

《招标投标法》第 35 条规定，开标由招标人主持，邀请所有投标人参加。

①开标主持者。

开标由招标人主持，招标代理机构也可以代理招标人主持。只有招标人主持开标，对所有投标人才是公正的。

②开标会参加人。

所有投标人和其他有关单位的代表应邀出席开标会。不管是否被邀请，投标人或者他们的代表有权出席开标会。

（3）开标程序

《招标投标法》第 36 条规定，开标时，由投标人或者其推选的代表检查投标文件的密封情况，也可以由招标人委托的公证机构检查并公证；经确认无误后，由工作人员当众拆封，宣读投标人名称、投标价格和投标文件的其他主要内容。

招标人在招标文件要求提交投标文件的截止时间前收到所有投标文件，开标时都应当当众予以拆封、宣读。

开标过程应当记录，并存档备查。

开标时，首先由投标人或者其推选的代表检查投标文件的密封情况，确认投标文件密封完好后，封套书写明招标人的规定。然后，由开标主持人以投标文件提交的先后顺序逐个开启投标文件。

开标主持人在开标时，要高声朗读每个投标人的名称、投标价格和投标文件的其他主要内容。在宣读的同时，开标主持人对公开开标所读的每一项，按照开标时间的先后顺序进行记录。

2. 评标

(1) 评标机构。

①评标委员会的设立。

根据《招标投标法》第37条和《评标委员会和评标方法暂行规定》第9条、第11~12条的规定，评标委员会的设立应当满足下列条件：

a. 依法必须进行招标的项目，其评标委员会由招标人的代表和有关技术、经济等方面的专家组成，成员人数为5人以上单数，其中技术、经济等方面的专家不得少于成员总数的2/3。

b. 评标委员会的技术、经济等方面的专家应当符合以下条件：应当从事相关领域工作满8年；必须具有高级职称或者具有同等专业水平；在招标采购方面具有相应的法律知识，并有参加招标投标活动的实践经验；具有良好的职业道德，能够认真、公正地履行职责。

c. 有下列情形之一的，不得担任评标委员会成员：投标人或者投标人主要负责人的近亲属；项目主管部门或者行政监督部门的人员；与投标人有经济利益关系，可能影响对投标公正评审的；曾因在招标、评标以及其他与招标投标有关活动中从事违法行为而受过行政处罚或刑事处罚的。

评标委员会成员有上述规定情形之一的，应当主动提出回避。

②标的准备工作。

《评标委员会和评标方法暂行规定》第15条规定，评标委员会成员应当编制供评标使用的相应表格，认真研究招标文件，至少应了解和熟悉以下内容：a. 招标的目标；b. 招标项目的范围和性质；c. 招标文件中规定的主要技术要求、标准和商务条款；d. 招标文件规定的评标标准、评标方法和在评标过程中应考虑的相关因素。

（2）评标的保密性和独立性。

《招标投标法》第38条规定，招标人应当采取必要的措施，保证评标在严格保密的情况下进行。任何单位和个人不得非法干预、影响评标的过程和结果。

（3）投标文件的澄清和说明。

《评标委员会和评标方法暂行规定》第19条规定，评标委员会可以书面方式要求投标人对投标文件中含义不明确、对同类问题表述不一致或者有明显文字和计算错误的内容作必要的澄清、说明或者补正。澄清、说明或者补正应以书面方式进行并不得超出投标文件的范围或者改变投标文件的实质性内容。

投标文件中的大写金额和小写金额不一致的，以大写金额为准；总价金额与单价金额不一致的，以单价金额为准，但单价金额小数点有明显错误的除外；对不同文字文本投标文件的解释发生异议的，以中文文本为准。

《评标委员会和评标方法暂行规定》第22条规定，投标人资格条件不符合国家有关规定和招标文件要求的，或者拒不按照要求对投标文件进行澄清、说明或者补正的，评标委员会可以否决其投标。

（4）评标程序、评标依据和中标人的确定方式。

《招标投标法》第40条规定，评标委员会应当按照招标文件确定的评标标准和方法，对投标文件进行评审和比较；设有标底的，应当参考标底。评标委员会完成评标后，应当向招标人提出书面评标报告，并推荐合格的中标候选人。

招标人根据评标委员会提出的书面评标报告和推荐的中标候选人确定中标人。招标人也可以授权评标委员会直接确定中标人。

国务院对特定招标项目的评标有特别规定的，从其规定。

①评标程序和评标依据。

评标程序一般分为初步评标和详细评标两个阶段。

初步评标主要看：投标人资格是否符合要求，投标文件是否完整，投标人是否按照规定的方式提交投标保证金，投标文件是否基本上符合招标文件的要求等；初步评标完成后，即应进行详细评标。只有在初评中确定为基本合格的投标，才可以进入详细评标阶段。

根据《中华人民共和国标准施工招标文件》（2007 年版），评标办法有经评审的最低价评标法、综合评估法。评标标准和方法由招标文件确定。评标委员会要依据招标文件确定的评标标准和方法对投标文件进行评审和比较；设有标底的，应当参考标底。工程采购招标要对投标价的组成、技术条件、财务能力等方面进行全面的评审和综合分析。

评标委员会在评标过程中，最主要的是做好以下三个方面的工作：

第一，分析投标价。一是按比例分摊的方式。二是根据承包各单项工程的风险的不同进行分摊。三是按照《建设工程工程量清单计价规范》（GB50500—2008），对建设工程工程量进行计算，并对履约中工程量可能发生变化的趋势所做的判断摊入到各单价中去。对投标报价的分析要保密。

第二，对技术条件的评审。技术条件评审主要是对投标人是否能够保证项目在质量、数量的前提下如期完成所承包的全部工程所作的审查。投标文件首先要符合招标文件中关于图纸和规范的要求。

第三，对合同、财务方面的评审。主要包括：一是检查投标文件的完整性，是否按照招标文件的要求作出反应；二是授权签署投标文件代表的授权书是否完备；三是对合同条款以及其他有关协议等，是否提出修改、附加条件或者保留条件，以及是否允许这些修改或者条件等做出全面、认真的评审。

②中标人的确定权。

评标委员会经过对投标人的投标文件进行初步评标和详细评标以

后，评标委员会要编制书面评标报告。《评标委员会和评标方法暂行规定》第45条、第48条规定，评标委员会推荐的中标候选人应当限定在1~3人，并标明排列顺序。

使用国有资金投资或者国家融资的项目，招标人应当确定排名第一的中标候选人为中标人。排名第一的中标候选人放弃中标、因不可抗力提出不能履行合同，或者招标文件规定应当提交履约保证金而在规定的期限内未能提交的，招标人可以确定排名第二的中标候选人为中标人。

排名第二的中标候选人因上述同样的原因不能签订合同的，招标人可以确定排名第三的中标候选人为中标人。

招标人如果认为有必要，也可以将确定中标人的权利授权给评标委员会。

（5）中标人的投标条件。

《评标委员会和评标办法暂行规定》第46条规定，中标人的投标应当符合下列条件之一：①能够最大限度地满足招标文件中规定的各项综合评价标准；②能够满足招标文件的实质性要求，并且经评审的投标价格最低；但是投标价格低于成本的除外。

（6）否决所有投标。

《招标投标法》第42条规定，评标委员会经评审，认为所有投标都不符合招标文件要求的，可以否决所有投标。

依法必须进行招标的项目的所有投标被否决的，招标人应当依照本法重新招标。

《评标委员会和评标方法暂行规定》第27条规定，评标委员会根据本规定第20~23条、第25条的规定否决不合格投标或者界定为废标后，因有效投标不足3个使得投标明显缺乏竞争的，评标委员会可以否决全部投标。

投标人少于3个或者所有投标被否决的，招标人应当依法重新招标。

（7）招标人与投标人在确定中标人前不得就投标实质性内容进行谈判。

《招标投标法》第 43 条规定，在确定中标人前，招标人不得与投标人就投标价格、投标方案等实质性内容进行谈判。

（8）评标委员会成员履行职务时应遵守下列基本准则。

《评标委员会和评标方法暂行规定》第 13 ~ 14 条规定，评标委员会成员履行职务时应遵守下列基本准则：评标委员会成员应当客观、公正地履行职责，遵守职业道德，对所提出的评审意见承担个人责任；评标委员会成员不得私下接触投标人，不得收受投标人的财物或者其他好处；评标委员会成员和参与评标的有关工作人员不得透露对投标文件的评审和比较、中标候选人的推荐情况以及与评标有关的其他情况。

3. 中标

（1）中标通知书的发出及其法律效力。

①中标通知书的发出。

《招标投标法》第 45 条第 1 款规定，中标人确定后，招标人应当向中标人发出中标通知书，并同时将中标结果通知所有未中标的投标人。

②中标通知书的法律效力。

《招标投标法》第 45 条第 2 款规定，中标通知书对招标人和中标人具有法律效力。中标通知书发出后，招标人改变中标结果的，或者中标人放弃中标项目的，应当依法承担法律责任。

（2）招标人与中标人订立合同和履约保证金。

①合同订立的时间和形式。

《招标投标法》第 46 条第 1 款规定，招标人和中标人应当自中标通知书发出之日起 30 日内，按照招标文件和中标人的投标文件订立书面合同。招标人和中标人不得再行订立背离合同实质性内容的其他协议。《房屋建筑和市政基础设施工程施工招标投标管理办法》第 47 条第 1 款还规定，订立书面合同后 7 日内，中标人应当将合同送县级以上工程所在地的建设行政主管部门备案。

招标人和中标人应当在法定期限内按照招标文件和中标人的投标文件订立书面合同。当事人采取合同书形式订立合同的，自双方当事人签字或者盖章时合同成立。

②履约保证金。

中标通知书发出后，除不可抗力外，招标人改变中标结果，由其他投标人中标的，或者随意宣布取消项目招标的，应当适用定金罚则双倍返还中标人提交的投标保证金，给中标人造成损失超过定金罚则返还的投标保证金数额的，还应对超过部分给予赔偿；未收投标保证金的，对中标人的损失承担赔偿责任。如果中标人放弃中标项目的承包工程，则招标人对其提交的投标保证金不予退还，给招标人造成的损失超过投标保证金数额的，还应当对超过部分予以赔偿；未提交投标保证金的，对招标人的损失承担赔偿责任。招标人或中标人承担的上述法律责任属于《合同法》中规定的缔约过失责任。

（3）依法必须进行招标的项目的书面报告。

《招标投标法》第 47 条规定，依法必须进行招标的项目，招标人应当自确定中标之日起 15 日内，向有关行政监督部门提交招标投标情况的书面报告。

《房屋建筑和市政基础设施工程施工招标投标管理办法》第 45 条规定，依法必须进行施工招标的工程，招标人应当自确定中标人之日起 15 日内，向工程所在地的县级以上地方人民政府建设行政主管部门提交施工招标投标情况的书面报告。书面报告应当包括下列内容：

①施工招标投标的基本情况，包括施工招标范围、施工招标方式、资格审查、开评标过程和确定中标人的方式及理由等。

②相关的文件资料，包括招标公告或者投标邀请书、投标报名表、资格预审文件、招标文件、评标委员会的评标报告（设有标底的，应当附标底）、中标人的投标文件。委托工程招标代理的，还应当附工程施工招标代理委托合同。

前款第 2 项中已按照本办法的规定办理了备案的文件资料，不再重复提交。

提交书面报告是为了使有关行政监督管理部门了解招标投标活动的情况，以便对招标投标活动进行监督。书面报告的内容包括招标过程、投标过程、评标过程和签订合同等招标投标的情况。

（4）中标人不得转让中标项目和有关分包的法律规定。

《招标投标法》第48条规定，中标人应当按照合同约定履行义务，完成中标项目。中标人不得向他人转让中标项目，也不得将中标项目肢解后分别向他人转让。

中标人按照合同约定或者经招标人同意，可以将中标项目的部分非主体、非关键性工作分包给他人完成。接受分包的人应当具备相应的资格条件，不得再次分包。

中标人应当就分包项目向招标人负责，接受分包的人就分包项目承担连带责任。

《建筑法》和《合同法》等法律和有关行政法规，都禁止转包和违法分包工程项目。

为规范工程施工分包活动，治理违法分包、转包、允许他人以本企业名义承揽工程的行为，维护建筑市场秩序，保证工程质量和施工安全，2004年建设部出台了《房屋建筑和市政基础设施工程施工分包管理办法》（建设部令第124号）。该办法将房屋建筑和市政基础设施工程施工分包分为专业工程分包和劳务作业分包两类。专业工程分包，指施工总承包企业将其所承包工程中的专业工程发包给具有相应资质的其他建筑业企业完成的活动；劳务作业分包，指施工总承包企业或者专业承包企业将其承包工程中的劳务作业发包给劳务分包企业完成的活动。该办法明确规定，建设单位不得直接指定分包工程承包人，严禁个人承揽分包工程业务，并要求分包工程发包人应当设立项目管理机构，组织管理所承包工程的施工活动。项目管理机构应当具有与承包工程的规模、技术复杂程度相适应的技术、经济管理人员。其中，项目负责人、技术负责人、项目核算负责人、质量管理人员、安全管理人员必须是本单位的人员，即与本单位有合法的人事或者劳动合同、工资以及社会保险关系的人员。具体要求由省、自治区、直辖市人民政府建设行政主管部门规定。

该办法还进一步界定了转包、违法分包和允许他人以本企业名义承揽工程的行为。不履行合同约定，将其承包的全部工程发包给他人，或者将其承包的全部工程肢解后以分包的名义分别发包给他人的，属于转包行为；分包工程发包人将工程分包后，未在施工现场设立项目管理机构和派驻相应人员，并未对该工程的施工活动进行组织管理的，视同转包行为。分包工程发包人将专业工程或者劳务作业分包给不具备相应资质条件的分包工程承包人，或者施工总承包合同中未有约定，又未经建设单位认可，分包工程发包人将承包工程中的部分专业工程分包给他人的行为，属于违法分包行为。分包工程发包人虽没有将其承包的工程进行分包，在施工现场所设项目管理机构的项目负责人、技术负责人、项目核算负责人、质量管理人员、安全管理人员不是工程承包人本单位人员的，视同允许他人以本企业名义承揽工程。

五、有形建筑市场形成及发展

有形建筑市场是1994年前后一些地方在规范工程招标投标活动和深化建设体制改革的实践中创造出来。所谓有形建筑市场，就是在一个固定的场所集中发布工程招标信息，进行开标、评标、定标等活动；有关政府管理部门进驻集中办公，为办理有关手续实行“窗口”服务，并对工程招标投标活动实施监督。

有形建筑市场的建设，得到了中央领导同志的重视和中央纪委监察部的支持。1998年7~8月，建设部、监察部联合召开会议，交流和推广了建立有形建筑市场的经验。

2002年3月8日，国务院办公厅转发了建设部、国家计划委员会、监察部《关于健全和规范有形建筑市场若干意见》（国办发〔2002〕21号，以下简称《意见》），提出要健全体制，完善有形建筑市场的功能，充分发挥有形建筑市场在建设工程项目管理中的作用。对于全部使用国有资金投资，以及国有资金投资占控股或者主导地位的房屋建筑工程项目和市政工程项目，必须通过有形建筑市场，依法公开招标。特大型和大型市政工程项目采用国际招标的，按照《招标投标法》关于公开招标的规定办理。其他应公开招标的工程建设项目也可进入有形建筑市场招标、发包。目前，已经设立和运行的有形建筑市场必须与政府部门及其所属机构脱钩，做到人员、职能分离，政企分开，政事分开，不能与政府部门及其所属机构搞“一套班子、两块牌子”；不得与任何招标代理机构有隶属关系或者经济利益关系；不得从事工程项目招标代理活动；不得以任何方式限制和排斥本地区、本系统以外的企业参加投标，或以任何方式非法干涉招标投标活动。有形建筑市场要为建设工程招标投标活动，包括开标、评标、定标等，提供设施齐全、服务规范的场所；收集、存储和发布招标投标信息、政策法规信息、企业信息、材料设备价格信息、科技和人才信息、分包信息等，为建设工程交易各方提供信息咨询服务；为政府主管部门实施监督和管理提供条件。有形建筑市场要积极完善并拓展服务功能，为总包、分包双方依法开展经营活动提供优良的服务。有形建筑市场要加强计算机管理系统和相关网络建设，建立和充实相关数据库，提高信息化服务水平。

《意见》要求，要加强监管，规范有形建筑市场的运行。政府有关部门及其管理机构要在有形建筑市场设立面向招标人、投标人集中办公的“窗口”。有形建筑市场发现建设工程招投标活动中的违法违规行为，负有及时向有关部门报告的责任，并应当协助政府有关部门进行调查。在征得招标人和投标人同意后，有形建筑市场应当妥善保存建设工程招标投标活动中产生的有关资料、原始记录等，制定相应的查询制度和保密措施，以便于有关部门加强对建设工程交易活动的监督和管理。严格规范有形建筑市场的收费行为。要坚决取消不合理的收费项目，降低过高的收费标准。有形建筑市场中的内部人员要严守纪律，不得参与评标、定标等活动；严禁向建设单位推荐投标单位；不得以任何方式泄露内部信息以牟取私利；在履行服务职责时，遇到与本人或者其直系亲属有利害关系的情形，应当回避；实行定期轮岗制度等。对违反上述要求及其他有关规定的，要依法查处，并严厉追究主管部门及有关领导人的责任；涉嫌犯罪的，移送司法机关处理。

《意见》还规定了有形建筑市场设立的审批程序和条件。规定地级以上城市设立有形建筑市场，由省、自治区、直辖市人民政府报建设部审定，并符合以下条件：

（1）有固定的建设工程交易场所和满足有形建筑市场基本功能要求的服务设施。

（2）成立不与任何政府部门及其所属机构有隶属关系的独立管理机构。

（3）有健全的有形建筑市场工作规则、办事程序和内部管理制度。

（4）工作人员应熟悉相关法律、法规、工程建设和招标投标管理等方面知识。

（5）经当地政府有关部门及其管理机构同意，在有形建筑市场设立服务"窗口"，并依法实施监督。

对投资数量较多、建设规模较大的县级城市，确需设立有形建筑市场的，应参照上述条件，报省级人民政府住房和城乡建设行政主管部门审批。

2003年，为了促进有形建筑市场发展，规范各类建筑活动，建设部发布了《有形建筑市场运行和管理示范文本》（建市〔2003〕231号）。

在中央领导和中央纪委监察部的关心支持下，以规范房屋建筑和市政工程交易活动，整顿规范建筑市场秩序为主要目标，有形建筑市场逐步发展壮大，基本上满足了工程招投标活动的需要。多年的实践证明，有形建筑市场对规范招投标活动，维护建筑市场秩序以及从源头上预防工程建设领域腐败行为具有十分重要的作用；同时，有形建筑市场的建立运行，也为建立廉洁自律、公开透明的工程建设领域监管模式起到了良好的示范作用，得到了社会各界、中央领导及中央纪委监察部的肯定，在工程建设领域突出问题专项治理工作中进一步扩大了其适用面。2009年7月，中办国办联合下发《关于开展工程建设领域突出问题专项治理工作的意见》（中办发〔2009〕27号），明确提出要求："整合和利用好各类有形建筑和建设市场资源，建立健全统一规范的工程建设有形市场，为工程交易提供场所，为交易各方提供服务，为信息发布提供平台，为政府监管提供条件。按规定必须招标的工程建设项目要实行统一进场、集中交易、行业监管、行政监察”。

第五节 建设工程施工许可管理

《建筑法》第7条规定，建筑工程开工前，建设单位应当按照国家有关规定向工程所在地县级以上人民政府住房和城乡建设行政主管部门申请领取施工许可证。2001年7月，建设部对于1999年颁布的建设部令第71号《建筑工程施工许可管理办法》进行了重新修订，颁布了《关于修改建筑工程施工许可管理办法的决定》（建设部令第91号）。主要规定了以下5个方面内容：

一、需要领取施工许可证的建筑工程范围

在中华人民共和国境内从事各类房屋建筑及其附属设施的建造、装修装饰和与其配套的线路、管道、设备的安装，以及城镇市政基础设施工程的施工，建设单位在开工前应当依照《建筑工程施工许可管理办法》的规定，向工程所在地县级以上人民政府住房和城乡建设行政主管部门申请领取施工许可证。

工程投资额在30万元以下或者建筑面积在300平方米以下的建筑工程，可以不申请办理施工许可证。各省、自治区、直辖市人民政府住房和城乡建设主管部门可以根据当地的实际情况，对限额进行调整，并报国务院住房和城乡建设行政主管部门备案。

按照国务院规定的权限和程序批准开工报告的建筑工程，不再领取施工许可证。

二、申请领取施工许可证的条件

申请领取施工许可证，应当具备下列条件，并提交相应的证明文件。

（1）已经办理该建筑工程用地批准手续。

（2）在城市规划区的建筑工程，已经取得规划许可证。

（3）施工场地已经基本具备施工条件，需要拆迁的，其拆迁进度符合施工要求。

（4）已经确定建筑施工企业。按照规定应该招标的工程没有招标，应该公开招标的工程没有公开招标，或者肢解发包工程，以及将工程发包给不具备资质条件的企业，所确定的施工企业无效。

（5）有满足施工需要的施工图纸及技术资料，施工图设计文件已按规定进行了审查。

（6）有保证工程质量和安全的具体措施。施工企业编制的施工组织设计中有根据建筑工程特点制定的相应质量、安全施工组织设计，并按照规定办理了工程质量、安全监督手续。

（7）建设资金已经落实。建设工期不足一年的，到位资金原则上不得少于工程合同价的 50%，建设工期超过一年的，到位资金原则上不得少于工程合同价的 30%。建设单位应该提供银行出具的到位资金证明，有条件的可以实现银行付款保函或者第三方担保。

（8）按照规定应该委托监理的工程已委托监理。

（9）法律、行政法规规定的其他条件。

三、施工许可证的申请领取程序

申请办理施工许可证，应当按照下列程序进行：

（1）建设单位向发证机关领取《建筑工程施工许可证申请表》。

（2）建设单位持加盖单位及法定代表人印鉴的《建筑工程施工许可证申请表》，并附本办法第 4 条规定的证明文件，向发证机关提出申请。

（3）发证机关在收到建设单位报送的《建筑工程施工许可证申请表》和所附证明文件后，对于符合条件的，应当自收到申请之日起 15 日内颁发施工许可证；对于证明文件不齐全或者失效的，应当限期要求建设单位补正，审批时间可以自证明文件补正齐全后作相应顺延；对于不符合条件的，应当自收到申请之日起 15 日内书面通知建设单位，并说明理由。

建筑工程在施工过程中，建设单位或者施工单位发生变更的，应当重新申请领取施工许可证。

四、施工许可证的有效期和延期的规定

建设单位应当自领取施工许可证之日起 3 个月内开工。因故不能按期开工的，应当向发证机关申请延期；延期以两次为限，每次不超过3个月。既不开工又不申请延期或超过延期时限的，施工许可证自行废止。

五、中止施工和恢复施工

在建的建筑工程因故中止施工的，建设单位应当自中止施工之日起1个月内，向发证机关报告，报告内容包括中止施工的时间、原因、在施部位、维护管理措施等，并按照规定做好建筑工程的维护管理工作。

建筑工程恢复施工时，应当向发证机关报告；中止施工满1年的工程恢复施工前，建设单位应当报发证机关核验施工许可证。

第六节 建设工程监理管理

一、建设工程监理概述

1988年7月25日，原国家建设部参照国际惯例，在总结既有经验的基础上，发布了《关于开展建设监理工作的通知》，标志着我国正式开始建立建设工程监理制度。这是我国工程建设管理体制的重大改革。实行工程建设监理制的目的是提高工程建设的投资效益和社会效益。1998年3月1日起施行的《建筑法》明确国家推行工程监理制度，并要求国务院规定实行强制监理的建筑工程范围。根据《建筑法》的要求，国务院出台了《建设工程质量管理条例》、《建设工程安全生产管理条例》，其中对监理制度、监理企业资质和监理工程师执业资格以及相关责任作了具体规定。

（一）建设工程监理的作用

建设工程监理在工程建设中的作用主要体现在以下四个方面：

1. 有利于提高工程建设水平

新中国成立后前30多年，由于实行计划经济，工程建设工作基本上是由业主自行组织建设和经营管理的。业主不仅负责筹集资金，选择厂址，组织设计、施工，采购材料设备，还要直接承担工程建设过程的监督与管理。为建设一项工程，业主需要从各方面抽调专业人员，组成临时机构，完成项目管理和建设任务。当他们在实践中摸索和积累了一定的经验后，多数人就随着工程告竣而转入生产或其他单位。这样，工程建设的经验难以积累，再新建一项工程，又要从头做起，建设管理往往在低水平上重复。这种管理方式严重阻碍了建设水平的提高，造成很大浪费。因此，必须从管理体制方面彻底改革传统工程项目管理方式，建立并推行旨在提高工程建设投资效益和建设水平的建设工程监理制度。

2. 能够适应社会主义市场经济体制的需要

我国实行改革开放以来，投资主体由中央和地方政府为主，向多元化、经营化为主转化；工程设计实行取费制，并向企业化过渡；设计、施工的承包形式，由政府分配为主向市场竞争为主转化。由于这些转化，合同的概念出现了，合同意识、合同的地位及其作用显著地提高了。市场主体之间平等的经济利益关系增强了，而与其主管部门之间的行政隶属关系淡化了。随着建筑市场的发展，各主体追求自身利益的现象亦逐渐突出，如：随意扩大建设规模、提高建设标准、更改设计；设计、施工从自身利益出发，只顾进度，不顾质量，以致偷工减料以及高估冒算等现象时有发生。此外，作为平等的双方，业主与承包单位之间索赔和反索赔的问题日益增多。因此，用单纯的行政手段管理工程建设已难以进行，甚至完全不适用。这就需要独立的、专业化的建设监理单位来发挥其科学、公正的作用。实行建设监理制，监理工程师作为第三方，应用合同和经济手段，可以公正地为业主协调、处理好上述问题和矛盾。

3. 有利于利用外资和国外的先进技术，扩大对外开放，增进国际交往

改革开放以来，我国建筑市场出现了很多外资、外贷及合资的“三资”项目。特别是我国重新加入世界银行和其他国际金融组织以来，国际金融组织的贷款项目逐年增多。这些国外的投资和贷款者都要求在他们的工程项目中按照国际惯例实施建设监理，并且要求必须聘请有资格的监理工程师承担工程监理工作。他们以此作为贷款的先决条件，并把能否有效利用贷款与是否实施建设监理、是否委托具有足够能力的建设监理公司紧密地联系起来。他们认为这是实现贷款目

的及偿还贷款的重要基础条件。

但由于我国以往未建立这一制度，没有相应的工程监理人员，常常处于被动和不利的地位，很多工程不得不请外国监理工程师来实行监理。另外，我国的设计、施工单位因为不熟悉监理模式，难以适应国际环境，也不利于开拓国际建筑市场。所以，我国实行建设监理制，建立一支高素质的监理队伍，不仅能够更广泛地吸收国外资金和技术，而且可以同国外项目管理模式接轨，有利于扩大对外交流与合作，促进我国建设事业的发展。

4. 有利于提高工程建设的投资效益

实行建设监理制度的目的，就是用科学化、专业化的监理队伍来帮助业主摆脱非专业化和低水平的自我管理；用强化的组织协调和依法监督，替代政府对工程建设直接的微观管理；在业主和承包单位（设计、施工）之间增加监理单位的协调约束职能，监理单位作为智力密集型的企业，以其丰富的工程管理经验，能够有效地协助业主做好项目决策，优化与改进设计，管理工程设计、施工和材料供应合同，使合同双方真正全面履行自己的义务和责任，运用新技术和先进管理方法控制工程质量、进度和造价，确保工程建设质量，提高工程建设投资效益。

（二）建设工程监理的概念

所谓建设工程监理，是指具有相应资质的工程监理企业，接受建设单位的委托，依据国家批准的工程项目建设文件、有关工程建设的法律、法规、标准规范和建设工程监理合同及工程建设其他合同，代表建设单位对承包单位的建设行为进行监督管理的专业化服务活动。

建设单位（业主、项目法人）是监理任务的委托方，工程监理企业是监理任务的受托方。建设单位在工程建设中拥有确定建设工程规模、标准、功能以及选择勘察、设计、施工、监理单位等工程建设中重大问题的决定权，工程监理企业则在建设单位的委托授权范围内从事专业化的项目管理服务活动。与一般的项目管理咨询服务不同的是，我国工程建设有关法律、法规赋予工程监理单位更多的社会责任，特别是建设工程质量、安全生产管理方面的责任。

建设工程监理的概念包含以下主要内容：

1. 实施建设工程监理的行为主体

《建筑法》明确规定，实行监理的工程，由建设单位委托具有相应资质条件的工程监理企业实施监理。建设工程监理只能由具有相应资质的工程监理企业来开展，建设工程监理的行为主体是工程监理企业。

建设工程监理不同于建设行政主管部门的监督管理。后者的行为主体是政府主管部门，属于行政管理，其性质、任务、职责、内容不同于建设工程监理。同样，建设单位的自行管理、总承包单位对分包单位的监督管理都不能视为建设工程监理。

2. 实施建设工程监理的依据

实施建设工程监理的依据包括工程建设文件，有关的法律、法规和标准规范，建设工程监理合同和有关的建设工程合同。其中：工程建设文件包括：批准的可行性研究报告、建设项目选址意见书、建设用地规划许可证、建设工程规划许可证、批准的施工图设计文件、施工许可证等。有关的法律、法规和标准规范包括：《建筑法》、《合同法》、《招标投标法》、《建设工程质量管理条例》、《建设工程安全生产管理条例》等法律、法规；《工程监理企业资质管理规定》、《注册监理工程师管理规定》、《建设工程监理范围和规模标准规定》等部门规章，以及地方性法规等；也包括《建设工程监理规范》、工程建设强制性标准以及有关的工程技术标准、规范、规程等；还包括建设工程监理合同和有关的建设工程合同。除建设工程监理合同外，建设单位与承包单位签订的建设工程合同也是工程监理企业开展监理工作的主要依据。

3. 建设工程监理的工作内容

广义而言，建设工程监理的工作内容包括建设工程监理与相关服务两个方面。

狭义的建设工程监理，就是对承包单位的建设行为进行监督管理的专业化服务活动，其主要工作内容包括：在施工阶段，协助业主与施工承包单位编写开工报告，核查承包单位选择的分包单位，审查承包单位提出的施工组织设计并下达开工令，审查承包单位报送的材料、设备采购清单，检查承包单位进场材料、构件、设备的规格和质量，检查承包单位的质量保证体系、技术管理体系和安全防护措施，监督、管理工程承包合同的履行，主持协商工程设计变更、合同条款变更和工程洽商，协调业主与工程建设有关各方的工作关系，掌握工程信息，控制工程质量、进度和造价，对承包单位施工安全管理进行监督，组织工程竣工预验收，提出质量评估报告，参与工程竣工验收，审核工程结算。

相关服务是指工程监理企业为建设单位提供的、与建设工程监理相关的项目管理服务活动。其主要内容包括：在勘察设计阶段，协助建设单位审查评选设计方案、选择勘察设计单位、签订勘察设计合同，监督管理合同的实施，审核设计概算；在工程保修期内，检查工程质量状况，鉴定质量问题责任，督促责任单位维修。

（三）建设工程监理的性质

建设工程监理的性质可以概括为服务性、科学性、独立性和公正性四个方面。

1. 服务性

建设工程监理具有服务性。工程监理企业既不直接进行工程设计，也不直接进行工程施工；既不向建设单位承包工程造价，也不参与承包商的利益分成。在工程建设中，监理人员利用自己的知识、技能、经验、信息以及必要的试验、检测手段，为建设单位提供管理和技术服务。

建设工程监理的服务对象是建设单位。工程监理企业不能完全取代建设单位的管理活动，不具有工程建设重大问题的决策权，而只能在建设单位授权范围内采用规划、控制、协调的方法，控制建设工程的投资、进度和质量，协助建设单位在计划目标内完成工程项目建设并投入使用。

2. 科学性

科学性是由建设工程监理要达到的基本目的决定的。建设工程监理以协助建设单位实现其投资目的为己任，力求在计划目标内建成工程项目。面对工程规模日趋庞大，环境日益复杂，功能、标准要求越来越高，新技术、新工艺、新材料、新设备不断涌现，参与工程建设的单位越来越多，工程风险日渐增加的情况，只有采用科学的思想、理论、方法和手段才能驾驭工程建设。

科学性主要表现在：工程监理企业应当由组织管理能力强、工程建设经验丰富的人员担任领导；应当有足够数量的、有丰富的管理经验和应变能力的监理工程师组成的骨干队伍；要有一套健全的管理制度；要掌握先进的管理理论、方法和手段；要积累足够的技术、经济资料和数据；要有科学的工作态度和严谨的工作作风，能够创造性地开展工作。

3. 独立性

《建筑法》明确指出，工程监理企业应当根据建设单位的委托，客观、公正地执行监理任务。《建设工程监理规范》要求工程监理企业按照“公正、独立、自主”的原则开展监理工作。

按照独立性要求，工程监理单位应当严格按照有关法律、法规、工程建设文件、工程建设技术标准、建设工程监理合同、有关的建设工程合同等实施监理；在委托监理的工程中，不得与承包单位有隶属关系和其他利害关系；在开展工程监理的过程中，必须建立自己的组织，按照自己的工作计划、程序、流程、方法、手段，根据自己的判断，独立地开展工作。

4. 公正性

公正性是监理行业长期生存和发展的基本职业道德准则。在开展建设工程监理的过程中，工程监理企业应当排除各种干扰，客观、公正地对待建设单位和承包单位。特别是当建设单位和承包单位发生利益冲突或者矛盾时，工程监理企业应当以事实为依据，以法律和有关合同为准绳，在维护建设单位合法权益的同时，不能损害承包单位的合法权益。

（四）工程监理企业及监理工程师的法律责任

1. 工程监理企业的法律责任

工程监理企业的法律责任主要来源于建设工程监理合同的约定和

法律法规的规定。

(1)《建筑法》第35条规定：“工程监理单位不按照委托监理合同的约定履行监理义务，对应当监督检查的项目不检查或者不按照规定检查，给建设单位造成损失的，应当承担相应的赔偿责任。”

(2)《建设工程质量管理条例》第36条规定：“工程监理单位应当依照法律、法规以及有关技术标准、设计文件和建设工程承包合同，代表建设单位对施工质量实施监理，并对施工质量承担监理责任。”

(3)《建设工程安全生产管理条例》第14条规定：“工程监理单位和监理工程师应当按照法律、法规和工程建设强制性标准实施监理，并对建设工程安全生产承担监理责任。”

(4) 工程监理企业未履行监理职责导致严重后果的，可能还要承担一定刑事责任。我国《刑法》第137条规定：“建设单位、设计单位、施工单位、工程监理单位违反国家规定，降低工程质量标准，造成重大安全事故的，对直接责任人员，处五年以下有期徒刑或者拘役，并处罚金；后果特别严重的，处五年以上十年以下有期徒刑，并处罚金。”

2. 监理工程师的法律责任

工程监理企业是订立委托监理合同的当事人。监理工程师一般主要受聘于工程监理企业，代表监理企业从事工程监理业务。监理企业在履行委托监理合同时，是由具体的监理工程师来实现的，因此，如果监理工程师出现工作过错，其行为将被视为监理企业违约，应承担相应的违约责任。监理企业在承担违约赔偿责任后，有权在企业内部向有过错行为的监理工程师追偿损失。因此，由监理工程师个人过失引发的合同违约行为，监理工程师必然要与监理企业承担一定的连带责任。

监理工程师应当按照法律、法规和工程建设强制性标准实施监理，并对建设工程安全生产承担监理责任。

(1) 工程监理单位有下列行为之一的，责令限期改正；逾期未改正的，责令停业整顿，并处10万元以上30万元以下的罚款；情节严重的，降低资质等级，直至吊销资质证书；造成重大安全事故，构成犯罪的，对直接责任人员，依照刑法有关规定追究刑事责任；造成损失的，依法承担赔偿责任：

①未对施工组织设计中的安全技术措施或者专项施工方案进行审查；

②发现安全事故隐患未及时要求施工单位整改或者暂时停止施工；

③施工单位拒不整改或者不停止施工，未及时向有关主管部门报告；

④未依照法律、法规和工程建设强制性标准实施监理。

监理工程师有下列行为之一的，应与质量、安全事故责任主体承担连带责任：

①违章指挥或者发出错误指令，引起安全事故的；

②将不合格的建设工程、建筑材料、建筑构配件和设备按照合格签字，造成工程质量事故，由此引发安全事故的；

③与建设单位或施工企业串通，弄虚作假、降低工程质量，从而引发安全事故的。

（2）《建设工程质量管理条例》规定，监理工程师因过错造成质量事故的，责令停止执业 1 年；造成重大质量事故的，吊销执业资格证书，5 年以内不予注册；情节特别恶劣的，终身不予注册。

（3）《建设工程安全生产管理条例》规定，未执行法律、法规和工程建设强制性标准的，责令停止执业 3 个月以上 1 年以下；情节严重的，吊销执业资格证书，5 年内不予注册；造成重大安全事故的，终身不予注册；构成犯罪的，依照刑法有关规定追究刑事责任。

（五）建设工程监理的服务收费制度

为规范建设工程监理及相关服务收费行为，维护委托双方合法权益，促进工程监理行业健康发展，国家发展和改革委员会、建设部于 2007 年 3 月 30 日发布了《建设工程监理与相关服务收费管理规定》，该规定自 2007 年 5 月 1 日起执行。

1. 建设工程监理与相关服务的主要内容

建设工程监理及相关服务是指监理人接受发包人的委托，提供建设工程项目施工阶段的质量、进度、费用控制管理和安全生产监督管理、合同、信息等方面协调管理服务，以及勘察、设计、保修等阶段的相关服务。各阶段的工作内容见表4－2。

表4－2 建设工程监理与相关服务的主要工作内容

服务阶段	具体服务范围构成	备注
勘察阶段	协助发包人编制勘察要求、选择勘察单位，核查勘察方案并监督实施和进行相应的控制，参与验收勘察成果	建设工程勘察、设计、施工、保修等阶段监理与相关服务的具体工作内容执行国家、行业有关规范、规定
设计阶段	协助发包人编制设计要求、选择设计单位，组织评选设计方案，对各设计单位进行协调管理，监督合同履行，审查设计进度计划并监督实施，核查设计大纲和设计深度、使用技术规范合理性，提出设计评估报告（包括各阶段设计的核查意见和优化建议），协助审核设计概算	
施工阶段	施工过程中的质量、进度、费用控制，安全生产监督管理、合同、信息等方面的协调管理	
保修阶段	检查和记录工程质量缺陷，对缺陷原因进行调查分析并确定责任归属，审核修复方案，监督修复过程并验收，审核修复费用	

2. 建设工程监理及相关服务收费标准

建设工程监理及相关服务收费根据建设项目的性质不同，分别实行政府指导价或市场调节价。依法必须实行监理的建设工程施工阶段的监理收费实行政府指导价；其他建设工程施工阶段的监理收费和其他阶段的监理与相关服务收费实行市场调节价。

实行政府指导价的建设工程施工阶段监理收费，其基准价根据

《建设工程监理与相关服务收费标准》计算，浮动幅度为上下20%。发包人和监理人应当根据建设工程的实际情况在规定的浮动幅度内协商确定收费额。实行市场调节价的建设工程监理与相关服务收费，由发包人和监理人协商确定收费额。

建设工程监理与相关服务收费，应当体现优质优价的原则。在保证工程质量的前提下，由于建设工程监理与相关服务节省投资，缩短工期，取得显著经济效益的，发包人可根据合同约定奖励监理人。

建设工程施工监理服务按以下方式计费：铁路、水运、公路、水电、水库工程的施工监理服务收费按建筑安装工程费分档定额计费方式计算收费。其他工程的施工监理服务收费按照建设项目工程概算投资额分档定额计费方式计算收费。

（1）施工监理服务收费的计算。施工监理服务收费按照下列公式计算：

施工监理服务收费 = 施工监理服务收费基准价 ×（1 ± 浮动幅度值）

（2）施工监理服务收费基准价的计算。施工监理服务收费基准价是按照收费标准计算出的施工监理服务基准收费额，发包人与监理人根据项目的实际情况，在规定的浮动幅度范围内协商确定施工监理服务收费合同额。

施工监理服务收费基准价 = 施工监理服务收费基价 × 专业调整系数 × 工程复杂程度调整系数 × 高程调整系数

施工监理服务收费基价。施工监理服务收费基价是完成国家法律法规、行业规范规定的施工阶段监理基本服务内容的价格。施工监理服务收费基价按表4－3确定，计费额处于两个数值区间的，采用直线内插法确定施工监理服务收费基价。

表 4-3　施工监理服务收费基价表　　单位：万元

序　号	计费额	收费基价
1	500	16.5
2	1 000	30.1
3	3 000	78.1
4	5 000	120.8
5	8 000	181.0
6	10 000	218.6
7	20 000	393.4
8	40 000	708.2
9	60 000	991.4
10	80 000	1 255.8
11	100 000	1 507.0
12	200 000	2 712.5
13	400 000	4 882.6
14	600 000	6 835.6
15	800 000	8 658.4
16	1 000 000	10 390.1

注：计费额大于1 000 000万元的，以计费额乘以 1.039% 的收费率计算收费基价。其他未包含的收费由双方协商议定。

施工监理服务收费调整系数。施工监理服务收费标准的调整系数包括：专业调整系数、工程复杂程度调整系数和高程调整系数。

专业调整系数是对不同专业建设工程项目的施工监理工作复杂程度和工作量差异进行调整的系数。计算施工监理服务收费时，专业调整系数在表 4-4 中查找确定。

表4－4　施工监理服务收费专业调整系数表

工　程　类　型	专业调整系数
1. 矿山采选工程	
黑色、有色、黄金、化学、非金属及其他矿采选工程	0.9
选煤及其他煤炭工程	1.0
矿井工程、铀矿采选工程	1.1
2. 加工冶炼工程	
冶炼工程	0.9
船舶水工工程	1.0
各类加工工程	1.0
核加工工程	1.2
3. 石油化工工程	
石油工程	0.9
化工、石化、化纤、医药工程	1.0
核化工工程	1.2
4. 水利电力工程	
风力发电、其他水利工程	0.9
火电工程、送变电工程	1.0
核电、水电、水库工程	1.2
5. 交通运输工程	
机场场道、助航灯光工程	0.9
铁路、公路、城市道路、轻轨及机场空管工程	1.0
水运、地铁、桥梁、隧道、索道工程	1.1
6. 建筑市政工程	
园林绿化工程	0.8
建筑、人防、市政公用工程	1.0
邮政、电信、广播电视工程	1.0
7. 农业林业工程	
农业工程	0.9
林业工程	0.9

工程复杂程度调整系数是对同一专业建设工程的施工监理复杂程度和工作量差异进行调整的系数。工程复杂程度分为一般、较复杂和复杂三个等级，其调整系数分别为：一般（Ⅰ级）0.85；较复杂（Ⅱ级）1.0；复杂（Ⅲ级）1.15。计算施工监理服务收费时，工程复杂程度在相应章节的《工程复杂程度表》中查找确定。

高程调整系数如下：

①海拔高程2 001m以下的为1；

②海拔高程2 001～3 000m为1.1；

③海拔高程3 001～3 500m为1.2；

④海拔高程3 501～4 000m为1.3；

⑤海拔高程4 001m以上的，高程调整系数由发包人和监理人协商确定。

（3）施工监理服务收费的计费额。施工监理服务收费以建设项目工程概算投资额分档定额计费方式收费的，其计费额为工程概算中的建筑安装工程费、设备购置费和联合试运转费之和，即工程概算投资额。对设备购置费和联合试运转费占工程概算投资额40%以上的工程项目，其建筑安装工程费全部计入计费额，设备购置费和联合试运转费按40%的比例计入计费额。但其计费额不应小于建筑安装工程费与其相同且设备购置费和联合试运转费等于工程概算投资额40%的工程项目的计费额。

工程中有利用原有设备并进行安装调试服务的，以签订工程监理合同时同类设备的当期价格作为施工监理服务收费的计费额；工程中有缓配设备的，应扣除签订工程监理合同时同类设备的当期价格作为施工监理服务收费的计费额；工程中有引进设备的，按照购进设备的离岸价格折换成人民币作为施工监理服务收费的计费额。

施工监理服务收费以建筑安装工程费分档定额计费方式收费的，其计费额为工程概算中的建筑安装工程费。作为施工监理服务收费计费额的建设项目工程概算投资额或建筑安装工程费均指每个监理合同中约定的工程项目范围的计费额。

（4）施工监理部分发包与联合承揽服务收费的计算。

发包人将施工监理服务中的某一部分工作单独发包给监理人，按照其占施工监理服务工作量的比例计算施工监理服务收费，其中质量控制和安全生产监督管理服务收费不宜低于施工监理服务收费总额的70%。

建设工程项目施工监理服务由两个或者两个以上监理人承担的，各监理人按照其占施工监理服务工作量的比例计算施工监理服务收费。发包人委托其中一个监理人对建设工程项目施工监理服务总负责的，该监理人按照各监理人合计监理服务收费额的4%～6%向发包人收取总体协调费。

二、建设工程监理的原则、范围与内容

（一）建设工程监理的原则

建设工程监理的原则是指监理企业和监理人员在建设工程监理活动中应当遵循的基本准则。

建设工程监理作为一种特殊的中介服务活动，应当遵循守法、诚信、公正、科学的原则。

守法即遵守法律。法律、法规是广大人民群众意志的体现，任何组织和个人均须严格遵守执行。从事建设工程监理活动的单位和个人亦不例外。

诚信即诚实信用。在建设工程监理活动中要诚实，要维护国家利益和当事人的合法权益，不得弄虚作假，欺骗和损害他人的利益。讲信用是指要恪守诺言，信守合同，自觉履行合同所规定的义务，不得随意变更合同或单方毁约。

公正是指监理人员在监理活动中必须平等地对待各方当事人，不得偏袒任何一方。

科学是指监理人员必须遵循自然规律，按工程建设的科学规律进行监理活动。

监理企业或监理人员在从事监理活动中，应当遵循上述原则，公正地维护业主的合法权益，对业主的违法要求，应当予以拒绝。

（二）建设工程监理的范围

建设工程监理的范围是指国家法律规定必须实行监理的工程范围，也就是说国家强制实行监理的工程范围。

《建设工程质量管理条例》中明确规定，在我国必须实行监理的工程是：

（1）国家重点建设工程；

（2）大中型公用事业工程；

（3）成片开发建设的住宅小区工程；

（4）利用外国政府或者国际组织贷款、援助资金的工程；

（5）国家规定必须实行监理的其他工程。

2001年1月17日，建设部发布《建设工程监理范围和规模标准规定》（建设部令第86号），对上述规定进行了细化。规定：国家重点建设工程，是指依据《国家重点建设项目管理办法》所确定的对国民经济和社会发展有重大影响的骨干项目。

大中型公用事业工程，是指项目总投资额在3 000万元以上的下列项目：

（1）供水、供电、供气、供热等市政工程项目；

（2）科技、教育、文化等项目；

（3）体育、旅游、商业等项目；

（4）卫生、社会福利等项目；

（5）其他公用事业项目。

成片开发建设的住宅小区工程，建筑面积在5万平方米以上的住宅建设工程必须实行监理；5万平方米以下的住宅建设工程，可以实行监理，具体范围和规模标准，由省、自治区、直辖市人民政府建设行政主管部门规定。为了保证住宅质量，对高层住宅及地基基础复杂的多层住宅应当实行监理。

利用外国政府或者国际组织贷款、援助资金的工程范围包括：

（1）使用世界银行、亚洲开发银行等国际组织贷款资金的项目；

（2）使用外国政府及其机构贷款资金的项目；

（3）使用国际组织或者国外政府援助资金的项目。

国家规定必须实行监理的其他工程是指：

项目总投资额在3 000万元以上关系社会公众利益、公众安全的下列基础设施项目及学校、影剧院、体育场馆项目。

（1）煤炭、石油、化工、天然气、电力、新能源等项目；

（2）铁路、公路、管道、水运、民航以及其他交通运输业等项目；

（3）邮政、电信枢纽、通信、信息网络等项目；

（4）防洪、灌溉、排涝、发电、引（供）水、滩涂治理、水资源保护、水土保持等水利建设项目；

（5）道路、桥梁、地铁和轻轨交通、污水排放及处理、垃圾处理、地下管道、公共停车场等城市基础设施项目；

（6）生态环境保护项目；

（7）其他基础设施项目。

（三）建设工程监理的主要内容

就一般意义上讲，建设工程监理的主要内容，或者说建设工程监理的主要任务是对工程建设的具体实施活动进行控制、管理、协调和监督（简称“三控制”、“两管理”、“一协调”、“一监督”），以达到提高工程建设水平的目的。

所谓“三控制”就是对工程建设的进度、质量和投资的管理。这是工程建设工程监理的核心。对于任何一项工程来说，在实施过程中，落实工程的质量、工期、投资目标往往是相互矛盾的。就是说，如果要达到高标准的工程质量，就可能延长工程项目建设工期，增加工程项目建设的投资。而要缩短工程建设周期，工程质量就可能差一点，工程投资也可能少一点。一般情况下，三项工作目标很难同时达到最佳状态。监理的任务就是要根据工程项目业主的不同侧重要求，尽力实现最接近最佳状态的工作目标。

所谓“两管理”是指对工程建设合同的管理和对工程建设过程中有关信息的管理。业主与承包商签订的工程建设合同是监理企业开展监理工作的具体依据之一。对合同的管理是实现“三控”的重要途径。对工程建设合同管理的表现形式就是定期或不定期地核查工程建设合同的实施情况，纠正实施中出现的偏差，提出新一阶段执行合同的预控性意见。关于信息管理，主要是指对有关工程信息的收集、整理、筛选、存储、传递、应用等一系列工作的总称。其实，信息管理是合同管理的附属，或者说是合同管理的表征。

所谓“一协调”，是指协调参与同一工程项目建设各方的工作关系，使之都能按照预订的计划有条不紊地搞好各自担负的工作。这项工作是通过定期召开会议的形式，或者通过分别沟通的形式进行的。达到统一意见、协调步调的目的。

所谓“一监督”，是指对施工单位安全生产管理进行监督，防范安全生产事故。

三、建设工程监理的实施

（一）建设工程监理的实施机构

监理企业应根据所承担的监理任务，组建工程建设工程监理机构。监理机构一般由总监理工程师、监理工程师和其他监理人员组成。承担施工阶段的监理，监理机构应进驻施工现场。

（二）建设工程监理的实施程序

工程建设阶段不同，其建设工程监理的实施程序也不同。部分主要介绍施工阶段的监理实施程序。

1. 开工前期的监理实施程序

实施监理前，建设单位应当将委托的监理企业、监理内容、总监理工程师姓名及所赋予的权限，书面通知被监理企业。总监理工程师应当将其授予监理工程师的权限，书面通知被监理企业。

编制工程建设工程监理规划和各专业监理实施细则。监理规划是在监理合同签订后，由总监理工程师主持制定的指导性开展监理工作的纲领性文件。监理规划的内容主要包括：工程概况；监理工作依据；监理范围及目标；投资、进度、质量控制和信息及合同管理、组织协调的措施和方法；现场监理机构设置和人员配备；监理工作制度；组织设计交底。开工前，监理企业及时进行组织设计交底，由设计单位按照设计图纸，向施工单位、监理企业、建设单位进行设计交底。

审批施工组织设计、施工方案。监理企业对施工单位报送的施工组织设计、施工方案，应组织有关人员及专业监理工程师进行审查，同意后由总监理工程师批准，返回施工单位。

2. 施工期间的监理实施程序

监理企业在施工期间主要是对工程质量、工程投资、工程进度进行控制，并通过定期召开监理例会和不定期召开专业性监理会议，协调有关各方的关系。

（1）工程质量控制。

①原材料、构配件及设备的质量控制。

工程所需的主要原材料、构配件及设备应由监理企业进行质量认定。控制方法主要有：

a. 审核工程所用原材料、构配件及设备的出厂合格证或质量保证书；

b. 对工程原材料、构配件及设备在使用前需进行抽检或复试，其试验的范围，按有关规范、标准的要求确定；

c. 凡采用新材料、新型制品，应检查技术鉴定文件；

d. 对重要原材料、构配件及设备的生产工艺、质量控制、检测手段等进行检查，必要时应到生产厂家实地考察，以确定供货单位；

e. 所有设备，在安装前应按相应技术说明书的要求进行质量检查。必要时，还应由法定检测部门检测。

②分项工程的质量控制。

主要的分项工程施工前，施工单位应将施工工艺、原材料使用、劳动力配置、质量保证措施等基本情况填写施工条件准备情况表报监理企业，监理企业应调查核实，经同意后方可开工。

分项工程施工过程中，应对关键部位随时进行抽检，抽检不合格的应通知施工单位整改，并要做好复查和记录。

所有分项工程施工，施工单位应在自检合格后，填写分项工程报验申请表，并附上分项工程评定表。属隐蔽工程，还应将隐检单报监理企业，监理工程师必须严格按每道工序进行检查。经检查合格的，签发分项工程认可书。不合格的，下达监理通知，给施工指明整改项目。凡整改的项目，整改结果应返回监理企业。

（2）工程投资控制。

监理审核施工单位编制的工程项目各阶段及各年、季、月度资金使用计划，并控制其执行；熟悉设计图纸、招标文件、标底（合同造价），分析合同价构成因素，找出工程费用最容易突破的部分，从而明确投资控制的重点；预测工程风险及可能发生索赔的原因，制定防范性对策；严格执行付款审核签认制度，及时进行工程投资实际值与计划值的比较、分析；严格履行计量与支付程序，及时对质量合格工程进行计量，及时审核签发付款证书。

工程洽商，设计单位的设计变更通知，应通知监理企业，监理工程师应核定费用及工期的增减，列入工程结算。

严格审核施工单位提交的工程结算书，公正地处理施工单位提出的索赔。

根据施工合同拟定的工程价款结算方式，由施工单位按已完工程进度填制工款价款有关账单报送监理企业，由总监理工程师对已完工程的数量、质量核实签认后，经建设单位同意，送开户分行作为支付价款的依据。

（3）工程进度控制。

监理企业进行工程进度控制的主要工作有：

①审核施工单位编制的工程项目实施总进度计划；

②审核施工单位提交的施工进度计划。主要审核是否符合总工期控制目标的要求；审核施工进度计划与施工方案的协调性和合理性等；

③审核施工单位提交的施工总平面布置图；

④审定材料、构配件及设备的采供计划；

⑤工程进度的检查，主要检查计划进度与实际进度的差异，形象进度、实物工程质量与工作量指标完成情况的一致性；

⑥组织现场协调会。

（4）对施工企业安全生产管理的监督。

主要工作有：

①审查施工组织设计中安全技术措施和施工现场临时用电方案。

②对下列达到一定规模的危险性较大分部、分项工程的专项施工方案，要提出审查意见，经总监理工程师审核后报建设单位，并督促承包单位按规定组织专家论证。

—— 基坑支护与降水工程；

—— 土方开挖工程；

—— 模板工程；

—— 起重吊装工程；

—— 脚手架工程；

—— 拆除、爆破工程；

—— 国家法律法规规定的其他危险性较大的工程。

③审查承包单位在工程项目上建立的安全生产管理制度、组织机构及专职安全生产管理人员的配备情况。

④检查施工现场安全生产工作。项目监理机构应依据经批准的施工组织设计中的安全技术措施和专项施工方案，检查施工现场安全防护措施落实情况。检查内容主要有：施工现场施工机械和安全设施的验收手续；督促承包单位进行安全自查工作，并对承包单位自查情况进行抽查，参加建设单位组织的安全生产专项检查。

⑤对施工过程的安全生产情况进行巡视，对危险性较大工程的作业进行定期检查。发现存在安全事故隐患的，项目监理机构应当签发监理工程师通知单，要求承包单位整改；情况严重的，总监理工程师应及时下达工程暂停令，并同时报告建设单位；承包单位拒不整改或者不停止施工的，项目监理机构应当及时向建设单位报告。

项目监理机构要将检查、整改、复查、报告等情况记录在监理日志、监理月报中。

（三）竣工验收的监理实施程序

基础工程、主体结构分部工程，施工单位填写相应的验收申请表，并附上有关技术资料，报监理企业审查，监理企业审查合格后组织建设单位、施工单位履行正式验收手续。

单位工程竣工，在施工单位自检合格的基础上，监理企业应组织建设单位、施工单位和设计单位对工程进行验收检查，经检查合格后，由验收单位履行正式验收手续。

（四）建设工程监理档案资料的移交程序

监理档案应按单位工程和施工的时间先后顺序整理，分类分卷装订，每页编号，每卷有目录。监理企业应在监理业务完成后规定期限内，向建设单位提交建设工程监理档案资料。

第七节　建设工程合同管理

合同是平等主体的自然人、法人、其他组织之间设立、变更、终止民事权利义务关系的协议。为了保护合同当事人的合法权益，维护社会经济秩序，促进社会主义现代化建设，全国人民代表大会第九届第二次会议通过了《合同法》，并于1999年10月1日起施行。《合同法》总则共8章129条，包括：一般规定、合同的订立、合同的效力、合同的履行、合同的变更和转让、合同的权利义务终止、违约责任和其他规定等内容。分则包括建设工程合同在内共15章。

一、订立合同的基本原则

订立和履行合同必须遵循下列基本原则。

（一）遵守法律、法规原则

遵守法律、法规原则的内容包括：签订合同的双方当事人的主体资格要合法；订立的合同条款不能违反法律、行政法规；订立合同的程序和形式要合法。

（二）自愿原则

自愿原则是指合同当事人在法律法规允许范围内，根据自己的意愿签订合同。也就是有权选择订立合同的对象，合同的条款内容，合同订立时间、依法变更和解除合同。

（三）公平和法律地位平等原则

法律地位平等原则是保证合同内容公平公正的前提，合同主体是平等的自然人、法人、其他组织，他们之间的法律地位平等，具有同样的法律人格，适用同样法律法规。

（四）诚实信用原则

诚信原则作为民法的“帝王规则”，要求合同对当事人签订和履行合同时必须具备诚实、善意的内心状态的要求，在追求自己利益的同时不损害他人和社会利益，要求合同当事人维持双方的利益以与社会利益的平衡。

（五）不得损害社会公共利益和扰乱社会经济秩序原则

社会公共利益包括国家利益和社会利益，在某种利益上讲，国家利益和社会利益是一致的，损害任何一方的利益，也会直接或间接的损害另一方利益。因此，订立合同不得损害社会公共利益，否则就是违法行为。

二、合同的订立

合同的订立是合同法律关系产生的重要阶段。合同订立的过程，就是当事人通过平等、自愿、公平、诚实信用的原则，对合同内容进行具体协商的过程。为实现订立合同的目的，必须以依法订立为前提，使当事人双方订立的合同成为双方履行义务、享有权利、受法律约束和请求法律保护的契约文书。因此在合同订立阶段，一定要十分慎重，认真对待。订立合同时，要注意以下几个问题。

（一）订立合同当事人资格

在订立合同时，应当注意了解对方是否具有相应的民事权利能力和民事行为能力，是否受委托以及委托代理的事项、权限等。《合同法》第9条就是对订立合同当事人资格的规定。

订立建设工程合同，发包人首先应当依照《建筑法》的有关规定办理建筑工程许可，申领施工许可证，并在施工许可证有效期内按期开工。同时还应当核实承包人的从业资格，必须具有与其从事的建筑活动相应的法定执业资质。依法实行招投标发包的工程，发包人、承包人必须依照招标投标法的相应规定，通过招投标，确定承包人并与之订立合同。

（二）合同的形式和内容

《合同法》第10条规定了当事人可以采用书面形式、口头形式和其他形式订立合同。

《合同法》第270条规定，建设工程合同应当采用书面形式。当事人订立建设工程合同没有采用书面形式的，该合同不生效，因为这种合同作为一种要式合同，不具备要式合同生效条件，合同是不能生效的。这样规定的目的是使订立的合同规范化，避免口说无凭，以保障交易安全，减少合同纠纷，有利于司法机关、仲裁机构判决（裁决）合同纠纷。

关于书面形式的具体内容，《合同法》规定，书面形式是指合同书、信件和数据电文等可以有形地表现所载内容的形式。

（三）“示范文本”

《合同法》第12条第2款规定：“当事人可以参照各类合同的示范文本订立合同。”“示范文本”的作用是提示当事人在订立合同时更好地明确各自的权利义务，对防止合同纠纷有积极的作用。但有两点需要明确：一是“示范文本”不是某单位自己制定的格式条款；二是“示范文本”是由一定的综合部门主持，在广泛地听取各方面意见的基础上，特别是征得建设工程发包人、承包人的意见之后，按一定程序形成的。

《合同法》讲的“参照”是指“示范文本”本身是供当事人参照考虑的，但当当事人双方经过约定，将“示范文本”的条款内容纳入合同书之内时，该条款就具有法律约束力，如果不依照履约，就构成了违约责任。

（四）要约与承诺

1. 要约与承诺是订立合同不可少的程序

要约与承诺是合同订立的基本规则，订立任何合同也脱离不开这两个步骤。《合同法》第13条规定，当事人订立合同，采取要约、承诺方式。《合同法》对要约的生效、撤回、撤销和失效，承诺的生效、迟延的承诺、变更的承诺等问题都做了详尽的规定。

建设工程合同的招标、投标的法律规定，实质上就是要约、承诺的一种具体方式，也是合同谈判成立的过程，这个过程应当是要约——新要约——更新的要约——最终承诺。承诺生效时合同成立，不实行招标、投标的建设工程合同的订立，也必须遵循这一程序。

2. 要约

《合同法》第14条规定：“要约是希望和他人订立合同的意思表示，该意思表示应当符合下列规定：（一）内容具体确定；（二）表明经受要约人承诺，要约人即受该意思表示约束。”建设工程的承包人根据发包人提供的招标文件在约定的报送期内发出的投标文件，即为要约，该要约对招标内容作出实质性变更的，视为新要约。

3. 要约邀请

要约邀请又称为要约引诱。《合同法》第 15 条规定："要约邀请是希望他人向自己发出要约的意思表示。"建设工程发包人公开发布的招标公告，在有形建筑市场上发布的招标信息均视为要约邀请。

4. 承诺

承诺又称为接受。《合同法》第 21 条规定："承诺是受要约人同意要约的意思表示。"承诺一旦作出，并送达要约人，合同即告成立，要约人不得加以拒绝。

5. 新要约

《合同法》第 30 条规定，承诺的内容应当与要约的内容一致。受要约人对要约的内容作出实质性变更的，为新要约。有关合同标的、数量、质量、价款或者报酬，履行期限、履行地点和方式、违约责任和解决争议方法等的变更，是对要约内容的实质性变更。

（五）合同的成立与成立地点

1. 合同的成立

《合同法》第 32 条对"以合同书形式订立合同"的特别规定："当事人采用合同书形式订立合同的，自双方当事人签字或盖章时合同成立。"以合同书订立合同的，是一种要式合同。合同书是记载合同的全部内容、双方的权利义务，并有双方当事人签字盖章。

为了保护合同的安全，证明合同的效力，判明当事人双方的争议，《合同法》规定了以合同书形式订立合同的成立要件，"自双方当事人签字或者盖章时合同成立"。《合同法》规定只有一方签字盖章，合同不能成立。签字或者盖章具备其一即可，只有签字没有盖章不影响合同的成立。

2. 合同成立地点

《合同法》第 34 条第 1 款、第 35 条分别规定，"承诺生效的地点为合同成立的地点"，"当事人采用合同书形式订立合同的，双方当事人签字或者盖章的地点为合同成立的地点"。

确定合同成立地点在法律上具有十分重要的意义，其中包括：

（1）合同发生争议起诉到法院时，合同成立地点可以作为法院管辖的依据；（2）当合同争议起诉到法院时，常以合同签订地的法律为准据法；（3）有些涉外合同向谁纳税的问题。

3. 确定合同成立地点的方法

（1）承诺生效地点为合同成立地点；（2）采用合同形式订立合同的地点，依照《合同法》的法律规定，采用合同书形式订立合同，法律要求当事人签字盖章合同才能成立。因此双方签字盖章的地点就是合同的成立地点。

（六）缔约过失责任

如果在合同订立过程中，由于一方当事人的过错使合同不能成立，给对方造成损失，因为合同尚未成立，就不能按违约责任来追究，这种责任就属于缔约过失责任。

《合同法》第42条规定，当事人在订立合同过程中有下列情形之一的，给对方造成损失的，应当承担损害赔偿责任：

（1）假借订立合同，恶意进行磋商；

（2）故意隐瞒与订立合同有关的重要事实或者提供虚假情况；

（3）有其他违背诚实信用原则的行为。

建设工程的缔约过失行为，主要产生于合同谈判的要约承诺过程中。双方当事人已经有了订立合同的联系，即一方已经实施了一定的法律行为（如已经发出招标文件），而另一方对这种行为已经产生了合同的依赖，在这种情况下有过失一方给对方造成了损害，就构成了缔约过失。如：招标人以不合理的条件限制或者排斥潜在的投标人；招标人透露可能影响公平竞争的情况；投标人相互串通投标或者与招标人串通投标等。

三、合同的效力

合同的效力问题是指合同是否有效，有效合同对当事人具有法律约束力，受法律保护。《合同法》规定合同效力的立法目的就是，减少无效合同，缩小无效合同的范围，扩大有效合同的范围，促进市场经济的发展。

（一）合同的成立与生效

《合同法》第44条规定："依法成立的合同，自成立时生效。法律、行政法规规定应当办理批准、登记等手续生效的，依照其规定。"合同成立并不必然等于合同生效，合同生效必须符合下列条件：主体合格，意思表示真实，不违反法律或者社会公共利益。合同生效后在当事人之间产生效力，当事人违反合同时应当依法承担违约责任；对当事人以外的第三人产生一定的法律约束力，任何人负有不得非法侵犯或干涉他人合同权利的义务。

（二）附条件合同与附期限合同

1. 附条件合同

《合同法》第45条是对"附条件合同的效力"规定。根据本条的规定，双方当事人可以对合同的效力约定附条件，就是附条件合同。所附条件是指合同当事人自己约定的，在合同履行过程有可能发生的、用来限定合同效力的某种合法事实。

由于附条件的合同的生效与否取决于所附条件的成就，为此任何一方均不得以违反诚实信用原则的方法恶意地促成条件的成就或者阻止条件成就。

2. 附期限合同

《合同法》第46条是对附期限合同的效力规定。根据本条规定，双方当事人可以对合同的效力约定附期限，就是附期限合同。附期限合同的特征在原则上与附条件合同是相同的，但是二者又不完全相同。

当事人在订立合同时，对于确定的事实只能附期限不能附条件。例如：建设工程施工合同，双方当事人依照有关规定，约定的到期发包人应当支付的工程应付款、工程进度款，工程竣工验收后应当支付的工程竣工结算价款等均应当属于附期限合同。

（三）合同的效力可以追认

效力可以追认的合同，是指合同的主体资格欠缺，但合同的内容不违反法律、行政法规的强制性规定，为了减少无效合同，《合同法》的第47~48条、第51条对"效力可以追认的合同"作了规定。

效力可以追认的合同是经有权人追认，即自始生效的合同。可追认的合同，其效力取决于有权人是否追认，在未追认前是既未成立又未生效的合同，在追认后是既成立又生效的合同。可追认的合同，在追认前是无效合同，当事人不应当实际履行。

（四）表见代理

《合同法》第49条是对“表见代理合同效力”的规定。所谓表见代理，是行为人没有代理权、超越代理权或者代理权终止后签订了合同，如果相对人相信其有代理权的事实，就可以向该人主张合同的效力，要求承担合同中的义务，受合同约束。《合同法》设立表见代理制度是为了保护合同善意相对人的利益，维护交易完全，同时也是对《中华人民共和国民法通则》（以下简称《民法通则》）的完善。

构成表见代理合同的要件是：行为人并没有获得被代理人的授权就与第三人订立了合同；相对人有理由相信行为人有代理权；合同的相对人在主观上必须是善意的、无过失的；行为本身符合民事法律行为的有效条件。如果相对人明知道对方行为人是无权代理，而仍与行为人订立合同，那么就不构成表见代理。

（五）无效合同

《合同法》第52条规定：有下列情形之一的，合同无效：

（1）一方以欺诈、胁迫的手段订立合同，损害国家利益；

（2）恶意串通，损害国家、集体或者第三人利益；

（3）以合法形式掩盖非法目的；

（4）损害社会公共利益；

（5）违反法律、行政法规的强制性规定。

无效合同是指不具备合同有效要件而且不能补救，对当事人自始即不应当具有法律约束力的合同，应当由国家予以取缔的合同。无效合同与可变更、可撤销合同的区别主要表现在：违反合同有效要件的情形不同；当事人享有权利不同；效力不同。

（六）可变更与可撤销合同

《合同法》第54条规定，下列合同，当事人一方有权请求人民法院或者仲裁机构变更或者撤销：

（1）因重大误解订立的；

（2）在订立合同时显失公平的。

一方以欺诈、胁迫的手段或者乘人之危，使对方在违背真实意愿的情况下订立的合同，受损害方有权请求人民法院或者仲裁机构变更或者撤销。

当事人请求变更的，人民法院或者仲裁机构不得撤销。

法律规定撤销权、变更权的目的，是保护因合同有重大误解、显失公平、欺诈、胁迫、乘人之危等情形而在利益上受到损害的一方。所以行使撤销权、变更权的主体应当是错误意思表示的一方当事人，即重大误解方，因显失公平的合同利益受到严重损害的一方，被欺诈、被胁迫、处于危难中的一方。如果是双方误解，则双方当事人都享有撤销权、变更权。

（七）合同无效或者被撤销后的法律后果

《合同法》第58～59条规定了合同无效或者被撤销的法律后果和责任。

无效合同和可撤销合同被撤销后，合同归于无效。无效合同如果没有履行，主要产生不得履行的法律后果；如果已经履行或者已经部分履行，由于法律规定合同无效是自始无效，由此而产生的法律后果，都应当是恢复到订立合同前的原状。根据这个原则当事人应当承担的民事责任有返还财产责任和过错赔偿责任。

四、合同的履行

订立合同是双方当事人为了达到一定的目的，通过订立合同确定双方责任关系，明确双方的权利义务。所以说订立合同是前提，履行才是达到目的的关键。为了保护当事人的合法利益，维护正常的交易行为、市场秩序，《合同法》规定了全面履行原则，包括履行约定义务和附随义务；为了治疗三角债的顽症，规定了当事人可以约定向第三人履行债务和由第三人履行债务；为了防范欺诈，规定了完整的抗辩权制度；为了保护债权，规定了合同保全制度。

（一）全面履行合同义务的原则

《合同法》第60条第1款规定：“当事人应当按照约定全面履行

自己的义务。”全面履行义务，包括约定的义务和附随义务。约定义务，是指合同已经约定和本应约定的义务。附随义务是指无需约定，依诚实信用原则当事人应当承担的义务，它的确定方式与承担的责任均不同于约定义务。

（二）合同条款不明确的自行确定和法律规定

《合同法》第61条规定合同生效后，当事人就质量、价款或者报酬、履行地点等内容没有约定或者约定不明确的，可以协议补充；不能达成补充协议的，按照合同有关条款或者交易习惯确定；仍不能确定的，按照第62条的规定执行。

对于建设工程合同，因为是施行“示范文本”确定合同书的形式，同时大量的建设工程是通过招标投标来确立当事人双方发包、承包关系的，这样通过要约——新要约——更新要约——承诺成立的合同书，一般情况下在订立合同时不会有太多的疏漏，即使是由于建设工程的特点，在施工过程中出现的设计变更，当事人双方也可以通过“示范文本”中通用条款的设计变更一节与合同法关于合同变更的法律规定来处理。

（三）关于抗辩权

所谓抗辩权是指当事人在特定情况下享有拒绝履行合同的权利，这个权利可以终止合同的效力。《合同法》规定的抗辩制度包括：同时履行抗辩权；后履行抗辩权；先履行抗辩权。这三个抗辩权组成了《合同法》完整的抗辩制度。

1. 同时履行抗辩权

《合同法》第66条规定：“当事人互负债务，没有先后履行顺序的，应当同时履行。一方在对方履行之前有权拒绝其履行要求。一方在对方履行债务不符合约定时，有权拒绝其相应的履行要求。”

2. 后履行抗辩权

《合同法》第67条规定了后履行抗辩权。后履行抗辩权是指在双务合同中当事人互负债务，有先后履行顺序，当先履行一方未履行的，后履行一方有权拒绝其履行要求。先履行一方履行债务不符合约定的，后履行一方有权拒绝其相应的履行要求。

3. 先履行抗辩权

《合同法》第68～69条是先履行抗辩权和先履行抗辩权行使的具体规定。先履行抗辩权，是为维护双务合同中互负债务的先履行一方权利的法律规定，当发生后履行合同义务的一方财产明显减少难以给付对方或者难于履行合同约定的义务的情形时，先履行一方有权利拒绝履行，可以按《合同法》第69条的规定保护自己的利益。先履行抗辩权也被称为不安履行抗辩权。

（四）关于提前履行和部分履行

对于提前履行债务和部分履行债务，《合同法》第71～72条规定，债权人可以拒绝债务人提前或者部分履行的请求，但如果提前履行或者部分履行，并不损害债权人利益时，债权人应当接受提前或者部分履行，因提前或者部分履行给债权人增加的费用，应当由债务人承担。

确定是否是提前履行，应当以合同约定的履行日期为准；确定部分履行，是指债务的履行期届至时，债务人对履行期届至的债务请求部分履行。

在建设工程合同中，提前或者部分履行的情形通常发生在一方供应材料设备上或者图纸提供上，当发生上述情况时，双方都要认真协商，力争达成一致，以免对工程顺利进行产生不利影响。

（五）关于合同保全制度

《合同法》第73条规定，因债务人怠于行使其到期债权，对债权人造成损害的，债权人可以向人民法院请求以自己的名义代位行使债务人的债权，但该债权专属于债务人自身的除外。代位权的行使范围以债权人的债权为限。债权人行使代位权的必要费用，由债务人负担。这就是《合同法》确定的代位权制度。

第74条规定，因债务人放弃其到期债权或者无偿转让财产，对债权人造成损害的，债权人可以请求人民法院撤销债务人的行为。债务人以明显不合理的低价转让财产，对债权人造成损害，并且受让人知道该情形的，债权人也可以请求人民法院撤销债务人的行为。撤销权的行使范围以债权人的债权为限。债权人行使撤销权的必要费用，由债务人负担。这就是《合同法》确定的撤销权制度。

上面两条法律内容，确定的原则就是合同保全制度，又称责任财产保全，保全责任财产，最终使债权得以保障，所以保全又称为债权保全。

关于合同保全制度的产生。法律上合同的相对性原则是不可改变的，依照这个原则合同关系仅在特定的当事人之间发生。特定的债权人也只向特定的债务人享有给付请求权，原则上合同对当事人以外的第三人不产生效力。《民法通则》及以前的三部合同法，均未对合同相对性原则的例外情况加以规定。这一原则的例外，就是在特殊情况下，合同也可以对合同以外的第三人发生效力，合同对外的效力表现就是合同保全制度。

合同保全的目的，一是巩固债权人的权利，二是有助于治理我国三角债、多角债的顽症，三是防止和制止合同的诈骗行为。合同法关于合同保全制度的设立，对我国市场经济的安全运转具有重要意义，也是市场经济国家行之有效的制度。

（六）合同履行的其他法律规定

《合同法》第76条规定：“合同生效后，当事人不得因姓名、名称的变更或者法定代表人、负责人、承办人的变动而不履行合同义务。”

本条法律规定的内容包括：（1）自然人姓名的变更不能成为拒绝履行合同义务的理由；（2）法人、其他组织的名称变更并不是投资主体的变更，不得以此为理由拒绝履行合同义务；（3）法人的法定代表人、其他组织的负责人、法人或其他组织参加合同谈判的承办人变动，法人或者其他组织仍应当对他们的代表行为或者代理行为承担责任，不得以此为理由拒绝履行合同义务。

五、合同的变更和转让

合同的变更有狭义和广义之分。狭义的合同变更是指对合同的某些条款的局部修改，而不是实质性的变更。广义的合同变更可以是法律关系的主体改变，也可以是法律关系的客体改变。

合同法规定的变更，都是指对合同狭义的变更，不引起法律关系的实质变化；转让则包括合同权利转让、合同义务转移和合同权利义务一并转让三个方面。《合同法》关于合同变更和转让的立法是我国法律制度的一大发展。

（一）关于合同的变更

《合同法》第 77 ~ 78 条，是关于合同可变更及变更手续的规定。

1. 合同变更的原则

当事人可以协商变更合同，这是由合同的性质决定的。《合同法》第 4 条规定："当事人依法享有自愿订立合同的权利，任何单位和个人不得非法干预。"法律规定了当事人享有自愿订立合同的权利，当然也享有变更合同的权利。只是法律、行政法规规定应当由政府主管部门批准的合同，其变更应当经由原批准机关批准。

2. 合同变更的内容

按照法律规定，合同变更的内容，不应当是合同主体的变更。变更内容应当是原订立合同中的标的、履行地点、履行期限、履行方式、价款的支付、违约责任及争议的解决方式等内容的更改。合同变更的内容应当明确，否则法律上认定为未变更，内容要经当事人双方协商一致。

3. 合同变更的形式

合同变更的形式，应当采用原合同订立的形式，即书面形式。特别是建设工程施工合同的变更，切忌由双方当事人口头承诺，因为口头承诺变更了合同内容，其中涉及工程质量的问题难以分清当事人双方的责任，有关价款的变更采用口头形式承诺常常会产生争议。

（二）建设工程合同不得转让

《合同法》第 79 ~ 89 条规定了合同转让制度。其中第 79 条规定了转让的范围，债权人可以将合同的权利全部或者部分转让给第三人，但有下列情形之一的除外：

（1）根据合同性质不得转让；

（2）按照当事人约定不得转让；

（3）依照法律规定不得转让。

根据法律对合同转让限制性规定，建设工程合同应当属于"不得转让”的合同。《建筑法》第28条规定：“禁止承包单位将其承包的全部建筑工程转包给他人，禁止承包单位将其承包的全部建筑工程肢解以后以分包的名义分别转包给他人。”

（三）合同权利义务的继承

《合同法》第90条规定：“当事人订立合同后合并的，由合并后的法人或者其他组织行使合同权利，履行合同义务。当事人订立合同后分立的，除债权人和债务人另有约定以外，由分立的法人或者其他组织对合同的权利和义务享有连带债权，承担连带债务。”

本条规定所涉及的合同当事人应当是指法人和其他组织，而不是个人。

六、合同权利义务的终止

合同权利是一种相对的和非永久的权利，与其相对应的合同义务也是相对的和非永久的，合同有其生命期（亦称存续期）。合同关系既有成立之日，也有终止之日，设定合同终止的规则，规范合同终止行为，是法律必须设立的制度。

（一）关于合同权利义务终止的法律规定

《合同法》第91条规定，有下列情形之一的，合同权利义务终止：

（1）债务已经按照约定履行；

（2）合同解除；

（3）债务相互抵销；

（4）债务人依法将标的物提存；

（5）债权人免除债务；

（6）债权债务同归于一人；

（7）法律规定或者当事人约定终止的其他情形。

本条法律规定的前6项规定了合同权利义务的终止方式，关于第（7）项法律规定终止的其他情形可见《合同法》的其他章节，如按照第68条规定行使先履行抗辩权，就可能导致合同中止，中止一方可以解除合同，就属于法律规定的“其他情形”。

对于建设工程合同，终止情形的构成一般只是本条法律规定的第

(1) ~ (2) 项及第 (7) 项出现的情形。

(二) 关于后合同义务的规定

《合同法》第 92 条规定:"合同权利义务终止后,当事人应当遵循诚实信用的原则,根据交易习惯履行通知、协助、保密等义务。"本条规定的就是后合同义务,也被称为后契约义务。本条规定也可以理解为一项法定义务。

对于建设工程合同的后合同义务,还不仅限于本条法律规定的内容。如,《建筑法》第 60 条、《合同法》第 282 条,关于"建筑物在合理使用寿命内(合理使用期内)质量保证责任"的规定;《建筑法》第 62 条关于"建筑工程实行质量保修制度"的规定。法律规定的上述事项,当事人双方有些是不可能完全在合同中约定,另外由于建设工程的特殊性,又不可能在合同的存续期间内实现。因而《合同法》规定的后合同义务,对于建设工程来说具有更特殊的意义,在法律上提供了一个追究违约责任的渠道。对于某些违反后合同义务的行为,受害方当事人可以根据这条规定及相关法律的规定,要求对方承担违约责任。

(三) 关于解除合同的规定

《合同法》第 93 ~ 97 条规定了解除合同的制度。

1. 约定解除

《合同法》第 93 条规定:"当事人协商一致,可以解除合同。"就是约定解除的规定,约定解除可以分为两种情形。

(1) 在合同履行过程中,当事人双方经协商一致,停止合同效力,从而解除合同。这种情形下的约定解除,应当是相互免除对方的义务,即双方当事人同意永久免除对方的义务,使合同归于终止。

(2) 在订立合同时,双方当事人可以相互设定解除权,即在合同中约定解除条件,一旦设定的解除条件成就时,即产生单方的解除权。当享有解除权的一方当事人选择行使解除权时,合同归于终止。相互设定解除权的合同,也可以称为另一种形式的附条件合同。

在建设工程施工合同中,为了保护双方当事人的权益,保证合同约定事项的实现，双方可以设定解除权。

2. 法定解除

《合同法》第94条规定，有下列情形之一的，当事人可以解除合同：

(1) 因不可抗力致使不能实现合同的目的；

(2) 在履行期限届满之前，当事人一方明确表示或者以自己的行为表明不履行主要债务；

(3) 当事人一方迟延履行主要债务，经催告后在合理期限内仍未履行；

(4) 当事人一方迟延履行债务或者有其他违约行为致使不能实现合同目的；

(5) 法律规定的其他情形。

《合同法》关于合同法定解除的规定，对于规范订立合同双方当事人的履约义务，承担违约责任具有十分重要的意义。

七、违约责任

违约责任就是违反合同的民事责任，是指合同当事人违反合同约定所应当承担的责任。法律责任包括刑事责任、行政责任和民事责任。民事责任又分为违约责任和侵权责任。

依法成立的合同，对当事人具有法律约束力，当事人不履行义务或者履行义务不符合约定的，就要承担违约责任。没有违约责任制度，所谓“具有法律约束力”就成了空话。

(一) 违约责任的法律原则和承担方式

《合同法》第107条规定：“当事人一方不履行合同义务或者履行合同义务不符合约定的，应当承担继续履行、采取补救措施或者赔偿损失等违约责任。”本条规定界定了违约责任的原则和承担责任的方式。

(1) 构成违约的原则。法律规定只要当事人不履行合同义务或者履行合同义务不符合约定的，就构成了违约责任。本条制定的违约原则，属于严格责任原则，对于增强人们的履约观念，促使合同当事人守信履约，会产生有效的法力约束力。

（2）承担责任的方式主要有：继续履行责任；采取补救措施；赔偿损失。

（二）构成违约责任的几种情形

（1）预期违约，也可以称为毁约亦称毁弃合同（《合同法》第108条）。即在合同履行期限届满之前，一方当事人明确表明或者以自己行为表明将不履行合同。按照法律规定，就构成了毁弃合同。

（2）未履行金钱债务（《合同法》第109条）。

（3）未履行非金钱债务（《合同法》第110条）。

（4）履行合同不符合约定质量（《合同法》第111条）。

（三）关于损失赔偿制度的规定

（1）《合同法》第112条是对在特定的情形下并用实际履行和赔偿损失两种责任承担方式的规定。

实际履行和损失赔偿是两种主要的违约责任承担方式。但在违约方实际履行合同义务或者采取补救措施以后，未必能够使受损害方达到如合同按约定履行时的等同情况，受损害方可能还有因对方违约造成的其他损失没有获得补偿。因此本条规定，违约方在实际履行义务或者采取补救措施后，对方还有其他损失的应当赔偿损失。

（2）《合同法》第113条是关于损失赔偿制度的规定。损失赔偿，由违约人向受损害方支付一笔金钱以补偿受损害方的损失，这是最为普通的违约责任承担方式。但法律规定，"损失赔偿额应当相当于因违约所造成的损失，包括合同履行后可以获得的利益"。这就是说损失额应当包括受害方直接损失和可得利益两项内容，这是确定损失赔偿额的一项重要原则。

（四）关于违约金的规定

《合同法》第114条是关于违约金的责任制度的规定，明确了以下内容：

（1）明确了违约金应当由合同当事人约定。除非其他法律对某种特定的合同规定特定形式的违约金外，违约金只能由合同当事人约定。如果合同中未约定违约金，法院或者仲裁机构不得判决或者裁决违约方支付违约金。

(2) 要求违约金与实际损失挂钩，并力求平衡。因此可以认为违约金的性质原则上应当是补偿性的，但不排除在特定的情形下也具有一定的惩罚性。

(3) 违约方支付违约金后，还应当继续履行债务。

(五) 关于不可抗力

《合同法》第117条对发生不可抗力及其法律后果作了规定。由于不可抗力是不能预见、不能避免并且不能克服的客观情况，因此法律规定，不可抗力的主要法律后果，一是受害方有权解除合同，一是不履行方可以获得免责。

如果在合同履行期届满以前未发生不可抗力，债务人完全可以履行合同，只是因为债务人迟延履行合同，才遭遇到不可抗力，债务人不能免责。

《合同法》第118条规定了当发生不可抗力的情形下，债务人负有的法律义务，一是及时通知对方；二是尽可能地减少给对方造成的损失；三是应当在合理期限内提供发生不可抗力的证明。

八、建设工程合同示范文本

(一) 建设工程勘察、设计合同

1. 建设工程勘察、设计合同的概念

建设工程勘察、设计合同，是指建设单位与勘察单位、设计单位为完成一定的勘察、设计任务，明确双方权利、义务的协议。建设单位称发包人，勘察单位、设计单位称承包人。根据勘察、设计合同，承包人完成发包人委托的勘察、设计项目，发包人接受符合约定要求的勘察、设计成果，并给付报酬。

2. 建设工程勘察、设计合同的主体资格

建设工程勘察、设计合同的主体应当是法人或自然人。承包方承揽建设工程勘察、设计任务必须具有相应的权利能力和行为能力，必须持有国家颁发的勘察、设计资质证书。

发包方委托工程设计任务应当符合国家有关规定：(1) 建设工程项目的可行性研究报告或项目建议书已获批准；(2) 已办理了建设用地规划许可证等手续；(3) 法律、法规规定的其他条件。承包方要加强合同管理，凡是以本单位名义签订的勘察、设计合同包括授权本单位分支机构签订的合同都应当统一管理。

3. 建设工程勘察、设计合同订立

凡在中华人民共和国境内的建设工程（包括新建、扩建、改建工程和涉外工程等），都应当遵循工程项目建设程序，签订建设工程勘察、设计合同。建设工程勘察、设计合同，必须采用书面形式。

4. 建设工程勘察、设计合同的主要内容

建设工程勘察、设计合同应当包括以下主要条款：

（1）建设工程的名称、规模、投资额、建设地点和主要服务内容；

（2）发包方向承包方提供的文件、资料的名称、内容、技术要求及期限；

（3）承包方向发包方交付的成果的名称、进度和质量要求；

（4）建设单位对建设工程的合理使用年限有特殊要求时，双方对合理使用年限的约定；

（5）勘察设计收费依据、收费标准以及付款方式；

（6）违约责任及合同争议的处理原则等。

（二）建设工程施工合同

1. 建设工程施工合同的概念

建设工程施工合同即建筑安装工程承包合同，是发包人与承包人之间为完成商定的建设工程项目，确定双方权利和义务的协议。依照施工合同，承包方应完成一定的建筑、安装工程任务，发包人应当提供必要的施工条件并支付工程价款。施工合同是建设工程合同的一种，它与其他建设工程合同一样是一种双务合同，在订立合同时也应遵守自愿、公平、诚实信用等原则。

2. 《建设工程施工合同示范文本》简介

根据有关工程建设施工的法律、法规，结合我国工程建设施工的实际情况，并借鉴国际上广泛使用的土木工程施工合同条件，原国家建设部、国家工商行政管理局于 1999 年 12 月 24 日印发了《建设工程施工合同示范文本》，它是各类公用建筑、民用住宅、工业厂房、交通设施及线路、管道的施工和设备安装的合同文本。2011 年，住房和城乡建设部启动了对 1999 年版《建设工程施工合同示范文本》的修订工作，目前修订工作正在进行中。

《建设工程施工合同示范文本》由《协议书》、《通用条款》、《专用条款》三部分组成，并附有三个附件：附件一是《承包方承揽工程项目一览表》，附件二是《发包方供应材料设备一览表》，附件三是《房屋建筑工程质量保修书》。

(1)《协议书》是《建设工程施工合同示范文本》中总纲性的文件。规定了合同当事人双方最主要的权利义务，规定了组成合同的文件及合同当事人对履行合同义务的承诺，并且合同当事人在这份文件上签字盖章，因此具有很高的法律效力。《协议书》的内容包括工程概况、工程承包范围、合同工期、质量标准、合同价款、组成合同的文件及双方的承诺等。

(2)《通用条款》是根据《合同法》、《建筑法》等法律对承发包双方的权利义务作出的规定，除双方协商一致对其中的某些条款作了修改、补充或取消外，双方都必须履行。它是将建设工程施工合同中共性的一些内容抽象出来编写的一份完整的合同文件。《通用条款》具有很强的通用性，基本适用于各类建设工程。《通用条款》共由 11 部分 47 条组成。这 11 部分的内容是：词语定义及合同文件；双方一般权利和义务；施工组织设计和工期；质量与检验；安全施工；合同价款与支付；材料设备供应；工程变更；竣工验收与结算；违约、索赔和争议；其他。

考虑到建设工程内容各不相同，工期、造价也随之变动，承包人、发包人各自的能力、施工现场的环境和条件也各不相同，《通用条款》不能完全适用于各个具体工程，因此配之以《专用条款》对其作必要的修改和补充，使《通用条款》和《专用条款》成为双方统一意愿的体现。《专用条款》的条款号与《通用条款》相一致，但主要是空格的，由当事人根据工程的具体情况予以明确或者对《通用条款》进行修改、补充。

（三）工程监理合同

为了规范建筑市场的管理，建设部和国家工商行政管理局于2000年联合颁布了《建设工程委托监理合同（示范文本）》（GF—2000~0202）。《建设工程委托监理合同（示范文本）》虽然也不属于建设工程监理法律法规体系，但对明确建设工程监理合同双方的权利和义务、规范建设工程监理行为具有重要的作用。

《建设工程委托监理合同（示范文本）》由《建设工程委托监理合同》、《建设工程委托监理合同标准条件》和《建设工程委托监理合同专用条件》三部分组成。

《建设工程委托监理合同》是一个标准化的合同文件，建设单位与工程监理单位就《建设工程委托监理合同专用条件》中的各条款经过协商达成一致后，只需填写该文件中委托监理工程的概况、执行监理业务的起止时间和正副本份数等空白栏目，并经合同双方签字盖章后，委托监理合同即产生法律效力。该文件中工程概况栏目下需填写的内容包括：工程名称、工程地点、工程规模、总投资、监理范围。该文件中明确规定，对双方有法律约束力的合同文件，除了该文件之外，还包括以下几部分：

（1）监理投标书或中标通知书；

（2）建设工程委托监理合同标准条件；

标准条件是指只要属于建设工程监理范畴之内的委托合同，不论建设项目的行业性质如何，建设项目的实施地点在哪一地域，该标准条件均可适用。该文件中明确规定了合同正常履行过程中业主和监理单位的权利、义务和职责，合同履行过程中规范化的管理程序，以及合同履行过程中遇到非正常情况时的责任界限和应遵循的处理程序。

标准条件共分为11小节，49条。内容包括：词语定义、适用语言和法规；监理人义务；委托人义务；监理人权利；委托人权利；监理人责任；委托人责任；合同生效、变更与终止；监理报酬；其他；争议的解决等。

标准条件作为通用性范本，各条款内容规定的明确、具体，双方在签订合同时不需要作任何改动或补充。业主和监理单位都应当遵守。

（3）建设工程委托监理合同专用条件；

由于标准条件适用于所有类型工程项目的建设监理，其规定的责任条件和管理程序属于共性因素，而某一具体委托的监理任务又会因项目的专业特点、工程所在地域的条件以及业主委托的监理工作范围不同而具有独特性。因此，示范文本中要求合同当事人双方经过协商一致后，针对建设项目的个性、所处的自然和社会环境具体编写专用条件。

专用条件的条款，一般基于以下几种情况：

①标准条件中条款指明，该部分内容需在专用条件中予以具体明确规定的内容。如标准条件第15条指出，“委托人应免费向监理人提供合同专用条件约定的设施”，那么，在专用条件中就必须具体写明业主应提供设施的种类、品名和数量。

②修正标准条件中条款的具体规定。如标准条件第42条规定，“如果委托人对监理人提交的支付通知中报酬或部分报酬项目提出异议，应当在收到支付通知书24小时内向监理单位发出表示异议的通知”。若业主认为限定在一天内既要审核通知书，又必须找出其中不合理之处而发出通知时间太短的话，双方可在签订合同前通过协商达成一致后，将此时限适当延长并写入专用条件内，修正标准条件内的规定。

③增加约定的补充条款。就具体委托的建设项目监理任务而言，当事人双方可就某些标准条款中没有涉及的内容达成一致后，写入专用条件内，作为合同的一项约定内容。

标准条件和专用条件起着互为补充说明的作用，专用条件中的条款顺序号应与被补充、修正或说明的标准条件中的条款序号一致，即两部分内容中相同序号的条款共同组成一个内容完备、说明某一问题的条款。若标准条件内的条款已是一个完备的条款时，专用条款内可不再列此序号。因此，专用条件内的条款只是按序号大小排列。

（4）在实施过程中共同签署的补充与修正文件。

第八节　对外承包工程

近10年来我国对外承包工程发展迅速，市场不断拓宽，业务领域不断扩展。目前，我国对外承包工程形成了以房屋建筑、电力工业、石油化工和交通运输建设为重点，以亚洲、非洲等传统市场为中心，向欧美地区延伸的市场格局。对外承包工程企业在发展过程中，积极调整经营模式，努力提高经营管理水平、工程服务能力、项目投融资能力、加强企业品牌建设和社会责任建设，在国际市场上的竞争力不断提升。据统计，截至2010年年底，我国对外承包工程累计完成营业额4 356亿美元，签订合同额6 994亿美元。

一、对外承包工程相关法规

为了规范对外承包工程，促进对外承包工程健康发展，2008年5月7日，国务院颁布了《对外承包工程管理条例》（国务院令第527号）。规范了对外承包工程管理体制。2009年9月28日，商务部、住房和城乡建设部发布了《对外承包工程资格管理办法》。

《对外承包工程管理条例》和《对外承包工程资格管理办法》确立了企业需按照规定取得对外承包工程资格后方可在从事对外承包工程业务的管理体制，加强了对对外承包工程单位的承包工程行为的监管，理顺了监管部门的管理责任，同时对对外承包工程资格的申请条件、程序、《资格证书》管理等进行了明确。这对规范和加强对外承包工程管理、促进对外承包工程稳步发展具有重要意义。

二、对外承包工程监管主要内容

（一）对外承包工程概念

对外承包工程是指中国的企业或者其他单位（以下统称单位）承包境外建设工程项目（以下简称工程项目）的活动。

（二）监管主体

国务院商务主管部门负责全国对外承包工程的监督管理，国务院有关部门在各自的职责范围内负责与对外承包工程有关的管理工作。国务院住房和城乡建设主管部门组织协调建设企业参与对外承包工程。省、自治区、直辖市人民政府商务主管部门负责本行政区域内对外承包工程的监督管理。

（三）对外承包工程资格管理

对外承包工程的单位应当依照条例的规定，取得对外承包工程资格。对外承包工程的单位取得对外承包工程资格，领取《中华人民共和国对外承包工程资格证书》后，方可在许可范围内从事对外承包工程。

对外承包工程的单位分为工程建设类和非工程建设类。其中，工程建设类单位指从事国内工程勘察、设计、咨询、监理、施工、安装等活动，且取得住房和城乡建设主管部门或其他有关部门颁发的相关资质的单位。

1. 资格申请条件

（1）有法人资格；工程建设类单位应具有与其资质要求相适应的注册资本（本办法所称注册资本包括开办资金）；非工程建设类单位的注册资本不低于2 000万元人民币。

（2）具有相应的资质或者业绩。

工程建设类单位应当依法取得住房和城乡建设主管部门或其他有关部门颁发的特级或者一级（甲级）资质证书；国家对于有关专业的资质不分等级的，应取得该资质证书；

非工程建设类单位上一年度机电产品出口额达到5 000万美元，或自行设计、生产（含组织生产）、出口的成套设备或大型单机设备出口额达到1 000万美元，或对外承包工程营业额达到1 000万美元且近3年中成功实施过3个单项合同额在500万美元以上的项目。

（3）有与开展对外承包工程相适应的专业技术人员，管理人员中至少2人具有2年以上从事对外承包工程的经历。

（4）有与开展对外承包工程相适应的安全防范能力，成立由本单位主要负责人负责的境外安全防范领导小组，常设人员不得少于2人，有相应的境外安全防范机制和应急处理预案。

（5）有保障工程质量和安全生产的管理体系，最近2年内没有发生重大工程质量问题和较大事故以上的生产安全事故，建筑施工企业还需取得住房和城乡建设主管部门颁发的安全生产许可证。

（6）有良好的商业信誉，最近 3 年内没有重大违约行为和重大违法经营记录。为外商投资企业的，最近 3 年应连续通过外商投资企业联合年检。

2. 资格申请程序和要求

申请对外承包工程资格，中央企业和中央管理的其他单位（以下简称中央单位）应当向商务部提出申请，中央单位以外的单位应当向注册所在地省级商务主管部门提出申请。

申请对外承包工程资格，需提交如下书面申请材料一式两份：

（1）对外承包工程资格申请书；

（2）中华人民共和国组织机构代码证（复印件）；

（3）企业法人营业执照或事业单位法人证书（复印件），外商投资企业应提交外商投资企业批准证书；

（4）工程建设类单位需提供住房和城乡建设主管部门或者其他有关部门颁发的资质证书（复印件），建筑施工企业还需提供住房和城乡建设主管部门颁发的安全生产许可证（复印件）；非工程建设类单位需提供海关出具的出口额证明或商务部出具的相应业务统计证明；

（5）与对外承包工程相关的专业技术人员和管理人员的情况说明及相关证明材料；

（6）申请单位境外安全防范领导小组及常设人员状况的说明及境外安全防范机制和应急处理预案；

（7）申请单位工程质量和安全生产的管理体系文件；

（8）商务主管部门要求提交的证明符合第 5 条规定条件的其他材料。

工程建设类单位申请对外承包工程资格的，商务主管部门自受理之日起 5 个工作日内，将申请材料转同级住房和城乡建设主管部门；住房和城乡建设主管部门自收到申请材料之日起 15 个工作日内提出审查意见并转交商务主管部门；商务主管部门自收到住房和城乡建设主管部门审查意见之日起 10 个工作日内做出批准或者不予批准的决定。非工程建设类单位申请对外承包工程资格的，商务主管部门自受理之日起30个工作日内进行审查，作出批准或者不予批准的决定。

（四）对外承包工程管理主要要求

1. 投标要求

对外承包工程的单位不得以不正当的低价承揽工程项目、串通投标，不得进行商业贿赂。

2. 合同要求

对外承包工程的单位应当与境外工程项目发包人订立书面合同，明确双方的权利和义务，并按照合同约定履行义务。

3. 质量安全要求

对外承包工程的单位应当加强对工程质量和安全生产的管理，建立、健全并严格执行工程质量和安全生产管理的规章制度。

对外承包工程的单位应当有专门的安全管理机构和人员，负责保护外派人员的人身和财产安全，并根据所承包工程项目的具体情况，制定保护外派人员人身和财产安全的方案，落实所需经费。

对外承包工程的单位应当根据工程项目所在国家或者地区的安全状况，有针对性地对外派人员进行安全防范教育和应急知识培训，增强外派人员的安全防范意识和自我保护能力。

4. 项目分包要求

对外承包工程的单位将工程项目分包的，应当与分包单位订立专门的工程质量和安全生产管理协议，或者在分包合同中约定各自的工程质量和安全生产管理责任，并对分包单位的工程质量和安全生产工作统一协调、管理。

对外承包工程的单位不得将工程项目分包给不具备国家规定的相应资质的单位；工程项目的建筑施工部分不得分包给未依法取得安全生产许可证的境内建筑施工企业。

分包单位不得将工程项目转包或者再分包。对外承包工程的单位应当在分包合同中明确约定分包单位不得将工程项目转包或者再分包，并负责监督。

5. 备用金缴存要求

对外承包工程的单位应当按照国务院商务主管部门和国务院财政部门的规定，及时存缴备用金。备用金用于支付对外承包工程的单位拒绝承担或者无力承担的下列费用：外派人员的报酬；因发生突发事件，外派人员回国或者接受其他紧急救助所需费用；依法应当对外派人员的损失进行赔偿所需费用。

第九节　诚信体系和工程风险管理

一、充分认识推进建筑市场信用体系建设的重要意义

（一）建设社会信用体系是党中央、国务院的重大战略决策

党的十六大提出了“整顿和规范市场经济秩序，健全现代市场经济的社会信用体系”的战略任务。十六届三中全会进一步指出，“建立健全社会信用体系，形成以道德为支撑、产权为基础、法律为保障的社会信用制度，是建设现代市场体系的必要条件，也是规范市场经济秩序的治本之策”。十届全国人大二次会议《政府工作报告》提出“要加快社会信用体系建设，抓紧建立企业和个人信用信息征集体系、信用市场监督管理体系和失信惩戒制度”。“十一五”规划提出，以完善信贷、纳税、合同履约、产品质量的信用记录为重点，加快建设社会信用体系。党和国家领导人高度重视社会信用体系建设，多次强调要进一步建立健全信用法律制度，规范市场运行秩序，健全市场信用体系，改进市场监管体系。

（二）推进建筑市场信用体系建设工作非常重要和紧迫

建筑市场信用体系是全社会信用体系的一部分，同时具有自身的行业特点。建筑业是我国国民经济重要的主导性产业，建筑业的健康发展，增加了地区财政收入，改善了城乡面貌，提高了人民生活水平，提供了大量就业机会，促进了城乡统筹发展，为国民经济发展作出了重要贡献。然而，由于我国当前正处于建设高峰时期，建筑市场的发育尚不完善，体制和机制还未完全理顺，综合执法体系有待强化，市场主体缺乏信用意识，履约意识较为薄弱，加上建筑市场供求

失衡等原因，建筑市场信用体系建设亟待加强。主要表现为：有些地方政府喜欢搞“形象工程”、“政绩工程”，在没有或缺乏资金情况下盲目上项目；一些建设单位不按工程建设程序办事，强行要求垫资承包，肢解工程发包，明招暗定，拖欠工程款；一些承包企业层层转包工程，在施工过程中偷工减料，导致工程出现质量和安全问题；一些监理、招标代理、造价咨询等中介机构办事不公正，扰乱了市场秩序。信用的缺失不仅造成了建筑市场混乱、经营成本的浪费，也给企业和行业发展带来很大风险，建立和完善建筑市场信用体系的任务十分重要和紧迫。

（三）推进信用体系建设工作需要解决的突出问题

一是缺乏统一的信用信息平台，政府信用信息共享不够，部门信用信息垄断严重，信息公开滞后。二是缺乏必要的法规依据，奖惩措施不能有效实施。三是企业信用制度建设滞后，没有形成使用良好的社会诚信氛围，消费者个人信用知识欠缺，自我保护能力较差，维权意识不强，信用道德环境培育力度不够，市场主体自我规范、自我约束意识还比较淡薄，影响了社会信用体系建设深入进行。

二、推进建筑市场信用体系建设的目标要求

根据《建设部关于加快推进建筑市场信用体系建设工作的意见》（建市〔2005〕138号），建立和完善建筑市场信用体系是健全社会信用体系的重要组成部分，是整顿和规范建筑市场秩序的治本举措，也是建筑业改革和发展的根本保证。

一是统一的诚信信息平台。完善的诚信信息系统是诚信体系的基本组成部分，是建立建筑市场诚信体系的基础性工作，能够确保诚信信息搜集整理及时准确和实现共享。住房和城乡建设部2006年就陆续开展信息平台的建设和试点工作。在长三角试点城市的基础上，逐步将区域间的诚信信息平台互联，以点带面、稳步推进，实现全国联网，构建全国性的建筑市场诚信信息平台。诚信信息平台的建设能充分发挥现有建筑市场和工程现场业务监管体系的联动作用，创造诚信得彰、失信必惩的良好市场环境。

二是制定统一的诚信评价标准。本着先易后难、简便易行、科学实用的原则，针对各方主体在执行法定建设程序、招投标交易、合同签订履行、业主工程款支付、农民工工资支付、质量安全管理、资质资格管理等中出现的突出问题，制定发布建筑市场责任主体行为诚信标准，重点评价在建筑市场内从事建筑活动的企业和执业资格人员的诚信行为。

三是完善统一的诚信法规体系。根据国家有关法律、法规，针对建筑市场诚信信息的采集、整理、评价、应用和发布、信用机构管理、失信惩戒机制等，制定部门规章和规范性文件，使诚信体系建设实现制度化、规范化。

四是构建统一的诚信奖惩机制。诚信奖惩机制是诚信体系的重要组成部分，是对守信者进行保护，对失信者进行惩罚，发挥社会监督和约束的制度保障。将诚信建设与招标投标、资质监管、市场稽查、评优评奖、日常监管等相结合，对于失信行为进行教育、行政、经济、法律和舆论等综合惩治，同时对诚信行为给予切实鼓励，形成诚信得益、失信受损的市场环境。按照中共中央办公厅、国务院办公厅《关于开展工程建设领域突出问题专项治理工作的意见》和《关于推进工程建设领域项目信息公开和诚信体系建设工作的指导意见》等有关要求，住房和城乡建设部陆续颁布了《全国建筑市场监督管理信息系统数据标准》、《关于加快推进建筑市场信用体系建设工作的意见》、《建筑市场诚信行为信息管理办法》、《全国建筑市场各方主体不良行为记录认定标准》、《关于加强建筑市场资质资格动态监管完善企业和人员准入清出制度的指导意见》等一系列文件，并在住房和城乡建设部网站上专门设立了全国建筑市场诚信信息平台，及时发布相关文件和各地上报的一些不良行为记录等。

三、工程担保

工程担保是国际工程建设领域普遍接受和应用的一种做法。随着我国市场经济的深入发展和建筑业的对外开放，各级政府主管部门和社会各界已逐渐认识到建立工程担保制度的重要性。根据建设部《关于在建设工程中项目中进一步推行工程担保制度的意见》（建市〔2006〕326号），工程担保是指在工程建设活动中，由保证人向合同一方当事人（受益人）提供的，保证合同另一方当事人（被保证人）履行合同义务的担保行为，在被保证人不履行合同义务时，由保证人代为履行或承担代偿责任。工程担保作为市场经济手段，对于解决市场活动主体间恶意违约、转包、违法分包、资质挂靠、拖欠工程款和农民工工资等建筑市场久治不愈的顽症，将起到重要作用。同时工程担保还可以有效地促进建筑市场诚信体系建设，通过担保人对被担保各方在信用和经济上的制约，促进当事人增强自我约束能力和风险管理能力，逐步形成优胜劣汰的市场机制。工程担保引入保证人制度，可有效实现工程风险的分散、转移，用市场化手段管理风险可有效降低社会管理成本。

根据国务院“三定”规定，住房和城乡建设部负有“拟订规范建筑市场工程风险管理的规章制度并监督执行”的职责。工程担保是控制和防范工程风险的主要制度手段，工程担保公司作为工程担保的主要载体，是政府主管部门引导培育的新型建筑工程领域风险服务机构。按照国家统计局 2008 年《国民经济行业分类注释》，在金融业第 7190 条中，将融资性担保划归为金融行业，不包括与工程有关的担保活动；在工程管理服务业第 7671 条中，工程担保归属工程管理服务业，包括：工程履约担保、工程招标担保、其他工程担保服务等。

1995 年，我国出台《担保法》，2000 年最高人民法院出台了《关于适用〈担保法〉若干问题的解释》，2007 年《物权法》出台，对于担保物权又作了进一步规范，逐步引导和培育了我国担保市场的发展。1998 年建设部发布《关于一九九八年建设事业体制改革工作要点》，首次明确提出逐步建立健全工程索赔制度和担保制度。1999 年形成《关于深化建设市场改革的若干意见》，提出建立以工程保险和工程担保为主要内容的工程风险管理制度。2004 年印发《关于在房地产开发项目中推行工程建设合同担保的若干规定（试行）》，首次提出房地产开发项目试行工程担保制度。明确“国务院建设行政主管部门负责对工程建设合同的担保工作实行统一监督管理，县级以上地方人民政府建设行政主管部门负责对本行政区域内的工程建设合同担保进行监督管理”。同年，建设部以解决建设领域拖欠工程款部际协商会议名义，汇同发改、司法、财政、中国人民银行、银监会、高法等16个部门转发了北京市建委《关于在建设工程承发包活动中设定保证担保的若干规定》。2005年出台了《工程担保合同示范文本》（试行），为推进建设领域担保制度建设，规范全国工程担保业务发挥了积极作用。同年还下发了《关于选择深圳、厦门等市作为推行工程担保试点城市的意见》。2006年出台《关于在建设工程项目中进一步推行工程担保制度的意见》，对专业担保公司的资金规模、人员结构及审查备案等提出要求，明确“专业担保公司从事工程担保业务应符合资金规模和人员结构的要求，并在地方建设行政主管部门进行备案。专业担保公司开展工程担保业务应向地方建设行政主管部门报送反映其经营状况及相关资信的材料。地方建设行政主管部门应当根据本地区的实际情况，引导市场主体在工程建设活动中，要求具有与其所担保工程相适应的自有资金、专业人员的专业担保公司提供担保。”2009年，住房和城乡建设部对7个推行担保工作试点的省市进行了专题调研，完成了《建设工程担保试点工作调研报告》，从调研情况看，全国大部分省市都已开展了工程担保工作，部分地区强制推行工程担保制度，其中以深圳、厦门、青岛、成都、杭州、常州等地最为活跃。

第十节　城建档案管理

一、城建档案和城建档案管理机构

城建档案是在城乡规划、建设、管理及其有关活动中直接形成的对国家和社会具有保存价值的文字、图纸、图表、电子文档、声像等各种载体的文件材料。这些文件材料产生于城乡规划、建设和管理工作，又主要应用和服务于这一领域，是建设（规划）行政主管部门依法行政，实施建设行政许可、行政审批和管理、执法检查、提高建设执政能力的工作依据和必要条件，是建筑物、构筑物、地下管线运行安全维护、城市防灾减灾及灾后恢复重建的重要依据和条件。

城建档案管理工作是城乡规划、建设、管理工作的组成部分和工作环节，在科学管理城市、改善人居环境、保障城市生产生活秩序、维护城市安全和市政公用设施正常运行、防御自然灾害、应对城市突发公共事件及反恐等工作中，发挥着重要的作用。城建档案工作与城乡建设事业密不可分，各级建设（规划）行政主管部门必须切实担负起管理城建档案工作的法定职责，统筹指导和安排城建档案事业的改革与发展。相关国家法律、法规包括：《城乡规划法》、《建设工程质量管理条例》、《科学技术档案工作条例》、《城市建设档案管理规定》、《城市房地产权属档案管理办法》、《城市地下管线工程档案管理办法》等。

城建档案工作现行的管理体制是：国务院住房和城乡建设行政主管部门负责全国城建档案管理工作，业务上受国家档案部门监督和指导。县级以上地方政府建设（规划）行政主管部门负责本行政区域内的城建档案管理工作，业务上受同级档案部门监督和指导。城市的建设（规划）行政主管部门设置城建档案管理机构，负责管理全市城建档案工作；城市的建设（规划）行政主管部门也可以委托城建档案馆负责城建档案工作的日常管理工作。

各地城建档案管理机构（指城建档案馆或城建档案室）重点管理以下档案资料：

（1）各类建设工程档案。包括：工业、民用建筑工程；市政基础设施工程；公用基础设施工程；交通基础设施工程；园林建设、风景名胜建设工程；市容环境卫生设施建设工程；城市防洪、抗震、人防工程；军事工程档案资料中，除军事禁区和军事管理区以外的穿越市区的地下管线走向和有关隐蔽工程的位置图。

（2）建设系统各专业管理部门（包括城乡规划、勘测、设计、施工、监理、园林、风景名胜、环卫、市政、公用、房地产管理、人防等部门）形成的业务管理和业务技术档案。

（3）有关城乡规划、建设及其管理的方针政策、法规、计划方面的文件、科学研究成果和城市历史、自然、经济等方面的基础资料。

二、建筑工程档案管理

(一) 建筑工程档案的主要内容

一套完整的工程建设项目档案，一般包括以下内容：工程准备阶段的文件（指工程开工前，在立项、审批、征地、勘察、设计、招投标等过程中形成的文件）；监理文件（指监理单位在工程设计、施工等监理过程中形成的文件）；施工文件；竣工图；竣工验收文件；其他资料，如照片、录音录像资料，电子档案等。

(二) 建筑工程档案管理的有关制度和要求

1. 告知制度

建设（规划）行政主管部门在核发建设工程施工许可证（或规划部门核发建设工程规划许可证）时，城建档案管理机构必须将工程竣工后需移交建设项目工程档案的内容和具体要求告知建设单位，且城建档案管理机构应与建设单位签订建设项目工程档案移交责任书。

2. 城建档案管理机构应开展业务指导与咨询

城建档案管理机构应在工程建设过程中，对建设项目各环节的文件资料、工程档案等进行跟踪指导，对项目工程建设单位的档案收集、整理工作进行业务指导，并提供关于城建档案标准、规范、工作程序、步骤、技术方法、操作技能等方面的咨询。

3. 档案预验收制度

对城建档案接收范围内的建设项目工程，建设单位在组织竣工验收前，应当提请城建档案管理机构对建设项目工程档案进行预验收。预验收合格后，由城建档案管理机构出具建设项目工程档案预验收认可文件。建设单位取得建设项目工程档案预验收认可文件后，方可组织工程竣工验收。工程档案归集管理是工程质量管理的法定环节，是建设工程运营管理、养护维修、安全运营的重要条件和保证。各级建设行政主管部门应当切实履行建设工程质量监督管理职责，在办理竣工验收备案时，应当查验工程档案认可文件。

4. 建设单位必须依法移交工程档案

建设单位应在有关法规规定的时间内，向城建档案管理机构报送一套完整的符合规定的建设项目工程档案。工程档案移交合格后，城建档案管理机构应当出具工程档案移交合格认可文件。房地产权属登记管理部门受理房屋产权初始登记申请时应当查验工程档案移交合格认可文件。档案的归档内容和质量要求按照国家标准《建设工程文件归档整理规范》（GB/T50328）执行。

5. 城建档案管理机构应当加强档案管理和服务

城建档案馆对接收的档案应及时登记、整理、编制检索工具，做好保管保护工作，对破损或者变质的档案应及时抢救。对特别重要档案应采取有效措施确保安全无损。城建档案馆应对档案信息资源进行开发，按照国家的有关规定向社会提供服务。

三、地下管线工程档案管理

（一）地下管线工程档案的主要内容

一套完整的地下管线工程档案，一般包括以下内容：地下管线工程项目准备阶段文件（指工程开工前，在立项、审批、征地、勘察、设计、招投标等过程中形成的文件）、监理文件、施工文件、竣工验收文件和竣工图；地下管线竣工测量成果；其他应当归档的文件材料（电子文件、工程照片、录像等）。

（二）地下管线工程档案管理制度

为加强地下管线档案的综合、动态管理，建设部在《城市地下工程管线档案管理办法》中，设立了一系列地下管线档案管理制度，包括：查询制度、告知制度、预验收制度、竣工测量制度、移交制度、档案综合动态管理制度等。

1. 查询制度

查询制度要求建设单位在申请领取建设工程规划许可证前，到城建档案馆查询施工地段的地下管线档案资料，取得该施工地段地下管线现状资料；建设单位在申请领取建设工程规划许可证时，要向规划主管部门报送地下管线现状资料；施工单位在地下管线工程施工前，要取得施工地段地下管线现状资料。

2. 告知制度

告知制度要求城建档案馆在建设单位办理规划许可或施工许可手

续时，将工程竣工后需要移交的工程档案的内容和具体要求，告知建设单位，并应与建设单位签订地下管线工程档案移交责任书，以利于建设单位在工程开工前将工程档案工作纳入建设项目管理。

3. 档案专项预验收制度

档案专项预验收制度要求建设单位在组织地下管线工程竣工验收前，提请城建档案馆对地下管线档案进行专项预验收。

4. 竣工测量制度

竣工测量制度要求建设单位在管线覆土前，委托具有相应资质的工程测量单位，按照《城市地下管线探测技术规程》进行竣工测量，形成准确的竣工测量数据文件和管线工程测量图。

5. 移交制度

移交制度要求：（1）建设单位在工程竣工验收备案前，向城建档案馆移交一套完整的地下管线档案资料，包括：工程准备阶段文件、监理文件、施工文件、竣工验收文件、竣工图、竣工测量成果和其他应当归档的文件资料（电子文件、工程照片、录像等）；（2）地下管线专业管理单位（即城市供水、排水、燃气、热力、电力、电信等地下管线经营单位或企业）要及时移交地下专业管线图；同时，对更改、报废、漏测部分的地下管线工程档案，要及时修改补充到专业管线图上，并向城建档案管理机构移交；（3）工程测量单位要及时向城建档案管理机构移交有关地下管线工程的1：500城市地形图和控制成果。

6. 档案综合动态管理制度

档案综合动态管理制度要求：（1）城建档案管理机构应当绘制城市地下管线综合图，建立城市地下管线信息系统，并及时接收普查和补测、补绘所形成的地下管线成果。（2）城建档案管理机构应当依据地下管线专业图等有关的地下管线工程档案资料和工程测量单位移交的城市地形图和控制成果，及时修改城市地下管线综合图，并输入城市地下管线信息系统。

7. 档案管理和对外服务制度

档案管理制度要求城建档案管理机构建立、健全科学的管理制度，依法做好地下管线工程档案的接收、整理、鉴定、统计、保管、利用和保密工作。要建立地下管线工程档案资料的使用制度，积极开发地下管线工程档案资源，为城市规划、建设和管理提供服务。

（三）赔偿责任

当发生地下管线事故，造成生命财产损失时，如果是因建设单位未移交地下管线工程档案，造成施工单位在施工中损坏地下管线的，由建设单位依法承担相应责任。如果因地下管线专业管理单位未移交地下管线工程档案，造成施工单位在施工中损坏地下管线的，地下管线专业管理单位要依法承担相应责任。如果建设单位和施工单位未按规定查询施工地段的地下管线资料而擅自组织施工造成地下管线损失的，建设单位和施工单位要依法承担赔偿责任。如果工程测量单位未按规定提供准确的地下管线测量成果，造成施工时地下管线损失的，工程测量单位要依法承担赔偿责任。如果城建档案管理机构因保管不善，致使档案丢失，或者因汇总管线信息资料错误致使在施工中造成损失的，城建档案管理机构要依法承担赔偿责任，并对有关责任人员依法给予行政处分。

四、建设业务管理档案

建设业务管理档案是指建设系统各专业管理部门（包括城乡规划、勘测、设计、施工、监理、园林、风景名胜、环卫、市政、公用、房地产管理、人防等部门）形成的业务管理和业务技术档案。

凡具有永久保存价值的建设业务管理档案，在各专业管理部门保管使用1～5年后，按规定要全部向城建档案馆移交。具有长期保存价值的档案，由城建档案馆根据城市建设的需要选择接收。

房地产权属档案可根据实际情况延长向城建档案馆移交的时间。

第十一节　法律责任

一、法律责任概述

（一）法律责任的概念

法律责任，是指当事人由于违反了法律规定的义务，而应当承担的法律后果。法律责任是国家对违反法定义务、超越法定权利或者滥用权利的违法行为所作的否定性的法律评价，是国家强制责任人做出一定行为或者不做出一定行为，补偿和救济受到侵害或者损害的合法权益和法定权利，恢复被破坏的法律关系和法律秩序的手段。只有对违反法定义务的当事人规定其必须承担相应的法律责任，才能保证法律的执行，达到依法办事的目的。

（二）法律责任的分类

由于违法行为的性质和危害程度不同，所以行为人要承担的法律责任也不同的。法律责任可以分为三类：第一类是行政责任；第二类是民事责任；第三类是刑事责任。

二、《建筑法》和《建设工程质量管理条例》规定的法律责任

《建筑法》第64～80条和《建设工程质量管理条例》第54～77条，对建设单位、勘察、设计、施工、监理单位以及相关人员的法律责任作了规定。

（一）建设单位有下列行为之一的，建设行政主管部门责令其改正，并依法予以处罚

（1）将建设工程发包给不具有相应资质等级的勘察、设计、施工单位或者委托给不具有相应资质等级的工程监理单位的；

（2）将建设工程肢解发包的；

（3）迫使承包方以低于成本的价格竞标的；

（4）任意压缩合理工期的；

（5）建设项目必须实行工程监理而未实行工程监理的；

（6）未按照国家规定将竣工验收报告、有关认可文件或者准许使用文件报送备案的；

（7）建设单位未取得施工许可证或者开工报告未经批准，擅自施工的；

（8）未组织竣工验收，擅自交付使用的；

（9）验收不合格，擅自交付使用的；

（10）对不合格的建设工程按照合格工程验收的；

（11）建设工程竣工验收后，未向建设行政主管部门或者其他有

关部门移交建设项目档案的。

（二）勘察、设计单位有下列行为之一的，建设行政主管部门可以责令其改正，依法予以处罚

（1）超越本单位资质等级承揽工程的、未取得资质证书承揽工程的或以欺骗手段取得资质证书承揽工程的；

（2）允许其他单位或者个人以本单位名义承揽工程的；

（3）设计单位未根据勘察成果文件进行工程设计的；

（4）设计单位指定建筑材料、建筑构配件的生产厂、供应商的；

（5）将承包的工程转包或者违法分包的。

（三）施工单位有下列行为之一的，建设行政主管部门可以责令其改正，依法予以处罚

（1）超越本单位资质等级承揽工程的、未取得资质证书承揽工程的或以欺骗手段取得资质证书承揽工程的；

（2）允许其他单位或者个人以本单位名义承揽工程的；

（3）不履行保修义务或者拖延履行保修义务的；

（4）建筑施工企业对建筑安全事故隐患不采取措施予以消除的；建筑施工企业的管理人员违章指挥、强令职工冒险作业，因而发生重大伤亡事故或者造成其他严重后果的。

（四）监理单位有下列行为之一的，建设行政主管部门可以责令其改正，依法予以处罚

（1）超越本单位资质等级承揽工程的、未取得资质证书承揽工程的或以欺骗手段取得资质证书承揽工程的；

（2）允许其他单位或者个人以本单位名义承揽工程的；

（3）工程监理单位转让工程监理业务的；

（4）与被监理工程的施工承包单位以及建筑材料、建筑构配件和设备供应单位有隶属关系或者其他利害关系承担该项建设工程的监理业务的。

三、《招标投标法》中关于法律责任的规定

我国《招标投标法》第49～64条，对招标人、投标人以及其他相关人员的法律责任作了专门的规定。

（一）招标人有下列行为之一的，建设行政主管部门可以依法予以处罚；构成犯罪的，依法追究刑事责任

（1）必须进行招标的项目而不招标的，将必须进行招标的项目化整为零或者以其他任何方式规避招标的；

（2）以不合理的条件限制或者排斥潜在投标人的，对潜在投标人实行歧视待遇的，强制要求投标人组成联合体共同投标的，或者限制投标人之间竞争的；

（3）向他人透露已获取招标文件的潜在投标人的名称、数量或者可能影响公平竞争的有关招标投标的其他情况的，或者泄露标底的；

（4）与投标人就投标价格、投标方案等实质性内容进行谈判的；

（5）在评标委员会依法推荐的中标候选人以外确定中标人的，依法必须进行招标的项目在所有投标被评标委员会否决后自行确定中标人的。

（二）投标人有下列情形之一的，建设行政主管部门可以依法予以处罚；构成犯罪的，依法追究刑事责任

（1）相互串通投标或者与招标人串通投标的，投标人以向招标人或者评标委员会成员行贿的手段谋取中标的；

（2）以他人名义投标或者以其他方式弄虚作假，骗取中标的；

（3）将中标项目转让给他人的，将中标项目肢解后分别转让给他人的，违反本法规定将中标项目的部分主体、关键性工作分包给他人的，或者分包人再次分包的；

（4）与中标人不按照招标文件和中标人的投标文件订立合同的或不履行与招标人订立的合同的。

（三）其他相关人的责任

其他相关单位和人员的下列行为，有关部门依法对其予以处罚：

（1）招标代理机构违反本法规定，泄露应当保密的与招标投标活动有关的情况和资料的，或者与招标人、投标人串通损害国家利益、社会公共利益或者他人合法权益的；

（2）评标委员会成员收受投标人的财物或者其他好处的，评标

委员会成员或者参加评标的有关工作人员向他人透露对投标文件的评审和比较、中标候选人的推荐以及与评标有关的其他情况的；

（3）任何单位违反本法规定，限制或者排斥本地区、本系统以外的法人或者其他组织参加投标的，为招标人指定招标代理机构的，强制招标人委托招标代理机构办理招标事宜的，或者以其他方式干涉招标投标活动的；

对招标投标活动依法负有行政监督职责的国家机关工作人员徇私舞弊、滥用职权或者玩忽职守。

第五章　工程勘察设计监督管理

第一节　工程勘察设计监督管理概述

一、工程勘察、工程设计和工程勘察设计监督管理的概念和意义

（一）工程勘察

工程勘察是指根据建设工程的要求，查明、分析、评价建设场地的地质地理环境特征和岩土工程条件，编制建设工程勘察文件的活动。

工程勘察是工程建设的先行官，在项目决策和项目建设过程中首先要弄清建设场地的地质地理环境特征，才能据此进行工程设计，这是保证建设项目的安全的重要因素。建设工程勘察文件是建设项目规划、选址和设计的重要依据，工程勘察文件的准确性、科学性极大地影响着建设项目的规划、选址和设计的正确性。

（二）工程设计

工程设计是指根据建设工程的要求，对建设工程所需的技术、经济、资源、环境等条件进行综合分析、论证，编制建设工程设计文件的活动。

工程设计是工程建设的灵魂，在建设项目确定以后，工程设计就成为工程建设中最重要、最关键的环节。建设工程设计文件是设备材料采购、非标准设备制作和施工的主要依据，工程设计文件的技术和质量水平，决定了建设项目的经济效益、社会效益和环境效益。

（三）工程勘察设计监督管理

工程勘察设计监督管理是指各级住房和城乡建设主管部门和其他有关部门依据法律、法规，以及规定的职责权限代表国家对建设工程勘察设计活动实施监督与管理的行为。

工程勘察设计活动的监督管理具有以下几个特点：第一，它具有

权威性，对工程勘察设计活动的监督管理体现了国家意志，任何单位和个人从事工程勘察设计活动都应当服从这种监督管理。第二，它具有强制性，这种监督管理是以国家强制力做保证的。第三，它具有综合性，这种监督管理不局限于某一阶段或者某一方面，而是贯穿于工程勘察设计活动全过程，监督管理的对象包括建设单位、勘察单位、设计单位、施工单位、建设监理单位，以及其他有关单位和人员。

二、工程勘察设计监督管理的权限和职责分工

我国政府对工程勘察设计活动的监督管理，实行统管与分管相结合的管理体制。

国务院住房和城乡建设主管部门即住房和城乡建设部，负责对全国工程勘察设计活动实施统一的监督管理，其内容包括：拟定勘察设计的法规和规章并监督和指导实施；拟定勘察设计的行业发展战略、中长期规划、改革方案、产业政策、规章制度并监督执行；拟定工程勘察设计咨询业的技术政策并指导实施，推进行业技术进步；组织工程建设标准设计的编制、审定和推广；拟定各类房屋建筑及其附属设施和城市市政设施的建设工程抗震设计规范；拟定勘察设计单位资质标准和专业技术人员注册执业资格标准及管理规定，并监督执行。

县级以上地方人民政府住房和城乡建设主管部门的职责是：贯彻并监督执行国家有关勘察设计工作的法律、法规和方针、政策；根据国家勘察设计管理的各项规章制度，结合本地区的实际情况制定实施细则；对本行政区内的勘察设计活动实施监督与管理。

国务院铁道、交通、水利等有关部门按照国务院规定的职责分工，负责对全国的有关专业建设工程勘察设计活动实施监督管理。县级以上地方人民政府交通、水利等有关专业部门在各自的职责范围内，负责对本行政区域内的有关专业勘察设计咨询活动进行监督与管理。

随着政府机构改革的不断深化，工程勘察设计行业协会在协助政府进行政事研究、诚信机制建立及行业自律的监督管理，维护会员合法权益，开展国际交流等方面发挥着越来越大的作用。

三、工程勘察设计管理的法律法规和制度措施

工程勘察设计管理的法律和行政法规主要有：《建筑法》、《招标投标法》、《建设工程质量管理条例》、《建设工程勘察设计管理条例》、《注册建筑师条例》等。工程勘察设计管理的部门规章主要有：《实施工程建设强制性标准监督规定》（建设部令第81号）、《建筑工程设计招标投标管理办法》（建设部令第82号）、《超限高层建筑工程抗震设防管理规定》（建设部令第111号）、《外商投资建设工程设计企业管理规定》（建设部、对外贸易经济合作部令第114号）、《〈外商投资建设工程设计企业管理规定〉的补充规定》（建设部、商务部令第122号）、《房屋建筑和市政基础设施工程施工图设计文件审查管理办法》（建设部令第134号）、《勘察设计注册工程师管理规定》（建设部令第137号）、《建设工程勘察设计资质管理规定》（建设部令第160号）、《建设工程勘察质量管理办法》（建设部令第163号）、《注册建筑师条例实施细则》（建设部令第167号）等。另外，还包括各级政府主管部门根据实际情况制定的规范性文件。除上述法律、法规外，工程勘察设计管理还包括大量的强制性技术标准。

工程勘察设计监督管理的主要制度和措施有：对从事工程勘察设计活动的单位实行资质管理制度；对从事工程勘察设计活动的专业技术人员实行注册执业资格管理制度；对依法应当招标发包的项目，实行工程勘察设计招标投标制度；对施工图设计文件（含勘察文件）涉及公共利益、公众安全和工程建设强制性标准的内容实行审查制度；对工程勘察设计活动中违法行为实行监督查处制度；对技术进步实行工程勘察设计评优奖励制度等。

上述法律、行政法规、部门规章、规范性文件和强制性技术标准，是勘察设计单位和勘察设计人员依法执业的依据，也是各级勘察设计管理部门依法行政的依据。政府通过对工程勘察设计活动实施监督与管理，维护全国统一开放、公平竞争、规范有序的勘察设计市场，确保工程勘察设计质量，促进工程勘察设计技术进步，不断提高全社会固定资产投资效益。

各级住房和城乡建设主管部门和有关专业部门要依法监督、依法

管理、依法行政，不得超越职责权限和法律、法规的规定行使管理职能；不得以行政权力封锁垄断工程勘察设计市场；并应及时妥善处理来自社会各方的检举、控告和投诉。从事或参与工程勘察设计活动的任何单位和个人，应当服从政府有关主管部门的监督与管理。

第二节　工程勘察设计文件的编制与审批

工程勘察设计文件的编制与审批方面的规定主要包括：编制工程勘察设计文件的依据；编制工程勘察设计文件的原则；编制工程勘察设计文件的质量要求；设计文件中选用设备、材料的规定；工程勘察设计中采用超出现行技术标准的新技术、新材料的规定；修改工程勘察设计文件的规定；工程勘察设计文件实施中有关问题的规定等。

一、编制工程勘察设计文件的依据

编制工程勘察设计文件的主要依据包括：项目批准文件、城市规划、工程建设强制性标准、国家规定的工程勘察设计深度要求，铁路、交通、水利等专业建设工程，还应以专业规划的要求为依据。

（一）项目批准文件

各阶段工程勘察设计文件的编制，应当以前一阶段成果的批准文件为依据，没有前一阶段的批准文件，不得交付本阶段的工程勘察设计文件。编制初步设计的项目批准文件，指的是项目建议书或可行性研究报告的批准文件；编制施工图设计的项目批准文件，指的是初步设计批准文件。城市建筑方案设计的项目批准文件，指的也是项目建议书或可行性研究报告的批准文件。

（二）城乡规划

依据《城乡规划法》的规定，建设单位以划拨或者出让方式取得国有土地使用权的，应当向城市、县人民政府城乡规划主管部门申请核发建设用地规划许可证；“在城市、镇规划区内进行建筑物、构筑物、道路、管线和其他工程建设的，建设单位或者个人应当向城市、县人民政府城乡规划主管部门或者省、自治区、直辖市人民政府确定的镇人民政府申请办理建设工程规划许可证”；“建设单位应当按照规划条件进行建设”。建设工程勘察设计文件的编制以规划为依据，是协调城乡空间布局，改善人居环境，促进城乡经济社会全面协调可持续发展的需要。

（三）工程建设强制性标准

国务院颁发的《建设工程质量管理条例》规定：“工程勘察设计单位必须按工程建设强制性标准进行工程勘察设计，并对其工程勘察设计的质量负责。”工程建设强制性标准是指直接涉及工程质量、安全、卫生及环境保护等方面的工程建设标准强制性条文。把工程建设强制性标准列为编制工程勘察设计文件的依据，目的是为了保证建设工程质量，保障人民的生命财产安全，维护社会公共利益。

（四）国家规定的工程勘察设计深度要求

各阶段编制的工程勘察设计文件应当按规定达到相应的深度，用文字、表格、图样充分表达工程勘察设计的依据、规模、范围、设计原则和方案、设备材料的规格数量、技术经济指标和分析，施工安装的要求等，满足设计审批和下一阶段工作的需要。如果设计文件过于粗浅，计算不够详尽，或图纸交代不清，将致使施工安装出现困难并发生错误，造成不应有的损失。工程勘察设计文件的深度要求，由有关专业主管部门组织制定，是编制设计文件的重要依据。

（五）铁路、交通、水利等专业建设工程，还应当以专业规划的要求为依据

如水利电力工程应当以江河流域规划为依据；铁路、交通工程还应当以全国路网规划为依据；工业建设项目还应当充分考虑本行业生产力布局、产业政策、市场需求、产品和技术的发展等因素，工程勘察设计文件的编制还应当以相应专业规划的要求为依据。

二、编制工程勘察设计文件的原则

编制工程勘察设计文件总的原则是：建设工程勘察设计应当与社会、经济发展水平相适应，做到经济效益、社会效益和环境效益相统一。

经济效益是建设工程勘察设计活动的直接的主要目标，也是推动建设工程勘察设计发展的直接原因。通过建设工程勘察设计活动，给

制建设蓝图，才能使业主对建设工程的投资实现其经济效益，促进国民经济的发展。社会效益是建设工程勘察设计活动对全社会产生的效果和利益，由于土地资源的稀缺性和建设活动的不可逆性，建设工程勘察设计需要综合考虑所在区域的地理环境和社会经济发展需求，对建设项目产生的社会效益进行评价，否则可能会造成资源浪费，影响人民群众正常的生产生活。环境效益是建设工程勘察设计活动必须首先考虑的问题，因为环境问题影响到国民经济和社会的可持续发展，关系到子孙后代的生存空间和长远利益，所有建设项目中，凡涉及对环境造成污染的设施，要做到与主体工程同时设计、同时施工建设、同时投入使用。

工程勘察设计单位在勘察设计中要努力追求经济效益、社会效益和环境效益相统一。政府及其有关部门在对建设工程勘察设计活动的监督管理中应当通过法律、经济、行政手段来加以引导和控制，确保建设工程勘察设计活动中的经济效益、社会效益、环境效益的统一。

三、编制工程勘察设计文件的质量要求

（一）编制工程勘察文件的质量要求

编制工程勘察文件应当真实、准确，满足建设工程规划、选址、设计、岩土治理和施工的需要。“真实性、准确性”的基本要求是：勘察纲要应做到体现规划、设计意图，如实反映现场的地形和地质概况，符合规范、规程的规定；原始资料必须符合规范、规程的规定；成果资料必须做到数据准确，论证有据，结论明确，建议具体。勘察文件是规划、选址、设计、岩土治理和施工的依据，因此其“内容和深度”必须满足建设工程规划、选址、设计、岩土治理和施工的需要。

（二）编制工程设计文件的质量要求

编制方案设计文件，应当满足编制初步设计文件和控制概算的需要。编制初步设计文件，应当满足编制施工招标文件、主要设备材料订货和编制施工图设计文件的需要。编制施工图设计文件，应当满足设备材料采购，非标准设备制作和施工的需要，并注明建设工程合理使用年限。

方案设计文件是编制初步设计文件和控制概算批准的依据。初步设计文件是编制施工招标文件、主要设备材料订货和编制施工图设计文件的依据。施工图设计文件是设备材料采购、非标准设备制作和施工的依据。各专业、各类型工程都有设计内容和深度方面的规定，设计文件必须符合内容、深度等质量要求。

设计人员在施工图设计文件上注明“建设工程合理使用年限”，使设计人员的责任期限有了法规依据，也使工程质量终身责任制落到实处。这里所说的“合理使用年限”，排除了对非合理使用造成质量事故须承担责任的义务，体现了实事求是的精神。

四、编制工程设计文件中选用设备、材料的规定

编制工程设计文件中选用的材料、构配件、设备，应当注明其规格、型号、性能等技术指标，其质量要求必须符合国家规定的标准。除有特殊要求的建筑材料、专用设备和工艺生产线等外，设计单位不得指定生产厂、供应商。

有的设计人员非法接受生产厂、供应商的贿赂或回扣，在选用材料、构配件设备时滥用权利，在设计中指名采用伪劣的或淘汰的材料、构配件和设备，严重地危害了工程建设的质量。为了杜绝这种情况的发生，《建筑法》、《建设工程质量管理条例》和《建设工程勘察设计管理条例》都规定：设计单位在设计文件中选用的建筑材料、建筑构配件和设备，应当注明规格、型号、性能等技术指标，其质量要求必须符合国家规定的标准，不得指定生产厂、供应商。但是工程本身对建筑材料、专用设备和工艺生产线等有特殊要求时除外，工程设计中允许指定生产厂、供应商，这也是保证建设工程质量和效益的客观需要。

五、编制工程勘察设计文件采用新技术、新工艺、新材料的规定

编制工程勘察或工程设计文件中，拟采用不符合工程建设强制性标准（指与现行工程建设强制性标准不一致的情况，或直接涉及建设工程质量安全、人身健康、生命财产安全、环境保护、能源资源节约和合理利用以及其他社会公共利益，且工程建设强制性标准没有规定又没有现行工程建设国家标准、行业标准和地方标准可依的情况）

的新技术、新工艺、新材料（以下简称“三新”）时，应当由该工程的建设单位依法取得行政许可，并按照行政许可决定的要求实施。未取得行政许可的，不得在建设工程中采用。采用国际标准或者国外标准，现行强制性标准未作规定的，建设单位应当向国务院住房和城乡建设行政主管部门或者国务院有关行政主管部门备案。

国务院有关行政主管部门的标准化管理机构出具本行业“三新核准”的审核意见，并对审核意见负责；省、自治区、直辖市建设行政主管部门出具本行政区域“三新核准”的审核意见，并对审核意见负责。

申请“三新核准”的事项，应当符合下列条件：（1）申请事项不符合现行相关的工程建设强制性标准；（2）申请事项直接涉及建设工程质量安全、人身健康、生命财产安全、环境保护、能源节约和合理利用以及其他社会公共利益；（3）申请事项已通过省级、部级或国家级的鉴定或评估，并经过专题技术论证。

申请“三新核准”时，建设单位应当提交下列材料：（1）《采用不符合工程建设强制性标准的新技术、新工艺、新材料核准申请书》；（2）采用不符合工程建设强制性标准的新技术、新工艺、新材料的理由；（3）工程设计图（或施工图）及相应的技术条件；（4）省级、部级或国家级的鉴定或评估文件，新材料的产品标准文本和国家认可的检验、检测机构的意见（报告），以及专题技术论证会纪要；（5）新技术、新工艺、新材料在国内或国外类似工程应用情况的报告或中试（生产）试验研究情况报告；（6）国务院有关行政主管部门的标准化管理机构或省、自治区、直辖市建设行政主管部门的审核意见。

专题论证会应当由建设单位提出和组织，在报请国务院有关行政主管部门的标准化管理机构或省、自治区、直辖市建设行政主管部门的标准化管理机构同意后召开。

工程勘察设计单位和工程勘察设计人员在工程勘察设计过程中，积极采用新技术、新工艺、新材料和现代管理方法，不仅有利于工程勘察设计自身的技术进步，也有利于提高新建、改建、扩建和技术改造项目的技术含量，提高建设项目的投资效益。但是建设工程的勘察设计涉及工程质量安全，直接关系人民群众的生命财产安全，既要大力提倡技术创新，保护工程勘察设计单位和工程勘察设计人员技术创新的积极性，也要保障社会公众安全和公共利益，在建设活动中采用新技术、新工艺、新设备等，工程勘察设计单位和人员也应当承担相应的责任。

六、修改工程勘察设计文件的规定

(1) 工程勘察设计文件是工程建设的依据。在某些情况下，工程勘察设计文件需要做适当的修改，例如，因建设单位的合理变更要求，施工方法变更的需要，设备、材料代用的需要，以及发现工程勘察设计图纸的差错等。按照“谁勘察，谁负责；谁设计，谁负责”的原则，工程勘察设计文件的修改，应当由原工程勘察设计单位进行。未经原工程勘察设计单位同意，任何单位或者个人都不得修改。这是保证实现设计意图和确保工程质量的前提，也是保证工程勘察设计单位履行质量责任的必要条件。

(2) 施工单位的职责是“按图施工”，在发现设计文件有错误时，有及时提出的义务，但没有修改的权利。监理单位的职责是代表建设单位在施工质量、建设工期和建设资金使用等方面实施监督，对工程设计的修改有建议权，但没有修改的权利。施工单位、监理单位发现建设工程勘察设计文件不符合工程建设强制性标准、合同约定的质量要求的，应当报告建设单位，建设单位有权要求建设工程勘察设计单位对建设工程勘察设计文件进行补充、修改。建设单位、施工单位、监理单位都不得自行修改建设工程勘察设计文件。

(3) 当原工程勘察设计单位因为种种原因不能及时补充、修改工程勘察设计文件时，建设单位和原工程勘察设计单位协商同意，可以将补充、修改工程勘察设计文件等后期服务工作委托给其他具有相应资质的工程勘察设计单位承担，但三方必须签订书面协议。补充、修改工程勘察设计文件的单位，对修改部分的工程勘察设计文件承担质量责任，因修改部分的原因影响到原工程勘察设计文件的质量时，还应当承担相应的连带责任。

（4）工程勘察设计单位修改其工程勘察设计文件的权利也不是无限的。凡是经过政府有关主管部门审批，并在项目批准文件中确定的建设地点、建设规模、规划控制等重大原则问题，工程勘察设计单位无权擅自修改，需经原审批机关批准后，方可修改；未经批准，工程勘察设计单位不得擅自修改勘察设计文件中的重大原则问题；重新报批工作由建设单位负责。任何单位或个人不得擅自修改审查合格的施工图；确需修改的，凡涉及按规定应审查的内容，建设单位应当将修改后的施工图送原审查机构审查。建设单位要求工程勘察设计单位擅自改变项目批准文件中确定的建设原则，或者违反建设工程强制性技术标准修改工程勘察设计时，工程勘察设计单位应当坚持原则，予以拒绝。

第三节　工程勘察设计文件审查的规定

一、施工图设计文件审查制度的依据和原则

2000 年 1 月 30 日，国务院颁发的《建设工程质量管理条例》正式确立了我国施工图设计文件审查制度，2004 年 8 月 23 日，建设部颁发的《房屋建筑和市政基础设施工程施工图设计文件审查管理办法》（建设部令第 134 号）规定了施工图审查工作的具体要求。按规定应当进行审查的施工图，未经审查合格的，住房和城乡建设主管部门不得颁发施工许可证。施工图设计文件未经审查批准的，不得用于施工。施工图设计文件审查，是以法律、法规和强制性标准为依据，以保证安全和环境等公众利益为目的的政府强制性行为，是工程勘察设计质量监督管理的关键环节，是政府对工程勘察设计质量实施监督管理的关键环节，是工程建设必不可少的程序。开展施工图设计文件审查，可以使政府监督管理由事后变为事前，在施工图纸交付施工之前发现问题，可以将风险降到最低，对保证建设工程质量起到良好的效果。

各类新建、改建、扩建房屋建筑工程和市政基础设施工程的施工图设计文件（含勘察文件）未经审查合格的，不得使用。

二、施工图设计文件审查机构设立的条件

省、自治区、直辖市人民政府住房和城乡建设主管部门应当按照国家确定的审查机构条件，并结合本行政区域内的建设规模，认定相应数量的审查机构。审查机构是不以营利为目的的独立法人。

房屋建筑和市政基础设施工程施工图设计文件审查机构按承接业务范围分两类，一类机构承接房屋建筑、市政基础设施工程施工图审查业务范围不受限制；二类机构可以承接二级及以下房屋建筑、市政基础设施工程的施工图审查。

一类审查机构应当具备下列条件：

（1）注册资金不少于100万元。

（2）有健全的技术管理和质量保证体系。

（3）审查人员应当有良好的职业道德，具有15年以上所需专业勘察、设计工作经历；主持过不少于5项一级以上建筑工程或者大型市政公用工程或者甲级工程勘察项目相应专业的勘察设计；已实行执业注册制度的专业，审查人员应当具有一级注册建筑师、一级注册结构工程师或者勘察设计注册工程师资格，未实行执业注册制度的，审查人员应当有高级工程师以上职称。

（4）从事房屋建筑工程施工图审查的，结构专业审查人员不少于6人，建筑、电气、暖通、给排水、勘察等专业审查人员各不少于2人；从事市政基础设施工程施工图审查的，所需专业的审查人员不少于6人，其他必须配套的专业审查人员各不少于2人；专门从事勘察文件审查的，勘察专业审查人员不少于6人。

（5）审查人员原则上不得超过65岁，60岁以上审查人员不超过该专业审查人员规定数的1/2。

承担超限高层建筑工程施工图审查的，除具备上述条件外，还应当具有主持过超限高层建筑工程或者100米以上建筑工程结构专业设计的审查人员不少于3人。

二类审查机构应当具备下列条件：

（1）注册资金不少于50万元。

（2）有健全的技术管理和质量保证体系。

(3) 审查人员应当有良好的职业道德，具有10年以上所需专业勘察、设计工作经历；主持过不少于5项二级以上建筑工程或者中型以上市政公用工程或者乙级以上工程勘察项目相应专业的勘察设计；已实行执业注册制度的专业，审查人员应当具有一级注册建筑师、一级注册结构工程师或者勘察设计注册工程师资格，未实行执业注册制度的，审查人员应当有工程师以上职称。

(4) 从事房屋建筑工程施工图审查的，各专业审查人员不少于2人；从事市政基础设施工程施工图审查的，所需专业的审查人员不少于4人，其他必须配套的专业审查人员各不少于2人；专门从事勘察文件审查的，勘察专业审查人员不少于4人。

(5) 审查人员原则上不得超过65岁，60岁以上审查人员不超过该专业审查人员规定数的1/2。

三、施工图设计文件审查的内容和程序

施工图审查是指住房和城乡建设主管部门认定的施工图审查机构按照有关法律、法规，对施工图涉及公共利益、公共安全和工程建设强制性标准内容进行的审查。审查内容包括：是否符合工程建设强制性标准、地基基础和主体结构的安全性、勘察设计企业和注册执业人员以及相关人员是否按规定在施工图上加盖相应的图章和签字；其他法律、法规、规章规定必须审查的内容。

审查的程序及要求是：建设单位将施工图设计文件送由住房和城乡建设主管部门认定的审查机构进行审查；建设单位可以自主选择审查机构，但是审查机构不得与所审查项目的建设单位、勘察设计企业有隶属关系或者其他利害关系；建设单位应当向审查机构提供作为勘察、设计依据的政府有关部门的批准文件及附件以及全套施工图；施工图审查时限的原则要求：一级以上建筑工程、大型市政工程为15个工作日，二级及以下建筑工程、中型及以下市政工程为10个工作日。工程勘察文件，甲级项目为7个工作日，乙级及以下项目为5个工作日；审查合格的，审查机构应当向建设单位出具审查合格书，并将经审查机构盖章的全套施工图交还建设单位。审查合格书应当有各专业的审查人员签字，经法定代表人签发，并加盖审查机构公章。审查机构应当在 5 个工作日内将审查情况报工程所在地县级以上地方人民政府住房和城乡建设主管部门备案。审查不合格的，审查机构应当将施工图退建设单位并书面说明不合格原因。同时，应当将审查中发现的建设单位、勘察设计企业和注册执业人员违反法律、法规和工程建设强制性标准的问题，报工程所在地县级以上地方人民政府住房和城乡建设主管部门。施工图退建设单位后，建设单位应当要求原勘察设计企业进行修改，并将修改后的施工图报原审查机构审查。

四、施工图设计文件审查机构的监管

关于房屋建筑和市政基础设施工程的审查工作，国务院住房和城乡建设主管部门负责规定审查机构的条件、施工图审查工作的管理办法，并对全国的施工图审查工作实施指导、监督。省、自治区、直辖市人民政府住房和城乡建设主管部门负责认定本行政区域内的审查机构，对施工图审查工作实施监督管理，并接受国务院住房和城乡建设主管部门的指导和监督。市、县人民政府住房和城乡建设主管部门负责对本行政区域内的施工图审查工作实施日常监督管理，并接受省、自治区、直辖市人民政府住房和城乡建设主管部门的指导和监督。

县级以上人民政府住房和城乡建设主管部门应当及时受理对施工图审查工作中违法、违规行为的检举、控告和投诉。

县级以上人民政府住房和城乡建设主管部门应当加强对审查机构的监督检查，主要检查内容：是否符合规定的条件；是否超出认定的范围从事施工图审查；是否使用不符合条件的审查人员；是否按规定上报审查过程中发现的违法违规行为；是否按规定在审查合格书和施工图上签字盖章；施工图审查质量；审查人员的培训情况。住房和城乡建设主管部门实施监督检查时，有权要求被检查的审查机构提供有关施工图审查的文件和资料。

县级以上人民政府住房和城乡建设主管部门对审查机构报告的建设单位、勘察设计企业、注册执业人员的违法违规行为，应当依法进行处罚。

第四节 建设工程抗震管理

一、建设工程抗震概述

（一）建设工程抗震的定义

建设工程抗震是建设工程抗御地震灾害的简称，是指通过编制、实施城市抗震防灾规划，对建设工程进行抗震设防和抗震加固，最大限度地抵抗和防御地震灾害的活动。

（二）建设工程抗震的重要意义

国内外发生的历次地震表明，地震造成的人员伤亡和经济损失，主要是由于建设工程被破坏造成的。据世界上 130 次伤亡巨大的地震灾害统计，95% 以上的伤亡是由于不抗震的建、构筑物倒塌引起的。我国以往的地震灾害之所以严重，主要是由于房屋和工程设施抗震能力差造成的。在历次地震后，凡是严格按照抗震设计规范和施工规程建造的房屋建筑均经受了地震灾害的考验。由此可见，提高建设工程的抗震能力是减轻地震灾害的根本措施。做好从规划、勘察、设计、施工到加固等方面的工程抗震工作，就能在地震发生时最大限度减少人民生命财产的损失。

（三）建设工程抗震的管理体制

建设工程抗震防灾工作是城乡建设、工程建设的重要组成部分，其工作性质决定，它必须贯穿与工程建设、城市建设、村镇建设工作的各个环节。

根据职能分工，国务院住房和城乡建设行政主管部门负责管理全国的建设工程抗震工作，对全国的建设工程抗震实施统一的监督管理。国务院有关部门负责对全国有关专业的建设工程抗震进行监督管理。

县级以上人民政府住房和城乡建设行政主管部门负责管理本行政区域内的建设工程抗震工作。

（四）建设工程抗震防灾工作的任务

抗震防灾工作的任务是：贯彻执行抗震工作的法律、法规；制定抗震工作规章或规范性文件；组织制定抗震工作的规划、计划；组织拟定抗震设计规范；负责管理工程（房屋、工程设施、构筑物等）的抗震设防和抗震加固；编制、实施抗震防灾规划；震后调查评估工程震害；参与、指导震后工程的应急鉴定和排险抢修；指导震后恢复重建工作的开展。

二、建设工程抗震的法制建设情况

1966年河北邢台地震以后，我国的抗震管理和研究工作逐步开展。1976年唐山地震以后，中央政府高度重视抗震工作，不仅从物力、财力上大力支持，而且重视工程抗震的法制建设。国务院有关部门及地方颁布了大量的建设工程抗震方面的法规和规范性文件。1977年6月，国家建委颁发了《关于确定建设项目的基本烈度和设计烈度的意见》；1979年2月，国家建委、邮电部联合颁发了《关于地震区邮电通信建筑设计烈度的通知》；1979年3月，国家建委、国家地震局联合发布了《关于地震基本烈度鉴定工作的规定》；1979年4月，国家建委、财政部、国家劳动总局联合印发了《关于抗震加固工作的几项规定（试行）》；1981年3月，国家建委、财政部发布了《关于加强抗震加固计划和经费管理的暂行规定》；1982年3月，国家建委、财政部联合印发了《抗震工作经费管理试行办法》；1984年5月，城乡建设环境保护部发布了《设备抗震加固暂行规定》、《地震基本烈度六度地区重要城市抗震设防和加固的暂行规定》、《抗震加固技术管理办法》；1985年1月，城乡建设环境保护部发布了《城市抗震防灾规划编制工作暂行规定》；1987年9月城乡建设环境保护部发布了《城市抗震防灾规划编制工作补充规定》；1989年9月建设部发布了《地震基本烈度十度区建筑抗震设防暂行规定》；1989年10月，建设部、国家计委联合发布了《新建工程抗震设防暂行规定》；1990年7月，建设部印发了《建筑地震破坏等级划分标准》；1994年11月，建设部令第38号发布了《建设工程抗御地震灾害管理规定》；1996年1月，建设部印发了《抗震设防区划编制工作暂行规定》；1997年12月，建设部令第59号颁布了《超限高层建筑工程抗震设防管理暂行规定》。

1998年3月1日，《防震减灾法》开始施行，建设行政主管部门是该法的执法主体之一。2000年1月，建设部发出了《关于加强村镇建设抗震防灾工作的通知》；2001年7月，建设部印发了《建设部破坏性地震应急预案》；2002年6月，建设部发出了《关于规范建设系统地震震情灾情信息报送、报道工作的通知》；2002年7月，建设部令第111号颁布了《超限高层建筑工程抗震设防管理规定》；2003年3月，建设部印发了《超限高层建筑工程抗震设防专项审查技术要点》；2003年9月，建设部令第117号颁布了《城市抗震防灾规划管理规定》；2005年7月，建设部印发了《建设系统破坏性地震应急预案》；2006年1月，建设部颁布了第148号令《房屋建筑工程抗震设防管理规定》。2007年1月，国务院办公厅转发了地震局建设部《关于实施农村民居地震安全工程意见的通知》。2007年7月，建设部印发了《关于加强建设系统防灾减灾工作的意见》。2008年3月，国务院颁布了《汶川地震灾后恢复重建条例》。2008年10月，住房和城乡建设部颁布了《市政公用设施抗灾设防管理规定》。2008年12月，新的《防震减灾法》颁布，住房和城乡建设主管部门仍然是该法的执法主体之一。2010年4月，住房和城乡建设部印发了《市政公用设施抗震设防专项论证技术要点（室外给水、排水、燃气、热力和生活垃圾处理工程篇）》。2010年6月，国务院印发了《国务院关于进一步加强防震减灾工作的意见》。2010年7月，住房和城乡建设部修订了《超限高层建筑工程抗震设防专项审查技术要点》。同时，很多省市也颁布了关于建设工程抗震管理的地方性法规，如《河北省建设工程抗震管理条例》、《云南省建设工程抗震设防管理条例》等。

三、抗震防灾规划

城市抗震防灾规划是城市总体规划中的专业规划。在抗震设防区的城市，编制城市总体规划时必须包括城市抗震防灾规划。城市抗震防灾规划的规划范围应当与城市总体规划相一致，并与城市总体规划同步实施。城市总体规划与防震减灾规划应当相互协调。

城市抗震防灾规划编制应当达到下列基本目标：

（1）当遭受多遇地震时，城市一般功能正常；

（2）当遭受相当于抗震设防烈度的地震时，城市一般功能及生命线系统基本正常，重要工矿企业能正常或者很快恢复生产；

（3）当遭受罕遇地震时，城市功能不瘫痪，要害系统和生命线工程不遭受严重破坏，不发生严重的次生灾害。

城市抗震防灾规划应当包括下列内容：

（1）地震的危害程度估计，城市抗震防灾现状、易损性分析和防灾能力评价，不同强度地震下的震害预测等。

（2）城市抗震防灾规划目标、抗震设防标准。

（3）建设用地评价与要求：

①城市抗震环境综合评价，包括发震断裂、地震场地破坏效应的评价等；

②抗震设防区划，包括场地适宜性分区和危险地段、不利地段的确定，提出用地布局要求；

③各类用地上工程设施建设的抗震性能要求。

（4）抗震防灾措施：

①市、区级避震通道及避震疏散场地（如绿地、广场等）和避难中心的设置与人员疏散的措施；

②城市基础设施的规划建设要求：城市交通、通讯、给排水、燃气、电力、热力等生命线系统，及消防、供油网络、医疗等重要设施的规划布局要求；

③防止地震次生灾害要求：对地震可能引起水灾、火灾、爆炸、放射性辐射、有毒物质扩散或者蔓延等次生灾害的防灾对策；

④重要建（构）筑物、超高建（构）筑物、人员密集的教育、文化、体育等设施的布局、间距和外部通道要求；

⑤其他措施。

抗震设防区城市的各项建设必须符合城市抗震防灾规划的要求。

在城市抗震防灾规划所确定的危险地段不得进行新的开发建设，已建的应当限期拆除或者停止使用。

重大建设工程和各类生命线工程的选址与建设应当避开不利地

段，并采取有效的抗震措施。

地震时可能发生严重次生灾害的工程不得建在城市人口稠密地区，已建的应当逐步迁出；正在使用的，迁出前应当采取必要的抗震防灾措施。

任何单位和个人不得在抗震防灾规划确定的避震疏散场地和避震通道上搭建临时性建（构）筑物或者堆放物资。

重要建（构）筑物、超高建（构）筑物、人员密集的教育、文化、体育等设施的外部通道及间距应当满足抗震防灾的原则要求。

抗震设防区的村镇规划应符合抗震防灾的要求。

四、新建工程的抗震设防

（一）抗震设防范围

抗震设防区（地震烈度为六度及六度以上地区）的新建、扩建、改建工程必须进行抗震设防。

（二）抗震设防标准

新建、扩建、改建工程必须按照国家有关规定和工程建设强制性标准进行抗震设防，任何单位和个人不得降低抗震设防标准。

重大建设工程和可能发生严重次生灾害的建设工程，应当按照国务院有关规定进行地震安全性评价，并按照经审定的地震安全性评价报告所确定的抗震设防要求进行抗震设防。

对学校、医院等人员密集场所的建设工程，应当按照高于当地房屋建筑的抗震设防要求进行设计和施工，采取有效措施，增强抗震设防能力。

县级以上地方人民政府应当加强对农村村民住宅和乡村公共设施抗震设防的管理，组织开展农村实用抗震技术的研究和开发，推广达到抗震设防要求、经济适用、抗震技术的研究和开发，推广达到抗震设防要求、经济适用、具有当地特色的建筑设计和施工技术，培训相关技术人员，建设示范工程，逐步提高农村村民住宅和乡村公共设施的抗震设防水平。

（三）抗震设防的实施

建设单位对建设工程的抗震设计、施工的全过程负责。

设计单位应当按照抗震设防要求和工程建设强制性标准进行抗震设计，并对抗震设计的质量以及出具的施工图设计文件的准确性负责。工程项目的设计文件（包括文字说明和图件）应有抗震设防的内容，包括设防依据、设防标准、方案论证等。超限高层建筑工程应在初步设计阶段进行抗震设防专项审查。抗震设计质量应作为初步设计审查、施工图审查和竣工验收的重要内容。

施工单位应当按照施工图设计文件和工程建设强制性标准进行施工，并对施工质量负责。

建设单位、施工单位应当选用符合施工图设计文件和国家有关标准规定的材料、构配件和设备。

工程监理单位应当按照施工图设计文件和工程建设强制性标准实施监理，并对施工质量承担监理责任。

建设行政主管部门应当会同有关部门对工程项目抗震设防质量进行监管。

五、超限高层建筑工程抗震设防审查

超限高层建筑工程，是指超出国家现行规范、规程所规定的适用高度和适用结构类型的高层建筑工程，体型特别不规则的高层建筑工程，以及有关规范、规程规定应当进行抗震专项审查的高层建筑工程。

超限高层建筑工程的抗震设防应当采取有效的抗震措施，确保超限高层建筑工程达到规范规定的抗震设防目标。

政府主管部门组织专家委员会对超限高层建筑工程进行抗震设防专项审查。超限高层建筑工程抗震设防专家委员会应当由长期从事并精通高层建筑工程抗震的勘察、设计、科研、教学和管理专家组成，并对抗震设防专项审查意见承担相应的审查责任。

超限高层建筑工程的抗震设防专项审查内容包括：建筑的抗震设防分类、抗震设防烈度（或者设计地震动参数）、场地抗震性能评价、抗震概念设计、主要结构布置、建筑与结构的协调、使用的计算程序、结构计算结果、地基基础和上部结构抗震性能评估等。

未经超限高层建筑工程抗震设防专项审查，施工图审查机构不得对超限高层建筑工程施工图设计文件进行审查。

六、市政公用设施工程抗震设防专项论证

市政公用设施，是指规划区内的城市道路（含桥梁）、城市轨道交通、供水、排水、燃气、热力、园林绿化、环境卫生、道路照明等设施及附属设施。

市政公用设施抗灾设防实行预防为主、平灾结合的方针。新建、改建和扩建市政公用设施应当按照有关工程建设标准进行抗灾设防，任何单位和个人不得擅自降低抗灾设防标准。

对重大市政公用设施和可能发生严重次生灾害的市政公用设施进行可行性研究时，建设单位应当组织专家对工程选址和设计方案进行抗震设防专项论证。建设单位组织抗震专项论证时，应当有3名以上国家或者工程所在地的省、自治区、直辖市市政公用设施抗震专项论证专家库成员参加。

市政公共设施抗震专项论证的内容包括：市政公用设施的抗震设防类别、抗震设防烈度及设计地震动参数的采用、场地类型和场地抗震性能、抗震概念设计、抗震计算、抗震及防止次生灾害措施、基础抗震性能等。对有特殊要求的工程，还应当论证其地震应急处置方案和健康监测方案设计。

对应当进行而未进行抗震设防专项论证的市政公用设施，或者进行了抗震设防专项论证的市政公用设施，其设计图纸未执行专项论证意见的，施工图审查结论为不合格。

七、抗震鉴定与加固

（一）抗震鉴定

已建成的房屋建筑工程，未达到抗震设防要求且未列入近期拆除改造计划的，应当委托具有相应设计资质的单位按现行抗震鉴定标准进行抗震鉴定，主要包括：

（1）《建筑工程抗震设防分类标准》中甲类和乙类建筑工程；

（2）有重大文物价值和纪念意义的房屋建筑工程；

（3）地震重点监视防御区的房屋建筑工程。

鼓励其他未采取抗震设防措施且未列入近期拆除改造计划的房屋

建筑工程产权人，委托具有相应设计资质的单位按现行抗震鉴定标准进行抗震鉴定。

经鉴定需加固的房屋建筑工程，应当在县级以上地方人民政府住房和城乡建设主管部门确定的限期内采取必要的抗震加固措施；未加固前应当限制使用。

从事抗震鉴定的单位，应当遵守有关房屋建筑工程抗震设防的法律、法规和工程建设强制性标准的规定，保证房屋建筑工程的抗震鉴定质量，依法承担相应责任。

（二）抗震加固

经鉴定应当加固的现有建设工程，产权人应当提出抗震加固计划，委托具有相应资质的设计、施工单位，按工程建设强制性标准进行抗震加固设计与施工，并按新建工程的有关规定进行施工图审查、实行监理和办理质量监督手续。

加固应当与城市改造规划、单位及个人的房屋维修、大修计划及企业的技术改造相结合。

对有重要文物价值和纪念性建筑的抗震加固，应当注意保持建筑物的原有风貌。

已按工程建设标准进行抗震设计或抗震加固的房屋建筑工程在合理使用年限内，因各种人为因素使房屋建筑工程抗震能力受损的，或者因改变原设计使用性质，导致荷载增加或需提高抗震设防类别的，产权人应当委托有相应资质的单位进行抗震验算、修复或加固。需要进行工程检测的，应由委托具有相应资质的单位进行检测。

八、住房和城乡建设系统地震应急工作与震后恢复重建

（一）地震应急工作原则

（1）以人为本。

地震中房屋建筑和市政公用基础设施的震害直接危及灾区人民的生命财产安全和基本生活保障，建设系统的地震应急工作必须最大限度地避免和减少人员伤亡，尽量降低国家和人民群众的财产损失，尽快恢复市政公用设施的功能，保障人民群众的基本生活条件。

(2) 统一领导。

地震灾区的建设行政主管部门要在当地人民政府的统一指挥下，快速高效地完成各项应急准备和处置工作，上级建设行政主管部门要根据情况及时给予协调、指导、技术指导或组织力量全力支援灾区建设行政主管部门的工作。

(3) 条块结合，属地为主。

建设部门要按照条块结合，属地为主的原则，与有关地方人民政府及有关部门密切协作，积极开展地震应急工作。

(二) 地震应急等级标准和响应级别

根据《国家地震应急预案》，将地震灾害分为特别重大地震灾害、重大地震灾害、较大地震灾害、一般地震灾害四个等级。破坏性地震响应级别对应上述地震灾害等级标准划分为Ⅰ、Ⅱ、Ⅲ、Ⅳ四个级别。

(三) 震后应急与恢复重建工作

(1) 工程检查与抢险抢修。

破坏性地震发生后，当地建设行政主管部门要迅速组织力量对重要市政公用基础设施和重要房屋建筑进行检查，发现险情要立即制定、实施抢险、排险、抢修和应急恢复技术方案、措施，以避免灾害的进一步发生和扩大。

(2) 市政公用基础设施和房屋应急评估。

破坏性地震发生后，省级建设行政主管部门要组织震害调查，根据震害调查结果组织专家对受到破坏的市政公用基础设施和房屋建筑进行应急评估，明确建设项目是不需要加固、需要进一步鉴定及修复加固或是拆除重建等类别。条件允许时，应做进一步的检测和安全鉴定。

经鉴定需修复或者抗震加固的，应当按照工程建设强制性标准进行修复或者抗震加固。需易地重建的，应当按照国家有关法律、法规的规定进行规划和建设。

(3) 简易住房建设。

破坏性地震发生后，省级建设行政主管部门和直辖市规划主管部门负责灾民简易住房建设的技术指导等工作，包括：选择安全适用的场地；因地制宜，制订灾民简易住房建设的方案及技术措施；组织有关工程技术人员为灾民简易住房建设提供技术指导。

（4）恢复重建计划。

省级建设行政主管部门和直辖市规划主管部门负责组织有关部门制订地震灾区恢复重建计划，其内容包括；灾情及灾区概况；恢复重建方针和原则；恢复重建规划方案；恢复重建技术管理要求；恢复重建规划方案的实施步骤及对策；恢复重建资金安排等。

（5）确定恢复重建的抗震设防标准。

当发生地震的实际烈度大于现行地震动参数区划图对应的地震基本烈度时，震后修复或者建设的房屋建筑工程，应当以国家地震部门审定、发布的地震动参数复核结果，作为抗震设防的依据。

（6）震后调查。

地震发生后，县级以上地方人民政府住房和城乡建设主管部门应当组织专家，对破坏程度超出工程建设强制性标准允许范围的房屋建筑工程的破坏原因进行调查，并依法追究有关责任人的责任。

国务院住房和城乡建设主管部门应当根据地震调查情况，及时组织力量开展房屋建筑工程抗震科学研究，并对相关工程建设标准进行修订。

第五节　外国企业在中国境内从事建设工程设计活动监管

为了规范在中华人民共和国境内从事建设工程设计活动的外国企业的管理，同时也为了履行加入世界贸易组织的承诺，2004 年 5 月，建设部印发了《关于外国企业在中华人民共和国境内从事建设工程设计活动的管理暂行规定》（建市〔2004〕78 号）。

一、外国企业的概念

外国企业是指在中华人民共和国境外注册登记的、从事建设工程设计活动的。

二、外国企业在中国境内从事工程设计活动的范围要求

外国企业可以以跨境交付的方式在中华人民共和国境内提供编制建设工程初步设计（基础设计）、施工图设计（详细设计）文件等建设工程设计服务，不包括建设工程初步设计（基础设计）之前的方案设计。

三、外国企业在中国境内从事工程设计活动的主要要求

（一）合作设计要求

外国企业承担中华人民共和国境内建设工程设计，必须选择至少一家持有建设行政主管部门颁发的建设工程设计资质的中方设计企业（以下简称中方设计企业）进行中外合作设计（以下简称合作设计），且在所选择的中方设计企业资质许可的范围内承接设计业务。

（二）合同要求

合作设计项目的工程设计合同，应当由合作设计的中方设计企业或者中外双方设计企业共同与建设单位签订，合同应明确各方的权利、义务。工程设计合同应为中文文本。

外国企业与其所选择的中方设计企业进行合作设计时，必须按照中国的有关法律法规签订合作设计协议，明确各方的权利、义务。合作设计协议应有中文文本。合作设计协议应包括以下内容：

（1）合作设计各方的企业名称、注册登记所在地和企业法定代表人的姓名、国籍、身份证明登记号码、住所、联系方式；

（2）建设工程项目的名称、所在地、规模；

（3）合作设计的范围、期限和方式，对设计内容、深度、质量和工作进度的要求；

（4）合作设计各方对设计任务、权利和义务的划分；

（5）合作设计的收费构成、分配方法和纳税责任；

（6）违反协议的责任及对协议发生争议时的解决方法；

（7）协议生效的条件及协议签订的日期、地点；

（8）各方约定的其他事项。

工程设计合同（副本）、合作设计协议（副本）和本规定第7条所规定的材料（复印件）应报项目所在地省级建设行政主管部门

备案。

（三）资格预审要求

建设单位负责对合作设计的外国企业是否具备设计能力进行资格预审，符合资格预审条件的外国企业方可参与合作设计。

（四）设计要求

外国设计企业在中国境内承接建设工程设计，必须符合中国政府颁布的工程建设强制性标准和工程设计文件编制规定的要求。

无相应的工程建设强制性标准时，按照《实施工程建设强制性标准监督规定》（建设部令第81号）第5条的规定执行。

（五）设计取费要求

外国设计企业在中国境内承接建设工程设计收取设计费用，应参照执行中国的设计收费标准，并按中国有关法律规定向中国政府纳税。

由外国企业提供设计文件，需要中方设计企业按照国家标准规定审核并签署确认意见的，按照国际通行做法或者实际发生的工作量，由双方协商确定审核确认费用。

第六节　法律责任

工程勘察设计活动是工程建设活动的重要组成部分，直接影响工程质量安全，需要对勘察设计活动中的各方主体设定相应的行政法律责任，以约束和规范其行为，也为行政机关的监督管理提供执法手段。根据相关法律法规，主要有以下几类法律责任：

（1）违反《建设工程勘察设计管理条例》等法律、法规的规定，建设工程勘察设计单位超越其资质等级许可范围承揽勘察设计业务，或者以其他建设工程勘察设计单位名义承揽勘察设计业务，或者允许其他单位和个人以单位名义承揽勘察设计业务的，责令停止违法行为，处合同约定的勘察费、设计费1倍以上2倍以下的罚款，有违法所得的，予以没收；可以责令停业整顿，降低资质等级；情节严重的，吊销资质证书。

未取得资质证书承揽工程的，予以取缔，依照前款规定处以罚款；有违法所得的，予以没收。

以欺骗手段取得资质证书承揽工程的，吊销资质证书，依照本条第1款规定处以罚款；有违法所得的，予以没收。

（2）违反《建设工程勘察设计管理条例》等法律、法规的规定，建设工程勘察设计人员，以及其他任何个人，未经注册，擅自以注册建设工程勘察、设计人员的名义从事建设工程勘察、设计活动的，责令停止违法行为，没收违法所得，处违法所得2倍以上5倍以下罚款；给他人造成损失的，依法承担赔偿责任。

（3）违反《建设工程勘察设计管理条例》等法律、法规的规定，建设工程勘察、设计注册执业人员和其他专业技术人员未受聘于一个建设工程勘察、设计单位或者同时受聘于两个以上建设工程勘察、设计单位，从事建设工程勘察、设计活动的，责令停止违法行为，没收违法所得，处违法所得2倍以上5倍以下的罚款；情节严重的，可以责令停止执行业务或者吊销资格证书；给他人造成损失的，依法承担赔偿责任。

（4）违反《建设工程勘察设计管理条例》等法律、法规的规定，发包方将建设工程勘察、设计业务发包给不具有相应资质等级的建设工程勘察、设计单位的，责令改正，处50万元以上100万元以下的罚款。

（5）违反《建设工程勘察设计管理条例》等法律、法规的规定，建设工程勘察、设计单位将所承揽的建设工程勘察、设计转包的，责令改正，没收违法所得，处合同约定的勘察费、设计费25%以上50%以下的罚款，可以责令停业整顿，降低资质等级；情节严重的，吊销资质证书。

（6）违反《建设工程勘察设计管理条例》等法律、法规的规定，有下列行为之一的，责令改正，处10万元以上30万元以下的罚款：

①勘察单位未按照工程建设强制性标准进行勘察的；

②设计单位未根据勘察成果文件进行工程设计的；

③设计单位指定建筑材料、建筑构配件的生产厂、供应商的；

④设计单位未按照工程建设强制性标准进行设计的。

（7）违反《房屋建筑和市政基础设施工程施工图设计文件审查管理办法》的规定，审查机构有下列行为之一的，县级以上地方人民政府住房和城乡建设主管部门责令改正，处1万元以上3万元以下的罚款；情节严重的，省、自治区、直辖市人民政府住房和城乡建设主管部门撤销对审查机构的认定：

①超出认定的范围从事施工图审查的；

②使用不符合条件审查人员的；

③未按规定上报审查过程中发现的违法违规行为的；

④未按规定在审查合格书和施工图上签字盖章的；

⑤未按规定的审查内容进行审查的。

审查机构出具虚假审查合格书的，县级以上地方人民政府住房和城乡建设主管部门处3万元罚款，省、自治区、直辖市人民政府住房和城乡建设主管部门撤销对审查机构的认定；有违法所得的，予以没收。

给予审查机构罚款处罚的，对机构的法定代表人和其他直接责任人员处机构罚款数额5%以上10%以下的罚款。

（8）违反《超限高层建筑工程抗震设防管理规定》，未按照抗震设防专项审查意见进行超限高层建筑工程勘察、设计的，责令改正，处1万元以上3万元以下的罚款；造成损失的，依法承担赔偿责任。

（9）《建设工程勘察设计管理条例》规定的责令停业整顿、降低资质等级和吊销资质证书、资格证书的行政处罚，由颁发资质证书、资格证书的机关决定；其他行政处罚，由建设行政主管部门或者其他有关部门依据法定职权范围决定。

依照《建设工程勘察设计管理条例》规定应被吊销资质证书的，由工商行政管理部门吊销其营业执照。

（10）国家机关工作人员在建设工程勘察、设计活动的监督管理工作中玩忽职守、滥用职权、徇私舞弊，构成犯罪的，依法追究刑事责任；尚不构成犯罪的，依法给予行政处分。

第六章　工程质量管理

第一节　工程质量管理概述

一、工程质量的概念、特点

（一）工程质量的概念

工程质量是指建筑工程按照相关标准规定或合同约定的要求，具有安全使用功能、耐久性能、环境保护等方面的特性，能满足人们的一定需要，具备坚固、耐久、经济、适用、美观等属性。

工程质量标准是衡量、鉴别工程质量优劣的尺度，一项工程的质量如何，就是按照有关的质量标准评定的。因此，要取得优良的工程质量就必须严肃认真、一丝不苟地执行质量标准。

（二）工程质量的特点

工程质量的特点有很多方面，在各种施工管理书中有具体讲述，这里主要是针对影响质量管理方面的特点：

(1) 单体性。工程与工业产品不一样，其产品的最大特性是一次性，工程都具有单件性。即同一图纸，同一施工单位，在同一地区施工，结果却不一样。每一项工程都是单件的，不能批量生产，所以项目管理的重要性很突出。

(2) 同时性。建筑市场的交易行为和生产行为是同时发生的。建筑产品的形成过程与商品的形成过程是一致的，但交付过程是不一致的，当把基础干完的时候，基础就交工了，它是按照形象进度进行付款，生产行为和交易行为不断发生，或者说产品的生产行为和商品的交易行为是同时发生。这就要求每个工程，甲乙双方都要投入到生产过程的管理，有的工程甲方还请监理公司进行生产过程的管理。

(3) 过程性。建筑产品是由下向上逐个施工的，一般是前道工序完成后，才能进行下道工序，前道工序通常不能更换。而每一个工序的质量好坏，都将影响到整个工程质量。如地基基础质量不好，上部结构质量好也会发生倒塌。

(4) 社会性。建设工程质量与建筑产权人和使用权人对建筑的使用效率直接相关，公共建筑还关系到社会公众生产、生活秩序正常进行，可以说，质量安全直接关系到人民生命财产的安全，在社会主义市场经济条件下，政府必须对建设工程质量实行监督管理。

二、工程质量管理的概念、目的和意义

(一) 工程质量管理的概念

工程质量管理，是指事先采取各种保证质量的措施，通过一定的手段，把勘察设计、原材料供应、构配件加工、施工工艺以及检验仪表、机具等等可能造成工程质量问题的因素、环节和部门，予以组织、控制和协调。这样的组织、控制和协调工作，就是工程（产品）质量管理工作。

工程质量管理是随着近代科学技术的发展而出现的一门新兴学科。其发展过程是由单纯的质量检查，进入工程（产品）质量管理，进而发展为全面质量管理。

(二) 工程质量管理的目的和意义

建筑工程质量管理的目的，是用一定工期，用最低的成本，完成一定数量的工程，达到优良的质量标准。

质量管理工作的基本任务，是组织企业职工认真执行国家技术标准，完善施工工艺，采取积极措施，贯彻“预防为主”的方针，把质量隐患消灭在萌芽状态中，以保证和提高工程的质量。

保证和提高工程质量，对改善人民生活有直接意义。民用建筑工程质量的好坏，直接关系到人民群众的切身利益。只有不断提高工程质量，建造坚固、适用、经济、美观的民用建筑和公共工程，才能为城乡人民提供良好的居住条件和物质文化生活设施，改善人民生活。

保证和提高工程质量，是极大的增产节约。一方面，最大限度地减少施工过程的返工、返修，从而减少原材料和劳动工时的浪费，用最少的人工、材料，生产出最多的优质工程，这是企业的直接节约。另一方面，坚固、适用的优质工程，可以减少经常性维修费用，延长

建筑物的使用年限。

三、工程质量管理的发展

搞好工程质量，一靠技术，二靠管理，两者缺一不可。我国的工程质量管理工作经历了曲折的过程，逐步向规范有序的方向发展。

新中国成立以来，曾出现三次工程质量大的滑坡。一是1958年大跃进时期，各行各业都“放卫星”，建筑业也“放卫星”，建“百日楼”、“四不用楼”，破坏了工程建设的科学性和科学程序，造成了一大批质量低劣工程；二是文化大革命时期，当时破除“管、卡、压”，破除一切规章制度，也造成了一批危房；三是20世纪80年代初期，改革开放刚刚开始，全国工程建设遍地开花，工程规模大，建设力量、管理力量没有跟上，非专业人员大量参与建设，造成了一些房屋工程质量低下。这种单一体制的工程质量管理，延续到1984年国务院123号文的发布。当时，国家建设行政主管部门通过总结国内工程质量管理好的地区的经验，并学习国外先进国家的做法，于1984年按城市成立了工程质量监督机构，根据有关工程技术标准，对工程质量进行监督检查，核定工程质量等级，进行第三方确认，使工程质量管理纳入国家监控的轨道。

工程质量监督机构的建立，由1983年试点，1984年在全国全面推进，到1989年全国434个城市、1 622个县和国务院有关部门共建立工程质量监督机构2 670多个，为贯彻国家工程技术标准，把好工程质量关起了良好作用。目前，我国的工程质量监督管理制度已比较完善，全国各县基本都成立了相应的质量监督机构。

随着市场经济的深入发展，工程质量责任主体的确立，特别是1997年11月《建筑法》的颁布和2000年1月《建设工程质量管理条例》的颁布执行，明确了工程建设参与各方的质量责任，同时也对工程质量的管理提出了具体要求，各类工程建设责任主体依据法律对工程质量各负其责，使建设工程质量管理逐步走向依法管理的轨道。

在工程建设过程中，影响工程质量的责任主体主要有建设单位（投资人，也称业主）、勘察单位、设计单位、施工单位、工程监理单位以及施工图审查机构和工程质量检测机构。建设工程的各参与单位在进行建设工程活动中必须按照《建设工程质量管理条例》的规定承担质量责任和义务。

第二节 工程质量责任

建设工程项目具有投资大、规模大、建设周期长、生产环节多、参与方多、影响质量的因素多等特点，《建筑法》和《建设工程质量管理条例》明确规定了参与工程建设各方的质量责任和义务。各级政府建设行政主管部门要按照有关法规，督促、检查、监督各责任主体落实质量责任。

一、建设单位的质量责任

建设单位（业主）虽不直接做工程的设计和施工，但由于其有选择设计、施工单位的权利，有权对工程提出质量要求，因而是决定质量的关键。建设单位应做好以下五个方面的工作。

（一）选择好承建单位

工程发包权是建设单位最重要的权利之一，建设单位切实用好这一权利，选择好承包队伍，是保证建设工程质量的基本前提。

1. 将工程发包给具有相应资质等级的单位

根据国家有关建设市场管理的规定，工程的勘察、设计必须委托给相应资质等级证书的勘察、设计单位；工程的施工必须发包给相应资质等级证书的施工企业。

建设活动不同于一般的经济活动，从业单位素质的高低直接影响着建筑工程质量和建筑安全生产。因此，从事建筑活动的单位的资质和能力，是国家对建设市场准人管理的重要手段。建设部发布的《建筑业企业资质管理规定》、《建设工程勘察设计企业资质管理规定》、《工程监理企业资质管理规定》等，对工程勘察单位、工程设计单位、建筑施工企业和工程监理单位的资质等级、资质标准、业务范围等作出了明确规定，其应当具备以下条件：

（1）有符合国家规定的注册资本。注册资本反映的是企业法人的财产权及能够承担与其经营活动相适应的财产义务，也是保护债权人利益的需要。

（2）有与其从事的建设活动相适应的具有法定执业资格的专业技术人员。设计单位不仅要有建筑师，还需要结构、水、电等方面的工程师。建筑施工企业不仅要有工程技术人员，而且要有经济、会计、统计等管理人员。建设活动是一项涉及人的生命和财产安全的特殊活动。因此，从事建设活动的专业技术人员还必须有法定执业资格。

（3）有从事相关建设活动所应有的技术装备。建设活动具有专业性、技术性强的特点，从事建筑施工活动，必须有相应的施工机械设备与质量检测试验手段；从事勘察设计活动，必须有相应的勘察机具设备和设计机具仪器。

（4）有一定的从事相关建设活动的业绩。从事建设活动，不但需要相应的技术装备，操作技能、管理经验也很重要，特别是完成某项工程的成套技术和管理经验，是企业的无形资产。

（5）法律、行政法规规定的其他条件。如有公司名称，符合要求的组织机构，有固定的生产经营场所等。

2. 规范工程招标活动

建设单位应依法通过公开招标方式选择承建单位。一是通过对各投标者的技术方案、以往业绩和其他条件进行比较，从中选择技术力量强、质量保证体系可靠、具有良好信誉的承包单位，有利于保证工程质量及工期。二是通过对施工投标单位的报价和设计单位的方案进行比较，选择报价较低的承包单位，有利于降低成本。三是招标投标活动有利于创造一个公开、公平竞争的市场环境。

根据《招标投标法》规定，下列工程建设项目，必须进行招标：

（1）大型基础设施、公用事业等关系社会公共利益、公众安全的项目；

（2）全部或者部分使用国有资金投资或者国家融资的项目；

（3）使用国际组织或者外国政府贷款、援助资金的项目。

（二）提供真实、准确、齐全的原始资料

《建设工程质量管理条例》第9条规定，建设单位作为建设活动的负责方，应向有关的勘察单位、设计单位、施工单位、工程监理单位提供有关原始资料，作为其开展工作的基础材料。这些资料的真实、准确、齐全，对项目设计的技术方案、功能及贯彻有关方针政策有重大影响。

1. 提供应有的原始资料

一般情况下，建设单位根据委托任务必须向勘察单位提供勘察任务书、项目规划总平面图、地下管线、地下构筑物、地形地貌等在内的基础资料；向设计单位提供政府有关部门批准的项目建议书、可行性研究报告等立项文件，设计任务书，有关城市规划、专业规划设计条件，勘察成果及其他基础资料；向施工单位提供概算批准文件，建设项目正式列入国家、部门或地方的年度固定资产投资计划，建设用地的征用资料，有能够满足施工需要的施工图纸及技术资料，建设资金和主要建筑材料、设备的落实资料，建设项目所在地规划部门的批准文件，施工现场完成“三通一平”的平面图等资料。向工程监理单位提供的原始资料除包括给施工单位的资料外，还要有建设单位与施工单位签订的承包合同文件。

因原始资料的不真实、不准确、不齐全造成工程质量事故，建设单位要承担相应的责任。

2. 提出切实可行的质量要求

工程的设计、施工质量是建设项目的工作核心。建设单位必须根据工程特点、使用要求、工期及资金情况，设计、施工单位的水平，全面衡量后对质量提出要求。质量要求应突出重点，有可操作性。任意压低价格、压缩合理工期，又要求高质量的工程，是一种不负责任的做法。

（三）执行建设程序和有关法规

建设程序是保证建设项目正常进行和工程质量的必要措施。新中国成立以来，建设过程经验和教训的总结是必须遵守程序和法规。

1. 开工前必须领取施工许可证（开工报告）和办理质量监督

手续

施工许可制度是指建设行政主管部门依法对建筑工程是否具备施工条件进行审查，符合条件的准许其施工的一项制度。建设单位应向工程所在地的县级建设行政主管部门申请领取施工许可证。

必须申请领取施工许可证的建筑工程未取得施工许可证的，一律不得开工。

建设单位在领取施工许可证或者开工报告之前应办理工程质量监督手续，接受政府部门的工程质量监督管理。

建设单位办理工程质量监督手续时应提供以下文件和资料：

（1）工程规划许可证；

（2）设计单位资质等级证书；

（3）监理单位资质等级证书，监理合同及《工程项目监理登记表》；

（4）施工单位资质等级证书及营业执照副本；

（5）工程勘察设计文件；

（6）中标通知及施工承包合同等。

2. 建设单位不得将工程肢解发包

为了有利于工程质量、进度和成本的控制，发包工程时应合理划分标段，不得将本应一个标段的工程，肢解发包给两家或几家承包。肢解发包工程，由于建设单位一般不具备工程管理的专业知识和经验，使得整个工程建设在管理和技术上缺乏应有的统筹协调，往往造成施工现场秩序的混乱，责任不清，严重影响工程建设质量，出了问题也难以找到责任方。

3. 建设单位不得明示或者暗示施工单位使用不合格的建筑材料、建筑构配件和设备

（1）建设单位采购的建筑材料和设备的质量应符合合同和设计要求。建设单位供货时应提供产品合格证明，对其质量负责。

（2）建设单位明示或暗示要求施工单位降低标准，在工程上使用不合格材料设备，是一种严重的违法行为。

4. 建设工程发包单位不得迫使承包方以低于成本价格竞标，不

得任意压缩合理工期

建设单位不得明示或暗示设计单位或者施工单位违反工程建设强制性标准，降低建设工程质量。

（1）建设单位（发包方）不得迫使承包方以低于成本价格竞标，这里的承包方包括勘察、设计、施工和工程监理单位。一般情况下，企业要生存，要发展，承包单位不会以低于成本的价格竞标，会在报价中考虑利润。

这一规定对保证建设工程质量至关重要。实际工作中，个别建设单位一味强调降低成本，压低价格。而中标的单位在承包工程后，为了降低成本，往往采取偷工减料、粗制滥造等手段，导致工程质量低劣，最终受损害的仍是建设单位。

（2）建设单位不得任意压缩合理工期。以现行的工期定额为基础，各参加单位均能获得满意的经济效益。建设单位迫使承包单位赶工期，会损害承包单位的利益。

施工单位盲目赶工期，不按规程操作，导致建设项目质量低劣，最终受害的还是建设单位。

5. 建设单位不得明示或暗示设计单位或施工单位违反工程建设强制性标准

强制性标准是保证建设工程结构安全可靠的基本要求，违反了这类标准，必然会给建设工程带来重大质量隐患。明示或暗示承包单位违反强制性标准，降低工程质量，这种行为是法律所不允许的。

国家有关强制性标准包括：

（1）工程建设勘察、规划、设计、施工（包括安装）及验收等通用的综合标准和通用的质量标准；

（2）工程建设通用的有关安全、卫生和环境保护的标准；

（3）工程建设重要的通用术语、符号、代号、量测单位、建筑模数和制图方法标准；

（4）工程建设重要的通用试验、检验和评定方法等标准；

（5）工程建设重要的通用信息技术标准；

（6）国家需要控制的其他工程建设通用的标准。

6. 严格执行施工图设计文件审查制度

施工图设计文件审查，是工程勘察设计质量监督管理的关键环节，是基本建设必须进行的一道程序，建设单位应严格执行。

建设单位应当向审查机构提供下列资料：（1）作为勘察、设计依据的政府有关部门的批准文件及附件；（2）全套施工图。

施工图设计文件审查是基本建设的一项法定程序。按规定应当进行施工图审查的工程项目，建设单位必须在施工前将施工图设计文件送审查机构审查，未经审查合格的，不准交付施工，否则，将追究建设单位的法律责任。

7. 委托工程监理单位对建设工程进行监理

对工程实行监理制度是保证工程质量，提高投资效益的重要措施之一。国家明文规定了必须监理的工程：

（1）国家重点建设工程；

（2）大中型公用事业工程；

（3）成片开发建设的住宅小区工程；

（4）利用外国政府或者国际组织贷款、援助资金的工程；

（5）国家规定必须实行监理的其他工程。

建设单位应委托具有相应资质等级的工程监理单位进行监理，此时监理单位成为工程质量的责任主体。监理工作要求监理人员有较高的技术水平和较丰富的工程实践经验，因此国家对开展工程监理工作的单位实行资质许可，只有获得资质证书的单位，才具备保证工程监理工作质量的能力。

委托监理单位时，应当注意监理单位与被监理工程的施工承包单位没有隶属关系或者其他利害关系。

隶属关系是指监理单位与施工单位有行政上下级关系，其他利害关系主要是指明显影响监理工作公正性的经济或其他利益关系。

8. 涉及建筑主体和承重结构变动的装修工程，应有设计方案

涉及建筑主体和承重结构变动的装修工程，建设单位应当在施工前委托原设计单位或具有相应资质等级的设计单位提出设计方案；没有设计方案的，不得施工。

房屋建筑使用者在装修过程中，不得擅自变动房屋建筑主体和承重结构。

建筑主体是指建筑实体结构构造，包括屋盖、楼盖、梁、柱、支撑、墙体、连接接点和基础等。

承重结构是指直接将本身自重与各种外加作用力系统地传递给基础的主体结构构件和其连接接点，包括承重墙体、柱、框架柱、支墩、楼板、梁、屋架、悬索等。

这些部位在装修过程中不得擅自变动，必须有设计单位的正式设计方案。

（四）做好建设过程的质量管理和竣工验收工作

1. 做好施工过程中的工程质量管理

建设单位是工程质量的首要责任主体，从工程承包单位的选择，建筑设计文件的审查，建筑材料、设备的采购验收，都要进行参与，监督把关。特别是施工过程中的质量管理，必须组织力量检查监督，保证每道工序质量达到标准规定，实现建设初期提出的质量目标。

2. 做好工程质量见证取样和检测

工程项目建设单位必须委托具有相应资质的检测机构进行检测，严格按照有关工程建设标准和国家有关规定，对工程中涉及结构安全的试块、试件以及有关材料执行见证取样，在建设单位或工程监理单位监督下现场取样。检测机构完成检测业务后，检测报告必须经建设单位或工程监理单位确认后，由施工单位归档。

3. 实施住宅工程质量分户验收

住宅工程要逐步实施质量分户验收，即在住宅工程竣工验收前，建设单位要组织施工、监理等单位，在工程各检验批、分项、分部工程验收合格的基础上，依据国家有关工程质量验收标准，对每户住宅及相关公共部位的观感质量和使用功能等进行检查验收，并出具验收合格证明。分户验收不合格或者未进行分户验收的，不能进行住宅工程竣工验收。其中，保障性安居工程必须实施住宅工程质量分户验收。

4. 做好建设工程竣工验收

工程项目竣工验收是把好工程质量关的最后一道程序，是建设转入使用的标志，是考核投资效益、工程质量的综合措施。

建设工程竣工验收应具备下列条件：

（1）完成建设工程设计和合同约定的各项内容；

（2）有完整的技术档案和施工管理资料；

（3）有工程使用的主要建筑材料、建筑构配件和设备的进场试验报告；

（4）有勘察、设计、施工、工程监理等单位分别签署的质量合格文件；

（5）有施工单位签署的工程保修书。

工程竣工检查和验收是建设单位的责任和义务。建设单位在收到施工单位工程竣工报告后，应及时组织设计、施工、工程监理并会同有关单位，进行竣工验收。

施工单位的竣工报告，应有下列资料：

（1）工程项目竣工报告；

（2）图纸会审和设计交底记录；

（3）设计变更通知单，技术变更核实单；

（4）工程质量事故发生后调查和处理资料；

（5）隐蔽验收记录及施工日志；

（6）竣工图；

（7）质量检验评定资料等；

（8）合同约定的其他资料。

建设单位组织验收合格后，工程方可交付使用。

工程验收通过后，建设单位接收该工程。至此，完成竣工交付工作。

（五）做好竣工验收备案工作

1. 做好工程技术档案归档整理工作

建设单位应要求勘察单位、设计单位、施工单位分别提供有关勘察、设计、施工的档案资料，在工程竣工后及时向有关部门移交建设项目档案。

建设单位应按当地城建档案馆的规定，整理重点管理建设项目的城市建设工程档案资料。

建设单位应当严格按照《城市建设档案管理规定》，在工程竣工验收后6个月内，向城建档案馆移交一套符合规定的工程建设项目档案原件。其主要内容有：

（1）立项依据审批文件；

（2）征地、勘察、测绘、设计、招投标、监理文件；

（3）项目审批文件；

（4）施工技术文件和竣工验收文件；

（5）竣工图。

2. 做好竣工验收备案工作

建设单位应当自建设工程竣工验收合格之日起15日内，向建设行政主管部门或者其他有关部门备案。这是工程建设中，确保工程质量的一项重要措施，也是工程建设的一项程序，建设单位应认真执行。

建设工程竣工验收备案制度是加强政府监督管理，防止不合格工程流向社会的一个重要手段。建设单位办理工程竣工验收备案应提交以下材料：

（1）工程竣工验收备案表。

（2）建设工程竣工验收报告。包括工程报建日期，施工许可证号，施工图设计文件审查意见，市政基础设施的有关质量检测和功能性试验资料，勘察、设计、施工、工程监理等单位分别签署的工程验收文件及验收人员签署的竣工验收原始文件，规划验收意见等。

（3）施工单位签署的工程质量保修书，住宅工程的《住宅工程质量保证书》和《住宅工程使用说明书》。

建设行政主管部门或其他有关部门收到建设单位的竣工验收备案文件后，依据质量监督机构的监督报告，发出收讫备案文件。

发现建设单位在竣工验收过程中有违反国家有关建设工程质量管理规定行为的，责令停止使用，限期整改，重新组织竣工验收后，再办理竣工验收备案，并根据《建设工程质量管理条例》的规定依法对建设单位进行行政处罚。

二、勘察、设计单位的质量责任

勘察、设计文件是工程建设的重要依据，该文件质量的好坏，对工程的安全和使用有重大影响。勘察、设计的技术含量，对其单位的资质管理及其执业人员注册管理都有专门规定，对其在整个建设和使用过程中所承担的责任和义务，《建设工程质量管理条例》第三章作出了明确规定。

（一）勘察、设计单位的资质等级及从业范围

从事建设工程勘察、设计的单位应当依法取得相应等级的资质证书，并在其资质等级许可范围内承揽工程。

（1）勘察、设计单位必须在资质等级范围内承揽工程。

《建筑法》规定，按照其拥有的注册资本、专业技术人员、技术装备和完成的建筑工程业绩等条件，将勘察、设计单位划分为不同的资质等级，勘察、设计单位必须经资质审查合格，取得相应等级的资质证书后，方可在其资质等级许可的范围内从事建筑活动。这是国家对勘察、设计市场准入管理的重要手段。

（2）勘察、设计单位不得超越资质等级承揽工程。

勘察、设计单位的市场行为，对勘察设计的质量具有重要的影响。勘察设计单位必须具备相应的资质条件，才有能力保证勘察设计的质量。

超越资质等级许可的范围承接工程，借用、有偿使用其他相应资质单位的资质证书、图签，都是非法行为。有关文件中对勘察设计单位出借、转让、出卖资质证书、图签、图章或以挂靠方式允许他人以本单位名义承接勘察设计业务均有明文禁止的规定。

（二）贯彻工程技术标准，确保勘察、设计质量

（1）勘察、设计单位必须按照工程建设强制性标准进行勘察、设计，并对其勘察、设计的质量负责。

工程建设强制性标准是勘察、设计工作的技术依据，只有满足工程建设强制性标准才能保证质量，才能满足工程对安全、卫生、环保

等方面的质量要求，因此必须严格执行。

作为勘察、设计任务的完成者必须首先对勘察设计的质量负法律责任和经济责任。

（2）注册建筑师、注册结构工程师等注册执业人员应当在设计文件上签字，对设计文件负责。

我国勘察设计行业实行建筑师和结构工程师个人执业注册制度，并规定注册建筑师、注册结构工程师必须在规定的执业范围内对本人负责的建筑工程设计文件，实施签字负责制度。

《注册建筑师条例》规定：因设计质量造成的经济损失，由建筑设计单位承担赔偿责任；建筑设计单位有权向签字的注册建筑师追偿。因建筑设计质量不合格发生重大责任事故，造成重大损失的，对该建筑设计负有直接责任的注册建筑师，应责令停止执业；情节严重的吊销注册建筑师证书。

（三）勘察单位应对勘察文件质量负责

勘察单位提供的地质、测量、水文等勘察文件必须真实、准确，这是对勘察质量的基本要求。工程勘察工作是建设工程的基础工作，工程勘察文件是设计和施工的基础资料和重要依据，真实准确的勘察成果对设计和施工的安全合理有直接的影响。因此工程勘察成果必须真实准确、数据可靠。勘察单位应对勘察文件的质量负责，因勘察文件不真实、准确，造成工程质量事故，勘察单位应承担赔偿责任。在《建设工程勘察质量管理办法》（建设部令第163号）中，对勘察单位的质量责任和质量行为作出了明确具体规定。

（1）工程勘察企业应当按照有关建设工程质量的法律、法规、工程建设强制性标准和勘察合同进行勘察工作，并对勘察质量负责。勘察文件应当符合国家规定的勘察深度要求，必须真实、准确。

随工程类型不同，勘察文件编制深度要求也不尽相同。但勘察文件无论是文字部分，还是图表构成部分，都要有明确的针对性，即初步勘察的深度要满足初步设计要求，详细勘察深度要满足施工图设计要求。建筑工程勘察文件深度按建设部《房屋建筑和市政基础设施工程勘察文件编制深度规定》（建质〔2010〕215号）执行。该规定是一个最低的要求，必要时勘察企业可根据工程条件和要求，适当增加勘察文件深度。

（2）工程勘察企业应当健全勘察质量管理体系和质量责任制度。

（3）工程勘察企业应当拒绝用户提出的违反国家有关规定的不合理要求，有权提出保证工程勘察质量所必需的现场工作条件和合理工期。

（4）工程勘察企业应当参与施工验槽，及时解决工程设计和施工中与勘察工作有关的问题。应参与建设工程质量事故的分析，并对因勘察原因造成的质量事故，提出相应的技术处理方案。

（5）工程勘察企业应当确保仪器、设备的完好。钻探、取样的机具设备、原位测试、室内试验及测量仪器等应当符合有关规范、规程的要求。

（6）工程勘察企业应当加强职工技术培训和职业道德教育，提高勘察人员的质量责任意识。观测员、试验员、记录员、机长等现场作业人员应当接受专业培训，方可上岗。

（7）工程勘察企业应当加强技术档案的管理工作。工程项目完成后，必须将全部资料分类编目，装订成册，归档保存。

房屋建筑和市政基础设施工程的勘察文件审查，按《房屋建筑和市政基础设施工程施工图设计文件审查管理办法》（建设部令第134号）执行。

（四）设计单位应对设计文件的质量负责

（1）设计单位应当根据勘察成果文件进行工程设计。设计应当合理使用地基承载力进行地基基础设计。因此先勘察后设计是基本建设程序的要求。

（2）设计文件应当符合国家规定的设计深度要求，注明工程的合理使用年限。

①初步设计文件的深度：设计文件编制深度可以说是设计文件应包括的内容和深度。以建筑工程为例，符合已审定的设计方案；能据以确定土地征用范围；能据以准备主要设备及材料；能据以提供工程设计概算；能据以进行施工准备。

②施工图设计文件的深度：能据以编制施工图预算；能据以安排材料；能据以进行施工和工程验收。

工程合理使用年限是指从工程竣工验收合格之日起，工程的地基基础、主体结构能保证在正常情况下安全使用的年限。建设工程的承包人应当在该建设工程合理使用年限内对工程的质量承担责任，工程勘察、设计单位要在此期间对因工程勘察、设计的原因而造成的质量问题负相应的责任，因此，工程合理使用年限就是勘察、设计单位的责任年限。

根据《民用建筑设计通则（试行）》，按民用建筑的主体结构确定的建筑耐久年限分为四级：一级耐久年限为100年以上，适用于重要的建筑；二级耐久年限为50年，适用于一般建筑；三级耐久年限为25年，适用于次要建筑；四级耐久年限为15年以下，适用于临时性建筑。建设单位有低于或高于工程合理年限的要求，应当在合同中予以明确。

（3）设计单位应通过建立健全出图制度、审图程序和责任制度，来保证设计文件的质量，不合格的图不交付施工。

（4）设计图纸对设计意图的表示不够时，设计人员应当以文字说明来补充完善，以使设计文件达到规定的深度。

（五）设计单位应执行有关规定

（1）设计单位在设计中选用建筑材料、建筑构配件和设备时只注明技术指标，不得指定厂家。

为施工单位组织和采购建材、设备的需要，为准确满足设计意图，设计文件中必须注明所选用的建筑材料、建筑构配件和设备的规格、型号、性能等技术指标，这是设计文件编制深度的要求。同时也防止了施工单位在实际施工中因滥用及错误使用建筑材料、建筑构配件和设备所造成的质量问题。

对有特殊要求的产品的性能、规格，只有某个厂家能够生产或加工时，必须在设计文件中注明，方可进行下一步的设计工作或采购。此外，设计单位不得指定生产厂、供应商，以防止不正之风和分清质量责任。

(2) 做好设计技术交底。

设计单位应当就审查合格的施工图设计文件向施工单位作出详细说明。

施工图完成并经审查合格后，设计单位还应向施工单位进行设计交底，这样可使施工单位正确贯彻设计意图，加深对设计文件难点、疑点的理解。这是设计文件交付施工时设计单位的义务。

(3) 参与事故分析，提供技术处理方案。

设计单位应当参与建设工程质量事故分析，并对因设计造成的质量事故，提出相应的技术处理方案。这是在事故发生后设计单位的义务。

①在正常施工阶段，工程设计的修改应由原设计单位负责，建筑施工企业不得擅自修改工程设计。

②事故发生后，工程的设计单位有义务参与质量事故分析。该工程的设计单位对设计最了解，其对事故的分析具有权威性。另外，设计是技术性很强的工作，设计单位最有可能在短时间内发现存在的问题，这对及时地进行事故处理是有利的。

上述规定同样适用于勘察单位。

③事故技术处理方案的制订。对因设计原因造成的质量事故，原设计单位必须提出相应的技术处理方案，这是设计单位的义务；对于非设计原因造成的质量事故，建设单位应付给提供技术处理方案的原设计单位相应的报酬。事故发生后，在通常情况下，考虑到设计工作的特殊性以及设计单位在工程合理使用年限内所承担的责任，建设单位应优先委托原设计单位进行加固、修复的设计工作。

三、施工单位的质量责任

施工阶段是建设工程实物质量的形成阶段，由于施工阶段涉及的责任主体多，生产环节多，时间长，影响质量稳定的因素多，协调管理难度较大，因此，施工阶段的质量责任制度尤为重要。

(一) 施工单位的资质等级及从业范围

1. 施工单位应当依法取得相应等级的资质证书，并在其资质等级许可的范围内承揽工程施工单位应具备国家规定的注册资本；有相适应的专业技术人员；有应有的技术装备等。经资质审查合格，取得相应等级的资质证书后，方可在其资质等级许可的范围内从事建筑活动。施工单位的资质是国家对建筑市场准入管理的重要手段。

施工单位的资质等级，是施工单位建设业绩、人员素质、管理水平、资金数量、技术装备等综合能力的体现。施工单位应具备企业法人营业执照，取得相应的资质证书，严格在其资质等级许可的经营范围内从事承包工程活动，并不得有以下行为：

（1）禁止超越本单位资质等级许可的业务范围承揽工程。

（2）禁止以其他施工单位名义承揽工程和允许其他单位或个人以本单位的名义承揽工程。

2. 施工单位不得转包或者违法分包工程

正常的总分包施工经营方式是建设活动自身的客观要求，由于建设工程活动涉及的专业较多，总承包单位一般要将专业性强、自身不具备这方面优势的项目分包出去。这一做法既有利于降低成本，规避风险，也有利于保证工程质量。

（1）转包工程。承包单位承包建设工程后，不履行合同约定的责任和义务，将其承包的全部建设工程转给他人或者将其承包的全部工程肢解以后以分包的名义分别转给他人承包的行为。转包的最主要特点是转包人只从受转包方收取管理费，而不对工程进行施工和管理。

（2）违法分包。主要包括以下几种情况：施工总承包单位将工程分包给不具备相应资质条件的单位；违反合同约定，又未经建设单位认可，擅自分包工程；将主体工程的施工分包给他人；分包单位再分包的。

3. 实行总包与分包的要求

（1）总承包单位应将工程分包给具有相应资质条件的分包单位。

（2）总承包单位进行分包，应当告知建设单位，并取得建设单位的认可。

（3）实行施工总承包的，建筑工程的主体结构不得进行分包。

主体结构施工必须由施工总承包单位自行完成。

(4) 实行总分包的工程，分包单位不得再分包，即二次分包。

(二) 施工单位对建设工程的施工质量负责

施工单位应当建立质量责任制，确定工程项目的项目经理、技术负责人负责施工管理。

1. 施工单位应当确定符合要求的项目经理和技术负责人

施工单位应委托符合要求的项目经理，对工程项目施工过程全面负责，并组成由项目经理选调技术、生产、材料、成本等管理人员的项目管理班子。针对具体项目，不但要对企业的资质提出要求，对项目经理的资格也要提出要求。并在投标文件中明确项目负责人与主要技术人员的业绩情况，以接受资格审查。

(1) 明确项目经理对工程质量负责，其质量和技术活动必须接受企业相应职能部门的监督和指导，要在企业质量体系正常、有效运行的前提下，把工程质量责任落实到项目经理。

(2) 明确工程技术和施工管理负责人，还应该明确其对工程所承担的技术责任。

2. 建立有效的质量责任制度

施工单位必须以对国家和人民财产安全负责任的态度，严格按照工程设计文件和技术标准进行施工，严把质量关，做好工程施工的各项控制与管理工作。

(1) 建立明确的质量责任制，是项目质量目标得以实现的重要保证。建立质量责任制，主要包括制定质量目标计划，建立考核标准，并层层分解落实到具体的责任单位和责任人，赋予相应的质量责任和权力。落实责任制，不仅是为了保证在出现质量问题时，可以追究责任，更重要的是通过层层落实质量责任制这一手段，做到事事有人管，人人有职责，保证工程质量。

(2) 坚持质量标准。施工质量是以合同规定的设计文件和相应的技术标准为依据来确定和衡量的。施工单位应对施工质量负责，是指施工单位应在其质量体系正常、有效运行的前提下，保证工程施工的全过程和工程的实物质量符合设计文件和相应技术标准的要求。

3. 施工单位对施工过程中出现的质量问题，工序验收中提出的质量问题，或竣工验收不合格的工程，应当进行返修，费用由施工单位自负，如果是别的责任主体的原因造成，施工单位返修，费用由责任方负担。返修完成后，应重新进行验收。如果返修、加固造成永久性缺陷时，不能进行正常验收，应按协商意见验收，并由责任方承担相应的费用。

（三）总承包单位依法将建设工程分包给其他单位的，分包单位应当按照分包合同约定对其分包工程的质量向总承包单位负责，总承包单位与分包单位承担连带责任

经建设单位许可或合同约定，总承包单位将工程分包给其他单位时，应当同分包单位签订分包合同，根据分包合同的约定，分包单位对总承包单位承担责任。实行工程施工总承包的，由总承包单位负全面质量责任及经济责任，总承包单位和分包单位承担连带责任。

分包工程发生的质量问题以及违约责任，建设单位既可以向分包单位请求赔偿全部损失，也可以向总承包单位请求赔偿全部损失。总包单位进行赔偿后，有权根据分包合同的约定，向分包方追偿。

（四）施工单位必须按照工程设计图纸和施工技术标准施工，不得擅自修改工程设计，不得偷工减料

（1）按工程设计图纸施工，是保证工程实现设计意图的前提，也是明确划分设计、施工单位质量责任的前提。施工过程中，如果施工单位不按图施工或不经原设计单位同意，擅自修改工程设计，将影响工程质量，严重的将给工程结构留下安全隐患。同时，由于施工单位擅自修改设计，会混淆设计、施工单位各自应负的质量责任。所以，按图施工是施工单位保证工程质量最基本的要求。

（2）施工技术标准，也是施工单位在施工中所必须遵循的。施工单位只有按技术标准，特别是强制性标准的要求组织施工，才能保证工程的施工质量。

（3）不得偷工减料。偷工减料，是一种非法牟利行为，在结构中使用劣质钢材、水泥，无相应技术、无岗位资格的人员上岗工作，将会造成严重的结构隐患。

(4) 工程建设项目的设计文件可能会有差错，这些差错通常会在图纸会审、施工过程中被逐步发现，对设计文件的差错，施工单位在发现后，有义务及时向设计单位提出，避免造成不必要的损失和质量问题。这是施工单位应具备的起码的职业道德，也是履行合同应尽的基本义务。

(五) 施工单位必须按照工程设计要求、施工技术标准和合同约定，对建筑材料、建筑构配件、设备和预拌混凝土进行检验，检验应当有书面记录和专人签字；未经检验或检验不合格的，不得使用

(1) 施工单位必须建立建筑材料、建筑构配件、设备及预拌混凝土等进场验收和检验制度。建立有效的进场检查和使用前的检验制度，按规定进行检查、检验，是施工单位质量保证体系中的重要内容，是保证工程质量的重要措施。

按照规定的取样方法、数量、频率和检验方法进行检验，合格后方能使用。把未经检验或检验不合格的材料、设备用于工程，是一种违法行为，要追究批准使用人的责任。

(2) 施工单位应结合企业实际，建立材料检验管理制度，包括试验管理（包括试验标准、程序、操作人员的培训）、仪器仪表设备管理、岗位责任、试验委托程序、台账等制度。为保证试验数据及结论准确可靠，必须由试验、审核及负责人签字负责。

(3) 预拌混凝土及预制构件的厂家，应按规定取得相应的资质，才能生产和提供构件及预拌混凝土。否则其提供的产品，应视为不合格产品。

(六) 施工单位必须建立、健全施工质量的检验制度，严格工序管理，作好隐蔽工程的质量检查和记录

(1) 建立健全工序管理制度，不仅仅是对单一的工序加强管理，而是要对整个过程进行全面管理。用前一道工序的工程质量来保证后续工序的工程质量，从而使整个工程施工质量达到预期目的。建立工序操作工艺和质量标准、工序检查验收制度、施工检测试验制度和下道工序验收制度等。

(2) 做好隐蔽验收工作。隐蔽验收应在施工单位自检合格的基

础上，由监理工程师验收签认，并做好隐蔽验收记录。监理验收不合格的隐蔽工程，施工单位应修复后，重新进行隐蔽验收。

（3）施工质量的施工检测试验，是由工序开始，贯穿于从原材料进场到竣工验收整个施工过程。施工单位必须建立检测试验机构和制度，用科学手段和数据保证质量。

（4）配合做好见证检测。对涉及结构安全的试块、试件及有关材料，建设监理单位根据规定，指定在其监督下进行见证取样送检，以保证检验的真实性，施工人员应当积极配合，并制订有关措施，保证其效果及顺利进行。

（七）施工单位应建立完善的保修服务制度

建设工程实行工程质量保修制度。在规定的保修期限内，因勘察、设计、施工、材料等原因造成的质量缺陷，应由施工承包单位负责维修、返工或更换。施工单位建立完善的保修服务制度，可以维护保修期内用户合法权利，也能进一步促进施工企业提高操作及管理技术水平，尽可能地在施工过程中把工程质量搞好，减少保修项目的保修工作量，提高自身的经济效益，提高了施工企业的信誉。

1. 向建设单位交付竣工报告时，同时向建设单位出具质量保修书

保修书应明确保修范围、保修期限和保修责任等。

（1）保修期限和范围。保修的最低期限，在正常使用条件下，从竣工验收之日起计算。

①基础设施工程、房屋建筑的地基基础工程和主体结构工程，为设计文件规定的该工程的合理使用年限；

②屋面防水工程，有防水要求的卫生间、房间和外墙面的防渗漏，为5年；

③供热与供冷系统，为2个采暖期、供冷期；

④电气管线、给排水管道、设备安装和装修工程，为2年。其他项目的保修期限由发包方与承包方约定。

（2）保修责任。在保修范围和保修期限内发生的质量问题。施工单位有保修的义务，并承担保修的经济责任和对造成的损失承担赔

偿责任。如果非施工原因造成的质量问题，施工单位也应进行保修，经济责任由责任方负责承担。

2. 保修责任落实和损失赔偿责任的承担

（1）任何情况下，施工单位都应履行保修义务。在保修期间和保修范围内发生的质量问题，一般情况下，应由建设单位组织勘察、设计、施工、监理等单位分析质量问题产生的原因，确定保修方案，如质量问题较大时，必须由设计单位出具保修方案，由施工单位负责保修。如果情况紧急时，由施工单位先行履行保修义务。

（2）原因分析及赔偿原则。对发生质量问题的原因，应本着实事求是的原则，科学分析，分清原因和责任，按责任大小由责任方承担一定比例的赔偿。赔偿损失包括两方面的损失。一是质量问题造成的直接经济损失，即用于返修、加固、更换零部件及工人工资等直接费用；二是间接的损失，如给使用人或第三人造成的财产和非财产损失等。

3. 经济责任的承担原则

（1）施工单位未按设计文件、国家有关规范、标准规定施工，造成的质量缺陷，由施工单位负责返修并承担经济责任。

（2）设计单位方面原因造成的质量缺陷，先由施工单位维修，经济责任由设计单位负责，按有关规定通过建设单位向设计单位索赔。

（3）因建筑材料、构配件和设备质量不合格造成的质量缺陷，先由施工单位负责维修。由施工单位采购或不是其采购但经其同意验收使用的，由施工单位承担经济责任；由建设单位采购的，由建设单位承担经济责任。

（4）由建设（监理）单位管理错误造成的质量问题，先由施工单位负责维修，其经济责任由建设单位负责，由监理单位造成的由建设单位向监理单位索赔。

（5）因使用单位使用不当造成的问题，先由施工单位维修，其经济责任由使用单位自行负责。

在保修期后，建筑物在合理使用年限内，因工程使用功能的缺陷造成的工程使用损害，由建设单位负责维修，并承担赔偿责任。

（八）施工单位应当建立教育制度，职工应培训后上岗，考核不合格的人员不准上岗作业，为保证工程质量打好基础

四、工程监理单位的质量责任

监理单位是一个技术服务单位，按照合同代表建设单位管理好工程建设。工程监理单位是工程建设的责任主体之一，由于工程监理单位与被监理工程的承包单位是一种监督与被监督的关系，为了保证工程监理单位能客观、公正地执行监理业务，工程监理单位不得与被监理单位有隶属关系或者其他利害关系，即行政上不是上下级关系，并且没有直接影响监理单位工作公正性的非常明显的经济或其他利益关系，如参股、联营等关系。当出现上述情况时，工程监理单位应当自行回避，不承担这项监理任务；如果在接受委托后，才发现这一情况，应当依法解除委托关系。

监理单位对施工质量承担监理责任，主要有违法责任和违约责任两个方面。如果监理单位故意弄虚作假，降低工程质量标准，造成质量事故的，要按照《建筑法》及《建设工程质量管理条例》的规定，承担相应的法律责任。给建设单位造成损失的，应当与承包单位承担连带赔偿责任。如果监理单位在责任期内，不按照监理合同约定履行监理职责，给建设单位或其他单位造成损失的，属违约责任，应当向受害单位赔偿。对监理单位不尽监理责任，不按强制性标准条文进行监理，监理单位也将受到资质管理方面的行政处罚。

五、施工图审查机构的质量责任

按照《房屋建筑和市政基础设施工程施工图设计文件审查管理办法》的规定，施工图审查机构对施工图审查工作负责，承担审查责任。

施工图经审查合格后，仍有违反法律、法规和工程建设强制性标准的问题，给建设单位造成损失的，审查机构依法承担相应的赔偿责任；建设主管部门对审查机构、审查机构的法定代表人和审查人员依法作出处理或者处罚。

六、建设工程质量检测机构的质量责任

按照《建设工程质量检测管理办法》的规定，检测机构应当具备管理制度和质量控制措施，对其检测数据和检测报告的真实性和准确性负责。检测机构应当将检测过程中发现的建设单位、监理单位、施工单位违反有关法律、法规和工程建设强制性标准的情况，以及涉及结构安全检测结果的不合格情况，及时报告工程所在地建设主管部门。检测机构建立档案管理制度，保证检测数据的可追溯性。如果违反法律、法规和工程建设强制性标准，给他人造成损失的，依法承担相应赔偿责任。

七、其他单位的质量责任

除建设单位、勘察设计单位、施工单位和工程监理单位为主要质量责任主体外，其他参与工程建设活动或影响工程质量的单位，如材料、构配件、设备供应单位提供不合格的材料、构配件、设备的，将根据有关规定承担相应的法律责任和经济责任，违反刑法的将承担刑事责任。

第三节　工程质量监督管理制度

《建设工程质量管理条例》第七章规定了国家实行建设工程质量监督管理制度，并规定了建设工程质量监督管理的体制。

一、工程质量监督管理制度的特点

国家对工程质量的监督管理是以保证建筑工程使用安全和环境质量为主要目的，以法律、法规和强制性标准为依据，以地基基础、主体结构、环境质量和与此相关的工程建设各方主体的质量行为为主要内容，以施工许可制度和竣工验收备案制度为主要手段。政府对建设工程质量监督管理的特点：

（1）权威性。建设工程质量监督体现的是国家意志，任何单位和个人从事工程建设活动都应当服从这种监督管理。

（2）强制性。这种监督是由国家的强制力来保证的，任何单位和个人不服从这种监督管理都将受到法律的制裁。

（3）综合性。这种监督管理并不局限于某一个阶段或某一个方面，而是贯穿于建设活动的全过程，并适用于建设单位、勘察单位、设计单位、建筑施工单位、工程监理单位、施工图审查机构和工程质量检测机构等各责任主体单位。

政府有关部门对建设工程的质量进行必要的监督检查，也是国际惯例。欧美国家的政府质量监督检查，包括施工图设计审查和施工过程的检查，一般委托给有关机构进行。

二、工程质量监督管理体制

国家建设工程质量监督管理体制，是国务院住房和城乡建设行政主管部门实行统一监督管理，各专业部门按照国务院确定的职责分别对其管理范围内的专业工程进行监督管理的制度。根据国务院批准的“三定”方案规定，住房和城乡建设部是负责全国建设行政管理的职能部门，并具体负责对房屋建筑和市政基础设施工程质量进行监督管理，国务院铁路、交通、水利等有关部门分别对其专业建设工程质量的监督管理。县级以上人民政府住房和城乡建设主管部门具体负责本行政区域内房屋建筑和市政基础设施工程质量的监督管理，专业部门按其职责负责本专业建设工程质量的监督管理。

这种管理体制明确了政府各部门的职责，职权划分清晰，权力与职责一致，有利于对建设工程质量实施监督管理。

国务院发展改革部门按照国务院规定的职责，组织稽查特派员，对国家出资的重大建设项目实施监督检查。

三、工程质量监督管理职责

（一）政府应加强对有关建设工程质量法律、法规和强制性标准执行情况的监督检查

《建设工程质量管理条例》规定国务院住房和城乡建设行政主管部门和有关部门负有对建设工程质量监督检查的职责，其重点是依据法律、法规和国家强制性标准，对参加建设工程活动各方主体的行为和工程实体质量进行监督检查。

住房和城乡建设部具体履行下列建设工程质量监督管理职责：贯彻国家有关建设工程质量的法律、法规和政策，制定房屋建筑和市政

基础设施工程质量监督管理的有关规定；指导全国房屋建筑和市政基础设施工程质量监督管理工作；组织全国房屋建筑和市政基础设施工程质量检查等。

省、自治区、直辖市住房和城乡建设行政主管部门具体履行下列建设工程质量监督管理职责：贯彻国家有关建设工程质量的法律、法规、政策，制定本地区房屋建筑和市政基础设施工程质量监督管理的有关规定和实施细则；对本地区市、区、县工程质量监督机构和人员进行考核；指导全省房屋建筑和市政基础设施工程质量监督管理工作；组织全省房屋建筑和市政基础设施工程质量检查等。

各级城市（县）建设行政主管部门具体履行下列建设工程质量监督管理职责：贯彻国家和地方有关建设工程质量管理的法律、法规、政策；委托质量监督机构具体实施房屋建筑和市政基础设施工程质量监督；在工程竣工验收后，接受质量监督机构报送的工程质量监督报告和建设单位工程竣工验收备案的有关资料，办理备案手续；对上报的需要进行行政处罚的报告进行审核，并依法对工程建设有关主体的违法行为实施行政处罚。

（二）建设工程质量监督管理，由建设行政主管部门或者其他有关部门委托的建设工程质量监督机构具体实施

1. 委托的原因

工程建设周期长，环节多，点多面广，工程质量监督工作是一项专业性强、技术性强，而且又很繁杂的工作，政府部门不可能有庞大的编制派人进行日常检查工作，需要委托由政府考核合格的工程质量监督机构，承担日常质量监督工作。

2. 委托的权限

行政执法的委托是指享有行政执法权的行政机关将其拥有的行政执法权委托给其他行政机关或组织行使。受委托实施行政执法的行政机关或组织，在委托范围内，以委托的行政机关的名义进行行政执法。行政执法的委托与授权存在着质的区别。在行政执法的授权中，被授权者的执法权直接来源于法律、行政法规的授权，被授权者取得行政执法主体的资格，能以自己的名义进行行政执法，并以自己的名

义承担法律责任；在行政执法的委托中，受委托人的执法权来源于行政机关的委托，受委托人没有行政执法主体资格，受委托人只能以委托机关的名义行使行政执法权，其行为后果也由委托机关承担。

3. 工程质量监督机构的基本职责

依照国家有关法律、法规和工程建设强制性标准，对涉及工程主体结构安全、主要使用功能的工程实体质量，以及工程建设、勘察、设计、施工、监理单位和质量检测等单位履行法定质量责任和义务的情况实施具体监督工作。工程竣工后，向委托的政府有关部门报送工程质量监督报告。发现有影响工程质量的问题时，有权采取局部暂停施工等强制性措施，直到问题得到改正。对需要实施行政处罚的，报告委托的政府部门进行行政处罚。

（三）县级以上人民政府住房和城乡建设行政主管部门和其他部门履行监督检查职责时的权力

住房和城乡建设行政主管部门或有关专业主管部门及其委托的工程质量监督机构对建设工程实施质量检查，为保证监督检查工作得以正常进行，法律赋予了监督检查人员必要的权力。

（1）有要求被检查单位提供有关工程质量的文件和资料的权力。监督检查的主要内容是工程实体质量和与工程质量有关的文件、资料，被检查单位应如实提供，接受检查。

（2）有进入施工现场进行检查的权力。建设工程的施工现场是施工单位负责看管的建设单位的物业和财产，一般人员进入须征得建设单位或施工单位的同意，但监督管理人员进行检查时，是代表国家执行公务，拥有强行进入施工现场并进行检查的权力。

（3）有在现场发出整改、暂停或局部停工和进行抽测的权力。质量监督人员在检查中发现工程质量存在问题时，有权签发整改通知，责令限期改正；发现存在涉及结构安全和使用功能的严重质量缺陷、工程质量管理失控时，有权责令暂停施工或局部暂停施工等强制措施，以便立即改正；对发现结构质量隐患的工程有权进行抽测，根据抽测结果，要求进行整改。

需要行政处罚的，由工程质量监督机构报委托的政府部门查处。

有关单位和个人对县级以上人民政府住房和城乡建设行政主管部门和其他有关部门的监督检查应当支持和配合，不得拒绝或阻碍建设工程质量监督检查机关依法执行公务。

（四）供水、供电、供气、公安消防等单位不得滥用权力指定建筑材料、构配件和设备

《建设工程质量管理条例》规定供水、供电、供气、公安消防等部门不得明示或者暗示建设单位、施工单位购买其指定的生产供应单位的建筑材料、建筑构配件和设备。

《反不正当竞争法》规定："政府及其所属部门不得滥用行政权力，限定他人购买其指定的经营者的商品，限制其他经营者的正当的经营活动。"政府有关部门这种滥用职权的行为，是法律所不允许的。第一，滥用权力的行为增加了由于产品质量问题造成的工程质量隐患处理的难度；第二，滥用权力的行为限制了其他生产厂商的平等竞争权；第三，大批劣质材料用于工程，将给工程带来严重的质量隐患。

四、工程质量监督管理的主要内容和程序

（一）工程质量监督管理的主要内容

工程质量监督管理主要包括以下内容：

（1）工程参建各方主体执行法律法规和工程建设强制性标准的情况；

（2）抽查涉及工程主体结构安全和主要使用功能的工程实体质量；

（3）抽查工程质量责任主体和质量检测等单位的工程质量行为；

（4）抽查主要建筑材料、建筑构配件的质量，比如钢筋、混凝土等；

（5）对工程竣工验收进行监督；

（6）组织或者参与工程质量事故的调查处理；

（7）定期对本地区工程质量状况进行统计分析；

（8）依法对违法、违规行为实施处罚。

（二）对具体工程项目实施质量监督管理的程序

各级建设主管部门及其委托的工程质量监督机构对具体工程项目实施监督时，要遵从以下程序：

（1）受理建设单位办理质量监督手续；

（2）制订监督工作计划并组织实施；

（3）对工程实体质量、工程质量责任主体和质量检测等单位的工程质量行为进行抽查、抽测；

（4）监督工程竣工验收，重点对验收的组织形式、程序等是否符合有关规定进行监督；

（5）形成工程质量监督报告，主要内容为地基基础和主体结构抽查、抽测情况，工程竣工验收是否符合规定，以及历次抽查发现的质量问题及处理情况；

（6）建立工程质量监督档案。

五、工程质量监督管理的方式

按照《房屋建筑和市政基础设施工程质量监督管理规定》（住房和城乡建设部令第5号）的规定，工程质量监督管理采取以抽查为主的方式，同时对竣工验收进行到位监督，日常监督抽查包括对内容的抽查和对工程的抽查。

（一）对内容的抽查

严格执行有关法律法规和工程建设强制性标准，切实保证工程质量，是工程参建各方主体的职责。政府对工程质量进行监督检查，不可能涵盖所有环节和各个方面，只能通过抽查部分内容，发现并依法处罚有关责任主体和责任人存在的违法违规行为，督促其自觉履行质量责任。对每个工程项目，工程质量监督部门都要制定监督工作计划，规定工程建设过程中的抽查内容及频次，由指派的监督人员具体实施。抽查情况是工程质量监督报告的主要内容之一。

（二）对工程的抽查

除对每个工程项目都要按照监督工作计划抽查部分内容外，在日常监督管理中，工程质量监管部门还可针对某一项或几项检查内容，随机确定受检工程进行监督检查，检查情况同样列入工程质量监督报告。这种抽查方式一般由监管部门统一组织实施，不固定检查人员和检查时间，具有随机性和突击性的特点，更能有效发现存在的问题，掌握全面情况。

（三）对竣工验收的监督

在工程竣工验收时，工程质量监管部门必须派专人到场，主要监督验收的组织形式、程序等。如果发现工程竣工验收不符合有关规定程序，或者存在未达到竣工验收条件的情况，可责令建设单位停止竣工验收，重新组织实施。

当前，保障性安居工程是工程质量监督管理的重点，在其建设过程中要加大监督抽查的频次和力度，切实强化对工程质量分户验收和工程竣工验收的监督管理工作，保证工程质量。

第四节　工程质量事故的调查处理

一、工程质量事故的定义和等级

工程质量事故，是指由于建设、勘察、设计、施工、监理等单位违反工程质量有关法律、法规和工程建设标准，使工程产生结构安全、重要使用功能等方面的质量缺陷，造成人身伤亡或者重大经济损失的事故。

根据工程质量事故造成的人员伤亡或者直接经济损失，工程质量事故分为4个等级。

（一）特别重大事故

指造成30人以上死亡，或者100人以上重伤，或者1亿元以上直接经济损失的事故。

（二）重大事故

指造成10人以上30人以下死亡，或者50人以上100人以下重伤，或者5 000万元以上1亿元以下直接经济损失的事故。

（三）较大事故

指造成3人以上10人以下死亡，或者10人以上50人以下重伤，或者1 000万元以上5 000万元以下直接经济损失的事故。

（四）一般事故

指造成3人以下死亡，或者10人以下重伤，或者100万元以上1 000万元以下直接经济损失的事故。

本等级划分所称的“以上”包括本数，所称的“以下”不包括本数。

二、工程质量事故的报告

（一）事故现场人员应当及时报告政府主管部门

工程质量事故发生后，事故现场有关人员应当立即向工程建设单位负责人报告；工程建设单位负责人接到报告后，应于1小时内向事故发生地县级以上人民政府住房和城乡建设主管部门及有关部门报告。

情况紧急时，事故现场有关人员可直接向事故发生地县级以上人民政府住房和城乡建设主管部门报告。

（二）政府主管部门应当按时逐级上报事故情况

住房和城乡建设主管部门接到事故报告后，应当依照下列规定上报事故情况，并同时通知公安、监察机关等有关部门：

（1）较大、重大及特别重大事故逐级上报至国务院住房和城乡建设主管部门，一般事故逐级上报至省级人民政府住房和城乡建设主管部门，必要时可以越级上报事故情况。

（2）住房和城乡建设主管部门上报事故情况，应当同时报告本级人民政府；国务院住房和城乡建设主管部门接到重大和特别重大事故的报告后，应当立即报告国务院。

（3）住房和城乡建设主管部门逐级上报事故情况时，每级上报时间不得超过2小时。

（4）事故报告应包括下列内容：

①事故发生的时间、地点、工程项目名称、工程各参建单位名称；

②事故发生的简要经过、伤亡人数（包括下落不明的人数）和初步估计的直接经济损失；

③事故的初步原因；

④事故发生后采取的措施及事故控制情况；

⑤事故报告单位、联系人及联系方式；

⑥其他应当报告的情况。

（5）事故报告后出现新情况，以及事故发生之日起30日内伤亡人数发生变化的，应当及时补报。

三、工程质量事故的处理

（一）成立调查组调查事故情况

住房和城乡建设主管部门应当按照有关人民政府的授权或委托，组织或参与事故调查组对事故进行调查，并履行下列职责：

（1）核实事故基本情况，包括事故发生的经过、人员伤亡情况及直接经济损失；

（2）核查事故项目基本情况，包括项目履行法定建设程序情况、工程各参建单位履行职责的情况；

（3）依据国家有关法律、法规和工程建设标准，分析事故的直接原因和间接原因，必要时组织对事故项目进行检测鉴定和专家技术论证；

（4）认定事故的性质和事故责任；

（5）依照国家有关法律法规，提出对事故责任单位和责任人员的处理建议；

（6）总结事故教训，提出防范和整改措施；

（7）提交事故调查报告。

（二）提交事故调查报告

事故调查报告主要包括以下内容：

（1）事故项目及各参建单位概况；

（2）事故发生经过和事故救援情况；

（3）事故造成的人员伤亡和直接经济损失；

（4）事故项目有关质量检测报告和技术分析报告；

（5）事故发生的原因和事故性质；

（6）事故责任的认定和事故责任者的处理建议；

（7）事故防范和整改措施。

事故调查报告应当附具有关证据材料。事故调查组成员应当在事故调查报告上签名。

（三）根据事故调查报告对有关责任单位和责任人依法给予行政处罚

（1）住房和城乡建设主管部门应当依据有关人民政府对事故调查报告的批复和有关法律、法规的规定，对事故相关责任者实施行政处罚。处罚权限不属本级住房和城乡建设主管部门的，应当在收到事故调查报告批复后15个工作日内，将事故调查报告（附具有关证据材料）、结案批复、本级住房和城乡建设主管部门对有关责任者的处理建议等转送有权限的住房和城乡建设主管部门。

（2）住房和城乡建设主管部门应当依据有关法律、法规的规定，对事故负有责任的建设、勘察、设计、施工、监理等单位和施工图审查、质量检测等有关单位分别给予罚款、停业整顿、降低资质等级、吊销资质证书其中一项或多项处罚，对事故负有责任的注册执业人员分别给予罚款、停止执业、吊销执业资格证书、终身不予注册其中一项或多项处罚。

（四）其他要求

（1）事故发生地的住房和城乡建设主管部门接到事故报告后，其负责人应立即赶赴事故现场，组织事故救援。

发生一般及以上事故，或者领导有批示要求的，设区的市级住房和城乡建设主管部门应派员赶赴现场了解事故有关情况。

发生较大及以上事故，或者领导有批示要求的，省级住房和城乡建设主管部门应派员赶赴现场了解事故有关情况。

发生重大及以上事故，或者领导有批示要求的，国务院住房和城乡建设主管部门应根据相关规定派员赶赴现场了解事故有关情况。

（2）没有造成人员伤亡，直接经济损失没有达到100万元，但是社会影响恶劣的工程质量问题，参照上述规定执行。

四、工程质量事故的社会监督

根据《建设工程质量管理条例》的规定，任何单位和个人对建设工程的质量事故、质量缺陷都有权检举、控告、投诉。这是为了更好的发挥群众和社会舆论的监督作用，保证工程质量的一项有效措施。

第五节　法律责任

随着市场经济的不断发展，各项经济活动法规的不断完善，依法治理工程质量的环境逐步形成，《建筑法》、《建设工程质量管理条例》、《建设工程勘察设计条例》、《房屋建筑工程质量保修办法》、《住宅室内装饰装修管理办法》、《建设工程勘察质量管理办法》、《建设工程质量检测管理办法》、《房屋建筑和市政基础设施工程质量监督管理规定》等法律、行政法规和部门规章的相继发布，为工程建设的监督管理，提供了法律依据。特别是《建设工程质量管理条例》的发布，进一步完善了质量责任追究制度，加大了处罚力度，对参与建筑活动各方主体的质量责任作出明确规定。

一、建设单位或者住宅使用人不得有下列行为

（1）任意压缩合理工期的；

（2）明示或者暗示设计单位或者施工单位违反工程建设强制性标准，降低工程质量的；

（3）施工图设计文件未经审查或者审查不合格，擅自施工的；

（4）未按照国家规定办理工程质量监督手续的；

（5）明示或者暗示施工单位使用不合格的建筑材料、建筑构配件和设备的；

（6）将没有防水要求的房间或者阳台改为卫生间、厨房间的；

（7）拆除连接阳台的砖、混凝土墙体的；

（8）未经原设计单位或者具有相应资质等级的设计单位提出设计方案，擅自超过设计标准或者规范增加楼面荷载的；

（9）擅自拆改供暖、燃气管道和设施的；

（10）明示或者暗示检测机构出具虚假检测报告，篡改或者伪造检测报告，弄虚作假送检试样的。

二、勘察单位不得有下列行为

（1）勘察单位未按照工程建设强制性标准进行勘察的；

（2）勘察文件没有责任人签字或者签字不全的；

（3）原始记录不按照规定记录或者记录不完整的；

（4）不参加施工验槽的；

（5）项目完成后，勘察文件不归档保存的。

三、设计单位不得有下列行为

（1）设计单位未根据勘察成果文件进行工程设计的；

（2）设计单位指定建筑材料、建筑构配件的生产厂、供应商的；

（3）设计单位未按照工程建设强制性标准进行设计的；

（4）违反国家规定，降低工程质量标准的。

四、施工单位不得有下列行为

（1）在施工中偷工减料的，使用不合格的建筑材料、建筑构配件和设备的，或者有不按照工程设计图纸或者施工技术标准施工的其他行为的；

（2）未对建筑材料、建筑构配件、设备和商品混凝土进行检验，或者未对涉及结构安全的试块、试件以及有关材料取样检测的；

（3）向业主或者住宅使用人推荐使用不符合国家标准的装饰装修材料，造成空气污染超标的；

（4）将没有防水要求的房间或者阳台改为卫生间、厨房间的；

（5）拆除连接阳台的砖、混凝土墙体的；

（6）损坏房屋原有节能设施或者降低节能效果的；

（7）未经原设计单位或者具有相应资质等级的设计单位提出设计方案，擅自超过设计标准或者规范增加楼面荷载的；

（8）擅自改变住宅外力面、在非承重外墙上开门、窗；

（9）擅自在住宅室内装修中搭建建筑物、构筑物的；

（10）在施工现场未按照规定，擅自动用明火作业和进行焊接作业的；

（11）对建筑安全事故隐患不采取措施予以消除的；

（12）工程竣工验收后，不向建设单位出具质量保修书的；

（13）质量保修的内容、期限不符合有关规定的；

（14）不履行保修义务或者拖延履行保修义务的。

五、监理单位不得有下列行为

（1）与建设单位或者施工单位串通，弄虚作假、降低工程质量的；

（2）将不合格的建设工程、建筑材料、建筑构配件和设备按照合格签字的。

六、施工图审查机构不得有下列行为

（1）出具虚假审查合格书的；

（2）超出认定的范围从事施工图审查的；

（3）使用不符合条件审查人员的；

（4）未按规定上报审查过程中发现的违法违规行为的；

（5）未按规定在审查合格书和施工图上签字盖章的；

（6）未按规定的审查内容进行审查的。

七、检测机构不得有下列行为

（1）检测机构伪造检测数据，出具虚假检测报告或者鉴定结论的；

（2）超出资质范围从事检测活动的；

（3）涂改、倒卖、出租、出借、转让资质证书的；

（4）使用不符合条件的检测人员的；

（5）未按规定上报发现的违法违规行为和检测不合格事项的；

（6）未按规定在检测报告上签字盖章的；

（7）未按照国家有关工程建设强制性标准进行检测的；

（8）档案资料管理混乱，造成检测数据无法追溯的；

（9）转包检测业务的。

第七章　建筑安全生产管理

第一节　建筑安全生产管理概述

一、建筑安全生产的基本概念

安全生产是为了使生产过程在符合物质条件和工作程序下进行，防止发生人身伤亡、财产损失等事故，而采取的消除或控制危险和有害因素，保障人身安全和健康、设备和设施免遭损坏，环境免遭破坏的一系列措施和活动。广义地讲，安全生产是指为了保证生产过程不伤害劳动者和周围人员的生命和身体健康，不使相关财产遭受损失的一切行为。安全生产是由社会科学和自然科学两个科学范畴相互渗透、相互交织构成的保护人和财产的政策性和技术性的综合学科。它是人类生产、生活和生存的需要，是人类生产活动和社会发展的保障措施，关系到社会的改革、发展和稳定。

建筑业与其他产业相比，有许多特点：第一，建筑产品的固定性和产品生产的流动性。即建筑物固定在大地上，不能移动，而施工人员和施工机械却不停流动和变化。第二，建筑产品的多样性和生产的单件性。即建筑物用途、形式和环境千差万别，各不相同，同时每一个建筑产品都需要根据其特定要求进行施工，每一个建筑产品都有不同于其他产品的一套设计文件和图纸，以及施工组织和施工工艺。第三，建筑产品的生产周期长，需要长期占用和消耗大量的人力、物力、财力。第四，产品的生产协调性。在产品生产过程中，除了土建工程外，还包括水暖工程、工业管道工程、特殊构筑物工程、电器照明工程等，它们组成了一个严密的、有序的完整工程系统，它决定了为保证施工质量和安全生产必须强调整体协调，要注意各专业的横向协调配合，注意各分部分项工程的密切联系。第五，建筑工程施工环境差、危险性高。露天作业、高处作业及地下作业多。由于建筑业和建筑产品的特点，决定了建筑安全生产也有其特殊性，危险程度高、风险大、不确定因素多。

二、建筑安全生产方针

“安全第一、预防为主、综合治理”，是我国安全生产工作的基本方针。“安全第一、预防为主、综合治理”这一方针是在总结建国几十年来安全工作基础上逐步形成的。新中国成立以来，党和国家十分重视安全生产工作，1952年毛泽东同志在批示中指出：“在实施增产节约的同时，必须注意职工的安全健康和必不可少的福利事业。”1983年5月18日，在《国务院批转劳动人事部、国家经委、全国总工会关于加强安全生产和劳动安全监察工作报告的通知》（国发85号文）中提出：“在安全第一、预防为主的思想指导下，搞好安全生产，是经济管理、生产管理部门和企业领导的本职工作，也是不可推卸的责任。”1987年，在全国劳动安全监察会议上，进一步明确提出“安全第一、预防为主”的方针。此后的表述一般为：在安全生产中贯彻“安全第一、预防为主”的方针。2002年颁布实施的《安全生产法》将“安全第一、预防为主”规定为我国安全生产管理的基本方针。2004年实施的《建设工程安全生产条例》第3条明确提出，建设工程安全生产管理坚持安全第一、预防为主的方针。党的十六届五中全会通过的《中共中央关于制定国民经济和社会发展第十一个五年规划的建议》第一次把安全生产纳入我国经济社会五年发展规划目标体系，第一次提出把“综合治理”充实到安全生产方针当中，此后在胡锦涛总书记、温家宝总理的讲话中得到进一步明确。2010年，《国务院关于进一步加强企业安全生产工作的通知》（国发〔2010〕23号）中明确提出，坚持“安全第一、预防为主、综合治理”的方针，全面加强企业安全管理，健全规章制度，完善安全标准，提高企业技术水平，夯实安全生产基础

“安全第一、预防为主、综合治理”的安全生产方针是完整的统一体，安全第一、预防为主、综合治理三者之间具有内在的严密的逻辑关系，是相辅相成，辩证统一的，具有十分深刻的内涵。“安全第一”是从保护和发展生产力的角度，表明在生产范围内安全与生产

的关系，肯定安全在生产活动中的首要位置和重要性。“预防为主”是指在生产活动中，针对生产的特点，对生产要素采取管理措施，有效地控制不安全因素的发展与扩大，把可能发生的事故消灭在萌芽状态，以保证生产过程中人的安全与健康。坚持安全第一，必须以预防为主，实施综合治理；只有认真治理隐患，有效防范事故，才能把“安全第一”落到实处。因此，综合治理是安全生产方针的基石，是安全生产工作的重心所在。

“安全第一、预防为主、综合治理”的方针，体现了国家对安全生产过程中“以人为本”，维护劳动者权利、保护社会生产力、保障安全生产的高度重视，体现了党和国家对劳动者的关怀，体现了党和政府对经济发展规律的深刻认识，正确地阐明了安全与生产的关系、预防和事故处理的关系。

贯彻党的安全生产方针，必须把预防作为安全生产工作的主体性任务，把工作重心转移到治理隐患上来，关口前移、重心下移，掌握安全生产工作的主动权。贯彻党的安全生产方针，必须坚持标本兼治，重在治本。安全生产是一项复杂的系统工程，是生产力发展水平和社会公共管理水平的综合反映。目前，重点行业领域重特大事故多发、安全生产形势依然严峻的原因是多方面的，有浅层次因素，也有深层次矛盾；有历史的积淀，也有新形势下出现的新问题。因此，必须坚持标本兼治，在采取果断措施遏制重特大事故的同时，也要探寻和采取治本之策。

三、建筑安全生产管理体制

我国实行“企业负责、行业管理、国家监察、群众监督”的安全生产管理体制。企业负责，即企业是安全生产的主体，必须认真执行国家、行业和地方安全生产的方针政策、法律、法规和安全技术标准、规范，必须为劳动者提供符合卫生、健康和安全标准的生活环境和工作条件。行业管理，即安全生产的监督管理和组织协调工作以行业为主。行业主管部门通过组织、指导、协调、服务、督促，在本行业全面贯彻落实安全生产法律、法规和方针政策，通过行业性技术经济政策和市场管理规划对企业的安全生产进行引导、指导、监督和管理。国家监察，是指国家安全生产综合管理部门，对安全生产行使国家监察职权。群众监督，主要指各级工会组织和企事业单位职工群众依法对劳动安全法律、法规的贯彻实施情况进行监督，对危害职工生命安全和身体健康的行为、对违反劳动安全法律、法规的行为提出批评、检举和控告，维护职工劳动安全卫生方面的合法权益。群众监督是一种自下而上的监督，是安全生产工作不可缺少的重要环节。

2004 年，《国务院关于进一步加强安全生产工作的决定》（国发〔2004〕2 号）中指出：要努力构建“政府统一领导、部门依法监管、企业全面负责、群众参与监督、全社会广泛支持”的安全生产工作格局。该决定要求：地方各级人民政府要定期分析、部署、督促和检查本地区的安全生产工作；各级安全生产委员会及其办公室要积极发挥综合协调作用；安全生产综合监管及其他负有安全生产监督管理职责的部门要在政府的统一领导下，依照有关法律、法规的规定，各负其责，密切配合，切实履行安全监管职能；各级工会、共青团组织要围绕安全生产，发挥各自优势，开展群众性安全生产活动；充分发挥各类协会、学会、中心等社团组织和中介机构的作用，构建信息、法律、技术装备、宣传教育、培训和应急救援等安全生产支撑体系；强化社会监督、群众监督和新闻媒体监督，共同构建全社会齐抓共管的安全生产工作格局。2010 年，《国务院关于进一步加强企业安全生产工作的通知》（国发〔2010〕23 号）提出，进一步加大安全生产监管力度，强化安全成产部门对安全生产的综合管理，全面落实相关部门的安全生产职责，对安全生产管理提出新的要求，明确了现阶段安全生产工作的总体要求和目标任务，提出了新形势下加强安全生产工作的一系列政策措施，涵盖企业安全管理、技术保障、产业升级、应急救援、安全监管、安全准入、指导协调、考核监督和责任追究等多个方面，是指导建筑安全生产管理工作的纲领性文件。

第二节　建设工程安全生产责任

一、建设工程各方责任主体的安全生产责任

1998 年颁布的《建筑法》第五章规定了建设工程各方责任主体的安全生产责任，2003 年颁布的《建设工程安全生产管理条例》对各级政府部门和建设工程有关责任主体的安全责任有了更为明确的规定。

（一）政府有关部门的安全责任

1. 国务院有关部门的安全生产责任

（1）国务院负责安全生产监督管理的部门依照《安全生产法》的规定，对全国建设工程安全生产工作实施综合监督管理。

（2）国务院住房和城乡建设主管部门对全国的建设工程安全生产实施监督管理。国务院铁路、交通、水利等有关部门按照国务院规定的职责分工，负责有关专业建设工程安全生产的监督管理。

（3）国务院住房和城乡建设主管部门负责中央管理的建筑施工企业安全生产许可证的颁发和管理。

（4）国务院住房和城乡建设主管部门应会同国务院其他有关部门制定专职安全生产管理人员的配备办法；制定并公布对严重危及施工安全的工艺、设备、材料实行淘汰制度的具体目录；制定达到一定规模的危险性较大的分部分项工程的标准。

2. 县级以上地方人民政府及有关部门的安全生产责任

（1）县级以上地方人民政府负责安全生产监督管理的部门依照《安全生产法》的规定，对本行政区域内建设工程安全生产工作实施综合监督管理。

（2）县级以上地方人民政府住房和城乡建设主管部门对本行政区域内的建设工程安全生产实施监督管理。县级以上地方人民政府交通、水利等有关部门在各自的职责范围内，负责本行政区域内的专业建设工程安全生产的监督管理。

（3）县级以上人民政府负有建设工程安全生产监督管理职责的

部门在各自的职责范围内履行安全监督检查职责时，有权采取下列措施：

①要求被检查单位提供有关建设工程安全生产的文件和资料；

②进入被检查单位施工现场进行检查；

③纠正施工中违反安全生产要求的行为；

④对检查中发现的安全隐患，责令立即排除；重大安全隐患排除前或者排除过程中无法保证安全的，责令从危险区域内撤出作业人员或者暂时停止施工。

（4）县级以上地方人民政府住房和城乡建设主管部门应当根据本级人民政府的要求，制定本行政区域内建设工程特大生产安全事故应急救援预案。

（5）县级以上地方人民政府住房和城乡建设主管部门还应当及时受理对建设工程生产安全事故及安全隐患的检举、控告和投诉。接到生产安全事故报告的部门应当按照国家有关规定，如实上报。

（6）省、自治区、直辖市人民政府住房和城乡建设主管部门负责中央管理的建筑施工企业以外的建筑施工企业安全生产许可证的颁发和管理，并接受国务院住房和城乡建设主管部门的指导和监督。

除了要依据相关法律、法规履行建设工程安全生产监督职责外，住房和城乡建设部发布的一些规范性文件，对建设主管部门加强建设安全生产管理工作提出了要求，如《关于进一步规范住房成像建设系统安全生产重大及以上事故报告工作的通知》（建安〔2009〕1号）、《关于进一步做好建筑安全生产事故处理工作的通知》（建质〔2009〕239号）。

（二）建设单位的安全生产责任

（1）建设单位应当向施工单位提供施工现场及毗邻区域内供水、排水、供电、供气、供热、通信、广播电视等地下管线资料，气象和水文观测资料，相邻建筑物和构筑物、地下工程的有关资料，并保证资料的真实、准确、完整。

（2）建设单位不得对勘察、设计、施工、工程监理等单位提出不符合建设工程安全生产法律、法规和强制性标准规定的要求，不得压缩合同约定的工期。

（3）建设单位在编制工程概算时，应当确定建设工程安全作业环境及安全施工措施所需费用。

（4）建设单位不得明示或者暗示施工单位购买、租赁、使用不符合安全施工要求的安全防护用具、机械设备、施工机具及配件、消防设施和器材。

（5）建设单位在申请领取施工许可证时，应当提供建设工程有关安全施工措施的资料。

依法批准开工报告的建设工程，建设单位应当自开工报告批准之日起 15 日内，将保证安全施工的措施报送建设工程所在地的县级以上地方人民政府住房和城乡建设主管部门或者其他有关部门备案。

（6）建设单位应当将拆除工程发包给具有相应资质等级的施工单位，并应在拆除工程施工 15 日前，将下列资料报送建设工程所在地的县级以上地方人民政府住房和城乡建设主管部门或者其他有关部门备案：

①施工单位资质等级证明；

②拟拆除建筑物、构筑物及可能危及毗邻建筑的说明；

③拆除施工组织方案；

④堆放、清除废弃物的措施。

（三）勘察、设计单位的安全生产责任

（1）勘察单位应当按照法律、法规和工程建设强制性标准进行勘察，提供的勘察文件应当真实、准确，满足建设工程安全生产的需要。

（2）勘察单位在勘察作业时，应当严格执行操作规程，采取措施保证各类管线、设施和周边建筑物、构筑物的安全。

（3）设计单位应当按照法律、法规和工程建设强制性标准进行设计，防止因设计不合理导致生产安全事故的发生。设计单位和注册建筑师等注册执业人员应当对其设计负责。

（4）设计单位应当考虑施工安全操作和防护的需要，对涉及施工安全的重点部位和环节在设计文件中注明，并对防范生产安全事故提出指导意见。

(5) 对于采用新结构、新材料、新工艺的建设工程和特殊结构的建设工程，设计单位应当在设计中提出保障施工作业人员安全和预防生产安全事故的措施建议。

(四) 工程监理单位的安全生产责任

(1) 工程监理单位和监理工程师应当按照法律、法规和工程建设强制性标准实施监理，并对建设工程安全生产承担监理责任。

(2) 工程监理单位应当审查施工组织设计中的安全技术措施或者专项施工方案是否符合工程建设强制性标准。

(3) 工程监理单位在实施监理过程中，发现存在安全事故隐患的，应当要求施工单位整改；情况严重的，应当要求施工单位暂时停止施工，并及时报告建设单位。施工单位拒不整改或者不停止施工的，工程监理单位应当及时向有关主管部门报告。

(五) 施工单位的安全责任

(1) 施工单位从事建设工程的新建、扩建、改建和拆除等活动，应当具备国家规定的注册资本、专业技术人员、技术装备和安全生产等条件，依法取得相应等级的资质证书，并在其资质等级许可的范围内承揽工程。

(2) 施工单位应当具备下列安全生产条件，并依法取得安全生产许可证：

①建立、健全安全生产责任制，制定完备的安全生产规章制度和操作规程；

②安全投入符合有关规定；

③设置独立的安全生产管理机构，配备足够的专职安全生产管理人员；

④建筑施工企业主要负责人、项目负责人和专职安全生产管理人员经安全生产考核合格；

⑤特种作业人员经有关业务主管部门考核合格，取得特种作业操作资格证书；

⑥从业人员经安全生产教育和培训合格；

⑦依法参加工伤保险和建筑意外伤害保险，为从业人员缴纳保险费；

⑧厂房、作业场所和安全设施、设备、工艺符合有关安全生产法律、法规、标准和规程的要求；

⑨有职业危害防治措施，并为从业人员配备符合国家标准或者行业标准的劳动防护用品；

⑩有重大危险源检测、评估、监控措施和应急预案；

⑪有生产安全事故应急救援预案、应急救援组织或者应急救援人员，配备必要的应急救援器材、设备；

⑫法律、法规规定的其他条件。

（3）施工单位主要负责人依法对本单位的安全生产工作全面负责。施工单位应当建立健全安全生产责任制度和安全生产教育培训制度，制定安全生产规章制度和操作规程，保证本单位安全生产条件所需资金的投入，确保安全生产费用的有效使用，设立安全生产管理机构，配备专职安全生产管理人员，对所承担的建设工程进行定期和专项安全检查，并做好安全检查记录。

（4）施工单位应当在危险性较大的分部分项工程施工前编制专项方案；对于超过一定规模的危险性较大的分部分项工程，施工单位应当组织专家对专项方案进行论证。建设单位在申请领取施工许可证或办理安全监督手续时，应当提供危险性较大的分部分项工程清单和安全管理措施。施工单位、监理单位应当建立危险性较大的分部分项工程安全管理制度。建筑工程实行施工总承包的，专项方案应当由施工总承包单位组织编制。其中，起重机械安装拆卸工程、深基坑工程、附着式升降脚手架等专业工程实行分包的，其专项方案可由专业承包单位组织编制。

（5）施工单位应当遵守有关环境保护法律、法规的规定，在施工现场采取措施，防止或者减少粉尘、废气、废水、固体废物、噪声、振动和施工照明对人和环境的危害和污染。在城市市区内的建设工程，施工单位应当对施工现场实行封闭围挡。

（6）施工单位应当在施工现场建立消防安全责任制度，确定消防安全责任人，制定用火、用电、使用易燃易爆材料等各项消防安全管理制度和操作规程，设置消防通道、消防水源，配备消防设施和灭火器材，并在施工现场入口处设置明显标志。

（7）施工作业人员所在企业（包括总承包企业、专业承包企业、劳务企业等，下同）必须按国家规定免费发放劳动保护用品，更换已损坏或已到使用期限的劳动保护用品，不得收取或变相收取任何费用。劳动保护用品必须以实物形式发放，不得以货币或其他物品替代。

（8）施工单位采购、租赁的安全防护用具、机械设备、施工机具及配件，应当具有生产（制造）许可证、产品合格证，并在进入施工现场前进行查验。施工现场的安全防护用具、机械设备、施工机具及配件必须由专人管理，定期进行检查、维修和保养，建立相应的资料档案，并按照国家有关规定及时报废。

（9）建筑起重机械安装完毕后，使用单位应当组织出租、安装、监理等有关单位进行验收，或者委托具有相应资质的检验检测机构进行验收。建筑起重机械经验收合格后方可投入使用，未经验收或者验收不合格的不得使用。实行施工总承包的，由施工总承包单位组织验收。建筑起重机械在验收前应当经有相应资质的检验检测机构监督检验合格。

（10）建筑起重机械使用单位在建筑起重机械安装验收合格之日起30日内，向工程所在地县级以上地方人民政府建设主管部门（以下简称“使用登记机关”）办理使用登记。

（11）施工单位的主要负责人、项目负责人、专职安全生产管理人员应当经住房和城乡建设主管部门或者其他有关部门考核合格后方可任职。

（12）施工单位应当对管理人员和作业人员每年至少进行一次安全生产教育培训，其教育培训情况记入个人工作档案。安全生产教育培训考核不合格的人员，不得上岗。

（13）施工单位在采用新技术、新工艺、新设备、新材料时，应当对作业人员进行相应的安全生产教育培训。

（14）施工单位应当制定本单位生产安全事故应急救援预案，建立应急救援组织或者配备应急救援人员，配备必要的应急救援器材、设备，并定期组织演练。施工单位应当根据建设工程的特点、范围，对施工现场易发生重大事故的部位、环节进行监控，制定施工现场生产安全事故应急救援预案，工程总承包单位和分包单位按照应急救援预案，各自建立应急救援组织或者配备应急救援人员，配备救援器材、设备，并定期组织演练。

（15）施工单位发生生产安全事故，应当按照国家有关生产安全事故报告和调查处理的规定，及时、如实地向负责安全生产监督管理的部门、住房和城乡建设主管部门或者其他有关部门报告；特种设备发生事故的，还应当同时向特种设备安全监督管理部门报告。发生生产安全事故后，施工单位应当采取措施防止事故扩大，保护事故现场。需要移动现场物品时，应当作出标记和书面记录，妥善保管有关证物。

（16）鼓励施工单位为施工现场从事危险作业的人员办理意外伤害保险。《中华人民共和国社会保险法》（以下简称《社会保险法》）于2011年7月1日起施行，为做好工伤保险和建筑意外伤害保险的衔接工作，全国人大常委会于2011年4月召开会议，通过了关于修改《建筑法》部分条款的决定，将《建筑法》第48条修改为：“建筑施工企业应当依法为职工参加工伤保险缴纳工伤保险费。鼓励企业为从事危险作业的职工办理意外伤害保险，支付保险费”。

（17）施工单位应当在施工现场入口处、施工起重机械、临时用电设施、脚手架、出入通道口、楼梯口、电梯井口、孔洞口、桥梁口、隧道口、基坑边沿、爆破物及有害危险气体和液体存放处等危险部位，设置明显的安全警示标志。安全警示标志必须符合国家标准。

（18）施工单位应当根据不同施工阶段和周围环境及季节、气候的变化，在施工现场采取相应的安全施工措施。施工现场暂时停止施工的，施工单位应当做好现场防护，所需费用由责任方承担，或者按照合同约定执行。

（19）施工单位应当将施工现场的办公、生活区与作业区分开设置，并保持安全距离；办公、生活区的选址应当符合安全性要求。职工的膳食、饮水、休息场所等应当符合卫生标准。施工单位不得在尚未竣工的建筑物内设置职工集体宿舍。施工现场临时搭建的建筑物应当符合安全使用要求。施工现场使用的装配式活动房屋应当具有产品合格证。

（20）施工单位对因建设工程施工可能造成损害的毗邻建筑物、构筑物和地下管线等，应当采取专项防护措施。

（六）其他有关单位的安全生产责任

（1）出租单位、自购建筑起重机械的使用单位，应当建立建筑起重机械安全技术档案。建筑起重机械安全技术档案应当包括以下资料：购销合同、制造许可证、产品合格证、制造监督检验证明、安装使用说明书、备案证明等原始资料；定期检验报告、定期自行检查记录、定期维护保养记录、维修和技术改造记录、运行故障和生产安全事故记录、累计运转记录等运行资料；历次安装验收资料。

（2）从事建筑起重机械安装、拆卸活动的单位（以下简称安装单位）应当依法取得建设主管部门颁发的相应资质和建筑施工企业安全生产许可证，并在其资质许可范围内承揽建筑起重机械安装、拆卸工程。

（3）安装单位应当按照建筑起重机械安装、拆卸工程专项施工方案及安全操作规程组织安装、拆卸作业。

安装单位的专业技术人员、专职安全生产管理人员应当进行现场监督，技术负责人应当定期巡查。

二、安全生产责任体系

为了实现安全生产，必须落实安全生产责任，建立和完善安全生产责任保障体系。其内容主要包括：建立或完善各级安全管理机构，明确建筑安全生产各相关主体的职责，建立健全各相关的安全生产管理制度，落实安全生产责任。

（一）各级人民政府住房和城乡建设主管部门安全监管职责

（1）依据安全生产的法律、法规，建立和完善建筑安全生产监督管理的保证体系，制定建筑安全生产中长期规划、规章和标准。

（2）住房和城乡建设主管部门对本行政区域内的建筑安全生产实施监督检查，依法查处建筑安全生产违法违规行为。

（3）对建筑安全监督管理机构的工作进行领导和监督，对安全监督员进行考核发证。

（4）组织建筑安全生产教育培训工作，推广建筑安全生产新技术、新产品和新材料；推广建筑安全生产管理先进经验，表彰在建筑安全生产工作中作出显著成绩的单位和个人。

（5）组织建筑安全事故调查处理工作。

（二）各级建筑安全生产监督管理机构安全管理职责

（1）按照国家的法律、法规和标准对施工现场安全生产和文明施工进行全过程的监督和管理；

（2）监督检查施工现场安全和文明施工状况，对安全隐患提出整改意见；

（3）检查、检验、检测施工现场使用的安全防护用具、机械设备等设施；

（4）协助住房和城乡建设主管部门组织调查处理和统计伤亡事故；

（5）住房和城乡建设主管部门交办的其他事情。

（三）施工企业安全管理职责

施工企业是建筑安全生产的主体，其行为直接影响安全生产的效果。

（1）为了搞好安全生产，企业必须建立各级安全生产管理机构，明确公司法人为安全生产第一责任人，并明确公司内部各级安全生产责任人及其职责，做到“层层有人负责、事事有人管理”，职责分工明确，以确保施工活动顺利进行。

（2）建立安全生产管理制度，主要包括安全教育培训制度、安全技术措施与交底制度、安全生产检查制度等制度。

（3）落实各级安全生产责任制，结合本企业的实际，制定出相应的责任制，奖罚分明，为了确保责任制的落实，必须坚持以下原则：

①"谁主管，谁负责"，把权、责、利有机结合起来。

②"管生产必须管安全"，做到安全工作与生产效益同时计划、落实。

③"全员全过程、全方位"原则，做到人人有安全责任，各生产环节都不放过安全生产，从不同角度、不同层面，围绕安全生产目标，齐抓共管，共同搞好安全生产。

第三节　建筑安全生产的行政监督管理

一、建筑安全生产的行政监督管理体系

《建筑法》第43条规定，建设行政主管部门负责建筑安全生产的管理，并依法接受劳动行政主管部门对建筑安全的指导和监督。《安全生产法》第9条规定，安全生产监督管理部门对安全生产工作实施综合监督管理，政府各有关部门依照有关法律、行政法规的规定，在各自的职责范围内对有关的安全生产工作实施监督管理。《建设工程安全生产管理条例》第39条进一步明确规定，国务院负责安全生产监督管理的部门依照《安全生产法》的规定，对全国建设工程安全生产工作实施综合监督管理。县级以上地方人民政府负责安全生产监督管理的部门依照《安全生产法》的规定，对本行政区域内建设工程安全生产工作实施综合监督管理。第40条规定，国务院住房和城乡建设行政主管部门对全国的建设工程安全生产实施监督管理。县级以上地方人民政府住房和城乡建设行政主管部门对本行政区域内的建设工程安全生产实施监督管理。当前，我国县以上地方政府建设行政主管部门基本上设立了建筑安全监督管理机构，负责本地区建筑安全生产的日常监督管理工作。

二、安全生产监督管理制度

安全生产的监督管理必须坚持"以人为本"的理念和"安全第一，预防为主，综合治理"的方针，建立安全生产的长效机制。各级住房和城乡建设主管部门主要负责人是本地区建筑安全生产、综合防灾和应急管理工作（以下简称安全生产工作）的第一责任人，对

安全生产控制指标负总责。住房和城乡建设主管部门应当依照有关法律、法规，针对有关责任主体和工程项目，健全完善建筑施工企业安全生产许可证制度，建筑施工企业“三类人员”安全生产任职考核制度，建筑工程安全施工措施备案制度，建筑工程开工安全条件审查制度，施工现场特种作业人员持证上岗制度，施工起重机械使用登记制度，建筑工程生产安全事故应急救援制度和危及施工安全的工艺、设备、材料淘汰等制度。同时，根据《建筑工程安全生产监督管理工作导则》等，住房和城乡建设主管部门可结合实际，建立以下安全生产监督管理制度，强化对安全生产的监督管理：

（1）建筑工程安全生产形势分析制度，定期对本行政区域内建筑工程安全生产状况进行多角度、全方位分析，找出事故多发类型、原因和安全生产管理薄弱环节，制定相应措施，并发布建筑工程安全生产形势分析报告。

（2）建筑工程安全生产联络员制度，在本行政区域内各市、县及有关企业中设置安全生产联络员，定期召开会议，加强工作信息动态交流，研究控制事故的对策、措施，部署和安排重大工作。

（3）建筑工程安全生产预警提示制度，在重大节日、重要会议、特殊季节、恶劣天气到来和施工高峰期之前，认真分析和查找本行政区域建筑工程安全生产薄弱环节，深刻吸取以往年度同时期曾发生事故的教训，有针对性地提早作出符合实际的安全生产工作部署。

（4）建筑工程重大危险源公示和跟踪整改制度，开展本行政区域建筑工程重大危险源的普查登记工作，掌握重大危险源的数量和分布状况，经常性地向社会公布建筑工程重大危险源名录、整改措施及治理情况。

（5）建筑工程安全生产监管责任层级监督与重点地区监督检查制度，监督检查下级住房和城乡建设主管部门安全生产责任制的建立和落实情况，贯彻执行安全生产法规政策和制定各项监管措施情况；根据安全生产形势分析，结合重大事故暴露出的问题及在专项整治、监管工作中存在的突出问题，确定重点监督检查地区。

（6）建筑工程安全重特大事故约谈制度，上级住房和城乡建设主管部门领导要与事故发生地的住房和城乡建设主管部门负责人约见谈话，分析事故原因和安全生产形势，研究工作措施；事故发生地住房和城乡建设主管部门负责人要与发生事故工程的建设单位、施工单位等有关责任主体的负责人进行约谈告诫，并将约谈告诫记录向社会公示。

（7）建筑工程安全生产监督执法人员培训考核制度，对建筑工程安全生产监督执法人员定期进行安全生产法律、法规和标准、规范的培训，并进行考核，考核合格的方可上岗。

（8）建筑工程安全监督管理档案评查制度，对建筑工程安全生产的监督检查、行政处罚、事故处理等行政执法文书、记录、证据材料等立卷归档。

（9）建筑工程安全生产信用监督和失信惩戒制度，将建筑工程安全生产各方责任主体和从业人员安全生产不良行为记录在案，并利用网络、媒体等向全社会公示，加大安全生产社会监督力度。

（10）安全事故快报制度，在国家和建设部规定的时限内，及时、翔实地上报有关事故情况，并追究在事故报告工作中失职、渎职的有关人员的责任。

（11）重大事故分析评估制度，重大事故发生后，从体制、机制、法规、政策和技术层面深入分析事故成因，提出加强和改进工作的目标、措施，以及完善法规政策和技术标准等的具体意见和建议。

（12）健全行政审批和监管责任追究制度，对于涉及安全生产的行政许可，按照“谁审批、谁负责”的原则，明确规定有关工作责任，建立审批后的动态监管机制和责任追究制度。

（13）房屋市政工程生产安全和质量事故查处督办制度：上级住房和城乡建设主管部门督促下级住房和城乡建设行政主管部门，依照有关法律、法规做好房屋建筑和市政工程生产安全和质量事故的调查处理工作。住房和城乡建设部负责房屋市政工程生产安全和质量较大及以上事故的查处督办，省级住房和城乡建设部负责一般事故的查处督办。

（14）房屋市政工程生产安全重大隐患挂牌督办制度：住房和城

乡建设主管部门对房屋市政工程施工中存在的危害程度和整改难度较大，可能导致群死群伤或造成重大经济损失的隐患实施挂牌督办，督促企业依照有关法律、法规和技术标准及时消除施工现场存在的重大隐患。按照属地管理的原则，挂牌督办主要由省级住房和城乡建设主管部门负总责，工程所在地的住房和城乡建设主管部门具体负责实施。

三、安全生产层级监督管理

1. 住房和城乡建设主管部门对下级住房和城乡建设主管部门层级监督检查的主要内容

（1）履行安全生产监管职责情况；

（2）建立完善建筑工程安全生产法规、标准情况；

（3）建立健全安全生产监督管理制度情况；

（4）制定和落实安全生产控制指标情况；

（5）建筑生产安全事故防范措施、重大事故隐患督促整改情况；

（6）开展建筑工程安全生产专项整治和执法情况等。

2. 住房和城乡建设主管部门对下级住房和城乡建设主管部门层级监督检查的主要方式

（1）听取下级住房和城乡建设主管部门的工作汇报；

（2）询问有关人员安全生产监督管理情况；

（3）查阅有关规范性文件、安全生产责任书、安全生产控制指标、监督执法案卷和有关会议记录等文件资料；

（4）有关企业和施工现场，检查监督管理实效；

（5）下级履行安全生产监管职责情况进行综合评价，并反馈监督检查意见。

四、安全生产监督管理的主要内容与方式

（一）对施工单位的安全生产监督管理

住房和城乡建设主管部门在日常监督管理中，通过听取施工单位工作汇报或情况介绍，查阅相关文件资料和资质资格证明，考察、询问有关人员，抽查施工现场或勘察现场，检查履行安全生产职责情况，并对监督检查情况进行反馈监督提出整改要求和建议。对施工单位安全生产监督管理的内容主要是：

（1）《安全生产许可证》办理情况；

（2）建筑工程安全防护、文明施工措施费用的使用情况；

（3）设置安全生产管理机构和配备专职安全管理人员情况；

（4）“三类人员”经主管部门安全生产考核情况；

（5）特种作业人员持证上岗情况；

（6）安全生产教育培训计划制定和实施情况；

（7）施工现场作业人员意外伤害保险办理情况；

（8）职业危害防治措施制定情况，安全防护用具和安全防护服装的提供及使用管理情况；

（9）施工组织设计和安全专项施工方案编制、论证、审批及实施情况；

（10）生产安全事故应急救援预案的建立与落实情况；

（11）企业内部安全生产检查开展和事故隐患整改情况；

（12）重大危险源的登记、公示与监控情况；

（13）生产安全事故的统计、报告和调查处理情况等；

（14）对安全生产许可证进行动态监管。

对于承建施工企业未取得安全生产许可证的工程项目，不得颁发施工许可证；发现未取得安全生产许可证施工企业从事施工活动的，严格按照《安全生产许可证条例》进行处罚；取得安全生产许可证后，对降低安全生产条件的，暂扣安全生产许可证，限期整改，整改不合格的，吊销安全生产许可证；对于发生重大事故的施工企业，暂扣安全生产许可证，并限期整改。生产安全事故所在地的住房和城乡建设主管部门（跨省施工的，由事故所在地的省级住房和城乡建设主管部门）要及时将事故情况通报给发生事故施工单位的安全生产许可证颁发机关；对向不具备法定条件施工企业颁发安全生产许可证的，以及向承建施工企业未取得安全生产许可证的项目颁发施工许可证的，要严肃追究有关主管部门的违法发证责任。

（二）对监理单位的安全生产监督管理

住房和城乡建设主管部门对工程监理单位安全生产监督检查的主

要内容是：

（1）将安全生产管理内容纳入监理规划的情况，以及在监理规划和中型以上工程的监理细则中制定对施工单位安全技术措施的检查方面情况；

（2）审查施工企业资质和安全生产许可证、三类人员及特种作业人员取得考核合格证书和操作资格证书情况；

（3）审核施工企业安全生产保证体系、安全生产责任制、各项规章制度和安全监管机构建立及人员配备情况；

（4）审核施工企业应急救援预案和安全防护、文明施工措施费用使用计划情况；

（5）审核施工现场安全防护是否符合投标时承诺和《建筑施工现场环境与卫生标准》等标准要求情况；

（6）复查施工单位施工机械和各种设施的安全许可验收手续情况；

（7）审查施工组织设计中的安全技术措施或专项施工方案是否符合工程建设强制性标准情况；

（8）定期巡视检查危险性较大的分部分项工程作业情况；

（9）下达隐患整改通知单，要求施工单位整改事故隐患情况或暂时停工情况；整改结果复查情况；向建设单位报告督促施工单位整改情况；向工程所在地的住房和城乡建设主管部门报告施工单位拒不整改或不停止施工情况。

（三）对建设单位的安全生产监督管理

住房和城乡建设主管部门对建设单位安全生产监督检查的主要内容是：

（1）申领施工许可证时，提供建筑工程有关安全施工措施资料的情况；按规定办理工程质量监督手续的情况；

（2）按照国家有关规定和合同约定向施工单位拨付建筑工程安全防护、文明施工措施费用的情况；

（3）向施工单位提供施工现场及毗邻区域内地下管线资料，气象和水文观测资料，相邻建筑物和构筑物、地下工程等有关资料的情况；

(4) 履行合同约定工期的情况；

(5) 有无明示或暗示施工单位购买、租赁、使用不符合安全施工要求的安全防护用具、机械设备、施工机具及配件、消防设施和器材的行为。

(四) 对勘察、设计的安全生产监督管理

住房和城乡建设主管部门对勘察、设计单位安全生产监督检查的主要内容是：

(1) 勘察单位按照工程建设强制性标准进行勘察情况；提供真实、准确的勘察文件情况；采取措施保证各类管线、设施和周边建筑物、构筑物安全的情况；

(2) 设计单位按照工程建设强制性标准进行设计情况；在设计文件中注明施工安全重点部位、环节以及提出指导意见的情况；采用新结构、新材料、新工艺或特殊结构的建筑工程，提出保障施工作业人员安全和预防生产安全事故措施建议的情况。

(五) 对工程建设其他单位的安全生产监督管理

由于违规使用建筑起重机械经常产生安全生产事故，因此住房和城乡建设部出台了《建筑起重机械安全监督管理规定》(建设部令第166号)，着力于强化对建筑起重机械的安全监督管理。规定涵盖了建筑起重机械的租赁、安装、拆卸、使用的全过程，明确了该过程中相关主体的安全生产职责。主要包括：要求起重机械出租单位出租的设备应当具备相应的特种设备制造许可证、产品合格证明，在首次出租前在建设部门进行备案，并建立起重机械的安全技术档案；要求起重机械安装拆卸的单位具备相应资质和安全生产许可证，在安装过程中要拍专业技术人员进行现场监督，并对经调试、自检合格的起重机械出具合格证明；起重机械使用单位应对起重机械进行定期检查、维护和保养，指定专人对设备进行管理。

住房和城乡建设主管部门安全生产监督检查的主要内容是：

(1) 机械设备、施工机具及配件的出租单位提供相关制造许可证、产品合格证、检测合格证明的情况；

（2）施工起重机械和整体提升脚手架、模板等自升式架设设施安装单位的资质、安全施工措施及验收调试等情况；

（3）施工起重机械和整体提升脚手架、模板等自升式架设设施的检验检测单位资质和出具安全合格证明文件情况。

（六）对施工现场的安全生产监督管理

（1）住房和城乡建设主管部门对工程项目开工前的安全生产条件审查。在颁发项目施工许可证前，建设单位或建设单位委托的监理单位，应当审查施工企业和现场各项安全生产条件是否符合开工要求，并将审查结果报送工程所在地的住房和城乡建设主管部门。审查的主要内容是：施工企业和工程项目安全生产责任体系、制度、机构建立情况，安全监管人员配备情况，各项安全施工措施与项目施工特点结合情况，现场文明施工、安全防护和临时设施等情况。住房和城乡建设主管部门对审查结果进行复查。必要时，到工程项目施工现场进行抽查。

（2）住房和城乡建设主管部门对工程项目开工后的安全生产监管内容包括：工程项目各项基本建设手续办理情况、有关责任主体和人员的资质和执业资格情况；施工、监理单位等各方主体履行安全生产监管职责情况；施工现场实体防护情况，施工单位执行安全生产法律、法规和标准规范情况；施工现场文明施工情况。

（3）住房和城乡建设主管部门对施工现场安全生产情况的监督检查可采取下列方式：查阅相关文件资料和现场防护、文明施工情况；询问有关人员安全生产监管职责履行情况；反馈检查意见，通报存在问题。对发现的事故隐患，下发整改通知书，限期改正；对存在重大安全隐患的，下达停工整改通知书，责令立即停工，限期改正。对施工现场整改情况进行复查验收，逾期未整改的，依法予以行政处罚。

（4）监督检查后，住房和城乡建设主管部门作出书面安全监督检查记录。工程竣工后，将历次检查记录和日常监管情况纳入建筑工程安全生产责任主体和从业人员安全信用档案，并作为对安全生产许可证动态监管的重要依据。

(5) 住房和城乡建设主管部门接到群众有关建筑工程安全生产的投诉或监理单位等的报告时，应到施工现场调查了解有关情况，并作出相应处理。

(6) 住房和城乡建设主管部门对施工现场实施监督检查时，应当有两名以上监督执法人员参加，并出示有效的执法证件。

五、施工企业对施工现场的安全管理

施工现场作为安全生产第一线，一切建筑生产活动都是在施工现场实现的，施工企业安全工作的好坏也是通过施工现场体现出来。根据有关法律、法规和规定，施工现场安全管理有以下内容：

(1) 工程项目应当建立以项目负责人为安全生产第一责任人的安全生产责任制，完善安全生产管理制度，确保施工安全贯穿工程建设的全过程。

(2) 建设工程实行施工总承包的，由总承包单位对施工现场的安全生产负总责，对施工现场的安全生产进行统一监督管理和全面负责。总承包单位依法将建设工程分包给其他单位的，分包合同中应当明确各自的安全生产方面的权利、义务。总承包单位和分包单位对分包工程的安全生产承担连带责任。分包单位应当服从总承包单位的安全生产管理，分包单位不服从管理导致生产安全事故的，由分包单位承担主要责任。

(3) 施工单位应当在施工现场设立安全生产管理机构，配备专职安全生产管理人员，建立并落实安全检查制度，发现隐患立即整改。在施工过程中，施工企业应当接受并配合建筑安全监督管理机构的监督检查。建设工程项目应当按照以下标准配备专职安全生产管理人员：

建筑工程、装修工程按照建筑面积：1 万平方米及以下的工程至少 1 人；1 万 ~5 万平方米的工程至少 2 人；5 万平方米以上的工程至少 3 人，应当设置安全主管，按土建、机电设备等专业设置专职安全生产管理人员。

土木工程、线路管道、设备按照安装总造价：5 000万元以下的工程至少 1 人；5 000万 ~1 亿元的工程至少 2 人；1 亿元以上的工程至少3人，应当设置安全主管，按土建、机电设备等专业设置专职安全生产管理人员。专职安全生产管理人员负责对安全生产进行现场监督检查。发现安全事故隐患，应当及时向项目负责人和安全生产管理机构报告；对违章指挥、违章操作的，应当立即制止。

（4）施工单位应当在施工组织设计中编制安全技术措施。施工单位应当在基坑支护与降水工程、土方开挖工程、起重机械拆装工程、模板工程、起重吊装工程、脚手架工程和拆除、爆破工程等危险性较大的分部分项工程施工前编制安全专项施工方案；对于超过一定规模的危险性较大的分部分项工程，施工单位应当组织专家对安全专项施工方案进行论证。建筑工程实行施工总承包的，安全专项施工方案应当由施工总承包单位组织编制。其中，起重机械安装拆卸工程、深基坑工程、附着式升降脚手架等专业工程实行分包的，其安全专项施工方案可由专业承包单位组织编制。

（5）施工单位应建立并落实员工安全教育培训制度。未经安全教育培训的员工不得上岗作业。建筑施工特种作业人员应经住房和城乡建设主管部门安全生产考核合格，取得资格证书方可上岗作业。建筑施工特种作业人员应当参加年度安全教育培训或者继续教育，每年不得少于24小时。

（6）施工单位应当根据不同施工阶段的施工防护要求，采取相应的施工安全防护措施。现场施工安全防护措施应当符合国家劳动安全健康标准。

（7）施工单位应当在施工现场按照规定使用安全防护用具及机械设备等设施，按规定为作业人员提供劳动防护用品、用具，并告知其正确的使用方法。

（8）施工现场应当实行封闭管理，现场周边应设置围挡。在入口处设置与施工有关单位标志的门头、工程概况牌、管理人员名单及监督电话牌、安全生产牌、文明施工牌、消防保卫牌和施工现场总平面布置图。施工现场道路应平整、干净、畅通。应建立和执行防火管理制度，设置符合要求的消防设施。

（9）施工现场应设置必要的职工生活设施，包括临时住所、食堂、饮水供应、洗手间、学习娱乐设施以及必要的医疗和急救设施。设施应符合卫生、通风、照明等的要求。

(10）施工现场应当采取控制和处理各种粉尘、噪声、废气、废水和固体废物的措施，确保施工现场符合国家有关环保和健康的要求。

第四节 生产安全事故的处理

一、概念和等级

（一）概念

生产经营活动中发生的造成人身伤亡或者直接经济损失的事故。

（二）等级

根据《生产安全事故调查和处理条例》（第493号国务院令）以及建设部《关于印发〈关于进一步规范房屋建筑和市政工程生产安全事故报告和调查处理工作的若干意见〉的通知》（建质2007〔257〕号），事故分为四个等级（本等级划分所称的“以上”包括本数，所称的“以下”不包括本数）：

（1）特别重大事故，是指造成30人以上死亡，或者100人以上重伤，或者1亿元以上直接经济损失的事故；

（2）重大事故，是指造成10人以上30人以下死亡，或者50人以上100人以下重伤，或者5 000万元以上1亿元以下直接经济损失的事故；

（3）较大事故，是指造成3人以上10人以下死亡，或者10人以上50人以下重伤，或者1 000万元以上5 000万元以下直接经济损失的事故；

（4）一般事故，是指造成3人以下死亡，或者10人以下重伤，或者1 000万元以下100万元以上直接经济损失的事故。

二、事故的报告

为了规范事故报告和处理，2009年住房和城乡建设部下发了《关于进一步规范住房和城乡建设系统安全生产及以上事故报告工作的通知》（建安〔2009〕1号）和《关于进一步做好建筑生产安全事故处理工作的通知》（建质〔2009〕296号）。

（一）事故报告

根据施工单位发生生产安全事故，应当按照国家有关生产安全事故报告和调查处理的规定，及时、如实地报告。报告事故应注意以下几点：

1. 及时地向有关部门报告事故

（1）事故发生后，事故现场有关人员应当立即向施工单位负责人报告；施工单位负责人接到报告后，应当于1小时内向事故发生地的县级以上人民政府住房和城乡建设主管部门和有关部门报告。

情况紧急时，事故现场有关人员可以直接向事故发生地的县级以上人民政府住房和城乡建设主管部门和有关部门报告。

（2）住房和城乡建设主管部门接到事故报告后，应当依照下列规定上报事故情况，并通知安全生产监督管理部门、公安机关、劳动保障行政主管部门、工会和人民检察院。

住房和城乡建设主管部门按照有关规定逐级上报事故情况时，每级上报的时间不得超过2小时。

2. 如实地报告事故

事故报告要客观，将事故发生的真实情况，包括事故发生时间、地点、规模、伤亡人数、简要经过等全部情况整体原本的上报，并具体说明细节情况。

3. 事故报告内容

事故报告应当包括以下内容：

（1）事故发生的时间、地点和工程项目、有关单位名称；

（2）事故的简要经过；

（3）事故已经造成或者可能造成的伤亡人数（包括下落不明的人数）和初步估计的直接经济损失；

（4）事故的初步原因；

（5）事故发生后采取的措施及事故控制情况；

（6）事故报告单位或报告人员；

(7) 其他应当报告的情况。

事故报告后出现新情况，以及事故发生之日起30日内伤亡人数发生变化的，应当及时补报。

4. 实行施工总承包的建设工程，由总承包单位负责上报事故

(二) 发生事故后应采取的措施

发生生产安全事故后，施工单位要采取紧急措施，积极抢救伤员，排除险情，防止事故的蔓延和扩大，减少人员伤亡和财产损失。同时要迅速保护现场，因抢救人员、疏导交通等原因需要移动现场物件的，应当作出标志，绘制现场简图并作出书面记录，妥善保护现场重要痕迹、物证，有条件的应当拍照或者录像。要采取必要措施，防止人为破坏或自然因素的破坏。

三、事故的处理

包括事故调查组的组成和职责、调查取证程序、事故原因分析、事故责任划分等内容。

(一) 事故调查组的组成和职责

1. 事故调查的权限

特别重大事故由国务院或者国务院授权有关部门组织事故调查组进行调查。

重大事故、较大事故、一般事故分别由事故发生地的省级人民政府、设区的市级人民政府、县级人民政府负责调查。省级人民政府、设区的市级人民政府、县级人民政府可以直接组织事故调查组进行调查，也可以授权或者委托有关部门组织事故调查组进行调查。

未造成人员伤亡的一般事故，县级人民政府也可以委托事故发生单位组织事故调查组进行调查。

上级人民政府认为必要时，可以调查由下级人民政府负责调查的事故。

2. 事故调查组的组成

依据《生产安全事故报告和调查处理条例》(国务院令第493号) 的规定，事故调查组的组成应当遵循精简、效能的原则。根据事故的具体情况，事故调查组由有关人民政府、安全生产监督管理部

门、负有安全生产监督管理职责的有关部门、监察机关、公安机关以及工会派人组成，并应当邀请人民检察院派人参加。依据《关于进一步规范房屋建筑和市政工程生产安全事故报告和调查处理工作的若干意见》（建质〔2007〕257号）规定，房屋市政工程发生生产安全事故的，住房和城乡建设主管部门应当按照有关人民政府的授权或委托组织事故调查组对事故进行调查。事故调查组可以聘请有关专家参与调查。

3. 事故调查组的职责

依据《关于进一步规范房屋建筑和市政工程生产安全事故报告和调查处理工作的若干意见》（建质〔2007〕257号）的规定，事故调查组履行下列职责：

（1）核实事故项目基本情况，包括项目履行法定建设程序情况、参与项目建设活动各方主体履行职责的情况；

（2）查明事故发生的经过、原因、人员伤亡及直接经济损失，并依据国家有关法律、法规和技术标准分析事故的直接原因和间接原因；

（3）认定事故的性质，明确事故责任单位和责任人员在事故中的责任；

（4）依照国家有关法律、法规对事故的责任单位和责任人员提出处理建议；

（5）总结事故教训，提出防范和整改措施；

（6）提交事故调查报告。

（二）事故的调查

1. 现场勘察

调查组成立后，应立即对事故现场进行勘察。因现场勘察是一项技术性很强的工作，它涉及广泛的科学技术知识和实践经验。勘察时必须及时、全面、细致、准确、客观的反映原始面貌。其勘察的主要内容有：

（1）资料搜集。包括物证、事故事实材料、受害和肇事者的有关事实及证人材料等的搜集。

（2）实物拍照。包括方位拍照、全面拍照、中心拍照、人体拍照等。

（3）现场绘图。根据事故的类别以及调查工作的需要应绘制出下列示意图：建筑物平面图、剖面图；事故发生时人员位置及疏散（活动图）；破坏物立体图示展开图；涉及范围图；设备加工、器具构造图。

（4）事故全貌摄影。重大事故，应当在拍照的同时，对事故现场进行全貌摄影，作为事故档案加以保留。

（5）事故图。事故图一般在事故分析和事故报告中使用，如事故现场示意图、流程图、受害者位置图等，从中可以了解事故全过程的信息和因果关系，以方便事故因素的分析。

（6）清理事故现场。重伤事故现场，一般由企业主管部门勘察现场后决定；死亡事故现场，由事故调查组和当地劳动、检察部门勘察现场取证后协商确定。

2. 事故原因分析

事故原因分析的步骤和要求是：

（1）通过详细的调查，查明事故发生的经过。要弄清产生事故的各种因素，如人、物、生产和技术管理、生产和社会环境、机械设备的状态等方面的问题，经过认真、客观、全面、细致、准确地分析，确定事故的性质和责任。

（2）事故分析时，首先整理和仔细阅读调查材料，对受伤部门、受伤性质、起因物、致害物、伤害方法、人的不安全行为、物的不安全状态等内容进行分析。

（3）根据调查所确定的事实，从直接原因入手，逐步深入到间接原因。广义地说，凡是人们不安全行为和物的不安全状态都属于事故直接原因的范畴。

3. 确定事故性质

通过对事故直接原因和间接原因的分析，从而掌握事故的全部原因，再分清主次，确定事故的性质，施工现场发生的伤亡事故的性质通常可分为责任事故、非责任事故和破坏性事故。

4. 事故责任分析与处理

根据事故调查所确认的事实，通过对直接原因和间接原因的分析，确定事故中的直接责任者、主要责任者、重要责任者、领导责任者。

对造成事故的责任者，要进行教育，使其认识凡违反规章制度，不服从管理或强令工人违章冒险作业，因而发生重大伤亡事故，就是犯法行为，就触犯了《劳动法》、《刑法》，要受到法律制裁，情节较轻的也要受到党纪和行政处罚。

5. 制定和落实有针对性的防范措施

事故查清定性之后，要总结事故教训，制定有针对性的、行之有效的防范建议和整改措施，在配合事故单位稳定队伍情绪，妥善处理善后工作的同时，要督促事故单位对工程项目进行全面检查和隐患整改，并拿出今后实现安全生产的具体措施，防止事故重复发生。

6. 写出事故调查报告

事故调查组在完成上述几项工作后，应立即把事故发生的经过、原因、责任分析和处理意见及本次事故的教训，估算和实际发生的损失，对事故单位提出改进安全生产工作的意见和建议写成文字报告，经调查组成员会签后报有关部门审批，如意见不统一，应当进一步弄清事实，对照政策法规反复研究，统一认识，不可强求一致，但报告上应讲明情况，以便上级在必要时进行重点复查。

7. 事故的审理和结案

（1）事故调查组应当自事故发生之日起 60 日内提交事故调查报告；特殊情况下，经负责事故调查的人民政府批准，提交事故调查报告的期限可以适当延长，但延长的期限最长不超过 60 日。

（2）事故调查报告报送负责事故调查的人民政府后，事故调查工作即告结束。事故调查的有关资料应当归档保存。

（3）重大事故、较大事故、一般事故，负责事故调查的人民政府应当自收到事故调查报告之日起 15 日内做出批复；特别重大事故，30 日内做出批复，特殊情况下，批复时间可以适当延长，但延长的时间最长不超过 30 日。

四、事故的统计上报

（一）统计范围

房屋市政工程生产安全事故。

（二）统计的内容

主要包括企业的基本情况，各类事故发生的次数、职工伤亡人数、伤亡程度、事故类别、伤亡事故发生的场所（部位），经济损失等。

（三）信息报送

（1）住房和城乡建设主管部门应当按照有关规定将一般及以上生产安全事故通过《建设系统安全事故和自然灾害快报系统》上报至国务院住房和城乡建设主管部门。

（2）对于经调查认定为非生产安全事故的，住房和城乡建设主管部门应在事故性质认定后10个工作日内将有关材料报上一级住房和城乡建设主管部门。

第五节　法律责任

一、有关单位的安全生产法律责任

（一）建设单位的安全生产法律责任

1. 违反《建筑法》的法律责任

建设单位违反《建筑法》的规定，要求建筑设计单位或者建筑施工企业违反建筑工程质量、安全标准，降低工程质量的，责令改正，可以处以罚款；构成犯罪的，依法追究刑事责任。

2. 违反《建设工程安全生产管理条例》的法律责任

（1）建设单位未提供建设工程安全生产作业环境及安全施工措施所需费用的，责令限期改正；逾期未改正的，责令该建设工程停止施工。建设单位未将保证安全施工的措施或者拆除工程的有关资料报送有关部门备案的，责令限期改正，给予警告。

（2）建设单位有下列行为之一的，责令限期改正，处20万元以上50万元以下的罚款；造成重大安全事故，构成犯罪的，对直接责任人员，依照刑法有关规定追究刑事责任；造成损失的，依法承担赔偿责任：对勘察、设计、施工、工程监理等单位提出不符合安全生产法律、法规和强制性标准规定的要求的；要求施工单位压缩合同约定的工期的；将拆除工程发包给不具有相应资质等级的施工单位的。

3. 违反《生产安全事故报告和调查处理条例》的法律责任

（1）事故发生后不立即组织事故抢救的；迟报或者漏报事故的；在事故调查处理期间擅离职守的；谎报或者瞒报事故的；伪造或者故意破坏事故现场的；转移、隐匿资金、财产，或者销毁有关证据、资料的；阻碍、干涉事故调查工作的；拒绝接受调查或者拒绝提供有关情况和资料的；在事故调查中作伪证或者指使他人作伪证的；事故发生后逃匿的。

存在上述行为的事故单位及其有关人员，按照有关规定给予罚款；属于国家工作人员的，依法给予处分；构成违反治安管理行为的，由公安机关依法给予治安管理处罚；构成犯罪的，依法追究刑事责任。

（2）对造成生产安全事故的责任者，由其所在单位或上级主管部门给予行政处分；构成犯罪的，由司法机关依法追究刑事责任。

（3）对造成生产安全事故承担直接责任的，由其上级主管部门或当地住房和城乡建设主管部门，根据调查组的建议，令其限期改善工程建设技术安全措施，并依据有关法规予以处罚。

4. 违反《实施工程建设强制性标准监督规定》的法律责任

建设单位有下列行为之一的，责令改正，并处以 20 万元以上 50 万元以下的罚款：

（1）明示或者暗示施工单位使用不合格的建筑材料、建筑构配件和设备的；

（2）明示或暗示设计单位或者施工单位违反工程建设强制性标准，降低工程质量的。

（二）勘察、设计单位的安全生产法律责任

1. 违反《建筑法》的法律责任

建筑设计单位不按照建筑工程质量、安全标准进行设计的，责令改正，处以罚款；造成工程质量事故的，责令停业整顿，降低资质等级或者吊销资质证书，没收违法所得，并处罚款；造成损失的，承担赔偿责任；构成犯罪的，依法追究刑事责任。

2. 违反《建设工程安全生产管理条例》的法律责任

勘察单位、设计单位有下列行为之一的，责令限期改正，处10万元以上30万元以下的罚款；情节严重的，责令停业整顿，降低资质等级，直至吊销资质证书；造成重大安全事故，构成犯罪的，对直接责任人员，依照刑法有关规定追究刑事责任；造成损失的，依法承担赔偿责任：

（1）未按照法律、法规和工程建设强制性标准进行勘察、设计的；

（2）采用新结构、新材料、新工艺的建设工程和特殊结构的建设工程，设计单位未在设计中提出保障施工作业人员安全和预防生产安全事故的措施建议的。

3. 违反《生产安全事故报告和调查处理条例》的法律责任

（1）事故发生后不立即组织事故抢救的；迟报或者漏报事故的；在事故调查处理期间擅离职守的；谎报或者瞒报事故的；伪造或者故意破坏事故现场的；转移、隐匿资金、财产，或者销毁有关证据、资料的；阻碍、干涉事故调查工作的；拒绝接受调查或者拒绝提供有关情况和资料的；在事故调查中作伪证或者指使他人作伪证的；事故发生后逃匿的。

存在上述行为的事故单位及其有关人员，按照有关规定给予罚款；属于国家工作人员的，依法给予处分；构成违反治安管理行为的，由公安机关依法给予治安管理处罚；构成犯罪的，依法追究刑事责任。

（2）对造成生产安全事故的责任者，由其所在单位或上级主管部门给予行政处分；构成犯罪的，由司法机关依法追究刑事责任。

（3）对造成生产安全事故承担直接责任的，由其上级主管部门或当地住房和城乡建设主管部门，根据调查组的建议，令其限期改善工程建设技术安全措施，并依据有关法规予以处罚。

4. 违反《实施工程建设强制性标准监督规定》的法律责任

（1）勘察、设计单位违反工程建设强制性标准进行勘察、设计的，责令改正，并处以10万元以上30万元以下的罚款。

（2）勘察、设计单位违反工程建设强制性标准进行勘察、设计造成工程质量事故的，责令停业整顿，降低资质等；情节严重的，吊销资质证书；造成损失的，依法承担赔偿责任。

（三）工程监理单位的安全生产法律责任

1. 违反《建设工程安全生产管理条例》的法律责任

工程监理单位有下列行为之一的，责令限期改正；逾期未改正的，责令停业整顿，并处10万元以上30万元以下的罚款；情节严重的，降低资质等级，直至吊销资质证书；造成重大安全事故，构成犯罪的，对直接责任人员，依照刑法有关规定追究刑事责任；造成损失的，依法承担赔偿责任：

（1）未对施工组织设计中的安全技术措施或者专项施工方案进行审查的；

（2）发现安全事故隐患未及时要求施工单位整改或者暂时停止施工的；

（3）施工单位拒不整改或者不停止施工，未及时向有关主管部门报告的；

（4）未依照法律、法规和工程建设强制性标准实施监理的。

2. 违反《生产安全事故报告和调查处理条例》的法律责任

（1）事故发生后不立即组织事故抢救的；迟报或者漏报事故的；在事故调查处理期间擅离职守的；谎报或者瞒报事故的；伪造或者故意破坏事故现场的；转移、隐匿资金、财产，或者销毁有关证据、资料的；阻碍、干涉事故调查工作的；拒绝接受调查或者拒绝提供有关情况和资料的；在事故调查中作伪证或者指使他人作伪证的；事故发生后逃匿的。

存在上述行为的事故单位及其有关人员，按照有关规定给予罚款；属于国家工作人员的，依法给予处分；构成违反治安管理行为的，由公安机关依法给予治安管理处罚；构成犯罪的，依法追究刑事责任。

(2) 对造成生产安全事故的责任者，由其所在单位或上级主管部门给予行政处分；构成犯罪的，由司法机关依法追究刑事责任。

3. 违反《实施工程建设强制性标准监督规定》的法律责任

工程监理单位违反强制性标准规定，将不合格的建设工程以及建筑材料、建筑构配件和设备按照合格签字的，责令改正，处50万元以上100万元以下的罚款，降低资质等级或者吊销资质证书；有违法所得的，予以没收；造成损失的，承担连带责任。

(四) 施工单位的安全生产法律责任

1. 违反《安全生产法》的法律责任

(1) 生产经营单位的决策机构、主要负责人、个人经营的投资人不依照本法规定保证安全生产所必需的资金投入，致使生产经营单位不具备安全生产条件的，责令限期改正，提供必需的资金；逾期未改正的，责令生产经营单位停产停业整顿。

有上述违法行为，导致发生生产安全事故，构成犯罪的，依照刑法有关规定追究刑事责任；尚不够刑事处罚的，对生产经营单位的主要负责人给予撤职处分，对个人经营的投资人处2万元以上20万元以下的罚款。

(2) 生产经营单位的主要负责人未履行本法规定的安全生产管理职责的，责令限期改正；逾期未改正的，责令生产经营单位停产停业整顿。

生产经营单位的主要负责人有上述违法行为，导致发生生产安全事故，构成犯罪的，依照刑法有关规定追究刑事责任；尚不够刑事处罚的，给予撤职处分或者处2万元以上20万元以下的罚款。

生产经营单位的主要负责人依照上述规定受刑事处罚或者撤职处分的，自刑罚执行完毕或者受处分之日起，5年内不得担任任何生产经营单位的主要负责人。

(3) 生产经营单位有下列行为之一的，责令限期改正；逾期未改正的，责令停产停业整顿，可以并处2万元以下的罚款：

①未按照规定设立安全生产管理机构或者配备安全生产管理人

员的；

②危险物品的生产、经营、储存单位以及矿山、建筑施工单位的主要负责人和安全生产管理人员未按照规定经考核合格的；

③未按照《安全生产法》第21～22条的规定对从业人员进行安全生产教育和培训，或者未按照本法第36条的规定如实告知从业人员有关的安全生产事项的；

④特种作业人员未按照规定经专门的安全作业培训并取得特种作业操作资格证书，上岗作业的。

（4）生产经营单位有下列行为之一的，责令限期改正；逾期未改正的，责令停止建设或者停产停业整顿，可以并处5万元以下的罚款；造成严重后果，构成犯罪的，依照刑法有关规定追究刑事责任：

①矿山建设项目或者用于生产、储存危险物品的建设项目的施工单位未按照批准的安全设施设计施工的；

②未在有较大危险因素的生产经营场所和有关设施、设备上设置明显的安全警示标志的；

③安全设备的安装、使用、检测、改造和报废不符合国家标准或者行业标准的；

④未对安全设备进行经常性维护、保养和定期检测的；

⑤未为从业人员提供符合国家标准或者行业标准的劳动防护用品的；

⑥特种设备以及危险物品的容器、运输工具未经取得专业资质的机构检测、检验合格，取得安全使用证或者安全标志，投入使用的；

⑦使用国家明令淘汰、禁止使用的危及生产安全的工艺、设备的。

（5）生产经营单位有下列行为之一的，责令限期改正；逾期未改正的，责令停产停业整顿，可以并处2万元以上10万元以下的罚款；造成严重后果，构成犯罪的，依照刑法有关规定追究刑事责任：

①生产、经营、储存、使用危险物品，未建立专门安全管理制度、未采取可靠的安全措施或者不接受有关主管部门依法实施的监督管理的；

②对重大危险源未登记建档，或者未进行评估、监控，或者未制订应急预案的；

③进行爆破、吊装等危险作业，未安排专门管理人员进行现场安全管理的。

（6）生产经营单位将生产经营项目、场所、设备发包或者出租给不具备安全生产条件或者相应资质的单位或者个人的，责令限期改正，没收违法所得；违法所得5万元以上的，并处违法所得1倍以上5倍以下的罚款；没有违法所得或者违法所得不足5万元的，单处或者并处1万元以上5万元以下的罚款；导致发生生产安全事故给他人造成损害的，与承包方、承租方承担连带赔偿责任。

生产经营单位未与承包单位、承租单位签订专门的安全生产管理协议或者未在承包合同、租赁合同中明确各自的安全生产管理职责，或者未对承包单位、承租单位的安全生产统一协调、管理的，责令限期改正；逾期未改正的，责令停产停业整顿。

（7）两个以上生产经营单位在同一作业区域内进行可能危及对方安全生产的生产经营活动，未签订安全生产管理协议或者未指定专职安全生产管理人员进行安全检查与协调的，责令限期改正；逾期未改正的，责令停产停业。

（8）生产经营单位有下列行为之一的，责令限期改正；逾期未改正的，责令停产停业整顿；造成严重后果，构成犯罪的，依照刑法有关规定追究刑事责任：

①生产、经营、储存、使用危险物品的车间、商店、仓库与员工宿舍在同一座建筑内，或者与员工宿舍的距离不符合安全要求的；

②生产经营场所和员工宿舍未设有符合紧急疏散需要、标志明显、保持畅通的出口，或者封闭、堵塞生产经营场所或者员工宿舍出口的。

（9）生产经营单位与从业人员订立协议，免除或者减轻其对从业人员因生产安全事故伤亡依法应承担的责任的，该协议无效；对生产经营单位的主要负责人、个人经营的投资人处2万元以上10万元以下的罚款。

（10）生产经营单位的从业人员不服从管理，违反安全生产规章制度或者操作规程的，由生产经营单位给予批评教育，依照有关规章制度给予处分；造成重大事故，构成犯罪的，依照刑法有关规定追究刑事责任。

（11）生产经营单位主要负责人在本单位发生重大生产安全事故时，不立即组织抢救或者在事故调查处理期间擅离职守或者逃匿的，给予降职、撤职的处分，对逃匿的处 15 日以下拘留；构成犯罪的，依照刑法有关规定追究刑事责任。

生产经营单位主要负责人对生产安全事故隐瞒不报、谎报或者拖延不报的，依照上述规定处罚。

（12）生产经营单位不具备《安全生产法》和其他有关法律、行政法规和国家标准或者行业标准规定的安全生产条件，经停产停业整顿仍不具备安全生产条件的，予以关闭；有关部门应当依法吊销其有关证照。

（13）生产经营单位发生生产安全事故造成人员伤亡、他人财产损失的，应当依法承担赔偿责任；拒不承担或者其负责人逃匿的，由人民法院依法强制执行。

生产安全事故的责任人未依法承担赔偿责任，经人民法院依法采取执行措施后，仍不能对受害人给予足额赔偿的，应当继续履行赔偿义务；受害人发现责任人有其他财产的，可以随时请求人民法院执行。

2. 违反《建筑法》的法律责任

（1）建筑施工企业违反《建筑法》的规定，对建筑安全事故隐患不采取措施予以消除的，责令改正，可以处以罚款；情节严重的，责令停业整顿，降低资质等级或者吊销资质证书；构成犯罪的，依法追究刑事责任。

（2）建筑施工企业的管理人员违章指挥、强令职工冒险作业，因而发生重大伤亡事故或者造成其他严重后果的，依法追究刑事责任。

3. 违反《建设工程安全生产管理条例》的法律责任

（1）施工单位有下列行为之一的，责令限期改正；逾期未改正的，责令停业整顿，依照《安全生产法》的有关规定处以罚款；造成重大安全事故，构成犯罪的，对直接责任人员，依照刑法有关规定追究刑事责任：

①未设立安全生产管理机构、配备专职安全生产管理人员或者分部分项工程施工时无专职安全生产管理人员现场监督的；

②施工单位的主要负责人、项目负责人、专职安全生产管理人员、作业人员或者特种作业人员，未经安全教育培训或者经考核不合格即从事相关工作的；

③未在施工现场的危险部位设置明显的安全警示标志，或者未按照国家有关规定在施工现场设置消防通道、消防水源、配备消防设施和灭火器材的；

④未向作业人员提供安全防护用具和安全防护服装的；

⑤未按照规定在施工起重机械和整体提升脚手架、模板等自升式架设设施验收合格后登记的；

⑥使用国家明令淘汰、禁止使用的危及施工安全的工艺、设备、材料的。

（2）施工单位挪用列入建设工程概算的安全生产作业环境及安全施工措施所需费用的，责令限期改正，处挪用费用20%以上50%以下的罚款；造成损失的，依法承担赔偿责任。

（3）施工单位有下列行为之一的，责令限期改正；逾期未改正的，责令停业整顿，并处5万元以上10万元以下的罚款；造成重大安全事故，构成犯罪的，对直接责任人员，依照刑法有关规定追究刑事责任：

①施工前未对有关安全施工的技术要求作出详细说明的；

②未根据不同施工阶段和周围环境及季节、气候的变化，在施工现场采取相应的安全施工措施，或者在城市市区内的建设工程的施工现场未实行封闭围挡的；

③在尚未竣工的建筑物内设置员工集体宿舍的；

④施工现场临时搭建的建筑物不符合安全使用要求的；

⑤未对因建设工程施工可能造成损害的毗邻建筑物、构筑物和地下管线等采取专项防护措施的。

施工单位有前款规定第④～⑤项行为，造成损失的，依法承担赔偿责任。

（4）施工单位有下列行为之一的，责令限期改正；逾期未改正的，责令停业整顿，并处10万元以上30万元以下的罚款；情节严重的，降低资质等级，直至吊销资质证书；造成重大安全事故，构成犯罪的，对直接责任人员，依照刑法有关规定追究刑事责任；造成损失的，依法承担赔偿责任：

①安全防护用具、机械设备、施工机具及配件在进入施工现场前未经查验或者查验不合格即投入使用的；

②使用未经验收或者验收不合格的施工起重机械和整体提升脚手架、模板等自升式架设设施的；

③委托不具有相应资质的单位承担施工现场安装、拆卸施工起重机械和整体提升脚手架、模板等自升式架设设施的；

④在施工组织设计中未编制安全技术措施、施工现场临时用电方案或者专项施工方案的。

（5）施工单位取得资质证书后，降低安全生产条件的，责令限期改正；经整改仍未达到与其资质等级相适应的安全生产条件的，责令停业整顿，降低其资质等级直至吊销资质证书。

4. 违反《安全生产许可证条例》的法律责任

（1）未取得安全生产许可证擅自进行生产的，责令停止生产，没收违法所得，并处10万元以上50万元以下罚款；造成重大事故或者其他严重后果，构成犯罪的，依法追究刑事责任；

（2）安全生产许可证有效期满未办理延期手续，继续进行生产的，责令停止生产，限期补办延期手续，没收违法所得，并处5万元以上10万元以下罚款；逾期仍不办理延期手续，继续进行生产的，责令停止生产，没收违法所得，并处10万元以上50万元以下罚款；造成重大事故或者其他严重后果，构成犯罪的，依法追究刑事责任；

（3）转让安全生产许可证的，没收违法所得，处10万元以上50万元以下的罚款，并吊销其安全生产许可证；构成犯罪的，依法追究刑事责任；接受转让的，依照第19条的规定处罚。冒用安全生产许可证或者使用伪造的安全生产许可证的，依照第19条的规定处罚；

（4）《安全生产许可证条例》施行前已经进行生产的企业，应当自条例施行之日起1年内，依照本条例的规定向安全生产许可证颁发管理机关申请办理安全生产许可证；逾期不办理安全生产许可证，或者经审查不符合本条例规定的安全生产条件，未取得安全生产许可证，继续进行生产的，依照本条例第19条的规定处罚。

5. 违反《生产安全事故报告和调查处理条例》的法律责任

（1）事故发生后不立即组织事故抢救的；迟报或者漏报事故的；在事故调查处理期间擅离职守的；谎报或者瞒报事故的；伪造或者故意破坏事故现场的；转移、隐匿资金、财产，或者销毁有关证据、资料的；阻碍、干涉事故调查工作的；拒绝接受调查或者拒绝提供有关情况和资料的；在事故调查中作伪证或者指使他人作伪证的；事故发生后逃匿的。

存在上述行为的事故单位及其有关人员，按照有关规定给予罚款；属于国家工作人员的，依法给予处分；构成违反治安管理行为的，由公安机关依法给予治安管理处罚；构成犯罪的，依法追究刑事责任。

（2）对造成生产安全事故的责任者，由其所在单位或上级主管部门给予行政处分；构成犯罪的，由司法机关依法追究刑事责任。

（3）对造成生产安全事故承担直接责任的，由其上级主管部门或当地的住房和城乡建设主管部门，根据调查组的建议，令其限期改善工程建设技术安全措施，并依据有关法规予以处罚。

6. 违反《实施工程建设强制性标准监督规定》的法律责任

施工单位违反工程建设强制性标准的，责令改正，处工程合同价款2%以上4%以下的罚款；情节严重的，责令停业整顿，降低资质等级或者吊销资质证书。

7. 违反《建筑施工企业安全生产许可证管理规定》的法律责任

（1）取得安全生产许可证的建筑施工企业，发生重大安全事故的，暂扣安全生产许可证并限期整改。

（2）建筑施工企业不再具备安全生产条件的，暂扣安全生产许可证并限期整改；情节严重的，吊销安全生产许可证。

（3）建筑施工企业未取得安全生产许可证擅自从事建筑施工活动的，责令其在建项目停止施工，没收违法所得，并处 10 万元以上 50 万元以下的罚款；造成重大安全事故或者其他严重后果，构成犯罪的，依法追究刑事责任。

（4）安全生产许可证有效期满未办理延期手续，继续从事建筑施工活动的，责令其在建项目停止施工，限期补办延期手续，没收违法所得，并处 5 万元以上 10 万元以下的罚款；逾期仍不办理延期手续，继续从事建筑施工活动的，责令其在建项目停止施工，没收违法所得，并处 10 万元以上 50 万元以下的罚款；造成重大安全事故或者其他严重后果，构成犯罪的，依法追究刑事责任。

（5）建筑施工企业转让安全生产许可证的，没收违法所得，处 10 万元以上 50 万元以下的罚款，并吊销安全生产许可证；构成犯罪的，依法追究刑事责任；接受转让的，责令其在建项目停止施工，没收违法所得，并处 10 万元以上 50 万元以下的罚款；造成重大安全事故或者其他严重后果，构成犯罪的，依法追究刑事责任。

冒用安全生产许可证或者使用伪造的安全生产许可证的，责令其在建项目停止施工，没收违法所得，并处 10 万元以上 50 万元以下的罚款；造成重大安全事故或者其他严重后果，构成犯罪的，依法追究刑事责任。

（6）建筑施工企业隐瞒有关情况或者提供虚假材料申请安全生产许可证的，不予受理或者不予颁发安全生产许可证，并给予警告，1 年内不得申请安全生产许可证。

建筑施工企业以欺骗、贿赂等不正当手段取得安全生产许可证的，撤销安全生产许可证，3 年内不得再次申请安全生产许可证；构成犯罪的，依法追究刑事责任。

8. 违反其他法律、法规的相关安全生产法律责任

（1）违反《大气污染防治法》，在城市市区进行建设施工或者从事其他产生扬尘污染的活动，未采取有效扬尘防治措施，致使大气环境受到污染的，限期改正，处2万元以下罚款；对逾期仍未达到当地环境保护规定要求的，可以责令其停工整顿。

前款规定的对因建设施工造成扬尘污染的处罚，由县级以上地方人民政府住房和城乡建设主管部门决定；对其他造成扬尘污染的处罚，由县级以上地方人民政府指定的有关主管部门决定。

（2）违反《环境噪声污染防治法》的规定，建筑施工单位在城市市区噪声敏感建筑物集中区域内，夜间进行禁止进行的产生环境噪声污染的建筑施工作业的，由工程所在地县级以上地方人民政府环境保护行政主管部门责令改正，可以并处罚款。

（3）违反《劳动法》的规定，用人单位的劳动安全设施和劳动卫生条件不符合国家规定或者未向劳动者提供必要的劳动防护用品和劳动保护设施的，由劳动行政部门或者有关部门责令改正，可以处以罚款；情节严重的，提请县级以上人民政府决定责令停产整顿；对事故隐患不采取措施，致使发生重大事故，造成劳动者生命和财产损失的，对责任人员比照刑法的规定追究刑事责任。

（4）违反《劳动法》的规定，用人单位强令劳动者违章冒险作业，发生重大伤亡事故，造成严重后果的，对责任人员依法追究刑事责任。

（5）违反《消防法》的规定，擅自降低消防技术标准施工、使用防火性能不符合国家标准或者行业标准的建筑构件和建筑材料或者不合格的装修、装饰材料施工的，责令限期改正；逾期不改正的，责令停止施工，可以并处罚款。单位有前款行为的，依照前款的规定处罚，并对其直接负责的主管人员和其他直接负责人员处警告或者罚款。

（6）违反《消防法》的规定，机关、团体、企业、事业单位未履行消防安全职责的，责令限期改正；逾期不改正的，并对其直接负责的主管人员和其他直接负责人员依法给予行政处分或者处以警告。

（7）违反《消防法》的规定，违法使用明火作业或者在具有火灾、爆炸危险的场所违反禁令，吸烟、使用明火的，处以警告、罚款或者10日以下拘留。

（8）违反《消防法》的规定，有下列行为之一的，处以警告或者罚款：①指使或者强令他人违反消防安全规定，冒险作业，尚未造成严重后果的；②埋压、圈占消火栓或者占用防火间距、堵塞消防通道的，或者损坏和擅自挪用、拆除、停用消防设施器材的；③有重大火灾隐患，经公安消防机构通知逾期不改正的。

单位有前款行为的，依照前款的规定处罚，并对其直接负责的主管人员和其他直接责任人员处警告或者罚款。有前款第②项所列行为的，还应当责令其限期恢复原状或者赔偿损失；对逾期不恢复原状的，应当强制拆除或者清除，所需费用由违法行为人承担。

（五）其他相关单位的安全生产法律责任

1. 承担安全评价、认证、检测、检验工作机构的安全生产法律责任

承担安全评价、认证、检测、检验工作的机构，违反《安全生产法》的规定，出具虚假证明，构成犯罪的，依照刑法有关规定追究刑事责任；尚不够刑事处罚的，没收违法所得，违法所得在5 000元以上的，并处违法所得2倍以上5倍以下的罚款，没有违法所得或者违法所得不足5 000元的，单处或者并处5 000元以上2万元以下的罚款，对其直接负责的主管人员和其他直接责任人员处5 000元以上5万元以下的罚款；给他人造成损害的，与生产经营单位承担连带赔偿责任。

对前款有违法行为的机构，撤销其相应资格。

2. 为建设工程提供机械设备和配件单位的安全生产法律责任

为建设工程提供机械设备和配件的单位，违反《建设工程安全生产管理条例》的规定，未按照安全施工的要求配备齐全有效的保险、限位等安全设施和装置的，责令限期改正，处合同价款1倍以上3倍以下的罚款；造成损失的，依法承担赔偿责任。

3. 机械设备和施工机具及配件出租单位的安全生产法律责任

出租单位违反《建设工程安全生产管理条例》的规定，出租未经安全性能检测或者经检测不合格的机械设备和施工机具及配件的，责令停业整顿，并处5万元以上10万元以下的罚款；造成损失的，依法承担赔偿责任。

4. 施工起重机械和整体提升脚手架、模板等自升式架设设施安装、拆卸单位的安全生产法律责任

施工起重机械和整体提升脚手架、模板等自升式架设设施安装、拆卸单位违反《建设工程安全生产管理条例》的规定，有下列行为之一的，责令限期改正，处5万元以上10万元以下的罚款；情节严重的，责令停业整顿，降低资质等级，直至吊销资质证书；造成损失的，依法承担赔偿责任：

（1）未编制拆装方案、制定安全施工措施的；

（2）未由专业技术人员现场监督的；

（3）未出具自检合格证明或者出具虚假证明的；

（4）未向施工单位进行安全使用说明，办理移交手续的。

施工起重机械和整体提升脚手架、模板等自升式架设设施安装、拆卸单位有前款规定的第（1）项、第（3）项行为，经有关部门或者单位职工提出后，对事故隐患仍不采取措施，因而发生重大伤亡事故或者造成其他严重后果，构成犯罪的，对直接责任人员，依照刑法有关规定追究刑事责任。

二、有关人员的安全生产法律责任

（一）施工单位主要负责人、项目负责人

（1）生产经营单位的决策机构、主要负责人、个人经营的投资人不按照《安全生产法》的规定，保证安全生产所必需的资金投入，致使生产经营单位不具备安全生产条件的，责令限期改正，提供必需的资金；逾期未改正的，责令生产经营单位停产停业整顿。

有前款违法行为，导致发生生产安全事故，构成犯罪的，依照刑法有关规定追究刑事责任；尚不够刑事处罚的，对生产经营单位的主要负责人给予撤职处分，对个人经营的投资人处2万元以上20万元以下的罚款。

（2）生产经营单位的主要负责人未履行《安全生产法》规定的安全生产管理职责的，责令限期改正；逾期未改正的，责令生产经营单位停产停业整顿。

生产经营单位的主要负责人有前款违法行为，导致发生生产安全事故，构成犯罪的，依照刑法有关规定追究刑事责任；尚不够刑事处罚的，给予撤职处分或者处 2 万元以上 20 万元以下的罚款。

生产经营单位的主要负责人依照前款规定受刑事处罚或者撤职处分的，自刑罚执行完毕或者受处分之日起 5 年内不得担任任何生产经营单位的主要负责人。

（3）违反《安全生产法》的规定，生产经营单位与从业人员订立协议，免除或者减轻其对从业人员因生产安全事故伤亡依法应承担的责任的，该协议无效；对生产经营单位的主要负责人、个人经营的投资人处 2 万元以上 10 万元以下的罚款。

（4）违反《安全生产法》的规定，生产经营单位主要负责人在本单位发生重大安全事故时，不立即组织抢救或者在事故调查处理期间擅离职守或者逃匿的，给予降职、撤职处分，对逃匿的处 15 日以下拘留；构成犯罪的，依照刑法有关规定追究刑事责任。

生产经营单位主要负责人对生产安全事故隐瞒不报、谎报或者拖延不报的，依照前款规定处罚。

（5）违反《建设工程安全生产管理条例》的规定，施工单位的主要负责人、项目负责人未履行安全生产管理职责的，责令限期改正；逾期未改正的，责令施工单位停业整顿；造成重大安全事故、重大伤亡事故或者其他严重后果，构成犯罪的，依照刑法有关规定追究刑事责任。

施工单位的主要负责人、项目负责人有前款违法行为，尚不够刑事处罚的，处 2 万元以上 20 万元以下的罚款或者按照管理权限给予撤职处分；自刑罚执行完毕或者受处分之日起 5 年内不得担任任何施工单位的主要负责人、项目负责人。

（6）违反《刑法》的规定，在生产、作业中违反有关安全管理的规定，因而发生重大伤亡事故或者造成其他严重后果的，处 3 年以下有期徒刑或者拘役；情节特别恶劣的，处3年以上7年以下有期徒刑；强令他人违章冒险作业，因而发生重大伤亡事故或者造成其他严重后果的，处5年以下有期徒刑或者拘役；情节特别恶劣的，处5年以上有期徒刑；安全生产设施或者安全生产条件不符合国家规定，因而发生重大伤亡事故或者造成其他严重后果的，对直接负责的主管人员和其他直接责任人员，处3年以下有期徒刑或者拘役；情节特别恶劣的，处3年以上7年以下有期徒刑；在安全事故发生后，负有报告职责的人员不报或者谎报事故情况，贻误事故抢救时机，情节严重的，处3年以下有期徒刑或者拘役；情节特别严重的，处3年以上7年以下有期徒刑。

（二）注册执业人员

违反《建设工程安全生产管理条例》的规定，注册执业人员未执行法律、法规和工程建设强制性标准的，责令停止执业3个月以上1年以下；情节严重的，吊销执业资格证书，5年内不予注册；造成重大安全事故的，终身不予注册；构成犯罪的，依照刑法有关规定追究刑事责任。

（三）从业人员和作业人员

（1）违反《安全生产法》的规定，生产经营单位的从业人员不服从管理，违反安全生产规章制度操作规程的，由生产经营单位给予批评教育，依照有关规章制度给予处分；造成重大事故，构成犯罪的，依照刑法有关规定追究刑事责任。

（2）违反《建设工程安全生产管理条例》的规定，作业人员不服管理、违反规章制度和操作规程冒险作业造成重大伤亡事故或者其他严重后果，构成犯罪的，依照刑法有关规定追究刑事责任。

三、住房和城乡建设主管部门及其工作人员相关安全生产法律责任

（一）违反《安全生产法》的法律责任

（1）负有安全生产监督管理职责的部门的工作人员，有下列行为之一的，给予降级或者撤职的行政处分；构成犯罪的，依照刑法有关规定追究刑事责任：

①对不符合法定安全生产条件的涉及安全生产的事项予以批准或者验收通过的；

②发现未依法取得批准、验收的单位擅自从事有关活动或者接到举报后不予取缔或者不依法予以处理的；

③对已经依法取得批准的单位不履行监督管理职责，发现其不再具备安全生产条件而不撤销原批准或者发现安全生产违法行为不予查处的。

（2）负有安全生产监督管理职责的部门，要求被审查、验收的单位购买其指定的安全设备、器材或者其他产品的，在对安全生产事项的审查、验收中收取费用的，由其上级机关或者监察机关责令改正，责令退还收取的费用；情节严重的，对直接负责的主管人员和其他直接责任人员依法给予行政处分。

（3）有关地方人民政府、负有安全生产监督管理职责的部门，对生产安全事故隐瞒不报、谎报或者拖延不报的，对直接负责的主管人员和其他直接责任人员依法给予行政处分；构成犯罪的，依照刑法有关规定追究刑事责任。

（二）违反《建设工程安全生产管理条例》的法律责任

县级以上人民政府住房和城乡建设主管部门或者其他有关行政管理部门的工作人员，有下列行为之一的，给予降级或者撤职的行政处分；构成犯罪的，依照《刑法》有关规定追究刑事责任：

（1）对不具备安全生产条件的施工单位颁发资质证书的；

（2）对没有安全施工措施的建设工程颁发施工许可证的；

（3）发现违法行为不予查处的；

（4）不依法履行监督管理职责的其他行为。

（三）违反《安全生产许可证条例》的法律责任

安全生产许可证颁发管理机关工作人员有下列行为之一的，给予降级或者撤职的行政处分；构成犯罪的，依法追究刑事责任：

（1）向不符合本条例规定的安全生产条件的企业颁发安全生产许可证的；

（2）发现企业未依法取得安全生产许可证擅自从事生产活动，不依法处理的；

（3）发现取得安全生产许可证的企业不再具备本条例规定的安全生产条件，不依法处理的；

(4) 接到对违反本条例规定行为的举报后，不及时处理的；

(5) 在安全生产许可证颁发、管理和监督检查工作中，索取或者接受企业的财物，或者谋取其他利益的。

(四) 违反《国务院关于特大安全事故行政责任追究的规定》的法律责任

(1) 依法对涉及安全生产事项负责行政审批（包括批准、核准、许可、注册、认证、颁发证照、竣工验收等）的政府部门或者机构，必须严格依照法律、法规和规章规定的安全条件和程序进行审查；不符合法律、法规和规章规定的安全条件的，不得批准；不符合法律、法规和规章规定的安全条件，弄虚作假，骗取批准或者勾结串通行政审批工作人员取得批准的，负责行政审批的政府部门或者机构除必须立即撤销原批准外，应当对弄虚作假骗取批准或者勾结串通行政审批工作人员的当事人依法给予行政处罚；构成行贿罪或者其他罪的，依法追究刑事责任。

负责行政审批的政府部门或者机构违反前款规定，对不符合法律、法规和规章规定的安全条件予以批准的，对部门或者机构的正职负责人，根据情节轻重，给予降级、撤职直至开除公职的行政处分；与当事人勾结串通的，应当开除公职；构成受贿罪、玩忽职守罪或者其他罪的，依法追究刑事责任。

(2) 依照《国务院关于特大安全事故行政责任追究的规定》的规定，取得批准的单位和个人，负责行政审批的政府部门或者机构必须对其实施严格监督检查；发现其不再具备安全条件的，必须立即撤销原批准。

负责行政审批的政府部门或者机构违反前款规定，不对取得批准的单位和个人实施严格监督检查，或者发现其不再具备安全条件而不立即撤销原批准的，对部门或者机构的正职负责人，根据情节轻重，给予降级或者撤职的行政处分；构成受贿罪、玩忽职守罪或者其他罪的，依法追究刑事责任。

(3) 对未依法取得批准，擅自从事有关活动的，负责行政审批的政府部门或者机构发现或者接到举报后，应当立即予以查封、取缔，并依法给予行政处罚；属于经营单位的，由工商行政管理部门依法相应吊销营业执照。

负责行政审批的政府部门或者机构违反前款规定，对发现或者举报的未依法取得批准而擅自从事有关活动的，不予查封、取缔，不依法给予行政处罚，工商行政管理部门不予吊销营业执照的，对部门或者机构的正职负责人，根据情节轻重，给予降级或者撤职的行政处分；构成受贿罪、玩忽职守罪或者其他罪的，依法追究刑事责任。

（4）负责行政审批的政府部门或者机构，负责安全监督管理的政府有关部门，未依照本规定履行职责，发生特大安全事故的，对部门或者机构的正职负责人，根据情节轻重，给予撤职或者开除公职的行政处分；构成玩忽职守罪或者其他罪的，依法追究刑事责任。

（5）特大安全事故发生后，有关县（市、区）、市（地、州）和省、自治区、直辖市人民政府及政府有关部门应当按照国家规定的程序和时限立即上报，不得隐瞒不报、谎报或者拖延报告，并应当配合、协助事故调查，不得以任何方式阻碍、干涉事故调查。

特大安全事故发生后，有关地方人民政府及政府有关部门违反前款规定的，对政府主要领导人和政府部门正职负责人给予降级的行政处分。

（6）地方人民政府或者政府部门阻挠、干涉对特大安全事故有关责任人员追究行政责任的，对该地方人民政府主要领导人或者政府部门正职负责人，根据情节轻重，给予降级或者撤职的行政处分。

（五）违反《建筑施工企业安全生产许可证管理规定》的法律责任

住房和城乡建设主管部门工作人员有下列行为之一的，给予降级或者撤职的行政处分；构成犯罪的，依法追究刑事责任：

（1）向不符合安全生产条件的建筑施工企业颁发安全生产许可证的；

（2）发现建筑施工企业未依法取得安全生产许可证擅自从事建筑施工活动，不依法处理的；

（3）发现取得安全生产许可证的建筑施工企业不再具备安全生

产条件，不依法处理的；

（4）接到对违反本规定行为的举报后，不及时处理的；

（5）在安全生产许可证颁发、管理和监督检查工作中，索取或者接受建筑施工企业的财物，或者谋取其他利益的。

由于建筑施工企业弄虚作假，造成前款第（1）项行为的，对住房和城乡建设主管部门工作人员不予处分。

第八章　无障碍建设管理

当前，世界上大约有 6.5 亿残疾人，将近占世界人口的 10%。在预期平均人口寿命超过 70 岁的国家中，平均每人有 8 年即 11.5% 的生命时光是在生活不能自理中度过的。随着我国优生优育政策的实施，先天性残疾的人口数量正逐渐减少，但由于年老、交通、地震等原因在生活或工作中造成的残疾人口数量逐渐增加，他们迫切需要参与社会生活，享受与常人平等的权利。

我国目前有 8 300多万残疾人、涉及 2.6 亿家庭人口，老年人口达 1.4 亿，是世界上残疾人和老年人最多的国家，我国的无障碍建设任重道远。

第一节　我国无障碍建设的发展历史

我国无障碍设施建设自 20 世纪 80 年代初开始起步，经历了从无到有、从点到面，在实践中不断摸索、逐步规范、持续提高的过程。1985 年，北京市率先开始了无障碍建设试点工作。北京市政府在王府井、东单至东四、西单至西四、美术馆至朝阳门等四条大街开始进行无障碍建设，并对百货大楼、新华书店、工艺美术服务部、吉祥戏院、儿童影院等建筑进行了无障碍改造。上述这些无障碍改建工程获得了“国际通用无障碍建筑标志牌”。1989 年 4 月，我国第一部无障碍建设方面的规范《方便残疾人使用的城市道路和建筑物设计规范（试行）》正式颁布，标志着在我国城市道路和建筑物实施无障碍建设和改造工作开始走上正轨。

1990 年国家颁布的《中华人民共和国残疾人保障法》（以下简称《残疾人保障法》），1996 年颁布的《中华人民共和国老年人权益保障法》（以下简称《老年人权益保障法》）以及相继颁布实施的我国残疾人事业“八五”、“九五”、“十五”、“十一五”计划，以及无障碍建设配套实施方案等，都对无障碍建设工作提出了具体要求。北京、上海、天津、广东、福建、安徽、辽宁、广州、四川、大连等地相继制定了推进无障碍建设的地方法规、规章，促进无障碍建设及改造工作在当地的开展。1998 年 4 月，建设部发布《关于做好城市无障碍设施建设的通知》（建规〔1998〕93 号），要求有关部门加强城市道路、大型公共建筑、居住区等建设的无障碍规划、设计审查和批后管理、监督。1998 年 6 月，建设部、民政部、中国残联联合发布《关于贯彻实施方便残疾人使用的城市道路和建筑物设计规范的若干补充规定的通知》（建标〔1998〕177 号），要求切实有效加强工程审批管理，严格把好工程验收关，公共建筑和公共设施的入口、室内，新建、在建高层住宅，新建道路和立体交叉中的人行道，各道路路口、单位门口，人行天桥和人行地道，居住小区等均应进行有关无障碍设计。2000 年，建设部在总结中国无障碍设施建设经验和问题的基础上，组织对《方便残疾人使用的城市道路和建筑物设计规范》进行了修订，并于 2001 年 8 月 1 日与民政部、中国残联联合发布实施了新修订的《城市道路和建筑物无障碍设计规范》，新规范有 24 条内容列入国家强制性标准条文，必须执行，不执行将按照国务院《建设工程质量管理条例》和《强制性标准条文实施规定》的有关规定进行处罚。2000 年 12 月 27 日发布了《民用机场旅客航站区无障碍设施设备配置标准》。2010 年 12 月 24 日，发布了《无障碍设施施工验收及维护规范》。

2002 年，建设部、民政部、中国残联、全国老龄办联合开展了创建全国无障碍设施建设示范城市工作，北京、天津、上海、大连、青岛、南京、杭州、厦门、广州、西安、苏州、秦皇岛 12 个城市被国务院命名为全国无障碍设施建设示范城市。自 2002 年 1 月 1 日起，创建城市的新建办公建筑、商业建筑、文化体育建筑、医疗与交通建筑、学校与园林建筑、为残疾人和老年人服务的福利院所、室外公共厕所等各类公共建筑全部按要求建设了无障碍设施。创建无障碍建设城市基本成立了由政府有关领导牵头，建设、民政、残联、老龄等部门和单位参加的无障碍领导小组，在这些创建城市，标准规范不断完善，无障碍设施的建设量不断增加，人性化设计理念不断深入，无障碍建设的范围从市中心建成区主干道路、主要建筑物，延伸到市辖区、县、乡、镇、街道等行政管辖地段，形成点、线、面相结合的格局。

2004 年 3 月 1 日，建设部、教育部联合颁布实施了《特殊教育学校无障碍设计规范》。2005 年 6 月 4 日，铁道部发布实施了《铁路旅客车站无障碍设计规范》。交通部也在长途汽车站、码头建设标准中，纳入了无障碍建设的内容。2005 年，建设部、民政部、中国残联和全国老龄委联合在人民大会堂召开了创建全国无障碍设施建设示范城市总结会议。国务院副总理回良玉同志出席了会议并做了重要讲话。

2006 年 9 月，建设部、民政部、中国残联和全国老龄委联合对通过 28 个“十五”无障碍建设成绩突出的城市进行了表彰。2007 年 11 月，建设部、民政部、中国残联、全国老龄委联合组织 100 个城市开展创建全国无障碍建设城市活动，2010 年年底进行了验收。通过检查验收，创建城市建设了一批有较高水平的无障碍设施，设施分布范围进一步扩大、建设质量明显提高，无障碍环境正在稳步形成。2007 年上海特奥会、2008 年北京奥运会和残奥会、2010 年广州亚运会和残疾人亚运会等大型体育活动的成功举办，见证了我国体育设施的无障碍建设水平，使其经受了大型国际活动的检验，尤其得到了来自世界各地的残疾人运动员、官员、观众、老年人和行动不便者的高度赞扬。

第二节　无障碍建设的基本情况

创建全国无障碍建设城市工作是落实科学发展观，构建社会主义和谐社会的一项重要任务，是社会进步、经济发展和城市建设的需要，也是造福后代、方便残疾人和老年人、服务于全社会的爱心工程。无障碍建设总体目标包括六个方面：一是以建设完善无障碍设施为抓手，实现公共服务领域无障碍设施服务的全覆盖。二是以建设文明和谐社区为载体，实现城市社区无障碍设施服务的全覆盖。三是以残疾人、老年人等社会特殊群体为重点，继续推进无障碍设施进入家庭。四是以新农村建设为契机，不断推进郊区农村无障碍环境建设。五是以数字化城市管理为依托，建立完善无障碍设施管理的常态长效机制。六是以促进普遍服务和惠及大众利益为内涵，继续优化完善全社会的无障碍环境。

国际早期通用无障碍标准主要包括五个方面：一是在一切公共建筑的入口处设置取代台阶的坡道，其坡度不应大于1∶12；二是门的净空宽度不应小于800mm，采用旋转门的需另设残疾人入口；三是所有建筑物走廊的净空宽度不应小于1 300mm；四是公厕应设有带扶手的坐式便器，门隔断应做成外开式或推拉式，以保证内部空间便于转椅进入；五是电梯的入口净宽不应小于800mm。

一、我国无障碍建设的基本要求

在总结国际通用无障碍标准和我国无障碍建设经验的基础上，满足我国实际情况的无障碍建设的基本要点如下：

（1）缘石坡道人行道与车行道之间必须设置缘石坡道，缘石坡道的坡度不应大于1∶12，坡口宽度必须大于1 200mm，坡口高度应小于10mm，尽量采用全宽式单面坡缘石坡道。

（2）盲道人行道应按有关技术规范的要求设置盲道，盲道应连续贯通。下列情况之一的可不设盲道：

①人行道宽度小于3 000mm的，并设有行道树、公交站牌、信息牌等设施处；

②在人行道的外侧有连续的绿化带、立缘石等。

（3）无障碍入口公共建筑的主要入口和居住建筑的入口宜设无障碍入口；如有台阶，应设轮椅坡道。入口的门的净宽应大于800mm，采用旋转门的必须另设大于800mm的平开门。

（4）无障碍通道公共建筑内应设无障碍通道，无障碍通道的宽度应大于1 300mm，无障碍通道的地坪应平整防滑，无障碍通道两边宜安装扶手，通道和走道侧向的门的宽度应大于800mm，无障碍通道与建筑物各部位都应以坡道连接，不得有高差。

（5）无障碍电梯公共建筑的电梯中至少有一台应设无障碍电梯，居住建筑的电梯宜设无障碍电梯。无障碍电梯的门开启净空应大于800mm，轿箱内三面设800～850mm高的扶手。正对门的轿厢壁距地900mm应安装镜子或镜面，轿厢内应设低位带盲文标志的横向楼层按钮，并有语音提示装置和清晰的楼层显示装置。

（6）无障碍厕所和无障碍厕位室外公共厕所和公共建筑的厕所应设无障碍厕位，男厕所设低位小便器。新建的公共建筑应按有关技术规范的要求，设置无障碍厕所，无障碍厕所内应设坐便器，低位小便器，低位洗手盆，并按要求安装安全扶手和安全抓杆，宜设自动门、呼救装置和婴儿换尿布台。新建的室外公共厕所宜设无障碍厕所。

（7）无障碍标志建筑物内的无障碍设施应设国际通用无障碍标志，无障碍标志应纳入建筑物的信息导向标志系统。

二、我国无障碍建设的基本经验

我国开展无障碍建设工作以来取得了一定的成绩，积累的经验主要有4个方面。

一是党中央、国务院领导高度重视，相关部门密切合作，各地方党委、政府认真组织落实，形成以建设行政管理部门牵头、残疾人组织等密切配合的模式，是我国无障碍建设的鲜明组织特征。

2001年温家宝总理批示："城市要重视盲道建设和管理，所有公共场所都要尽量给残疾人提供方便。这是社会文明的一个重要表现。"2002年温家宝同志致全国无障碍设施建设工作电视电话会议的信中提出，"建设无障碍设施，是为残疾人、老年人和其他社会成员提供方便的重要措施，是现代城市建设的一项必不可少的内容，是社会进步的重要标志"。2005年回良玉副总理在创建全国无障碍设施建设示范城市总结会上的讲话指出，"大力地推进无障碍设施建设，是维护和保障残疾人等社会特殊群体的切身利益和合法权益的一件大事，是落实科学发展观、构建社会主义和谐社会的一件实事，是坚持以人为本、体现现代社会人文关怀的高尚之举"。2008年胡锦涛总书记主持中共中央政治局会议对促进残疾人事业发展做出部署，“关心残疾人是社会文明进步的重要标志，残疾人事业是中国特色社会主义事业的重要组成部分”，“着眼于解决残疾人最关心、最直接、最现实的利益问题……加快无障碍建设……”。

中央领导从提出无障碍建设是社会文明、城市现代化建设、社会进步、落实科学发展观、构建社会主义和谐社会的一件实事，到去年提出的“中国特色社会主义事业的重要组成部分”，这些科学的论述既记载了我国无障碍建设的历程，也提升了无障碍建设的政治发展高度。党和政府高度重视，建设、民政、残联、老龄等部门积极推动，成立了无障碍建设的领导小组，制定了相应的无障碍建设与管理的地方性法规、规章和规范性文件，明确了无障碍建设作为城市建设和改造的重要内容，政府各个部门形成了统一领导、各司其职、密切合作、全社会共同参与的工作机制。

二是以标准规范的建立和完善作为起点和支撑，初步形成了无障碍设施建设技术标准和技术文件体系。

1961 年，美国制定了世界上第一部《无障碍标准》。此后，英国、加拿大、日本等几十个国家和地区相继制定了有关法规。1986 年 7 月，我国第一部《方便残疾人使用的城市道路和建筑物设计规范（试行）》颁布，标志着在我国城市道路和建筑物实施无障碍设施建设及改造工作的开始，也是无障碍建设技术标准及技术规范体系发展的开端。2002 年无障碍建设创建城市也是将标准规范的实施作为重要的手段，并取得成效。2008 年我们在深入贯彻落实《中共中央国务院关于促进残疾人事业发展的意见》（中发〔2008〕7 号）精神和新修订的《残疾人保障法》时，对 30 项有关无障碍建设的标准规范进行了全面梳理和审定，其中 4 项正在进行编制，14 项需要组织修订，继续有效 11 项，废止 1 项。同时，为引导社会公益性服务建设项目的投资，组织制定了《残疾人综合服务设施建设标准》；为提高无障碍建设的质量和设施的完好率与使用率，组织制定了《无障碍施工维护管理规范》、《无障碍设施施工验收及维护规范》；根据基层工作的技术需求，组织有关专家编写了《无障碍建设指南》。这些标准、规范和指南，共同构成了较为完善的技术标准和技术文件体系，使得无障碍建设工作有法可依、有章可循。

三是以2007上海特奥会、2008北京奥运会和残奥会、2010年广州亚运会和残疾人亚运会等大型体育活动赛事为契机，突出重点，提升无障碍建设的水平及品质。

2007年上海特奥会、2008年北京奥运会和残奥会、2010年广州亚运会和残疾人亚运会等大型体育活动的成功举办，见证了我国体育设施的无障碍建设水平，使其经受了大型国际活动的检验，尤其得到了来自世界各地的残疾人运动员、官员、观众、老年人和行动不便者的高度赞扬。北京市以“人文奥运”为契机，实施了1.4万多项无障碍改造项目，无障碍设施建设总量相当于申奥前20年的总和，许多无障碍设施已达到甚至超过了世界先进水平。上海市对特奥会31个比赛场馆以及宾馆、社区进行了全面无障碍化，该市无障碍推进办还多次组织专家、督导队、受益群体代表进行检查和反馈，保证了建设质量。广州、天津、青岛、秦皇岛、昆明等城市在残疾人体育活动场馆服务设施建设上严格遵守标准规范，遵循国际上通用做法，为残疾人运动员取得优异成绩打下了坚实的基础。

残疾人参加体育赛事，为了能超越自身潜能，对比赛场馆的无障碍物质环境要求的很高，相应的无障碍设施建设也是很难和很复杂的，然而广大无障碍建设工作者做到了让运动员满意、让观众满意，这是他们用智慧和劳动创造出来的。

四是通过加强对无障碍设施的监管、宣传力度，提高了全社会无障碍意识及参与度。

针对前期有些城市现有无障碍设施没有充分发挥应有的作用，有的无障碍设施存在被损坏、挪用、随意侵占的情况，许多城市建立了相应的管理制度，通过加强宣传、加强城市综合执法力度，定期组织对已建无障碍设施进行日常检查，确保了正常条件下无障碍设施的使用功能得到发挥。北京、上海、杭州等城市还结合数字化城市管理，加大检查监督力度，发现有损害、侵占无障碍设施及改变无障碍设施用途的行为，及时进行了整改。一些城市的残疾人联合会，将无障碍设施操作使用作为残疾人参与社会活动的培训内容，帮助他们识别无障碍标志、操作使用呼唤求助按钮、体验盲道的整体“脚感”等，形成了全社会参与无障碍建设、维护、使用的良好氛围，真正体现出了无障碍设施的实用价值。

第三节　国际无障碍环境建设的发展趋势

国际上无障碍环境建设，在整体理念的发展趋势，法规体系和法制建设，政府职能和社团职能的发挥，意识培养和社会环境营造，环境建设新技术的研发和应用等方面，存在着许多我们可以获取启示和借鉴的地方。结合我国国情，在此主要把国际上在无障碍建设整体理念的发展趋势、意识培养、社会环境营造及环境建设这三个方面的经验和启示，进行简要地介绍。

一、无障碍环境建设服务对象的确认及其改变

（一）初始阶段：狭隘分离的服务对象

1963 年，国际残疾人行动计划中明确指出：“以健全人为中心的社会是不健全的社会”。在国际社会团体和社会各阶层的推动下，“无障碍”的概念开始形成，此时无障碍设施的建设是独立的，服务对象仅仅限定为残障人士，特别是肢体残疾者。

（二）发展阶段：扩大兼顾的服务对象

20 世纪 70 年代以来，随着生活水平的改善和医疗水平的提高，人类的平均寿命不断提高，无论是发达国家还是发展中国家都出现了人口老龄化的趋向，拓展了无障碍设施建设的服务人群。不仅仅是老年人，就连孩子、孕妇、病人、外国人也渐渐加入到无障碍设施的使用者行列中来。

（三）通用阶段：包容统一的服务对象

进入 20 世纪 90 年代以后，“人人平等”的思想得到进一步的关注和贯彻，无障碍环境的建设是为社会所有成员服务的，为任何一个社会成员提供无障碍的出行、交流环境。

因此，无障碍环境建设的服务对象包含的人群更加广泛，不再是

传统概念上的服务人群——生理缺陷的残障人士，还包括了老年人、孩童、孕妇、病人这些由于自身生理阶段和限制，造成使用社会各种设施不方便的人群，例如，因推婴儿车、行李负担过重等由于外在原因造成的行动不便的人群，以及外国人等由于文化背景不同造成出行不便的人群。目前国际社会已达成共识：特殊需求人士与普通人一样都是社会的一份子，所有的社会成员享有一样的权利，无障碍环境建设就是为了让每一个社会成员能够公平、自尊、独立地参与社会生活，其服务对象已经扩展到社会的每一个成员。

二、无障碍环境建设的发展阶段及其推进

无障碍环境建设随着人类社会对残障人权的认识过程、无障碍环境建设自身实践的发展过程，以及经济实力的增长，正在向更全面、更深入的层次推进。力图为社会每一个成员提供可连续使用的、不受约束的物质环境空间和社会环境空间。

（一）无障碍物质环境建设阶段

在无障碍物质环境建设初期，建设重点是无障碍设施，集中体现在道路、公共设施和建筑的无障碍设施建设方面。

在无障碍物质环境建设后期，随着经济的发展，科学技术为特殊需求人士提供了解决问题的新方法和新机会，无障碍物质环境建设增加了交通无障碍和信息无障碍两个方面的内容。在2002年亚太经社委员会组织的会议上提出的《琵琶湖千年行动纲要》中就明确提出了公共交通无障碍和信息通信无障碍，并提出了在一定期限内应该达到的标准。

（二）全方位无障碍环境建设阶段

阻碍残疾人、老年人及其他特殊需求人士独立、平等地参与社会生活的因素不仅仅是物质条件方面有形的障碍，还包括在社会制度保障、社会成员的行为习惯、意识形态、心理等方面造成的无形障碍。无障碍环境建设必须消除一切有形的和无形的障碍，并要通过制定法规保障无障碍环境建设的实施；通过宣传、教育、交流、合作使每一个社会成员了解、熟悉相关知识进而自觉遵守法规并能主动帮助残疾人等特殊需求人士；通过政府组织和民间团体共同努力使社会的每一成员能够真正平等地享用社会资源；利用多种方式创建全方位的无障碍环境。

应该指出，在全方位的无障碍环境建设阶段，物质环境的无障碍建设特别是交通无障碍和信息无障碍建设依然是建设的重点之一，有形的物质和无形的观念、制度等无障碍建设相互融合发展，相互促进，不可偏废。

总体而言，无障碍环境建设的内容已经由单纯的物质环境建设推进到综合性的全方位的社会环境建设：包括硬件（有形的道路交通、公共设施、建筑、信息等）和软件（无形的制度、行为习惯、社会意识、公众心理等）的无障碍环境建设。

三、无障碍设计理念的发展

一般而言，无障碍设计满足的是残障人士最低物质环境需求，弥补“通常”环境设计都是围绕着正常人需求而带来的制约与不足。然而，实践证明，早期的无障碍设计有其局限性，随着社会的发展，无障碍设计不仅在服务对象上发生了改变，而且特殊需求人士具体的需求起点和标准也发生了变化，因此，无障碍设计的方法和原则也相应地做出了改变。

（一）从无障碍设计到通用设计

无障碍设计为特殊需求人士创造了容易接近和独立生活的环境，考虑的是如何独立解决残障人士的问题，却造成了与社会中其他人群的潜在差异甚至冲突，其局限性和缺点主要表现在以下几方面：

（1）产生社会问题：残疾人专用的无障碍设施将他们与“正常人”标识进行了区别，并且分离开来；在一些场所还妨碍了其他人对非无障碍设施的使用；

（2）缺乏市场价值，适用对象太少，经济回报率低；

（3）缺乏美学考虑；

（4）给残障人士带来另外的麻烦：为了使用这些特别的设施，特殊需求人士必须付出时间、距离等其他的代价。

“通用设计”的提出主要就是针对上述问题，考虑环境设计的无障碍性、实用性和美学需求，可以同时满足残障人士和非残障人士的需求。它并不是推翻原有的无障碍设计标准，而是针对现有的无障碍设计出现的问题提出解决方法，是对传统无障碍设计的继续、弥补和延伸，是实现无障碍环境惠及大多数人的设计方法。

（二）从满足标准规范到注重结合实际需求

当无障碍设计要求进入到法规层面，就具有了约束性和强制性效能。在城市建设、规划、建筑设计等领域就有了规范与标准，建设和设计行为具备了相对具体严格的依据。然而这样的设计方法在某些特定情况下会走进刻板、教条的误区，同时，也不排除部分业主或设计人员为了自身利益或其他原因，在建设或设计时达到规范要求，却没有考虑具体要求，有时会与实际需求相距较远，甚至会给使用者带来意外的麻烦。

现代无障碍设计在设计原则上更加注重使用人的实际需求，在达到规范要求的前提下，通过调查使用者的实际需求，利用科技手段，对环境设施的实际效用进行换位评价和考量，因地制宜、因人而异，真正从使用者的需求出发进行无障碍环境的设计。

四、技术性规范分类更加细致

（一）火灾警示、逃生的无障碍设施规定

一般来说，在建筑设计规范中都有防灾和紧急疏散的要求，但在建筑和设施的无障碍设计和建设中，很少考虑到残疾人等行动不便的特殊群体的要求。然而，残障人士作为社会的一员，任何一个对特殊人士开放的空间都应该也必须配备紧急情况下残疾人等行动不便的特殊群体的逃生通道，采取有效的措施使他们能和正常人一样离开危险的地方。英国、美国、澳大利亚、日本等国家和地区的无障碍法规都有相关规定，以英国为例：

英国《建筑规则》（1991 年）、《Part Bl 火灾安全措施》（1992 年）特别对 BS5588 第 8 部分和残疾人逃生技巧进行了说明，指出“不允许在此章程提及的设计里排除残疾人”。

对残疾人所设的无障碍防火安全设施包括以下几个方面：

（1）总体设施供给：灭火器、告示牌、打碎玻璃报警点、紧急情况信号灯、警报系统等设备的无障碍安装；

（2）疏散办法：无障碍避难所、疏散程序等；

（3）管理：查看个人疏散方案、火情卡片和标志等信息源等。

（二）对历史文化保护建筑的无障碍建设规定

历史文化保护建筑除了其当前的使用功能外，更包含着丰富的历史信息，具有旅游、观光功能。对此类建筑和设施的无障碍改造必须与历史文化建筑和环境的保护相结合，既可以满足所有人使用、参观的需要，又不破坏建筑和环境原有的风格与结构。

美国1994年7月修订的《ADA无障碍设计标准》（ADA Standards of Accessible Design）对历史文化建筑的无障碍改造有明确的规定：

一般而言，历史文化建筑按已建建筑无障碍改造的最低标准进行无障碍改造，其技术规范与对其他建筑的相同。在国家或州历史文化知名建筑名单中的特殊建筑依照《国家历史保护法》106章节（Section 106 of the National Historic Preservation Act）的规定进行无障碍改造。

（三）对信息无障碍建设的规定

信息无障碍是指任何人（无论健全人还是残疾人，无论年轻人还是老年人）在任何情况下都能平等地、方便地、无障碍地获取信息、利用信息。信息无障碍主要包括两个范畴：

（1）电子和信息技术无障碍；

（2）网络无障碍。

目前信息无障碍建设越来越被世界所关注，已有多个国家和地区对信息无障碍制定了相关的法律和规范。如：美国、德国、加拿大、法国、印度等。

从2002年5月1日起，德国《无障碍信息技术条例》（Barriere freie Information Technik Verordnung）正式生效，该条例规定所有联邦机构都有义务将其网页进行无障碍设计；所有州都应出台相应的州管理条例，以规定各州及地方机构的无障碍网站义务。

（四）住宅无障碍建设的规定

家是人们停留时间最长的空间，对于残障人士、老年人而言更是如此，住宅的无障碍建设最低限度可以帮助部分残障人士和老年人实现生活自理，减少重度残障人士的护理负担，一定条件下还可以帮助部分特殊需求人士采取家庭办公的就业形式实现自立。

美国于1988年修订的《公平住房法》要求在住房政策和操作上制定合理地针对残障人的例外规则，以给予残障人平等的住房机会。例如，业主的“无宠物”政策可以被要求设定一个例外的规则，允许盲人在住处保留导盲犬。法律要求业主允许残障的租户对公用的空间和私人空间做合理的无障碍修建。法律进一步要求新建的单元或更多单元的多户住宅的设计和建造对残疾人应该是无障碍的，包括无障碍的公用空间，可供轮椅使用的足够宽的门，可以让轮椅使用者操作使用的厨房和卫生间，和其他无障碍设施。

日本1995年颁布了《与长寿社会相适应的住宅设计标准》，对房间配备、扶手、高差、通道、地面与墙面、室内设施以及住宅内的各个部分（厨房、卫生间、卧室、阳台、门厅等）、住宅与公用部分（通道、楼梯、电梯等）制定了明确的设计标准。

五、无障碍意识培养及社会环境营造

物质环境的无障碍建设为特殊需求人士的出行和空间利用提供了基本的设施保障，是特殊需求人士生活不可缺少的物质环境支持。然而，社会对特殊需求人士的理解和认同，全社会无障碍意识的培养与创建才是特殊需求人士融入社会、实现自我的根本所在。

（一）无障碍意识宣传

将平等尊重的观念输入每个社会成员的意识中去，使他们真正理解、尊重进而帮助以残障人士为主体的特殊需求群体，同时也可以排除特殊需求群体自身存在的自卑情绪，在社会生活中自信地发挥自我价值。

运用各种方式让社会各成员理解到无障碍环境的建设不仅是为特殊需求群体服务，他们每个人都是无障碍环境潜在的服务对象和受益者。

（二）宣传方式

发达国家和地区以联合国各次大会及“联合国残疾人十年”、

“亚太残疾人十年”（延长十年）为契机，政府部门和非政府组织举办了各种宣传活动，并制定媒体行动计划，引导广大媒体有效介入。比如制作简明易读的宣传资料，推广使用正确的术语；开展丰富有趣的文艺活动，奖励无障碍事业中突出贡献的组织与个人等。加拿大从1988年开始每年举办“国家无障碍意识宣传周”是一个很好的宣传范例。

（三）宣传内容

在提高公民无障碍意识的宣传活动中，强调无障碍环境对所有人的好处，并非仅仅为特殊需求人士独享；强调残障人士、老龄人的能力，形成积极的社会形象；宣传残疾人法规和无障碍法规，了解法律的约束力；宣传人人平等的观念，从思想根源上消除对残障人士的歧视；生活中基本无障碍设施的使用方式等。

（四）无障碍知识培训

对广大公众而言，接受理解无障碍理念，共同创造良好的社会环境就能达到宣传的目标。然而，对特殊需求人士本身、相关服务人员、工作生活中可能有较多机会接触特殊需求人士的人员仅仅理解无障碍理念是远远不够的，他们必须学习无障碍设施的使用维护知识，用专业的手段使用无障碍设施，帮助他人。

六、切实有效的新做法

并非所有的无障碍设施建设都纯粹依赖于高科技，从实际出发，细致入微的考虑特殊需求人士的要求，运用现有的技术手段也能创造性地消除横亘在特殊需求人士和社会生活之间的障碍。

（一）交通无障碍设施

（1）韩国地铁简便信息提示：以颜色表示不同车次；用不同的音乐表示不同性质站点，如中转站等；充分利用数字，在站名前标数字；

（2）出租车、公共汽车进行无障碍改造的同时，为残疾人提供预约服务；

（3）美国嵌入式行人穿越道灯，既可以提醒驾驶员有行人正在穿越马路，又可为慢行者提供充裕的过街时间；

(4) 盲道的新做法：日本采用新型盲砖，设置夜间发光二极体LED，视弱者和轻度视障者即使不使用手杖也可以得到引导，也对其他行人起到提示作用；

(5) 无高差（缓坡）设计：通用设计用缓坡代替台阶。

(二) 信息无障碍设施

(1) 字幕解说、手语解说节目等信息提供；

(2) 绘制城市无障碍地图、各种场所触摸式盲文地图，警报信息系统、电子监控系统随时发现并帮助求助人士；

(3) 耳机语音提示：美国在银行的自动取款机可以通过耳机向盲人作语音提示，既方便又保密。

(三) 建筑无障碍设施

无高差（缓坡）入口设计、感应移门、室内无高差移动空间、电梯低位控制键、地毯替代室内盲道、非接触式IC卡钥匙等。

七、国际无障碍环境建设的启示与借鉴

(一) 以“全方位无障碍”作为环境建设的主要方向

从无障碍环境建设的国际经验上来看，在无障碍环境建设的观念模式、服务对象、内容选择和设计理念等方面，都经历了一个由被动到主动、由特定对象到广泛对象、由单一路径到多元路径的过程。因此，“全方位无障碍”环境的建设理念，就应该成为当今及未来的无障碍环境建设与发展的主要方向。

“全方位无障碍”环境建设的内涵主要包括：无障碍物质环境和社会环境硬、软件并重；实现无障碍设施在空间广度上全覆盖，无障碍理念在社会领域中全渗透；无障碍建设的法律、法规健全，从源头确保无障碍环境的实施；政府部门和社会团体效能充分发挥，建立健全长效的管理机制等。“全方位无障碍”环境建设就是要消除一切有形和无形的障碍，创造人人得以平等、自尊地参与社会生活的物质与社会环境。

(二) 法律、法规体系的建立、健全是无障碍环境建设的重要保障

国际无障碍建设发展经验证明，只有具备法律约束效能的法规、

条例和技术规范，才能保障在无障碍环境建设中切实、有序、规范地实施。发达国家和地区高度重视无障碍立法，所涉及的内容向深度和广度发展，并且不断修订以适应社会发展所带来的变化。相关的法律、法规和技术规范能够形成一个完整的强制性和规定性的体系，具有完整的奖惩规定。同时，在司法、监督等环节能够保障法律、法规的执行和实施。以上这些，对发达国家和地区开展无障碍环境建设起到了积极有效的作用。

（三）注重政府职能与社团组织效能的双重发挥

在经济发达国家，无障碍建设的起源与进展，多源于残障人士对自己权力的抗争，经过相当长一段时期的磨合才逐步转化为政府行为。政府部门的主要职能是制定无障碍法规，实施、管理无障碍建设，社团组织反映特殊需求人士的需求，并推动和协助政府部门的工作，国际上一些国家成立的专门的无障碍部门起到了良好的沟通、协调、评估、反馈作用。中国作为社会主义国家，应当继续发挥相关部门自身在执政效能上的优势，加强政府组织与社会团体的广泛合作，强调执法管理，强化社会参与意识，引入社会监督，形成健全、长效的管理机制和监督机制。

（四）交通无障碍和信息无障碍是无障碍环境建设的突出重点

2002 年《琵琶湖千年行动纲要》明确提出了公共交通无障碍和信息通信无障碍，目前国际无障碍环境建设的重点也由建筑设施、城市道路的局部无障碍建设向“门到门”连续顺畅的交通无障碍发展；同时，信息无障碍也备受关注，如何帮助特殊需求人士自由便捷地获取有用信息成为无障碍技术研究、环境建设和立法的焦点。

（五）无障碍社会环境是平等参与社会生活的本源

社会环境是“人”以个体和群体组织形式存在并发生关系的整体环境。解决人的观念问题是营造良好无障碍社会环境的关键。发达国家和地区在无障碍环境建设过程中，利用宣传、培训、教育等多种方式，让特殊需求人士消除自卑心理，认识自身价值，掌握无障碍设施使用方法，积极参与社会生活；让社会每个成员了解无障碍环境给他人和自己带来的便利，理解尊重特殊需求人士；使服务人员掌握正确的帮助特殊需求人士的技术与方法，更好地为他们服务；使专业技术人员将无障碍观念和技术规范主动自觉地融入工作中去，从源头控制无障碍环境建设。因此，强化舆论导向，让社会各个层面的机构、团体和个人了解无障碍环境建设的意义，引导全社会积极参与，理应成为我们在无障碍环境建设过程中的关键。

（六）科技支撑力度大，注重信息技术应用

国际经验表明，无障碍环境建设当前在技术上的发展与突破主要在于充分利用当代科学技术成果，提升在无障碍环境建设过程中所涉及的设施、工具、管理、产品的技术含量。无论是交通无障碍还是信息无障碍，他们的实现都是依赖于以信息通讯技术为核心的综合科技的应用。交通无障碍的重要组成部分出行路径诱导和危险防范都建立在准确有效的信息获取上，必须得到卫星定位系统、电子地图数据库及通讯技术等的信息技术支持。信息无障碍更是离不开信息通讯技术，它本身也是交通无障碍的组成部分，互联网的无障碍化使所有的人在任何时间、任何地点了解所需资讯成为可能。因此，在无障碍环境建设的过程中，应鼓励开发高科技含量的无障碍设施、材料、设备和工具，积极推广应用；鼓励现代信息科技的应用；鼓励开展无障碍环境建设的理论研究、应用研究和人才培养。

第九章　建筑节能管理

第一节　民用建筑节能基本制度

一、民用建筑节能规划

《民用建筑节能条例》第 6 条规定："国务院建设主管部门应当在国家节能中长期专项规划指导下，编制全国民用建筑节能规划，并与相关规划相衔接。县级以上地方人民政府建设主管部门应当组织编制本行政区域的民用建筑节能规划，报本级人民政府批准后实施。"

民用建筑节能规划是实现一定时期内建筑节能发展目标的重要手段，作为指导民用建筑节能工作的纲领性文件，对于有计划、有步骤、分地区、分类型开展建筑节能工作具有重要的指导意义。要使民用建筑节能工作顺利开展，必须通过科学地预测和规划，立足现实，明确建筑节能工作的指导思想、工作目标、任务安排，在规划的引导和控制下，逐步实现预期目标。

（一）民用建筑节能规划的层次

《民用建筑节能条例》规定民用建筑节能规划分为国家和地方两个层次。

全国民用建筑节能规划由国务院建设主管部门负责编制。地方层次规划由县级以上地方人民政府建设主管部门负责组织编制本行政区域内的民用建筑节能规划，并报本级人民政府批准后实施。之所以要求编制地方建筑节能规划，主要是考虑到民用建筑节能规划所具有的综合性、区域性和宏观指导作用。规划制定的好坏直接影响到该地区民用建筑节能的开展和节能目标的实现，因此必须由本级人民政府批准。

（二）民用建筑节能规划与其他规划的衔接

《民用建筑节能条例》规定，国务院建设主管部门负责编制全国民用建筑节能规划，并要在编制过程中，以国家节能中长期专项规划为指导，与其他规划相衔接。

与民用建筑节能规划有关的规划主要有国民经济和社会发展规划、节能中长期专项规划、城市总体规划、国土规划、区域规划等。

《节约能源法》第5条规定：“国务院和县级以上地方各级人民政府应当将节能工作纳入国民经济和社会发展规划、年度计划，并组织编制和实施节能中长期专项规划、年度节能计划。”

节能中长期专项规划规定了全国节能总体目标和指导思想，是编制民用建筑节能规划的基础。

（三）民用建筑节能规划的主要内容

全国民用建筑节能规划的主要内容应该包括民用建筑节能面临的形势和任务，民用建筑节能的指导思想、原则和目标，民用建筑节能的重点领域，实施的保障措施等。对于新建建筑节能、既有建筑节能改造、建筑物用能系统节能运行管理、可再生能源的应用等重点工作在不同气候区域的发展目标要加以明确。

二、民用建筑节能标准

《民用建筑节能条例》第7条规定：“国家建立健全民用建筑节能标准体系。国家民用建筑节能标准由国务院建设主管部门负责组织制定，并依照法定程序发布。国家鼓励制定、采用优于国家民用建筑节能标准的地方民用建筑节能标准。”

《节约能源法》第14条规定：“建筑节能的国家标准、行业标准由国务院建设主管部门组织制定，并依照法定程序发布。省、自治区、直辖市人民政府建设主管部门可以根据本地实际情况，制定严于国家标准或者行业标准的地方建筑节能标准，并报国务院标准化主管部门和国务院建设主管部门备案。”

民用建筑节能标准是开展建筑节能活动的基本技术依据，是实施建筑节能管理的基础。

（一）民用建筑节能标准体系的构成

我国自1986年颁布实施第一部建筑节能标准以来，不断完善和丰富标准体系，目前已经形成覆盖民用建筑节能设计、施工、检测、验收和运行管理等建筑建设全过程的比较完善的标准体系。

1. 建筑设计过程国家标准节能与能效规定

对于建筑节能的管理始于建筑的规划设计阶段，我国自 1986 年起共发布和修订了 9 部民用建筑节能设计标准，其中居住建筑 7 部，公共建筑 2 部。

我国在 1986 年发布的《民用建筑节能设计标准》（JGJ26—86）是我国第一部民用建筑节能设计标准，该标准适用于严寒和寒冷地区的采暖居住建筑，提出了节能 30% 的节能目标。1995 年又发布了该标准的修订版《民用建筑节能设计标准（采暖居住建筑部分）》（JGJ26—95），并将节能目标提高到 50%。2010 年在此标准的基础上再次修订，并更名为《严寒和寒冷地区居住建筑节能设计标准》（JGJ 26—2010），本标准将节能目标提高到 65%。针对南方建筑节能的发展状况，我国在 2001 年发布了《夏热冬冷地区居住建筑节能设计标准》（JGJ134—2001），该标准对夏热冬冷地区居住建筑的建筑热工采暖空调，提出了节能 50% 的目标。2010 年我国又发布了该标准的修订版《夏热冬冷地区居住建筑节能设计标准》（JGJ134—2010），节能目标仍保持在 50%。2003 年我国发布了《夏热冬暖地区居住建筑节能设计标准》（JGJ75—2003）。

至此，我国已建立了比较完整的居住建筑节能设计标准体系，为居住建筑设计过程建筑节能技术的应用提供了标准依据。

公共建筑节能领域，我国公布的设计标准有两部，一是 2005 年 7 月 1 日起施行的《公共建筑节能设计标准》（GB50189—2005）；二是 2004 年 12 月 1 日起施行的《建筑照明设计标准》（GB50034—2004）。《公共建筑节能设计标准》（GB50189—2005）提出了 50% 的节能目标，其中照明系统的节能参照《建筑照明设计标准》（GB50034—2004）。

2. 建筑施工验收过程国家标准节能与能效规定

2006 年 6 月 1 日起开始实施的《绿色建筑评价标准》（GB/T50378—2006）主要适用于住宅建筑及办公建筑、商场、宾馆等公共建筑的评价。2007 年 1 月，我国发布了国家标准《建筑节能工程施工质量验收规范》（GB50411—2007），自 2007 年 10 月 1 日起实施。该规范为建筑节能工程施工的质量验收提供了统一的技术要求。此外，我国在建筑、结构、暖通、给排水和电气施工等方面也形成了较完整的技术规程，这些技术规程为建筑工程质量提供了施工验收依据和质量保障。主要有《外墙外保温工程技术规程》（JGJ144—2004）、《通风与空调工程施工质量验收规范》（GB50243—2002）、《采暖居住建筑节能检验标准》（JGJ132—2001）、《建筑外窗空气渗透性能分级及检测方法》（GB/T7107—2002）等，另外还有关于屋面工程、内保温墙体、供热管网、设备保温等方面的标准及技术规程。其中，《外墙外保温工程技术规程》（JGJ144—2004）、《建筑外窗空气渗透性能分级及检测方法》（GB/T7107—2002）及屋面工程、内保温墙体、供热管网、设备保温等技术规程，既适用于居住建筑，也适用于公共建筑。

3. 建筑使用过程国家标准节能与能效规定

对于居住建筑使用过程节能与能效问题，我国目前缺少建筑系统节能运行与性能优化方面的技术规程或相关导则。对于居住建筑使用过程的节能改造问题，2000 年我国发布了《既有采暖居住建筑节能改造技术规程》（JGJ129—2000），2001 年 1 月 1 日起施行。该技术规程规定了建筑节能改造的判定原则和判定方法、建筑节能改造后的验收、围护结构保温改造和采暖供热系统改造等方面的内容。

对于公共建筑使用过程节能、节能改造及能效问题，目前我国也缺少该方面的技术规程或相关导则，公共建筑节能改造所能参照的节能标准也只能是《公共建筑节能设计标准》（GB50189—2005）、《建筑照明设计标准》（GB50034—2004）和《通风与空调工程施工质量验收规范》（GB50243—2002）等。

（二）民用建筑节能标准的制定与发布

根据《标准化法》的规定，结合实际工作情况，《节约能源法》和《民用建筑节能条例》规定，国务院建设主管部门负责民用建筑节能标准的组织制定工作。《标准化法》及《标准化法实施条例》及其配套法律、法规对于标准的发布程序有明确的规定，因此，《民用建筑节能条例》只是规定民用建筑节能标准制定后，应按法定程序发布，而对具体发布程序未再规定。按照现行法律规定，民用建筑节能标准制定后，由国家标准化主管部门统一编号，标准化主管部门、建设主管部门联合发布。

（三）地方民用建筑节能标准

国家鼓励制定并采用优于国家民用建筑节能标准的地方标准。

由于我国南北地域跨度广，气候温度梯次差别大，建筑节能标准的指标要求的差异也较大。因此，应积极鼓励建筑节能发展成熟地区制定并采用优于国家民用建筑节能标准的地方标准；对于全国推广经验尚不成熟，而部分地区又急需的可制定优于国家标准的地方建筑节能标准，等到具备条件时上升为国家标准；对其他地区要保证现有建筑节能标准的实施。

地方民用建筑节能标准的编制主体是省、自治区、直辖市建设主管部门。地方民用建筑节能标准中属于强制性标准的，应报国务院建设主管部门批准。地方民用建筑节能标准中属于推荐性标准的，应报国务院建设主管部门备案。

三、民用建筑节能经济政策

建筑节能属于市场机制部分失灵的领域，市场无法发挥独立配置资源的基础性作用，因此，需要由政府通过制定法律、法规，实施相关政策等手段，弥补建筑节能市场的失灵。由于建筑节能的外部性属于正外部效应，即通过建筑节能可以带来更多的社会效益和环境效益，然而从个人利益的角度考虑，私人主体缺乏主动性，因此需要政府制定激励政策，从而激励私人主体积极参与建筑节能。

《民用建筑节能条例》第 8 条规定："县级以上人民政府应当安排民用建筑节能资金，用于支持民用建筑节能的科学技术研究和标准制定、既有建筑围护结构和供热系统的节能改造、可再生能源的应用，以及民用建筑节能示范工程、节能项目的推广。政府引导金融机构对既有建筑节能改造、可再生能源的应用，以及民用建筑节能示范工程等项目提供支持。民用建筑节能项目依法享受税收优惠。"

从国内外经验看，针对建筑节能的经济政策主要分为资金政策、金融政策及税收政策。

（一）资金政策

我国开展民用建筑节能工作已有20多年，可民用建筑节能工作推进缓慢，其中一个主要原因就是资金缺乏。根据国外经验，建立建筑节能基金或资金用于支持民用建筑节能相关工作是十分必要的。《民用建筑节能条例》规定县级以上人民政府在财政中列支民用建筑节能资金，这对于保证资金来源的稳定性，保障民用建筑节能持续、顺利地开展是十分必要的。

民用建筑节能资金应合理安排其用途，主要用于民用建筑节能的科学技术研究和标准制定、既有建筑围护结构和供热系统的节能改造、可再生能源的应用以及民用建筑节能示范工程、节能项目、绿色建筑的推广。

民用建筑节能的科学技术研究和标准制定是推进建筑节能不断发展的前提和支撑条件。建筑节能技术水平及其适用性、建筑节能标准的制定和完善与否关系到建筑节能工作开展的成效，而这些工作属于基础性工作，不能直接获取经济效益，因此需要国家委托相关的科研部门完成，同时予以资金的支持；既有建筑围护结构和供热系统的节能改造是降低目前我国大量的既有建筑高耗能的必要途径，但由于既有建筑特别是居住建筑产权类型复杂分散，无法明确改造主体，同时改造资金需求量大且筹集比较困难，因此需要财政资金的适当投入才可推动该项工作，尤其是对于教育、科学、文化、卫生、体育等以公共利益为目的的公共建筑、政府机关办公建筑，以及居住建筑的节能改造，政府应作为出资的主要主体。

可再生能源应用是改善建筑用能结构和扩大能源供给的重要途径，在中远期将成为能源供给的重要来源。大力推广绿色建筑和促进可再生能源在建筑中的应用，是国家重点鼓励的民用建筑节能的发展方向，对于真正减少建筑物对常规能源的需求具有十分重要的作用，但目前该类建筑的应用案例较少，缺乏大规模推广的经验，因此需要政府安排资金用于支持可再生能源的应用以及民用建筑示范工程、节能项目、绿色建筑的推广。

2006 年，财政部印发《可再生能源建筑应用专项资金管理暂行办法》（财建〔2006〕237 号），专门安排资金开展可再生能源建筑应用项目示范；2007 年，印发《北方采暖区既有居住建筑供热计量及节能改造奖励资金管理暂行办法》（财建〔2007〕957 号）和《国家机关办公建筑和大型公共建筑节能专项资金管理暂行办法》（财建〔2007〕558 号），支持开展北方采暖地区既有居住建筑供热计量及节能改造工作，支持开展国家机关办公建筑和大型公共建筑能耗统计、能源审计、能效公示及能耗动态监测工作，支持开展高等学校节约型校园建设；2009 年印发《太阳能光电建筑应用财政补助资金管理暂行办法》（财建〔2009〕129 号），开始支持“太阳能光伏屋顶计划”；印发《可再生能源建筑应用城市示范实施方案》（财建〔2009〕305 号）、《关于加快推进农村地区可再生能源建筑应用的实施方案》（财建〔2009〕306 号），启动了可再生能源建筑应用城市示范及农村地区县级示范工作。

以上建筑节能相关财政资金的安排，带动了有关企业、居民及其他社会资金对建筑节能工作的投入，有效地激发了建筑节能市场，对促进建筑节能工作的开展发挥了重要的作用。

（二）金融支持

建筑节能工作是一项庞大的系统工程，要全面推进建筑节能工作，资金需求量是很大的，因此应考虑多渠道筹措建筑节能资金。除各级人民政府安排一定数量的财政支出用于支持民用建筑节能相关的科学研究和标准制定、既有建筑围护结构和供热系统的节能改造、可再生能源的应用示范工程等节能项目外，还应充分发挥金融机构的融资作用。财政的资金是有限的，只有引导金融机构支持民用建筑节能的相关项目，扩大融资渠道，才能真正解决民用建筑节能的资金需求。

政府可通过财政贴息的方式引导金融机构为民用建筑节能相关工作提供优惠贷款，拓宽民用建筑节能工作的融资渠道。这样做一方面可以减轻一部分财政负担，因为政府只需承担相应的贷款贴息资金，就可以引导大量的社会资金投入建筑节能工作，与直接将财政资金投入建筑节能的做法相比可以起到以小博大的效果；另一方面，金融机构提供优惠贷款，可以激发市场投资者参与建筑节能活动的积极性，充分发挥市场机制的作用，引导社会资金更多地投向建筑节能领域。

金融机构对民用建筑节能工作的支持应具有针对性，贷款优惠政策应针对国家鼓励但资金难于筹措的节能项目，例如既有建筑节能改造、可再生能源的应用以及民用建筑节能示范工程等。这些领域是国家亟须推进，但仅依靠财政投入和市场自身作用是很难实现的，如果获得金融机构的支持，则可以解决融资难的问题，大力推进相关工作的进展。既有建筑节能改造项目主要指商业建筑的节能改造、可再生能源的应用，民用建筑节能示范工程则应是得到建设主管部门审批确定的示范项目。

（三）税收支持

为鼓励全社会共同节能的积极性，借鉴国外相关经验和做法，国家实施税收优惠政策是十分有效的。很多国家在开展建筑节能过程中，一直运用税收优惠的政策手段激励相关利益主体，确保了建筑节能工作的有效进行。而我国目前建筑节能领域的财政激励政策严重缺失，仅依靠颁布建筑节能设计标准和部门规章的行政手段来推动建筑节能，效果不十分明显，阻碍了民用建筑节能工作的进展。实施税收优惠政策的作用在于，可以减少投资建筑节能的增量成本、缩短投资回收期，从而提高市场投资主体的积极性，发挥市场机制配置资源的作用，吸引更多的社会资金投资建筑节能，而无须直接的财政支出，操作简便。

实施税收优惠的相关项目主要包括建造或购买更低能耗建筑，既有建筑节能改造，可再生能源的应用，节能建筑材料、产品、设备的推广应用等。

四、城镇供热体制改革

《节约能源法》第 38 条规定：“国家采取措施，对实行集中供热的建筑分步骤实行供热分户计量、按照用热量收费的制度。新建建筑或者对既有建筑进行节能改造，应当按照规定安装用热计量装置、室内温度调控装置和供热系统调控装置。具体办法由国务院建设主管部门会同国务院有关部门制定。”《民用建筑节能条例》第9条规定：“国家积极推进供热体制改革，完善供热价格形成机制，鼓励发展集中供热，逐步实行按照用热量收费制度。”

北方地区是我国法定的采暖地区。目前北方地区城镇民用建筑采暖能耗是建筑能耗的最大的组成部分，到2009年年底，采暖能耗约1.5亿吨标准煤，占城镇建筑能耗的40%以上。

（一）供热采暖系统在建筑节能中具有重要地位

在居住建筑节能50%的设计标准中，采暖系统分担20%；在公共建筑节能50%的设计标准中，空调采暖系统分担约18%。因此，供热采暖系统与建筑节能密切相关，建筑节能不能仅仅局限于建筑物单体，更不能局限于墙体、门窗等围护结构的某一项，应当从热源、管网、建筑物单位等方面统筹考虑。

（二）供热体制改革的进展情况

在计划经济时期，我国形成了福利供热制度，企业为职工全额负担热费或大部分热费，并且热费按照建筑面积收取。2003年7月21号，建设部等八部委局联合下发了《关于城镇供热体制改革试点工作的指导意见》（建城〔2003〕148号），决定在东北、华北、西北及山东、河南等地区开展城镇供热体制改革的试点工作。具体内容包括四个方面：一是停止福利供热，实行用热商品化、货币化；二是逐步推进按用热量分户计量收费的办法，提高节能积极性，形成节能机制；三是加快城镇现有住宅节能改造和供热采暖设施改造，提高热能利用效率和环保水平；四是引入竞争机制，深化供热企业改革，实行城镇供热特许经营制度。在各地试点工作的基础上，八部委于2005年12月17号联合下发了《关于进一步推进城镇供热体制改革的意见》（建城〔2005〕220号），要求用两年左右的时间实现供热商品化、货币化，并对热价与燃料价格联动、鼓励开发可再生能源、建立供热预警和保障机制等提出具体要求。2010年3月，住房和城乡建设部会同国家发展改革委、财政部、国家质检总局联合下发《关于进一步推进供热计量改革工作的意见》（建城〔2010〕14号），要求从2010年开始，北方采暖地区新竣工建筑及完成供热计量改造的既有居住建筑，取消以面积计价收费方式，实行按用热量计价收费方式，用两年时间，既有大型公共建筑全部完成供热计量改造并实行按用热量计价收费。

目前，我国供热体制改革中面临的主要问题与建筑节能的关系主要体现在：第一，热费缴纳机制和价格机制不合理。北方大部分地区职工的采暖费用仍然以单位负担为主，并按照面积收取。旧有的缴纳机制和热费价格机制没有与用户切身利益紧密相连，热用户很少关注采暖费用的问题，进而不会自觉地采取措施节约用热。此外，这种现象还会导致一种隐性不公正现象，即节能建筑用户为不节能建筑“埋单”。具体说来，购买节能建筑的用户出于节约建筑使用成本考虑，承担了节能建筑的增量价格，但实际上按面积分摊热费的价格机制并没有使节能建筑的用户真正剩下能耗费用，造成了“节能不节钱”的现象。第二，多数供热系统缺乏用能调控和分户计量装置。目前我国北方大部分集中供热系统缺乏分户计量装置和用热调节装置，仅在集中供热的热力站和每栋建筑的热力入口处设置了调节阀门。热力站处的质、量调节由于受到输配管网长度等因素的制约，造成用户端供热量调节效果滞后，加之用户缺乏用热调控装置，导致室内温度过高，不得不开窗“散热”，造成能源极大浪费。

（三）鼓励发展集中供热

所谓集中供热，就是由一个或者几个集中热源通过热力管网供应用户所需要的生产用热和生活用热的供热方式。集中供热是与分散供热相对而言的。分散供热主要指的是各单位利用自备的设施自给自足的一种供热方式。与分散供热相比，集中供热是有效利用能源、防治大气污染的方式，具有节约能源、减少污染、有利生产、方便生活的综合经济效益、环境效益和社会效益。集中供热主要可以通过热电联产、区域性集中建锅炉房以及利用工业余热等方法来实现。

发展城市集中供热既可以大大减少采暖锅炉的数量，又有利于加强锅炉排污控制；既可以节约能源，又有利于综合防治燃煤污染和方便生活。因此，《民用建筑节能条例》明确规定国家鼓励发展集中供热。

（四）按用热量收费制度

针对供热体制改革中面临的问题，《民用建筑节能条例》提出了逐步实行按用热量收费制度。按用热量收费，就是改变现行的按面积分摊热费的价格机制，推行“两部热价制”，即基本热价和计量热价，基本热价主要反映固定成本，供热系统建成后，无论用户是否用热或用热多少，其按合同容量建成的热源、热网、热用户组成的循环系统，都有建设、运行和管理的资金投入，这些资金投入，只能通过热用户缴纳热费的形式来取得回报，这种性质的热价就是基本热价；计量热价主要反映可变成本，通过以热用户为单元安装热计量装置，得到实际用热量，按照“用多少热、交多少费”的原则支付热费，这种性质的热价就是计量热价。“两部制热价”是一种使各类热用户公平负担供热费用的定价方式，是一种促进供热企业节能降耗、热用户节约用热的有效机制。住房和城乡建设部等四部委下发的《关于进一步推进供热计量改革工作的意见》（建城〔2010〕14号）中明确规定，供热计量价格政策要有利于鼓励和促进按用热量计价收费。为调动用户行为节能的积极性，可将“两部制热价”中基本热价的比例按30%执行。

为了保证该制度正常有效实行，具有技术上的可行性，《民用建筑节能条例》第18条规定：“实行集中供热的建筑应当安装供热系统调控装置、用热计量装置和室内温度调控装置；公共建筑还应当安装用电分项计量装置。居住建筑安装的用热计量装置应当满足分户计量的要求”。第29条规定：“对实行集中供热的建筑进行节能改造，应当安装供热系统调控装置和用热计量装置；对公共建筑进行节能改造，还应当安装室内温度调控装置和用电分项计量装置。”

第二节　新建建筑节能管理

一、新建建筑节能管理概述

建筑节能管理是指通过实施、计划、组织、领导、控制等一系列活动，在保证建筑物使用功能和室内热环境质量的前提下，提高能源使用效率，使节能降耗的目标得以实现的过程。广义的建筑节能管理活动涉及内容广泛，是一项系统工程。从建设程序看，建筑节能管理涵盖规划、设计、施工、监理的全过程，建筑物的设计、建造以及朝向、布局、地面绿化率、自然通风效果等性能规划都能带来良好的节能效果。从建筑技术看，建筑节能管理还包括节能技术推广、限制及淘汰制度以及节能标准的编制与应用，如围护结构保温隔热技术、建筑遮阳技术、太阳能与建筑一体化技术、新型供冷供热技术、照明节能技术等。从建筑材料看，建筑节能管理的对象也包含了墙体材料、节能型门窗、节能玻璃、保温材料等节能建筑部品材料领域。此外，建筑物在使用和运行过程中的节能管理、既有有建筑节能改造以及建筑节能经济激励政策等，都属于广义的建筑节能管理的范畴。

新建建筑节能管理一般是指以政府为代表的管理者，为实现建筑节能的社会利益和公众利益，通过法律、法规和强制性标准规定基本质量目标，以特定的方式和手段，针对新建工程的建设过程实施的，整体、全面的建筑节能规划、指挥、协调和监督的总和。新建建筑节能管理包括两个层次的内容。一是以建筑工程的建设过程为对象，将建筑物的新建、扩建、改建等活动均纳入建设工程节能质量管理的范畴，涵盖其所有的建设工程建设活动。二是以建设活动的主体为对象，对参与建设工程建设的建设单位、勘察单位、设计单位、施工单位、工程监理单位、检测单位以及建筑材料、构配件、设备供应单位建设工程质量行为和活动实施节能监督管理，涵盖了建设工程节能质量的所有责任主体。

我国开展新建建筑节能管理始于 20 世纪 80 年代，在 20 多年的发展过程中，随着相关法律、法规的不断出台，技术标准体系的不断完善，新建建筑节能管理制度不断健全，监管环节不断深入。回顾我国新建建筑节能管理工作的发展历程，主要经过以下几个阶段。

1986 年，我国颁布实施了《民用建筑节能设计标准》（JGJ26—86），这是我国第一部民用建筑节能设计标准，该标准适用于严寒和寒冷地区的采暖居住建筑，提出了相比于 20 世纪 80 年代初的居住建筑节能 30% 的节能目标。1995 年，我国又发布了该标准的修订版

《民用建筑节能设计标准（采暖居住建筑部分）》（JGJ26—95），并将节能目标提高到50%。

2001年，颁布实施了《夏热冬冷地区居住建筑节能设计标准》（JGJ134—2001），将新建建筑节能拓展到了夏热冬冷地区，提出了节能50%的目标。为贯彻和实施该标准，建设部会同原国家计委、经贸委、财政部于2001年11月20号发布了《关于实施〈夏热冬冷地区居住建筑节能设计标准〉的通知》（建科〔2001〕239号），要求要严格执行该标准，新建民用建筑工程项目的可行性研究报告，要包括合理用能的论证报告，对于达不到该标准强制性条文规定要求的，应按照《实施工程建设强制性标准监督规定》（建设部令第81号）和《民用建筑节能管理规定》（建设部令第76号）进行处罚。

2003年，颁布实施了《夏热冬暖地区居住建筑节能设计标准》（JGJ75—2003），将新建建筑节能拓展到了夏热冬冷地区，提出了节能50%的目标。建设部、国家发展和改革委员会、财政部于2003年12月5日号发布了《关于实施〈夏热冬暖地区居住建筑节能设计标准〉的通知》（建科〔2003〕237号），对严格执行该标准提出了明确要求。

2004年10月，建设部下发《关于加强民用建筑工程项目建筑节能审查工作的通知》（建科〔2004〕174号），就加强民用建筑工程项目建筑节能审查工作，提出了要求。

2005年4月，建设部下发了《关于新建居住建筑严格执行节能设计标准的通知》（建科〔2005〕55号），要求建设单位、房地产开发企业、设计单位、施工图审查单位、施工及监理单位等责任主体要严格遵守国家的有关法律、法规，按照相应的建筑节能设计标准进行工程项目的规划设计、开工建设、组织竣工验收，并应将节能工程竣工验收报告报建筑节能管理机构备案。

2005年4月，颁布了《公共建筑节能设计标准》（GB50189—2005），自2005年7月1日起实施，该标准提出了公共建筑50%的节能目标。建设部于2005年4月21号下发了《关于认真做好〈公共建筑节能设计标准〉宣贯、实施及监督工作的通知》（建标函

〔2005〕121号)，要求各级建设主管部门要按照有关法律法规的规定，从勘察、设计、施工、监理、竣工验收等各环节，加强对《标准》实施的监督管理。

2007年6月，颁布了《建筑节能工程施工质量验收规范》(GB50411—2007)，自2007年10月1日开始实施，该规范共有强制性条文20条，涉及结构和人身安全、环保、节能、功能方面。新建、改建及扩建的民用建筑工程均按此规范验收，而单位工程竣工验收应在建筑节能分部工程验收合格后进行。建设部于2007年5月14号下发了《关于加强〈建筑节能工程施工质量验收规范〉宣贯、实施及监督工作的通知》(建办标函〔2007〕302号)，要求加强工程竣工验收监管，保证节能标准落到实处。

至此，我国基本建立了涵盖北方严寒寒冷、夏热冬冷、夏热冬暖三个气候区、居住建筑和公共建筑的建筑节能标准体系，对新建建筑节能的规定覆盖了规划设计、施工图审查、施工、竣工验收全过程，新建建筑节能全过程管理机制基本形成。

二、新建建筑节能全过程管理

(一) 规划编制及许可

《民用建筑节能条例》第12条规定："编制城市详细规划、镇详细规划，应当按照民用建筑节能的要求，确定建筑的布局、形状和朝向。城乡规划主管部门依法对民用建筑进行规划审查，应当就设计方案是否符合民用建筑节能强制性标准征求同级建设主管部门的意见；建设主管部门应当自收到征求意见材料之日起10日内提出意见。征求意见时间不计算在规划许可的期限内。对不符合民用建筑节能强制性标准的，不得颁发建设工程规划许可证。"

建筑工程建设周期长、参与主体多，因此要切实搞好建筑节能，必须在规划、设计、施工、监理、竣工验收、备案等各个环节进行闭合管理。规划是工程建设中的首要环节，如果规划的建筑布局、形状、朝向不够合理科学，则会妨碍建筑节能目标的实现。因此，《民用建筑节能条例》规定编制城市详细规划、镇详细规划时，应当按照民用建筑节能的要求，确定建筑的布局、形状和朝向，在规划环节就把好建筑节能关。我国一些南方民居冬暖夏凉，这和当地老百姓结合当地的地形、气候，做出建筑布局、空间结构有密切关系，体现了中国人民的无穷智慧。现在，城市里人口密度不断加大，人们生活方式发生翻天覆地的变化，合理安排建筑布局和空间结构的难度变大了，但也不是不可能做到。例如，总平面布局应因地制宜，尽可能争取最有利的建筑朝向，使建筑冬季可以增加太阳辐射得热，夏季可以减少太阳辐射得热，且应与当地夏季的主导风向一致，使建筑群的规划布置和建筑物的平面布置有利于自然通风。

依法对建设工程实行统一的规划管理，是城市规划部门的重要行政职能。建设工程规划许可证，是判断建设工程是否符合城乡规划要求的法律凭证。《城乡规划法》第 40 条规定："在城市、镇规划区进行建筑物、构筑物、道路、管线和其他工程建设的，建设单位或者个人应当向城市、县人民政府城乡规划主管部门或者省、自治区、直辖市人民政府确定的镇人民政府申请办理建设工程规划许可证。"

设计方案，是在批准的立项文件的基础上，对建设项目进行总体部署和安排，使设计构思和设计意图具体化；细化总平面布局、功能分区、总体布置、空间组合、交通组织等；细化总用地面积、总建筑面积等各项技术经济指标。

在核发建设工程规划许可证前，规划部门就设计方案是否符合建筑节能标准征求建设部门的意见，对于实现建筑节能十分必要。在审批核发建设工程规划许可证时，规划部门依法应当按照详细规划的要求，对各项建筑工程的性质、规模、标高、高度、体量、朝向、间距、建筑密度等进行审查和规划控制。因此，通过规划许可的手段，能够在审批核发建设工程规划许可证的阶段，就能有效地将不符合建筑节能要求和标准的设计方案予以否决，避免资源浪费。规划主管部门依法对民用建筑进行规划审查时，应当就设计方案是否符合建筑节能标准征求同级建设主管部门的意见。这不是一个单独的行政许可，而是政府部门的内部工作程序。

对不符合民用建筑节能强制性标准的，不得颁发建设工程规划许可证。相比以前的规划审查许可条件而言，本条新增了建设工程规划许可的许可条件，即设计方案是否符合民用建筑节能强制性标准。建筑节能标准是建筑节能的重要技术支撑。工程建设标准可以划分为强制性标准和推荐性标准。强制性标准，是指工程建设标准中，直接涉及人民生命财产安全、人身健康、环境保护和其他公众利益，以及提高经济效益和社会效益等方面的要求，在工程建设中必须严格执行的强制性条款。

（二）施工图设计文件审查

施工图设计文件审查，是以法律、法规和强制性标准为依据，以保证安全和环境等公众利益为目的的政府强制性行为，是工程建设必不可少的程序。开展施工图设计文件审查，可以使对工程质量的政府监督管理由事后变为事前，在施工图纸交付施工之前发现问题，可以将风险降到最低，对保证建设工程质量起到良好的效果。国务院 2000 年 1 月发布的《建设工程质量管理条例》正式确立了我国的施工图设计文件审查制度。《建设工程质量管理条例》第 11 条规定："建设单位应当将施工图设计文件报县级以上人民政府建设行政主管部门或者其他有关部门审查……施工图设计文件未经审查批准的，不得使用。"2000 年 9 月发布的《建设工程勘察设计管理条例》第 33 条也明确规定："县级以上人民政府建设行政主管部门或者交通、水利等有关部门应当对施工图设计文件中涉及公共利益、公众安全、工程建设强制性标准的内容进行审查。施工图设计文件未经审查批准的，不得使用。"

依据国务院行政审批制度改革的决定，2004 年 8 月建设部发布了《房屋建筑和市政基础设施工程施工图设计文件审查管理办法》（建设部令第 134 号）规定了施工图审查工作的具体要求。施工图审查机构是不以营利为目的的独立法人，对审查工作承担审查责任。建设单位可以自主选择审查机构，但是审查机构不得与其审查项目的建设单位、勘察设计单位有隶属关系或者其他利害关系。审查的主要内容是：是否符合工程建设强制性标准，地基基础和主体结构的安全性，勘察设计企业和注册执业人员以及相关人员是否按规定在施工图上加盖相应的图章和签字，其他法律、法规和规章规定必须审查的内容。经审查合格的，审查机构应当向建设单位出具审查合格书，并将经审查机构盖章的全套施工图交还建设单位；审查不合格的，审查机构应当将施工图退建设单位并书面说明不合格原因，同时将审查中发现的违反法律、法规和工程建设强制标准的问题，报工程所在地的县级以上地方人民政府建设主管部门。

目前审查施工图设计文件审查，包括了对建筑工程是否执行建筑节能强制性标准进行审查。《民用建筑节能条例》第 13 条规定，施工图设计文件经审查不符合民用建筑节能强制性标准的，县级以上地方人民政府建设主管部门不得颁发施工许可证。按照《建筑法》第 8 条的规定，“申请领取施工许可证，应当具备下列条件：（一）已经办理该建筑工程用地批准手续；（二）在城市规划区内的建筑工程，已经取得规划可证；（三）需要拆迁的，其拆迁进度符合施工要求；（四）已经确定建筑施工企业；（五）有满足施工需要的施工图纸及技术资料；（六）有保证工程质量和安全的施工图纸及技术资料；（七）建设资金已经落实；（八）法律、行政法规规定的其他条件”。《民用建筑节能条例》进一步明确颁发施工许可证的条件在建筑节能方面的要求，属于《建筑法》第 8 条第（5）项的范围。如果施工图设计文件经审查不合格，申请人就不能提供符合许可条件的材料，不符合《建筑法》的规定，因此，县级以上地方人民政府建设主管部门不得颁发施工许可证。未取得施工许可证，建设单位不得开工进行建设活动。

（三）新建建筑建设过程中各相关主体责任

《节约能源法》第 35 条规定：“建筑工程的建设、设计、施工和监理单位应当遵守建筑节能标准；不符合建筑节能标准的建筑工程，建设主管部门不得批准开工建设；已经开工建设的，应当责令停止施工、限期改正；已经建成的，不得销售或者使用。建设主管部门应当加强对在建建筑工程执行建筑节能标准情况的监督检查。”

《民用建筑节能条例》第 14 条规定：“建设单位不得明示或者暗示设计单位、施工单位违反民用建筑节能强制性标准进行设计、施工，不得明示或者暗示施工单位使用不符合施工图设计文件要求的墙体材料、保温材料、门窗、采暖制冷系统和照明设备。按照合同约定由建设单位采购墙体材料、保温材料、门窗、采暖制冷系统和照明设备的，建设单位应当保证其符合施工图设计文件要求。”

《民用建筑节能条例》第 15 条规定：“设计单位、施工单位、工程监理单位及其注册执业人员，应当按照民用建筑节能强制性标准进行设计、施工、监理。”

《民用建筑节能条例》第 16 条规定：“施工单位应当对进入施工现场的墙体材料、保温材料、门窗、采暖制冷系统和照明设备进行查验；不符合施工图设计文件要求的，不得使用。工程监理单位发现施工单位不按照民用建筑节能强制性标准施工的，应当要求施工单位改正；施工单位拒不改正的，工程监理单位应当及时报告建设单位，并向有关主管部门报告。墙体、屋面的保温工程施工时，监理工程师应当按照工程监理规范的要求，采取旁站、巡视和平行检验等形式实施监理。未经监理工程师签字，墙体材料、保温材料、门窗、采暖制冷系统和照明设备不得在建筑上使用或者安装，施工单位不得进行下一道工序的施工。”

新建建筑节能工程涉及的责任主体包括建设单位、设计单位、施工单位及监理单位及相关注册执业人员。

1. 建设单位。建设单位有选择、施工单位的权利，有权对工程提出质量要求，因而是决定工程质量的关键。实践中，由于市场的激烈竞争，目前的建筑市场已由原来建筑企业为主导，转变成建设单位为主导，建设单位常常从自身经济利益出发，采取各种方式明示或者暗示要求设计单位、施工单位违反工程建设强制性标准。因此，建设单位行为不规范成为建设活动不规范的重要原因，加强对建设单位行为的监督管理，并设定相应的法律责任和义务十分必要。《建设工程质量管理条例》第 10 条规定，“建设单位不得明示或暗示设计单位或者施工单位违反工程建设强制性标准，降低建设工程质量。”《民用建筑节能条例》进一步明确了建设单位不得明示或者暗示设计单位、施工单位违反民用建筑节能强制性标准，并在第 37 条规定，明示或者暗示设计单位、施工单位违反民用建筑节能强制性标准设计、施工的，由县级以上地方人民政府建设主管部门责令改正，处20万元以上50万元以下的罚款。

2. 设计单位。从建筑物的设计来说，必须严格执行节能强制性标准，同时应考虑建筑物所在地的气候、采光、遮阳等自然环境条件对节能材料等进行选择，如果所选择的节能材料与上述自然条件不匹配，即使材料、设备的节能性能再好，所建造的建筑物的节能效果也会很差；此外，节能设计对于采暖空调设备的选择，应避免设备的选型过大及系统部件设计不合理，否则即使所选用的设备的节能性能非常好，能效比非常高，也将使建筑在运行过程中无谓地浪费大量的能源。

3. 施工单位。施工单位必须按照工程设计要求、施工技术标准和合同约定，对进入施工现场的墙体材料、保温材料、门窗、采暖制冷系统和照明设备进行查验，如果不符合施工图设计文件要求的，不得使用。按照规定，施工单位应当建立建筑材料、设备的进场查验制度。建立有效的进场检查和使用前的检验制度，是施工单位质量保证体系中的重要内容，是保证建筑节能的重要措施。按照规定进行检验，按照规定的取样方法、数量、频率和检验方法进行检验，合格后方能使用。把未经检验或检验不合格的材料、设备用于工程，是一种违法行为。

4. 监理单位。监理单位应当根据所承担的监理任务，组建驻工地监理机构。监理机构一般由总监理工程师、监理工程师和其他监理人员组成。总监理工程师是指监理单位派到施工现场全面履行监理合同的全权负责人。监理工程师拥有对建筑材料、设备以及每道施工工序的检查权。在施工过程中，监理工程师对工序、建筑材料、构配件、设备进行检查、检验，根据检查、检验的结果决定是否允许建筑材料、构配件、设备在建筑上使用；对每道施工工序的作业成果进行检查，并根据检查结果决定是否允许进行下一道工序的施工，对于不符合规范和标准的工序、分部分项工程，有权要求施工单位停工整改、返工。

5. 相关注册执业人员。我国目前已经实行了注册建筑师、注册结构工程师、注册监理工程师、注册造价工程师、注册建造师等个人执业注册制度。建设部发布的《注册建筑师条例实施细则》（建设部令第52号）、《勘察设计注册工程师管理规定》（建设部令第137号）、《注册监理工程师管理规定》（建设部令第147号）、《注册造价工程师管理办法》（建设部令第150号）《注册建造师管理规定》（建设部令第153号）等部令中，对有关的注册执业人员注册执业活动作了明确的规定。遵守和执行法律、法规、部门规章、工程建设强制性标准是注册执业人员的法定义务，如果未按照国家有关规定履行义务，应当承担相应的法律责任。

（四）工程竣工验收及备案

工程项目的竣工验收是施工全过程的最后一道程序，是建设投资成果转入生产或使用的标志，也是全面考核投资效益、检验设计和施工质量的重要环节。工程竣工验收是把好工程质量关的最后一道程序，是建筑投入使用的标志，是考核投资效益、工程质量的综合措施。民用建筑最终是否符合建筑节能强制性标准，在这个阶段可以得到综合的判断和评价。

《民用建筑节能条例》第17条规定："建设单位组织竣工验收，应当对民用建筑是否符合民用建筑节能强制性标准进行查验；对不符合民用建筑节能强制性标准的，不得出具竣工验收合格报告。"

《建设工程质量管理条例》第16条规定："建设单位收到建设工程竣工验收报告后，应当组织设计、施工、工程监理等有关单位进行竣工验收。"按照《建设工程质量管理条例》和《民用建筑节能条例》的规定，建设单位是竣工验收的主体，也是对民用建筑是否符合民用建筑节能强制性标准进行查验的主体。

建设工程竣工验收应当具备以下条件：（1）完成建设工程设计和合同约定的各项内容；（2）有完整的技术档案和施工管理资料；（3）有工程使用的主要建筑材料、建筑构配件、设备的进场试验报告；（4）有勘察、设计、施工、工程监理等单位分别签署的质量合格文件；（5）有施工单位签署的工程保修书等。

建设单位在收到施工单位工程竣工报告后，应及时组织设计、施工、工程监理并会同有关单位进行竣工验收，并应当特别进行建筑节能的查验。对于不符合民用建筑节能强制性标准的，不得出具竣工验收合格报告。

工程竣工验收合格的，建设单位应当及时提出工程竣工验收报告。工程竣工验收报告主要包括工程概况，建设单位执行基本建设程序情况，对工程勘察、设计、施工、监理等方面的评价，工程竣工验收时间、程序、内容和组织形式，工程竣工验收意见等内容。并应当附有施工许可证、施工图设计文件审查意见、工程竣工验收意见、工程质量保修书等有关文件。

（五）法律责任

针对新建建筑节能管理，《节约能源法》、《民用建筑节能条例》等法律、法规对政府有关部门、建设单位、设计单位、施工单位、工程监理单位、房地产开发企业、注册执业人员在民用建筑节能活动中的违法行为分别规定了相应的法律责任。

1. 政府有关部门。《民用建筑节能条例》第35条规定："违反本条例规定，县级以上人民政府有关部门有下列行为之一的，对负有责任的主管人员和其他直接责任人员依法给予处分；构成犯罪的，依法追究刑事责任：（一）对设计方案不符合民用建筑节能强制性标准的民用建筑项目颁发建设工程规划许可证的；（二）对不符合民用建筑节能强制性标准的设计方案出具合格意见的；（三）对施工图设计文件不符合民用建筑节能强制性标准的民用建筑项目颁发施工许可证的；（四）不依法履行监督管理职责的其他行为。"

2. 建设单位。《节约能源法》第79条第1款规定："建设单位违反建筑节能标准的，由建设主管部门责令改正，处二十万元以上五十万元以下罚款。"《民用建筑节能条例》第37条规定："违反本条例规定，建设单位有下列行为之一的，由县级以上地方人民政府建设主管部门责令改正，处20万元以上50万元以下的罚款：（一）明示或者暗示设计单位、施工单位违反民用建筑节能强制性标准进行设计、施工的；（二）明示或者暗示施工单位使用不符合施工图设计文件要求的墙体材料、保温材料、门窗、采暖制冷系统和照明设备的；

（三）采购不符合施工图设计文件要求的墙体材料、保温材料、门窗、采暖制冷系统和照明设备的；（四）使用列入禁止使用目录的技术、工艺、材料和设备的。”

《民用建筑节能条例》第38条规定：“违反本条例规定，建设单位对不符合民用建筑节能强制性标准的民用建筑项目出具竣工验收合格报告的，由县级以上地方人民政府建设主管部门责令改正，处民用建筑项目合同价款2%以上4%以下的罚款；造成损失的，依法承担赔偿责任。”

3. 设计单位。《节约能源法》第79条第2款规定：“设计单位、施工单位、监理单位违反建筑节能标准的，由建设主管部门责令改正，处十万元以上五十万元以下罚款；情节严重的，由颁发资质证书的部门降低资质等级或者吊销资质证书；造成损失的，依法承担赔偿责任。”《民用建筑节能条例》第39条规定：“违反本条例规定，设计单位未按照民用建筑节能强制性标准进行设计，或者使用列入禁止使用目录的技术、工艺、材料和设备的，由县级以上地方人民政府建设主管部门责令改正，处10万元以上30万元以下的罚款；情节严重的，由颁发资质证书的部门责令停业整顿，降低资质等级或者吊销资质证书；造成损失的，依法承担赔偿责任。”

4. 施工单位。《民用建筑节能条例》第40条规定：“违反本条例规定，施工单位未按照民用建筑节能强制性标准进行施工的，由县级以上地方人民政府建设主管部门责令改正，处民用建筑项目合同价款2%以上4%以下的罚款；情节严重的，由颁发资质证书的部门责令停业整顿，降低资质等级或者吊销资质证书；造成损失的，依法承担赔偿责任。”

5. 工程监理单位。《民用建筑节能条例》第42条规定：“违反本条例规定，工程监理单位有下列行为之一的，由县级以上地方人民政府建设主管部门责令限期改正；逾期未改正的，处10万元以上30万元以下的罚款；情节严重的，由颁发资质证书的部门责令停业整顿，降低资质等级或者吊销资质证书；造成损失的，依法承担赔偿责任：（一）未按照民用建筑节能强制性标准实施监理的；（二）墙体、屋面的保温工程施工时，未采取旁站、巡视和平行检验等形式实施监理的。对不符合施工图设计文件要求的墙体材料、保温材料、门窗、采暖制冷系统和照明设备，按照符合施工图设计文件要求签字的，依照《建设工程质量管理条例》第六十七条的规定处罚。”

6. 房地产开发企业。《节约能源法》第80条规定，房地产开发企业违反本法规定，在销售房屋时未向购买人明示所售房屋的节能措施、保温工程保修期等信息的，由建设主管部门责令限期改正，逾期不改正的，处三万元以上五万元以下罚款；对以上信息作虚假宣传的，由建设主管部门责令改正，处五万元以上二十万元以下罚款。《民用建筑节能条例》第43条规定：“违反本条例规定，房地产开发企业销售商品房，未向购买人明示所售商品房的能源消耗指标、节能措施和保护要求、保温工程保修期等信息，或者向购买人明示的所售商品房能源消耗指标与实际能源消耗不符的，依法承担民事责任；由县级以上地方人民政府建设主管部门责令限期改正；逾期未改正的，处交付使用的房屋销售总额2%以下的罚款；情节严重的，由颁发资质证书的部门降低资质等级或者吊销资质证书。”

商品房的能源消耗指标、节能措施和保护要求、保温工程保修期，是商品房买卖合同中的主要条款，也是住宅质量保证书、住宅使用说明书中必须予以载明的重要内容。房地产开发企业在销售商品房时，未向购买人明示所售商品房的能源消耗指标、节能措施和保护要求、保温工程保修期等信息，或者向购买人明示的所售商品房能源消耗指标与建筑实际能源消耗不符，将影响到购买人的知情权，或者构成合同欺诈，侵犯购买人的合法权益，房地产开发企业应当承担相应的法律责任。

7. 注册执业人员。《民用建筑节能条例》第44条规定：“违反本条例规定，注册执业人员未执行民用建筑节能强制性标准的，由县级以上人民政府建设主管部门责令停止执业3个月以上1年以下；情节严重的，由颁发资格证书的部门吊销执业资格证书，5年内不予注册。”

注册执业人员的违法行为，主要是指未执行民用建筑节能强制性标准的违法行为。《民用建筑节能条例》第 15 条规定，设计单位、施工单位、工程监理单位及其注册执业人员，应当按照民用建筑节能强制性标准进行设计、施工、监理。

三、新建建筑节能管理制度

（一）新建建筑节能市场准入制度

建立完善的新建建筑市场准入制度，对新建建筑全面强制实施建筑节能设计标准，从源头上切实降低建筑能耗水平，是一个低成本、高产出、最为行之有效的途径。

2005 年 7 月，《国务院关于做好建设节约型社会近期重点工作的通知》（国发〔2005〕21 号）中明确提出："建立新建建筑市场准入制度。对公共建筑和民用建筑达不到建筑节能设计规范要求的，不准施工、验收备案、销售和使用。"

2006 年，原建设部下发了《关于贯彻〈国务院关于加强节能工作的决定〉的实施意见》（建科〔2006〕231 号），提出要研究建立新建建筑市场准入门槛制度，对超过 2 万平方米的公共建筑和超过 20 万平方米的居住建筑小区，研究实行建筑节能专项审查制度。贯彻《民用建筑工程节能质量监督管理办法》，进一步强化参建各方建筑节能工作的责任和义务，加强施工图审查、施工许可、工程质量检测、工程质量监督、竣工验收备案等环节的建筑节能监管工作。对达不到建筑节能设计标准的工程不准开工、验收备案、销售和使用。

随着建筑节能相关法律、法规的不断健全和建筑节能强制性标准的不断完善，新建建筑市场准入制度的内涵不断丰富，逐步形成了从城市详细规划编制、建设工程规划许可证、施工图设计文件审查、施工许可、工程竣工验收、能效测评标识、销售使用、供热与采暖及照明、建筑节能工程保修等环节，对建筑节能实行全过程控制的准入管理。

新建建筑市场准入的法律依据主要是《民用建筑节能条例》第 11 ~ 23 条。条例充分利用了建筑工程设计施工中已有建设工程用地规划许可和施工许可两个行政许可，在不增加新的行政许可的前提下，加强了对新建建筑节能实施全过程的监管。规划许可环节，城乡规划主管部门依法对民用建筑进行规划审查，应当就设计方案是否符合民用建筑节能强制性标准征求同级建设主管部门的意见；建设主管部门应当自收到征求意见材料之日起10日内提出意见。征求意见时间不计算在规划许可的期限内。对不符合民用建筑节能强制性标准的，不得颁发建设工程规划许可证。施工图审查环节，施工图设计文件审查机构应当按照民用建筑节能强制性标准对施工图设计文件进行审查；经审查不符合民用建筑节能强制性标准的，县级以上地方人民政府建设主管部门不得颁发施工许可证。施工环节，施工单位应当对进入施工现场的墙体材料、保温材料、门窗、采暖制冷系统和照明设备进行查验；不符合施工图设计文件要求的，不得使用。工程监理单位发现施工单位不按照民用建筑节能强制性标准施工的，应当要求施工单位改正；施工单位拒不改正的，工程监理单位应当及时报告建设单位，并向有关主管部门报告。墙体、屋面的保温工程施工时，监理工程师应当按照工程监理规范的要求，采取旁站、巡视和平行检验等形式实施监理。未经监理工程师签字，墙体材料、保温材料、门窗、采暖制冷系统和照明设备不得在建筑上使用或者安装，施工单位不得进行下一道工序的施工。竣工验收备案环节，建设单位组织竣工验收，应当对民用建筑是否符合民用建筑节能强制性标准进行查验；对不符合民用建筑节能强制性标准的，不得出具竣工验收合格报告。

（二）建筑节能推广限制淘汰制度

推广限制淘汰制度是指国家通过制定法规、政策或目录的方式，推广新技术、新工艺、新材料、新设备或新产品，对浪费资源或严重污染环境的落后生产技术、工艺、设备和产品实行限期淘汰的制度。

《节约能源法》第8条规定："国家鼓励、支持节能科学技术的研究、开发、示范和推广，促进节能技术创新与进步。"第16条规定："国家对落后的耗能过高的用能产品、设备和生产工艺实行淘汰制度。淘汰的用能产品、设备、生产工艺的目录和实施办法，由国务院管理节能工作的部门会同国务院有关部门制定并公布。"

《民用建筑节能条例》第11条规定："国家推广使用民用建筑节能的新技术、新工艺、新材料和新设备，限制使用或者禁止使用能源消耗高的技术、工艺、材料和设备。国务院节能工作行政主管部门、建设主管部门应当制定、公布并及时更新推广使用、限制使用或者禁止使用目录。国家限制进口或者禁止进口能源消耗高的技术、材料和设备。建设单位、设计单位、施工单位不得在建筑活动中使用列入禁止使用目录的技术、工艺、材料和设备。”

《建设领域推广应用新技术管理规定》（建设部令第109号）中对于建筑节能技术、部品和材料中有明确定义：新技术，是指经过鉴定、评估的先进、成熟、适用的技术、材料、工艺、产品。限制、禁止使用的落后技术，是指已无法满足工程建设、城市建设、村镇建设等领域的使用要求，阻碍技术进步与行业发展，且已有替代技术，需要对其应用范围加以限制或者禁止使用的技术、材料、工艺和产品。

建筑节能的技术、工艺、材料和设备是建筑节能工作的重要组成部分。只有使用建筑节能技术、工艺、材料和设备，建筑节能工作才具备发展的必备条件。建筑节能推广限制淘汰制度主要包括以下内容：

（1）国家推广使用民用建筑节能的新技术、新工艺、新材料和新设备，限制使用或者禁止使用能源消耗高的技术、工艺、材料和设备。国务院节能工作行政主管部门、建设主管部门应当及时制定、公布并更新推广使用、限制使用、禁止使用目录。推进建筑节能工作，一方面要建立有利于促进建筑节能开展的体制和机制，制定保证建设工程达到建筑节能标准的法律、法规，加强监督管理；另一方面要依靠科学，促进技术进步，积极采用新技术、新工艺、新材料和新设备来推动建筑节能的实现。先进的科学技术，包括勘察设计技术、施工技术、检测技术、先进的原材料和设备等。

制定、公布并更新推广、限制、禁止使用目录的主体是国务院节能工作行政主管部门、建设主管部门。由其及时制定、公布并更新目录，从全局和整体的角度考虑，对于推动我国建筑节能工作的全面发展，以及防止借目录之名、行地方保护主义之实的现象发生，从全局和整体的角度考虑，都是非常必要的。同时，目录由国务院节能工作行政主管部门和建设主管部门制定和公布，增加了目录的权威性和实施力度，因此，国务院节能工作行政主管部门、建设主管部门应当及时制定、公布并更新推广使用、限制使用、禁止使用目录。

（2）国家限制进口或者禁止进口能源消耗高的技术、材料和设备。在我国的部分地区，曾出现过盲目迷信国外节能材料和设备的情况，进口至国内后，在使用过程中才发现不适合我国气候条件，而且有的是国外已淘汰或禁止使用的技术、材料和设备等，这种行为无疑使我国建筑节能工作的开展遭受了一定程度的阻碍，同时造成了我国建筑能源的浪费。因此，有必要对进口能源消耗高的技术、材料和设备的行为，根据其具体情况，予以限制或者完全禁止。技术、材料和设备的进口工作由国务院商务部门管理，涉及进口建筑活动中使用的能源消耗高的技术、材料和设备时，具体的管理办法应由国务院相关主管部门根据各自职能分工制定。

（3）建设单位、设计单位、施工单位不得在建筑活动中使用列入禁止使用目录的技术、工艺、材料和设备。根据以往在一些大中城市开展的诸如“禁止使用实心粘土砖”等工作的实践，“有令不行”的情况屡有发生，其原因就在于，以往发布的“禁止”规定多以行政通知的形式发出，对于建设单位、设计单位、施工单位的法律约束效力稍显薄弱，而条例将建设单位、设计单位、施工单位禁止使用目录的技术、工艺、材料和设备列入第 11 条中，从法律上对该类行为予以禁止，无论是对建筑节能的发展，还是建筑业整体水平的提高都将起到重要的推动作用。

建筑节能有关法律、法规专门对建立建筑节能推广、限制、禁用制度作出规定，表明了国家对在建筑活动中采用新技术、新工艺、新材料和新设备的鼓励支持态度，也突出了建筑节能新技术、新工艺、新材料和新设备在确保建筑节能标准实施中的重要性。如有违反此款规定情形出现，则应按照相关规定承担法律责任。

2000 年，建设部发布《建设部“十五”重点实施技术》（建科〔2000〕286 号），2006 年印发《节能省地型建筑推广应用技术目录》（建科〔2006〕38 号），发布《建设事业“十一五”重点推广技术领域》（建科〔2006〕315 号），2007 年发布《“十一五”可再生能源建筑应用技术目录》（建科〔2007〕216 号），同时每年均发布建设领域科技计划项目，已经初步形成了针对建筑节能新技术、新材料、新产品的推广制度和落后技术、材料、产品的限制和淘汰制度。

（三）民用建筑能效测评标识制度

能效测评，是指对建筑能源消耗量及其用能系统效率等性能指标进行计算、检测，并给出其所处水平的活动。能效标识，是指依据能效测评结果，对建筑能耗相关信息向社会或产权所有人明示的活动。欧盟、英国、德国、丹麦、美国、加拿大等国家和地区，通过完善相关标准、制定配套政策、建立工作程序、逐步试点，建筑能效测评标识制度得到推广，并在不断完善和进步。建筑能效测评标识制度的实施，有利于从市场的角度推动建筑节能，解决目前我国建筑节能管理手段单一的现状，有利于培养社会公众的建筑节能意识，带动节能建筑的市场需求，提高开发商、材料生产商的积极性，对于促进建筑节能的制度创新具有非常重要的意义。

2005 年 7 月，《国务院关于加快发展循环经济的若干意见》（国发〔2005〕22 号）中指出，建立和完善强制性产品能效标识、再利用品标识、节能建筑标识和环境标志制度，开展节能、节水、环保产品认证以及环境管理体系认证。

《国务院关于印发节能减排综合性工作方案的通知》（国发〔2007〕15 号）明确要求，强化新建建筑执行能耗限额标准全过程监督管理，实施建筑能效专项测评，对达不到标准的建筑，不得办理开工和竣工验收备案手续，不准销售使用。

《民用建筑节能条例》第 21 条规定："国家机关办公建筑和大型公共建筑的所有权人应当对建筑的能源利用效率进行测评和标识，并按照国家有关规定将测评结果予以公示，接受社会监督。"

为适应建筑节能发展需要，贯彻有关法律、法规及国务院文件规定，2008 年，住房和城乡建设部专门印发《民用建筑能效测评标识管理暂行办法》（建科〔2008〕80 号），推出了我国的民用建筑能效测评标识制度。该制度主要有以下内容：

（1）适用对象。以下对象必须进行测评标识，包括新建（改建、扩建）国家机关办公建筑和大型公共建筑（单体建筑面积为2万平方米以上的）、实施节能综合改造并申请财政支持的国家机关办公建筑和大型公共建筑、申请国家级或省级节能示范工程的建筑、申请绿色建筑评价标识的建筑。其他居住建筑和一般公共建筑自愿进行能效测评标识。

（2）管理职责。国务院建设主管部门负责全国民用建筑能效测评标识活动的实施和监督管理。

地方县级以上人民政府建设主管部门负责本行政区域内民用建筑能效测评标识活动的实施和监督管理。地方县级以上人民政府建设主管部门可委托专门机构对建筑能效测评标识活动进行日常管理。

（3）标识内容及分级。民用建筑能效测评分两个阶段进行：①建筑能效理论值。建筑工程竣工验收合格后，建设单位或建筑所有权人根据工程设计、施工情况，提出该建筑的建筑能效理论值。②建筑能效实测值。建筑项目投入使用一定期限内，建设单位或建筑所有权人应当委托有关建筑能效测评单位，对该项目的采暖空调、照明、电气等能耗情况进行统计、监测，获得建筑能效的实测值。

民用建筑能效水平按照测评结果，划分为5个等级，并以星为标志。民用建筑能效标识由标志和证书组成。

（4）标识的申请及发放。民用建筑能效测评标识的申请及发放分两个阶段进行：建筑工程竣工验收合格后，建设单位或建筑所有权人通过所在地建设主管部门向省级建设主管部门提出民用建筑能效测评标识申请，省级建设主管部门依据建筑能效理论值核发建筑能效测评标识；建筑项目取得建筑能效实测值后，建设单位或建筑所有权人通过该建筑所在地建设主管部门向省级建设主管部门申请更新能效测评标识。省级建设主管部门依据建筑能效实测值核发建筑能效测评标识。该标识有效期为5年。

（5）测评标识机构。从事建筑能效测评活动的机构按国家和省两级设置。建筑能效测评机构应在获得建设主管部门资格认定后，从事建筑能效测评活动，并对能效测评结果的准确性和真实性负责。国家、省级建设主管部门应对其认定的建筑能效测评机构进行监督，并定期对其测评工作情况进行考核。

目前，住房和城乡建设部共批准了7家国家级民用建筑能效测评机构，各省均认定了本地区的省级民用建筑能效测评机构。

（四）绿色建筑评价标识制度

绿色建筑是指在建筑的全寿命周期内，最大限度地节约资源（节能、节地、节水、节材）、保护环境和减少污染，为人们提供健康、适用和高效的使用空间，与自然和谐共生的建筑。绿色建筑是将可持续发展理念引入建筑领域的结果，将成为未来建筑的主导趋势。目前，世界各国普遍重视绿色建筑的研究，许多国家和组织都在绿色建筑方面制定了相关政策和评价体系，有的已着手研究编制可持续建筑标准。由于世界各国经济发展水平、地理位置和人均资源等条件不同，对绿色建筑的研究与理解也存在差异。我国政府从基本国情出发，从人与自然和谐发展、节约能源、有效利用资源和保护环境的角度，提出发展"节能省地型住宅和公共建筑"，主要内容是节能、节地、节水、节材与环境保护，注重以人为本，强调可持续发展。从这个意义上讲，节能省地型住宅和公共建筑与绿色建筑、可持续建筑提法不同，内涵相通，具有某种一致性，是具有中国特色的绿色建筑和可持续建筑理念。

绿色建筑评价标识制度的建立旨在引导我国绿色建筑市场健康、快速发展。一方面通过标识信息的公示加强了人民对绿色建筑的正确认识，另一方面通过权威的标识评价，帮助设计单位和建设单位提高建造绿色建筑的技术和技能。目前，已初步形成了以绿色建筑评价技术体系为基础、评价管理制度和评价配套体系为支撑的绿色建筑评价工作机制。2007年，建设部印发了《绿色建筑评价标准》（GB/T 50378—2006）、《绿色建筑评价标识管理办法（试行）》（建科〔2007〕206号），2008年印发了《绿色建筑评价标识实施细则（试行修订）》（建科综〔2008〕61号），2009年，住房和城乡建设部印发了《一二星级绿色建筑评价标识管理办法（试行）》（建科〔2009〕109号），绿色建筑评价标识制度初步形成，主要内容包括：

（1）标识指标。绿色建筑评价指标体系由节地与室外环境、节能与能源利用、节水与水资源利用、节材与材料资源利用、室内环境质量和运营管理（住宅建筑）或全生命周期综合性能（公共建筑）六类指标组成。每类指标包括控制项、一般项与优选项。

（2）标识对象。绿色建筑的评价原则上以住区或公共建筑为对象，也可以单栋住宅为对象进行评价。评价单栋住宅时，凡涉及室外环境的指标，以该栋住宅所处住区环境的评价结果为准。对新建、扩建与改建的住宅建筑或公共建筑的评价，在其投入使用一年后进行。

（3）标识分级。绿色建筑标识等级由低至高分为一星级、二星级和三星级三个等级。

（4）标识申请。标识的申请应由业主单位、房地产开发单位提出，鼓励设计单位、施工单位及物业单位等相关单位共同参与申请。申请的住宅建筑和公共建筑应当通过工程质量验收并投入使用一年以上，未发生重大质量安全事故，无拖欠工资和工程款。申请应当提交真实、完整的申报材料，提供工程立项批件、申请单位资质证书、工程用材料产品设备的合格证书、检测报告等材料，以及必须的规划、设计、施工、验收和运营管理资料。

截止到2010年年底，全国有112个项目获得了绿色建筑评价标识，建筑面积超过1 300万平方米。

（五）民用建筑节能信息公示制度

民用建筑节能信息公示，是指在建筑物施工、销售阶段，将建筑物按照建筑类型及其所处气候区域的建筑节能标准，根据审核通过的施工图设计文件，把建筑物的节能性能、节能措施、保护要求予以明示的活动。通过民用建筑节能信息公示制度，不仅可以使业主对所购房屋能耗水平有所了解，也可以为政府部门建筑节能决策提供能耗信息支撑。更重要的是，通过载有能耗信息的合同，使房地产开发企业对新建建筑的能耗指标负有合同义务。

《节约能源法》第36条规定："房地产开发企业在销售房屋时，应当向购买人明示所售房屋的节能措施、保温工程保修期等信息，在房屋买卖合同、质量保证书和使用说明书中载明，并对其真实性、准确性负责。"

《民用建筑节能条例》第22条规定："房地产开发企业销售商品房，应当向购买人明示所售商品房的能源消耗指标、节能措施和保护要求、保温工程保修期等信息，并在商品房买卖合同和住宅质量保证书、住宅使用说明书中载明。"

切实提高新建建筑的能源利用效率，不仅要依靠国家的立法保障，更需要以成熟的市场作为依托，和市场的自主运行互为补充、相得益彰，才能最终取得建筑节能的良好成效。我国的建筑节能市场体系作为一个新兴的领域尚待启动。从实际运行中看，由于缺少经济利益驱动，房地产开发商或建设单位基于市场需求和建设开发的成本考虑，往往不愿意设计开发节能住宅。此外，我国现行的集中供暖方式及其付费方式很难带动建筑节能产业化的发展。因为没有用户真正关心到底节了多少能，这些能值多少钱，用户在建筑节能方面的投入产出比是多少，所以这就使得新建节能建筑很大程度上很难成为市场本身的需要，在市场销售过程中，房屋本身的节能水平也就无法成为一个非常重要的参考指标。

通过建立民用建筑节能信息公示制度，明确了房地产开发企业在销售商品房时的能耗标识责任，使商品房本身的能效信息可以及时、准确地公开，房屋消费者在购房和使用过程中可以清楚地了解房屋节能性能，由此使得商品房的节能措施和能耗指标处于市场体系的监督之下，从而弥补了建筑节能市场机制失灵的不足，有效地带动和促进健全的建筑节能市场体系的建立。

2008年，住房和城乡建设部印发《民用建筑节能信息公示办法》（建科〔2008〕116号），进一步细化了有关法律、法规的规定，主要内容包括：

（1）适用对象。新建（改建、扩建）和进行节能改造的民用建筑应当公示建筑节能信息。

（2）公示内容。建筑节能信息公示内容包括节能性能、节能措施、保护要求。节能性能指建筑节能率，并比对建筑节能标准规定的指标。节能措施指围护结构、供热采暖、空调制冷、照明、热水供应等系统的节能措施及可再生能源的利用。

(3) 公示方法。房地产开发企业应将上述信息在商品房买卖合同和住宅质量保证书、住宅使用说明书中予以载明；商品房进行预售的，开发企业应当将上述信息在与承购人签订商品房预售合同中予以载明。建设单位应在施工、销售现场张贴民用建筑节能信息。

(4) 公示信息的约束力。建筑物能效信息的公示，一方面可以向建设单位（包括开发商）、建筑用户（业主）、政府部门提供一个衡量的标尺，使得建设单位能明示所建建筑的能耗水平；建筑用户能对所使用房屋的能耗量、付费的依据是什么有所了解；政府部门则通过掌握建筑物的能耗情况作为制定能源政策的依据。另一方面，将建筑物能耗信息作为房屋买卖合同的内容予以明确，使建筑物能耗指标作为建筑工程施工质量的一部分内容，转化为买卖双方当事人之间切实的权利、义务。商品房开发企业对新建居住建筑的能耗指标责任以合同义务的形式受到了约束，未予履行就要承担相应的违约责任；房屋买受人也可以通过主张对方的违约责任而获得相应的权利救济。

第三节　既有建筑节能管理

一、既有建筑节能改造制度

(一) 既有建筑节能改造的定义及原则

1. 既有建筑节能改造的定义

《民用建筑节能条例》第 24 条第 2 款规定："本条例所称既有建筑节能改造，是指对不符合民用建筑节能强制性标准的既有建筑的围护结构、供热系统、采暖制冷系统、照明设备和热水供应设施等实施节能改造的活动。"既有建筑节能改造对象是不符合民用建筑强制性标准的既有建筑。节能改造内容是对既有建筑的围护结构、供热系统、采暖制冷系统、照明设备和热水供应设施进行改造，使之符合民用建筑节能强制性标准的活动。

2. 既有建筑节能改造的原则

一是既有建筑改造应当从实际出发。建筑用能的高低与一个地区经济、社会发展水平密切相关。我国幅员辽阔，经济、社会发展水平的区域差异性明显。当地社会发展水平直接影响当地居民对既有建筑节能改造成本的接受程度和建筑节能政策法规的贯彻执行程度。因此，在开展既有建筑进行节能改造时，应当在摸清当地既有建筑能耗水平基础上，综合考虑当地的社会、经济发展状况等实际情况，采取适宜的方法和步骤。

二是既有建筑改造应当因地制宜。地理气候条件的区域差异性决定了建筑节能改造内容的不同。北方采暖地区既有建筑的节能改造重点是增强建筑物外围护结构的保温性能和提高供热采暖系统的效率；过渡地区既有建筑的节能改造重点是增强建筑物外围护结构的保温隔热性能、改善室内热环境，或者对已有的不符合节能标准要求的供热采暖或空调制冷系统进行改造；南方夏热冬暖地区的既有建筑技能改造主要是增强建筑物围护结构的隔热性能，加强遮阳措施，提高空调制冷系统的效率。被改造的内容应使其达到热工性能和供能系统的效率符合相应的建筑节能设计标准的要求，并在建筑的规划、设计阶段充分利用自然通风。但在上述三个区域，维护结构保温与隔热、供热采暖与空调制冷系统的效率有时需要同时兼顾。既有建筑节能改造时应考虑太阳能、水能、地能、风能等可再生能源的利用。

三是既有建筑改造应当有计划、分步骤地分类实施。各地建设主管部门应制定详细的节能改造规划及年度改造计划，按照先易后难的原则，逐步实施节能改造。各地建设主管部门应当详细分析建筑能耗特点，识别出节能改造的重点区域及建筑，提出节能改造的主要内容及相应技术，优化各地节能改造模式。同时积极筹措资金，寻找适合各地的投资融资模式，并做好群众宣传工作，形成积极开展建筑节能改造的社会氛围。

四是改造前需要尊重建筑所有权人的意愿。既有建筑节能改造要通过入户调查、问卷调查、集中座谈等方式广泛听取居民、业主对改造的意见，参照《物权法》的有关规定，在取得占总人数 2/3 以上的业主同意后，方可进行节能改造。改造项目应在充分分析改造投入及改造产生的节能环保效益、经济效益及社会效益的基础上，优先选择投入少、效益明显，群众意愿统一的项目进行改造。

五是结合扩建、改建，逐步实施节能改造。由于建筑建成年代、结构安全性、业主意愿不同、改造投资来源多样等多种因素，不可避免地存在改造方式的不同，因此，应当在尊重所有人意愿的基础上，既可单独进行节能改造，也可结合旧城改造、房屋修缮、住宅小区环境整治和包括扩建、改建在内的多种方式进行改造，为探索多种节能改造方式留下创新发展的空间，从而避免反复多次的改造，给业主的生活带来不便。

（二）既有建筑节能改造计划

《节约能源法》第34条规定："县级以上地方各级人民政府建设主管部门会同同级管理节能工作的部门编制本行政区域内的建筑节能规划。建筑节能规划应当包括既有建筑节能改造计划。"

《民用建筑节能条例》第25条规定："县级以上地方人民政府建设主管部门应当对本行政区域内既有建筑的建设年代、结构形式、用能系统、能源消耗指标、寿命周期等组织调查统计和分析，制定既有建筑节能改造计划，明确节能改造的目标、范围和要求，报本级人民政府批准后组织实施。中央国家机关既有建筑的节能改造，由有关管理机关事务工作的机构制定节能改造计划，并组织实施。"

我国既有建筑量大面广，需要改造的既有建筑面积巨大，不可能一蹴而就，必须要循序渐进，按照一定的规划和计划安排，才能有序推进。

（1）县级以上地方人民政府建设主管部门对本行政区域内既有建筑的建设年代、结构形式、用能系统、能耗指标、寿命周期等组织调查统计和分析评价，具有十分重要的意义。只有通过对既有建筑节能改造的必要性（主要以建筑物的剩余寿命周期和服务年限衡量）、可行性（主要以节能改造技术方案和融资情况衡量）、投入收益比和投资回收期（主要以节能改造投资、收益和回收年限衡量）等进行科学论证，综合权衡，才有利于确保节能改造的效益。

同时，县级以上地方人民政府建设主管部门应当结合本地的经济、社会发展水平和地理气候条件，提出既有建筑节能改造的范围和要求，向本级人民政府报告。由于既有建筑节能改造牵涉多方利益，在节能改造前，县级以上地方人民政府建设主管部门应当协调统一好各方意愿，通过采取论证会、听证会等形式，广泛征求有关部门、公众和专家的意见，做好相应的组织协调工作。如果这些方面做不到同步，既有建筑节能改造就会事与愿违，不能取得应有的效果。

（2）随着我国经济的发展，国家机关办公建筑和大型公共建筑的高耗能问题日益突出。据研究，大型公共建筑单位面积年耗电量达到70~300度，为普通居民住宅的10~20倍，已占全国城镇总耗电量的22%左右。同时，国家机关办公建筑在一定程度上代表着政府形象，通过节能改造、典型示范，可起到营造社会良好氛围的积极作用。因此，对不符合民用建筑节能强制性标准的国家机关办公建筑和大型公共建筑，县级以上地方人民政府应当制定节能改造计划，并组织实施。

对其他公共建筑和居住建筑，根据《物权法》中关于建筑物区分所有权的规定，即根据使用功能，将一栋建筑物在结构上区分为各个所有人独自使用的部分和由多个所有人共同使用的共同部分时，每一所有人享有的对其专有部分的专有权、对共有部分的共有权以及各个所有人之间基于其共同关系而产生的成员权的结合。因此，县级以上地方人民政府应当采取切实有效的措施，在尊重建筑物所有权人意愿的基础上，逐步组织实施节能改造。

（3）中央国家机关既有建筑具有数量大、较集中、工作量大、资金投入大等特点。由国务院机关事务管理局对中央国家机关既有建筑的节能改造制定改造计划，并组织实施，这与其承担的负责中央国家机关房地产管理、制定房地产管理规章制度的职能相符合，有利于依靠其现有体制，顺利做好节能改造的组织实施工作。

（三）国家机关办公建筑和大型公共建筑节能改造

《民用建筑节能条例》第26条规定："国家机关办公建筑、政府投资和以政府投资为主的公共建筑的节能改造，应当制定节能改造方案，经充分论证，并按照国家有关规定办理相关审批手续方可进行。各级人民政府及其有关部门、单位不得违反国家有关规定和标准，以节能改造的名义对前款规定的既有建筑进行扩建、改建。"

（1）国家机关办公建筑所有权人或使用人可以委托专业的能源服务机构对节能改造的必要性、可行性以及投入收益比等进行科学论证，制定节能改造方案，优先采取合同能源管理等方式组织实施。

（2）国家机关办公建筑具有功能统一、管理主体单一、节能潜力大、示范效应显著等特点。由各级政府机关事务管理机构对国家机关办公建筑的节能改造制定改造计划，并组织实施，这与其承担的负责国家机关房地产等的资产管理、制定房地产管理规章制度的职能相符合，有利于依靠现有体制，顺利做好节能改造的组织实施工作。政府机关办公建筑是由政府财政出资建造，政府作为建筑的所有权人和使用人，因此应承担其节能改造的责任并承担相应的费用。具体实施改造中，应当充分利用市场机制，通过采用合同能源管理等模式，可以充分挖掘节能潜力，最大限度地取得节能效益。

政府投资和以政府投资为主的公共建筑，主要是指教育、科技、卫生、体育等具有公益性质的建筑，同样具有国家机关办公建筑的一般特点，政府应当承担节能改造的任务。要根据政府对这些建筑的投入形式和比例、能耗特点，制订节能改造方案，进行技术、经济的分析比较，优化改造方案。

上述两方面的改造，应当按照固定资产投资管理等方面的规定，办理相应的报批手续。

（3）防止搭车改造。为避免以节能改造名义对上述公共建筑进行扩建、改建，《民用建筑节能条例》对此作了禁止性规定，并设立了处罚条款。各级人民政府及其有关部门、单位不得以节能改造的名义对前款规定的既有建筑进行扩建、改建，凡违反国家有关规定和标准，以节能改造的名义对既有建筑进行扩建、改建的，应当承担相应的法律责任。

《民用建筑节能条例》第36条规定："违反本条例规定，各级人民政府及其有关部门、单位违反国家有关规定和标准，以节能改造的名义对既有建筑进行扩建、改建的，对负有责任的主管人员和其他直接责任人员，依法给予处分。"

（四）既有建筑节能改造重点

《民用建筑节能条例》第28条规定："实施既有建筑节能改造，应当符合民用建筑节能强制性标准，优先采用遮阳、改善通风等低成本改造措施。既有建筑围护结构的改造和供热系统的改造，应当同步进行。"

《民用建筑节能条例》第29条规定："对实行集中供热的建筑进行节能改造，应当安装供热系统调控装置和用热计量装置；对公共建筑进行节能改造，还应当安装室内温度调控装置和用电分项计量装置。"

既有建筑节能改造的内容主要包括建筑围护结构节能改造、建筑用能设备节能改造及建筑相关计量器具的改造等内容。根据建筑所处气候区不同及建筑类型和使用功能不同，相应的改造重点及内容也有所不同。

1. 建筑围护结构的改造内容

建筑围护结构是指建筑物及房间各面的围护物，主要包括外墙、屋面、窗户、阳台门、外门以及不采暖楼梯间的隔墙和户门等。

（1）墙体：墙体节能改造应满足对应气候区域建筑节能设计标准对外墙传热系数K值或热惰性指标D值的要求，应优先采用外墙外保温方案。

（2）门窗：门窗节能改造应满足对应气候区域建筑节能设计标准对门窗传热系数K值或阻光、遮阳效果以及抗风压、气密、水密性能的要求。通常采取加装双层窗，采用中空玻璃、低辐射（Low-E）玻璃、热反射玻璃，安装遮阳设施等。

（3）屋面和地面：对屋面和地面的传热系数进行测算，当其明显超出围护结构各部分的传热系数K或热惰性指标D规定的传热系数限值时，应对屋面和地面实施改造。通常是采用聚苯乙烯泡沫板等保温材料增加屋面保温层厚度，或增加架空隔热层及采取防水层与保温层倒置式屋面做法。

（4）楼梯间及入口：北方寒冷地区建筑物楼梯间不采暖的墙体应按外墙对待进行保温处理。北方严寒地区的建筑物楼梯间不采暖的应进行采暖改造，在楼梯间增设暖气片，并在入口处设置门斗，加装封闭门，以防冷空气的侵入。南方炎热地区宾馆、办公等大型公共建筑应在入口处加设可自动开启或旋转开启的封闭门，以防热空气侵入。

2. 供热系统的改造内容

供热系统是指由热源、热网和热用户组成的系统。既有建筑的供热系统情况较复杂，有的新建成，有的年久失修，有的经过多次维修改造。因此，一方面应查勘设计图样和历年维修改造资料，另一方面应采取措施切实提高锅炉运行效率和管网输送效率，具体应做好以下几点：

（1）热源节能：应当包括锅炉房和换热站内的所有节能。主要措施有：①提高能源转换的效率，包括锅炉和换热器的效率，确保节能改造后锅炉和管网效率分别达到0.68和0.90以上；②降低输送系统的能耗，包括风机和水泵的能耗；③降低辅助系统的能耗，包括煤、灰和排污等系统的能耗。

（2）热网节能：应当包括热网的各项能量损失的减少。主要措施有：①减少热网散热损失，杜绝“跑冒滴漏”现象；②避免因热网用户距热源远近不同，造成的不平衡而产生的热损失；③防止供热系统内的热媒造成损失而导致的能源浪费。

（3）用户节能：用户的供热系统节能应该包括：①考虑分室、分户控温的可能性，并应进行水力平衡验算，采取解决室内采暖系统垂直及水平方向水力失调的措施；②推行温度调节和户用热计量装置，实行“基本（固定）冷热价＋计量（抄表）冷热价”按适当比例共同构成的热计量收费体制，其中基本热价主要用于补偿供热的固定资产成本，同时考虑热的传热特性造成用热量的不均衡性，计量热价主要用于补偿供热的运行成本，确保室内供热系统达到系统可调、室温可控；③促使用户行为节能的积极性，合理处理按面积分配与按热计量分配的比例关系，缓解设计、运行和管理等方面由户间传热因素引起的矛盾，以期热费征收工作做到科学、合理、公正。

3. 既有居住建筑改造应当安设调控和计量装置

实行集中供热的居住建筑进行节能改造，应当安设供热系统供热计量装置和供热系统调控装置。城市供热系统节能是建筑节能的重要组成部分，目前城市集中供热基本上都是按热用户的采暖面积收费，缺乏计量设备和调节手段。绝大多数既有居住建筑是非节能建筑，没有供热计量设施，热用户无法进行自主调节。对集中供热的居住建筑节能改造应当安设分栋或者分户热计量装置和供热系统调控装置，既有利于供热管理与收费，也能使用户及时了解和分析用能情况，加强管理，提高节能意识和节能的积极性，自觉采取节能措施。

分栋安装用热计量装置和供热系统调控装置是指以一栋楼为单位，在每栋建筑的热入口处进行热量计量，并以此作为该建筑物的供暖收费依据，使建筑物用热量真正降下来。分户安装用热计量装置和供热系统调控装置是指在各住户家里安装用热计量装置和供热系统调控装置，每户可自行对用热进行调节。考虑到我国不同类型的居住形式以及分栋和分户不同的技术特点，安装分栋或者分户用热计量装置和供热系统调控装置可根据居住建筑的不同类型进行选择。

既有建筑节能改造安设调控装置和计量装置不仅能够降低用能系统运行能耗，还能够有效地提高公共建筑的能源管理水平，为运行环节的节能考核管理提供基础条件。

4. 既有公共建筑改造还应当安设室内温度调控装置和用电分项计量装置

实行集中供热的公共建筑进行节能改造的，除需要安装用热计量装置和供热系统调控装置以外，还应当安装室内温度调控装置、用电分项计量装置。

公共建筑导致能源浪费的一个重要原因，是按面积分摊、缴纳冷气费，甚至部分公共建筑的照明及办公设备用电也采用这种简单化的缴费方法，在“用多用少一个样，不用白不用”的“大锅饭”式管理下，室内空调温度过低、空调运行期间开窗、不及时关闭空调、人走灯长明等浪费能源的现象普遍存在。设置室内温度调控装置，可以根据不同需要合理设定室内温度，通过计量装置可以根据用户实际用冷（热）量、用电量收费。通过价格杠杆作用，提高使用者能源节约意识，从而达到节能的目的。

公共建筑的节能改造应一步到位，避免进行单项改造（如仅进行围护结构改造）所造成的节能潜力浪费，在我国节能标准不断提高的趋势下，应充分挖掘既有公共建筑的节能潜力，避免节能标准提高后造成新的能源浪费和再次进行节能改造所导致的资金浪费。

（五）既有建筑节能改造资金分担制度

《民用建筑节能条例》第30条规定："国家机关办公建筑的节能改造费用，由县级以上人民政府纳入本级财政预算。居住建筑和教育、科学、文化、卫生、体育等公益事业使用的公共建筑节能改造费用，由政府、建筑所有权人共同负担。国家鼓励社会资金投资既有建筑节能改造。"

既有建筑节能改造资金短缺是既有建筑节能改造难以推进的主要原因之一。一方面，由于需要改造的既有建筑的数量多，因此对资金需求量较大；另一方面，由于既有建筑的所有权分散，尤其是居住建筑，很难明确筹措改造费用的责任主体。因此《民用建筑节能条例》针对不同产权类型的建筑明确改造资金筹措渠道和责任主体，可以很好地推进既有建筑节能改造工作。

（1）国家机关办公建筑的节能改造。国家机关办公建筑是由政府财政出资建造，政府作为建筑的所有权人和使用人，因此应承担其节能改造的全部费用。

（2）居住建筑和教育、科学、文化、卫生、体育等公益事业使用的公共建筑的节能改造。教育、科学、文化、卫生、体育等公益事业使用的公共建筑属于财政部分拨款的项目，建筑的使用也是以公共利益为目的的，因此该类建筑的节能改造费用应以政府为主要出资主体，建筑物使用者按一定比例出资，实施节能改造工作；对于居住建筑的节能改造，由于建筑物产权过度分散，节能改造回收期较长，居民缺乏出资改造的积极性，因此借鉴国外的实施经验，从全社会节能和环保的角度出发，居住建筑节能改造费用也应由政府承担较大比例。但通过节能改造，可以给使用者带来改善居住环境、节约使用能耗支持等多种收益，因此居住建筑和公益事业使用的公共建筑的所有人及使用人也应承担部分改造费用，但分担的比例应考虑居民的负担能力，根据调研和问卷调查的结论，建议居民个人负担改造费用的15% ~20%左右。中央和地方政府的出资比例可以根据地方的实际情况制定。

2007年，财政部印发了《北方采暖地区既有居住建筑供热计量及节能改造奖励资金管理暂行办法》（财建〔2007〕957号），明确了对北方采暖地区既有居住建筑节能改造的资金奖励政策。其中：资金奖励的内容是北方采暖地区既有居住建筑建筑围护结构节能改造、建筑室内供热系统计量及温度调控改造、热源及供热管网热平衡改造。奖励资金采用因素法进行分配，将综合考虑有关省（自治区、直辖市）所在气候区、改造工作量、节能效果和实施进度等多种因素。

“十一五”期间，针对北方采暖地区既有居住建筑节能改造，中央财政累计拨付奖励资金超过45亿元，地方财政安排资金90亿元，有关企业、居民及其他社会资金投入110亿元，各方主体的共同参与投入，保证了改造工作的顺利实施。

三、既有建筑节能改造的实践

随着建筑节能工作的深入推进，除继续抓好新建建筑节能管理外，既有建筑节能特别是北方既有居住建筑节能改造工作逐渐列入议事日程，通过完善相关政策、制定相关标准，组织实施示范工程，既有建筑节能改造工作取得了积极进展，已经从单一工程试点，到小规模试点示范小区，逐渐过渡到大规模推进阶段，初步形成了“从北向南，由点到面，顺序展开”的良好局面，特别是在“十一五”期间实现了跨越式发展。

（一）北方采暖地区既有居住建筑节能改造实践

2006年以前，北方采暖地区的既有居住建筑节能改造主要是结合供热体制改革进行的。在辽宁、黑龙江和天津等省市前些年开展了供热系统分户控制改造，主要是为了解决热费收缴难的问题，而对围护结构的节能改造考虑很少，谈不上进行节能改造。并且在实施过程中，为了实现分户控制，在楼梯间和室内设置了许多立管和水平管，对用户的室内空间影响较大，造成许多纠纷，群众的抵触情绪和反对意见较大。总体来说，北方采暖地区的既有居住建筑节能改造是零星的、分散的或自发的、探索性的，未形成较大的规模和体系，改造资金的筹措主要靠供热单位出资解决，未能与用户利益直接挂钩，存在较大的盲目性。

2007 年，国务院印发的《节能减排综合性工作方案》（国发〔2007〕15 号）中提出“推动北方采暖区既有居住建筑的供热计量及节能改造 1.5 亿平方米”，这是以国务院文件的形式首次提出较大规模开展既有居住建筑的节能改造工作，标志着我国既有建筑节能改造工作正式启动。

为贯彻国务院要求，住房和城乡建设部会同财政部印发了《北方采暖地区既有居住建筑供热计量及节能改造奖励资金管理暂行办法》（财建〔2007〕957 号）、《关于推进北方采暖地区既有居住建筑供热计量及节能改造工作的实施意见》（建科〔2008〕95 号）、《北方采暖地区既有居住建筑供热计量及节能改造技术导则》（试行）（建科〔2008〕126 号）等文件，将国务院明确的改造任务进一步分解落实到北方 15 个省（区、市）及新疆生产建设兵团。截止到 2010 年年底，北方地区共完成既有居住建筑供热计量及节能改造面积 1.82 亿平方米，超额完成了国务院规定的改造任务。改造工作在多个方面效益突出，一是对老旧住宅实施节能改造，显著改善了居民采暖条件，采暖温度平均提高 3℃～6℃，并有效解决房屋渗水、发霉等问题。二是完成节能改造的项目可形成年节约 200 万吨标准煤的能力，并能减排二氧化碳 520 万吨，减排二氧化硫 40 万吨，节能减排效益明显。

“十一五”期间既有建筑节能改造工作取得了显著效果，受到了地方政府、有关企业及广大居民的欢迎，各地继续改造的需求十分强烈，为此，2011 年，财政部、住房和城乡建设部印发《关于进一步深入开展北方采暖地区既有居住建筑供热计量及节能改造工作的通知》（财建〔2011〕12 号），将进一步扩大改造规模，到 2020 年前基本完成对北方具备改造价值的老旧住宅的供热计量及节能改造。到“十二五”期末，各省（区、市）要至少完成当地具备改造价值的老旧住宅的供热计量及节能改造面积的35%以上。

（二）夏热冬冷及夏热冬暖地区居住建筑节能改造实践

夏热冬冷地区包括长江流域的上海、重庆、江苏、浙江等8个省市，是我国经济高速发展的地区，这些地区原本属于非采暖地区，建筑设计不考虑采暖要求，夏季空调需求也不高，传统住宅围护结构以240普通粘土砖墙、单层玻璃钢窗为主，热工性能较差，导致室内热环境十分恶劣。随着人民生活水平的提高，对生活环境改善的需求增长，采暖空调能耗上升很快。根据夏热冬冷地区的气候特征，节能重点是保证夏季隔热要求，同时兼顾冬季防寒，主要的措施有，一是外围护结构的设计应满足保温隔热的要求，合理选择结构材料和保温材料。二是住宅小区规划及住宅设计时，综合考虑建筑体形系数、建筑造型、平面布局、采光通风等因素对降低能耗的作用。三是住宅设计时，应有意识地考虑自然通风，对不同地区，灵活调整窗墙比，适当加大外窗开启面积。注重外窗遮阳、外墙和屋顶的隔热设计。四是在长江流域和其他有条件地区，充分考虑利用热泵技术，从江河、湖泊、土壤等中提取热量，解决住宅建筑采暖空调需求。

在夏热冬暖地区，冬季暖和，夏季太阳辐射强烈，平均气温偏高，因此居住建筑节能应以改善夏季室内热环境、减少空调能耗为主，主要节能措施包括，一是有效防止夏季的太阳辐射，外围护结构的设计应从降低传热系数、增大热惰性指标出发，合理选择结构的材料和构造形式，达到隔热保温要求。二是围护结构外表面尽量采用浅色粉刷或光滑的饰面材料，减少外墙表面对太阳辐射的吸收，屋顶设计时考虑隔热屋顶、通风屋顶、植被屋顶、遮阳屋顶等多种样式结构形式。三是充分考虑建筑物不同朝向对遮阳的要求，综合平衡夏季遮阳和冬季争取阳光的需要，设置有效的遮阳方式。四是充分考虑利用海风、江风等自然通风的优越性，按照自然通风为主、空调降温为辅的原则，合理设计建筑间距、朝向和房间开口位置等。

考虑到夏热冬冷及夏热冬暖地区的气候特点，对居住建筑的节能改造，应主要以建筑门窗改造、改善遮阳措施、充分利用自然通风等措施为主。上海、南京等地开展了针对既有居住建筑旧钢窗的节能改造，效果比较突出。

第四节　建筑用能系统运行节能管理

一、建筑用能系统运行节能概述

建筑物用能系统主要指建筑物的供热系统、中央空调系统和照明系统。其中供热系统主要包括热源、供热管网、室内管网系统和相应的调节装置，空调系统主要包括空调冷源、空调动力系统和相应的调节装置。建筑物用能系统运行节能管理则是指对建筑物用能系统在使用过程中的管理，是落实建筑节能指标、降低建筑能耗的终端环节。

加强建筑物用能系统运行管理是挖掘建筑节能潜力的有效途径，是实现建筑节能目标的必经之路，是整体推进建筑节能工作的关键环节，也是我国调整能源结构、实施能源可持续发展战略的重要手段。建筑物能否节能，关键是看在建筑物的全寿命周期内的运行阶段是否能降低耗能量。而建筑用能系统运行管理效率的高低涉及建筑物和用能系统的设计、施工、竣工验收、检测、调试等许多环节。在以往的建筑节能中，多重建设、轻管理，重使用、轻维护，忽视了运行环节的节能管理，使建筑节能效益大打折扣，造成了大量不应有的能耗损失。节能设计和施工是建筑节能的技术支持和前提条件；运行管理是建筑节能的保障条件，两者缺一不可。

据分析，在建筑节能指标构成中，以节能50%为例，虽然节能标准规定围护结构占30%、供热采暖系统占20%，但大量的实践证明，在建筑物用能系统实际使用、运行过程中，不论是集中采暖还是中央空调系统，其运行节能管理的节能率通常要占50%节能中的10%～15%。由此可见，加强建筑物用能系统运行节能管理势在必行。

建筑物用能系统运行管理存在的问题：

(1) 我国缺乏有关法律、法规保障建筑能耗的独立统计，导致国家无法系统地掌握建筑能耗状况，给国家制定能源战略及相关政策、解决建筑能耗高的主要矛盾带来困难。

目前我国建筑能耗呈现如下状况：一是我国建筑能耗的总量很大，增长的趋势明显。2010 年全国建筑能耗约占社会终端总能耗的 27.5% 。如果建筑节能工作仍维持目前状况，预计 2020 年我国建筑每年将消耗 1.2 万亿度电和 4.1 亿吨标煤，接近目前全国建筑能耗的 3 倍。二是与同纬度的发达国家相比，我国的建筑能耗效低。同济大学在对上海 9 栋大型办公楼和商办楼的全年能耗调查显示，其全年一次能耗量比日本东京相应的建筑能耗量高出 40% 多。此外，我国单位建筑面积采暖能耗相当于北欧发达国家的 2 ~ 3 倍。三是同类建筑特别是大型公共建筑能耗水平相差较大。通过比较北京 10 家商场的能耗调查结果发现，单位建筑面积的年均耗电量最高的建筑比最低的高出 50% ；通过比较 16 家宾馆的调查结果发现，上述指标最高的建筑比最低的高出 3 倍之多。

以上的数据主要来自科研单位的研究调查，我国建筑能耗严峻的现实可见一斑，而目前建筑能耗的统计仍被视为能源统计中的一个消费环节，被分割混杂在能源消耗的各个领域。更主要的是没有相关的法律制度来保证对建筑用能状况进行有针对性的统计，导致决策部门不能全面、准确、系统地了解建筑能耗数据，无法及时制定政策解决建筑能耗问题突出的主要矛盾。这成为我国进行建筑用能系统运行管理的主要障碍之一，也成为进一步推进建筑节能工作的瓶颈。因此，建立能耗统计制度是建筑用能系统运行管理的关键和基础。

（2）多数供热系统和中央空调系统缺乏相应的调控装置，导致无法实现合理的运行方式和科学的运行调节，造成大量的能源浪费。

北方采暖地区由于供热系统缺乏用热调控装置，导致用户端无法自主调节温度。同时由于缺乏有效的系统调节装置，导致水利失调，造成不同用户间的冷热不均匀，部分用户室内温度过高而开窗散热。与此类似，中央空调系统由于缺乏温度调控装置，导致夏季部分用户房间温度过低而开窗“采暖”，诸如此类的现象造成很多能源浪费。此外，供热、中央空调的主要动力设备如水泵、风机没有相应的变频调控装置，导致系统不能根据冷热负荷变化调整风机或水泵的输出功率，也造成了大量浪费。有关测算数据显示，安装变频调节装置可节约动力设备耗电 20% ~50% 。由上述分析可见，在供热和中央空调系统中安装调控装置，是实现运行管理环节节能的必要条件。

(3) 政府缺乏对建筑物尤其是政府办公楼和大型公共建筑用能系统运行的监督管理。

对北京部分政府机构的能耗调查发现，政府机构能源消费中，单位建筑面积年耗电量约为 80 ~ 150 千瓦时，是居民住宅的 4 ~ 8 倍；行政机关年人均用能 3. 35 吨标准煤，比全市人均生活用能 0. 47 吨标准煤高出 7 倍多；在政府机构费用支出中，能源消费支出占有相当大的比重。此外，江亿院士在给北京市建委的能耗调查报告中指出，北京市的宾馆、饭店、商厦、写字楼等大型公共建筑面积仅占民用建筑的 5. 4% ，但全年耗电量却高达 33 亿度，接近全市居民生活用电的一半，单位面积年均耗电量是普通住宅的 10 ~ 15 倍。虽然政府可以通过一定范围的价格调控等引导政策限制用电量，但是效果并不理想。另外，在对 22 个城市的 13 000 多份调研问卷统计中发现，在非建设系统中有接近 50% 的单位不了解建筑节能，在居民中有近 81% 的人不了解建筑节能，更谈不上重视建筑日常运行过程的节能。

可见，人们的建筑节能知识和意识的相对匮乏以及现有的市场机制和经济、管理体制的缺陷，造成供热和中央空调的运行管理单位、居民甚至大型公共建筑的业主不重视系统运行环节的节能。所以运行管理属于“市场机制失灵”的领域，单纯依靠经济杠杆等软性调节方式恐怕难以奏效。

因此，政府必须制定相应的法规制度和管理办法，对运行管理环节严格监管，同时发挥政府办公楼节能运行管理的示范作用，通过强制的管理手段与典型示范相结合，使节能运行管理成为人们的必然选择，形成自觉性和习惯性。

(4) 供热采暖、中央空调和照明系统运行管理单位对系统的管理和维护重视不够、运营和管理能力良莠不齐、人员素质和技术水平相对较低，导致系统在运行过程中能源浪费严重。

由于供热运行管理单位平时忽视对供热采暖系统的设备维护，导致系统运行一段时间以后，部分仪表设备失效、锅炉热效率和供热管网热输配效率降低等现象，造成严重的能源浪费。此外，同济大学对上海 9 栋办公楼和商办楼的电耗统计结果分析得出结论，公共建筑特别是大型公共建筑的能耗较高，主要原因之一是由于空调运行管理单位的不完善运行管理引起的。很多智能化的建筑由于运行管理人员的技术和管理水平较低，不能有效利用智能化设备，对空调系统的运行方式等进行合理调控，导致智能化的调控装置形同虚设，没有发挥智能调节作用，使有些智能型的节能建筑并不节能。

实践证明，供热采暖、空调系统等运行管理单位优良的运营管理能力和运行管理人员节能意识以及丰富的专业技术知识，已成为进行科学有效运行管理、实现建筑节能目标的必备软件。

二、建筑用能系统运行节能重点

目前，我国的建筑能耗约占总能耗的 27.5%，其中北方城镇采暖能耗达 20% 以上。随着我国经济的发展，公共建筑高耗能的问题日益突出。公共建筑能耗是建筑能耗的高密度领域，大型公共建筑单位建筑面积的耗电量达到 70～300 千瓦时/（平方米·年），是住宅的 5～15 倍（不包括采暖），公共建筑除采暖能耗之外主要来自空调、照明、办公电器设备、电梯等公共服务设备以及特定功能设备。因而，加强公共建筑特别是大型公共建筑的用电管理和供热单位运行管理是建筑用能系统运行节能的重点。

（一）公共建筑用电节能管理

公共建筑电耗复杂，由空调电耗、照明电耗、电器设备电耗等构成，各个分项电耗的构成、全年变化规律，以及各类公共建筑中（办公楼、学校、医院、酒店等）各分项能耗所占比例和重要性也不同，能耗特点、待解决的问题和节能的重点都不相同，应分别对待管理。

要做好建筑节能运行管理，对公共建筑建立能耗实时监测平台，进行分项计量，获得分项用电量。分项用电量是指照明、供热制冷、通风、办公设备、热水等的用电量，统计建筑物的分项用电量，有利于对建筑物各部分的用电量进行监测和管理。

1. 公共建筑节能管理的主要内容

大型公共建筑高耗能问题突出，节能潜力大，其节能是实现建筑节能目标的重要环节。因此，大型公共建筑的节能管理对于我国建筑节能战略目标的实现具有十分重要的意义。为此，2007 年建设部会同国家发展和改革委员会、财政部、监察部、审计署签发了《关于加强大型公共建筑工程建设管理的若干意见》（建质〔2007〕1 号），明确要求强化大型公共建筑节能管理，促进建筑节能工作全面展开。

大型公共建筑的节能管理主要包括两个方面内容：一是严格把握新建项目的节能设计与审查，实行节能的全过程管理，避免新建项目中再出现导致高耗能的建筑与系统问题。同时，建立节能的运行管理制度，避免由于运行不当造成能源浪费。二是对既有的大型公共建筑建立相应的制度推动其节能运行管理与节能改造。

我国《公共建筑节能设计标准》（GB50189—2005）于 2005 年 7 月起实施，《建筑节能工程施工质量验收规范》（GB50411—2007）于 2007 年 10 月起实施，这两个主要的行业标准、规范的落实和有效实施对我国新建大型公共建筑的节能管理起到至关重要的作用。对新建项目设计、施工等各环节，实行严格的全过程管理，就能避免新建项目出现高耗能的建筑与系统设计问题。对于目前绝大多数没有按节能设计标准建造的既有大型公共建筑而言，其节能管理主要有两方面：一是加强建筑运行阶段的节能管理，实现节能运行；二是对高耗能的大型公共建筑实施节能改造，达到节能设计标准要求。

2. 大型公共建筑节能管理存在的问题

（1）新建建筑节能全过程管理尚未完善。

如上所述，由于相关建筑法规的颁布和建筑节能标准的实施，我国新建大型公共建筑在设计和施工图节能设计审查环节对建筑节能的重视程度都大幅增加，但在施工过程中普遍缺乏有效监管，导致部分开发商追求“利润最大化”，擅自变更通过节能审查的设计图纸；而竣工验收阶段有关部门协调配合不到位，没有充分利用好“验收备案”的节能管理。根据 2006 年建设部组织的全国建筑节能专项检查结果，节能设计执行率有了较大幅度的提升，达到 90%，但建筑节能 50% 的合格率仍然较低，只有 40% 左右。

由此可见，政府对节能设计实际执行的监管力度不够，建筑节能的全过程管理尚未完善，导致建筑节能设计合格率的升高并没有带来实际建筑节能效果的大幅提升。

（2）既有建筑运行阶段缺乏科学管理。

采用科学的运行管理方式，避免不合理的运行调节造成能源浪费，是最终实现大型公建节能的关键环节。大量的实践证明，对于中央空调系统，其运行节能管理的节能率通常要占 50% 节能中的 10% ~15%。然而，目前运行管理是我国建筑节能工作中最薄弱的环节，没有专门监管机构，执行主体多，不易执行。大型公共建筑由于缺乏科学的运行方式与管理导致用能系统效率过低，能源浪费现象较为严重。例如，系统在无人时仍继续运行，或部分设备持续运行，造成巨大的浪费。曾发现某办公楼仅开水器耗电即达 110 千瓦时/(人·年)，通过加强管理，下班关机，同时更换为高效节能设备，此项用电可降低 10% ~20%。由此可见，通过科学化管理，有可能使大型公共建筑耗电大幅度下降。

我国大型公共建筑能耗平均水平略低于发达国家同类建筑，但节能管理水平低下造成的浪费严重，尤其以政府办公建筑、学校、宾馆饭店严重。根据近年来对大型公共建筑的调查和现场测试表明，同类型的建筑由于前期设计和后期运行管理的差别造成能耗水平相差较大。对北京 10 家大型百货商场及 16 家星级旅馆进行的一项能耗实测调查显示，每平方米年均耗电量最高的商场比耗电量最低的商场能耗高出将近 50%；能耗最高的旅馆比能耗最低的旅馆能耗高出将近 2 倍。公共建筑相互之间能耗的差异表明，这类建筑的节能潜力在 30% 以上。许多研究表明，如果加强建筑用能系统的运行调节及管理，改进系统，可实现节能 5% ~20%，节能潜力很大。

由以上分析可见，加强运行阶段的节能管理是实现大型公共建筑节能管理的有效手段和措施。尽管我国大型公共建筑目前的用电水平与欧美发达国家相当，但由于运行中缺乏科学管理，运行阶段的节能管理地位和作用不明确，尚未建立建筑节能运行管理标准和管理制度，导致建筑能源浪费现象较为严重。设计适合我国国情的大型公共建筑节能管理制度是实现其节能目标的关键。

（二）供热单位运行节能管理

与世界上同纬度的许多发达国家相比，我国北方地区冬天气候更冷，夏天气候湿热。在这种气候环境下，我国房屋的保温隔热性能，反而却比发达国家差得多。相关数据表明，我国北方地区冬季采暖平均能耗为每平方米14～25公斤标煤，是发达国家建筑能耗的1.5～3倍。随着冬季采暖地区的迅速南扩，采暖能耗在整个建筑使用寿命中的运行能耗将越来越大。

采暖供热系统是由热源、热网和热用户组成的系统。占我国65%～70%采暖面积的集中供热热源为燃煤锅炉或燃煤热电联产，在运行过程中，我国目前的锅炉一般只能将燃料所含热量的55%～70%转化为有效热能，即锅炉运行效率的55%～70%，这些热量通过管网输送时，沿途又损失了10%～15%。这样算下来，只有剩余的47%～63%成为采暖热量。并且，由于缺少有效的调控措施，无论是锅炉房热源还是热电联产热源，都很难根据气温的变化及时调节，造成天气转暖时整体过度供热，房间过热，相当多的热量被浪费。

此外，对于集中供暖不易控制也是个重要问题，因为众住户需求不一，导致“众口难调”。例如午间阳光很好，是供还是停，众人需求不一，结果就很难协调。希望停供的人认为“我不想用，所以不应付费”，希望供暖的人却认为“我要供，但只应付摊我的一部分费用”。而实际过程中，一个系统却不能因部分人的意愿或停或供，但目前供热体制改革整体推进速度较慢，供热计量收费改革所需的计量、调控等硬件措施改造和法律制度及配套保障措施仍然滞后。

三、建筑用能系统运行节能的管理制度

（一）建筑用能系统运行管理制度、建筑能耗报告制度

《民用建筑节能条例》第31条规定：“建筑所有权人或者使用权人应当保证建筑用能系统的正常运行，不得人为损坏建筑围护结构和

用能系统。国家机关办公建筑和大型公共建筑的所有权人或者使用权人应当建立健全民用建筑节能管理制度和操作规程，对建筑用能系统进行监测、维护，并定期将分项用电量报县级以上地方人民政府建设主管部门。”

建筑用能系统运行管理是指建筑物在使用过程中的管理，是建筑节能全过程中的关键环节，也是落实建筑节能指标、降低建筑能耗的终端环节。建筑物能否节能，关键是看在建筑物的全寿命周期内的运行阶段是否能降低耗能量。而建筑用能系统运行管理效率的高低涉及建筑物和用能系统的设计、施工、竣工验收、检测、调试等许多环节。在以往的建筑节能工作中，多重建设、轻管理，重使用、轻维护，忽视了运行环节的节能管理，使建筑节能效益大打折扣，造成了大量不应有的能耗损失。节能设计和施工是建筑节能的技术和前提条件；运行管理是建筑节能的保障条件，两者缺一不可。据调查，对于采用中央空调通风系统的大型公共建筑，其节能运行管理的节能因素一般可占到其节约潜力的30%～50%甚至更高，是实现“无成本节能或行为节能”的重要保障。

（1）在建筑物的使用过程中，建筑物的所有权人或者使用权人均应当保证用能系统的正常运行。其中，所有权人主要针对业主自住或自用型物业，使用权人主要针对出租型物业。对建筑物使用主体的规定也使得建筑物的运行管理节能有法可依。如发生人为损坏，依据条例规定，应由责任人负责。

（2）建筑物用能系统的运行是一个连续的整体，涉及整栋建筑物，如果一户损坏建筑围护结构和用能系统，就会影响到整栋建筑物的用能系统，考虑到用能系统的不可分割性，要求建筑物所有权人或者使用权人不得人为损坏建筑围护结构和用能系统，以保证用能系统的正常运行。

（3）国家机关办公建筑应当率先垂范，建立健全民用建筑节能管理制度和操作规程，保证建筑物的节能运行。根据抽样调查，国家机关办公建筑能耗约为普通住宅的7～20倍，而国家机关办公建筑能耗费用支出又来自财政资金，因此在建筑节能工作中把政府办公建筑作为建筑节能的重点领域之一，可大大降低这两类建筑的能耗。对其他类型建筑的节能运行管理也将产生重要的示范效应。

(4) 办公建筑和大型公共建筑的所有权人或者使用权人应当建立健全建筑节能管理制度和操作规程，至于具体由所有权人还是使用权人制定，遵从当事人约定。

(5) 国家机关办公建筑和大型公共建筑的所有权人或者使用权人应当定期将分项用电量报县级以上地方人民政府建设行政主管部门。此处的“定期”由当地建设主管部门根据实际情况决定上报的时间间隔。本规定的目的是为了及时掌握各建筑类型的用电量，同时，将各类型的建筑分项用电量情况进行汇总、对比、分析，为建立建筑能耗定额制度、建筑能耗统计报告制度、建筑能效审计等建筑用能制度提供依据，真正落实建筑节能的目标要求。

(6) 分项用电量是指照明、供热制冷、通风、办公设备、热水等的用电量，统计建筑物的分项用电量，有利于对建筑物各部分的用电量进行监测和管理。

(二) 公共建筑运行节能管理主体及内容

《民用建筑节能条例》第32条规定：“县级以上地方人民政府节能工作主管部门应当会同同级建设主管部门确定本行政区域内公共建筑重点用电单位及其年度用电限额。县级以上地方人民政府建设主管部门应当对本行政区域内国家机关办公建筑和公共建筑用电情况进行调查统计和评价分析。国家机关办公建筑和大型公共建筑采暖、制冷、照明的能源消耗情况应当依照法律、行政法规和国家其他有关规定向社会公布。国家机关办公建筑和公共建筑的所有权人或者使用权人应当对县级以上地方人民政府建设主管部门的调查统计工作予以配合。”

随着我国经济社会的发展，公共建筑高耗能的问题日益突出，公共建筑运行阶段的节能工作在我国建筑节能战略目标中具有重要意义。目前我国公共建筑运行阶段节能的管理主体职责尚不明确，没有相应的运行节能管理措施，为此需要确定公共建筑运行节能管理制度（能耗统计、能源审计、能耗公示、用能限额），明确制度中相关主体的职责。

（1）县级以上地方人民政府节能工作行政主管部门会同同级建设主管部门负责本行政区域内公共建筑重点用电单位及其年度用电限额的确定工作。

（2）重点用电单位年度用电限额，是公共建筑运行节能管理制度中具有重要地位的一项节能目标管理措施，在运行节能管理制度中能耗统计、能源审计和能耗公示三项基本措施落实的基础上形成。对重点用能单位采用年度用电限额有三个重要作用：一是实施节能量目标管理的基础；二是衡量建筑能效水平高低的标杆；三是落实国家相关价格政策和经济激励的依据。我国大型公共建筑的建筑面积仅为全国城镇建筑面积的4.8%，而耗电量为全国的22%，为此抓住大型公共建筑中高能耗的重点用能单位实施年度用电限额管理，就抓住了公共建筑节能的关键，这将有力地促使重点用电单位业主主动地提高运行节能水平和进行节能改造。

（3）各级建设主管部门负责本行政区域内国家机关办公建筑和公共建筑用电情况的能耗统计、审计、公示工作。能耗统计包括两个阶段的统计。第一个阶段开展公共建筑基本情况普查，对建筑面积、结构形式、用能系统等基本信息进行调查摸底，同时确定出重点监测建筑，为重点用能单位的确定提供依据；第二个阶段开展重点监测建筑能耗深入调查，搭建能耗监测平台对重点监测建筑的采暖、制冷、照明实施分项计量统计监测，为能源审计、公示和用能限额的确定提供基础数据。能源审计包括两个层面的审计。第一个层面是对重点监测建筑从运行管理方面分析审计对象存在的问题、原因，提出用能系统节能运行管理的改进建议；第二个层面是对用能系统设计的合理性、施工和系统调试遗留问题、节能潜力等内容进行审计，提出节能改造方案。能效公示内容包括两类。第一类是基本性信息，包括建筑名称、建筑年代、建筑用途、建筑面积、能耗水耗等基本状况；第二类是对比性信息，包括当地的同年代同类型建筑的平均能耗状况、单位面积的分项能耗指标、能效排名等。根据统计和审计结果，按照公开、公正、公平的原则，在政府或其指定的官方网站以及本地主流媒体及时向社会公布，通过社会监督促进公共建筑业主提高节能水平。

(4) 国家机关办公建筑和大型公共建筑的所有权人或者使用权人应当对建设主管部门的能耗统计和分项计量工作予以配合。所有权人、业主或其委托的物业管理单位应该建立用能系统运行管理制度，根据能源审计结果改进建筑物用能系统运行管理方案，通过规范用能行为、安设调节装置、优化运行管理等无成本或低成本节能运行措施提高建筑物用能系统运行水平。

(三) 供热单位运行节能管理制度

《民用建筑节能条例》第33条规定："供热单位应当建立健全相关制度，加强对专业技术人员的教育和培训。供热单位应当改进技术装备，实施计量管理，并对供热系统进行监测、维护，提高供热系统的效率，保证供热系统的运行符合民用建筑节能强制性标准。"

供热单位是指依法成立，利用热源单位提供的热能从事供热经营，或既生产热能又从事供热经营或生产热能为本单位职工供热的单位。实践证明，供热单位优良的运营管理能力，运行管理人员较强的节能意识以及丰富的专业技术知识，已成为进行科学有效运行管理，实现建筑节能目标的必备软件。供热单位的职责应主要包括以下方面：

1. 加强对专业技术人员的教育和培训

高素质的供热员工队伍是供热节能的基础。供热单位应当加强对供热运行岗位工程师、技术作业人员（如司炉人员）等专业技术人员的教育和培训，提高专业技术人员的节能意识和管理水平。供热专业技术人员应当经培训合格，持证上岗，遵守职业道德，在确保安全运行的前提下，提高供热系统的效率，保证供热系统的运行符合民用建筑节能强制性标准。

2. 改善技术装备，实施计量管理

在技术改造方面，供热单位应在确保技术先进、质量安全可靠、经济合理的前提下，提高热网和热力站的技术装备水平和现代化管理手段。对能耗高、效率低、性能差的供热设备要有计划、有步骤地进行更新改造和推行限制淘汰制度。

供热计量主要包括供热采暖系统的热源、热网、热力站、建筑物以及用户供热量和用热量的计量。建设部在《关于推进供热计量的实施意见》中明确了实施供热计量的技术措施：室外供热系统的热源、热力站、管网、建筑物必须安装计量装置和水力平衡、气候补偿、变频等调控装置；新建建筑室内采暖系统应安装计量和调控装置，包括户用热表或分配式计量等装置、水力平衡、散热器恒温阀等装置，并达到分户热计量的要求，经验收合格后方可交付使用；既有非节能建筑及其供热采暖系统的节能改造应同步进行，达到节能建筑和热计量的要求；既有建筑采暖系统的计量改造，在楼前必须加装计量装置，室内采暖系统应根据实际系统情况选择不同的计量形式，包括户用热表或分配式计量等装置；政府机构办公楼等公共建筑应按供热计量要求进行改造，必须加装热量总表和调控装置，室内系统应安装温度调节装置。

3. 对供热系统进行监测、维护，提高供热系统的效率，保证供热系统的运行符合民用建筑节能强制性标准

除上述措施外，供热单位还应当通过供热需求侧管理、建立供热基础信息数据库、建立对供热单位的能耗监测体系、加强供热节能审计等手段，实现供热能耗的全程监测、维护。监测内容应主要包括锅炉启停状态、供回水温度、循环水流量、热源的生产量、管网输配量、用户消费量、用户室温、燃料、电、水消耗量等。同时，供热单位应加强能源审计工作，主要包括对供热系统的热能使用情况、用能结构、各种用能终端设备现状、热能使用效率、负荷性质等方面进行评估和测算。通过现场实测摸清不同用户、不同负荷类别的需方资源潜力，有利于供热单位合理、高效地使用热能。对于采用可再生能源的供热系统，还须加强对可再生能源系统的监测、维护，保证供热系统的运行符合民用建筑节能强制性标准的要求。

此外，供热单位应加强热用户行为节能管理。供热系统是一项系统工程，热用户对供热设施不能随意改动，杜绝擅自接通管网、增加供热管线或散热器、扩大用热面积，在供热设备上安装放水装置，擅

自安装或启闭控制装置，改变热用途，跑冒滴漏，浪费用热，以及其他有损供热设施或影响供热的行为。同时，热用户应积极配合、支持供热单位，对供热设施进行检查、维护和室温检测等工作，若用户发现供热事故隐患，应及时向供热单位报告，供热单位接到报告后，应立即组织人员检查，以免造成更大的能源浪费损失。

（四）供热单位耗能管理制度

《民用建筑节能条例》第34条规定："县级以上地方人民政府建设主管部门应当对本行政区域内供热单位的能源消耗情况进行调查统计和分析，并制定供热单位能源消耗指标；对超过能源消耗指标的，应当要求供热单位制定相应的改进措施，并监督实施。"

建筑物用能系统运行节能管理属于市场机制部分失灵的领域，单纯依靠经济杠杆等软性调节方式往往难以奏效。因此，县级以上地方人民政府建设主管部门应当高度重视供热系统节能工作，制定相应的法规制度和管理办法，严格采暖供热运行管理单位的运营条件，并对其运营能力实施量化考核，从而将供热节能作为供热管理的一项重要任务纳入工作日程，以期使运行节能管理成为人们的必然选择，形成自觉性和习惯性。

县级以上地方人民政府建设主管部门应当对本行政区域内供热单位的能源消耗情况进行调查统计和分析，制定供热单位能源消耗指标；对超过能源消耗指标的，应当要求供热单位制定相应的改进措施，并监督实施。其中，供热单位能源消耗指标是指在采暖期室外平均温度条件下，为保持室内计算温度，单位建筑面积在一个采暖期内消耗的标准煤量。对供热单位能源消耗指标加以明确规定，有利于供热单位有章可循、有据可依，采取有效节能技术措施，充分挖掘供热系统节能潜力，从而不断推进建筑节能工作的进展。

（五）公共建筑空调温度控制

《节约能源法》第37条规定："使用空调采暖、制冷的公共建筑应当实行室内温度控制制度。具体办法由国务院建设主管部门制定。"

《国务院关于加强节能工作的决定》（国发〔2006〕28号）中第

（27）项规定，所有公共建筑内的单位，包括国家机关、社会团体、企事业组织和个体工商户，除特定用途外，夏季室内空调温度设置不低于26℃，冬季室内空调温度设置不高于20℃。有关部门要据此修订完善公共建筑室内温度有关标准，并加强监督检查。

《国务院办公厅关于严格执行公共建筑空调温度控制标准的通知》（国办发〔2007〕42号）要求，严格执行空调温度控制标准。所有公共建筑内的单位，包括国家机关、社会团体、企事业组织和个体工商户，除医院等特殊单位以及在生产工艺上对温度有特定要求并经批准的用户之外，夏季室内空调温度设置不得低于26℃，冬季室内空调温度设置不得高于20℃。一般情况下，空调运行期间禁止开窗。各地可在确保符合上述要求的前提下，根据当地气候条件等实际情况，进一步制定具体的控制标准。各级国家机关要带头厉行节约，严格执行空调温度控制标准，发挥表率作用。

2008年，住房和城乡建设部印发了《公共建筑室内温度控制管理办法》，对《节约能源法》、《民用建筑节能条例》及国务院有关文件的要求，做了进一步地细化，使公共建筑空调温度控制制度更具可操作性。《办法》主要做了以下几项规定：

（1）公共建筑空调温度控制适用于所有以舒适性为目的，使用空调系统或设备进行供冷和供热的公共建筑的室内温度控制。医院等特殊单位以及在生产工艺上对室内温度有特定要求的公共建筑除外。

（2）公共建筑夏季室内温度不得低于26℃，冬季室内温度不得高于20℃。

（3）新建公共建筑空调系统设计时，设计单位应严格按照《公共建筑节能设计标准》（GB50189—2005）的相关条款进行设计。空调房间均应具备温度控制功能。主要功能房间应在明显位置设置带有显示功能的房间温度测量仪表；在可自主调节室内温度的房间和区域，应设置带有温度显示功能室温控制器；空调系统无温度监测与控制设施的建筑，其所有权人或使用人应根据建筑的现状，选择合适的室温控制设施改造方式。建筑面积大于两万平方米的，应进行温度自动监测与控制的改造；建筑面积小于两万平方米的，改造完成后应具备温度监测与控制手段；建筑运行管理单位应在主要功能房间明显位置装设温度测量仪表，显示房间空调温度，接收社会监督。建筑所有权人或使用人应设立专职人员，负责建筑能源管理，包括室内温度监测及空调系统节能运行管理，并实行岗位责任制。空调运行管理、操作和维修人员应具备相应的职业资格证及上岗证。上岗前要有不少于2周时间的节能培训和教育。

（4）县级以上建设行政主管部门应会同有关机构，在每年空调系统正常运行期间，抽取一定数量建筑，采用文件检查及实际测量的方式，对公共建筑使用单位执行本办法的情况进行监督和检查，并定期将检查结果进行公布。监督检查内容包括：空调系统运行操作人员上岗证书和培训情况；空调系统的运行管理制度的制定和执行情况；室内温度及空调系统的运行记录；温度测量设备的可靠性，应满足本办法规定的分辨率、准确度的要求，以及计量校准证书；室内温度现场检测。

县级以上建设行政主管部门对于严格执行公共建筑空调温度控制标准，具有完善节能运行管理制度的建筑所有权人或使用人予以表扬。否则予以批评，并责令限期整改。

四、建筑用能系统运行节能的实践

（一）国家机关办公建筑和大型公共建筑用能系统运行节能的实践

2007年，《国务院办公厅关于印发节能减排综合性工作方案的通知（国发〔2007〕15号）》要求建立并完善大型公共建筑节能运行监管体系。在25个示范省市建立大型公共建筑能耗统计、能源审计、能效公示、能耗定额制度的能耗监管体系，实现节能1 250万吨标准煤。随后，《国务院办公厅关于印发2008年节能减排工作安排的通知》（国办发〔2008〕80号）和《国务院办公厅关于印发2009年节能减排工作安排的通知》（国办发〔2009〕48号）督促24个示范省市完成国家机关办公建筑和大型公共建筑能耗统计、能源审计、能效公示任务并启动节能改造示范，制定本地区大型公共建筑能耗限额标准。

为贯彻《民用建筑节能条例》及国务院有关要求，财政部印发了《国家机关办公建筑和大型公共建筑节能专项资金管理暂行办法》(财建〔2007〕558 号)、《关于加强国家机关办公建筑和大型公共建筑节能管理工作的实施意见》（建科〔2007〕245 号)，启动了国家机关办公建筑和大型公共建筑节能监管体系建设工作，工作目标是逐步建立起全国联网的国家机关办公建筑和大型公共建筑能耗监测平台，对全国重点城市重点建筑能耗进行实时监测，并通过能耗统计、能源审计、能效公示、用能定额和超定额加价等制度，促使国家机关办公建筑和大型公共建筑提高节能运行管理水平，培育建筑节能服务市场，为高能耗建筑的进一步节能改造准备条件。主要工作内容包括：

（1）能耗监测。对高耗能重点建筑安装分项计量装置，通过远程传输等手段及时采集分析能耗数据，实现对重点城市、重点建筑能耗的实时动态监测；对能耗统计、能源审计等基本信息实现全国联网，进行汇总分析。

（2）能耗统计。对国家机关办公建筑和大型公共建筑的基本情况、能源消耗（电、水、燃气、热量）分季度、年度的调查统计与分析。

（3）能源审计。根据能耗统计结果，选取各类型建筑中的部分高能耗建筑，或部分具有标杆作用的低能耗建筑进行能源审计。

（4）能效公示。在政府或其指定的官方网站以及本地主流媒体对能耗统计结果和能源审计结果进行公示。

（5）制度建设。制定本辖区能效公示办法；制定本辖区能耗调查与能源审计管理办法；建立和完善节能运行管理制度及操作规程；研究能耗定额标准与用能系统运行标准，逐步建立超定额加价制度；研究探索市场化推进大型公共建筑节能的机制。

为推动这项工作实施，中央财政专门设立专项资金，支持建立国家机关办公建筑和大型公建节能监管体系。截止到 2010 年年底，全国共完成国家机关办公建筑和大型公共建筑能耗统计 33 000栋，完成能源审计 4 850栋，公示了近 6 000栋建筑的能耗状况，已对 1 500余栋建筑的能耗进行了动态监测。

为进一步深入推进这项工作，2011 年 5 月，财政部会同住房和城乡建设部下发了《关于进一步推进公共建筑节能工作的通知（财建〔2011〕207 号)》，在继续深入推进公共建筑节能监管体系建设的基础上，启动了公共建筑节能改造工作。

（二）节约型校园建筑用能系统运行节能的实践

据统计，截至2008 年年底，全国共有普通高等学校和成人高等学校2 263所，在校学生人数超过3 054万，教职工人数205 万，两者共计3 259万，占全国城镇总人口数的5.5%；建筑总面积达5.9 亿平方米，占全国城镇总建筑面积的2.8%。全国高校总能耗约为2 924万吨标准煤，占全国城镇生活总能耗的9.6%；总用水量约为41 亿吨，占全国城镇生活用水总量的8.14%，人均用能0.897 吨标准煤/年，是全国城镇人均生活用能的4 倍；人均生活用水为145 吨/年，是全国城镇人均生活用水的2 倍。高等学校建筑节能节水潜力较大。

为此，2008 年住房和城乡建设部会同教育部下发了《关于推进高等学校节约型校园建设进一步加强高等学校节能节水工作的意见》、《高等学校节约型校园建设管理与技术导则》等，明确提出，在“十一五”期间实现高等学校已有用能项目人均用能在2005 年所耗能量的基础上降低15%；已有用自来水项目人均用量在2005 年所耗水量的基础上降低15%。主要的工作内容包括：

（1）加强高等学校节能节水运行监管。加强能耗水耗监测。安装分项或分类计量装置，通过远程传输系统等手段及时采集分析能耗水耗数据，实现对学校内能耗水耗的实时动态监测。加强能耗水耗统计分析。针对学校的用能用水特点，开展能源消耗（电、水、燃气、热量）分季度、年度的调查统计与分析。加强能耗水耗审计。对学校内的能耗水耗情况进行审计，重点加强日常运行管理、用能系统设计的合理性、施工和系统调试遗留问题等环节，为能源节约提供依据，同时及时消除跑冒滴漏现象。建立能效公示制度。将学校的能耗水耗调查统计和能源审计结果予以公示，接受社会监督。

（2）新建建筑严格执行节能节水强制性标准。各高等学校新建建筑必须严格执行有关建筑节能节水强制性标准。建设单位要按照相应的建筑节能节水标准进行工程项目的规划、设计、施工、监理等。有关部门对新建学校及学校内新建建筑进行节能节水评估和审查，对未通过节能节水审查的项目一律不予审批。项目建成后应经建筑能效专项测评，凡达不到工程建设节能强制性标准的，有关部门不得办理竣工验收备案手续。

（3）开展低成本节能节水改造。各高等学校应根据本校的实际情况，积极开展既有建筑的节能节水技术改造工作，特别应优先开展低成本或无成本节能节水技术改造。对耗能耗水大的建筑，应进行建筑能耗水耗诊断，制定技术经济合理的节能节水改造方案，并严格履行有关报批程序，切实防止借节能改造之名搞大拆大建。

（4）积极推进新技术和可再生能源的应用。各高等学校应针对不同建筑特点和能源消费类型，在能耗统计、能源审计基础上，对既有高耗能建筑的围护结构、中央空调、采暖、照明和用电设备等进行节能改造，对用电设备和电力分配系统进行系统性诊断和分析，加装节电设备，实现用电系统整体优化，提高电效。积极采用节水系统、节水器具和设备，合理利用非传统水源。充分利用自然资源和可再生能源，积极推广使用浅层地源热泵、太阳能等新技术、新能源，扩大可再生能源使用范围。

截至 2010 年年底，住房和城乡建设部会同教育部、财政部共启动了 72 所节约型校园建设试点。通过节约型高等学校建设，一是显著减少能源支出，降低办学成本。同济大学监管平台通过实时监管，及时发现管理漏洞，杜绝浪费现象，仅此一项每年节约开支约 300 万元；浙江大学监管平台通过分项计量，发现了紫金港校区集中供汽管网过大，设计不合理，优化改造后每年节约开支 200 万元；华南理工大学通过低成本无成本改造，2009 年节约开支 736 万元。根据综合统计分析，监管平台可使示范高校能源费用支出降低 20% 左右。二是减少资源消耗，降低温室气体排放。据统计，全国有 200 多所高校实施了节约型校园建设，取得了明显的节能节水效果，生均水耗 40

吨/年，为全国高校平均28%，生均电耗484千瓦时/年，为全国平均水平44%，实现节能67万吨标准煤，节水3亿吨。

第五节 可再生能源建筑应用管理

一、可再生能源建筑应用概述

可再生能源，是指风能、太阳能、水能、生物质能、地热能、海洋能等非化石能源。可再生能源资源潜力大，环境污染低，可永续利用，是有利于人与自然和谐发展的重要能源。20世纪70年代以来，可持续发展思想逐步成为国际社会的共识，可再生能源开发利用受到世界各国的高度重视，许多国家将开发利用可再生能源作为能源战略的重要组成部分，提出了明确的可再生能源发展目标，制定了鼓励可再生能源发展的法律和政策，可再生能源得到迅速发展。建筑用能主要是采暖、空调、照明等方面，根据用能分级原则，利用太阳能、地热能等低品位的可再生能源来解决最为适宜，利用空间十分巨大。

（一）可再生能源建筑应用资源条件

（1）太阳能资源条件。我国太阳能资源丰富，太阳能开发利用前景十分广阔。太阳能利用在朝两个方向发展，一是太阳能热利用，即在太阳能建筑一体化的基础上，安装太阳能热水系统，向用户集中供应生活热水；进一步实现太阳能采暖、空调制冷。二是太阳能光伏发电。新技术的发展，大大拓宽了太阳能使用范围。我国太阳能资源十分丰富。根据最新的全国太阳能资源分布情况统计，其中全国2/3的国土面积年日照小时数在2 200小时以上，年太阳辐射总量大于每平方米5 000兆焦，属于太阳能利用条件较好的地区。

（2）浅层地能资源条件。浅层地能是指地球浅表层数百米内的土壤砂石和地下水中所蕴藏的低温热能。它的来源以太阳辐射为主，还有一小部分来自地心热量，是一种可再生能源，一般温度恒定。从广义上来讲，浅层地能是太阳能的一种存在形式，是地热可再生能源家族中的一名新成员。由于浅层地下收集了太阳射向地球60%的能量，形成相对恒温层带。与传统能源相比，浅层地能具有储量巨大、再生迅速、分布广泛、温度四季适中，并且取之不尽、用之不竭的特点，是巨大的“绿色能源宝库”。

地源热泵是利用了地球表面浅层地热资源（通常小于400米深）作为冷热源，进行能量转换的供暖空调系统。地表浅层地热资源可以称之为地能，是指地表土壤、地下水或河流、湖泊中吸收太阳能、地热能而蕴藏的低温位热能。应用于建筑的地源热泵是浅层地热能应用的最重要形式之一，根据热源类型可将地源热泵分为三大类：土壤源热泵、水源热泵和空气源热泵，其中，水源热泵又可根据水质不同分为地下水、地表水、海水、污水等热泵系统。地源热泵是通过动力驱动做功，从低温环境（热源）中取热，将其温度提升，再送到高温环境中放热的装置，它可在夏季为空调提供冷源或在冬季提供热源。与直接燃烧燃料获取热量相比，热泵可以降低能源消耗，因此，地源热泵应用对节省能源、改善能源结构、减少环境污染、促进经济发展等方面具有重要作用。

我国大部地区冬冷夏热，浅层地能开发潜力巨大。近年来，利用浅层地能的热泵技术在我国得到一定发展。与我国自然条件类似的美国，地源热泵已占整个供暖空调系统的20%。瑞典海水源热泵占到空调系统的50%以上。

（二）可再生能源建筑应用发展规划目标

目前，我国能源结构以煤为主，资源、环境问题突出，为贯彻落实科学发展观，实现可持续发展，我国专门制定了《可再生能源中长期发展规划》，提出从现在到2020年期间我国可再生能源发展的指导思想、主要任务、发展目标、重点领域和保障措施，以指导我国可再生能源发展和项目建设。

（1）总体目标：提高可再生能源在能源消费中的比重，解决偏远地区无电人口用电问题和农村生活燃料短缺问题，推行有机废弃物的能源化利用，推进可再生能源技术的产业化发展。其中重点提到：“加快发展水电、生物质能、风电和太阳能，大力推广太阳能和地热能在建筑中的规模化应用，降低煤炭在能源消费中的比重，是我国可再生能源发展的首要目标。”

（2）具体发展目标：充分利用水电、沼气、太阳能热利用和地热能等技术成熟、经济性好的可再生能源，加快推进风力发电、生物质发电、太阳能发电的产业化发展，逐步提高优质清洁可再生能源在能源结构中的比例，力争到2010年使可再生能源消费量达到能源消费总量的10%，到2020年达到15%。与建筑领域相关的太阳能发电、太阳能热利用和地热能的规划目标见表9－1：

表9－1　太阳能发电、太阳能热利用和地热能的目标

领域	措　施	目　标
太阳能发电	发挥太阳能光伏发电适宜分散供电的优势，在偏远地区推广使用户用光伏发电系统或建设小型光伏电站，解决无电人口的供电问题。在城市的建筑物和公共设施配套安装太阳能光伏发电装置，扩大城市可再生能源的利用量，并为太阳能光伏发电提供必要的市场规模。为促进我国太阳能发电技术的发展，做好太阳能技术的战略储备，建设若干个太阳能光伏发电示范电站和太阳能热发电示范电站	到2010年，太阳能发电总容量达到30万千瓦，到2020年达到180万千瓦
其中：光伏建筑应用	在经济较发达、现代化水平较高的大中城市，建设与建筑物一体化的屋顶太阳能并网光伏发电设施，首先在公益性建筑物上应用，然后逐渐推广到其他建筑物，同时在道路、公园、车站等公共设施照明中推广使用光伏电源	“十一五”时期，重点在北京、上海、江苏、广东、山东等地区开展城市建筑屋顶光伏发电试点。到2010年，全国建成1 000个屋顶光伏发电项目，总容量5万千瓦。到2020年，全国建成2万个屋顶光伏发电项目，总容量100万千瓦
太阳能热利用	在城市推广普及太阳能一体化建筑、太阳能集中供热水工程，并建设太阳能采暖和制冷示范工程。在农村和小城镇推广户用太阳能热水器、太阳房和太阳灶	到2010年，全国太阳能热水器总集热面积达到1.5亿平方米，加上其他太阳能热利用，年替代能源量达到3 000万吨标准煤。到2020年，全国太阳能热水器总集热面积达到约3亿平方米，加上其他太阳能热利用，年替代能源量达到6 000万吨标准煤

续表

领域	措　施	目　标
地热能	合理利用地热资源，推广满足环境保护和水资源保护要求的地热供暖、供热水和地源热泵技术，在夏热冬冷地区大力发展地源热泵，满足冬季供热需要。在具有高温地热资源的地区发展地热发电，研究开发深层地热发电技术。在长江流域和沿海地区发展地表水、地下水、土壤等浅层地热能进行建筑采暖、空调和生活热水供应	到 2010 年，地热能年利用量达到 400 万吨标准煤，到 2020 年，地热能年利用量达到 1 200 万吨标准煤。到 2020 年，建成潮汐电站 10 万千瓦

2011 年，财政部、住房和城乡建设部下发的《关于进一步推进可再生能源建筑应用的通知》（财建〔2011〕61 号）提出，切实提高太阳能、浅层地能、生物质能等可再生能源在建筑用能中的比重，到 2020 年，实现可再生能源在建筑领域消费比例占建筑能耗的 15% 以上。“十二五”期间，开展可再生能源建筑应用集中连片推广，进一步丰富可再生能源建筑应用形式，积极拓展应用领域，力争到 2015 年年底，新增可再生能源建筑应用面积 25 亿平方米以上，形成常规能源替代能力 3 000万吨标准煤。

二、可再生能源建筑应用相关法律法规与政策

（一）相关法律、法规

（1）可再生能源法。2005 年 2 月 28 日通过的《可再生能源法》，对可再生能源的资源调查与发展规划、产业指导与技术支持、推广与应用、价格管理与费用分摊、经济激励与监督措施等作了规定。为了有效地推进可再生能源在建筑领域的应用，住房和城乡建设部、国家发展和改革委员会、财政部、国家电力监管委员会、国家标准化管理委员会等相关部门，陆续出台了多个相关的配套政策。

①颁布了《可再生能源发展中长期规划》及《可再生能源“十一五”发展规划》，确定了国家可再生能源发展的近期、中远期总量目标，有力指导了各级政府以及社会各界发展可再生能源。

②颁布了《可再生能源发电有关管理规定》、《可再生能源发电价格和费用分摊管理试行办法》、《可再生能源产业发展指导目录》

及《电网企业全额收购可再生能源电量监管办法》等实施细则，一方面建立了强制要求电网企业接纳可再生能源电力的制度，另一方面根据不同可再生能源发电技术的特点及产业化进程，建立了可再生能源发电的分类电价体系，消除了可再生能源发展的准入障碍，吸引了社会资金的大量投入。

③公布了《可再生能源电价附加收入调配暂行办法》等细则，建立了可再生能源发电成本的全社会费用分摊机制，明确了电价附加的额度、收取的方式及使用用途，极大促进了可再生能源市场的扩大。

④颁布了《可再生能源发展专项资金管理暂行办法》以及《风力发电设备产业化专项资金管理暂行办法》等一系列用于支持风力发电、生物质能利用以及太阳能发电与建筑结合的可再生能源专项资金实施细则，建立了支持可再生能源技术研发、产业发展、市场应用等各方面的财政投入政策框架。

⑤已经初步建立了促进可再生能源的税收体系。除了自 2001 年以来执行的沼气发电增值税即征即退、风力发电增值税减半以及 2008 年制定专门针对风力发电进口关键零部件优惠关税外，在 2008 年近期出台的所得税政策中，根据制定的资源综合利用企业所得税优惠目录、公共基础设施项目企业所得税优惠目录、国家重点支持的高新技术领域划分，对参与生物质能综合利用、风力发电、太阳能发电等可再生能源项目的开发以及装备生产制造的企业给予不同程度的企业所得税优惠；此外，在国家增值税政策转型过程中，由于可再生能源项目开发不存在燃料费用，而一次性购置设备的增值税可以抵扣企业增值税，进而大幅减轻了项目开发企业的税收负担。总之，无论是国家制定的各种新的税收体系，还是针对可再生能源的专项税收制度，都体现了国家对可再生能源领域企业的明显倾斜，极大地支持了可再生能源产业的发展。

此外，相关部门还根据法律的要求开展了资源评价、特许权招标、对企业设定配额制等政策措施，促进可再生能源产业的又好又快地发展。在这些政策鼓励和引导下，我国在可再生能源市场不断扩大，技术水平不断提高，资金投入有了明显提高，可再生能源产业已经开始表现出良好的发展势头，我国可再生能源方面的努力也得到了国际社会的高度认同，对我国参与国际社会的各项事务带来了积极的影响。

⑥2009 年，全国人民代表大会常务委员会对《可再生能源法》进行修改审议，明确了包括：国家实行可再生能源发电全额保障性收购制度。电网企业应当与按照可再生能源开发利用规划建设，依法取得行政许可或者报送备案的可再生能源发电企业签订并网协议，全额收购其电网覆盖范围内符合并网技术标准的可再生能源并网发电项目的上网电量。

（2）节约能源法。2007 年 10 月，十届全国人大常委会第三十次会议审议通过了修订后的《节约能源法》，于2008 年4 月 1 日起正式施行。在可再生能源应用方面，一是规定国家实行有利于节能和环境保护的产业政策，限制发展高耗能、高污染行业，发展节能环保型产业。国家鼓励、支持开发和利用新能源、可再生能源。二是规定国家鼓励在新建建筑和既有建筑节能改造中使用新型墙体材料等节能建筑材料和节能设备，安装和使用太阳能等可再生能源利用系统。三是规定国家鼓励、支持在农村大力发展沼气，推广生物质能、太阳能和风能等可再生能源利用技术，按照科学规划、有序开发的原则发展小型水力发电，推广节能型的农村住宅和炉灶等，鼓励利用非耕地种植能源植物，大力发展薪炭林等能源林。

（3）民用建筑节能条例。主要在以下 3 个方面作了规定，一是规定国家鼓励和扶持在新建建筑和既有建筑节能改造中采用太阳能、地热能等可再生能源。二是明确有关政府应当安排民用建筑节能资金，用于支持可再生能源的应用，引导金融机构对可再生能源应用等项目提供支持。三是要求对具备可再生能源利用条件的建筑，建设单位应当选择合适的可再生能源，用于采暖、制冷、照明和热水供应等；设计单位应当按照有关可再生能源利用的标准进行设计。建设可再生能源利用设施，应当与建筑主体工程同步设计、同步施工、同步验收。

（二）相关政策规定

（1）《关于推进可再生能源在建筑中应用的实施意见》（建科〔2006〕213号）。该文件是国家推进可再生能源建筑应用的标志性文件，由财政部、原建设部联合下发，明确了推进可再生能源在建筑领域应用指导思想、工作目标、总体思路、推进方式、重点技术领域，是开展可再生能源建筑应用示范的重要依据，其主要内容如下：

①工作目标。“十一五”期间，可再生能源在建筑中应用取得实质性进展，基本形成相关政策法规、技术标准和技术支撑体系，基本建成与建筑结合的可再生能源自主知识产权技术和材料、产品体系。预计到“十一五”期末，太阳能、浅层地能应用面积占新建建筑面积比例为25%以上，到2020年，太阳能、浅层地能应用面积占新建建筑面积比例为50%以上。

②总体思路。因地制宜，以点带面，在条件成熟悉的城市或地区，选择有代表性的建筑小区和公共建筑进行可再生能源在建筑中规模化应用的示范，重点实施技术先进适用，运行稳定可靠，经济合理，推广价值大的项目。通过示范，总结经验，形成建筑应用的集成技术体系和相关技术标准、配套的政策法规，带动产业发展，稳步推广扩散，形成政府引导、市场推进的机制和模式。

③重点推广领域。国家重点支持以下技术领域中应用可再生能源的示范工程、技术集成及标准制定：与建筑一体化的太阳能供应生活热水、采暖空调、光电转换、照明；地表水及地下水丰富地区利用淡水源热泵技术供热制冷；沿海地区利用海水源热泵技术供热制冷；利用土壤源热泵技术供热制冷；利用污水源热泵技术供热制冷；农村地区利用太阳能、生物质能等进行供热、炊事等；先进适用，具有自主知识产权的可再生能源建筑应用设备及产品产业化；培育相关能效测评机构，建立能效标识、产品认证制度及建筑节能服务体系。

④示范项目实施。财政部、住房和城乡建设部制定示范项目的申报、评审办法，定期发布可再生能源建筑应用示范项目实施计划，组织各地进行申报。各地建筑、财政主管部门根据本地的经济、社会发展水平和地理气候条件，按照国家要求，组织项目的申报，并在项目

批准后具体组织实施。

为贯彻该文件，财政部会同住房和城乡建设部共组织实施了4批371个可再生能源建筑应用示范项目，取得了良好的政策效果，带动了地方积极性，激活了应用市场，营造了良好的社会氛围，真正发挥了财政政策杠杆的作用。

（2）《加快推进太阳能光电建筑应用的实施意见》（财建〔2009〕128号）及《太阳能光电建筑应用财政补助资金管理暂行办法》（财建〔2009〕129号）。2009年，根据党中央、国务院“扩内需、保增长、调结构、促民生”的战略部署和可再生能源应用发展形势需要，财政部、住房和城乡建设部下发了这两个文件，启动我国太阳能屋顶计划。这两个文件具体内容包括：

①工作原则。现阶段，在条件适宜的地区，组织支持开展一批光电建筑应用示范工程，实施“太阳能屋顶计划”。争取在示范工程的实践中突破与解决光电建筑一体化设计能力不足、光电产品与建筑结合程度不高、光电并网困难、市场认识低等问题，从而激活市场供求，启动国内应用市场；综合考虑经济性和社会效益等因素，现阶段在经济发达、产业基础较好的大中城市积极推进太阳能屋顶、光伏幕墙等光电建筑一体化示范；积极支持在农村与偏远地区发展离网式发电，实施送电下乡，落实国家惠民政策；通过示范工程调动社会各方发展积极性，促进落实国家相关政策。加强示范工程宣传，扩大影响，增强市场认知度，形成发展太阳能光电产品的良好社会氛围；促进落实上网分摊电价等政策，形成政策合力，放大政策效应；将光电建筑应用作为建筑节能的重要内容，在新建建筑、既有建筑节能改造、城市照明中积极推广使用。

②项目要求。项目要求：单项工程应用太阳能光电产品装机容量应不小于50kWp；应用的太阳能光电产品发电效率应达到先进水平，其中单晶硅光电产品效率应超过16%，多晶硅光电产品效率应超过14%，非晶硅光电产品效率应超过6%；优先支持太阳能光伏组件应与建筑物实现构件化、一体化项目；优先支持并网式太阳能光电建筑应用项目；优先支持学校、医院、政府机关等公共建筑应用光电项

目。优先支持的项目：鼓励地方出台与落实有关支持光电发展的扶持政策。满足以下条件的地区，其项目将优先获得支持。包括落实上网电价分摊政策；实施财政补贴等其他经济激励政策；制定出台相关技术标准、规程及工法、图集。

③补助标准。补助标准根据与建筑结合程度、光电产品技术先进程度等因素分类确定。年度补助标准将根据产业发展状况予以适当调整。2009 年补助标准不高于 20 元/Wp，2010 年补助标准不高于 16 元/Wp。

（3）《关于印发可再生能源建筑应用城市示范实施方案的通知》（财建〔2009〕305 号），《关于印发加快推进农村地区可再生能源建筑应用的实施方案的通知》（财建〔2009〕306 号）。近年来，财政部、住房和城乡建设部组织实施的可再生能源建筑应用示范工程，取得良好的政策效果，可再生能源建筑应用技术水平不断提升，应用面积迅速增加，部分地区已呈现规模化应用势头。2009 年，为进一步放大政策效应，更好地推动可再生能源在建筑领域的大规模应用，住房和城乡建设部和财政部组织开展可再生能源建筑应用城市示范和农村地区示范，下发了《关于印发可再生能源建筑应用城市示范实施方案的通知》（财建〔2009〕305 号）、《关于印发加快推进农村地区可再生能源建筑应用的实施方案的通知》（财建〔2009〕306 号），推进可再生能源建筑在城市区域应用和农村地区深入应用。通过进行城市示范，有利于发挥地方政府的积极性和主动性，加强技术标准等配套能力建设，形成推广可再生能源建筑应用的有效模式；有助于拉动可再生能源应用市场需求，促进相关产业发展；有利于促进实现“保增长、扩内需、调结构”的宏观调控目标。通过在农村地区加快推进可再生能源建筑应用，可节约与替代大量常规化石能源；可以加快改善农村民房、农村中小学、农村卫生院等公共建筑供暖设施，保障与改善民生；可以带动清洁能源等相关产业发展，促进扩大内需与调整结构。该两个文件规定示范城市和示范县的申请条件、申请程序、审核确认及补贴方式等。

①示范城市申请要求。申请示范城市应具备的条件。申请示范的

城市是指地级市（包括区、州、盟）、副省级城市；直辖市可作为独立申报单位，也可组织本辖区地级市区申报示范城市。今后 2 年内新增可再生能源建筑应用面积应具备一定规模，其中：地级市（包括区、州、盟）应用面积不低于 200 万平方米，或应用比例不低于 30%；直辖市、副省级城市应用面积不低于 300 万平方米。对纳入示范的城市，中央财政将予以专项补助。资金补助基准为每个示范城市 5 000万元，具体根据 2 年内应用面积、推广技术类型、能源替代效果、能力建设情况等因素综合核定，切块到省。推广应用面积大，技术类型先进适用，能源替代效果好，能力建设突出，资金运用实现创新，将相应调增补助额度，每个示范城市资金补助最高不超过 8 000 万元；相反，将相应调减补助额度。

②农村地区县级示范要求。近阶段国家重点扶持的应用领域：农村中小学可再生能源建筑应用。结合全国中小学校舍安全工程，完善农村中小学生活配套设施，推进太阳能浴室建设，解决学校师生的生活热水需求；实施太阳能、浅层地能采暖工程，利用浅层地能热泵等技术解决中小学校采暖需求；建设太阳房，利用被动式太阳能采暖方式为教室等供暖。县城（镇）、农村居民住宅以及卫生院等公共建筑可再生能源建筑一体化应用。中央财政对农村地区可再生能源建筑应用予以适当资金支持方式：2009 年农村可再生能源建筑应用补助标准为：地源热泵技术应用 60 元/平方米，一体化太阳能热利用 15 元/平方米，以分户为单位的太阳能浴室、太阳能房等按新增投入的 60% 予以补助。以后年度补助标准将根据农村可再生能源建筑应用成本等因素予以适当调整。每个示范县补助资金总额将根据上述补助标准、可再生能源推广应用面积等审核确定。每个示范县补助资金总额最高不超过 1 800万元。

附　录

法律

中华人民共和国建筑法

（1997年11月1日第八届全国人大常委会第二十八次会议通过
根据2011年4月22日第十一届全国人大常委会第二十次会议
《关于修改〈中华人民共和国建筑法〉的决定》修正）

第一章　总　则

第一条　为了加强对建筑活动的监督管理，维护建筑市场秩序，保证建筑工程的质量和安全，促进建筑业健康发展，制定本法。

第二条　在中华人民共和国境内从事建筑活动，实施对建筑活动的监督管理，应当遵守本法。

本法所称建筑活动，是指各类房屋建筑及其附属设施的建造和与其配套的线路、管道、设备的安装活动。

第三条　建筑活动应当确保建筑工程质量和安全，符合国家的建筑工程安全标准。

第四条　国家扶持建筑业的发展，支持建筑科学技术研究，提高房屋建筑设计水平，鼓励节约能源和保护环境，提倡采用先进技术、先进设备、先进工艺、新型建筑材料和现代管理方式。

第五条　从事建筑活动应当遵守法律、法规，不得损害社会公共利益和他人的合法权益。

任何单位和个人都不得妨碍和阻挠依法进行的建筑活动。

第六条　国务院建设行政主管部门对全国的建筑活动实施统一监督管理。

第二章　建筑许可

第一节　建筑工程施工许可

第七条　建筑工程开工前，建设单位应当按照国家有关规定向工程所在地县级以上人民政府建设行政主管部门申请领取施工许可证；但是，国务院建设行政主管部门确定的限额以下的小型工程除外。

按照国务院规定的权限和程序批准开工报告的建筑工程，不再领取施工许可证。

第八条　申请领取施工许可证，应当具备下列条件：

（一）已经办理该建筑工程用地批准手续；

（二）在城市规划区的建筑工程，已经取得规划许可证；

（三）需要拆迁的，其拆迁进度符合施工要求；

（四）已经确定建筑施工企业；

（五）有满足施工需要的施工图纸及技术资料；

（六）有保证工程质量和安全的具体措施；

（七）建设资金已经落实；

（八）法律、行政法规规定的其他条件。

建设行政主管部门应当自收到申请之日起十五日内，对符合条件的申请颁发施工许可证。

第九条　建设单位应当自领取施工许可证之日起三个月内开工。因故不能按期开工的，应当向发证机关申请延期；延期以两次为限，每次不超过三个月。既不开工又不申请延期或者超过延期时限的，施工许可证自行废止。

第十条　在建的建筑工程因故中止施工的，建设单位应当自中止施工之日起一个月内，向发证机关报告，并按照规定做好建筑工程的维护管理工作。

建筑工程恢复施工时，应当向发证机关报告；中止施工满一年的工程恢复施工前，建设单位应当报发证机关核验施工许可证。

第十一条　按照国务院有关规定批准开工报告的建筑工程，因故不能按期开工或者中止施工的，应当及时向批准机关报告情况。因故不能按期开工超过六个月的，应当重新办理开工报告的批准手续。

第二节　从业资格

第十二条　从事建筑活动的建筑施工企业、勘察单位、设计单位和工程监理单位，应当具备下列条件：

（一）有符合国家规定的注册资本；

（二）有与其从事的建筑活动相适应的具有法定执业资格的专业技术人员；

（三）有从事相关建筑活动所应有的技术装备；

（四）法律、行政法规规定的其他条件。

第十三条 从事建筑活动的建筑施工企业、勘察单位、设计单位和工程监理单位，按照其拥有的注册资本、专业技术人员、技术装备和已完成的建筑工程业绩等资质条件，划分为不同的资质等级，经资质审查合格，取得相应等级的资质证书后，方可在其资质等级许可的范围内从事建筑活动。

第十四条 从事建筑活动的专业技术人员，应当依法取得相应的执业资格证书，并在执业资格证书许可的范围内从事建筑活动。

第三章　建筑工程发包与承包

第一节　一般规定

第十五条 建筑工程的发包单位与承包单位应当依法订立书面合同，明确双方的权利和义务。

发包单位和承包单位应当全面履行合同约定的义务。不按照合同约定履行义务的，依法承担违约责任。

第十六条 建筑工程发包与承包的招标投标活动，应当遵循公开、公正、平等竞争的原则，择优选择承包单位。

建筑工程的招标投标，本法没有规定的，适用有关招标投标法律的规定。

第十七条 发包单位及其工作人员在建筑工程发包中不得收受贿赂、回扣或者索取其他好处。

承包单位及其工作人员不得利用向发包单位及其工作人员行贿、提供回扣或者给予其他好处等不正当手段承揽工程。

第十八条 建筑工程造价应当按照国家有关规定，由发包单位与承包单位在合同中约定。公开招标发包的，其造价的约定，须遵守招标投标法律的规定。

发包单位应当按照合同的约定，及时拨付工程款项。

第二节　发　　包

第十九条 建筑工程依法实行招标发包，对不适于招标发包的可以直接发包。

第二十条　建筑工程实行公开招标的，发包单位应当依照法定程序和方式，发布招标公告，提供载有招标工程的主要技术要求、主要的合同条款、评标的标准和方法以及开标、评标、定标的程序等内容的招标文件。

开标应当在招标文件规定的时间、地点公开进行。开标后应当按照招标文件规定的评标标准和程序对标书进行评价、比较，在具备相应资质条件的投标者中，择优选定中标者。

第二十一条　建筑工程招标的开标、评标、定标由建设单位依法组织实施，并接受有关行政主管部门的监督。

第二十二条　建筑工程实行招标发包的，发包单位应当将建筑工程发包给依法中标的承包单位。建筑工程实行直接发包的，发包单位应当将建筑工程发包给具有相应资质条件的承包单位。

第二十三条　政府及其所属部门不得滥用行政权力，限定发包单位将招标发包的建筑工程发包给指定的承包单位。

第二十四条　提倡对建筑工程实行总承包，禁止将建筑工程肢解发包。

建筑工程的发包单位可以将建筑工程的勘察、设计、施工、设备采购一并发包给一个工程总承包单位，也可以将建筑工程勘察、设计、施工、设备采购的一项或者多项发包给一个工程总承包单位；但是，不得将应当由一个承包单位完成的建筑工程肢解成若干部分发包给几个承包单位。

第二十五条　按照合同约定，建筑材料、建筑构配件和设备由工程承包单位采购的，发包单位不得指定承包单位购入用于工程的建筑材料、建筑构配件和设备或者指定生产厂、供应商。

第三节　承　　包

第二十六条　承包建筑工程的单位应当持有依法取得的资质证书，并在其资质等级许可的业务范围内承揽工程。

禁止建筑施工企业超越本企业资质等级许可的业务范围或者以任何形式用其他建筑施工企业的名义承揽工程。禁止建筑施工企业以任何形式允许其他单位或者个人使用本企业的资质证书、营业执照，以本企业的名义承揽工程。

第二十七条　大型建筑工程或者结构复杂的建筑工程，可以由两个以上的承包单位联合共同承包。共同承包的各方对承包合同的履行承担连带责任。

两个以上不同资质等级的单位实行联合共同承包的，应当按照资质等级低的单位的业务许可范围承揽工程。

第二十八条　禁止承包单位将其承包的全部建筑工程转包给他人，禁止承包单位将其承包的全部建筑工程肢解以后以分包的名义分别转包给他人。

第二十九条 建筑工程总承包单位可以将承包工程中的部分工程发包给具有相应资质条件的分包单位；但是，除总承包合同中约定的分包外，必须经建设单位认可。施工总承包的，建筑工程主体结构的施工必须由总承包单位自行完成。

建筑工程总承包单位按照总承包合同的约定对建设单位负责；分包单位按照分包合同的约定对总承包单位负责。总承包单位和分包单位就分包工程对建设单位承担连带责任。

禁止总承包单位将工程分包给不具备相应资质条件的单位。禁止分包单位将其承包的工程再分包。

第四章 建筑工程监理

第三十条 国家推行建筑工程监理制度。

国务院可以规定实行强制监理的建筑工程的范围。

第三十一条 实行监理的建筑工程，由建设单位委托具有相应资质条件的工程监理单位监理。建设单位与其委托的工程监理单位应当订立书面委托监理合同。

第三十二条 建筑工程监理应当依照法律、行政法规及有关的技术标准、设计文件和建筑工程承包合同，对承包单位在施工质量、建设工期和建设资金使用等方面，代表建设单位实施监督。

工程监理人员认为工程施工不符合工程设计要求、施工技术标准和合同约定的，有权要求建筑施工企业改正。

工程监理人员发现工程设计不符合建筑工程质量标准或者合同约定的质量要求的，应当报告建设单位要求设计单位改正。

第三十三条 实施建筑工程监理前，建设单位应当将委托的工程监理单位、监理的内容及监理权限，书面通知被监理的建筑施工企业。

第三十四条 工程监理单位应当在其资质等级许可的监理范围内，承担工程监理业务。

工程监理单位应当根据建设单位的委托，客观、公正地执行监理任务。

工程监理单位与被监理工程的承包单位以及建筑材料、建筑构配件和设备供应单位不得有隶属关系或者其他利害关系。

工程监理单位不得转让工程监理业务。

第三十五条　工程监理单位不按照委托监理合同的约定履行监理义务，对应当监督检查的项目不检查或者不按照规定检查，给建设单位造成损失的，应当承担相应的赔偿责任。

工程监理单位与承包单位串通，为承包单位谋取非法利益，给建设单位造成损失的，应当与承包单位承担连带赔偿责任。

第五章　建筑安全生产管理

第三十六条　建筑工程安全生产管理必须坚持安全第一、预防为主的方针，建立健全安全生产的责任制度和群防群治制度。

第三十七条　建筑工程设计应当符合按照国家规定制定的建筑安全规程和技术规范，保证工程的安全性能。

第三十八条　建筑施工企业在编制施工组织设计时，应当根据建筑工程的特点制定相应的安全技术措施；对专业性较强的工程项目，应当编制专项安全施工组织设计，并采取安全技术措施。

第三十九条　建筑施工企业应当在施工现场采取维护安全、防范危险、预防火灾等措施；有条件的，应当对施工现场实行封闭管理。

施工现场对毗邻的建筑物、构筑物和特殊作业环境可能造成损害的，建筑施工企业应当采取安全防护措施。

第四十条　建设单位应当向建筑施工企业提供与施工现场相关的地下管线资料，建筑施工企业应当采取措施加以保护。

第四十一条　建筑施工企业应当遵守有关环境保护和安全生产的法律、法规的规定，采取控制和处理施工现场的各种粉尘、废气、废水、固体废物以及噪声、振动对环境的污染和危害的措施。

第四十二条　有下列情形之一的，建设单位应当按照国家有关规定办理申请批准手续：

（一）需要临时占用规划批准范围以外场地的；

（二）可能损坏道路、管线、电力、邮电通讯等公共设施的；

（三）需要临时停水、停电、中断道路交通的；

（四）需要进行爆破作业的；

（五）法律、法规规定需要办理报批手续的其他情形。

第四十三条　建设行政主管部门负责建筑安全生产的管理，并依法接受劳动行政主管部门对建筑安全生产的指导和监督。

第四十四条 建筑施工企业必须依法加强对建筑安全生产的管理，执行安全生产责任制度，采取有效措施，防止伤亡和其他安全生产事故的发生。

建筑施工企业的法定代表人对本企业的安全生产负责。

第四十五条 施工现场安全由建筑施工企业负责。实行施工总承包的，由总承包单位负责。分包单位向总承包单位负责，服从总承包单位对施工现场的安全生产管理。

第四十六条 建筑施工企业应当建立健全劳动安全生产教育培训制度，加强对职工安全生产的教育培训；未经安全生产教育培训的人员，不得上岗作业。

第四十七条 建筑施工企业和作业人员在施工过程中，应当遵守有关安全生产的法律、法规和建筑行业安全规章、规程，不得违章指挥或者违章作业。作业人员有权对影响人身健康的作业程序和作业条件提出改进意见，有权获得安全生产所需的防护用品。作业人员对危及生命安全和人身健康的行为有权提出批评、检举和控告。

第四十八条 建筑施工企业应当依法为职工参加工伤保险缴纳工伤保险费。鼓励企业为从事危险作业的职工办理意外伤害险，支付保险费。

第四十九条 涉及建筑主体和承重结构变动的装修工程，建设单位应当在施工前委托原设计单位或者具有相应资质条件的设计单位提出设计方案；没有设计方案的，不得施工。

第五十条 房屋拆除应当由具备保证安全条件的建筑施工单位承担，由建筑施工单位负责人对安全负责。

第五十一条 施工中发生事故时，建筑施工企业应当采取紧急措施减少人员伤亡和事故损失，并按照国家有关规定及时向有关部门报告。

第六章 建筑工程质量管理

第五十二条 建筑工程勘察、设计、施工的质量必须符合国家有关建筑工程安全标准的要求，具体管理办法由国务院规定。

有关建筑工程安全的国家标准不能适应确保建筑安全的要求时，应当及时修订。

第五十三条 国家对从事建筑活动的单位推行质量体系认证制度。从事建筑活动的单位根据自愿原则可以向国务院产品质量监督管理部门或者国务院产品质量监督管理部门授权的部门认可的认证机构申请质量体系认证。经认证合格的，由认证机构颁发质量体系认证证书。

第五十四条　建设单位不得以任何理由，要求建筑设计单位或者建筑施工企业在工程设计或者施工作业中，违反法律、行政法规和建筑工程质量、安全标准，降低工程质量。

建筑设计单位和建筑施工企业对建设单位违反前款规定提出的降低工程质量的要求，应当予以拒绝。

第五十五条　建筑工程实行总承包的，工程质量由工程总承包单位负责，总承包单位将建筑工程分包给其他单位的，应当对分包工程的质量与分包单位承担连带责任。分包单位应当接受总承包单位的质量管理。

第五十六条　建筑工程的勘察、设计单位必须对其勘察、设计的质量负责。勘察、设计文件应当符合有关法律、行政法规的规定和建筑工程质量、安全标准、建筑工程勘察、设计技术规范以及合同的约定。设计文件选用的建筑材料、建筑构配件和设备，应当注明其规格、型号、性能等技术指标，其质量要求必须符合国家规定的标准。

第五十七条　建筑设计单位对设计文件选用的建筑材料、建筑构配件和设备，不得指定生产厂、供应商。

第五十八条　建筑施工企业对工程的施工质量负责。

建筑施工企业必须按照工程设计图纸和施工技术标准施工，不得偷工减料。工程设计的修改由原设计单位负责，建筑施工企业不得擅自修改工程设计。

第五十九条　建筑施工企业必须按照工程设计要求、施工技术标准和合同的约定，对建筑材料、建筑构配件和设备进行检验，不合格的不得使用。

第六十条　建筑物在合理使用寿命内，必须确保地基基础工程和主体结构的质量。

建筑工程竣工时，屋顶、墙面不得留有渗漏、开裂等质量缺陷；对已发现的质量缺陷，建筑施工企业应当修复。

第六十一条　交付竣工验收的建筑工程，必须符合规定的建筑工程质量标准，有完整的工程技术经济资料和经签署的工程保修书，并具备国家规定的其他竣工条件。

建筑工程竣工经验收合格后，方可交付使用；未经验收或者验收不合格的，不得交付使用。

第六十二条　建筑工程实行质量保修制度。

建筑工程的保修范围应当包括地基基础工程、主体结构工程、屋面防水工程和其他土建工程，以及电气管线、上下水管线的安装工程，供热、供冷系统工程等项目；保修的期限应当按照保证建筑物合理寿命年限内正常使用，维护使用者合法权益的原则确定。具体的保修范围和最低保修期限由国务院规定。

第六十三条 任何单位和个人对建筑工程的质量事故、质量缺陷都有权向建设行政主管部门或者其他有关部门进行检举、控告、投诉。

第七章 法律责任

第六十四条 违反本法规定，未取得施工许可证或者开工报告未经批准擅自施工的，责令改正，对不符合开工条件的责令停止施工，可以处以罚款。

第六十五条 发包单位将工程发包给不具有相应资质条件的承包单位的，或者违反本法规定将建筑工程肢解发包的，责令改正，处以罚款。

超越本单位资质等级承揽工程的，责令停止违法行为，处以罚款，可以责令停业整顿，降低资质等级；情节严重的，吊销资质证书；有违法所得的，予以没收。

未取得资质证书承揽工程的，予以取缔，并处罚款；有违法所得的，予以没收。

以欺骗手段取得资质证书的，吊销资质证书，处以罚款；构成犯罪的，依法追究刑事责任。

第六十六条 建筑施工企业转让、出借资质证书或者以其他方式允许他人以本企业的名义承揽工程的，责令改正，没收违法所得，并处罚款，可以责令停业整顿，降低资质等级；情节严重的，吊销资质证书。对因该项承揽工程不符合规定的质量标准造成的损失，建筑施工企业与使用本企业名义的单位或者个人承担连带赔偿责任。

第六十七条 承包单位将承包的工程转包的，或者违反本法规定进行分包的，责令改正，没收违法所得，并处罚款，可以责令停业整顿，降低资质等级；情节严重的，吊销资质证书。

承包单位有前款规定的违法行为的，对因转包工程或者违法分包的工程不符合规定的质量标准造成的损失，与接受转包或者分包的单位承担连带赔偿责任。

第六十八条 在工程发包与承包中索贿、受贿、行贿，构成犯罪的，依法追究刑事责任；不构成犯罪的，分别处以罚款，没收贿赂的财物，对直接负责的主管人员和其他直接责任人员给予处分。

对在工程承包中行贿的承包单位，除依照前款规定处罚外，可以责令停业整顿，降低资质等级或者吊销资质证书。

第六十九条　工程监理单位与建设单位或者建筑施工企业串通，弄虚作假、降低工程质量的，责令改正，处以罚款，降低资质等级或者吊销资质证书；有违法所得的，予以没收；造成损失的，承担连带赔偿责任；构成犯罪的，依法追究刑事责任。

工程监理单位转让监理业务的，责令改正，没收违法所得，可以责令停业整顿，降低资质等级；情节严重的，吊销资质证书。

第七十条　违反本法规定，涉及建筑主体或者承重结构变动的装修工程擅自施工的，责令改正，处以罚款；造成损失的，承担赔偿责任；构成犯罪的，依法追究刑事责任。

第七十一条　建筑施工企业违反本法规定，对建筑安全事故隐患不采取措施予以消除的，责令改正，可以处以罚款；情节严重的，责令停业整顿，降低资质等级或者吊销资质证书；构成犯罪的，依法追究刑事责任。

建筑施工企业的管理人员违章指挥、强令职工冒险作业，因而发生重大伤亡事故或者造成其他严重后果的，依法追究刑事责任。

第七十二条　建设单位违反本法规定，要求建筑设计单位或者建筑施工企业违反建筑工程质量、安全标准，降低工程质量的，责令改正，可以处以罚款；构成犯罪的，依法追究刑事责任。

第七十三条　建筑设计单位不按照建筑工程质量、安全标准进行设计的，责令改正，处以罚款；造成工程质量事故的，责令停业整顿，降低资质等级或者吊销资质证书，没收违法所得，并处罚款；造成损失的，承担赔偿责任；构成犯罪的，依法追究刑事责任。

第七十四条　建筑施工企业在施工中偷工减料的，使用不合格的建筑材料、建筑构配件和设备的，或者有其他不按照工程设计图纸或者施工技术标准施工的行为的，责令改正，处以罚款；情节严重的，责令停业整顿，降低资质等级或者吊销资质证书；造成建筑工程质量不符合规定的质量标准，负责返工、修理，并赔偿因此造成的损失；构成犯罪的，依法追究刑事责任。

第七十五条　建筑施工企业违反本法规定，不履行保修义务或者拖延履行保修义务的，责令改正，可以处以罚款，并对在保修期内因屋顶、墙面渗漏、开裂等质量缺陷造成的损失，承担赔偿责任。

第七十六条　本法规定的责令停业整顿、降低资质等级和吊销资质证书的行政处罚，由颁发资质证书的机关决定；其他行政处罚，由建设行政主管部门或者有关部门依照法律和国务院规定的职权范围决定。

依照本法规定被吊销资质证书的，由工商行政管理部门吊销其营业执照。

第七十七条 违反本法规定，对不具备相应资质等级条件的单位颁发该等级资质证书的，由其上级机关责令收回所发的资质证书，对直接负责的主管人员和其他直接责任人员给予行政处分；构成犯罪的，依法追究刑事责任。

第七十八条 政府及其所属部门的工作人员违反本法规定，限定发包单位将招标发包的工程发包给指定的承包单位的，由上级机关责令改正；构成犯罪的，依法追究刑事责任。

第七十九条 负责颁发建筑工程施工许可证的部门及其工作人员对不符合施工条件的建筑工程颁发施工许可证的，负责工程质量监督检查或者竣工验收的部门及其工作人员对不合格的建筑工程出具质量合格文件或者按合格工程验收的，由上级机关责令改正，对责任人员给予行政处分；构成犯罪的，依法追究刑事责任；造成损失的，由该部门承担相应的赔偿责任。

第八十条 在建筑物的合理使用寿命内，因建筑工程质量不合格受到损害的，有权向责任者要求赔偿。

第八章 附 则

第八十一条 本法关于施工许可、建筑施工企业资质审查和建筑工程发包、承包、禁止转包，以及建筑工程监理、建筑工程安全和质量管理的规定，适用于其他专业建筑工程的建筑活动，具体办法由国务院规定。

第八十二条 建设行政主管部门和其他有关部门在对建筑活动实施监督管理中，除按照国务院有关规定收取费用外，不得收取其他费用。

第八十三条 省、自治区、直辖市人民政府确定的小型房屋建筑工程的建筑活动，参照本法执行。

依法核定作为文物保护的纪念建筑物和古建筑等的修缮，依照文物保护的有关法律规定执行。

抢险救灾及其他临时性房屋建筑和农民自建低层住宅的建筑活动，不适用本法。

第八十四条 军用房屋建筑工程建筑活动的具体管理办法，由国务院、中央军事委员会依据本法制定。

第八十五条 本法自1998年3月1日起施行。

中华人民共和国招标投标法

（1999年8月30日第九届全国人大常委会第十一次会议通过
1999年8月30日中华人民共和国主席令第21号公布）

第一章　总　　则

第一条　为了规范招标投标活动，保护国家利益、社会公共利益和招标投标活动当事人的合法权益，提高经济效益，保证项目质量，制定本法。

第二条　在中华人民共和国境内进行招标投标活动，适用本法。

第三条　在中华人民共和国境内进行下列工程建设项目包括项目的勘察、设计、施工、监理以及与工程建设有关的重要设备、材料等的采购，必须进行招标：

（一）大型基础设施、公用事业等关系社会公共利益、公众安全的项目；

（二）全部或者部分使用国有资金投资或者国家融资的项目；

（三）使用国际组织或者外国政府贷款、援助资金的项目。

前款所列项目的具体范围和规模标准，由国务院发展计划部门会同国务院有关部门制订，报国务院批准。

法律或者国务院对必须进行招标的其他项目的范围有规定的，依照其规定。

第四条　任何单位和个人不得将依法必须进行招标的项目化整为零或者以其他任何方式规避招标。

第五条　招标投标活动应当遵循公开、公平、公正和诚实信用的原则。

第六条　依法必须进行招标的项目，其招标投标活动不受地区或者部门的限制。任何单位和个人不得违法限制或者排斥本地区、本系统以外的法人或者其他组织参加投标，不得以任何方式非法干涉招标投标活动。

第七条　招标投标活动及其当事人应当接受依法实施的监督。

有关行政监督部门依法对招标投标活动实施监督。依法查处招标投标活动中的违法行为。

对招标投标活动的行政监督及有关部门的具体职权划分，由国务院规定。

第二章　招　　标

第八条　招标人是依照本法规定提出招标项目、进行招标的法人或者其他组织。

第九条 招标项目按照国家有关规定需要履行项目审批手续的，应当先履行审批手续，取得批准。

招标人应当有进行招标项目的相应资金或者资金来源已经落实，并应当在招标文件中如实载明。

第十条 招标分为公开招标和邀请招标。

公开招标，是指招标人以招标公告的方式邀请不特定的法人或者其他组织投标。

邀请招标，是指招标人以投标邀请书的方式邀请特定的法人或者其他组织投标。

第十一条 国务院发展计划部门确定的国家重点项目和省、自治区、直辖市人民政府确定的地方重点项目不适宜公开招标的，经国务院发展计划部门或者省、自治区、直辖市人民政府批准，可以进行邀请招标。

第十二条 招标人有权自行选择招标代理机构，委托其办理招标事宜。任何单位和个人不得以任何方式为招标人指定招标代理机构。

招标人具有编制招标文件和组织评标能力的，可以自行办理招标事宜。任何单位和个人不得强制其委托招标代理机构办理招标事宜。

依法必须进行招标的项目，招标人自行办理招标事宜的，应当向有关行政监督部门备案。

第十三条 招标代理机构是依法设立、从事招标代理业务并提供相关服务的社会中介组织。

招标代理机构应当具备下列条件：

（一）有从事招标代理业务的营业场所和相应资金；

（二）有能够编制招标文件和组织评标的相应专业力量；

（三）有符合本法第三十七条第三款规定条件、可以作为评标委员会成员人选的技术、经济等方面的专家库。

第十四条 从事工程建设项目招标代理业务的招标代理机构，其资格由国务院或者省、自治区、直辖市人民政府的建设行政主管部门认定。具体办法由国务院建设行政主管部门会同国务院有关部门制定。从事其他招标代理业务的招标代理机构，其资格认定的主管部门由国务院规定。

招标代理机构与行政机关和其他国家机关不得存在隶属关系或者其他利益关系。

第十五条 招标代理机构应当在招标人委托的范围内办理招标事宜，并遵守本法关于招标人的规定。

第十六条 招标人采用公开招标方式的，应当发布招标公告。依法必须进行招标的项目的招标公告，应当通过国家指定的报刊、信息网络或者其他媒介发布。

招标公告应当载明招标人的名称和地址、招标项目的性质、数量、实施地点和时间以及获取招标文件的办法等事项。

第十七条 招标人采用邀请招标方式的，应当向三个以上具备承担招标项目的能力、资信良好的特定的法人或者其他组织发出投标邀请书。

投标邀请书应当载明本法第十六条第二款规定的事项。

第十八条 招标人可以根据招标项目本身的要求，在招标公告或者投标邀请书中，要求潜在投标人提供有关资质证明文件和业绩情况，并对潜在投标人进行资格审查；国家对投标人的资格条件有规定的，依照其规定。

招标人不得以不合理的条件限制或者排斥潜在投标人，不得对潜在投标人实行歧视待遇。

第十九条 招标人应当根据招标项目的特点和需要编制招标文件。招标文件应当包括招标项目的技术要求、对投标人资格审查的标准、投标报价要求和评标标准等所有实质性要求和条件以及拟签订合同的主要条款。

国家对招标项目的技术、标准有规定的，招标人应当按照其规定在招标文件中提出相应要求。

招标项目需要划分标段、确定工期的，招标人应当合理划分标段、确定工期，并在招标文件中载明。

第二十条 招标文件不得要求或者标明特定的生产供应者以及含有倾向或者排斥潜在投标人的其他内容。

第二十一条 招标人根据招标项目的具体情况，可以组织潜在投标人踏勘项目现场。

第二十二条 招标人不得向他人透露已获取招标文件的潜在投标人的名称、数量以及可能影响公平竞争的有关招标投标的其他情况。

招标人设有标底的，标底必须保密。

第二十三条 招标人对已发出的招标文件进行必要的澄清或者修改的，应当在投标文件要求提交投标文件截止时间至少十五日前，以书面形式通知所有招标文件收受人，该澄清或者修改的内容为招标文件的组成部分。

第二十四条 招标人应当确定投标人编制投标文件所需要的合理时间；但是，依法必须进行招标的项目，自招标文件开始发出之日起至投标人提交投标文件截止之日止，最短不得少于二十日。

第三章　投　　标

第二十五条　投标人是响应招标、参加投标竞争的法人或者其他组织。

依法招标的科研项目允许个人参加投标的，投标的个人适用本法有关投标人的规定。

第二十六条　投标人应当具备承担招标项目的能力；国家有关规定对投标人资格条件或者招标文件对投标人资格条件有规定的，投标人应当具备规定的资格条件。

第二十七条　投标人应当按照招标文件的要求编制投标文件。投标文件应当对招标文件提出的实质性要求和条件作出响应。

招标项目属于建设施工的，投标文件的内容应当包括拟派出的项目负责人与主要技术人员的简历、业绩和拟用于完成招标项目的机械设备等。

第二十八条　投标人应当在招标文件要求提交投标文件的截止时间前，将投标文件送达投标地点。招标人收到投标文件后，应当签收保存，不得开启。投标人少于三个的，招标人应当依照本法重新招标。

在招标文件要求提交投标文件的截止时间后送达的投标文件，招标人应当拒收。

第二十九条　投标人在招标文件要求提交投标文件的截止时间前，可以补充、修改或者撤回已提交的投标文件，并书面通知招标人。补充、修改的内容为投标文件的组成部分。

第三十条　投标人根据招标文件载明的项目实际情况，拟在中标后将中标项目的部分非主体、非关键性工作进行分包的，应当在投标文件中载明。

第三十一条　两个以上法人或者其他组织可以组成一个联合体，以一个投标人的身份共同投标。

联合体各方均应当具备承担招标项目的相应能力；国家有关规定或者招标文件对投标人资格条件有规定的，联合体各方均应当具备规定的相应资格条件。由同一专业的单位组成的联合体，按照资质等级较低的单位确定资质等级。

联合体各方应当签订共同投标协议，明确约定各方拟承担的工作和责任，并将共同投标协议连同投标文件一并提交招标人。联合体中标的，联合体各方应当共同与招标人签订合同，就中标项目向招标人承担连带责任。

招标人不得强制投标人组成联合体共同投标，不得限制投标人之间的竞争。

第三十二条　投标人不得相互串通投标报价，不得排挤其他投标人的公平竞争，损害招标人或者其他投标人的合法权益。

投标人不得与招标人串通投标，损害国家利益、社会公共利益或者他人的合法权益。

禁止投标人以向招标人或者评标委员会成员行贿的手段谋取中标。

第三十三条　投标人不得以低于成本的报价竞标，也不得以他人名义投标或者以其他方式弄虚作假，骗取中标。

第四章　开标、评标和中标

第三十四条　开标应当在招标文件确定的提交投标文件截止时间的同一时间公开进行；开标地点应当为招标文件中预先确定的地点。

第三十五条　开标由招标人主持，邀请所有投标人参加。

第三十六条　开标时，由投标人或者其推选的代表检查投标文件的密封情况，也可以由招标人委托的公证机构检查并公证；经确认无误后，由工作人员当众拆封，宣读投标人名称、投标价格和投标文件的其他主要内容。

招标人在招标文件要求提交投标文件的截止时间前收到的所有投标文件，开标时都应当当众予以拆封、宣读。

开标过程应当记录，并存档备查。

第三十七条　评标由招标人依法组建的评标委员会负责。

依法必须进行招标的项目，其评标委员会由招标人的代表和有关技术、经济等方面的专家组成，成员人数为五人以上单数，其中技术、经济等方面的专家不得少于成员总数的三分之二。

前款专家应当从事相关领域工作满八年并具有高级职称或者具有同等专业水平，由招标人从国务院有关部门或者省、自治区、直辖市人民政府有关部门提供的专家名册或者招标代理机构的专家库内的相关专业的专家名单中确定；一般招标项目可以采取随机抽取方式，特殊招标项目可以由招标人直接确定。

与投标人有利害关系的人不得进入相关项目的评标委员会；已经进入的应当更换。

评标委员会成员的名单在中标结果确定前应当保密。

第三十八条　招标人应当采取必要的措施，保证评标在严格保密的情况下进行。

任何单位和个人不得非法干预、影响评标的过程和结果。

第三十九条 评标委员会可以要求投标人对投标文件中含义不明确的内容作必要的澄清或者说明，但是澄清或者说明不得超出投标文件的范围或者改变投标文件的实质性内容。

第四十条 评标委员会应当按照招标文件确定的评标标准和方法，对投标文件进行评审和比较；设有标底的，应当参考标底。评标委员会完成评标后，应当向招标人提出书面评标报告，并推荐合格的中标候选人。

招标人根据评标委员会得出的书面评标报告和推荐的中标候选人确定中标人。招标人也可以授权评标委员会直接确定中标人。

国务院对特定招标项目的评标有特别规定的，从其规定。

第四十一条 中标人的投标应当符合下列条件之一：

（一）能够最大限度地满足招标文件中规定的各项综合评价标准；

（二）能够满足招标文件的实质性要求，并且经评审的投标价格最低；但是投标价格低于成本的除外。

第四十二条 评标委员会经评审，认为所有投标都不符合招标文件要求的，可以否决所有投标。

依法必须进行招标的项目的所有投标被否决的，招标人应当依照本法重新招标。

第四十三条 在确定中标人前，招标人不得与投标人就投标价格、投标方案等实质性内容进行谈判。

第四十四条 评标委员会成员应当客观、公正地履行职务，遵守职业道德，对所提出的评审意见承担个人责任。

评标委员会成员不得私下接触投标人，不得收受投标人的财物或者其他好处。

评标委员会成员和参与评标的有关工作人员不得透露对投标文件的评审和比较、中标候选人的推荐情况以及与评标有关的其他情况。

第四十五条 中标人确定后，招标人应当向中标人发出中标通知书，并同时将中标结果通知所有未中标的投标人。

中标通知书对招标人和中标人具有法律效力。中标通知书发出后，招标人改变中标结果的，或者中标人放弃中标项目的，应当依法承担法律责任。

第四十六条 招标人和中标人应当自中标通知书发出之日起三十日内，按照招标文件和中标人的投标文件订立书面合同。招标人和中标人不得再行订立背离合同实质性内容的其他协议。

招标文件要求中标人提交履约保证金的，中标人应当提交。

第四十七条 依法必须进行招标的项目，招标人应当自确定中标人之日起十五日内，向有关行政监督部门提交招标投标情况的书面报告。

第四十八条 中标人应当按照合同约定履行义务，完成中标项目。中标人不得向他人转让中标项目，也不得将中标项目肢解后分别向他人转让。

中标人按照合同约定或者经招标人同意，可以将中标项目的部分非主体、非关键性工作分包给他人完成。接受分包的人应当具备相应的资格条件，并不得再次分包。

中标人应当就分包项目向招标人负责，接受分包的人就分包项目承担连带责任。

第五章 法律责任

第四十九条 违反本法规定，必须进行招标的项目而不招标的，将必须进行招标的项目化整为零或者以其他任何方式规避招标的，责令限期改正，可以处项目合同金额千分之五以上千分之十以下的罚款；对全部或者部分使用国有资金的项目，可以暂停项目执行或者暂停资金拨付；对单位直接负责的主管人员和其他直接责任人员依法给予处分。

第五十条 招标代理机构违反本法规定，泄露应当保密的与招投投标活动有关的情况和资料的，或者与招标人、投标人串通损害国家利益、社会公共利益或者他人合法权益的，处五万元以上二十五万元以下的罚款，对单位直接负责的主管人员和其他直接责任人员处单位罚款数额百分之五以上百分之十以下的罚款；有违法所得的，并处没收违法所得；情节严重的，暂停直至取消招标代理资格；构成犯罪的，依法追究刑事责任，给他人造成损失的，依法承担赔偿责任。

前款所列行为影响中标结果的，中标无效。

第五十一条 招标人以不合理的条件限制或者排斥潜在投标人的，对潜在投标人实行歧视待遇的，强制要求投标人组成联合体共同投标的，或者限制投标人之间竞争的，责令改正，可以处一万元以上五万元以下的罚款。

第五十二条 依法必须进行招标的项目的招标人向他人透露已获取招标文件的潜在投标人的名称、数量或者可能影响公平竞争的有关招标投标的其他情况的，或者泄露标底的，给予警告，可以并处一万元以上十万元以下的罚款；对单位直接负责的主管人员和其他直接责任人员依法给予处分；构成犯罪的，依法追究刑事责任。

前款所列行为影响中标结果的，中标无效。

第五十三条 投标人相互串通投标或者与招标人串通投标的，投标人以向招标人或者评标委员会成员行贿的手段谋取中标的，中标无效，处中标项目金额千分之五以上千分之十以下的罚款，对单位直接负责的主管人员和其他直接责任人员处单位罚款数额百分之五以上百分之十以下的罚款；有违法所得的，并处没收违法所得；情节严重的，取消其一年至二年内参加依法必须进行招标的项目的投标资格并予以公告，直至由工商行政管理机关吊销营业执照；构成犯罪的，依法追究刑事责任。给他人造成损失的，依法承担赔偿责任。

第五十四条 投标人以他人名义投标或者以其他方式弄虚作假，骗取中标的，中标无效，给招标人造成损失的，依法承担赔偿责任；构成犯罪的，依法追究刑事责任。

依法必须进行招标的项目的投标人有前款所列行为尚未构成犯罪的，处中标项目金额千分之五以上千分之十以下的罚款，对单位直接负责的主管人员和其他直接责任人员处单位罚款数额百分之五以上百分之十以下的罚款；有违法所得的，并处没收违法所得；情节严重的，取消其一年至三年内参加依法必须进行招标的项目的投标资格并予以公告，直至由工商行政管理机关吊销营业执照。

第五十五条 依法必须进行招标的项目，招标人违反本法规定，与投标人就投标价格、投标方案等实质性内容进行谈判的，给予警告，对单位直接负责的主管人员和其他直接责任人员依法给予处分。

前款所列为影响中标结果的，中标无效。

第五十六条 评标委员会成员收受投标人的财物或者其他好处的，评标委员会成员或者参加评标的有关工作人员向他人透露对投标文件的评审和比较、中标候选人的推荐以及与评标有关的其他情况的，给予警告，没收收受的财物，可以并处三千元以上五万元以下的罚款，对有所列违法行为的评标委员会成员取消担任评标委员会成员的资格，不得再参加任何依法必须进行招标的项目的评标；构成犯罪的，依法追究刑事责任。

第五十七条 招标人在评标委员会依法推荐的中标候选人以外确定中标人的，依法必须进行招标的项目在所有投标被评标委员会否决后自行确定中标人的，中标无效。责令改正，可以处中标项目金额千分之五以上千分之十以下的罚款；对单位直接负责的主管人员和其他直接责任人员依法给予处分。

第五十八条 中标人将中标项目转让给他人的，将中标项目肢解后分别转让给他人的，违反本法规定将中标项目的部分主体、关键性工作分包给他人的，或者分包人再次分包的，转让、分包无效，处转让、分包项目金额千分之五以上千分之十以下的罚款；有违法所得的，并处没收违法所得；可以责令停业整顿；情节严重的，由工商行政管理机关吊销营业执照。

第五十九条　招标人与中标人不按照招标文件和中标人的投标文件订立合同的，或者招标人、中标人订立背离合同实质性内容的协议的，责令改正；可以处中标项目金额千分之五以上千分之十以下的罚款。

第六十条　中标人不履行与招标人订立的合同的，履约保证金不予退还，给招标人造成的损失超过履约保证金数额的，还应当对超过部分予以赔偿；没有提交履约保证金的，应当对招标人的损失承担赔偿责任。

中标人不按照与招标人订立的合同履行义务，情节严重的，取消其二年至五年内参加依法必须进行招标的项目的投标资格并予以公告，直至由工商行政管理机关吊销营业执照。

因不可抗力不能履行合同的，不适用前两款规定。

第六十一条　本章规定的行政处罚，由国务院规定的有关行政监督部门决定。本法已对实施行政处罚的机关作出规定的除外。

第六十二条　任何单位违反本法规定，限制或者排斥本地区、本系统以外的法人或者其他组织参加投标的，为招标人指定招标代理机构的，强制招标人委托招标代理机构办理招标事宜的，或者以其他方式干涉招标投标活动的，责令改正；对单位直接负责的主管人员和其他直接责任人员依法给予警告、记过、记大过的处分，情节较重的，依法给予降级、撤职、开除的处分。

个人利用职权进行前款违法行为的，依照前款规定追究责任。

第六十三条　对招标投标活动依法负有行政监督职责的国家机关工作人员徇私舞弊、滥用职权或者玩忽职守，构成犯罪的，依法追究刑事责任；不构成犯罪的，依法给予行政处分。

第六十四条　依法必须进行招标的项目违反本法规定，中标无效的，应当依照本法规定的中标条件从其余投标人中重新确定中标人或者依照本法重新进行招标。

第六章　附　　则

第六十五条　投标人和其他利害关系人认为招标投标活动不符合本法有关规定的，有权向招标人提出异议或者依法向有关行政监督部门投诉。

第六十六条　涉及国家安全、国家秘密、抢险救灾或者属于利用扶贫资金实行以工代赈、需要使用农民工等特殊情况，不适宜进行招标的项目，按照国家有关规定可以不进行招标。

第六十七条 使用国际组织或者外国政府贷款、援助资金的项目进行招标，贷款方、资金提供方对招标投标的具体条件和程序有不同规定的，可以适用其规定，但违背中华人民共和国的社会公共利益的除外。

第六十八条 本法自2000年1月1日起施行。

行政法规

中华人民共和国注册建筑师条例

（1995年9月23日国务院令第184号发布）

第一章 总 则

第一条 为了加强对注册建筑师的管理，提高建筑设计质量与水平，保障公民生命和财产安全，维护社会公共利益，制定本条例。

第二条 本条例所称注册建筑师，是指依法取得注册建筑师证书并从事房屋建筑设计及相关业务的人员。

注册建筑师分为一级注册建筑师和二级注册建筑师。

第三条 注册建筑师的考试、注册和执业，适用本条例。

第四条 国务院建设行政主管部门、人事行政主管部门和省、自治区、直辖市人民政府建设行政主管部门、人事行政主管部门依照本条例的规定对注册建筑师的考试、注册和执业实施指导和监督。

第五条 全国注册建筑师管理委员会和省、自治区、直辖市注册建筑师管理委员会，依照本条例的规定负责注册建筑师的考试和注册的具体工作。

全国注册建筑师管理委员会由国务院建设行政主管部门、人事行政主管部门、其他有关行政主管部门的代表和建筑设计专家组成。

省、自治区、直辖市注册建筑师管理委员会由省、自治区、直辖市建设行政主管部门、人事行政主管部门、其他有关行政主管部门的代表和建筑设计专家组成。

第六条 注册建筑师可以组建注册建筑师协会，维护会员的合法权益。

第二章　考试和注册

第七条　国家实行注册建筑师全国统一考试制度。注册建筑师全国统一考试办法，由国务院建设行政主管部门会同国务院人事行政主管部门商国务院其他有关行政主管部门共同制定，由全国注册建筑师管理委员会组织实施。

第八条　符合下列条件之一的，可以申请参加一级注册建筑师考试：

（一）取得建筑学硕士以上学位或者相近专业工学博士学位，并从事建筑设计或者相关业务2年以上的；

（二）取得建筑学学士学位或者相近专业工学硕士学位，并从事建筑设计或者相关业务3年以上的；

（三）具有建筑学专业大学本科毕业学历并从事建筑设计或者相关业务5年以上的，或者具有建筑学相近专业大学本科毕业学历并从事建筑设计或者相关业务7年以上的；

（四）取得高级工程师技术职称并从事建筑设计或者相关业务3年以上的，或者取得工程师技术职称并从事建筑设计或者相关业务5年以上的；

（五）不具有前四项规定的条件，但设计成绩突出，经全国注册建筑师管理委员会认定达到前四项规定的专业水平的。

第九条　符合下列条件之一的，可以申请参加二级注册建筑师考试：

（一）具有建筑学或者相近专业大学本科毕业以上学历，从事建筑设计或者相关业务2年以上的；

（二）具有建筑设计技术专业或者相近专业大专毕业以上学历，并从事建筑设计或者相关业务3年以上的；

（三）具有建筑设计技术专业4年制中专毕业学历，并从事建筑设计或者相关业务5年以上的；

（四）具有建筑设计技术相近专业中专毕业学历，并从事建筑设计或者相关业务7年以上的；

（五）取得助理工程师以上技术职称，并从事建筑设计或者相关业务3年以上的。

第十条　本条例施行前已取得高级、中级技术职称的建筑设计人员，经所在单位推荐，可以按照注册建筑师全国统一考试办法的规定，免予部分科目的考试。

第十一条　注册建筑师考试合格，取得相应的注册建筑师资格的，可以申请注册。

第十二条 一级注册建筑师的注册，由全国注册建筑师管理委员会负责；二级注册建筑师的注册，由省、自治区、直辖市注册建筑师管理委员会负责。

第十三条 有下列情形之一的，不予注册：

（一）不具有完全民事行为能力的；

（二）因受刑事处罚，自刑罚执行完毕之日起至申请注册之日止不满5年的；

（三）因在建筑设计或者相关业务中犯有错误受行政处罚或者撤职以上行政处分，自处罚、处分决定之日起至申请注册之日止不满2年的；

（四）受吊销注册建筑师证书的行政处罚，自处罚决定之日起至申请注册之日止不满5年的；

（五）有国务院规定不予注册的其他情形的。

第十四条 全国注册建筑师管理委员会和省、自治区、直辖市注册建筑师管理委员会依照本条例第十三条的规定，决定不予注册的，应当自决定之日起15日内书面通知申请人；申请人有异议的，可以自收到通知之日起15日内向国务院建设行政主管部门或者省、自治区、直辖市人民政府建设行政主管部门申请复议。

第十五条 全国注册建筑师管理委员会应当将准予注册的一级注册建筑师名单报国务院建设行政主管部门备案；省、自治区、直辖市注册建筑师管理委员会应当将准予注册的二级注册建筑师名单报省、自治区、直辖市人民政府建设行政主管部门备案。

国务院建设行政主管部门或者省、自治区、直辖市人民政府建设行政主管部门发现有关注册建筑师管理委员会的注册不符合本条例规定的，应当通知有关注册建筑师管理委员会撤销注册，收回注册建筑师证书。

第十六条 准予注册的申请人，分别由全国注册建筑师管理委员会和省、自治区、直辖市注册建筑师管理委员会核发由国务院建设行政主管部门统一制作的一级注册建筑师证书或者二级注册建筑师证书。

第十七条 注册建筑师注册的有效期为2年，有效期届满需要继续注册的，应当在期满前30日内办理注册手续。

第十八条 已取得注册建筑师证书的人员，除本条例第十五条第二款规定的情形外，注册后有下列情形之一的，由准予注册的全国注册建筑师管理委员会或者省、自治区、直辖市注册建筑师管理委员会撤销注册，收回注册建筑师证书：

（一）完全丧失民事行为能力的；

（二）受刑事处罚的；

（三）因在建筑设计或者相关业务中犯有错误，受到行政处罚或者撤职以上行政处分的；

（四）自行停止注册建筑师业务满2年的。

被撤销注册的当事人对撤销注册、收回注册建筑师证书有异议的，可以自接到撤销注册、收回注册建筑师证书的通知之日起15日内向国务院建设行政主管部门或者省、自治区、直辖市人民政府建设行政主管部门申请复议。

第十九条　被撤销注册的人员可以依照本条例的规定重新注册。

第三章　执　　业

第二十条　注册建筑师的执业范围：

（一）建筑设计；

（二）建筑设计技术咨询；

（三）建筑物调查与鉴定；

（四）对本人主持设计的项目进行施工指导和监督；

（五）国务院建设行政主管部门规定的其他业务。

第二十一条　注册建筑师执行业务，应当加入建筑设计单位。

建筑设计单位的资质等级及其业务范围，由国务院建设行政主管部门规定。

第二十二条　一级注册建筑师的执业范围不受建筑规模和工程复杂程度的限制。二级注册建筑师的执业范围不得超越国家规定的建筑规模和工程复杂程度。

第二十三条　注册建筑师执行业务，由建筑设计单位统一接受委托并统一收费。

第二十四条　因设计质量造成的经济损失，由建筑设计单位承担赔偿责任；建筑设计单位有权向签字的注册建筑师追偿。

第四章　权利和义务

第二十五条　注册建筑师有权以注册建筑师的名义执行注册建筑师业务。

非注册建筑师不得以注册建筑师的名义执行注册建筑师业务。二级注册建筑师不得以一级注册师的名义执行业务，也不得超越国家规定的二级注册建筑师的执业范围执行业务。

第二十六条 国家规定的一定跨度、跨径和高度以上的房屋建筑，应当由注册建筑师进行设计。

第二十七条 任何单位和个人修改注册建筑师的设计图纸，应当征得该注册建筑师同意；但是，因特殊情况不能征得该注册建筑师同意的除外。

第二十八条 注册建筑师应当履行下列义务：

（一）遵守法律、法规和职业道德，维护社会公共利益；

（二）保证建筑设计的质量，并在其负责的设计图纸上签字；

（三）保守在执业中知悉的单位和个人的秘密；

（四）不得同时受聘于两个以上建筑设计单位执行业务；

（五）不得准许他人以本人名义执行业务。

第五章　法律责任

第二十九条 以不正当手段取得注册建筑师考试合格资格或者注册建筑师证书的，由全国注册建筑师管理委员会或者省、自治区、直辖市注册建筑师管理委员会取消考试合格资格或者吊销注册建筑师证书；对负有直接责任的主管人员和其他直接责任人员，依法给予行政处分。

第三十条 未经注册擅自以注册建筑师名义从事注册建筑师业务的，由县级以上人民政府建设行政主管部门责令停止违法活动，没收违法所得，并可以处以违法所得5倍以下的罚款；造成损失的，应当承担赔偿责任。

第三十一条 注册建筑师违反本条例规定，有下列行为之一的，由县级以上人民政府建设行政主管部门责令停止违法活动，没收违法所得，并可以处以违法所得5倍以下的罚款；情节严重的，可以责令停止执行业务或者由全国注册建筑师管理委员会或者省、自治区、直辖市注册建筑师管理委员会吊销注册建筑师证书：

（一）以个人名义承接注册建筑师业务、收取费用的；

（二）同时受聘于两个以上建筑设计单位执行业务的；

（三）在建筑设计或者相关业务中侵犯他人合法权益的；

（四）准许他人以本人名义执行业务的；

（五）二级注册建筑师以一级注册建筑师的名义执行业务或者超越国家规定的执业范围执行业务的。

第三十二条 因建筑设计质量不合格发生重大责任事故，造成重大损失的，对该建筑设计负有直接责任的注册建筑师，由县级以上人民政府建设行政主管部门责令停止执行业务；情节严重的，由全国注册建筑师管理委员会或者省、自治区、直辖市注册建筑师管理委员会吊销注册建筑师证书。

第三十三条 违反本条例规定，未经注册建筑师同意擅自修改其设计图纸的，由县级以上人民政府建设行政主管部门责令纠正；造成损失的，应当承担赔偿责任。

第三十四条 违反本条例规定，构成犯罪的，依法追究刑事责任。

第六章 附 则

第三十五条 本条例所称建筑设计单位，包括专门从事建筑设计的工程设计单位和其他从事建筑设计的工程设计单位。

第三十六条 外国人申请参加中国注册建筑师全国统一考试和注册以及外国建筑师申请在中国境内执行注册建筑师业务，按照对等原则办理。

第三十七条 本条例自发布之日起施行。

建设工程质量管理条例

（2000 年 1 月 30 日国务院令第 279 号发布）

第一章 总 则

第一条 为了加强对建设工程质量的管理，保证建设工程质量，保护人民生命和财产安全，根据《中华人民共和国建筑法》，制定本条例。

第二条 凡在中华人民共和国境内从事建设工程的新建、扩建、改建等有关活动及实施对建设工程质量监督管理的，必须遵守本条例。

本条例所称建设工程，是指土木工程、建筑工程、线路管道和设备安装工程及装修工程。

第三条 建设单位、勘察单位、设计单位、施工单位、工程监理单位依法对建设工程质量负责。

第四条 县级以上人民政府建设行政主管部门和其他有关部门应当加强对

建设工程质量的监督管理。

第五条 从事建设工程活动，必须严格执行基本建设程序，坚持先勘察、后设计、再施工的原则。

县级以上人民政府及其有关部门不得超越权限审批建设项目或者擅自简化基本建设程序。

第六条 国家鼓励采用先进的科学技术和管理方法，提高建设工程质量。

第二章 建设单位的质量责任和义务

第七条 建设单位应当将工程发包给具有相应资质等级的单位。

建设单位不得将建设工程肢解发包。

第八条 建设单位应当依法对工程建设项目的勘察、设计、施工、监理以及与工程建设有关的重要设备、材料等的采购进行招标。

第九条 建设单位必须向有关的勘察、设计、施工、工程监理等单位提供与建设工程有关的原始资料。

原始资料必须真实、准确、齐全。

第十条 建设工程发包单位，不得迫使承包方以低于成本的价格竞标，不得任意压缩合理工期。

建设单位不得明示或者暗示设计单位或者施工单位违反工程建设强制性标准，降低建设工程质量。

第十一条 建设单位应当将施工图设计文件报县级以上人民政府建设行政主管部门或者其他有关部门审查。施工图设计文件审查的具体办法，由国务院建设行政主管部门会同国务院其他有关部门制定。

施工图设计文件未经审查批准的，不得使用。

第十二条 实行监理的建设工程，建设单位应当委托具有相应资质等级的工程监理单位进行监理，也可以委托具有工程监理相应资质等级并与被监理工程的施工承包单位没有隶属关系或者其他利害关系的该工程的设计单位进行监理。

下列建设工程必须实行监理：

（一）国家重点建设工程；

（二）大中型公用事业工程；

（三）成片开发建设的住宅小区工程；

（四）利用外国政府或者国际组织贷款、援助资金的工程；

（五）国家规定必须实行监理的其他工程。

第十三条　建设单位在领取施工许可证或者开工报告前，应当按照国家有关规定办理工程质量监督手续。

第十四条　按照合同约定，由建设单位采购建筑材料、建筑构配件和设备的，建设单位应当保证建筑材料、建筑构配件和设备符合设计文件和合同要求。

建设单位不得明示或者暗示施工单位使用不合格的建筑材料、建筑构配件和设备。

第十五条　涉及建筑主体和承重结构变动的装修工程，建设单位应当在施工前委托原设计单位或者具有相应资质等级的设计单位提出设计方案；没有设计方案的，不得施工。

房屋建筑使用者在装修过程中，不得擅自变动房屋建筑主体和承重结构。

第十六条　建设单位收到建设工程竣工报告后，应当组织设计、施工、工程监理等有关单位进行竣工验收。

建设工程竣工验收应当具备下列条件：

（一）完成建设工程设计和合同约定的各项内容；

（二）有完整的技术档案和施工管理资料；

（三）有工程使用的主要建筑材料、建筑构配件和设备的进场试验报告；

（四）有勘察、设计、施工、工程监理等单位分别签署的质量合格文件；

（五）有施工单位签署的工程保修书。

建设工程经验收合格的，方可交付使用。

第十七条　建设单位应当严格按照国家有关档案管理的规定，及时收集、整理建设项目各环节的文件资料，建立、健全建设项目档案，并在建设工程竣工验收后，及时向建设行政主管部门或者其他有关部门移交建设项目档案。

第三章　勘察、设计单位的质量责任和义务

第十八条　从事建设工程勘察、设计的单位应当依法取得相应等级的资质证书，并在其资质等级许可的范围内承揽工程。

禁止勘察、设计单位超越其资质等级许可的范围或者以其他勘察、设计单位的名义承揽工程。禁止勘察、设计单位允许其他单位或者个人以本单位的名义承揽工程。

勘察、设计单位不得转包或者违法分包所承揽的工程。

第十九条　勘察、设计单位必须按照工程建设强制性标准进行勘察、设计，

并对其勘察、设计的质量负责。

注册建筑师、注册结构工程师等注册执业人员应当在设计文件上签字，对设计文件负责。

第二十条 勘察单位提供的地质、测量、水文等勘察成果必须真实、准确。

第二十一条 设计单位应当根据勘察成果文件进行建设工程设计。

设计文件应当符合国家规定的设计深度要求，注明工程合理使用年限。

第二十二条 设计单位在设计文件中选用的建筑材料、建筑构配件和设备，应当注明规格、型号、性能等技术指标，其质量要求必须符合国家规定的标准。

除有特殊要求的建筑材料、专用设备、工艺生产线等外，设计单位不得指定生产厂、供应商。

第二十三条 设计单位应当就审查合格的施工图设计文件向施工单位作出详细说明。

第二十四条 设计单位应当参与建设工程质量事故分析，并对因设计造成的质量事故，提出相应的技术处理方案。

第四章 施工单位的质量责任和义务

第二十五条 施工单位应当依法取得相应等级的资质证书，并在其资质等级许可的范围内承揽工程。

禁止施工单位超越本单位资质等级许可的业务范围或者以其他施工单位的名义承揽工程。禁止施工单位允许其他单位或者个人以本单位的名义承揽工程。

施工单位不得转包或者违法分包工程。

第二十六条 施工单位对建设工程的施工质量负责。

施工单位应当建立质量责任制，确定工程项目的项目经理、技术负责人和施工管理负责人。

建设工程实行总承包的，总承包单位应当对全部建设工程质量负责；建设工程勘察、设计、施工、设备采购的一项或者多项实行总承包的，总承包单位应当对其承包的建设工程或者采购的设备的质量负责。

第二十七条 总承包单位依法将建设工程分包给其他单位的，分包单位应当按照分包合同的约定对其分包工程的质量向总承包单位负责，总承包单位与分包单位对分包工程的质量承担连带责任。

第二十八条 施工单位必须按照工程设计图纸和施工技术标准施工，不得擅自修改工程设计，不得偷工减料。

施工单位在施工过程中发现设计文件和图纸有差错的，应当及时提出意见和建议。

第二十九条　施工单位必须按照工程设计要求、施工技术标准和合同约定，对建筑材料、建筑构配件、设备和商品混凝土进行检验，检验应当有书面记录和专人签字；未经检验或者检验不合格的，不得使用。

第三十条　施工单位必须建立、健全施工质量的检验制度，严格工序管理，作好隐蔽工程的质量检查和记录。隐蔽工程在隐蔽前，施工单位应当通知建设单位和建设工程质量监督机构。

第三十一条　施工人员对涉及结构安全的试块、试件以及有关材料，应当在建设单位或者工程监理单位监督下现场取样，并送具有相应资质等级的质量检测单位进行检测。

第三十二条　施工单位对施工中出现质量问题的建设工程或者竣工验收不合格的建设工程，应当负责返修。

第三十三条　施工单位应当建立、健全教育培训制度，加强对职工的教育培训；未经教育培训或者考核不合格的人员，不得上岗作业。

第五章　工程监理单位的质量责任和义务

第三十四条　工程监理单位应当依法取得相应等级的资质证书，并在其资质等级许可的范围内承担工程监理业务。

禁止工程监理单位超越本单位资质等级许可的范围或者以其他工程监理单位的名义承担工程监理业务。禁止工程监理单位允许其他单位或者个人以本单位的名义承担工程监理业务。

工程监理单位不得转让工程监理业务。

第三十五条　工程监理单位与被监理工程的施工承包单位以及建筑材料、建筑构配件和设备供应单位有隶属关系或者其他利害关系的，不得承担该项建设工程的监理业务。

第三十六条　工程监理单位应当依照法律、法规以及有关技术标准、设计文件和建设工程承包合同，代表建设单位对施工质量实施监理，并对施工质量承担监理责任。

第三十七条　工程监理单位应当选派具备相应资格的总监理工程师和监理工程师进驻施工现场。

未经监理工程师签字，建筑材料、建筑构配件和设备不得在工程上使用或者安装，施工单位不得进行下一道工序的施工。未经总监理工程师签字，建设单位不拨付工程款，不进行竣工验收。

第三十八条 监理工程师应当按照工程监理规范的要求，采取旁站、巡视和平行检验等形式，对建设工程实施监理。

第六章 建设工程质量保修

第三十九条 建设工程实行质量保修制度。

建设工程承包单位在向建设单位提交工程竣工验收报告时，应当向建设单位出具质量保修书。质量保修书中应当明确建设工程的保修范围、保修期限和保修责任等。

第四十条 在正常使用条件下，建设工程的最低保修期限为：

（一）基础设施工程、房屋建筑的地基基础工程和主体结构工程，为设计文件规定的该工程的合理使用年限；

（二）屋面防水工程、有防水要求的卫生间、房间和外墙面的防渗漏，为5年；

（三）供热与供冷系统，为2个采暖期、供冷期；

（四）电气管线、给排水管道、设备安装和装修工程，为2年。

其他项目的保修期限由发包方与承包方约定。

建设工程的保修期，自竣工验收合格之日起计算。

第四十一条 建设工程在保修范围和保修期限内发生质量问题的，施工单位应当履行保修义务，并对造成的损失承担赔偿责任。

第四十二条 建设工程在超过合理使用年限后需要继续使用的，产权所有人应当委托具有相应资质等级的勘察、设计单位鉴定，并根据鉴定结果采取加固、维修等措施，重新界定使用期。

第七章 监督管理

第四十三条 国家实行建设工程质量监督管理制度。

国务院建设行政主管部门对全国的建设工程质量实施统一监督管理。国务院铁路、交通、水利等有关部门按照国务院规定的职责分工，负责对全国的有关专业建设工程质量的监督管理。

县级以上地方人民政府建设行政主管部门对本行政区域内的建设工程质量实施监督管理。县级以上地方人民政府交通、水利等有关部门在各自的职责范围内，负责对本行政区域内的专业建设工程质量的监督管理。

第四十四条　国务院建设行政主管部门和国务院铁路、交通、水利等有关部门应当加强对有关建设工程质量的法律、法规和强制性标准执行情况的监督检查。

第四十五条　国务院发展计划部门按照国务院规定的职责，组织稽查特派员，对国家出资的重大建设项目实施监督检查。

国务院经济贸易主管部门按照国务院规定的职责，对国家重大技术改造项目实施监督检查。

第四十六条　建设工程质量监督管理，可以由建设行政主管部门或者其他有关部门委托的建设工程质量监督机构具体实施。

从事房屋建筑工程和市政基础设施工程质量监督的机构，必须按照国家有关规定经国务院建设行政主管部门或者省、自治区、直辖市人民政府建设行政主管部门考核；从事专业建设工程质量监督的机构，必须按照国家有关规定经国务院有关部门或者省、自治区、直辖市人民政府有关部门考核。经考核合格后，方可实施质量监督。

第四十七条　县级以上地方人民政府建设行政主管部门和其他有关部门应当加强对有关建设工程质量的法律、法规和强制性标准执行情况的监督检查。

第四十八条　县级以上人民政府建设行政主管部门和其他有关部门履行监督检查职责时，有权采取下列措施：

（一）要求被检查的单位提供有关工程质量的文件和资料；

（二）进入被检查单位的施工现场进行检查；

（三）发现有影响工程质量的问题时，责令改正。

第四十九条　建设单位应当自建设工程竣工验收合格之日起15日内，将建设工程竣工验收报告和规划、公安消防、环保等部门出具的认可文件或者准许使用文件报建设行政主管部门或者其他有关部门备案。

建设行政主管部门或者其他有关部门发现建设单位在竣工验收过程中有违反国家有关建设工程质量管理规定行为的，责令停止使用，重新组织竣工验收。

第五十条　有关单位和个人对县级以上人民政府建设行政主管部门和其他有关部门进行的监督检查应当支持与配合，不得拒绝或者阻碍建设工程质量监督检查人员依法执行职务。

第五十一条　供水、供电、供气、公安消防等部门或者单位不得明示或者暗示建设单位、施工单位购买其指定的生产供应单位的建筑材料、建筑构配件和设备。

第五十二条 建设工程发生质量事故，有关单位应当在24小时内向当地建设行政主管部门和其他有关部门报告。对重大质量事故，事故发生地的建设行政主管部门和其他有关部门应当按照事故类别和等级向当地人民政府和上级建设行政主管部门和其他有关部门报告。

特别重大质量事故的调查程序按照国务院有关规定办理。

第五十三条 任何单位和个人对建设工程的质量事故、质量缺陷都有权检举、控告、投诉。

第八章 罚 则

第五十四条 违反本条例规定，建设单位将建设工程发包给不具有相应资质等级的勘察、设计、施工单位或者委托给不具有相应资质等级的工程监理单位的，责令改正，处50万元以上100万元以下的罚款。

第五十五条 违反本条例规定，建设单位将建设工程肢解发包的，责令改正，处工程合同价款百分之零点五以上百分之一以下的罚款；对全部或者部分使用国有资金的项目，并可以暂停项目执行或者暂停资金拨付。

第五十六条 违反本条例规定，建设单位有下列行为之一的，责令改正，处20万元以上50万元以下的罚款：

（一）迫使承包方以低于成本的价格竞标的；

（二）任意压缩合理工期的；

（三）明示或者暗示设计单位或者施工单位违反工程建设强制性标准，降低工程质量的；

（四）施工图设计文件未经审查或者审查不合格，擅自施工的；

（五）建设项目必须实行工程监理而未实行工程监理的；

（六）未按照国家规定办理工程质量监督手续的；

（七）明示或者暗示施工单位使用不合格的建筑材料、建筑构配件和设备的；

（八）未按照国家规定将竣工验收报告、有关认可文件或者准许使用文件报送备案的。

第五十七条 违反本条例规定，建设单位未取得施工许可证或者开工报告未经批准，擅自施工的，责令停止施工，限期改正，处工程合同价款百分之一以上百分之二以下的罚款。

第五十八条　违反本条例规定，建设单位有下列行为之一的，责令改正，处工程合同价款百分之二以上百分之四以下的罚款；造成损失的，依法承担赔偿责任：

（一）未组织竣工验收，擅自交付使用的；

（二）验收不合格，擅自交付使用的；

（三）对不合格的建设工程按照合格工程验收的。

第五十九条　违反本条例规定，建设工程竣工验收后，建设单位未向建设行政主管部门或者其他有关部门移交建设项目档案的，责令改正，处1万元以上10万元以下的罚款。

第六十条　违反本条例规定，勘察、设计、施工、工程监理单位超越本单位资质等级承揽工程的，责令停止违法行为，对勘察、设计单位或者工程监理单位处合同约定的勘察费、设计费或者监理酬金1倍以上2倍以下的罚款；对施工单位处工程合同价款百分之二以上百分之四以下的罚款；可以责令停业整顿，降低资质等级；情节严重的，吊销资质证书；有违法所得的，予以没收。

未取得资质证书承揽工程的，予以取缔，依照前款规定处以罚款；有违法所得的，予以没收。

以欺骗手段取得资质证书承揽工程的，吊销资质证书，依照本条第一款规定处以罚款；有违法所得的，予以没收。

第六十一条　违反本条例规定，勘察、设计、施工、工程监理单位允许其他单位或者个人以本单位名义承揽工程的，责令改正，没收违法所得，对勘察、设计单位和工程监理单位处合同约定的勘察费、设计费和监理酬金1倍以上2倍以下的罚款；对施工单位处工程合同价款百分之二以上百分之四以下的罚款；可以责令停业整顿，降低资质等级；情节严重的，吊销资质证书。

第六十二条　违反本条例规定，承包单位将承包的工程转包或者违法分包的，责令改正，没收违法所得，对勘察、设计单位处合同约定的勘察费、设计费百分之二十五以上百分之五十以下的罚款；对施工单位处工程合同价款百分之零点五以上百分之一以下的罚款；可以责令停业整顿，降低资质等级；情节严重的，吊销资质证书。

工程监理单位转让工程监理业务的，责令改正，没收违法所得，处合同约定的监理酬金百分之二十五以上百分之五十以下的罚款；可以责令停业整顿，降低资质等级；情节严重的，吊销资质证书。

第六十三条　违反本条例规定，有下列行为之一的，责令改正，处10万元以上30万元以下的罚款：

（一）勘察单位未按照工程建设强制性标准进行勘察的；

（二）设计单位未根据勘察成果文件进行工程设计的；

（三）设计单位指定建筑材料、建筑构配件的生产厂、供应商的；

（四）设计单位未按照工程建设强制性标准进行设计的。

有前款所列行为，造成工程质量事故的，责令停业整顿，降低资质等级；情节严重的，吊销资质证书；造成损失的，依法承担赔偿责任。

第六十四条 违反本条例规定，施工单位在施工中偷工减料的，使用不合格的建筑材料、建筑构配件和设备的，或者有不按照工程设计图纸或者施工技术标准施工的其他行为的，责令改正，处工程合同价款百分之二以上百分之四以下的罚款；造成建设工程质量不符合规定的质量标准的，负责返工、修理、并赔偿因此造成的损失；情节严重的，责令停业整顿，降低资质等级或者吊销资质证书。

第六十五条 违反本条例规定，施工单位未对建筑材料、建筑构配件、设备和商品混凝土进行检验，或者未对涉及结构安全的试块、试件以及有关材料取样检测的，责令改正，处10万元以上20万元以下的罚款；情节严重的，责令停业整顿，降低资质等级或者吊销资质证书；造成损失的，依法承担赔偿责任。

第六十六条 违反本条例规定，施工单位不履行保修义务或者拖延履行保修义务的，责令改正，处10万元以上20万元以下的罚款，并对在保修期内因质量缺陷造成的损失承担赔偿责任。

第六十七条 工程监理单位有下列行为之一的，责令改正，处50万元以上100万元以下的罚款，降低资质等级或者吊销资质证书；有违法所得的，予以没收；造成损失的，承担连带赔偿责任：

（一）与建设单位或者施工单位串通、弄虚作假、降低工程质量的；

（二）将不合格的建设工程、建筑材料、建筑构配件和设备按照合格签字的。

第六十八条 违反本条例规定，工程监理单位与被监理工程的施工承包单位以及建筑材料、建筑构配件和设备供应单位有隶属关系或者其他利害关系承担该项建设工程的监理业务的，责令改正，处5万元以上10万元以下的罚款，降低资质等级或者吊销资质证书；有违法所得的，予以没收。

第六十九条 违反本条例规定，涉及建筑主体或者承重结构变动的装修工程，没有设计方案擅自施工的，责令改正，处50万元以上100万元以下的罚款；房屋建筑使用者在装修过程中擅自变动房屋建筑主体和承重结构的，责令改正，处5万元以上10万元以下的罚款。

有前款所列行为，造成损失的，依法承担赔偿责任。

第七十条　发生重大工程质量事故隐瞒不报、谎报或者拖延报告期限的，对直接负责的主管人员和其他责任人员依法给予行政处分。

第七十一条　违反本条例规定，供水、供电、供气、公安消防等部门或者单位明示或者暗示建设单位或者施工单位购买其指定的生产供应单位的建筑材料、建筑构配件和设备的，责令改正。

第七十二条　违反本条例规定，注册建筑师、注册结构工程师、监理工程师等注册执业人员因过错造成质量事故的，责令停止执业1年；造成重大质量事故的，吊销执业资格证书，5年以内不予注册；情节特别恶劣的，终身不予注册。

第七十三条　依照本条例规定，给予单位罚款处罚的，对单位直接负责的主管人员和其他直接责任人员处单位罚款数额百分之五以上百分之十以下的罚款。

第七十四条　建设单位、设计单位、施工单位、工程监理单位违反国家规定，降低工程质量标准，造成重大安全事故，构成犯罪的，对直接责任人员依法追究刑事责任。

第七十五条　本条例规定的责令停业整顿，降低资质等级和吊销资质证书的行政处罚，由颁发资质证书的机关决定；其他行政处罚，由建设行政主管部门或者其他有关部门依照法定职权决定。

依照本条例规定被吊销资质证书的，由工商行政管理部门吊销其营业执照。

第七十六条　国家机关工作人员在建设工程质量监督管理工作中玩忽职守、滥用职权、徇私舞弊，构成犯罪的，依法追究刑事责任；尚不构成犯罪的，依法给予行政处分。

第七十七条　建设、勘察、设计、施工、工程监理单位的工作人员因调动工作、退休等原因离开该单位后，被发现在该单位工作期间违反国家有关建设工程质量管理规定，造成重大工程质量事故的，仍应当依法追究法律责任。

第九章　附　　则

第七十八条　本条例所称肢解发包，是指建设单位将应当由一个承包单位完成的建设工程分解成若干部分发包给不同的承包单位的行为。

本条例所称违法分包，是指下列行为：

（一）总承包单位将建设工程分包给不具备相应资质条件的单位的；

（二）建设工程总承包合同中未有约定，又未经建设单位认可，承包单位将其承包的部分建设工程交由其他单位完成的；

（三）施工总承包单位将建设工程主体结构的施工分包给其他单位的；

（四）分包单位将其承包的建设工程再分包的。

本条例所称转包，是指承包单位承包建设工程后，不履行合同约定的责任和义务，将其承包的全部建设工程转给他人或者将其承包的全部建设工程肢解以后以分包的名义分别转给其他单位承包的行为。

第七十九条 本条例规定的罚款和没收的违法所得，必须全部上缴国库。

第八十条 抢险救灾及其他临时性房屋建筑和农民自建低层住宅的建设活动，不适用本条例。

第八十一条 军事建设工程的管理，按照中央军事委员会的有关规定执行。

第八十二条 本条例自发布之日起施行。

建设工程勘察设计管理条例

（2000年9月25日国务院令第293号发布）

第一章 总 则

第一条 为了加强对建设工程勘察、设计活动的管理，保证建设工程勘察、设计质量，保护人民生命和财产安全，制定本条例。

第二条 从事建设工程勘察、设计活动，必须遵守本条例。

本条例所称建设工程勘察，是指根据建设工程的要求，查明、分析、评价建设场地的地质地理环境特征和岩土工程条件，编制建设工程勘察文件的活动。

本条例所称建设工程设计，是指根据建设工程的要求，对建设工程所需的技术、经济、资源、环境等条件进行综合分析、论证，编制建设工程设计文件的活动。

第三条 建设工程勘察、设计应当与社会、经济发展水平相适应，做到经济效益、社会效益和环境效益相统一。

第四条 从事建设工程勘察、设计活动，应当坚持先勘察、后设计、再施工的原则。

第五条　县级以上人民政府建设行政主管部门和交通、水利等有关部门应当依照本条例的规定，加强对建设工程勘察、设计活动的监督管理。

建设工程勘察、设计单位必须依法进行建设工程勘察、设计，严格执行工程建设强制性标准，并对建设工程勘察、设计的质量负责。

第六条　国家鼓励在建设工程勘察、设计活动中采用先进技术、先进工艺、先进设备、新型材料和现代管理方法。

第二章　资质资格管理

第七条　国家对从事建设工程勘察、设计活动的单位，实行资质管理制度。具体办法由国务院建设行政主管部门商国务院有关部门规定。

第八条　建设工程勘察、设计单位应当在其资质等级许可的范围内承揽建设工程勘察、设计业务。

禁止建设工程勘察、设计单位超越其资质等级许可的范围或者以其他建设工程勘察、设计单位的名义承揽建设工程勘察、设计业务。禁止建设工程勘察、设计单位允许其他单位或者个人以本单位的名义承揽建设工程勘察、设计业务。

第九条　国家对从事建设工程勘察、设计活动的专业技术人员，实行执业资格注册管理制度。

未经注册的建设工程勘察、设计人员，不得以注册执业人员的名义从事建设工程勘察、设计活动。

第十条　建设工程勘察、设计注册执业人员和其他专业技术人员只能受聘于一个建设工程勘察、设计单位；未受聘于建设工程勘察、设计单位的，不得从事建设工程的勘察、设计活动。

第十一条　建设工程勘察、设计单位资质证书和执业人员注册证书，由国务院建设行政主管部门统一制作。

第三章　建设工程勘察设计发包与承包

第十二条　建设工程勘察、设计发包依法实行招标发包或者直接发包。

第十三条　建设工程勘察、设计应当依照《中华人民共和国招标投标法》的规定，实行招标发包。

第十四条　建设工程勘察、设计方案评标，应当以投标人的业绩、信誉和勘察、设计人员的能力以及勘察、设计方案的优劣为依据，进行综合评定。

第十五条 建设工程勘察、设计的招标人应当在评标委员会推荐的候选方案中确定中标方案。但是，建设工程勘察、设计的招标人认为评标委员会推荐的候选方案不能最大限度满足招标文件规定的要求的，应当依法重新招标。

第十六条 下列建设工程的勘察、设计，经有关主管部门批准，可以直接发包：

（一）采用特定的专利或者专有技术的；

（二）建筑艺术造型有特殊要求的；

（三）国务院规定的其他建设工程的勘察、设计。

第十七条 发包方不得将建设工程勘察、设计业务发包给不具有相应勘察、设计资质等级的建设工程勘察、设计单位。

第十八条 发包方可以将整个建设工程的勘察、设计发包给一个勘察、设计单位；也可以将建设工程的勘察、设计分别发包给几个勘察、设计单位。

第十九条 除建设工程主体部分的勘察、设计外，经发包方书面同意，承包方可以将建设工程其他部分的勘察、设计再分包给其他具有相应资质等级的建设工程勘察、设计单位。

第二十条 建设工程勘察、设计单位不得将所承揽的建设工程勘察、设计转包。

第二十一条 承包方必须在建设工程勘察、设计资质证书规定的资质等级和业务范围内承揽建设工程的勘察、设计业务。

第二十二条 建设工程勘察、设计的发包方与承包方，应当执行国家规定的建设工程勘察、设计程序。

第二十三条 建设工程勘察、设计的发包方与承包方应当签订建设工程勘察、设计合同。

第二十四条 建设工程勘察、设计发包方与承包方应当执行国家有关建设工程勘察费、设计费的管理规定。

第四章 建设工程勘察设计文件的编制与实施

第二十五条 编制建设工程勘察、设计文件，应当以下列规定为依据：

（一）项目批准文件；

（二）城市规划；

（三）工程建设强制性标准；

（四）国家规定的建设工程勘察、设计深度要求。

铁路、交通、水利等专业建设工程，还应当以专业规划的要求为依据。

第二十六条　编制建设工程勘察文件，应当真实、准确，满足建设工程规划、选址、设计、岩土治理和施工的需要。

编制方案设计文件，应当满足编制初步设计文件和控制概算的需要。

编制初步设计文件，应当满足编制施工招标文件、主要设备材料订货和编制施工图设计文件的需要。

编制施工图设计文件，应当满足设备材料采购、非标准设备制作和施工的需要，并注明建设工程合理使用年限。

第二十七条　设计文件中选用的材料、构配件、设备，应当注明其规格、型号、性能等技术指标，其质量要求必须符合国家规定的标准。

除有特殊要求的建筑材料、专用设备和工艺生产线等外，设计单位不得指定生产厂、供应商。

第二十八条　建设单位、施工单位、监理单位不得修改建设工程勘察、设计文件；确需修改建设工程勘察、设计文件的，应当由原建设工程勘察、设计单位修改。经原建设工程勘察、设计单位书面同意，建设单位也可以委托其他具有相应资质的建设工程勘察、设计单位修改。修改单位对修改的勘察、设计文件承担相应责任。

施工单位、监理单位发现建设工程勘察、设计文件不符合工程建设强制性标准、合同约定的质量要求的，应当报告建设单位，建设单位有权要求建设工程勘察、设计单位对建设工程勘察、设计文件进行补充、修改。

建设工程勘察、设计文件内容需要作重大修改的，建设单位应当报经原审批机关批准后，方可修改。

第二十九条　建设工程勘察、设计文件中规定采用的新技术、新材料，可能影响建设工程质量和安全，又没有国家技术标准的，应当由国家认可的检测机构进行试验、论证，出具检测报告，并经国务院有关部门或者省、自治区、直辖市人民政府有关部门组织的建设工程技术专家委员会审定后，方可使用。

第三十条　建设工程勘察、设计单位应当在建设工程施工前，向施工单位和监理单位说明建设工程勘察、设计意图，解释建设工程勘察、设计文件。

建设工程勘察、设计单位应当及时解决施工中出现的勘察、设计问题。

第五章　监督管理

第三十一条　国务院建设行政主管部门对全国的建设工程勘察、设计活动实施统一监督管理。国务院铁路、交通、水利等有关部门按照国务院规定的职责分工，负责对全国的有关专业建设工程勘察、设计活动的监督管理。

县级以上地方人民政府建设行政主管部门对本行政区域内的建设工程勘察、设计活动实施监督管理。县级以上地方人民政府交通、水利等有关部门在各自的职责范围内，负责对本行政区域内的有关专业建设工程勘察、设计活动的监督管理。

第三十二条 建设工程勘察、设计单位在建设工程勘察、设计资质证书规定的业务范围内跨部门、跨地区承揽勘察、设计业务的，有关地方人民政府及其所属部门不得设置障碍，不得违反国家规定收取任何费用。

第三十三条 县级以上人民政府建设行政主管部门或者交通、水利等有关部门应当对施工图设计文件中涉及公共利益、公众安全、工程建设强制性标准的内容进行审查。

施工图设计文件未经审查批准的，不得使用。

第三十四条 任何单位和个人对建设工程勘察、设计活动中的违法行为都有权检举、控告、投诉。

第六章 罚 则

第三十五条 违反本条例第八条规定的，责令停止违法行为，处合同约定的勘察费、设计费1倍以上2倍以下的罚款，有违法所得的，予以没收；可以责令停业整顿，降低资质等级；情节严重的，吊销资质证书。

未取得资质证书承揽工程的，予以取缔，依照前款规定处以罚款；有违法所得的，予以没收。

以欺骗手段取得资质证书承揽工程的，吊销资质证书，依照本条第一款规定处以罚款；有违法所得的，予以没收。

第三十六条 违反本条例规定，未经注册，擅自以注册建设工程勘察、设计人员的名义从事建设工程勘察、设计活动的，责令停止违法行为，没收违法所得，处违法所得2倍以上5倍以下罚款；给他人造成损失的，依法承担赔偿责任。

第三十七条 违反本条例规定，建设工程勘察、设计注册执业人员和其他专业技术人员未受聘于一个建设工程勘察、设计单位或者同时受聘于两个以上建设工程勘察、设计单位，从事建设工程勘察、设计活动的，责令停止违法行为，没收违法所得，处违法所得2倍以上5倍以下的罚款；情节严重的，可以责令停止执行业务或者吊销资格证书；给他人造成损失的，依法承担赔偿责任。

第三十八条　违反本条例规定，发包方将建设工程勘察、设计业务发包给不具有相应资质等级的建设工程勘察、设计单位的，责令改正，处50万元以上100万元以下的罚款。

第三十九条　违反本条例规定，建设工程勘察、设计单位将所承揽的建设工程勘察、设计转包的，责令改正，没收违法所得，处合同约定的勘察费、设计费25%以上50%以下的罚款，可以责令停业整顿，降低资质等级；情节严重的，吊销资质证书。

第四十条　违反本条例规定，有下列行为之一的，依照《建设工程质量管理条例》第六十三条的规定给予处罚：

（一）勘察单位未按照工程建设强制性标准进行勘察的；

（二）设计单位未根据勘察成果文件进行工程设计的；

（三）设计单位指定建筑材料、建筑构配件的生产厂、供应商的；

（四）设计单位未按照工程建设强制性标准进行设计的。

第四十一条　本条例规定的责令停业整顿、降低资质等级和吊销资质证书、资格证书的行政处罚，由颁发资质证书、资格证书的机关决定；其他行政处罚，由建设行政主管部门或者其他有关部门依据法定职权范围决定。

依照本条例规定被吊销资质证书的，由工商行政管理部门吊销其营业执照。

第四十二条　国家机关工作人员在建设工程勘察、设计活动的监督管理工作中玩忽职守、滥用职权、徇私舞弊，构成犯罪的，依法追究刑事责任；尚不构成犯罪的，依法给予行政处分。

第七章　附　则

第四十三条　抢险救灾及其他临时性建筑和农民自建两层以下住宅的勘察、设计活动，不适用本条例。

第四十四条　军事建设工程勘察、设计的管理，按照中央军事委员会的有关规定执行。

第四十五条　本条例自公布之日起施行。

建设工程安全生产管理条例

（2003 年 11 月 24 日国务院令第 393 号发布）

第一章　总　　则

第一条　为了加强建设工程安全生产监督管理，保障人民群众生命和财产安全，根据《中华人民共和国建筑法》、《中华人民共和国安全生产法》，制定本条例。

第二条　在中华人民共和国境内从事建设工程的新建、扩建、改建和拆除等有关活动及实施对建设工程安全生产的监督管理，必须遵守本条例。

本条例所称建设工程，是指土木工程、建筑工程、线路管道和设备安装工程及装修工程。

第三条　建设工程安全生产管理，坚持安全第一、预防为主的方针。

第四条　建设单位、勘察单位、设计单位、施工单位、工程监理单位及其他与建设工程安全生产有关的单位，必须遵守安全生产法律、法规的规定，保证建设工程安全生产，依法承担建设工程安全生产责任。

第五条　国家鼓励建设工程安全生产的科学技术研究和先进技术的推广应用，推进建设工程安全生产的科学管理。

第二章　建设单位的安全责任

第六条　建设单位应当向施工单位提供施工现场及毗邻区域内供水、排水、供电、供气、供热、通信、广播电视等地下管线资料，气象和水文观测资料，相邻建筑物和构筑物、地下工程的有关资料，并保证资料的真实、准确、完整。

建设单位因建设工程需要，向有关部门或者单位查询前款规定的资料时，有关部门或者单位应当及时提供。

第七条　建设单位不得对勘察、设计、施工、工程监理等单位提出不符合建设工程安全生产法律、法规和强制性标准规定的要求，不得压缩合同约定的工期。

第八条　建设单位在编制工程概算时，应当确定建设工程安全作业环境及安全施工措施所需费用。

第九条　建设单位不得明示或者暗示施工单位购买、租赁、使用不符合安全施工要求的安全防护用具、机械设备、施工机具及配件、消防设施和器材。

第十条　建设单位在申请领取施工许可证时，应当提供建设工程有关安全施工措施的资料。

依法批准开工报告的建设工程，建设单位应当自开工报告批准之日起 15 日内，将保证安全施工的措施报送建设工程所在地的县级以上地方人民政府建设行政主管部门或者其他有关部门备案。

第十一条　建设单位应当将拆除工程发包给具有相应资质等级的施工单位。

建设单位应当在拆除工程施工 15 日前，将下列资料报送建设工程所在地的县级以上地方人民政府建设行政主管部门或者其他有关部门备案：

（一）施工单位资质等级证明；

（二）拟拆除建筑物、构筑物及可能危及毗邻建筑的说明；

（三）拆除施工组织方案；

（四）堆放、清除废弃物的措施。

实施爆破作业的，应当遵守国家有关民用爆炸物品管理的规定。

第三章　勘察、设计、工程监理及其他有关单位的安全责任

第十二条　勘察单位应当按照法律、法规和工程建设强制性标准进行勘察，提供的勘察文件应当真实、准确，满足建设工程安全生产的需要。

勘察单位在勘察作业时，应当严格执行操作规程，采取措施保证各类管线、设施和周边建筑物、构筑物的安全。

第十三条　设计单位应当按照法律、法规和工程建设强制性标准进行设计，防止因设计不合理导致生产安全事故的发生。

设计单位应当考虑施工安全操作和防护的需要，对涉及施工安全的重点部位和环节在设计文件中注明，并对防范生产安全事故提出指导意见。

采用新结构、新材料、新工艺的建设工程和特殊结构的建设工程，设计单位应当在设计中提出保障施工作业人员安全和预防生产安全事故的措施建议。

设计单位和注册建筑师等注册执业人员应当对其设计负责。

第十四条　工程监理单位应当审查施工组织设计中的安全技术措施或者专项施工方案是否符合工程建设强制性标准。

工程监理单位在实施监理过程中，发现存在安全事故隐患的，应当要求施工单位整改；情况严重的，应当要求施工单位暂时停止施工，并及时报告建设单位。施工单位拒不整改或者不停止施工的，工程监理单位应当及时向有关主

管部门报告。

工程监理单位和监理工程师应当按照法律、法规和工程建设强制性标准实施监理，并对建设工程安全生产承担监理责任。

第十五条 为建设工程提供机械设备和配件的单位，应当按照安全施工的要求配备齐全有效的保险、限位等安全设施和装置。

第十六条 出租的机械设备和施工机具及配件，应当具有生产（制造）许可证、产品合格证。

出租单位应当对出租的机械设备和施工机具及配件的安全性能进行检测，在签订租赁协议时，应当出具检测合格证明。

禁止出租检测不合格的机械设备和施工机具及配件。

第十七条 在施工现场安装、拆卸施工起重机械和整体提升脚手架、模板等自升式架设设施，必须由具有相应资质的单位承担。

安装、拆卸施工起重机械和整体提升脚手架、模板等自升式架设设施，应当编制拆装方案、制定安全施工措施，并由专业技术人员现场监督。

施工起重机械和整体提升脚手架、模板等自升式架设设施安装完毕后，安装单位应当自检，出具自检合格证明，并向施工单位进行安全使用说明，办理验收手续并签字。

第十八条 施工起重机械和整体提升脚手架、模板等自升式架设设施的使用达到国家规定的检验检测期限的，必须经具有专业资质的检验检测机构检测。经检测不合格的，不得继续使用。

第十九条 检验检测机构对检测合格的施工起重机械和整体提升脚手架、模板等自升式架设设施，应当出具安全合格证明文件，并对检测结果负责。

第四章　施工单位的安全责任

第二十条 施工单位从事建设工程的新建、扩建、改建和拆除等活动，应当具备国家规定的注册资本、专业技术人员、技术装备和安全生产等条件，依法取得相应等级的资质证书，并在其资质等级许可的范围内承揽工程。

第二十一条 施工单位主要负责人依法对本单位的安全生产工作全面负责。施工单位应当建立健全安全生产责任制度和安全生产教育培训制度，制定安全生产规章制度和操作规程，保证本单位安全生产条件所需资金的投入，对所承担的建设工程进行定期和专项安全检查，并做好安全检查记录。

施工单位的项目负责人应当由取得相应执业资格的人员担任，对建设工程项目的安全施工负责，落实安全生产责任制度、安全生产规章制度和操作规程，确保安全生产费用的有效使用，并根据工程的特点组织制定安全施工措施，消除安全事故隐患，及时、如实报告生产安全事故。

第二十二条　施工单位对列入建设工程概算的安全作业环境及安全施工措施所需费用，应当用于施工安全防护用具及设施的采购和更新、安全施工措施的落实、安全生产条件的改善，不得挪作他用。

第二十三条　施工单位应当设立安全生产管理机构，配备专职安全生产管理人员。

专职安全生产管理人员负责对安全生产进行现场监督检查。发现安全事故隐患，应当及时向项目负责人和安全生产管理机构报告；对违章指挥、违章操作的，应当立即制止。

专职安全生产管理人员的配备办法由国务院建设行政主管部门会同国务院其他有关部门制定。

第二十四条　建设工程实行施工总承包的，由总承包单位对施工现场的安全生产负总责。

总承包单位应当自行完成建设工程主体结构的施工。

总承包单位依法将建设工程分包给其他单位的，分包合同中应当明确各自的安全生产方面的权利、义务。总承包单位和分包单位对分包工程的安全生产承担连带责任。

分包单位应当服从总承包单位的安全生产管理，分包单位不服从管理导致生产安全事故的，由分包单位承担主要责任。

第二十五条　垂直运输机械作业人员、安装拆卸工、爆破作业人员、起重信号工、登高架设作业人员等特种作业人员，必须按照国家有关规定经过专门的安全作业培训，并取得特种作业操作资格证书后，方可上岗作业。

第二十六条　施工单位应当在施工组织设计中编制安全技术措施和施工现场临时用电方案，对下列达到一定规模的危险性较大的分部分项工程编制专项施工方案，并附具安全验算结果，经施工单位技术负责人、总监理工程师签字后实施，由专职安全生产管理人员进行现场监督：

（一）基坑支护与降水工程；

（二）土方开挖工程；

（三）模板工程；

（四）起重吊装工程；

（五）脚手架工程；

（六）拆除、爆破工程；

（七）国务院建设行政主管部门或者其他有关部门规定的其他危险性较大的工程。

对前款所列工程中涉及深基坑、地下暗挖工程、高大模板工程的专项施工方案，施工单位还应当组织专家进行论证、审查。

本条第一款规定的达到一定规模的危险性较大工程的标准，由国务院建设行政主管部门会同国务院其他有关部门制定。

第二十七条 建设工程施工前，施工单位负责项目管理的技术人员应当对有关安全施工的技术要求向施工作业班组、作业人员作出详细说明，并由双方签字确认。

第二十八条 施工单位应当在施工现场入口处、施工起重机械、临时用电设施、脚手架、出入通道口、楼梯口、电梯井口、孔洞口、桥梁口、隧道口、基坑边沿、爆破物及有害危险气体和液体存放处等危险部位，设置明显的安全警示标志。安全警示标志必须符合国家标准。

施工单位应当根据不同施工阶段和周围环境及季节、气候的变化，在施工现场采取相应的安全施工措施。施工现场暂时停止施工的，施工单位应当做好现场防护，所需费用由责任方承担，或者按照合同约定执行。

第二十九条 施工单位应当将施工现场的办公、生活区与作业区分开设置，并保持安全距离；办公、生活区的选址应当符合安全性要求。职工的膳食、饮水、休息场所等应当符合卫生标准。施工单位不得在尚未竣工的建筑物内设置员工集体宿舍。

施工现场临时搭建的建筑物应当符合安全使用要求。施工现场使用的装配式活动房屋应当具有产品合格证。

第三十条 施工单位对因建设工程施工可能造成损害的毗邻建筑物、构筑物和地下管线等，应当采取专项防护措施。

施工单位应当遵守有关环境保护法律、法规的规定，在施工现场采取措施，防止或者减少粉尘、废气、废水、固体废物、噪声、振动和施工照明对人和环境的危害和污染。

在城市市区内的建设工程，施工单位应当对施工现场实行封闭围挡。

第三十一条 施工单位应当在施工现场建立消防安全责任制度，确定消防安全责任人，制定用火、用电、使用易燃易爆材料等各项消防安全管理制度和操作规程，设置消防通道、消防水源，配备消防设施和灭火器材，并在施工现场入口处设置明显标志。

第三十二条　施工单位应当向作业人员提供安全防护用具和安全防护服装，并书面告知危险岗位的操作规程和违章操作的危害。

作业人员有权对施工现场的作业条件、作业程序和作业方式中存在的安全问题提出批评、检举和控告，有权拒绝违章指挥和强令冒险作业。

在施工中发生危及人身安全的紧急情况时，作业人员有权立即停止作业或者在采取必要的应急措施后撤离危险区域。

第三十三条　作业人员应当遵守安全施工的强制性标准、规章制度和操作规程，正确使用安全防护用具、机械设备等。

第三十四条　施工单位采购、租赁的安全防护用具、机械设备、施工机具及配件，应当具有生产（制造）许可证、产品合格证，并在进入施工现场前进行查验。

施工现场的安全防护用具、机械设备、施工机具及配件必须由专人管理，定期进行检查、维修和保养，建立相应的资料档案，并按照国家有关规定及时报废。

第三十五条　施工单位在使用施工起重机械和整体提升脚手架、模板等自升式架设设施前，应当组织有关单位进行验收，也可以委托具有相应资质的检验检测机构进行验收；使用承租的机械设备和施工机具及配件的，由施工总承包单位、分包单位、出租单位和安装单位共同进行验收。验收合格的方可使用。

《特种设备安全监察条例》规定的施工起重机械，在验收前应当经有相应资质的检验检测机构监督检验合格。

施工单位应当自施工起重机械和整体提升脚手架、模板等自升式架设设施验收合格之日起30日内，向建设行政主管部门或者其他有关部门登记。登记标志应当置于或者附着于该设备的显著位置。

第三十六条　施工单位的主要负责人、项目负责人、专职安全生产管理人员应当经建设行政主管部门或者其他有关部门考核合格后方可任职。

施工单位应当对管理人员和作业人员每年至少进行一次安全生产教育培训，其教育培训情况记入个人工作档案。安全生产教育培训考核不合格的人员，不得上岗。

第三十七条　作业人员进入新的岗位或者新的施工现场前，应当接受安全生产教育培训。未经教育培训或者教育培训考核不合格的人员，不得上岗作业。

施工单位在采用新技术、新工艺、新设备、新材料时，应当对作业人员进行相应的安全生产教育培训。

第三十八条　施工单位应当为施工现场从事危险作业的人员办理意外伤害

保险。

意外伤害保险费由施工单位支付。实行施工总承包的，由总承包单位支付意外伤害保险费。意外伤害保险期限自建设工程开工之日起至竣工验收合格止。

第五章 监督管理

第三十九条 国务院负责安全生产监督管理的部门依照《中华人民共和国安全生产法》的规定，对全国建设工程安全生产工作实施综合监督管理。

县级以上地方人民政府负责安全生产监督管理的部门依照《中华人民共和国安全生产法》的规定，对本行政区域内建设工程安全生产工作实施综合监督管理。

第四十条 国务院建设行政主管部门对全国的建设工程安全生产实施监督管理。国务院铁路、交通、水利等有关部门按照国务院规定的职责分工，负责有关专业建设工程安全生产的监督管理。

县级以上地方人民政府建设行政主管部门对本行政区域内的建设工程安全生产实施监督管理。县级以上地方人民政府交通、水利等有关部门在各自的职责范围内，负责本行政区域内的专业建设工程安全生产的监督管理。

第四十一条 建设行政主管部门和其他有关部门应当将本条例第十条、第十一条规定的有关资料的主要内容抄送同级负责安全生产监督管理的部门。

第四十二条 建设行政主管部门在审核发放施工许可证时，应当对建设工程是否有安全施工措施进行审查，对没有安全施工措施的，不得颁发施工许可证。

建设行政主管部门或者其他有关部门对建设工程是否有安全施工措施进行审查时，不得收取费用。

第四十三条 县级以上人民政府负有建设工程安全生产监督管理职责的部门在各自的职责范围内履行安全监督检查职责时，有权采取下列措施：

（一）要求被检查单位提供有关建设工程安全生产的文件和资料；

（二）进入被检查单位施工现场进行检查；

（三）纠正施工中违反安全生产要求的行为；

（四）对检查中发现的安全事故隐患，责令立即排除；重大安全事故隐患排除前或者排除过程中无法保证安全的，责令从危险区域内撤出作业人员或者暂时停止施工。

第四十四条 建设行政主管部门或者其他有关部门可以将施工现场的监督

检查委托给建设工程安全监督机构具体实施。

第四十五条　国家对严重危及施工安全的工艺、设备、材料实行淘汰制度。具体目录由国务院建设行政主管部门会同国务院其他有关部门制定并公布。

第四十六条　县级以上人民政府建设行政主管部门和其他有关部门应当及时受理对建设工程生产安全事故及安全事故隐患的检举、控告和投诉。

第六章　生产安全事故的应急救援和调查处理

第四十七条　县级以上地方人民政府建设行政主管部门应当根据本级人民政府的要求，制定本行政区域内建设工程特大生产安全事故应急救援预案。

第四十八条　施工单位应当制定本单位生产安全事故应急救援预案，建立应急救援组织或者配备应急救援人员，配备必要的应急救援器材、设备，并定期组织演练。

第四十九条　施工单位应当根据建设工程施工的特点、范围，对施工现场易发生重大事故的部位、环节进行监控，制定施工现场生产安全事故应急救援预案。实行施工总承包的，由总承包单位统一组织编制建设工程生产安全事故应急救援预案，工程总承包单位和分包单位按照应急救援预案，各自建立应急救援组织或者配备应急救援人员，配备救援器材、设备，并定期组织演练。

第五十条　施工单位发生生产安全事故，应当按照国家有关伤亡事故报告和调查处理的规定，及时、如实地向负责安全生产监督管理的部门、建设行政主管部门或者其他有关部门报告；特种设备发生事故的，还应当同时向特种设备安全监督管理部门报告。接到报告的部门应当按照国家有关规定，如实上报。

实行施工总承包的建设工程，由总承包单位负责上报事故。

第五十一条　发生生产安全事故后，施工单位应当采取措施防止事故扩大，保护事故现场。需要移动现场物品时，应当做出标记和书面记录，妥善保管有关证物。

第五十二条　建设工程生产安全事故的调查、对事故责任单位和责任人的处罚与处理，按照有关法律、法规的规定执行。

第七章　法律责任

第五十三条　违反本条例的规定，县级以上人民政府建设行政主管部门或者其他有关行政管理部门的工作人员，有下列行为之一的，给予降级或者撤职的行政处分；构成犯罪的，依照刑法有关规定追究刑事责任：

（一）对不具备安全生产条件的施工单位颁发资质证书的；

（二）对没有安全施工措施的建设工程颁发施工许可证的；

（三）发现违法行为不予查处的；

（四）不依法履行监督管理职责的其他行为。

第五十四条 违反本条例的规定，建设单位未提供建设工程安全生产作业环境及安全施工措施所需费用的，责令限期改正；逾期未改正的，责令该建设工程停止施工。

建设单位未将保证安全施工的措施或者拆除工程的有关资料报送有关部门备案的，责令限期改正，给予警告。

第五十五条 违反本条例的规定，建设单位有下列行为之一的，责令限期改正，处20万元以上50万元以下的罚款；造成重大安全事故，构成犯罪的，对直接责任人员，依照刑法有关规定追究刑事责任；造成损失的，依法承担赔偿责任：

（一）对勘察、设计、施工、工程监理等单位提出不符合安全生产法律、法规和强制性标准规定的要求的；

（二）要求施工单位压缩合同约定的工期的；

（三）将拆除工程发包给不具有相应资质等级的施工单位的。

第五十六条 违反本条例的规定，勘察单位、设计单位有下列行为之一的，责令限期改正，处10万元以上30万元以下的罚款；情节严重的，责令停业整顿，降低资质等级，直至吊销资质证书；造成重大安全事故，构成犯罪的，对直接责任人员，依照刑法有关规定追究刑事责任；造成损失的，依法承担赔偿责任：

（一）未按照法律、法规和工程建设强制性标准进行勘察、设计的；

（二）采用新结构、新材料、新工艺的建设工程和特殊结构的建设工程，设计单位未在设计中提出保障施工作业人员安全和预防生产安全事故的措施建议的。

第五十七条 违反本条例的规定，工程监理单位有下列行为之一的，责令限期改正；逾期未改正的，责令停业整顿，并处10万元以上30万元以下的罚款；情节严重的，降低资质等级，直至吊销资质证书；造成重大安全事故，构成犯罪的，对直接责任人员，依照刑法有关规定追究刑事责任；造成损失的，依法承担赔偿责任：

（一）未对施工组织设计中的安全技术措施或者专项施工方案进行审查的；

（二）发现安全事故隐患未及时要求施工单位整改或者暂时停止施工的；

（三）施工单位拒不整改或者不停止施工，未及时向有关主管部门报告的；

（四）未依照法律、法规和工程建设强制性标准实施监理的。

第五十八条　注册执业人员未执行法律、法规和工程建设强制性标准的，责令停止执业3个月以上1年以下；情节严重的，吊销执业资格证书，5年内不予注册；造成重大安全事故的，终身不予注册；构成犯罪的，依照刑法有关规定追究刑事责任。

第五十九条　违反本条例的规定，为建设工程提供机械设备和配件的单位，未按照安全施工的要求配备齐全有效的保险、限位等安全设施和装置的，责令限期改正，处合同价款1倍以上3倍以下的罚款；造成损失的，依法承担赔偿责任。

第六十条　违反本条例的规定，出租单位出租未经安全性能检测或者经检测不合格的机械设备和施工机具及配件的，责令停业整顿，并处5万元以上10万元以下的罚款；造成损失的，依法承担赔偿责任。

第六十一条　违反本条例的规定，施工起重机械和整体提升脚手架、模板等自升式架设设施安装、拆卸单位有下列行为之一的，责令限期改正，处5万元以上10万元以下的罚款；情节严重的，责令停业整顿，降低资质等级，直至吊销资质证书；造成损失的，依法承担赔偿责任：

（一）未编制拆装方案、制定安全施工措施的；

（二）未由专业技术人员现场监督的；

（三）未出具自检合格证明或者出具虚假证明的；

（四）未向施工单位进行安全使用说明，办理移交手续的。

施工起重机械和整体提升脚手架、模板等自升式架设设施安装、拆卸单位有前款规定的第（一）项、第（三）项行为，经有关部门或者单位职工提出后，对事故隐患仍不采取措施，因而发生重大伤亡事故或者造成其他严重后果，构成犯罪的，对直接责任人员，依照刑法有关规定追究刑事责任。

第六十二条　违反本条例的规定，施工单位有下列行为之一的，责令限期改正；逾期未改正的，责令停业整顿，依照《中华人民共和国安全生产法》的有关规定处以罚款；造成重大安全事故，构成犯罪的，对直接责任人员，依照刑法有关规定追究刑事责任：

（一）未设立安全生产管理机构、配备专职安全生产管理人员或者分部分项工程施工时无专职安全生产管理人员现场监督的；

（二）施工单位的主要负责人、项目负责人、专职安全生产管理人员、作业人员或者特种作业人员，未经安全教育培训或者经考核不合格即从事相关工作的；

（三）未在施工现场的危险部位设置明显的安全警示标志，或者未按照国家有关规定在施工现场设置消防通道、消防水源、配备消防设施和灭火器材的；

（四）未向作业人员提供安全防护用具和安全防护服装的；

（五）未按照规定在施工起重机械和整体提升脚手架、模板等自升式架设设施验收合格后登记的；

（六）使用国家明令淘汰、禁止使用的危及施工安全的工艺、设备、材料的。

第六十三条 违反本条例的规定，施工单位挪用列入建设工程概算的安全生产作业环境及安全施工措施所需费用的，责令限期改正，处挪用费用20%以上50%以下的罚款；造成损失的，依法承担赔偿责任。

第六十四条 违反本条例的规定，施工单位有下列行为之一的，责令限期改正；逾期未改正的，责令停业整顿，并处5万元以上10万元以下的罚款；造成重大安全事故，构成犯罪的，对直接责任人员，依照刑法有关规定追究刑事责任：

（一）施工前未对有关安全施工的技术要求作出详细说明的；

（二）未根据不同施工阶段和周围环境及季节、气候的变化，在施工现场采取相应的安全施工措施，或者在城市市区内的建设工程的施工现场未实行封闭围挡的；

（三）在尚未竣工的建筑物内设置员工集体宿舍的；

（四）施工现场临时搭建的建筑物不符合安全使用要求的；

（五）未对因建设工程施工可能造成损害的毗邻建筑物、构筑物和地下管线等采取专项防护措施的。

施工单位有前款规定第（四）项、第（五）项行为，造成损失的，依法承担赔偿责任。

第六十五条 违反本条例的规定，施工单位有下列行为之一的，责令限期改正；逾期未改正的，责令停业整顿，并处10万元以上30万元以下的罚款；情节严重的，降低资质等级，直至吊销资质证书；造成重大安全事故，构成犯罪的，对直接责任人员，依照刑法有关规定追究刑事责任；造成损失的，依法承担赔偿责任：

（一）安全防护用具、机械设备、施工机具及配件在进入施工现场前未经查验或者查验不合格即投入使用的；

（二）使用未经验收或者验收不合格的施工起重机械和整体提升脚手架、模板等自升式架设设施的；

（三）委托不具有相应资质的单位承担施工现场安装、拆卸施工起重机械和整体提升脚手架、模板等自升式架设设施的；

（四）在施工组织设计中未编制安全技术措施、施工现场临时用电方案或者专项施工方案的。

第六十六条　违反本条例的规定，施工单位的主要负责人、项目负责人未履行安全生产管理职责的，责令限期改正；逾期未改正的，责令施工单位停业整顿；造成重大安全事故、重大伤亡事故或者其他严重后果，构成犯罪的，依照刑法有关规定追究刑事责任。

作业人员不服管理、违反规章制度和操作规程冒险作业造成重大伤亡事故或者其他严重后果，构成犯罪的，依照刑法有关规定追究刑事责任。

施工单位的主要负责人、项目负责人有前款违法行为，尚不够刑事处罚的，处 2 万元以上 20 万元以下的罚款或者按照管理权限给予撤职处分；自刑罚执行完毕或者受处分之日起，5 年内不得担任任何施工单位的主要负责人、项目负责人。

第六十七条　施工单位取得资质证书后，降低安全生产条件的，责令限期改正；经整改仍未达到与其资质等级相适应的安全生产条件的，责令停业整顿，降低其资质等级直至吊销资质证书。

第六十八条　本条例规定的行政处罚，由建设行政主管部门或者其他有关部门依照法定职权决定。

违反消防安全管理规定的行为，由公安消防机构依法处罚。

有关法律、行政法规对建设工程安全生产违法行为的行政处罚决定机关另有规定的，从其规定。

第八章　附　　则

第六十九条　抢险救灾和农民自建低层住宅的安全生产管理，不适用本条例。

第七十条　军事建设工程的安全生产管理，按照中央军事委员会的有关规定执行。

第七十一条　本条例自 2004 年 2 月 1 日起施行。

附：刑法有关条文

第一百三十四条 工厂、矿山、林场、建筑企业或者其他企业、事业单位的职工，由于不服管理、违反规章制度，或者强令工人违章冒险作业，因而发生重大伤亡事故或者造成其他严重后果的，处三年以下有期徒刑或者拘役；情节特别恶劣的，处三年以上七年以下有期徒刑。

第一百三十五条 工厂、矿山、林场、建筑企业或者其他企业、事业单位的劳动安全设施不符合国家规定，经有关部门或者单位职工提出后，对事故隐患仍不采取措施，因而发生重大伤亡事故或者造成其他严重后果的，对直接责任人员，处三年以下有期徒刑或者拘役；情节特别恶劣的，处三年以上七年以下有期徒刑。

第一百三十七条 建设单位、设计单位、施工单位、工程监理单位违反国家规定，降低工程质量标准，造成重大安全事故的，对直接责任人员，处五年以下有期徒刑或者拘役，并处罚金；后果特别严重的，处五年以上十年以下有期徒刑，并处罚金。

第三百九十七条 国家机关工作人员滥用职权或者玩忽职守，致使公共财产、国家和人民利益遭受重大损失的，处三年以下有期徒刑或者拘役；情节特别严重的，处三年以上七年以下有期徒刑。本法另有规定的，依照规定。

国家机关工作人员徇私舞弊，犯前款罪的，处五年以下有期徒刑或者拘役；情节特别严重的，处五年以上十年以下有期徒刑。本法另有规定的，依照规定。

部门规章

工程建设国家标准管理办法

（1992年12月30日建设部令第24号发布）

第一章　总　　则

第一条　为了加强工程建设国家标准的管理，促进技术进步，保证工程质量，保障人体健康和人身、财产安全，根据《中华人民共和国标准化法》、《中华人民共和国标准化法实施条例》和国家有关工程建设的法律、行政法规，制定本办法。

第二条　对需要在全国范围内统一的下列技术要求，应当制定国家标准：

（一）工程建设勘察、规划、设计、施工（包括安装）及验收等通用的质量要求；

（二）工程建设通用的有关安全、卫生和环境保护的技术要求；

（三）工程建设通用的术语、符号、代号、量与单位、建筑模数和制图方法；

（四）工程建设通用的试验、检验和评定等方法；

（五）工程建设通用的信息技术要求；

（六）国家需要控制的其他工程建设通用的技术要求。

法律另有规定的，依照法律的规定执行。

第三条　国家标准分为强制性标准和推荐性标准。

下列标准属于强制性标准：

（一）工程建设勘察、规划、设计、施工（包括安装）及验收等通用的综合标准和重要的通用的质量标准；

（二）工程建设通用的有关安全、卫生和环境保护的标准；

（三）工程建设重要的通用的术语、符号、代号、量与单位、建筑模数和制图方法标准；

（四）工程建设重要的通用的试验、检验和评定方法等标准；

（五）工程建设重要的通用的信息技术标准；

（六）国家需要控制的其他工程建设通用的标准。

强制性标准以外的标准是推荐性标准。

第二章 国家标准的计划

第四条 国家标准的计划分为五年计划和年度计划。

五年计划是编制年度计划的依据；年度计划是确定工作任务和组织编制标准的依据。

第五条 编制国家标准的计划，应当遵循下列原则：

（一）在国民经济发展的总目标和总方针的指导下进行，体现国家的技术、经济政策；

（二）适应工程建设和科学技术发展的需要；

（三）在充分做好调查研究和认真总结经验的基础上，根据工程建设标准体系表的要求，综合考虑相关标准之间的构成和协调配套；

（四）从实际出发，保证重点，统筹兼顾，根据需要和可能，分别轻重缓急，做好计划的综合平衡。

第六条 五年计划由计划编制纲要和计划项目两部分组成。其内容应当符合下列要求：

（一）计划编制纲要包括计划编制的依据、指导思想、预期目标、工作重点和实施计划的主要措施等；

（二）计划项目的内容包括标准名称、制订或修订、适用范围及其主要技术内容、主编部门、主编单位和起始年限等。

第七条 列入五年计划的国家标准制订项目应当落实主编单位。主编单位应当具备下列条件：

（一）承担过与该国家标准项目相应的工程建设勘察、规划、设计、施工或科研任务的企业、事业单位；

（二）具有较丰富的工程建设经验、较高的技术水平和组织管理水平，能组织解决国家标准编制中的重大技术问题。

第八条 列入五年计划的国家标准修订项目，其主编单位一般由原国家标准的管理单位承担。

第九条 五年计划的编制工作应当按下列程序进行：

（一）国务院工程建设行政主管部门根据国家编制国民经济和社会发展五年计划的原则和要求，统一部署编制国家标准五年计划的任务；

（二）国务院有关行政主管部门和省、自治区、直辖市工程建设行政主管部门，根据国务院工程建设行政主管部门统一部署的要求，提出五年计划建议草案，报国务院工程建设行政主管部门；

（三）国务院工程建设行政主管部门对五年计划建议草案进行汇总，在与各有关方面充分协商的基础上进行综合平衡，并提出五年计划草案，报国务院计划行政主管部门批准下达。

第十条　年度计划由计划编制的简要说明和计划项目两部分组成。计划项目的内容包括标准名称、制订或修订、适用范围及其主要技术内容、主编部门和主编单位、参加单位、起止年限、进度要求等。

第十一条　年度计划应当在五年计划的基础上进行编制。国家标准项目在列入年度计划之前由主编单位做好年度计划的前期工作，并提出前期工作报告。前期工作报告应当包括：国家标准项目名称、目的和作用、技术条件和成熟程度、与各类现行标准的关系、预期的经济效益和社会效益、建议参编单位和起止年限。

第十二条　列入年度计划的国家标准项目，应当具备下列条件：

（一）有年度计划的前期工作报告；

（二）有生产和建设的实践经验；

（三）相应的科研成果经过鉴定和验证，具备推广应用的条件；

（四）不与相关的国家标准重复或矛盾；

（五）参编单位已落实。

第十三条　年度计划的编制工作应当按下列程序进行：

（一）国务院有关行政主管部门和省、自治区、直辖市工程建设行政主管部门，应当根据五年计划的要求，分期分批地安排各国有标准项目的主编单位进行年度计划的前期工作。由主编单位提出的前期工作报告和年度计划项目表，报主管部门审查；

（二）国务院有关行政主管部门和省、自治区、直辖市工程建设行政主管部门，根据国务院工程建设行政主管部门当年的统一部署，做好所承担年度计划项目的落实工作并在规定期限前报国务院工程建设行政主管部门；

（三）国务院工程建设行政主管部门根据各主管部门提出的计划项目，经综合平衡后，编制工程建设国家标准的年度计划草案，在规定期限前报国务院计划行政主管部门批准下达。

第十四条　列入年度计划国家标准项目的主编单位应当按计划要求组织实施。在计划执行中遇有特殊情况，不能按原计划实施时，应当向主管部门提交申请变更计划的报告。各主管部门可根据实际情况提出调整计划的建议，经国务院工程建设行政主管部门批准后，按调整的计划组织实施。

第十五条 国务院各有关行政主管部门和省、自治区、直辖市工程建设行政主管部门对主管的国家标准项目计划执行情况负有监督和检查的责任，并负责协调解决计划执行中的重大问题。各主编单位在每年年底前将本年度计划执行情况和下年度的工作安排报行政主管部门，并报国务院工程建设行政主管部门备案。

第三章 国家标准的制订

第十六条 制订国家标准必须贯彻执行国家的有关法律、法规和方针、政策，密切结合自然条件，合理利用资源，充分考虑使用和维修的要求，做到安全适用、技术先进、经济合理。

第十七条 制订国家标准，对需要进行科学试验或测试验证的项目，应当纳入各级主管部门的科研计划，认真组织实施，写出成果报告。凡经过行政主管部门或受委托单位鉴定，技术上成熟，经济上合理的项目应当纳入标准。

第十八条 制订国家标准应当积极采用新技术、新工艺、新设备、新材料。纳入标准的新技术、新工艺、新设备、新材料，应当经有关主管部门或受委托单位鉴定，有完整的技术文件，且经实践检验行之有效。

第十九条 制订国家标准要积极采用国际标准和国外先进标准，凡经过认真分析论证或测试验证，并且符合我国国情的，应当纳入国家标准。

第二十条 制订国家标准，其条文规定应当严谨明确，文句简练，不得模棱两可；其内容深度、术语、符号、计量单位等应当前后一致，不得矛盾。

第二十一条 制订国家标准必须做好与现行相关标准之间的协调工作。对需要与现行工程建设国家标准协调的，应当遵守现行工程建设国家标准的规定；确有充分依据对其内容进行更改的，必须经过国务院工程建设行政主管部门审批，方可另行规定。凡属于产品标准方面的内容，不得在工程建设国家标准中加以规定。

第二十二条 制订国家标准必须充分发扬民主。对国家标准中有关政策性问题，应当认真研究、充分讨论、统一认识；对有争论的技术性问题，应当在调查研究、试验验证或专题讨论的基础上，经过充分协商，恰如其分地作出结论。

第二十三条 制订国家标准的工作程序按准备、征求意见、送审和报批四个阶段进行。

第二十四条　准备阶段的工作应当符合下列要求：

（一）主编单位根据年度计划的要求，进行编制国家标准的筹备工作。落实国家标准编制组成员，草拟制订国家标准的工作大纲。工作大纲包括国家标准的主要章节内容、需要调查研究的主要问题、必要的测试验证项目、工作进度计划及编制组成员分工等内容。

（二）主编单位筹备工作完成后，由主编部门或由主编部门委托主编单位主持召开编制组第一次工作会议。其内容包括：宣布编制组成员、学习工程建设标准化工作的有关文件、讨论通过工作大纲和会议纪要。会议纪要印发国家标准的参编部门和单位，并报国务院工程建设行政主管部门备案。

第二十五条　征求意见阶段的工作应当符合下列要求：

（一）编制组根据制订国家标准的工作大纲开展调查研究工作。调查对象应当具有代表性和典型性。调查研究工作结束后，应当及时提出调查研究报告，并将整理好的原始调查记录和收集到的国内外有关资料由编制组统一归档。

（二）测试验证工作在编制组统一计划下进行，落实负责单位、制订测试验证工作大纲、确定统一的测试验证方法等。测试验证结果，应当由项目的负责单位组织有关专家进行鉴定。鉴定成果及有关的原始资料由编制组统一归档。

（三）编制组对国家标准中的重大问题或有分歧的问题，应当根据需要召开专题会议。专题会议邀请有代表性和有经验的专家参加，并应当形成会议纪要。会议纪要及会议记录等由编制组统一归档。

（四）编制组在做好上述各项工作的基础上，编写标准征求意见稿及其条文说明。主编单位对标准征求意见稿及其条文说明的内容全面负责。

（五）主编部门对主编单位提出的征求意见稿及其条文说明根据本办法制订标准的原则进行审核。审核的主要内容：国家标准的适用范围与技术内容协调一致；技术内容体现国家的技术经济政策；准确反映生产、建设的实践经验；标准的技术数据和参数有可靠的依据，并与相关标准相协调；对有分歧和争论的问题，编制组内取得一致意见；国家标准的编写符合工程建设国家标准编写的统一规定。

（六）征求意见稿及其条文说明应当由主编单位印发国务院有关行政主管部门、各有关省、自治区、直辖市工程建设行政主管部门和各单位征求意见。征求意见的期限一般为两个月。必要时，对其中的重要问题，可以采取走访或召开专题会议的形式征求意见。

第二十六条　送审阶段的工作应当符合下列要求：

（一）编制组将征求意见阶段收集到的意见，逐条归纳整理，在分析研究的基础上提出处理意见，形成国家标准送审稿及其条文说明。对其中有争议的重大问题可以视具体情况进行补充的调查研究、测试验证或召开专题会议，提出处理意见。

（二）当国家标准需要进行全面的综合技术经济比较时，编制组要按国家标准送审稿组织试设计或施工试用。试设计或施工试用应当选择有代表性的工程进行。试设计或施工试用结束后应当提出报告。

（三）国家标准送审的文件一般应当包括：国家标准送审稿及其条文说明、送审报告、主要问题的专题报告、试设计或施工试用报告等。送审报告的内容主要包括：制订标准任务的来源、制订标准过程中所作的主要工作、标准中重点内容确定的依据及其成熟程度、与国外相关标准水平的对比、标准实施后的经济效益和社会效益以及对标准的初步总评价、标准中尚存在的主要问题和今后需要进行的主要工作等。

（四）国家标准送审文件应当在开会之前一个半月发至各主管部门和有关单位。

（五）国家标准送审稿的审查，一般采取召开审查会议的形式。经国务院工程建设行政主管部门同意后，也可以采取函审和小型审定会议的形式。

（六）审查会议应由主编部门主持召开。参加会议的代表应包括国务院有关行政主管部门的代表、有经验的专家代表、相关的国家标准编制组或管理组的代表。

审查会议可以成立会议领导小组，负责研究解决会议中提出的重大问题。会议由代表和编制组成员共同对标准送审稿进行审查，对其中重要的或有争议的问题应当进行充分讲座和协商，集中代表的正确意见；对有争议并不能取得一致意见的问题，应当提出倾向性审查意见。

审查会议应当形成会议纪要。其内容一般包括：审查会议概况、标准送审稿中的重点内容及分歧较大问题的审查意见、对标准送审稿的评价、会议代表和领导小组成员名单等。

（七）采取函审和小型审定会议对标准送审稿进行审查时，由主编部门印发通知。参加函审的单位和专家，应经国务院工程建设行政主管部门审查同意。主编部门在函审的基础上主持召开小型审定会议，对标准中的重大问题和有分歧的问题提出审查意见，形成会议纪要，印发各有关部门和单位并报国务院工程建设行政主管部门。

第二十七条 报批阶段的工作应当符合下列要求：

（一）编制组根据审查会议或函审和小型审定会议的审查意见，修改标准送审稿及其条文说明，形成标准报批稿及其条文说明。标准的报批文件经主编单位审查后报主编部门。报批文件一般包括标准报批稿及其条文说明、报批报告、审查或审定会议纪要、主要问题的专题报告、试设计或施工试用报告等。

（二）主编部门应当对标准报批文件进行全面审查，并会同国务院工程建设行政主管部门共同对标准报批稿进行审核。主编部门将共同确认的标准报批文件一式三份报国务院工程建设行政主管部门审批。

第四章 国家标准的审批、发布

第二十八条 国家标准由国务院工程建设行政主管部门审查批准，由国务院标准化行政主管部门统一编号，由国务院标准化行政主管部门和国务院工程建设行政主管部门联合发布。

第二十九条 国家标准的编号由国家标准代号、发布标准的顺序号和发布标准的年号组成，并应当符合下列统一格式：

（一）强制性国家标准的编号为：

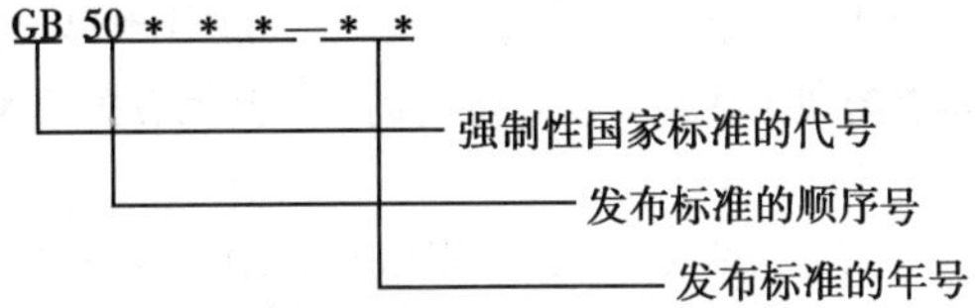

（二）推荐性国家标准的编号：

第三十条 国家标准的出版由国务院工程建设行政主管部门负责组织。国家标准的出版印刷应当符合工程建设标准出版印刷的统一要求。

第三十一条 国家标准属于科技成果。对技术水平高、取得显著经济效益或社会效益的国家标准，应当纳入各级科学技术进步奖励范围，予以奖励。

第五章 国家标准的复审与修订

第三十二条 国家标准实施后，应当根据科学技术的发展和工程建设的需要，由该国家标准的管理部门适时组织有关单位进行复审。复审一般在国家标准实施后五年进行一次。

第三十三条 国家标准复审的具体工作由国家标准管理单位负责。复审可以采取函审或会议审查，一般由参加过该标准编制或审查的单位或个人参加。

第三十四条 国家标准复审后，标准管理单位应当提出其继续有效或者予以修订、废止的意见，经该国家标准的主管部门确认后报国务院工程建设行政主管部门批准。

第三十五条 对确认继续有效的国家标准，当再版或汇编时，应在其封面或扉页上的标准编号下方增加“＊＊＊＊年＊月确认继续有效”。对确认继续有效或予以废止的国家标准，由国务院工程建设行政主管部门在指定的报刊上公布。

第三十六条 对需要全面修订的国家标准，由其管理单位做好前期工作。国家标准修订的准备阶段工作应在管理阶段进行，其他有关的要求应当符合制订国家标准的有关规定。

第三十七条 凡属下列情况之一的国家标准应当进行局部修订：

（一）国家标准的部分规定已制约了科学技术新成果的推广应用；

（二）国家标准的部分规定经修订后可取得明显的经济效益、社会效益、环境效益；

（三）国家标准的部分规定有明显缺陷或与相关的国家标准相抵触；

（四）需要对现行的国家标准做局部补充规定。

第三十八条 国家标准局部修订的计划和编制程序，应当符合工程建设技术标准局部修订的统一规定。

第六章 国家标准的日常管理

第三十九条 国家标准发布后，由其管理单位组建国家标准管理组，负责国家标准的日常管理工作。

第四十条 国家标准管理组设专职或兼职若干人。其人员组成，经国家标准管理单位报该国家标准管理部门审定后报国务院工程建设行政主管部门备案。

第四十一条　国家标准日常管理的主要任务是：

（一）根据主管部门的授权负责国家标准的解释；

（二）对国家标准中遗留的问题，负责组织调查研究、必要的测试验证和重点科研工作；

（三）负责国家标准的宣传贯彻工作；

（四）调查了解国家标准的实施情况，收集和研究国内外有关标准、技术信息资料和实践经验，参加相应的国际标准化活动；

（五）参与有关工程建设质量事故的调查和咨询；

（六）负责开展标准的研究和学术交流活动；

（七）负责国家标准的复审、局部修订和技术档案工作。

第四十二条　国家标准管理人员在该国家标准管理部门和管理单位的领导下工作。管理单位应当加强对其的领导，进行经常性的督促检查，定期研究和解决国家标准日常管理工作中的问题。

第七章　附　　则

第四十三条　推荐性国家标准可由国务院工程建设行政主管部门委托中国工程建设标准化协会等单位编制计划、组织制订。

第四十四条　本办法由国务院工程建设行政主管部门负责解释。

第四十五条　本办法自发布之日起施行。

工程建设行业标准管理办法

（1992年12月30日建设部令第25号发布）

第一条　为加强工程建设行业标准的管理，根据《中华人民共和国标准化法》、《中华人民共和国标准化法实施条例》和国家有关工程建设的法律、行政法规，制定本办法。

第二条　对没有国家标准而需要在全国某个行业范围内统一的下列技术要求，可以制定行业标准：

（一）工程建设勘察、规划、设计、施工（包括安装）及验收等行业专用的质量要求；

（二）工程建设行业专用的有关安全、卫生和环境保护的技术要求；

（三）工程建设行业专用的术语、符号、代号、量与单位和制图方法；

（四）工程建设行业专用的试验、检验和评定等方法；

（五）工程建设行业专用的信息技术要求；

（六）其他工程建设行业专用的技术要求。

第三条 行业标准分为强制性标准和推荐性标准。

下列标准属于强制性标准：

（一）工程建设勘察、规划、设计、施工（包括安装）及验收等行业专用的综合性标准和重要的行业专用的质量标准；

（二）工程建设行业专用的有关安全、卫生和环境保护的标准；

（三）工程建设重要的行业专用的术语、符号、代号、量与单位和制图方法标准；

（四）工程建设重要的行业专用的试验、检验和评定方法等标准；

（五）工程建设重要的行业专用的信息技术标准；

（六）行业需要控制的其他工程建设标准。

强制性标准以外的标准是推荐性标准。

第四条 国务院有关行政主管部门根据《中华人民共和国标准化法》和国务院工程建设行政主管部门确定的行业标准管理范围，履行行业标准的管理职责。

第五条 行业标准的计划根据国务院工程建设行政主管部门的统一部署，由国务院有关行政主管部门组织编制和下达，并报国务院工程建设行政主管部门备案。

与两个以上国务院行政主管部门有关的行业标准，其主编部门由相关的行政主管部门协商确定或由国务院工程建设行政主管部门协调确定，其计划由被确定的主编部门下达。

第六条 行业标准不得与国家标准相抵触。有关行业标准之间应当协调、统一，避免重复。

第七条 制定、修订行业标准的工作程序，可以按准备、征求意见、送审和报批四个阶段进行。

第八条 行业标准的编写应当符合工程建设标准编写的统一规定。

第九条 行业标准由国务院有关行政主管部门审批、编号和发布。

其中，两个以上部门共同制定的行业标准，由有关的行政主管部门联合审批、发布，并由其主编部门负责编号。

第十条　行业标准的某些规定与国家标准不一致时，必须有充分的科学依据和理由，并经国家标准的审批部门批准。

行业标准在相应的国家标准实施后，应当及时修订或废止。

第十一条　行业标准实施后，该标准的批准部门应当根据科学技术的发展和工程建设的实际需要适时进行复审，确认其继续有效或予以修订、废止。一般五年复审一次，复审结果报国务院工程建设行政主管部门备案。

第十二条　行业标准的编号由行业标准的代号、标准发布的顺序号和批准标准的年号组成，并应当符合下列统一格式：

（一）强制性行业标准的编号：

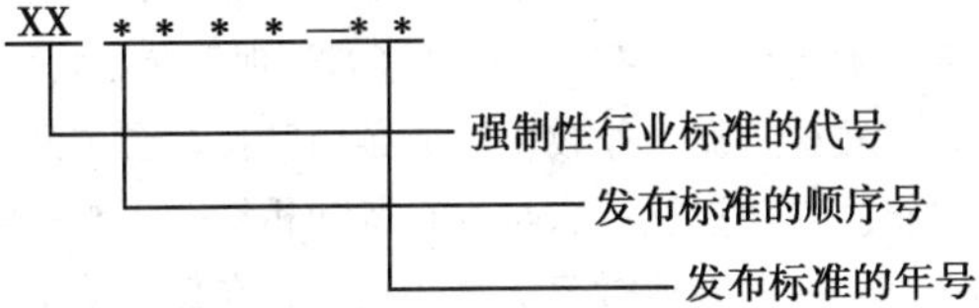

（二）推荐性行业标准的编号：

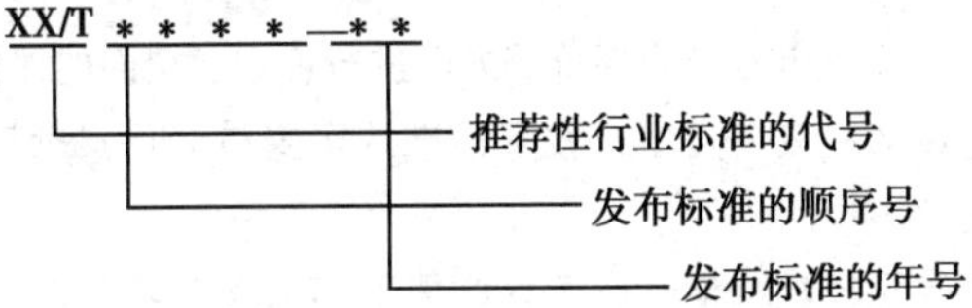

第十三条　行业标准发布后，应当报国务院工程建设行政主管部门备案。

第十四条　行业标准由标准的批准部门负责组织出版，并应当符合工程建设标准出版印刷的统一规定。

第十五条　行业标准属于科技成果。对技术水平高，取得显著经济效益、社会效益和环境效益的行业标准，应当纳入各级科学技术进步奖励范围，并予以奖励。

第十六条　国务院有关行政主管部门可以根据《中华人民共和国标准化法》、《中华人民共和国标准化法实施条例》和本办法制定本行业的工程建设行业标准管理细则。

第十七条　本办法由国务院工程建设行政主管部门负责解释。

第十八条　本办法自发布之日起实施。原《工程建设专业标准规范管理暂行办法》同时废止。

高等学校建筑类专业教育评估暂行规定

（1994年4月5日建设部令第35号发布）

第一条 为客观地、科学地评价我国高等学校建筑类专业的办学水平，保证和不断提高建筑类专业教育的质量，加强普通高等学校建筑类专业的教育评估工作，适应国际间相互承认学历的需要，根据《普通高等学校教育评估暂行规定》，制定本规定。

第二条 本规定适用于建筑学、城市规划、建筑工程、给水排水工程、供热通风与空调工程、城市燃气工程、房地产经营管理等专业教育的评估工作。

第三条 高等学校建筑类专业教育评估必须坚持社会主义办学方向，认真贯彻教育必须为社会主义建设服务、与生产劳动相结合、德智体全面发展的方针；坚持与国际公认的有关专业教育标准相衔接，在保证质量的基础上，办出各校的特色；坚持社会对学校教育的参与和监督。

第四条 高等学校建筑类专业教育评估要对学校的教学质量、教学条件、教学过程和社会对毕业生质量的评价等方面进行客观、全面的评价。

第五条 建设部授权全国建筑教育标准认定委员会负责指导、协调各专业教育评估委员会的工作。

第六条 高等学校建筑类专业教育评估工作由专业教育评估委员会组织实施。专业教育评估委员会依法独立行使职权。

第七条 专业教育评估委员会由该专业的全国教育界、工程技术界、用人部门和管理部门的专家学者15～17人组成。其中教育专家6～7人；工程技术专家6～7人；建设部指派3人。

专业教育评估委员会委员由建设部聘任，每届任期为四年；连任不得超过两届。

专业教育评估委员会设主任1名，副主任2～3名，秘书长1名。委员会办事机构为评估委员会办公室。

第八条 专业教育评估委员会的主要任务是：

（一）审查并受理评估申请；

（二）制定、修订评估指标体系、评估标准和评估方法；

（三）制定有关专业评估工作规程和细则；

（四）制定评估工作计划；

（五）选派赴评估院校的专家视察小组，并指导专家视察小组工作；

（六）审议评估院校的自评报告和专家视察报告，作出评估结论；

（七）受理评估院校对评估结论的申述，并报全国建筑教育标准认定委员会进行裁决；

（八）按年度发布评估合格专业的院校名单；

（九）对全国有关建筑类专业院系与评估工作有关的事项提供咨询；

（十）总结专业教育评估工作经验，对专业评估与专业建设提出意见和建议。

第九条　高等学校申请专业教育评估，必须具有以下条件：

（一）学校应是国家教育委员会正式批准设置的；

（二）申请评估的专业应是国家教育委员会批准或在国家教育委员会备案的，并应具有国务院学位委员会批准的学士学位授予资格；

（三）符合建设部制定的该专业教育评估标准的要求。

第十条　专业教育评估的主要程序是：

（一）学校提出评估申请；

（二）评估委员会审核评估申请；

（三）学校自评、提出自评报告；

（四）评估委员会审查自评报告；

（五）对评估委员会审查通过自评报告的，评估委员会选派专家视察小组；

（六）专家视察小组到学校实地视察，提交视察报告，提出评估结论建议；

（七）评估委员会审核视察报告，作出评估结论；

（八）公布评估合格结论，对合格专业颁发证书。

第十一条　为全面了解毕业生的质量，学校应建立对毕业生跟踪调查和与社会用人部门经常联系的制度。

第十二条　学校自评应严格按照评估标准逐项进行。学校自评报告应在规定期限内报专业教育评估委员会。自评所依据的原始资料应按要求分项单列成册，其中重要资料应作为附件列入自评报告，附件同时报评估委员会。

第十三条　专业教育评估委员会对学校自评报告进行审查，经审查不合格的予以退还。被退还的学校在规定的期限内不得再次提出评估申请。

第十四条　专家视察工作由专业教育评估委员会派出的视察小组进行。视察小组是临时性工作组织，其任务是：根据评估标准、程序与方法、评估工作有关细则及评估委员会的要求，视察申请学校（院、系）办学情况，写出视察报告，提出评估结论的建议，交评估委员会审议。

第十五条 专业教育评估合格证书的有效期为4~6年，有关专业的有效期应在合格证书上明确。在有效期限内，专业教育评估委员会可以对该专业进行检查。

学校必须在评估合格有效期满前一年重新申请评估，逾期未申请评估的学校，该专业不再列入年度发布的评估合格专业的院校名单。

第十六条 申请院校如对评估结论有不同意见，可在专业教育评估委员会规定的期限内提出申诉，并由专业教育评估委员会提请全国建筑教育标准认定委员会进行裁决。

第十七条 高等学校建筑类专业教育评估经费由有关行业主管部门和申请教育评估的学校共同承担，同时鼓励社会资助。

第十八条 本规定由建设部负责解释。

第十九条 本规定自发布之日起施行。

城市居民住宅安全防范设施建设管理规定

（1996年1月5日建设部、公安部令第49号发布）

第一条 为加强城市居民住宅安全防范设施的建设和管理，提高居民住宅安全防范功能，保护居民人身财产安全，制定本规定。

第二条 在中华人民共和国境内从事城市居民住宅安全防范设施的建设和管理，应当遵守本规定。

第三条 本规定所称城市，是指国家按行政建制设立的直辖市、市、镇。

本规定所称居民住宅安全防范设施，是指附属于住宅建筑主体并具有安全防范功能的防盗门、防盗锁、防踹板、防护墙、监控和报警装置，以及居民住宅或住宅区内附设的治安值班室。

第四条 城市居民住宅安全防范设施，必须具备防撬、防踹、防攀缘、防跨越、防爬入等安全防范功能。

第五条 城市居民住宅安全防范设施的建设，应当遵循下列原则：

（一）适用、安全、经济、美观；

（二）符合消防法规、技术规范、标准的要求和城市容貌规定；

（三）符合当地居民习俗；

（四）因地制宜。

第六条 城市居民住宅安全防范设施的建设，应当纳入住宅建设的规划，并同时设计、同时施工、同时投入使用。

第七条 设计单位应当依据与住宅安全防范设施建设有关的规范、标准、规定进行设计。

第八条 建设行政主管部门组织审批的有关住宅建筑设计文件应当包括城市居民住宅安全防范设施部分。对不符合安全防范设施规范、标准、规定的设计文件，应责成原设计单位修改。

第九条 施工单位应当严格按照安全防范设计要求进行施工，不得擅自改动。必须修改的，应当由原设计单位出具变更设计通知书及相应的图纸并报设计审批部门重新审批后方可进行。

第十条 城市居民住宅安全防范设施所用产品、设备和材料，必须是符合有关标准规定并经鉴定合格的产品。未经鉴定和不合格的产品不得采用。

第十一条 城市居民住宅竣工后，工程质量监督部门和住宅管理单位必须按规定对安全防范设施进行验收，不合格的不得交付使用。

第十二条 城市居民住宅安全防范设施建设所需费用，由产权人或使用人承担。

第十三条 城市居民住宅安全防范设施的管理，由具体管理住宅的单位实施。

公安机关负责城市居民住宅安全防范设施管理的监督检查。

第十四条 居民住宅区的防护墙、治安值班室等公共安全防范设施应由产权人和使用人妥善使用与保护，不得破坏或挪作他用。

第十五条 公民和单位有责任保护居民住宅安全防范设施，对破坏居民住宅安全防范设施的行为有权向公安机关举报。

第十六条 违反本规定，有下列行为之一的，由城市人民政府建设行政主管部门责令增补、修改、停工、返工、恢复原状，或采取其他补救措施，并可处以罚款：

（一）未按有关规范、标准、规定进行设计的；

（二）擅自改动设计文件中安全防范设施内容的；

（三）使用未经鉴定和鉴定不合格的产品、材料、设备的；

（四）安全防范设施未经验收或验收不合格而交付使用的。

有（三）、（四）行为之一，造成经济损失的，由责任者负责赔偿损失。

第十七条 违反本规定，破坏居民住宅安全防范设施，由公安机关责令其改正、恢复原状，并可依据《治安管理处罚条例》的规定予以处罚；构成犯罪的，依法追究刑事责任。

第十八条 本规定由建设部、公安部负责解释。

第十九条 省、自治区、直辖市人民政府建设行政主管部门、公安行政主管部门，可根据本规定制定实施细则。

第二十条 本规定自1996年2月1日起施行。

房屋建筑工程质量保修办法

（2000年6月30日建设部令第80号发布）

第一条 为保护建设单位、施工单位、房屋建筑所有人和使用人的合法权益，维护公共安全和公众利益，根据《中华人民共和国建筑法》和《建设工程质量管理条例》，制定本办法。

第二条 在中华人民共和国境内新建、扩建、改建各类房屋建筑工程（包括装修工程）的质量保修，适用本办法。

第三条 本办法所称房屋建筑工程质量保修，是指对房屋建筑工程竣工验收后在保修期限内出现的质量缺陷，予以修复。

本办法所称质量缺陷，是指房量建筑工程的质量不符合工程建设强制性标准以及合同的约定。

第四条 房屋建筑工程在保修范围和保修期限内出现质量缺陷，施工单位应当履行保修义务。

第五条 国务院建设行政主管部门负责全国房屋建筑工程质量保修的监督管理。

县级以上地方人民政府建设行政主管部门负责本行政区域内房屋建筑工程质量保修的监督管理。

第六条 建设单位和施工单位应当在工程质量保修书中约定保修范围、保修期限和保修责任等，双方约定的保修范围、保修期限必须符合国家有关规定。

第七条 在正常使用条件下，房屋建筑工程的最低保修期限为：

（一）地基基础工程和主体结构工程，为设计文件规定的该工程的合理使用年限；

（二）屋面防水工程、有防水要求的卫生间、房间和外墙面的防渗漏，为5年；

（三）供热与供冷系统，为2个采暖期、供冷期；

（四）电气管线、给排水管道、设备安装为2年；

（五）装修工程为2年。

其他项目的保修期限由建设单位和施工单位约定。

第八条　房屋建筑工程保修期从工程竣工验收合格之日起计算。

第九条　房屋建筑工程在保修期限内出现质量缺陷，建设单位或者房屋建筑所有人应当向施工单位发出保修通知。施工单位接到保修通知后，应当到现场核查情况，在保修书约定的时间内予以保修。发生涉及结构安全或者严重影响使用功能的紧急抢修事故，施工单位接到保修通知后，应当立即到达现场抢修。

第十条　发生涉及结构安全的质量缺陷，建设单位或者房屋建筑所有人应当立即向当地建设行政主管部门报告，采取安全防范措施；由原设计单位或者具有相应资质等级的设计单位提出保修方案，施工单位实施保修，原工程质量监督机构负责监督。

第十一条　保修完成后，由建设单位或者房屋建筑所有人组织验收。涉及结构安全的，应当报当地建设行政主管部门备案。

第十二条　施工单位不按工程质量保修书约定保修的，建设单位可以另行委托其他单位保修，由原施工单位承担相应责任。

第十三条　保修费用由质量缺陷的责任方承担。

第十四条　在保修期限内，因房屋建筑工程质量缺陷造成房屋所有人、使用人或者第三方人身、财产损害的，房屋所有人、使用人或者第三方可以向建设单位提出赔偿要求。建设单位向造成房屋建筑工程质量缺陷的责任方追偿。

第十五条　因保修不及时造成新的人身、财产损害，由造成拖延的责任方承担赔偿责任。

第十六条　房地产开发企业售出的商品房保修，还应当执行《城市房地产开发经营管理条例》和其他有关规定。

第十七条　下列情况不属于本办法规定的保修范围：

（一）因使用不当或者第三方造成的质量缺陷；

（二）不可抗力造成的质量缺陷。

第十八条　施工单位有下列行为之一的，由建设行政主管部门责令改正，并处1万元以上3万元以下的罚款。

（一）工程竣工验收后，不向建设单位出具质量保修书的；

（二）质量保修的内容、期限违反本办法规定的。

第十九条 施工单位不履行保修义务或者拖延履行保修义务的，由建设行政主管部门责令改正，处10万元以上20万元以下的罚款。

第二十条 军事建设工程的管理，按照中央军事委员会的有关规定执行。

第二十一条 本办法由国务院建设行政主管部门负责解释。

第二十二条 本办法自发布之日起施行。

实施工程建设强制性标准监督规定

（2000年8月25日建设部令第81号发布）

第一条 为加强工程建设强制性标准实施的监督工作，保证建设工程质量，保障人民的生命、财产安全，维护社会公共利益，根据《中华人民共和国标准化法》、《中华人民共和国标准化法实施条例》和《建设工程质量管理条例》，制定本规定。

第二条 在中华人民共和国境内从事新建、扩建、改建等工程建设活动，必须执行工程建设强制性标准。

第三条 本规定所称工程建设强制性标准是指直接涉及工程质量、安全、卫生及环境保护等方面的工程建设标准强制性条文。

国家工程建设标准强制性条文由国务院建设行政主管部门会同国务院有关行政主管部门确定。

第四条 国务院建设行政主管部门负责全国实施工程建设强制性标准的监督管理工作。

国务院有关行政主管部门按照国务院的职能分工负责实施工程建设强制性标准的监督管理工作。

县级以上地方人民政府建设行政主管部门负责本行政区域内实施工程建设强制性标准的监督管理工作。

第五条 工程建设中拟采用的新技术、新工艺、新材料，不符合现行强制性标准规定的，应当由拟采用单位提请建设单位组织专题技术论证，报批准标准的建设行政主管部门或者国务院有关主管部门审定。

工程建设中采用国际标准或者国外标准，现行强制性标准未作规定的，建设单位应当向国务院建设行政主管部门或者国务院有关行政主管部门备案。

第六条 建设项目规划审查机关应当对工程建设规划阶段执行强制性标准

的情况实施监督。

施工图设计文件审查单位应当对工程建设勘察、设计阶段执行强制性标准的情况实施监督。

建筑安全监督管理机构应当对工程建设施工阶段执行施工安全强制性标准的情况实施监督。

工程质量监督机构应当对工程建设施工、监理、验收等阶段执行强制性标准的情况实施监督。

第七条　建设项目规划审查机关、施工图设计文件审查单位、建筑安全监督管理机构、工程质量监督机构的技术人员必须熟悉、掌握工程建设强制性标准。

第八条　工程建设标准批准部门应当定期对建设项目规划审查机关、施工图设计文件审查单位、建筑安全监督管理机构、工程质量监督机构实施强制性标准的监督进行检查，对监督不力的单位和个人，给予通报批评，建议有关部门处理。

第九条　工程建设标准批准部门应当对工程项目执行强制性标准情况进行监督检查。监督检查可以采取重点检查、抽查和专项检查的方式。

第十条　强制性标准监督检查的内容包括：

（一）有关工程技术人员是否熟悉、掌握强制性标准；

（二）工程项目的规划、勘察、设计、施工、验收等是否符合强制性标准的规定；

（三）工程项目采用的材料、设备是否符合强制性标准的规定；

（四）工程项目的安全、质量是否符合强制性标准的规定；

（五）工程中采用的导则、指南、手册、计算机软件的内容是否符合强制性标准的规定。

第十一条　工程建设标准批准部门应当将强制性标准监督检查结果在一定范围内公告。

第十二条　工程建设强制性标准的解释由工程建设标准批准部门负责。

有关标准具体技术内容的解释，工程建设标准批准部门可以委托该标准的编制管理单位负责。

第十三条　工程技术人员应当参加有关工程建设强制性标准的培训，并可以计入继续教育学时。

第十四条　建设行政主管部门或者有关行政主管部门在处理重大工程事故时，应当有工程建设标准方面的专家参加；工程事故报告应当包括是否符合工程建设强制性标准的意见。

第十五条 任何单位和个人对违反工程建设强制性标准的行为有权向建设行政主管部门或者有关部门检举、控告、投诉。

第十六条 建设单位有下列行为之一的，责令改正，并处以20万元以上50万元以下的罚款：

（一）明示或者暗示施工单位使用不合格的建筑材料、建筑构配件和设备的；

（二）明示或者暗示设计单位或者施工单位违反工程建设强制性标准，降低工程质量的。

第十七条 勘察、设计单位违反工程建设强制性标准进行勘察、设计的，责令改正，并处以10万元以上30万元以下的罚款。

有前款行为，造成工程质量事故的，责令停止整顿，降低资质等级；情节严重的，吊销资质证书；造成损失的，依法承担赔偿责任。

第十八条 施工单位违反工程建设强制性标准的，责令改正，处工程合同价款2倍以上4倍以下的罚款；造成建设工程质量不符合规定的质量标准的，负责返工、修理，并赔偿因此造成的损失；情节严重的，责令停业整顿，降低资质等级或者吊销资质证书。

第十九条 工程监理单位违反强制性标准规定，将不合格的建设工程以及建筑材料、建筑构配件和设备按照合格签字的，责令改正，处50万元以上100万元以下的罚款，降低资质等级或者吊销资质证书；有违法所得的，予以没收；造成损失的，承担连带赔偿责任。

第二十条 违反工程建设强制性标准造成工程质量、安全隐患或者工程事故的，按照《建设工程质量管理条例》有关规定，对事故责任单位和责任人进行处罚。

第二十一条 有关责令停业整顿、降低资质等级和吊销资质证书的行政处罚，由颁发资质证书的机关决定；其他行政处罚，由建设行政主管部门或者有关部门依照法定职权决定。

第二十二条 建设行政主管部门和有关行政主管部门工作人员，玩忽职守、滥用职权、徇私舞弊的，给予行政处分；构成犯罪的，依法追究刑事责任。

第二十三条 本规定由国务院建设行政主管部门负责解释。

第二十四条 本规定自发布之日起施行。

建筑工程设计招标投标管理办法

（2000 年 10 月 18 日建设部令第 82 号发布）

第一条　为规范建筑工程设计市场，优化建筑工程设计，促进设计质量的提高，根据《中华人民共和国招标投标法》，制定本办法。

第二条　符合《工程建设项目招标范围和规模标准规定》的各类房屋建筑工程，其设计招标投标适用本办法。

第三条　建筑工程的设计，采用特定专利技术、专有技术，或者建筑艺术造型有特殊要求的，经有关部门批准，可以直接发包。

第四条　国务院建设行政主管部门负责全国建筑工程设计招标投标的监督管理。

县级以上地方人民政府建设行政主管部门负责本行政区域内建筑工程设计招标投标的监督管理。

第五条　建筑工程设计招标依法可以公开招标或者邀请招标。

第六条　招标人具备下列条件的，可以自行组织招标：

（一）有与招标项目工程规模及复杂程度相适应的工程技术、工程造价、财务和工程管理人员，具备组织编写招标文件的能力；

（二）有组织评标的能力。

招标人不具备前款规定条件的，应当委托具有相应资格的招标代理机构进行招标。

第七条　依法必须招标的建筑工程项目，招标人自行组织招标的，应当在发布招标公告或者发出招标邀请书 15 日前，持有关材料到县级以上地方人民政府建设行政主管部门备案；招标人委托招标代理机构进行招标的，招标人应当在委托合同签订后 15 日内，持有关材料到县级以上地方人民政府建设行政主管部门备案。

备案机关应当在接受备案之日起 5 日内进行审核，发现招标人不具备自行招标条件、代理机构无相应资格、招标前期条件不具备、招标公告或者招标邀请书有重大瑕疵的，可以责令招标人暂时停止招标活动。

备案机关逾期未提出异议的，招标人可以实施招标活动。

第八条　公开招标的，招标人应当发布招标公告。邀请招标的，招标人应当向三个以上设计单位发出招标邀请书。

招标公告或者招标邀请书应当载明招标人名称和地址、招标项目的基本要求、投标人的资质要求以及获取招标文件的办法等事项。

第九条 招标文件应当包括以下内容：

（一）工程名称、地址、占地面积、建筑面积等；

（二）已批准的项目建议书或者可行性研究报告；

（三）工程经济技术要求；

（四）城市规划管理部门确定的规划控制条件和用地红线图；

（五）可供参考的工程地质、水文地质、工程测量等建设场地勘察成果报告；

（六）供水、供电、供气、供热、环保、市政道路等方面的基础资料；

（七）招标文件答疑、踏勘现场的时间和地点；

（八）投标文件编制要求及评标原则；

（九）投标文件送达的截止时间；

（十）拟签订合同的主要条款；

（十一）未中标方案的补偿办法。

第十条 招标文件一经发出，招标人不得随意变更。确需进行必要的澄清或者修改，应当在提交投标文件截止日期 15 日前，书面通知所有招标文件收受人。

第十一条 招标人要求投标人提交投标文件的时限为：特级和一级建筑工程不少于 45 日；二级以下建筑工程不少于 30 日；进行概念设计招标的，不少于 20 日。

第十二条 投标人应当具有与招标项目相适应的工程设计资质。

境外设计单位参加国内建筑工程设计投标的，应当经省、自治区、直辖市人民政府建设行政主管部门批准。

第十三条 投标人应当按照招标文件、建筑方案设计文件编制深度规定的要求编制投标文件；进行概念设计招标的，应当按照招标文件要求编制投标文件。

投标文件应当由具有相应资格的注册建筑师签章，加盖单位公章。

第十四条 评标由评标委员会负责。

评标委员会由招标人代表和有关专家组成。评标委员会人数一般为五人以上单数，其中技术方面的专家不得少于成员总数的三分之二。

投标人或者与投标人有利害关系的人员不得参加评标委员会。

第十五条 国务院建设行政主管部门，省、自治区、直辖市人民政府建设行政主管部门应当建立建筑工程设计评标专家库。

第十六条 有下列情形之一的，投标文件作废：

（一）投标文件未经密封的；

（二）无相应资格的注册建筑师签字的；

（三）无投标人公章的；

（四）注册建筑师受聘单位与投标人不符的。

第十七条 评标委员会应当在符合城市规划、消防、节能、环保的前提下，按照招标文件的要求，对投标设计方案的经济、技术、功能和造型等进行比选、评价，确定符合招标文件要求的最优设计方案。

第十八条 评标委员会应当在评标完成后，向招标人提出书面评标报告。

采用公开招标方式的，评标委员会应当向招标人推荐 2～3 个中标候选方案。

采用邀请招标方式的，评标委员会应当向招标人推荐 1～2 个中标候选方案。

第十九条 招标人根据评标委员会的书面评标报告和推荐的中标候选方案，结合投标人的技术力量和业绩确定中标方案。

招标人也可以委托评标委员会直接确定中标方案。

招标人认为评标委员会推荐的所有候选方案均不能最大限度满足招标文件规定要求的，应当依法重新招标。

第二十条 招标人应当在中标方案确定之日起 7 日内，向中标人发出中标通知，并将中标结果通知所有未中标人。

第二十一条 依法必须进行招标的项目，招标人应当在中标方案确定之日起 15 日内，向县级以上地方人民政府建设行政主管部门提交招标投标情况的书面报告。

第二十二条 对达到招标文件规定要求的未中标方案，公开招标的，招标人应当在招标公告中明确是否给予未中标单位经济补偿及补偿金额；邀请招标的，应当给予未中标单位经济补偿，补偿金额应当在招标邀请书中明确。

第二十三条 招标人应当在中标通知书发出之日起 30 日内与中标人签订工程设计合同。确需另择设计单位承担施工图设计的，应当在招标公告或招标邀请书中明确。

第二十四条 招标人、中标人使用未中标方案的，应当征得提交方案的投标人同意并付给使用费。

第二十五条 依法必须招标的建筑工程项目，招标人自行组织招标的，未在发布招标公告或招标邀请书 15 日前到县级以上地方人民政府建设行政主管部门备案，或者委托招标代理机构进行招标的，招标人未在委托合同签订后15日内到县级以上地方人民政府建设行政主管部门备案的，由县级以上地方人民政府建设行政主管部门责令改正，并可处以1万元以上3万元以下罚款。

第二十六条 招标人未在中标方案确定之日起15日内，向县级以上地方人民政府建设行政主管部门提交招标投标情况的书面报告的，由县级以上地方人民政府建设行政主管部门责令改正，并可处以1万元以上3万元以下的罚款。

第二十七条 招标人将必须进行设计招标的项目不招标的，或将必须进行招标的项目化整为零或者以其他方式规避招标的，由县级以上地方人民政府建设行政主管部门责令其限期改正，并可处以项目合同金额千分之五以上千分之十以下的罚款。

第二十八条 招标代理机构有下列行为之一的，由省、自治区、直辖市地方人民政府建设行政主管部门处5万元以上25万元以下的罚款；有违法所得的，并处没收违法所得；情节严重的，由国务院建设行政主管部门或者省、自治区、直辖市地方人民政府建设行政主管部门暂停直至取消代理机构资格；构成犯罪的，依法追究刑事责任。给他人造成损失的，依法承担赔偿责任：

（一）在开标前泄漏应当保密的与招标有关的情况和资料的；

（二）与招标人或者投标人串通损害国家利益、社会公众利益或投标人利益的。

前款所列行为影响中标结果的，中标结果无效。

第二十九条 投标人相互串通投标，或者以向招标人、评标委员会成员行贿的手段谋取中标的，中标无效，由县级以上地方人民政府建设行政主管部门处中标项目金额千分之五以上千分之十以下的罚款；情节严重的，取消其一至二年内参加依法必须进行招标的工程项目设计招标的投标资格，并予以公告。

第三十条 评标委员会成员收受投标人财物或其他好处，或者向他人透露投标方案评审有关情况的，由县级以上地方人民政府建设行政主管部门给予警告，没收收受财物，并可处以3 000元以上5万元以下的罚款。

评标委员会成员有前款所列行为的，由国务院建设行政主管部门或者省、自治区、直辖市人民政府建设行政主管部门取消担任评标委员会成员的资格，不得再参加任何依法进行的建筑工程设计招投标的评标，构成犯罪的，依法追究刑事责任。

第三十一条 建设行政主管部门或者有关职能部门的工作人员徇私舞弊、滥用职权，干预正常招标投标活动的，由所在单位给予行政处分；构成犯罪的，依法追究刑事责任。

第三十二条　省、自治区、直辖市人民政府建设行政主管部门，可以根据本办法制定实施细则。

第三十三条　城市市政公用工程设计招标投标参照本办法执行。

第三十四条　本办法由国务院建设行政主管部门解释。

第三十五条　本办法自发布之日起施行。

建设工程监理范围和规模标准规定

（2001年1月17日建设部令第86号发布）

第一条　为了确定必须实行监理的建设工程项目具体范围和规模标准，规范建设工程监理活动，根据《建设工程质量管理条例》，制定本规定。

第二条　下列建设工程必须实行监理：

（一）国家重点建设工程；

（二）大中型公用事业工程；

（三）成片开发建设的住宅小区工程；

（四）利用外国政府或者国际组织贷款、援助资金的工程；

（五）国家规定必须实行监理的其他工程。

第三条　国家重点建设工程，是指依据《国家重点建设项目管理办法》所确定的对国民经济和社会发展有重大影响的骨干项目。

第四条　大中型公用事业工程，是指项目总投资额在3 000万元以上的下列工程项目：

（一）供水、供电、供气、供热等市政工程项目；

（二）科技、教育、文化等项目；

（三）体育、旅游、商业等项目；

（四）卫生、社会福利等项目；

（五）其他公用事业项目。

第五条　成片开发建设的住宅小区工程，建筑面积在5万平方米以上的住宅建设工程必须实行监理；5万平方米以下的住宅建设工程，可以实行监理，具体范围和规模标准，由省、自治区、直辖市人民政府建设行政主管部门规定。

为了保证住宅质量，对高层住宅及地基、结构复杂的多层住宅应当实行监理。

第六条 利用外国政府或者国际组织贷款、援助资金的工程范围包括：

（一）使用世界银行、亚洲开发银行等国际组织贷款资金的项目；

（二）使用国外政府及其机构贷款资金的项目；

（三）使用国际组织或者国外政府援助资金的项目。

第七条 国家规定必须实行监理的其他工程是指：

（一）项目总投资额在3 000万元以上关系社会公共利益、公众安全的下列基础设施项目：

（1）煤炭、石油、化工、天然气、电力、新能源等项目；

（2）铁路、公路、管道、水运、民航以及其他交通运输业等项目；

（3）邮政、电信枢纽、通信、信息网络等项目；

（4）防洪、灌溉、排涝、发电、引（供）水、滩涂治理、水资源保护、水土保持等水利建设项目；

（5）道路、桥梁、地铁和轻轨交通、污水排放及处理、垃圾处理、地下管道、公共停车场等城市基础设施项目；

（6）生态环境保护项目；

（7）其他基础设施项目。

（二）学校、影剧院、体育场馆项目。

第八条 国务院建设行政主管部门商同国务院有关部门后，可以对本规定确定的必须实行监理的建设工程具体范围和规模标准进行调整。

第九条 本规定由国务院建设行政主管部门负责解释。

第十条 本规定自发布之日起施行。

房屋建筑和市政基础设施工程施工招标投标管理办法

（2001年6月1日建设部令第89号发布）

第一章 总 则

第一条 为了规范房屋建筑和市政基础设施工程施工招标投标活动，维护招标投标当事人的合法权益，依据《中华人民共和国建筑法》、《中华人民共和国招标投标法》等法律、行政法规，制定本办法。

第二条　在中华人民共和国境内从事房屋建筑和市政基础设施工程施工招标投标活动，实施对房屋建筑和市政基础设施工程施工招标投标活动的监督管理，适用本办法。

本办法所称房屋建筑工程，是指各类房屋建筑及其附属设施和与其配套的线路、管道、设备安装工程及室内外装修工程。

本办法所称市政基础设施工程，是指城市道路、公共交通、供水、排水、燃气、热力、园林、环卫、污水处理、垃圾处理、防洪、地下公共设施及附属设施的土建、管道、设备安装工程。

第三条　房屋建筑和市政基础设施工程（以下简称工程）的施工单项合同估算价在200万元人民币以上，或者项目总投资在3 000万元人民币以上的，必须进行招标。

省、自治区、直辖市人民政府建设行政主管部门报经同级人民政府批准，可以根据实际情况，规定本地区必须进行工程施工招标的具体范围和规模标准，但不得缩小本办法确定的必须进行施工招标的范围。

第四条　国务院建设行政主管部门负责全国工程施工招标投标活动的监督管理。

县级以上地方人民政府建设行政主管部门负责本行政区域内工程施工招标投标活动的监督管理。具体的监督管理工作，可以委托工程招标投标监督管理机构负责实施。

第五条　任何单位和个人不得违反法律、行政法规规定，限制或者排斥本地区、本系统以外的法人或者其他组织参加投标，不得以任何方式非法干涉施工招标投标活动。

第六条　施工招标投标活动及其当事人应当依法接受监督。

建设行政主管部门依法对施工招标投标活动实施监督，查处施工招标投标活动中的违法行为。

第二章　招　　标

第七条　工程施工招标由招标人依法组织实施。招标人不得以不合理条件限制或者排斥潜在投标人，不得对潜在投标人实行歧视待遇，不得对潜在投标人提出与招标工程实际要求不符的过高的资质等级要求和其他要求。

第八条　工程施工招标应当具备下列条件：

（一）按照国家有关规定需要履行项目审批手续的，已经履行审批手续；

（二）工程资金或者资金来源已经落实；

（三）有满足施工招标需要的设计文件及其他技术资料；

（四）法律、法规、规章规定的其他条件。

第九条 工程施工招标分为公开招标和邀请招标。

依法必须进行施工招标的工程，全部使用国有资金投资或者国有资金投资占控股或者主导地位的，应当公开招标，但经国家计委或者省、自治区、直辖市人民政府依法批准可以进行邀请招标的重点建设项目除外；其他工程可以实行邀请招标。

第十条 工程有下列情形之一的，经县级以上地方人民政府建设行政主管部门批准，可以不进行施工招标：

（一）停建或者缓建后恢复建设的单位工程，且承包人未发生变更的；

（二）施工企业自建自用的工程，且该施工企业资质等级符合工程要求的；

（三）在建工程追加的附属小型工程或者主体加层工程，且承包人未发生变更的；

（四）法律、法规、规章规定的其他情形。

第十一条 依法必须进行施工招标的工程，招标人自行办理施工招标事宜的，应当具有编制招标文件和组织评标的能力：

（一）有专门的施工招标组织机构；

（二）有与工程规模、复杂程度相适应并具有同类工程施工招标经验、熟悉有关工程施工招标法律法规的工程技术、概预算及工程管理的专业人员。

不具备上述条件的，招标人应当委托具有相应资格的工程招标代理机构代理施工招标。

第十二条 招标人自行办理施工招标事宜的，应当在发布招标公告或者发出投标邀请书的5日前，向工程所在地县级以上地方人民政府建设行政主管部门备案，并报送下列材料：

（一）按照国家有关规定办理审批手续的各项批准文件；

（二）本办法第十一条所列条件的证明材料，包括专业技术人员的名单、职称证书或者执业资格证书及其工作经历的证明材料；

（三）法律、法规、规章规定的其他材料。

招标人不具备自行办理施工招标事宜条件的，建设行政主管部门应当自收到备案材料之日起5日内责令招标人停止自行办理施工招标事宜。

第十三条 全部使用国有资金投资或者国有资金投资占控股或者主导地位，依法必须进行施工招标的工程项目，应当进入有形建筑市场进行招标投标活动。

政府有关管理机关可以在有形建筑市场集中办理有关手续，并依法实施监督。

第十四条 依法必须进行施工公开招标的工程项目，应当在国家或者地方指定的报刊、信息网络或者其他媒介上发布招标公告，并同时在中国工程建设和建筑业信息网上发布招标公告。

招标公告应当载明招标人的名称和地址，招标工程的性质、规模、地点以及获取招标文件的办法等事项。

第十五条 招标人采用邀请招标方式的，应当向3个以上符合资质条件的施工企业发出投标邀请书。

投标邀请书应当载明本办法第十四条第二款规定的事项。

第十六条 招标人可以根据招标工程的需要，对投标申请人进行资格预审，也可以委托工程招标代理机构对投标申请人进行资格预审。实行资格预审的招标工程，招标人应当在招标公告或者投标邀请书中载明资格预审的条件和获取资格预审文件的办法。

资格预审文件一般应当包括资格预审申请书格式、申请人须知，以及需要投标申请人提供的企业资质、业绩、技术装备、财务状况和拟派出的项目经理与主要技术人员的简历、业绩等证明材料。

第十七条 经资格预审后，招标人应当向资格预审合格的投标申请人发出资格预审合格通知书，告知获取招标文件的时间、地点和方法，并同时向资格预审不合格的投标申请人告知资格预审结果。

在资格预审合格的投标申请人过多时，可以由招标人从中选择不少于7家资格预审合格的投标申请人。

第十八条 招标人应当根据招标工程的特点和需要，自行或者委托工程招标代理机构编制招标文件。招标文件应当包括下列内容：

（一）投标须知，包括工程概况，招标范围，资格审查条件，工程资金来源或者落实情况（包括银行出具的资金证明），标段划分，工期要求，质量标准，现场踏勘和答疑安排，投标文件编制、提交、修改、撤回的要求，投标报价要求，投标有效期，开标的时间和地点，评标的方法和标准等；

（二）招标工程的技术要求和设计文件；

（三）采用工程量清单招标的，应当提供工程量清单；

（四）投标函的格式及附录；

（五）拟签订合同的主要条款；

（六）要求投标人提交的其他材料。

第十九条 依法必须进行施工招标的工程，招标人应当在招标文件发出的同时，将招标文件报工程所在地的县级以上地方人民政府建设行政主管部门备案。建设行政主管部门发现招标文件有违反法律、法规内容的，应当责令招标人改正。

第二十条 招标人对已发出的招标文件进行必要的澄清或者修改的，应当在招标文件要求提交投标文件截止时间至少15日前，以书面形式通知所有招标文件收受人，并同时报工程所在地的县级以上地方人民政府建设行政主管部门备案。该澄清或者修改的内容为招标文件的组成部分。

第二十一条 招标人设有标底的，应当依据国家规定的工程量计算规则及招标文件规定的计价方法和要求编制标底，并在开标前保密。一个招标工程只能编制一个标底。

第二十二条 招标人对于发出的招标文件可以酌收工本费。其中的设计文件，招标人可以酌收押金。对于开标后将设计文件退还的，招标人应当退还押金。

第三章 投 标

第二十三条 施工招标的投标人是响应施工招标、参与投标竞争的施工企业。

投标人应当具备相应的施工企业资质，并在工程业绩、技术能力、项目经理资格条件、财务状况等方面满足招标文件提出的要求。

第二十四条 投标人对招标文件有疑问需要澄清的，应当以书面形式向招标人提出。

第二十五条 投标人应当按照招标文件的要求编制投标文件，对招标文件提出的实质性要求和条件作出响应。

招标文件允许投标人提供备选标的，投标人可以按照招标文件的要求提交替代方案，并作出相应报价作备选标。

第二十六条 投标文件应当包括下列内容：

（一）投标函；

（二）施工组织设计或者施工方案；

（三）投标报价；

（四）招标文件要求提供的其他材料。

第二十七条 招标人可以在招标文件中要求投标人提交投标担保。投标担保可以采用投标保函或者投标保证金的方式。投标保证金可以使用支票、银行汇票等，一般不得超过投标总价的2%，最高不得超过50万元。

投标人应当按照招标文件要求的方式和金额，将投标保函或者投标保证金随投标文件提交招标人。

第二十八条 投标人应当在招标文件要求提交投标文件的截止时间前，将投标文件密封送达投标地点。招标人收到投标文件后，应当向投标人出具标明签收人和签收时间的凭证，并妥善保存投标文件。在开标前，任何单位和个人均不得开启投标文件。在招标文件要求提交投标文件的截止时间后送达的投标文件，为无效的投标文件，招标人应当拒收。

提交投标文件的投标人少于3个的，招标人应当依法重新招标。

第二十九条 投标人在招标文件要求提交投标文件的截止时间前，可以补充、修改或者撤回已提交的投标文件。补充、修改的内容为投标文件的组成部分，并应当按照本办法第二十八条第一款的规定送达、签收和保管。在招标文件要求提交投标文件的截止时间后送达的补充或者修改的内容无效。

第三十条 两个以上施工企业可以组成一个联合体，签订共同投标协议，以一个投标人的身份共同投标。联合体各方均应当具备承担招标工程的相应资质条件。相同专业的施工企业组成的联合体，按照资质等级低的施工企业的业务许可范围承揽工程。

招标人不得强制投标人组成联合体共同投标，不得限制投标人之间的竞争。

第三十一条 投标人不得相互串通投标，不得排挤其他投标人的公平竞争，损害招标人或者其他投标人的合法权益。

投标人不得与招标人串通投标，损害国家利益、社会公共利益或者他人的合法权益。

禁止投标人以向招标人或者评标委员会成员行贿的手段谋取中标。

第三十二条 投标人不得以低于其企业成本的报价竞标，不得以他人名义投标或者以其他方式弄虚作假，骗取中标。

第四章　开标、评标和中标

第三十三条 开标应当在招标文件确定的提交投标文件截止时间的同一时间公开进行；开标地点应当为招标文件中预先确定的地点。

第三十四条 开标由招标人主持，邀请所有投标人参加。开标应当按照下列规定进行：

由投标人或者其推选的代表检查投标文件的密封情况，也可以由招标人委托的公证机构进行检查并公证。经确认无误后，由有关工作人员当众拆封，宣读投标人名称、投标价格和投标文件的其他主要内容。

招标人在招标文件要求提交投标文件的截止时间前收到的所有投标文件，开标时都应当当众予以拆封、宣读。

开标过程应当记录，并存档备查。

第三十五条 在开标时，投标文件出现下列情形之一的，应当作为无效投标文件，不得进入评标：

（一）投标文件未按照招标文件的要求予以密封的；

（二）投标文件中的投标函未加盖投标人的企业及企业法定代表人印章的，或者企业法定代表人委托代理人没有合法、有效的委托书（原件）及委托代理人印章的；

（三）投标文件的关键内容字迹模糊、无法辨认的；

（四）投标人未按照招标文件的要求提供投标保函或者投标保证金的；

（五）组成联合体投标的，投标文件未附联合体各方共同投标协议的。

第三十六条 评标由招标人依法组建的评标委员会负责。

依法必须进行施工招标的工程，其评标委员会由招标人的代表和有关技术、经济等方面的专家组成，成员人数为 5 人以上单数，其中招标人、招标代理机构以外的技术、经济等方面专家不得少于成员总数的三分之二。评标委员会的专家成员，应当由招标人从建设行政主管部门及其他有关政府部门确定的专家名册或者工程招标代理机构的专家库内相关专业的专家名单中确定。确定专家成员一般应当采取随机抽取的方式。

与投标人有利害关系的人不得进入相关工程的评标委员会。评标委员会成员的名单在中标结果确定前应当保密。

第三十七条 建设行政主管部门的专家名册应当拥有一定数量规模并符合法定资格条件的专家。省、自治区、直辖市人民政府建设行政主管部门可以将专家数量少的地区的专家名册予以合并或者实行专家名册计算机联网。

建设行政主管部门应当对进入专家名册的专家组织有关法律和业务培训，对其评标能力、廉洁公正等进行综合评估，及时取消不称职或者违法违规人员的评标专家资格。被取消评标专家资格的人员，不得再参加任何评标活动。

第三十八条 评标委员会应当按照招标文件确定的评标标准和方法，对投标文件进行评审和比较，并对评标结果签字确认；设有标底的，应当参考标底。

第三十九条 评标委员会可以用书面形式要求投标人对投标文件中含义不

明确的内容作必要的澄清或者说明。投标人应当采用书面形式进行澄清或者说明，其澄清或者说明不得超出投标文件的范围或者改变投标文件的实质性内容。

第四十条　评标委员会经评审，认为所有投标文件都不符合招标文件要求的，可以否决所有投标。

依法必须进行施工招标工程的所有投标被否决的，招标人应当依法重新招标。

第四十一条　评标可以采用综合评估法、经评审的最低投标价法或者法律法规允许的其他评标方法。

采用综合评估法的，应当对投标文件提出的工程质量、施工工期、投标价格、施工组织设计或者施工方案、投标人及项目经理业绩等，能否最大限度地满足招标文件中规定的各项要求和评价标准进行评审和比较。以评分方式进行评估的，对于各种评比奖项不得额外计分。

采用经评审的最低投标价法的，应当在投标文件能够满足招标文件实质性要求的投标人中，评审出投标价格最低的投标人，但投标价格低于其企业成本的除外。

第四十二条　评标委员会完成评标后，应当向招标人提出书面评标报告，阐明评标委员会对各投标文件的评审和比较意见，并按照招标文件中规定的评标方法，推荐不超过3名有排序的合格的中标候选人。招标人根据评标委员会提出的书面评标报告和推荐的中标候选人确定中标人。

使用国有资金投资或者国家融资的工程项目，招标人应当按照中标候选人的排序确定中标人。当确定中标的中标候选人放弃中标或者因不可抗力提出不能履行合同的，招标人可以依序确定其他中标候选人为中标人。

招标人也可以授权评标委员会直接确定中标人。

第四十三条　有下列情形之一的，评标委员会可以要求投标人作出书面说明并提供相关材料：

（一）设有标底的，投标报价低于标底合理幅度的；

（二）不设标底的，投标报价明显低于其他投标报价，有可能低于其企业成本的。

经评标委员会论证，认定该投标人的报价低于其企业成本的，不能推荐为中标候选人或者中标人。

第四十四条　招标人应当在投标有效期截止时限30日前确定中标人。投标有效期应当在招标文件中载明。

第四十五条　依法必须进行施工招标的工程，招标人应当自确定中标人之日起15日内，向工程所在地的县级以上地方人民政府建设行政主管部门提交施工招标投标情况的书面报告。书面报告应当包括下列内容：

（一）施工招标投标的基本情况，包括施工招标范围、施工招标方式、资格审查、开评标过程和确定中标人的方式及理由等。

（二）相关的文件资料，包括招标公告或者投标邀请书、投标报名表、资格预审文件、招标文件、评标委员会的评标报告（设有标底的，应当附标底）、中标人的投标文件。委托工程招标代理的，还应当附工程施工招标代理委托合同。

前款第二项中已按照本办法的规定办理了备案的文件资料，不再重复提交。

第四十六条 建设行政主管部门自收到书面报告之日起5日内未通知招标人在招标投标活动中有违法行为的，招标人可以向中标人发出中标通知书，并将中标结果通知所有未中标的投标人。

第四十七条 招标人和中标人应当自中标通知书发出之日起30日内，按照招标文件和中标人的投标文件订立书面合同；招标人和中标人不得再行订立背离合同实质性内容的其他协议。订立书面合同后7日内，中标人应当将合同送工程所在地的县级以上地方人民政府建设行政主管部门备案。

中标人不与招标人订立合同的，投标保证金不予退还并取消其中标资格，给招标人造成的损失超过投标保证金数额的，应当对超过部分予以赔偿；没有提交投标保证金的，应当对招标人的损失承担赔偿责任。

招标人无正当理由不与中标人签订合同，给中标人造成损失的，招标人应当给予赔偿。

第四十八条 招标文件要求中标人提交履约担保的，中标人应当提交。招标人应当同时向中标人提供工程款支付担保。

第五章 罚 则

第四十九条 有违反《招标投标法》行为的，县级以上地方人民政府建设行政主管部门应当按照《招标投标法》的规定予以处罚。

第五十条 招标投标活动中有《招标投标法》规定中标无效情形的，由县级以上地方人民政府建设行政主管部门宣布中标无效，责令重新组织招标，并依法追究有关责任人责任。

第五十一条 应当招标未招标的，应当公开招标未公开招标的，县级以上地方人民政府建设行政主管部门应当责令改正，拒不改正的，不得颁发施工许可证。

第五十二条　招标人不具备自行办理施工招标事宜条件而自行招标的，县级以上地方人民政府建设行政主管部门应当责令改正，处1万元以下的罚款。

第五十三条　评标委员会的组成不符合法律、法规规定的，县级以上地方人民政府建设行政主管部门应当责令招标人重新组织评标委员会。招标人拒不改正的，不得颁发施工许可证。

第五十四条　招标人未向建设行政主管部门提交施工招标投标情况书面报告的，县级以上地方人民政府建设行政主管部门应当责令改正；在未提交施工招标投标情况书面报告前，建设行政主管部门不予颁发施工许可证。

第六章　附　　则

第五十五条　工程施工专业分包、劳务分包采用招标方式的，参照本办法执行。

第五十六条　招标文件或者投标文件使用两种以上语言文字的，必须有一种是中文；如对不同文本的解释发生异议的，以中文文本为准。用文字表示的金额与数字表示的金额不一致的，以文字表示的金额为准。

第五十七条　涉及国家安全、国家秘密、抢险救灾或者属于利用扶贫资金实行以工代赈、需要使用农民工等特殊情况，不适宜进行施工招标的工程，按照国家有关规定可以不进行施工招标。

第五十八条　使用国际组织或者外国政府贷款、援助资金的工程进行施工招标，贷款方、资金提供方对招标投标的具体条件和程序有不同规定的，可以适用其规定，但违背中华人民共和国的社会公共利益的除外。

第五十九条　本办法由国务院建设行政主管部门负责解释。

第六十条　本办法自发布之日起施行。1992年12月30日建设部颁布的《工程建设施工招标投标管理办法》（建设部令第23号）同时废止。

城市建设档案管理规定

（1997年12月23日建设部令第61号发布　根据2001年7月4日建设部令第90号修正）

第一条　为了加强城市建设档案（以下简称城建档案）管理，充分发挥城建档案在城市规划、建设、管理中的作用，根据《中华人民共和国档案法》、《中华人民共和国城乡规划法》、《建设工程质量管理条例》、《科学技术档案工作条例》，制定本规定。

第二条 本规定适用于城市内（包括城市各类开发区）的城建档案的管理。

本规定所称城建档案，是指在城市规划、建设及其管理活动中直接形成的对国家和社会具有保存价值的文字、图纸、图表、声像等各种载体的文件材料。

第三条 国务院建设行政主管部门负责全国城建档案管理工作，业务上受国家档案部门的监督、指导。

县级以上地方人民政府建设行政主管部门负责本行政区域内的城建档案管理工作，业务上受同级档案部门的监督、指导。

城市的建设行政主管部门应当设置城建档案工作管理机构或者配备城建档案管理人员，负责全市城建档案工作。城市的建设行政主管部门也可以委托城建档案馆负责城建档案工作的日常管理工作。

第四条 城建档案馆的建设资金按照国家或者地方的有关规定，采取多种渠道解决。城建档案馆的设计应当符合档案馆建筑设计规范要求。城建档案的管理应当逐步采用新技术，实现管理现代化。

第五条 城建档案馆重点管理下列档案资料：

（一）各类城市建设工程档案：

1. 工业、民用建筑工程；

2. 市政基础设施工程；

3. 公用基础设施工程；

4. 交通基础设施工程；

5. 园林建设、风景名胜建设工程；

6. 市容环境卫生设施建设工程；

7. 城市防洪、抗震、人防工程；

8. 军事工程档案资料中，除军事禁区和军事管理区以外的穿越市区的地下管线走向和有关隐蔽工程的位置图。

（二）建设系统各专业管理部门（包括城市规划、勘测、设计、施工、监理、园林、风景名胜、环卫、市政、公用、房地产管理、人防等部门）形成的业务管理和业务技术档案。

（三）有关城市规划、建设及其管理的方针、政策、法规、计划方面的文件、科学研究成果和城市历史、自然、经济等方面的基础资料。

第六条 建设单位应当在工程竣工验收后三个月内，向城建档案馆报送一套符合规定的建设工程档案。凡建设工程档案不齐全的，应当限期补充。

停建、缓建工程的档案，暂由建设单位保管。

撤销单位的建设工程档案，应当向上级主管机关或者城建档案馆移交。

第七条　对改建、扩建和重要部位维修的工程，建设单位应当组织设计、施工单位据实修改、补充和完善原建设工程档案。凡结构和平面布置等改变的，应当重新编制建设工程档案，并在工程竣工后三个月内向城建档案馆报送。

第八条　列入城建档案馆档案接收范围的工程，建设单位在组织竣工验收前，应当提请城建档案管理机构对工程档案进行预验收。预验收合格后，由城建档案管理机构出具工程档案认可文件。

第九条　建设单位在取得工程档案认可文件后，方可组织工程竣工验收。建设行政主管部门在办理竣工验收备案时，应当查验工程档案认可文件。

第十条　建设系统各专业管理部门形成的业务管理和业务技术档案，凡具有永久保存价值的，在本单位保管使用一至五年后，按本规定全部向城建档案馆移交。有长期保存价值的档案，由城建档案馆根据城市建设的需要选择接收。

城市地下管线普查和补测补绘形成的地下管线档案应当在普查、测绘结束后三个月内接收进馆。地下管线专业管理单位每年应当向城建档案馆报送更改、报废、漏测部分的管线现状图和资料。

房地产权属档案的管理，由国务院建设行政主管部门另行规定。

第十一条　城建档案馆对接收的档案应当及时登记、整理，编制检索工具。做好档案的保管、保护工作，对破损或者变质的档案应当及时抢救。特别重要的城建档案应当采取有效措施，确保其安全无损。

城建档案馆应当积极开发档案信息资源，并按照国家的有关规定，向社会提供服务。

第十二条　建设行政主管部门对在城建档案工作中做出显著成绩的单位和个人，应当给予表彰和奖励。

第十三条　违反本规定有下列行为之一的，由建设行政主管部门对直接负责的主管人员或者其他直接责任人员依法给予行政处分；构成犯罪的，由司法机关依法追究刑事责任：

（一）无故延期或者不按照规定归档、报送的；

（二）涂改、伪造档案的；

（三）档案工作人员玩忽职守，造成档案损失的。

第十四条　建设工程竣工验收后，建设单位未按照本规定移交建设工程档案的，依照《建设工程质量管理条例》的规定处罚。

第十五条 省、自治区、直辖市人民政府建设行政主管部门可以根据本规定制定实施细则。

第十六条 本规定由国务院建设行政主管部门负责解释。

第十七条 本规定自1998年1月1日起施行。以前发布的有关规定与本规定不符的，按本规定执行。

建筑工程施工许可管理办法

（1999年10月15日建设部令第71号发布 根据2001年7月4日建设部令第91号修正）

第一条 为了加强对建筑活动的监督管理，维护建筑市场秩序，保证建筑工程的质量和安全，根据《中华人民共和国建筑法》，制定本办法。

第二条 在中华人民共和国境内从事各类房屋建筑及其附属设施的建造、装修装饰和与其配套的线路、管道、设备的安装，以及城镇市政基础设施工程的施工，建设单位在开工前应当依照本办法的规定，向工程所在地的县级以上人民政府建设行政主管部门（以下简称发证机关）申请领取施工许可证。

工程投资额在30万元以下或者建筑面积在300平方米以下的建筑工程，可以不申请办理施工许可证。省、自治区、直辖市人民政府建设行政主管部门可以根据当地的实际情况，对限额进行调整，并报国务院建设行政主管部门备案。

按照国务院规定的权限和程序批准开工报告的建筑工程，不再领取施工许可证。

第三条 本办法规定必须申请领取施工许可证的建筑工程未取得施工许可证的，一律不得开工。

任何单位和个人不得将应该申请领取施工许可证的工程项目分解为若干限额以下的工程项目，规避申请领取施工许可证。

第四条 建设单位申请领取施工许可证，应当具备下列条件，并提交相应的证明文件：

（一）已经办理该建筑工程用地批准手续。

（二）在城市规划区的建筑工程，已经取得建设工程规划许可证。

（三）施工场地已经基本具备施工条件，需要拆迁的，其拆迁进度符合施工要求。

（四）已经确定施工企业。按照规定应该招标的工程没有招标，应该公开招标的工程没有公开招标，或者肢解发包工程，以及将工程发包给不具备相应资质条件的，所确定的施工企业无效。

（五）有满足施工需要的施工图纸及技术资料，施工图设计文件已按规定进行了审查。

（六）有保证工程质量和安全的具体措施。施工企业编制的施工组织设计中有根据建筑工程特点制定的相应质量、安全技术措施，专业性较强的工程项目编制了专项质量、安全施工组织设计，并按照规定办理了工程质量、安全监督手续。

（七）按照规定应该委托监理的工程已委托监理。

（八）建设资金已经落实。建设工期不足一年的，到位资金原则上不得少于工程合同价的50%，建设工期超过一年的，到位资金原则上不得少于工程合同价的30%。建设单位应当提供银行出具的到位资金证明，有条件的可以实行银行付款保函或者其他第三方担保。

（九）法律、行政法规规定的其他条件。

第五条　申请办理施工许可证，应当按照下列程序进行：

（一）建设单位向发证机关领取《建筑工程施工许可证申请表》。

（二）建设单位持加盖单位及法定代表人印鉴的《建筑工程施工许可证申请表》，并附本办法第四条规定的证明文件，向发证机关提出申请。

（三）发证机关在收到建设单位报送的《建筑工程施工许可证申请表》和所附证明文件后，对于符合条件的，应当自收到申请之日起十五日内颁发施工许可证；对于证明文件不齐全或者失效的，应当限期要求建设单位补正，审批时间可以自证明文件补正齐全后作相应顺延；对于不符合条件的，应当自收到申请之日起十五日内书面通知建设单位，并说明理由。

建筑工程在施工过程中，建设单位或者施工单位发生变更的，应当重新申请领取施工许可证。

第六条　建设单位申请领取施工许可证的工程名称、地点、规模，应当与依法签订的施工承包合同一致。

施工许可证应当放置在施工现场备查。

第七条　施工许可证不得伪造和涂改。

第八条　建设单位应当自领取施工许可证之日起三个月内开工。因故不能按期开工的，应当在期满前向发证机关申请延期，并说明理由；延期以两次为限，每次不超过三个月。既不开工又不申请延期或者超过延期次数、时限的，施工许可证自行废止。

第九条 在建的建筑工程因故中止施工的，建设单位应当自中止施工之日起一个月内向发证机关报告，报告内容包括中止施工的时间、原因、在施部位、维护管理措施等，并按照规定做好建筑工程的维护管理工作。

建筑工程恢复施工时，应当向发证机关报告；中止施工满一年的工程恢复施工前，建设单位应当报发证机关核验施工许可证。

第十条 对于未取得施工许可证或者为规避办理施工许可证将工程项目分解后擅自施工的，由有管辖权的发证机关责令改正，对于不符合开工条件的，责令停止施工，并对建设单位和施工单位分别处以罚款。

第十一条 对于采用虚假证明文件骗取施工许可证的，由原发证机关收回施工许可证，责令停止施工，并对责任单位处以罚款；构成犯罪的，依法追究刑事责任。

第十二条 对于伪造施工许可证的，该施工许可证无效，由发证机关责令停止施工，并对责任单位处以罚款；构成犯罪的，依法追究刑事责任。

对于涂改施工许可证的，由原发证机关责令改正，并对责任单位处以罚款；构成犯罪的，依法追究刑事责任。

第十三条 本办法中的罚款，法律、法规有幅度规定的从其规定。无幅度规定的，有违法所得的处5 000元以上30 000元以下的罚款，没有违法所得的处5 000元以上10 000元以下的罚款。

第十四条 发证机关及其工作人员对不符合施工条件的建筑工程颁发施工许可证的，由其上级机关责令改正，对责任人员给予行政处分；徇私舞弊、滥用职权的，不得继续从事施工许可管理工作；构成犯罪的，依法追究刑事责任。

对于符合条件、证明文件齐全有效的建筑工程，发证机关在规定时间内不予颁发施工许可证的，建设单位可以依法申请行政复议或者提起行政诉讼。

第十五条 建筑工程施工许可证由国务院建设行政主管部门制定格式，由各省、自治区、直辖市人民政府建设行政主管部门统一印制。

施工许可证分为正本和副本，正本和副本具有同等法律效力。复印的施工许可证无效。

第十六条 本办法关于施工许可管理的规定适用于其他专业建筑工程。有关法律、行政法规有明确规定的，从其规定。

抢险救灾工程、临时性建筑工程、农民自建两层以下（含两层）住宅工程，不适用本办法。

军事房屋建筑工程施工许可的管理，按国务院、中央军事委员会制定的办法执行。

第十七条　省、自治区、直辖市人民政府建设行政主管部门可以根据本办法制定实施细则。

第十八条　本办法由国务院建设行政主管部门负责解释。

第十九条　本办法自1999年12月1日起施行。

建筑工程施工发包与承包计价管理办法

（2001年11月5日建设部令第107号发布）

第一条　为了规范建筑工程施工发包与承包计价行为，维护建筑工程发包与承包双方的合法权益，促进建筑市场的健康发展，根据有关法律、法规，制定本办法。

第二条　在中华人民共和国境内的建筑工程施工发包与承包计价（以下简称工程发承包计价）管理，适用本办法。

本办法所称建筑工程是指房屋建筑和市政基础设施工程。

本办法所称房屋建筑工程，是指各类房屋建筑及其附属设施和与其配套的线路、管道、设备安装工程及室内外装饰装修工程。

本办法所称市政基础设施工程，是指城市道路、公共交通、供水、排水、燃气、热力、园林、环卫、污水处理、垃圾处理、防洪、地下公共设施及附属设施的土建、管道、设备安装工程。

工程发承包计价包括编制施工图预算、招标标底、投标报价、工程结算和签订合同价等活动。

第三条　建筑工程施工发包与承包价在政府宏观调控下，由市场竞争形成。

工程发承包计价应当遵循公平、合法和诚实信用的原则。

第四条　国务院建设行政主管部门负责全国工程发承包计价工作的管理。

县级以上地方人民政府建设行政主管部门负责本行政区域内工程发承包计价工作的管理。其具体工作可以委托工程造价管理机构负责。

第五条　施工图预算、招标标底和投标报价由成本（直接费、间接费）、利润和税金构成。其编制可以采用以下计价方法：

（一）工料单价法。分部分项工程量的单价为直接费。直接费以人工、材料、机械的消耗量及其相应价格确定。间接费、利润、税金按照有关规定另行计算。

（二）综合单价法。分部分项工程量的单价为全费用单价。全费用单价综合计算完成分部分项工程所发生的直接费、间接费、利润、税金。

第六条 招标标底编制的依据为：

（一）国务院和省、自治区、直辖市人民政府建设行政主管部门制定的工程造价计价办法以及其他有关规定；

（二）市场价格信息。

第七条 投标报价应当满足招标文件要求。

投标报价应当依据企业定额和市场价格信息，并按照国务院和省、自治区、直辖市人民政府建设行政主管部门发布的工程造价计价办法进行编制。

第八条 招标投标工程可以采用工程量清单方法编制招标标底和投标报价。

工程量清单应当依据招标文件、施工设计图纸、施工现场条件和国家制定的统一工程量计算规则、分部分项工程项目划分、计量单位等进行编制。

第九条 招标标底和工程量清单由具有编制招标文件能力的招标人或其委托的具有相应资质的工程造价咨询机构、招标代理机构编制。

投标报价由投标人或其委托的具有相应资质的工程造价咨询机构编制。

第十条 对是否低于成本报价的异议，评标委员会可以参照建设行政主管部门发布的计价办法和有关规定进行评审。

第十一条 招标人与中标人应当根据中标价订立合同。

不实行招标投标的工程，在承包方编制的施工图预算的基础上，由发承包双方协商订立合同。

第十二条 合同价可以采用以下方式：

（一）固定价。合同总价或者单价在合同约定的风险范围内不可调整。

（二）可调价。合同总价或者单价在合同实施期内，根据合同约定的办法调整。

（三）成本加酬金。

第十三条 发承包双方在确定合同价时，应当考虑市场环境和生产要素价格变化对合同价的影响。

第十四条 建筑工程的发承包双方应当根据建设行政主管部门的规定，结合工程款、建设工期和包工包料情况在合同中约定预付工程款的具体事宜。

第十五条 建筑工程发承包双方应当按照合同约定定期或者按照工程进度分段进行工程款结算。

第十六条 工程竣工验收合格，应当按照下列规定进行竣工结算：

（一）承包方应当在工程竣工验收合格后的约定期限内提交竣工结算文件。

（二）发包方应当在收到竣工结算文件后的约定期限内予以答复。逾期未答复的，竣工结算文件视为已被认可。

（三）发包方对竣工结算文件有异议的，应当在答复期内向承包方提出，并可以在提出之日起的约定期限内与承包方协商。

（四）发包方在协商期内未与承包方协商或者经协商未能与承包方达成协议的，应当委托工程造价咨询单位进行竣工结算审核。

（五）发包方应当在协商期满后的约定期限内向承包方提出工程造价咨询单位出具的竣工结算审核意见。

发承包双方在合同中对上述事项的期限没有明确约定的，可认为其约定期限均为28日。

发承包双方对工程造价咨询单位出具的竣工结算审核意见仍有异议的，在接到该审核意见后一个月内可以向县级以上地方人民政府建设行政主管部门申请调解，调解不成的，可以依法申请仲裁或者向人民法院提起诉讼。

工程竣工结算文件经发包方与承包方确认即应当作为工程决算的依据。

第十七条　招标标底、投标报价、工程结算审核和工程造价鉴定文件应当由造价工程师签字，并加盖造价工程师执业专用章。

第十八条　县级以上地方人民政府建设行政主管部门应当加强对建筑工程发承包计价活动的监督检查。

第十九条　造价工程师在招标标底或者投标报价编制、工程结算审核和工程造价鉴定中，有意抬高、压低价格，情节严重的，由造价工程师注册管理机构注销其执业资格。

第二十条　工程造价咨询单位在建筑工程计价活动中有意抬高、压低价格或者提供虚假报告的，县级以上地方人民政府建设行政主管部门责令改正，并可处以一万元以上三万元以下的罚款；情节严重的，由发证机关注销工程造价咨询单位资质证书。

第二十一条　国家机关工作人员在建筑工程计价监督管理工作中，玩忽职守、徇私舞弊、滥用职权的，由有关机关给予行政处分；构成犯罪的，依法追究刑事责任。

第二十二条　建筑工程以外的工程施工发包与承包计价管理可以参照本办法执行。

第二十三条　本办法由国务院建设行政主管部门负责解释。

第二十四条　本办法自2001年12月1日起施行。

城市地下空间开发利用管理规定

（1997年10月27日建设部令第58号发布　根据2001年11月20日建设部令第108号修正）

第一章　总　　则

第一条　为了加强对城市地下空间开发利用的管理，合理开发城市地下空间资源，适应城市现代化和城市可持续发展建设的需要，依据《中华人民共和国城乡规划法》及有关法律、法规，制定本规定。

第二条　编制城市地下空间规划，对城市规划区范围内的地下空间进行开发利用，必须遵守本规定。

本规定所称的城市地下空间，是指城市规划区内地表以下的空间。

第三条　城市地下空间的开发利用应贯彻统一规划、综合开发、合理利用、依法管理的原则，坚持社会效益、经济效益和环境效益相结合，考虑防灾和人民防空等需要。

第四条　国务院建设行政主管部门负责全国城市地下空间的开发利用管理工作。

省、自治区人民政府建设行政主管部门负责本行政区域内城市地下空间的开发利用管理工作。

直辖市、市、县人民政府建设行政主管部门和城市规划行政主管部门按照职责分工，负责本行政区域内城市地下空间的开发利用管理工作。

第二章　城市地下空间的规划

第五条　城市地下空间规划是城市规划的重要组成部分。各级人民政府在组织编制城市总体规划时，应根据城市发展的需要，编制城市地下空间开发利用规划。

各级人民政府在编制城市详细规划时，应当依据城市地下空间开发利用规划对城市地下空间开发利用作出具体规定。

第六条　城市地下空间开发利用规划的主要内容包括：地下空间现状及发

展预测，地下空间开发战略，开发层次、内容、期限，规模与布局，以及地下空间开发实施步骤等。

第七条　城市地下空间的规划编制应注意保护和改善城市的生态环境，科学预测城市发展的需要，坚持因地制宜，远近兼顾，全面规划，分步实施，使城市地下空间的开发利用同国家和地方的经济技术发展水平相适应。城市地下空间规划应实行竖向分层立体综合开发，横向相关空间互相连通，地面建筑与地下工程协调配合。

第八条　编制城市地下空间规划必备的城市勘察、测量、水文、地质等资料应当符合国家有关规定。承担编制任务的单位，应当符合国家规定的资质要求。

第九条　城市地下空间规划作为城市规划的组成部分，依据《城乡规划法》的规定进行审批和调整。

城市地下空间建设规划由城市人民政府城市规划行政主管部门负责审查后，报城市人民政府批准。

城市地下空间规划需要变更的，须经原批准机关审批。

第三章　城市地下空间的工程建设

第十条　城市地下空间的工程建设必须符合城市地下空间规划，服从规划管理。

第十一条　附着地面建筑进行地下工程建设，应随地面建筑一并向城市规划行政主管部门申请办理选址意见书、建设用地规划许可证、建设工程规划许可证。

第十二条　独立开发的地下交通、商业、仓储、能源、通讯、管线、人防工程等设施，应持有关批准文件、技术资料，依据《城乡规划法》的有关规定，向城市规划行政主管部门申请办理选址意见书、建设用地规划许可证、建设工程规划许可证。

第十三条　建设单位或者个人在取得建设工程规划许可证和其他有关批准文件后，方可向建设行政主管部门申请办理建设工程施工许可证。

第十四条　地下工程建设应符合国家有关规定、标准和规范。

第十五条　地下工程的勘察设计，应由具备相应资质的勘察设计单位承担。

第十六条　地下工程设计应满足地下空间对环境、安全和设施运行、维护等方面的使用要求，使用功能与出入口设计应与地面建设相协调。

第十七条 地下工程的设计文件应当按照国家有关规定进行设计审查。

第十八条 地下工程的施工应由具备相应资质的施工单位承担，确保工程质量。

第十九条 地下工程必须按照设计图纸进行施工。施工单位认为有必要改变设计方案的，应由原设计单位进行修改，建设单位应重新办理审批手续。

第二十条 地下工程的施工，应尽量避免因施工干扰城市正常的交通和生活秩序，不得破坏现有建筑物，对临时损坏的地表地貌应及时恢复。

第二十一条 地下工程施工应当推行工程监理制度。

第二十二条 地下工程的专用设备、器材的定型、生产应当执行国家统一标准。

第二十三条 地下工程竣工后，建设单位应当组织设计、施工、工程监理等有关单位进行竣工验收，经验收合格的方可交付使用。

建设单位应当自竣工验收合格之日起15日内，将建设工程竣工验收报告和规划、公安消防、环保等部门出具的认可文件或者准许使用文件报建设行政主管部门或者其他有关部门备案，并及时向建设行政主管部门或者其他有关部门移交建设项目档案。

第四章 城市地下空间的工程管理

第二十四条 城市地下工程由开发利用的建设单位或者使用单位进行管理，并接受建设行政主管部门的监督检查。

第二十五条 地下工程应本着“谁投资、谁所有、谁受益、谁维护”的原则，允许建设单位对其投资开发建设的地下工程自营或者依法进行转让、租赁。

第二十六条 建设单位或者使用单位应加强地下空间开发利用工程的使用管理，做好工程的维护管理和设施维修、更新，并建立健全维护管理制度和工程维修档案，确保工程、设备处于良好状态。

第二十七条 建设单位或者使用单位应当建立健全地下工程的使用安全责任制度，采取可行的措施，防范发生火灾、水灾、爆炸及危害人身健康的各种污染。

第二十八条 建设单位或者使用单位在使用或者装饰装修中不得擅自改变地下工程的结构设计，需改变原结构设计的，应当由具备相应资质的设计单位设计，并按照规定重新办理审批手续。

第二十九条 平战结合的地下工程，平时由建设或者使用单位进行管理，并应保证战时能迅速提供有关部门和单位使用。

第五章　罚　　则

第三十条　进行城市地下空间的开发建设，违反城市地下空间的规划及法定实施管理程序规定的，由县级以上人民政府城市规划行政主管部门依法处罚。

第三十一条　有下列行为之一的，县级以上人民政府建设行政主管部门根据有关法律、法规处罚。

（一）未领取建设工程施工许可证擅自开工，进行地下工程建设的；

（二）设计文件未按照规定进行设计审查，擅自施工的；

（三）不按照工程设计图纸进行施工的；

（四）在使用或者装饰装修中擅自改变地下工程结构设计的；

（五）地下工程的专用设备、器材的定型、生产未执行国家统一标准的。

第三十二条　在城市地下空间的开发利用管理工作中，建设行政主管部门和城市规划行政主管部门工作人员玩忽职守、滥用职权、徇私舞弊，依法给予行政处分；构成犯罪的，依法追究刑事责任。

第六章　附　　则

第三十三条　省、自治区人民政府建设行政主管部门、直辖市人民政府建设行政主管部门和城市规划行政主管部门可根据本规定制定实施办法。

第三十四条　本规定由国务院建设行政主管部门负责解释。

第三十五条　本规定自1997年12月1日起施行。

住宅室内装饰装修管理办法

（2002年3月5日建设部令第110号发布）

第一章　总　　则

第一条　为加强住宅室内装饰装修管理，保证装饰装修工程质量和安全，维护公共安全和公众利益，根据有关法律、法规，制定本办法。

第二条 在城市从事住宅室内装饰装修活动，实施对住宅室内装饰装修活动的监督管理，应当遵守本办法。

本办法所称住宅室内装饰装修，是指住宅竣工验收合格后，业主或者住宅使用人（以下简称装修人）对住宅室内进行装饰装修的建筑活动。

第三条 住宅室内装饰装修应当保证工程质量和安全，符合工程建设强制性标准。

第四条 国务院建设行政主管部门负责全国住宅室内装饰装修活动的管理工作。

省、自治区人民政府建设行政主管部门负责本行政区域内的住宅室内装饰装修活动的管理工作。

直辖市、市、县人民政府房地产行政主管部门负责本行政区域内的住宅室内装饰装修活动的管理工作。

第二章　一般规定

第五条 住宅室内装饰装修活动，禁止下列行为：

（一）未经原设计单位或者具有相应资质等级的设计单位提出设计方案，变动建筑主体和承重结构；

（二）将没有防水要求的房间或者阳台改为卫生间、厨房间；

（三）扩大承重墙上原有的门窗尺寸，拆除连接阳台的砖、混凝土墙体；

（四）损坏房屋原有节能设施，降低节能效果；

（五）其他影响建筑结构和使用安全的行为。

本办法所称建筑主体，是指建筑实体的结构构造，包括屋盖、楼盖、梁、柱、支撑、墙体、连接接点和基础等。

本办法所称承重结构，是指直接将本身自重与各种外加作用力系统地传递给基础地基的主要结构构件和其连接接点，包括承重墙体、立杆、柱、框架柱、支墩、楼板、梁、屋架、悬索等。

第六条 装修人从事住宅室内装饰装修活动，未经批准，不得有下列行为：

（一）搭建建筑物、构筑物；

（二）改变住宅外立面，在非承重外墙上开门、窗；

（三）拆改供暖管道和设施；

（四）拆改燃气管道和设施。

本条所列第（一）项、第（二）项行为，应当经城市规划行政主管部门批准；第（三）项行为，应当经供暖管理单位批准；第（四）项行为应当经燃气管理单位批准。

第七条　住宅室内装饰装修超过设计标准或者规范增加楼面荷载的，应当经原设计单位或者具有相应资质等级的设计单位提出设计方案。

第八条　改动卫生间、厨房间防水层的，应当按照防水标准制订施工方案，并做闭水试验。

第九条　装修人经原设计单位或者具有相应资质等级的设计单位提出设计方案变动建筑主体和承重结构的，或者装修活动涉及本办法第六条、第七条、第八条内容的，必须委托具有相应资质的装饰装修企业承担。

第十条　装饰装修企业必须按照工程建设强制性标准和其他技术标准施工，不得偷工减料，确保装饰装修工程质量。

第十一条　装饰装修企业从事住宅室内装饰装修活动，应当遵守施工安全操作规程，按照规定采取必要的安全防护和消防措施，不得擅自动用明火和进行焊接作业，保证作业人员和周围住房及财产的安全。

第十二条　装修人和装饰装修企业从事住宅室内装饰装修活动，不得侵占公共空间，不得损害公共部位和设施。

第三章　开工申报与监督

第十三条　装修人在住宅室内装饰装修工程开工前，应当向物业管理企业或者房屋管理机构（以下简称物业管理单位）申报登记。

非业主的住宅使用人对住宅室内进行装饰装修，应当取得业主的书面同意。

第十四条　申报登记应当提交下列材料：

（一）房屋所有权证（或者证明其合法权益的有效凭证）；

（二）申请人身份证件；

（三）装饰装修方案；

（四）变动建筑主体或者承重结构的，需提交原设计单位或者具有相应资质等级的设计单位提出的设计方案；

（五）涉及本办法第六条行为的，需提交有关部门的批准文件，涉及本办法第七条、第八条行为的，需提交设计方案或者施工方案；

（六）委托装饰装修企业施工的，需提供该企业相关资质证书的复印件。

非业主的住宅使用人，还需提供业主同意装饰装修的书面证明。

第十五条 物业管理单位应当将住宅室内装饰装修工程的禁止行为和注意事项告知装修人和装修人委托的装饰装修企业。

装修人对住宅进行装饰装修前，应当告知邻里。

第十六条 装修人，或者装修人和装饰装修企业，应当与物业管理单位签订住宅室内装饰装修管理服务协议。

住宅室内装饰装修管理服务协议应当包括下列内容：

（一）装饰装修工程的实施内容；

（二）装饰装修工程的实施期限；

（三）允许施工的时间；

（四）废弃物的清运与处置；

（五）住宅外立面设施及防盗窗的安装要求；

（六）禁止行为和注意事项；

（七）管理服务费用；

（八）违约责任；

（九）其他需要约定的事项。

第十七条 物业管理单位应当按照住宅室内装饰装修管理服务协议实施管理，发现装修人或者装饰装修企业有本办法第五条行为的，或者未经有关部门批准实施本办法第六条所列行为的，或者有违反本办法第七条、第八条、第九条规定行为的，应当立即制止；已造成事实后果或者拒不改正的，应当及时报告有关部门依法处理。对装修人或者装饰装修企业违反住宅室内装饰装修管理服务协议的，追究违约责任。

第十八条 有关部门接到物业管理单位关于装修人或者装饰装修企业有违反本办法行为的报告后，应当及时到现场检查核实，依法处理。

第十九条 禁止物业管理单位向装修人指派装饰装修企业或者强行推销装饰装修材料。

第二十条 装修人不得拒绝和阻碍物业管理单位依据住宅室内装饰装修管理服务协议的约定，对住宅室内装饰装修活动的监督检查。

第二十一条 任何单位和个人对住宅室内装饰装修中出现的影响公众利益的质量事故、质量缺陷以及其他影响周围住户正常生活的行为，都有权检举、控告、投诉。

第四章 委托与承接

第二十二条 承接住宅室内装饰装修工程的装饰装修企业，必须经建设行政主管部门资质审查，取得相应的建筑业企业资质证书，并在其资质等级许可的范围内承揽工程。

第二十三条　装修人委托企业承接其装饰装修工程的，应当选择具有相应资质等级的装饰装修企业。

第二十四条　装修人与装饰装修企业应当签订住宅室内装饰装修书面合同，明确双方的权利和义务。

住宅室内装饰装修合同应当包括下列主要内容：

（一）委托人和被委托人的姓名或者单位名称、住所地址、联系电话；

（二）住宅室内装饰装修的房屋间数、建筑面积，装饰装修的项目、方式、规格、质量要求以及质量验收方式；

（三）装饰装修工程的开工、竣工时间；

（四）装饰装修工程保修的内容、期限；

（五）装饰装修工程价格，计价和支付方式、时间；

（六）合同变更和解除的条件；

（七）违约责任及解决纠纷的途径；

（八）合同的生效时间；

（九）双方认为需要明确的其他条款。

第二十五条　住宅室内装饰装修工程发生纠纷的，可以协商或者调解解决。不愿协商、调解或者协商、调解不成的，可以依法申请仲裁或者向人民法院起诉。

第五章　室内环境质量

第二十六条　装饰装修企业从事住宅室内装饰装修活动，应当严格遵守规定的装饰装修施工时间，降低施工噪音，减少环境污染。

第二十七条　住宅室内装饰装修过程中所形成的各种固体、可燃液体等废物，应当按照规定的位置、方式和时间堆放和清运。严禁违反规定将各种固体、可燃液体等废物堆放于住宅垃圾道、楼道或者其他地方。

第二十八条　住宅室内装饰装修工程使用的材料和设备必须符合国家标准，有质量检验合格证明和有中文标识的产品名称、规格、型号、生产厂厂名、厂址等。禁止使用国家明令淘汰的建筑装饰装修材料和设备。

第二十九条　装修人委托企业对住宅室内进行装饰装修的，装饰装修工程竣工后，空气质量应当符合国家有关标准。装修人可以委托有资格的检测单位对空气质量进行检测。检测不合格的，装饰装修企业应当返工，并由责任人承担相应损失。

第六章　竣工验收与保修

第三十条　住宅室内装饰装修工程竣工后，装修人应当按照工程设计合同约定和相应的质量标准进行验收。验收合格后，装饰装修企业应当出具住宅室内装饰装修质量保修书。

物业管理单位应当按照装饰装修管理服务协议进行现场检查，对违反法律、法规和装饰装修管理服务协议的，应当要求装修人和装饰装修企业纠正，并将检查记录存档。

第三十一条　住宅室内装饰装修工程竣工后，装饰装修企业负责采购装饰装修材料及设备的，应当向业主提交说明书、保修单和环保说明书。

第三十二条　在正常使用条件下，住宅室内装饰装修工程的最低保修期限为二年，有防水要求的厨房、卫生间和外墙面的防渗漏为五年。保修期自住宅室内装饰装修工程竣工验收合格之日起计算。

第七章　法律责任

第三十三条　因住宅室内装饰装修活动造成相邻住宅的管道堵塞、渗漏水、停水停电、物品毁坏等，装修人应当负责修复和赔偿；属于装饰装修企业责任的，装修人可以向装饰装修企业追偿。

装修人擅自拆改供暖、燃气管道和设施造成损失的，由装修人负责赔偿。

第三十四条　装修人因住宅室内装饰装修活动侵占公共空间，对公共部位和设施造成损害的，由城市房地产行政主管部门责令改正，造成损失的，依法承担赔偿责任。

第三十五条　装修人未申报登记进行住宅室内装饰装修活动的，由城市房地产行政主管部门责令改正，处5百元以上1千元以下的罚款。

第三十六条　装修人违反本办法规定，将住宅室内装饰装修工程委托给不具有相应资质等级企业的，由城市房地产行政主管部门责令改正，处5百元以上1千元以下的罚款。

第三十七条　装饰装修企业自行采购或者向装修人推荐使用不符合国家标

准的装饰装修材料，造成空气污染超标的，由城市房地产行政主管部门责令改正，造成损失的，依法承担赔偿责任。

第三十八条　住宅室内装饰装修活动有下列行为之一的，由城市房地产行政主管部门责令改正，并处罚款：

（一）将没有防水要求的房间或者阳台改为卫生间、厨房间的，或者拆除连接阳台的砖、混凝土墙体的，对装修人处5百元以上1千元以下的罚款，对装饰装修企业处1千元以上1万元以下的罚款；

（二）损坏房屋原有节能设施或者降低节能效果的，对装饰装修企业处1千元以上5千元以下的罚款；

（三）擅自拆改供暖、燃气管道和设施的，对装修人处5百元以上1千元以下的罚款；

（四）未经原设计单位或者具有相应资质等级的设计单位提出设计方案，擅自超过设计标准或者规范增加楼面荷载的，对装修人处5百元以上1千元以下的罚款，对装饰装修企业处1千元以上1万元以下的罚款。

第三十九条　未经城市规划行政主管部门批准，在住宅室内装饰装修活动中搭建建筑物、构筑物的，或者擅自改变住宅外立面、在非承重外墙上开门、窗的，由城市规划行政主管部门按照《城乡规划法》及相关法规的规定处罚。

第四十条　装修人或者装饰装修企业违反《建设工程质量管理条例》的，由建设行政主管部门按照有关规定处罚。

第四十一条　装饰装修企业违反国家有关安全生产规定和安全生产技术规程，不按照规定采取必要的安全防护和消防措施，擅自动用明火作业和进行焊接作业的，或者对建筑安全事故隐患不采取措施予以消除的，由建设行政主管部门责令改正，并处1千元以上1万元以下的罚款；情节严重的，责令停业整顿，并处1万元以上3万元以下的罚款；造成重大安全事故的，降低资质等级或者吊销资质证书。

第四十二条　物业管理单位发现装修人或者装饰装修企业有违反本办法规定的行为不及时向有关部门报告的，由房地产行政主管部门给予警告，可处装饰装修管理服务协议约定的装饰装修管理服务费2至3倍的罚款。

第四十三条　有关部门的工作人员接到物业管理单位对装修人或者装饰装修企业违法行为的报告后，未及时处理，玩忽职守的，依法给予行政处分。

第八章　附　　则

第四十四条　工程投资额在30万元以下或者建筑面积在300平方米以下，

可以不申请办理施工许可证的非住宅装饰装修活动参照本办法执行。

第四十五条 住宅竣工验收合格前的装饰装修工程管理，按照《建设工程质量管理条例》执行。

第四十六条 省、自治区、直辖市人民政府建设行政主管部门可以依据本办法，制定实施细则。

第四十七条 本办法由国务院建设行政主管部门负责解释。

第四十八条 本办法自2002年5月1日起施行。

超限高层建筑工程抗震设防管理规定

（2002年7月25日建设部令第111号发布）

第一条 为了加强超限高层建筑工程的抗震设防管理，提高超限高层建筑工程抗震设计的可靠性和安全性，保证超限高层建筑工程抗震设防的质量，根据《中华人民共和国建筑法》、《中华人民共和国防震减灾法》、《建设工程质量管理条例》、《建设工程勘察设计管理条例》等法律、法规，制定本规定。

第二条 本规定适用于抗震设防区内超限高层建筑工程的抗震设防管理。

本规定所称超限高层建筑工程，是指超出国家现行规范、规程所规定的适用高度和适用结构类型的高层建筑工程，体型特别不规则的高层建筑工程，以及有关规范、规程规定应当进行抗震专项审查的高层建筑工程。

第三条 国务院建设行政主管部门负责全国超限高层建筑工程抗震设防的管理工作。

省、自治区、直辖市人民政府建设行政主管部门负责本行政区内超限高层建筑工程抗震设防的管理工作。

第四条 超限高层建筑工程的抗震设防应当采取有效的抗震措施，确保超限高层建筑工程达到规范规定的抗震设防目标。

第五条 在抗震设防区内进行超限高层建筑工程的建设时，建设单位应当在初步设计阶段向工程所在地的省、自治区、直辖市人民政府建设行政主管部门提出专项报告。

第六条 超限高层建筑工程所在地的省、自治区、直辖市人民政府建设行政主管部门，负责组织省、自治区、直辖市超限高层建筑工程抗震设防专家委员会对超限高层建筑工程进行抗震设防专项审查。

审查难度大或审查意见难以统一的，工程所在地的省、自治区、直辖市人民政府建设行政主管部门可请全国超限高层建筑工程抗震设防专家委员会提出专项审查意见，并报国务院建设行政主管部门备案。

第七条　全国和省、自治区、直辖市的超限高层建筑工程抗震设防审查专家委员会委员分别由国务院建设行政主管部门和省、自治区、直辖市人民政府建设行政主管部门聘任。

超限高层建筑工程抗震设防专家委员会应当由长期从事并精通高层建筑工程抗震的勘察、设计、科研、教学和管理专家组成，并对抗震设防专项审查意见承担相应的审查责任。

第八条　超限高层建筑工程的抗震设防专项审查内容包括：建筑的抗震设防分类、抗震设防烈度（或者设计地震动参数）、场地抗震性能评价、抗震概念设计、主要结构布置、建筑与结构的协调、使用的计算程序、结构计算结果、地基基础和上部结构抗震性能评估等。

第九条　建设单位申报超限高层建筑工程的抗震设防专项审查时，应当提供以下材料：

（一）超限高层建筑工程抗震设防专项审查表；

（二）设计的主要内容、技术依据、可行性论证及主要抗震措施；

（三）工程勘察报告；

（四）结构设计计算的主要结果；

（五）结构抗震薄弱部位的分析和相应措施；

（六）初步设计文件；

（七）设计时参照使用的国外有关抗震设计标准、工程和震害资料及计算机程序；

（八）对要求进行模型抗震性能试验研究的，应当提供抗震试验研究报告。

第十条　建设行政主管部门应当自接到抗震设防专项审查全部申报材料之日起25日内，组织专家委员会提出书面审查意见，并将审查结果通知建设单位。

第十一条　超限高层建筑工程抗震设防专项审查费用由建设单位承担。

第十二条　超限高层建筑工程的勘察、设计、施工、监理，应当由具备甲级（一级及以上）资质的勘察、设计、施工和工程监理单位承担，其中建筑设计和结构设计应当分别由具有高层建筑设计经验的一级注册建筑师和一级注册结构工程师承担。

第十三条　建设单位、勘察单位、设计单位应当严格按照抗震设防专项审查意见进行超限高层建筑工程的勘察、设计。

第十四条 未经超限高层建筑工程抗震设防专项审查，建设行政主管部门和其他有关部门不得对超限高层建筑工程施工图设计文件进行审查。

超限高层建筑工程的施工图设计文件审查应当由经国务院建设行政主管部门认定的具有超限高层建筑工程审查资格的施工图设计文件审查机构承担。

施工图设计文件审查时应当检查设计图纸是否执行了抗震设防专项审查意见；未执行专项审查意见的，施工图设计文件审查不能通过。

第十五条 建设单位、施工单位、工程监理单位应当严格按照经抗震设防专项审查和施工图设计文件审查的勘察设计文件进行超限高层建筑工程的抗震设防和采取抗震措施。

第十六条 对国家现行规范要求设置建筑结构地震反应观测系统的超限高层建筑工程，建设单位应当按照规范要求设置地震反应观测系统。

第十七条 建设单位违反本规定，施工图设计文件未经审查或者审查不合格，擅自施工的，责令改正，处以 20 万元以上 50 万元以下的罚款。

第十八条 勘察、设计单位违反本规定，未按照抗震设防专项审查意见进行超限高层建筑工程勘察、设计的，责令改正，处以 1 万元以上 3 万元以下的罚款；造成损失的，依法承担赔偿责任。

第十九条 国家机关工作人员在超限高层建筑工程抗震设防管理工作中玩忽职守，滥用职权，徇私舞弊，构成犯罪的，依法追究刑事责任；尚不构成犯罪的，依法给予行政处分。

第二十条 省、自治区、直辖市人民政府建设行政主管部门，可结合本地区的具体情况制定实施细则，并报国务院建设行政主管部门备案。

第二十一条 本规定自 2002 年 9 月 1 日起施行。1997 年 12 月 23 日建设部颁布的《超限高层建筑工程抗震设防管理暂行规定》（建设部令第 59 号）同时废止。

外商投资建筑业企业管理规定

（2002 年 9 月 27 日建设部、对外贸易经济合作部令第 113 号发布）

第一章 总　　则

第一条 为进一步扩大对外开放，规范对外商投资建筑业企业的管理，根据《中华人民共和国建筑法》、《中华人民共和国招标投标法》、《中华人民共和国中外合资经营企业法》、《中华人民共和国中外合作经营企业法》、《中华人民共和国外资企业法》、《建设工程质量管理条例》等法律、行政法规，制定本规定。

第二条 在中华人民共和国境内设立外商投资建筑业企业，申请建筑业企业资质，实施对外商投资建筑业企业监督管理，适用本规定。

本规定所称外商投资建筑业企业，是指根据中国法律、法规的规定，在中华人民共和国境内投资设立的外资建筑业企业、中外合资经营建筑业企业以及中外合作经营建筑业企业。

第三条 外国投资者在中华人民共和国境内设立外商投资建筑业企业，并从事建筑活动，应当依法取得对外贸易经济行政主管部门颁发的外商投资企业批准证书，在国家工商行政管理总局或者其授权的地方工商行政管理局注册登记，并取得建设行政主管部门颁发的建筑业企业资质证书。

第四条 外商投资建筑业企业在中华人民共和国境内从事建筑活动，应当遵守中国的法律、法规、规章。

外商投资建筑业企业在中华人民共和国境内的合法经营活动及合法权益受中国法律、法规、规章的保护。

第五条 国务院对外贸易经济行政主管部门负责外商投资建筑业企业设立的管理工作；国务院建设行政主管部门负责外商投资建筑业企业资质的管理工作。

省、自治区、直辖市人民政府对外贸易经济行政主管部门在授权范围内负责外商投资建筑业企业设立的管理工作；省、自治区、直辖市人民政府建设行政主管部门按照本规定负责本行政区域内的外商投资建筑业企业资质的管理工作。

第二章 企业设立与资质的申请和审批

第六条 外商投资建筑业企业设立与资质的申请和审批，实行分级、分类管理。

申请设立施工总承包序列特级和一级、专业承包序列一级资质外商投资建筑业企业的，其设立由国务院对外贸易经济行政主管部门审批，其资质由国务院建设行政主管部门审批；申请设立施工总承包序列和专业承包序列二级及二级以下、劳务分包序列资质的，其设立由省、自治区、直辖市人民政府对外贸易经济行政主管部门审批，其资质由省、自治区、直辖市人民政府建设行政主管部门审批。

中外合资经营建筑业企业、中外合作经营建筑业企业的中方投资者为中央管理企业的，其设立由国务院对外贸易经济行政主管部门审批，其资质由国务院建设行政主管部门审批。

第七条 设立外商投资建筑业企业，申请施工总承包序列特级和一级、专业承包序列一级资质的程序：

（一）申请者向拟设立企业所在地的省、自治区、直辖市人民政府对外贸易经济行政主管部门提出设立申请。

（二）省、自治区、直辖市人民政府对外贸易经济行政主管部门在受理申请之日起30日内完成初审，初审同意后，报国务院对外贸易经济行政主管部门。

（三）国务院对外贸易经济行政主管部门在收到初审材料之日起10日内将申请材料送国务院建设行政主管部门征求意见。国务院建设行政主管部门在收到征求意见函之日起30日内提出意见。国务院对外贸易经济行政主管部门在收到国务院建设行政主管部门书面意见之日起30日内作出批准或者不批准的书面决定。予以批准的，发给外商投资企业批准证书；不予批准的，书面说明理由。

（四）取得外商投资企业批准证书的，应当在30日内到登记主管机关办理企业登记注册。

（五）取得企业法人营业执照后，申请建筑业企业资质的，按照建筑业企业资质管理规定办理。

第八条 设立外商投资建筑业企业，申请施工总承包序列和专业承包序列二级及二级以下、劳务分包序列资质的程序，由各省、自治区、直辖市人民政府建设行政主管部门和对外贸易经济行政主管部门，结合本地区实际情况，参照本规定第七条以及建筑业企业资质管理规定执行。

省、自治区、直辖市人民政府建设行政主管部门审批的外商投资建筑业企业资质，应当在批准之日起30日内报国务院建设行政主管部门备案。

第九条 外商投资建筑业企业申请晋升资质等级或者增加主项以外资质的，应当依照有关规定到建设行政主管部门办理相关手续。

第十条 申请设立外商投资建筑业企业应当向对外贸易经济行政主管部门提交下列资料：

（一）投资方法定代表人签署的外商投资建筑业企业设立申请书；

（二）投资方编制或者认可的可行性研究报告；

（三）投资方法定代表人签署的外商投资建筑业企业合同和章程（其中，设立外资建筑业企业的只需提供章程）；

（四）企业名称预先核准通知书；

（五）投资方法人登记注册证明、投资方银行资信证明；

（六）投资方拟派出的董事长、董事会成员、经理、工程技术负责人等任职文件及证明文件；

（七）经注册会计师或者会计事务所审计的投资方最近三年的资产负债表和损益表。

第十一条 申请外商投资建筑业企业资质应当向建设行政主管部门提交下列资料：

（一）外商投资建筑业企业资质申请表；

（二）外商投资企业批准证书；

（三）企业法人营业执照；

（四）投资方的银行资信证明；

（五）投资方拟派出的董事长、董事会成员、企业财务负责人、经营负责人、工程技术负责人等任职文件及证明文件；

（六）经注册会计师或者会计师事务所审计的投资方最近三年的资产负债表和损益表；

（七）建筑业企业资质管理规定要求提交的资料。

第十二条 中外合资经营建筑业企业、中外合作经营建筑业企业中方合营者的出资总额不得低于注册资本的25%。

第十三条 本规定实施前，已经设立的中外合资经营建筑业企业、中外合作经营建筑业企业，应当按照本规定和建筑业企业资质管理规定重新核定资质等级。

第十四条 本规定中要求申请者提交的资料应当使用中文，证明文件原件是外文的，应当提供中文译本。

第三章　工程承包范围

第十五条 外资建筑业企业只允许在其资质等级许可的范围内承包下列工程：

（一）全部由外国投资、外国赠款、外国投资及赠款建设的工程；

（二）由国际金融机构资助并通过根据贷款条款进行的国际招标授予的建设项目；

（三）外资等于或者超过 50% 的中外联合建设项目；及外资少于 50%，但因技术困难而不能由中国建筑企业独立实施，经省、自治区、直辖市人民政府建设行政主管部门批准的中外联合建设项目；

（四）由中国投资，但因技术困难而不能由中国建筑企业独立实施的建设项目，经省、自治区、直辖市人民政府建设行政主管部门批准，可以由中外建筑企业联合承揽。

第十六条 中外合资经营建筑业企业、中外合作经营建筑业企业应当在其资质等级许可的范围内承包工程。

第四章 监督管理

第十七条 外商投资建筑业企业的资质等级标准执行国务院建设行政主管部门颁发的建筑业企业资质等级标准。

第十八条 承揽施工总承包工程的外商投资建筑业企业，建筑工程主体结构的施工必须由其自行完成。

第十九条 外商投资建筑业企业与其他建筑业企业联合承包，应当按照资质等级低的企业的业务许可范围承包工程。

第二十条 外资建筑业企业违反本规定第十五条，超越资质许可的业务范围承包工程的，处工程合同价款 2% 以上 4% 以下的罚款；可以责令停业整顿，降低资质等级；情节严重的，吊销资质证书；有违法所得的，予以没收。

第二十一条 外商投资建筑业企业从事建筑活动，违反《中华人民共和国建筑法》、《中华人民共和国招标投标法》、《建设工程质量管理条例》、《建筑业企业资质管理规定》等有关法律、法规、规章的，依照有关规定处罚。

第五章 附　　则

第二十二条 本规定实施前已经取得《外国企业承包工程资质证》的外国企业投资设立外商投资建筑业企业，可以根据其在中华人民共和国境内承包工程业绩等申请相应等级的建筑业企业资质。

根据本条第一款规定已经在中华人民共和国境内设立外商投资建筑业企业的外国企业，设立新的外商投资建筑业企业，其资质等级按照建筑业企业资质管理规定核定。

第二十三条　香港特别行政区、澳门特别行政区和台湾地区投资者在其他省、自治区、直辖市投资设立建筑业企业，从事建筑活动的，参照本规定执行。法律、法规、国务院另有规定的除外。

第二十四条　本规定由国务院建设行政主管部门和国务院对外贸易经济行政主管部门按照各自职责负责解释。

第二十五条　本规定自 2002 年 12 月 1 日起施行。

第二十六条　自 2003 年 10 月 1 日起，1994 年 3 月 22 日建设部颁布的《在中国境内承包工程的外国企业资质管理暂行办法》（建设部令第 32 号）废止。

第二十七条　自 2002 年 12 月 1 日起，建设部和对外贸易经济合作部联合颁布的《关于设立外商投资建筑业企业的若干规定》（建建〔1995〕533 号）废止。

外商投资建设工程设计企业管理规定

（2002 年 9 月 27 日建设部、对外贸易经济合作部令第 114 号发布）

第一条　为进一步扩大对外开放，规范对外商投资建设工程设计企业的管理，根据《中华人民共和国建筑法》、《中华人民共和国中外合资经营企业法》、《中华人民共和国中外合作经营企业法》、《中华人民共和国外资企业法》、《建设工程质量管理条例》、《建设工程勘察设计管理条例》等法律、行政法规，制定本规定。

第二条　在中华人民共和国境内设立外商投资建设工程设计企业，申请建设工程设计企业资质，实施对外商投资建设工程设计企业监督管理，适用本规定。

本规定所称外商投资建设工程设计企业，是指根据中国法律、法规的规定，在中华人民共和国境内投资设立的外资建设工程设计企业、中外合资经营建设工程设计企业以及中外合作经营建设工程设计企业。

第三条　外国投资者在中华人民共和国境内设立外商投资建设工程设计企业，并从事建设工程设计活动，应当依法取得对外贸易经济行政主管部门颁发的外商投资企业批准证书，在国家工商行政管理总局或者其授权的地方工商行政管理局注册登记，并取得建设行政主管部门颁发的建设工程设计企业资质证书。

第四条 外商投资建设工程设计企业在中华人民共和国境内从事建设工程设计活动，应当遵守中国的法律、法规、规章。

外商投资建设工程设计企业在中华人民共和国境内的合法经营活动及合法权益受中国法律、法规、规章的保护。

第五条 国务院对外贸易经济合作行政主管部门负责外商投资建设工程设计企业设立的管理工作；国务院建设行政主管部门负责外商投资建设工程设计企业资质的管理工作。

省、自治区、直辖市人民政府对外贸易经济行政主管部门在授权范围内负责外商投资建设工程设计企业设立的管理工作；省、自治区、直辖市人民政府建设行政主管部门按照本规定负责本行政区域内的外商投资建设工程设计企业资质的管理工作。

第六条 外商投资建设工程设计企业设立与资质的申请和审批，实行分级、分类管理。

申请设立建筑工程设计甲级资质及其他建设工程设计甲、乙级资质外商投资建设工程设计企业的，其设立由国务院对外贸易经济行政主管部门审批，其资质由国务院建设行政主管部门审批；申请设立建筑工程设计乙级资质、其他建设工程设计丙级及以下等级资质外商投资建设工程设计企业的，其设立由省、自治区、直辖市人民政府对外贸易经济行政主管部门审批，其资质由省、自治区、直辖市人民政府建设行政主管部门审批。

第七条 设立外商投资建设工程设计企业，申请建筑工程设计甲级资质及其他建设工程设计甲、乙级资质的程序：

（一）申请者向拟设立企业所在地的省、自治区、直辖市人民政府对外贸易经济行政主管部门提出设立申请。

（二）省、自治区、直辖市人民政府对外贸易经济行政主管部门在受理申请之日起 30 日内完成初审；初审同意后，报国务院对外贸易经济行政主管部门。

（三）国务院对外贸易经济行政主管部门在收到初审材料之日起 10 日内将申请材料送国务院建设行政主管部门征求意见。国务院建设行政主管部门在收到征求意见函之日起 30 日内提出意见。国务院对外贸易经济行政主管部门在收到国务院建设行政主管部门书面意见之日起 30 日内作出批准或者不批准的书面决定。予以批准的，发给外商投资企业批准证书；不予批准的，书面说明理由。

（四）取得外商投资企业批准证书的，应当在 30 日内到登记主管机关办理企业登记注册。

（五）取得企业法人营业执照后，申请建设工程设计企业资质的，按照建设工程设计企业资质管理规定办理。

第八条 设立外商投资建设工程设计企业，申请建筑工程乙级资质和其他建设工程设计丙级及以下等级资质的程序，由各省、自治区、直辖市人民政府建设行政主管部门和对外贸易经济行政主管部门，结合本地区实际情况，参照本规定第七条以及建设工程设计企业资质管理规定执行。

省、自治区、直辖市人民政府建设行政主管部门审批的外商投资建设工程设计企业资质，应当在批准之日起30日内报国务院建设行政主管部门备案。

第九条 外商投资建设工程设计企业申请晋升资质等级或者申请增加其他建设工程设计企业资质，应当依照有关规定到建设行政主管部门办理相关手续。

第十条 申请设立外商投资建设工程设计企业应当向对外贸易经济行政主管部门提交下列资料：

（一）投资方法定代表人签署的外商投资建设工程设计企业设立申请书；

（二）投资方编制或者认可的可行性研究报告；

（三）投资方法定代表人签署的外商投资建设工程设计企业合同和章程（其中，设立外资建设工程设计企业只需提供章程）；

（四）企业名称预先核准通知书；

（五）投资方所在国或者地区从事建设工程设计的企业注册登记证明、银行资信证明；

（六）投资方拟派出的董事长、董事会成员、经理、工程技术负责人等任职文件及证明文件；

（七）经注册会计师或者会计师事务所审计的投资方最近三年的资产负债表和损益表。

第十一条 申请外商投资建设工程设计企业资质应当向建设行政主管部门提交下列资料：

（一）外商投资建设工程设计企业资质申报表；

（二）外商投资企业批准证书；

（三）企业法人营业执照；

（四）外方投资者所在国或者地区从事建设工程设计的企业注册登记证明、银行资信证明；

（五）外国服务提供者所在国或者地区的个人执业资格证明以及由所在国或者地区政府主管部门或者行业学会、协会、公证机构出具的个人、企业建设工程设计业绩、信誉证明；

（六）建设工程设计企业资质管理规定要求提供的其他资料。

第十二条 本规定中要求申请者提交的资料应当使用中文，证明文件原件是外文的，应当提供中文译本。

第十三条 外商投资建设工程设计企业的外方投资者及外国服务提供者应当是在其本国从事建设工程设计的企业或者注册建筑师、注册工程师。

第十四条 中外合资经营建设工程设计企业、中外合作经营建设工程设计企业中方合营者的出资总额不得低于注册资本的25%。

第十五条 外商投资建设工程设计企业申请建设工程设计企业资质，应当符合建设工程设计企业资质分级标准要求的条件。

外资建设工程设计企业申请建设工程设计企业资质，其取得中国注册建筑师、注册工程师资格的外国服务提供者人数应当各不少于资质分级标准规定的注册执业人员总数的1/4；具有相关专业设计经历的外国服务提供者人数应当不少于资质分级标准规定的技术骨干总人数的1/4。

中外合资经营、中外合作经营建设工程设计企业申请建设工程设计企业资质，其取得中国注册建筑师、注册工程师资格的外国服务提供者人数应当各不少于资质分级标准规定的注册执业人员总数的1/8；具有相关专业设计经历的外国服务提供者人数应当不少于资质分级标准规定的技术骨干总人数的1/8。

第十六条 外商投资建设工程设计企业中，外国服务提供者在中国注册的建筑师、工程师及技术骨干，每人每年在中华人民共和国境内累计居住时间应当不少于6个月。

第十七条 外商投资建设工程设计企业在中国境内从事建设工程设计活动，违反《中华人民共和国建筑法》、《建设工程质量管理条例》、《建设工程勘察设计管理条例》、《建设工程勘察设计企业资质管理规定》等有关法律、法规、规章的，依照有关规定处罚。

第十八条 香港特别行政区、澳门特别行政区和台湾地区的投资者在其他省、自治区、直辖市内投资设立建设工程设计企业，从事建设工程设计活动，参照本规定执行。法律、法规、国务院另有规定的除外。

第十九条 受理设立外资建设工程设计企业申请的时间由国务院建设行政主管部门和国务院对外贸易经济行政主管部门决定。

第二十条 本规定由国务院建设行政主管部门和国务院对外贸易经济行政主管部门按照各自职责负责解释。

第二十一条 本规定自2002年12月1日起施行，《成立中外合营工程设计机构审批管理规定》（建设〔1992〕180号）同时废止。

城市抗震防灾规划管理规定

（2003年9月19日建设部令第117号发布）

第一条　为了提高城市的综合抗震防灾能力，减轻地震灾害，根据《中华人民共和国城乡规划法》、《中华人民共和国防震减灾法》等有关法律、法规，制定本规定。

第二条　在抗震设防区的城市，编制与实施城市抗震防灾规划，必须遵守本规定。

本规定所称抗震设防区，是指地震基本烈度六度及六度以上地区（地震动峰值加速度≥0.05g的地区）。

第三条　城市抗震防灾规划是城市总体规划中的专业规划。在抗震设防区的城市，编制城市总体规划时必须包括城市抗震防灾规划。城市抗震防灾规划的规划范围应当与城市总体规划相一致，并与城市总体规划同步实施。

城市总体规划与防震减灾规划应当相互协调。

第四条　城市抗震规划的编制要贯彻“预防为主，防、抗、避、救相结合”的方针，结合实际、因地制宜、突出重点。

第五条　国务院建设行政主管部门负责全国的城市抗震防灾规划综合管理工作。

省、自治区人民政府建设行政主管部门负责本行政区域内的城市抗震防灾规划的管理工作。

直辖市、市、县人民政府城乡规划行政主管部门会同有关部门组织编制本行政区域内的城市抗震防灾规划，并监督实施。

第六条　编制城市抗震防灾规划应当对城市抗震防灾有关的城市建设、地震地质、工程地质、水文地质、地形地貌、土层分布及地震活动性等情况进行深入调查研究，取得准确的基础资料。

有关单位应当依法为编制城市抗震防灾规划提供必需的资料。

第七条　编制和实施城市抗震防灾规划应当符合有关的标准和技术规范，应当采用先进技术方法和手段。

第八条　城市抗震防灾规划编制应当达到下列基本目标：

（一）当遭受多遇地震时，城市一般功能正常；

（二）当遭受相当于抗震设防烈度的地震时，城市一般功能及生命线系统基本正常，重要工矿企业能正常或者很快恢复生产；

（三）当遭受罕遇地震时，城市功能不瘫痪，要害系统和生命线工程不遭受严重破坏，不发生严重的次生灾害。

第九条 城市抗震防灾规划应当包括下列内容：

（一）地震的危害程度估计，城市抗震防灾现状、易损性分析和防灾能力评价，不同强度地震下的震害预测等。

（二）城市抗震防灾规划目标、抗震设防标准。

（三）建设用地评价与要求：

1. 城市抗震环境综合评价，包括发震断裂、地震场地破坏效应的评价等；

2. 抗震设防区划，包括场地适宜性分区和危险地段、不利地段的确定，提出用地布局要求；

3. 各类用地上工程设施建设的抗震性能要求。

（四）抗震防灾措施：

1. 市、区级避震通道及避震疏散场地（如绿地、广场等）和避难中心的设置与人员疏散的措施；

2. 城市基础设施的规划建设要求：城市交通、通讯、给排水、燃气、电力、热力等生命线系统，及消防、供油网络、医疗等重要设施的规划布局要求；

3. 防止地震次生灾害要求：对地震可能引起水灾、火灾、爆炸、放射性辐射、有毒物质扩散或者蔓延等次生灾害的防灾对策；

4. 重要建（构）筑物、超高建（构）筑物、人员密集的教育、文化、体育等设施的布局、间距和外部通道要求；

5. 其他措施。

第十条 城市抗震防灾规划中的抗震设防标准、建设用地评价与要求、抗震防灾措施应当列为城市总体规划的强制性内容，作为编制城市详细规划的依据。

第十一条 城市抗震防灾规划应当按照城市规模、重要性和抗震防灾的要求，分为甲、乙、丙三种模式：

（一）位于地震基本烈度七度及七度以上地区（地震动峰值加速度≥0.10g的地区）的大城市应当按照甲类模式编制；

（二）中等城市和位于地震基本烈度六度地区（地震动峰值加速度等于0.05g的地区）的大城市按照乙类模式编制；

（三）其他在抗震设防区的城市按照丙类模式编制。

甲、乙、丙类模式抗震防灾规划的编制深度应当按照有关的技术规定执行。

规划成果应当包括文本、说明、有关图纸和软件。

第十二条　抗震防灾规划应当由省、自治区建设行政主管部门或者直辖市城乡规划行政主管部门组织专家评审，进行技术审查。专家评审委员会的组成应当包括规划、勘察、抗震等方面的专家和省级地震主管部门的专家。甲、乙类模式抗震防灾规划评审时应当有三名以上建设部全国城市抗震防灾规划审查委员会成员参加。全国城市抗震防灾规划审查委员会委员由国务院建设行政主管部门聘任。

第十三条　经过技术审查的抗震防灾规划应当作为城市总体规划的组成部分，按照法定程序审批。

第十四条　批准后抗震防灾规划应当公布。

第十五条　城市抗震防灾规划应当根据城市发展和科学技术水平等各种因素的变化，与城市总体规划同步修订。对城市抗震防灾规划进行局部修订，涉及修改总体规划强制性内容的，应当按照原规划的审批要求评审和报批。

第十六条　抗震设防区城市的各项建设必须符合城市抗震防灾规划的要求。

第十七条　在城市抗震防灾规划所确定的危险地段不得进行新的开发建设，已建的应当限期拆除或者停止使用。

第十八条　重大建设工程和各类生命线工程的选址与建设应当避开不利地段，并采取有效的抗震措施。

第十九条　地震时可能发生严重次生灾害的工程不得建在城市人口稠密地区，已建的应当逐步迁出；正在使用的，迁出前应当采取必要的抗震防灾措施。

第二十条　任何单位和个人不得在抗震防灾规划确定的避震疏散场地和避震通道上搭建临时性建（构）筑物或者堆放物资。

重要建（构）筑物、超高建（构）筑物、人员密集的教育、文化、体育等设施的外部通道及间距应当满足抗震防灾的原则要求。

第二十一条　直辖市、市、县人民政府城乡规划行政主管部门应当建立举报投诉制度，接受社会和舆论的监督。

第二十二条　省、自治区人民政府建设行政主管部门应当定期对本行政区域内的城市抗震防灾规划的实施情况进行监督检查。

第二十三条　任何单位和个人从事建设活动违反城市抗震防灾规划的，按照《中华人民共和国城乡规划法》等有关法律、法规和规章的有关规定处罚。

第二十四条　本规定自2003年11月1日起施行。本规定颁布前，城市抗震防灾规划管理规定与本规定不一致的，以本规定为准。

《外商投资建筑业企业管理规定》的补充规定

（2003年12月19日建设部、商务部令第121号发布）

为了促进内地与香港、澳门经贸关系的发展，鼓励香港服务提供者和澳门服务提供者在内地设立建筑业企业，根据国务院批准的《内地与香港关于建立更紧密经贸关系的安排》和《内地与澳门关于建立更紧密经贸关系的安排》，现就《外商投资建筑业企业管理规定》（建设部、对外贸易经济合作部令第113号）做如下补充规定：

一、香港服务提供者和澳门服务提供者申请设立建筑业企业时，其在香港、澳门和内地的业绩可共同作为评定其在内地设立的建筑业企业资质的依据。管理和技术人员数量应以其在内地设立的建筑业企业的实际人员数量为资质评定依据。

二、允许香港服务提供者和澳门服务提供者全资收购内地的建筑业企业。

三、香港服务提供者和澳门服务提供者在内地投资设立的建筑业企业承揽中外合营建设项目时不受建设项目的中外方投资比例限制。

四、香港服务提供者和澳门服务提供者在内地投资的建筑业企业申办资质证应按内地有关法规办理。凡取得建筑业企业资质的，可依法在全国范围内参加工程投标。

五、香港服务提供者和澳门服务提供者在内地投资设立建筑业企业以及申请资质，按照《外商投资建筑业企业管理规定》以及有关的建筑业企业资质管理规定执行。

六、本规定中的香港服务提供者和澳门服务提供者应分别符合《内地与香港关于建立更紧密经贸关系的安排》和《内地与澳门关于建立更紧密经贸关系的安排》中关于“服务提供者”定义及相关规定的要求。

七、本补充规定由建设部和商务部按照各自职责负责解释。

八、本补充规定自2004年1月1日起实施。

《外商投资建设工程设计企业管理规定》的补充规定

（2003年12月19日建设部、商务部令第122号发布）

为了促进内地与香港、澳门经贸关系的发展，鼓励香港服务提供者和澳门服务提供者在内地设立建设工程设计企业，根据国务院批准的《内地与香港关于建立更紧密经贸关系的安排》和《内地与澳门关于建立更紧密经贸关系的安排》，现就《外商投资建设工程设计企业管理规定》（建设部、对外贸易经济合作部令第114号）做如下补充规定：

一、自2004年1月1日起，允许香港服务提供者和澳门服务提供者在内地以独资形式设立建设工程设计企业。

二、香港服务提供者和澳门服务提供者在内地投资设立建设工程设计企业以及申请资质，按照《外商投资建设工程设计企业管理规定》以及有关的建设工程设计企业资质管理规定执行。

三、本规定中的香港服务提供者和澳门服务提供者应分别符合《内地与香港关于建立更紧密经贸关系的安排》和《内地与澳门关于建立更紧密经贸关系的安排》中关于“服务提供者”定义及相关规定的要求。

四、本补充规定由建设部和商务部按照各自职责负责解释。

五、本补充规定自2004年1月1日起实施。

房屋建筑和市政基础设施工程施工分包管理办法

（2004年2月3日建设部令第124号发布）

第一条　为了规范房屋建筑和市政基础设施工程施工分包活动，维护建筑市场秩序，保证工程质量和施工安全，根据《中华人民共和国建筑法》、《中华人民共和国招标投标法》、《建设工程质量管理条例》等有关法律、法规，制定本办法。

第二条　在中华人民共和国境内从事房屋建筑和市政基础设施工程施工分包活动，实施对房屋建筑和市政基础设施工程施工分包活动的监督管理，适用本办法。

第三条　国务院建设行政主管部门负责全国房屋建筑和市政基础设施工程施工分包的监督管理工作。

县级以上地方人民政府建设行政主管部门负责本行政区域内房屋建筑和市政基础设施工程施工分包的监督管理工作。

第四条　本办法所称施工分包，是指建筑业企业将其所承包的房屋建筑和市政基础设施工程中的专业工程或者劳务作业发包给其他建筑业企业完成的活动。

第五条 房屋建筑和市政基础设施工程施工分包分为专业工程分包和劳务作业分包。

本办法所称专业工程分包，是指施工总承包企业（以下简称专业分包工程发包人）将其所承包工程中的专业工程发包给具有相应资质的其他建筑业企业（以下简称专业分包工程承包人）完成的活动。

本办法所称劳务作业分包，是指施工总承包企业或者专业承包企业（以下简称劳务作业发包人）将其承包工程中的劳务作业发包给劳务分包企业（以下简称劳务作业承包人）完成的活动。

本办法所称分包工程发包人包括本条第二款、第三款中的专业分包工程发包人和劳务作业发包人；分包工程承包人包括本条第二款、第三款中的专业分包工程承包人和劳务作业承包人。

第六条 房屋建筑和市政基础设施工程施工分包活动必须依法进行。

鼓励发展专业承包企业和劳务分包企业，提倡分包活动进入有形建筑市场公开交易，完善有形建筑市场的分包工程交易功能。

第七条 建设单位不得直接指定分包工程承包人。任何单位和个人不得对依法实施的分包活动进行干预。

第八条 分包工程承包人必须具有相应的资质，并在其资质等级许可的范围内承揽业务。

严禁个人承揽分包工程业务。

第九条 专业工程分包除在施工总承包合同中有约定外，必须经建设单位认可。专业分包工程承包人必须自行完成所承包的工程。

劳务作业分包由劳务作业发包人与劳务作业承包人通过劳务合同约定。劳务作业承包人必须自行完成所承包的任务。

第十条 分包工程发包人和分包工程承包人应当依法签订分包合同，并按照合同履行约定的义务。分包合同必须明确约定支付工程款和劳务工资的时间、结算方式以及保证按期支付的相应措施，确保工程款和劳务工资的支付。

分包工程发包人应当在订立分包合同后7个工作日内，将合同送工程所在地县级以上地方人民政府建设行政主管部门备案。分包合同发生重大变更的，分包工程发包人应当自变更后7个工作日内，将变更协议送原备案机关备案。

第十一条 分包工程发包人应当设立项目管理机构，组织管理所承包工程的施工活动。

项目管理机构应当具有与承包工程的规模、技术复杂程度相适应的技术、经济管理人员。其中，项目负责人、技术负责人、项目核算负责人、质量管理人员、安全管理人员必须是本单位的人员。具体要求由省、自治区、直辖市人民政府建设行政主管部门规定。

前款所指本单位人员，是指与本单位有合法的人事或者劳动合同、工资以及社会保险关系的人员。

第十二条　分包工程发包人可以就分包合同的履行，要求分包工程承包人提供分包工程履约担保；分包工程承包人在提供担保后，要求分包工程发包人同时提供分包工程付款担保的，分包工程发包人应当提供。

第十三条　禁止将承包的工程进行转包。不履行合同约定，将其承包的全部工程发包给他人，或者将其承包的全部工程肢解后以分包的名义分别发包给他人的，属于转包行为。

违反本办法第十一条规定，分包工程发包人将工程分包后，未在施工现场设立项目管理机构和派驻相应人员，并未对该工程的施工活动进行组织管理的，视同转包行为。

第十四条　禁止将承包的工程进行违法分包。下列行为，属于违法分包：

（一）分包工程发包人将专业工程或者劳务作业分包给不具备相应资质条件的分包工程承包人的；

（二）施工总承包合同中未有约定，又未经建设单位认可，分包工程发包人将承包工程中的部分专业工程分包给他人的。

第十五条　禁止转让、出借企业资质证书或者以其他方式允许他人以本企业名义承揽工程。

分包工程发包人没有将其承包的工程进行分包，在施工现场所设项目管理机构的项目负责人、技术负责人、项目核算负责人、质量管理人员、安全管理人员不是工程承包人本单位人员的，视同允许他人以本企业名义承揽工程。

第十六条　分包工程承包人应当按照分包合同的约定对其承包的工程向分包工程发包人负责。分包工程发包人和分包工程承包人就分包工程对建设单位承担连带责任。

第十七条　分包工程发包人对施工现场安全负责，并对分包工程承包人的安全生产进行管理。专业分包工程承包人应当将其分包工程的施工组织设计和施工安全方案报分包工程发包人备案，专业分包工程发包人发现事故隐患，应当及时作出处理。

分包工程承包人就施工现场安全向分包工程发包人负责，并应当服从分包工程发包人对施工现场的安全生产管理。

第十八条 违反本办法规定，转包、违法分包或者允许他人以本企业名义承揽工程的，按照《中华人民共和国建筑法》、《中华人民共和国招标投标法》和《建设工程质量管理条例》的规定予以处罚；对于接受转包、违法分包和用他人名义承揽工程的，处1万元以上3万元以下的罚款。

第十九条 未取得建筑业企业资质承接分包工程的，按照《中华人民共和国建筑法》第六十五条第三款和《建设工程质量管理条例》第六十条第一款、第二款的规定处罚。

第二十条 本办法自2004年4月1日起施行。原城乡建设环境保护部1986年4月30日发布的《建筑安装工程总分包实施办法》同时废止。

建筑施工企业安全生产许可证管理规定

（2004年7月5日建设部令第128号发布）

第一章 总 则

第一条 为了严格规范建筑施工企业安全生产条件，进一步加强安全生产监督管理，防止和减少生产安全事故，根据《安全生产许可证条例》、《建设工程安全生产管理条例》等有关行政法规，制定本规定。

第二条 国家对建筑施工企业实行安全生产许可制度。

建筑施工企业未取得安全生产许可证的，不得从事建筑施工活动。

本规定所称建筑施工企业，是指从事土木工程、建筑工程、线路管道和设备安装工程及装修工程的新建、扩建、改建和拆除等有关活动的企业。

第三条 国务院建设主管部门负责中央管理的建筑施工企业安全生产许可证的颁发和管理。

省、自治区、直辖市人民政府建设主管部门负责本行政区域内前款规定以外的建筑施工企业安全生产许可证的颁发和管理，并接受国务院建设主管部门的指导和监督。

市、县人民政府建设主管部门负责本行政区域内建筑施工企业安全生产许可证的监督管理，并将监督检查中发现的企业违法行为及时报告安全生产许可证颁发管理机关。

第二章　安全生产条件

第四条　建筑施工企业取得安全生产许可证，应当具备下列安全生产条件：

（一）建立、健全安全生产责任制，制定完备的安全生产规章制度和操作规程；

（二）保证本单位安全生产条件所需资金的投入；

（三）设置安全生产管理机构，按照国家有关规定配备专职安全生产管理人员；

（四）主要负责人、项目负责人、专职安全生产管理人员经建设主管部门或者其他有关部门考核合格；

（五）特种作业人员经有关业务主管部门考核合格，取得特种作业操作资格证书；

（六）管理人员和作业人员每年至少进行一次安全生产教育培训并考核合格；

（七）依法参加工伤保险，依法为施工现场从事危险作业的人员办理意外伤害保险，为从业人员交纳保险费；

（八）施工现场的办公、生活区及作业场所和安全防护用具、机械设备、施工机具及配件符合有关安全生产法律、法规、标准和规程的要求；

（九）有职业危害防治措施，并为作业人员配备符合国家标准或者行业标准的安全防护用具和安全防护服装；

（十）有对危险性较大的分部分项工程及施工现场易发生重大事故的部位、环节的预防、监控措施和应急预案；

（十一）有生产安全事故应急救援预案、应急救援组织或者应急救援人员，配备必要的应急救援器材、设备；

（十二）法律、法规规定的其他条件。

第三章　安全生产许可证的申请与颁发

第五条　建筑施工企业从事建筑施工活动前，应当依照本规定向省级以上建设主管部门申请领取安全生产许可证。

中央管理的建筑施工企业（集团公司、总公司）应当向国务院建设主管部门申请领取安全生产许可证。

前款规定以外的其他建筑施工企业，包括中央管理的建筑施工企业（集团公司、总公司）下属的建筑施工企业，应当向企业注册所在地省、自治区、直辖市人民政府建设主管部门申请领取安全生产许可证。

第六条 建筑施工企业申请安全生产许可证时，应当向建设主管部门提供下列材料：

（一）建筑施工企业安全生产许可证申请表；

（二）企业法人营业执照；

（三）第四条规定的相关文件、材料。

建筑施工企业申请安全生产许可证，应当对申请材料实质内容的真实性负责，不得隐瞒有关情况或者提供虚假材料。

第七条 建设主管部门应当自受理建筑施工企业的申请之日起45日内审查完毕；经审查符合安全生产条件的，颁发安全生产许可证；不符合安全生产条件的，不予颁发安全生产许可证，书面通知企业并说明理由。企业自接到通知之日起应当进行整改，整改合格后方可再次提出申请。

建设主管部门审查建筑施工企业安全生产许可证申请，涉及铁路、交通、水利等有关专业工程时，可以征求铁路、交通、水利等有关部门的意见。

第八条 安全生产许可证的有效期为3年。安全生产许可证有效期满需要延期的，企业应当于期满前3个月向原安全生产许可证颁发管理机关申请办理延期手续。

企业在安全生产许可证有效期内，严格遵守有关安全生产的法律法规，未发生死亡事故的，安全生产许可证有效期届满时，经原安全生产许可证颁发管理机关同意，不再审查，安全生产许可证有效期延期3年。

第九条 建筑施工企业变更名称、地址、法定代表人等，应当在变更后10日内，到原安全生产许可证颁发管理机关办理安全生产许可证变更手续。

第十条 建筑施工企业破产、倒闭、撤销的，应当将安全生产许可证交回原安全生产许可证颁发管理机关予以注销。

第十一条 建筑施工企业遗失安全生产许可证，应当立即向原安全生产许可证颁发管理机关报告，并在公众媒体上声明作废后，方可申请补办。

第十二条 安全生产许可证申请表采用建设部规定的统一式样。

安全生产许可证采用国务院安全生产监督管理部门规定的统一式样。

安全生产许可证分正本和副本，正、副本具有同等法律效力。

第四章　监督管理

第十三条　县级以上人民政府建设主管部门应当加强对建筑施工企业安全生产许可证的监督管理。建设主管部门在审核发放施工许可证时，应当对已经确定的建筑施工企业是否有安全生产许可证进行审查，对没有取得安全生产许可证的，不得颁发施工许可证。

第十四条　跨省从事建筑施工活动的建筑施工企业有违反本规定行为的，由工程所在地的省级人民政府建设主管部门将建筑施工企业在本地区的违法事实、处理结果和处理建议抄告原安全生产许可证颁发管理机关。

第十五条　建筑施工企业取得安全生产许可证后，不得降低安全生产条件，并应当加强日常安全生产管理，接受建设主管部门的监督检查。安全生产许可证颁发管理机关发现企业不再具备安全生产条件的，应当暂扣或者吊销安全生产许可证。

第十六条　安全生产许可证颁发管理机关或者其上级行政机关发现有下列情形之一的，可以撤销已经颁发的安全生产许可证：

（一）安全生产许可证颁发管理机关工作人员滥用职权、玩忽职守颁发安全生产许可证的；

（二）超越法定职权颁发安全生产许可证的；

（三）违反法定程序颁发安全生产许可证的；

（四）对不具备安全生产条件的建筑施工企业颁发安全生产许可证的；

（五）依法可以撤销已经颁发的安全生产许可证的其他情形。

依照前款规定撤销安全生产许可证，建筑施工企业的合法权益受到损害的，建设主管部门应当依法给予赔偿。

第十七条　安全生产许可证颁发管理机关应当建立、健全安全生产许可证档案管理制度，定期向社会公布企业取得安全生产许可证的情况，每年向同级安全生产监督管理部门通报建筑施工企业安全生产许可证颁发和管理情况。

第十八条　建筑施工企业不得转让、冒用安全生产许可证或者使用伪造的安全生产许可证。

第十九条　建设主管部门工作人员在安全生产许可证颁发、管理和监督检查工作中，不得索取或者接受建筑施工企业的财物，不得谋取其他利益。

第二十条　任何单位或者个人对违反本规定的行为，有权向安全生产许可证颁发管理机关或者监察机关等有关部门举报。

第五章　罚　则

第二十一条　违反本规定，建设主管部门工作人员有下列行为之一的，给予降级或者撤职的行政处分；构成犯罪的，依法追究刑事责任：

（一）向不符合安全生产条件的建筑施工企业颁发安全生产许可证的；

（二）发现建筑施工企业未依法取得安全生产许可证擅自从事建筑施工活动，不依法处理的；

（三）发现取得安全生产许可证的建筑施工企业不再具备安全生产条件，不依法处理的；

（四）接到对违反本规定行为的举报后，不及时处理的；

（五）在安全生产许可证颁发、管理和监督检查工作中，索取或者接受建筑施工企业的财物，或者谋取其他利益的。

由于建筑施工企业弄虚作假，造成前款第（一）项行为的，对建设主管部门工作人员不予处分。

第二十二条　取得安全生产许可证的建筑施工企业，发生重大安全事故的，暂扣安全生产许可证并限期整改。

第二十三条　建筑施工企业不再具备安全生产条件的，暂扣安全生产许可证并限期整改；情节严重的，吊销安全生产许可证。

第二十四条　违反本规定，建筑施工企业未取得安全生产许可证擅自从事建筑施工活动的，责令其在建项目停止施工，没收违法所得，并处10万元以上50万元以下的罚款；造成重大安全事故或者其他严重后果，构成犯罪的，依法追究刑事责任。

第二十五条　违反本规定，安全生产许可证有效期满未办理延期手续，继续从事建筑施工活动的，责令其在建项目停止施工，限期补办延期手续，没收违法所得，并处5万元以上10万元以下的罚款；逾期仍不办理延期手续，继续从事建筑施工活动的，依照本规定第二十四条的规定处罚。

第二十六条　违反本规定，建筑施工企业转让安全生产许可证的，没收违法所得，处10万元以上50万元以下的罚款，并吊销安全生产许可证；构成犯罪的，依法追究刑事责任；接受转让的，依照本规定第二十四条的规定处罚。

冒用安全生产许可证或者使用伪造的安全生产许可证的，依照本规定第二十四条的规定处罚。

第二十七条　违反本规定，建筑施工企业隐瞒有关情况或者提供虚假材料申请安全生产许可证的，不予受理或者不予颁发安全生产许可证，并给予警告，1年内不得申请安全生产许可证。

建筑施工企业以欺骗、贿赂等不正当手段取得安全生产许可证的，撤销安全生产许可证，3年内不得再次申请安全生产许可证；构成犯罪的，依法追究刑事责任。

第二十八条　本规定的暂扣、吊销安全生产许可证的行政处罚，由安全生产许可证的颁发管理机关决定；其他行政处罚，由县级以上地方人民政府建设主管部门决定。

第六章　附　则

第二十九条　本规定施行前已依法从事建筑施工活动的建筑施工企业，应当自《安全生产许可证条例》施行之日起（2004年1月13日起）1年内向建设主管部门申请办理建筑施工企业安全生产许可证；逾期不办理安全生产许可证，或者经审查不符合本规定的安全生产条件，未取得安全生产许可证，继续进行建筑施工活动的，依照本规定第二十四条的规定处罚。

第三十条　本规定自公布之日起施行。

房屋建筑和市政基础设施工程施工图设计文件审查管理办法

（2004年8月23日建设部令第134号发布）

第一条　为了加强对房屋建筑工程、市政基础设施工程施工图设计文件审查的管理，根据《建设工程质量管理条例》、《建设工程勘察设计管理条例》，制定本办法。

第二条　在中华人民共和国境内从事房屋建筑工程、市政基础设施工程施工图设计文件审查和实施监督管理的，必须遵守本办法。

第三条　国家实施施工图设计文件（含勘察文件，以下简称施工图）审查制度。

本办法所称施工图审查，是指建设主管部门认定的施工图审查机构（以下简称审查机构）按照有关法律、法规，对施工图涉及公共利益、公众安全和工程建设强制性标准的内容进行的审查。

施工图未经审查合格的，不得使用。

第四条 国务院建设主管部门负责规定审查机构的条件、施工图审查工作的管理办法，并对全国的施工图审查工作实施指导、监督。

省、自治区、直辖市人民政府建设主管部门负责认定本行政区域内的审查机构，对施工图审查工作实施监督管理，并接受国务院建设主管部门的指导和监督。

市、县人民政府建设主管部门负责对本行政区域内的施工图审查工作实施日常监督管理，并接受省、自治区、直辖市人民政府建设主管部门的指导和监督。

第五条 省、自治区、直辖市人民政府建设主管部门应当按照国家确定的审查机构条件，并结合本行政区域内的建设规模，认定相应数量的审查机构。

审查机构是不以营利为目的的独立法人。

第六条 审查机构按承接业务范围分两类，一类机构承接房屋建筑、市政基础设施工程施工图审查业务范围不受限制；二类机构可以承接二级及以下房屋建筑、市政基础设施工程的施工图审查。

第七条 一类审查机构应当具备下列条件：

（一）注册资金不少于100万元。

（二）有健全的技术管理和质量保证体系。

（三）审查人员应当有良好的职业道德，具有15年以上所需专业勘察、设计工作经历；主持过不少于5项一级以上建筑工程或者大型市政公用工程或者甲级工程勘察项目相应专业的勘察设计；已实行执业注册制度的专业，审查人员应当具有一级注册建筑师、一级注册结构工程师或者勘察设计注册工程师资格，未实行执业注册制度的，审查人员应当有高级工程师以上职称。

（四）从事房屋建筑工程施工图审查的，结构专业审查人员不少于6人，建筑、电气、暖通、给排水、勘察等专业审查人员各不少于2人；从事市政基础设施工程施工图审查的，所需专业的审查人员不少于6人，其他必须配套的专业审查人员各不少于2人；专门从事勘察文件审查的，勘察专业审查人员不少于6人。

（五）审查人员原则上不得超过65岁，60岁以上审查人员不超过该专业审查人员规定数的1/2。

承担超限高层建筑工程施工图审查的，除具备上述条件外，还应当具有主持过超限高层建筑工程或者100米以上建筑工程结构专业设计的审查人员不少于3人。

第八条　二类审查机构应当具备下列条件：

（一）注册资金不少于50万元。

（二）有健全的技术管理和质量保证体系。

（三）审查人员应当有良好的职业道德，具有10年以上所需专业勘察、设计工作经历；主持过不少于5项二级以上建筑工程或者中型以上市政公用工程或者乙级以上工程勘察项目相应专业的勘察设计；已实行执业注册制度的专业，审查人员应当具有一级注册建筑师、一级注册结构工程师或者勘察设计注册工程师资格，未实行执业注册制度的，审查人员应当有工程师以上职称。

（四）从事房屋建筑工程施工图审查的，各专业审查人员不少于2人；从事市政基础设施工程施工图审查的，所需专业的审查人员不少于4人，其他必须配套的专业审查人员各不少于2人；专门从事勘察文件审查的，勘察专业审查人员不少于4人。

（五）审查人员原则上不得超过65岁，60岁以上审查人员不超过该专业审查人员规定数的1/2。

第九条　建设单位应当将施工图送审查机构审查。

建设单位可以自主选择审查机构，但是审查机构不得与所审查项目的建设单位、勘察设计企业有隶属关系或者其他利害关系。

第十条　建设单位应当向审查机构提供下列资料：

（一）作为勘察、设计依据的政府有关部门的批准文件及附件；

（二）全套施工图。

第十一条　审查机构应当对施工图审查下列内容：

（一）是否符合工程建设强制性标准；

（二）地基基础和主体结构的安全性；

（三）勘察设计企业和注册执业人员以及相关人员是否按规定在施工图上加盖相应的图章和签字；

（四）其他法律、法规、规章规定必须审查的内容。

第十二条　施工图审查原则上不超过下列时限：

（一）一级以上建筑工程、大型市政工程为15个工作日，二级及以下建筑工程、中型及以下市政工程为10个工作日。

（二）工程勘察文件，甲级项目为7个工作日，乙级及以下项目为5个工作日。

第十三条　审查机构对施工图进行审查后，应当根据下列情况分别作出处理：

（一）审查合格的，审查机构应当向建设单位出具审查合格书，并将经审查机构盖章的全套施工图交还建设单位。审查合格书应当有各专业的审查人员签字，经法定代表人签发，并加盖审查机构公章。审查机构应当在5个工作日内将审查情况报工程所在地县级以上地方人民政府建设主管部门备案。

（二）审查不合格的，审查机构应当将施工图退建设单位并书面说明不合格原因。同时，应当将审查中发现的建设单位、勘察设计企业和注册执业人员违反法律、法规和工程建设强制性标准的问题，报工程所在地县级以上地方人民政府建设主管部门。

施工图退建设单位后，建设单位应当要求原勘察设计企业进行修改，并将修改后的施工图报原审查机构审查。

第十四条 任何单位或者个人不得擅自修改审查合格的施工图。

确需修改的，凡涉及本办法第十一条规定内容的，建设单位应当将修改后的施工图送原审查机构审查。

第十五条 审查机构对施工图审查工作负责，承担审查责任。

施工图经审查合格后，仍有违反法律、法规和工程建设强制性标准的问题，给建设单位造成损失的，审查机构依法承担相应的赔偿责任；建设主管部门对审查机构、审查机构的法定代表人和审查人员依法作出处理或者处罚。

第十六条 审查机构应当建立、健全内部管理制度。施工图审查应当有经各专业审查人员签字的审查记录，审查记录、审查合格书等有关资料应当归档保存。

第十七条 未实行执业注册制度的审查人员，应当参加省、自治区、直辖市人民政府建设主管部门组织的有关法律、法规和技术标准的培训，每年培训时间不少于40学时。

第十八条 县级以上人民政府建设主管部门应当及时受理对施工图审查工作中违法、违规行为的检举、控告和投诉。

第十九条 按规定应当进行审查的施工图，未经审查合格的，建设主管部门不得颁发施工许可证。

第二十条 县级以上人民政府建设主管部门应当加强对审查机构的监督检查，主要检查下列内容：

（一）是否符合规定的条件；

（二）是否超出认定的范围从事施工图审查；

（三）是否使用不符合条件的审查人员；

（四）是否按规定上报审查过程中发现的违法违规行为；

（五）是否按规定在审查合格书和施工图上签字盖章；

（六）施工图审查质量；

（七）审查人员的培训情况。

建设主管部门实施监督检查时，有权要求被检查的审查机构提供有关施工图审查的文件和资料。

第二十一条　县级以上人民政府建设主管部门对审查机构报告的建设单位、勘察设计企业、注册执业人员的违法违规行为，应当依法进行处罚。

第二十二条　审查机构违反本办法规定，有下列行为之一的，县级以上地方人民政府建设主管部门责令改正，处1万元以上3万元以下的罚款；情节严重的，省、自治区、直辖市人民政府建设主管部门撤销对审查机构的认定：

（一）超出认定的范围从事施工图审查的；

（二）使用不符合条件审查人员的；

（三）未按规定上报审查过程中发现的违法违规行为的；

（四）未按规定在审查合格书和施工图上签字盖章的；

（五）未按规定的审查内容进行审查的。

第二十三条　审查机构出具虚假审查合格书的，县级以上地方人民政府建设主管部门处3万元罚款，省、自治区、直辖市人民政府建设主管部门撤销对审查机构的认定；有违法所得的，予以没收。

第二十四条　依照本办法规定，给予审查机构罚款处罚的，对机构的法定代表人和其他直接责任人员处机构罚款数额5%以上10%以下的罚款。

第二十五条　省、自治区、直辖市人民政府建设主管部门未按照本办法规定认定审查机构的，国务院建设主管部门责令改正。

第二十六条　国家机关工作人员在施工图审查监督管理工作中玩忽职守、滥用职权、徇私舞弊，构成犯罪的，依法追究刑事责任；尚不构成犯罪的，依法给予行政处分。

第二十七条　本办法自公布之日起施行。

城市地下管线工程档案管理办法

（2005年1月7日建设部令第136号发布）

第一条　为了加强城市地下管线工程档案的管理，根据《中华人民共和国城乡规划法》、《中华人民共和国档案法》、《建设工程质量管理条例》等有关法律、行政法规，制定本办法。

第二条 本办法适用于城市规划区内地下管线工程档案的管理。

本办法所称城市地下管线工程，是指城市新建、扩建、改建的各类地下管线（含城市供水、排水、燃气、热力、电力、电信、工业等的地下管线）及相关的人防、地铁等工程。

第三条 国务院建设主管部门对全国城市地下管线工程档案管理工作实施指导、监督。

省、自治区人民政府建设主管部门负责本行政区域内城市地下管线工程档案的管理工作，并接受国务院建设主管部门的指导、监督。

县级以上城市人民政府建设主管部门或者规划主管部门负责本行政区域内城市地下管线工程档案的管理工作，并接受上一级建设主管部门的指导、监督。

城市地下管线工程档案的收集、保管、利用等具体工作，由城建档案馆或者城建档案室（以下简称城建档案管理机构）负责。

各级城建档案管理机构同时接受同级档案行政管理部门的业务指导、监督。

第四条 建设单位在申请领取建设工程规划许可证前，应当到城建档案管理机构查询施工地段的地下管线工程档案，取得该施工地段地下管线现状资料。

第五条 建设单位在申请领取建设工程规划许可证时，应当向规划主管部门报送地下管线现状资料。

第六条 在建设单位办理地下管线工程施工许可手续时，城建档案管理机构应当将工程竣工后需移交的工程档案内容和要求告知建设单位。

第七条 施工单位在地下管线工程施工前应当取得施工地段地下管线现状资料；施工中发现未建档的管线，应当及时通过建设单位向当地县级以上人民政府建设主管部门或者规划主管部门报告。

建设主管部门、规划主管部门接到报告后，应当查明未建档的管线性质、权属，责令地下管线产权单位测定其坐标、标高及走向，地下管线产权单位应当及时将测量的材料向城建档案管理机构报送。

第八条 地下管线工程覆土前，建设单位应当委托具有相应资质的工程测量单位，按照《城市地下管线探测技术规程》（CJJ61）进行竣工测量，形成准确的竣工测量数据文件和管线工程测量图。

第九条 地下管线工程竣工验收前，建设单位应当提请城建档案管理机构对地下管线工程档案进行专项预验收。

第十条 建设单位在地下管线工程竣工验收备案前，应当向城建档案管理机构移交下列档案资料：

（一）地下管线工程项目准备阶段文件、监理文件、施工文件、竣工验收文件和竣工图；

（二）地下管线竣工测量成果；

（三）其他应当归档的文件资料（电子文件、工程照片、录像等）。

城市供水、排水、燃气、热力、电力、电讯等地下管线专业管理单位（以下简称地下管线专业管理单位）应当及时向城建档案管理机构移交地下专业管线图。

第十一条 建设单位向城建档案管理机构移交的档案资料应当符合《建设工程文件归档整理规范》（GB/T50328）的要求。

第十二条 地下管线专业管理单位应当将更改、报废、漏测部分的地下管线工程档案，及时修改补充到本单位的地下管线专业图上，并将修改补充的地下管线专业图及有关资料向城建档案管理机构移交。

第十三条 工程测量单位应当及时向城建档案管理机构移交有关地下管线工程的1∶500城市地形图和控制成果。

对于工程测量单位移交的城市地形图和控制成果，城建档案管理机构不得出售、转让。

第十四条 城建档案管理机构应当绘制城市地下管线综合图，建立城市地下管线信息系统，并及时接收普查和补测、补绘所形成的地下管线成果。

城建档案管理机构应当依据地下管线专业图等有关的地下管线工程档案资料和工程测量单位移交的城市地形图和控制成果，及时修改城市地下管线综合图，并输入城市地下管线信息系统。

第十五条 城建档案管理机构应当建立、健全科学的管理制度，依法做好地下管线工程档案的接收、整理、鉴定、统计、保管、利用和保密工作。

第十六条 城建档案管理机构应当建立地下管线工程档案资料的使用制度，积极开发地下管线工程档案资源，为城市规划、建设和管理提供服务。

第十七条 建设单位违反本办法规定，未移交地下管线工程档案的，由建设主管部门责令改正，处1万元以上10万元以下的罚款；对单位直接负责的主管人员和其他直接责任人员，处单位罚款数额5%以上10%以下的罚款；因建设单位未移交地下管线工程档案，造成施工单位在施工中损坏地下管线的，建设单位依法承担相应的责任。

第十八条 地下管线专业管理单位违反本办法规定，未移交地下管线工程档案的，由建设主管部门责令改正，处1万元以下的罚款；因地下管线专业管理单位未移交地下管线工程档案，造成施工单位在施工中损坏地下管线的，地下管线专业管理单位依法承担相应的责任。

第十九条 建设单位和施工单位未按照规定查询和取得施工地段的地下管线资料而擅自组织施工，损坏地下管线给他人造成损失的，依法承担赔偿责任。

第二十条 工程测量单位未按照规定提供准确的地下管线测量成果，致使施工时损坏地下管线给他人造成损失的，依法承担赔偿责任。

第二十一条 城建档案管理机构因保管不善，致使档案丢失，或者因汇总管线信息资料错误致使在施工中造成损失的，依法承担赔偿责任；对有关责任人员，依法给予行政处分。

第二十二条 本办法自2005年5月1日起施行。

勘察设计注册工程师管理规定

（2005年2月4日建设部令第137号发布）

第一章 总 则

第一条 为了加强对建设工程勘察、设计注册工程师的管理，维护公共利益和建筑市场秩序，提高建设工程勘察、设计质量与水平，依据《中华人民共和国建筑法》、《建设工程勘察设计管理条例》等法律法规，制定本规定。

第二条 中华人民共和国境内建设工程勘察设计注册工程师（以下简称注册工程师）的注册、执业、继续教育和监督管理，适用本规定。

第三条 本规定所称注册工程师，是指经考试取得中华人民共和国注册工程师资格证书（以下简称资格证书），并按照本规定注册，取得中华人民共和国注册工程师注册执业证书（以下简称注册证书）和执业印章，从事建设工程勘察、设计及有关业务活动的专业技术人员。

未取得注册证书及执业印章的人员，不得以注册工程师的名义从事建设工程勘察、设计及有关业务活动。

第四条 注册工程师按专业类别设置，具体专业划分由国务院建设主管部门和人事主管部门商国务院有关部门制定。

除注册结构工程师分为一级和二级外，其他专业注册工程师不分级别。

第五条 国务院建设主管部门对全国的注册工程师的注册、执业活动实施统一监督管理；国务院铁路、交通、水利等有关部门按照国务院规定的职责分工，负责全国有关专业工程注册工程师执业活动的监督管理。

县级以上地方人民政府建设主管部门对本行政区域内的注册工程师的注册、执业活动实施监督管理；县级以上地方人民政府交通、水利等有关部门在各自的职责范围内，负责本行政区域内有关专业工程注册工程师执业活动的监督管理。

第二章　注　　册

第六条　注册工程师实行注册执业管理制度。取得资格证书的人员，必须经过注册方能以注册工程师的名义执业。

第七条　取得资格证书的人员申请注册，由省、自治区、直辖市人民政府建设主管部门初审，国务院建设主管部门审批；其中涉及有关部门的专业注册工程师的注册，由国务院建设主管部门和有关部门审批。

取得资格证书并受聘于一个建设工程勘察、设计、施工、监理、招标代理、造价咨询等单位的人员，应当通过聘用单位向单位工商注册所在地的省、自治区、直辖市人民政府建设主管部门提出注册申请；省、自治区、直辖市人民政府建设主管部门受理后提出初审意见，并将初审意见和全部申报材料报审批部门审批；符合条件的，由审批部门核发由国务院建设主管部门统一制作、国务院建设主管部门或者国务院建设主管部门和有关部门共同用印的注册证书，并核发执业印章。

第八条　省、自治区、直辖市人民政府建设主管部门在收到申请人的申请材料后，应当即时作出是否受理的决定，并向申请人出具书面凭证；申请材料不齐全或者不符合法定形式的，应当在5日内一次性告知申请人需要补正的全部内容。逾期不告知的，自收到申请材料之日起即为受理。

省、自治区、直辖市人民政府建设主管部门应当自受理申请之日起20日内审查完毕，并将申请材料和初审意见报审批部门。

国务院建设主管部门自收到省、自治区、直辖市人民政府建设主管部门上报材料之日起，应当在20日内审批完毕并作出书面决定，自作出决定之日起10日内，在公众媒体上公告审批结果。其中，由国务院建设主管部门和有关部门共同审批的，审批时间为45日；对不予批准的，应当说明理由，并告知申请人享有依法申请行政复议或者提起行政诉讼的权利。

第九条　二级注册结构工程师的注册受理和审批，由省、自治区、直辖市人民政府建设主管部门负责。

第十条 注册证书和执业印章是注册工程师的执业凭证，由注册工程师本人保管、使用。注册证书和执业印章的有效期为3年。

第十一条 初始注册者，可自资格证书签发之日起3年内提出申请。逾期未申请者，须符合本专业继续教育的要求后方可申请初始注册。

初始注册需要提交下列材料：

（一）申请人的注册申请表；

（二）申请人的资格证书复印件；

（三）申请人与聘用单位签订的聘用劳动合同复印件；

（四）逾期初始注册的，应提供达到继续教育要求的证明材料。

第十二条 注册工程师每一注册期为3年，注册期满需继续执业的，应在注册期满前30日，按照本规定第七条规定的程序申请延续注册。

延续注册需要提交下列材料：

（一）申请人延续注册申请表；

（二）申请人与聘用单位签订的聘用劳动合同复印件；

（三）申请人注册期内达到继续教育要求的证明材料。

第十三条 在注册有效期内，注册工程师变更执业单位，应与原聘用单位解除劳动关系，并按本规定第七条规定的程序办理变更注册手续，变更注册后仍延续原注册有效期。

变更注册需要提交下列材料：

（一）申请人变更注册申请表；

（二）申请人与新聘用单位签订的聘用劳动合同复印件；

（三）申请人的工作调动证明（或者与原聘用单位解除聘用劳动合同的证明文件、退休人员的退休证明）。

第十四条 注册工程师有下列情形之一的，其注册证书和执业印章失效：

（一）聘用单位破产的；

（二）聘用单位被吊销营业执照的；

（三）聘用单位相应资质证书被吊销的；

（四）已与聘用单位解除聘用劳动关系的；

（五）注册有效期满且未延续注册的；

（六）死亡或者丧失行为能力的；

（七）注册失效的其他情形。

第十五条 注册工程师有下列情形之一的，负责审批的部门应当办理注销手续，收回注册证书和执业印章或者公告其注册证书和执业印章作废：

（一）不具有完全民事行为能力的；

（二）申请注销注册的；

（三）有本规定第十四条所列情形发生的；

（四）依法被撤销注册的；

（五）依法被吊销注册证书的；

（六）受到刑事处罚的；

（七）法律、法规规定应当注销注册的其他情形。

注册工程师有前款情形之一的，注册工程师本人和聘用单位应当及时向负责审批的部门提出注销注册的申请；有关单位和个人有权向负责审批的部门举报；建设主管部门和有关部门应当及时向负责审批的部门报告。

第十六条　有下列情形之一的，不予注册：

（一）不具有完全民事行为能力的；

（二）因从事勘察设计或者相关业务受到刑事处罚，自刑事处罚执行完毕之日起至申请注册之日止不满2年的；

（三）法律、法规规定不予注册的其他情形。

第十七条　被注销注册者或者不予注册者，在重新具备初始注册条件，并符合本专业继续教育要求后，可按照本规定第七条规定的程序重新申请注册。

第三章　执　　业

第十八条　取得资格证书的人员，应受聘于一个具有建设工程勘察、设计、施工、监理、招标代理、造价咨询等一项或多项资质的单位，经注册后方可从事相应的执业活动。但从事建设工程勘察、设计执业活动的，应受聘并注册于一个具有建设工程勘察、设计资质的单位。

第十九条　注册工程师的执业范围：

（一）工程勘察或者本专业工程设计；

（二）本专业工程技术咨询；

（三）本专业工程招标、采购咨询；

（四）本专业工程的项目管理；

（五）对工程勘察或者本专业工程设计项目的施工进行指导和监督；

（六）国务院有关部门规定的其他业务。

第二十条　建设工程勘察、设计活动中形成的勘察、设计文件由相应专业注册工程师按照规定签字盖章后方可生效。各专业注册工程师签字盖章的勘察、设计文件种类及办法由国务院建设主管部门会同有关部门规定。

第二十一条 修改经注册工程师签字盖章的勘察、设计文件，应当由该注册工程师进行；因特殊情况，该注册工程师不能进行修改的，应由同专业其他注册工程师修改，并签字、加盖执业印章，对修改部分承担责任。

第二十二条 注册工程师从事执业活动，由所在单位接受委托并统一收费。

第二十三条 因建设工程勘察、设计事故及相关业务造成的经济损失，聘用单位应承担赔偿责任；聘用单位承担赔偿责任后，可依法向负有过错的注册工程师追偿。

第四章 继续教育

第二十四条 注册工程师在每一注册期内应达到国务院建设主管部门规定的本专业继续教育要求。继续教育作为注册工程师逾期初始注册、延续注册和重新申请注册的条件。

第二十五条 继续教育按照注册工程师专业类别设置，分为必修课和选修课，每注册期各为60学时。

第五章 权利和义务

第二十六条 注册工程师享有下列权利：

（一）使用注册工程师称谓；

（二）在规定范围内从事执业活动；

（三）依据本人能力从事相应的执业活动；

（四）保管和使用本人的注册证书和执业印章；

（五）对本人执业活动进行解释和辩护；

（六）接受继续教育；

（七）获得相应的劳动报酬；

（八）对侵犯本人权利的行为进行申诉。

第二十七条 注册工程师应当履行下列义务：

（一）遵守法律、法规和有关管理规定；

（二）执行工程建设标准规范；

（三）保证执业活动成果的质量，并承担相应责任；

（四）接受继续教育，努力提高执业水准；

（五）在本人执业活动所形成的勘察、设计文件上签字、加盖执业印章；

（六）保守在执业中知悉的国家秘密和他人的商业、技术秘密；

（七）不得涂改、出租、出借或者以其他形式非法转让注册证书或者执业印章；

（八）不得同时在两个或两个以上单位受聘或者执业；

（九）在本专业规定的执业范围和聘用单位业务范围内从事执业活动；

（十）协助注册管理机构完成相关工作。

第六章　法律责任

第二十八条　隐瞒有关情况或者提供虚假材料申请注册的，审批部门不予受理，并给予警告，一年之内不得再次申请注册。

第二十九条　以欺骗、贿赂等不正当手段取得注册证书的，由负责审批的部门撤销其注册，3 年内不得再次申请注册；并由县级以上人民政府建设主管部门或者有关部门处以罚款，其中没有违法所得的，处以 1 万元以下的罚款；有违法所得的，处以违法所得 3 倍以下且不超过 3 万元的罚款；构成犯罪的，依法追究刑事责任。

第三十条　注册工程师在执业活动中有下列行为之一的，由县级以上人民政府建设主管部门或者有关部门予以警告，责令其改正，没有违法所得的，处以 1 万元以下的罚款；有违法所得的，处以违法所得 3 倍以下且不超过 3 万元的罚款；造成损失的，应当承担赔偿责任；构成犯罪的，依法追究刑事责任：

（一）以个人名义承接业务的；

（二）涂改、出租、出借或者以形式非法转让注册证书或者执业印章的；

（三）泄露执业中应当保守的秘密并造成严重后果的；

（四）超出本专业规定范围或者聘用单位业务范围从事执业活动的；

（五）弄虚作假提供执业活动成果的；

（六）其他违反法律、法规、规章的行为。

第三十一条　有下列情形之一的，负责审批的部门或者其上级主管部门，可以撤销其注册：

（一）建设主管部门或者有关部门的工作人员滥用职权、玩忽职守颁发注册证书和执业印章的；

（二）超越法定职权颁发注册证书和执业印章的；

（三）违反法定程序颁发注册证书和执业印章的；

（四）对不符合法定条件的申请人颁发注册证书和执业印章的；

（五）依法可以撤销注册的其他情形。

第三十二条 县级以上人民政府建设主管部门及有关部门的工作人员，在注册工程师管理工作中，有下列情形之一的，依法给予行政处分；构成犯罪的，依法追究刑事责任：

（一）对不符合法定条件的申请人颁发注册证书和执业印章的；

（二）对符合法定条件的申请人不予颁发注册证书和执业印章的；

（三）对符合法定条件的申请人未在法定期限内颁发注册证书和执业印章的；

（四）利用职务上的便利，收受他人财物或者其他好处的；

（五）不依法履行监督管理职责，或者发现违法行为不予查处的。

第七章 附 则

第三十三条 注册工程师资格考试工作按照国务院建设主管部门、国务院人事主管部门的有关规定执行。

第三十四条 香港特别行政区、澳门特别行政区、台湾地区及外籍专业技术人员，注册工程师注册和执业的管理办法另行制定。

第三十五条 本规定自2005年4月1日起施行。

建设工程质量检测管理办法

（2005年9月28日建设部令第141号发布）

第一条 为了加强对建设工程质量检测的管理，根据《中华人民共和国建筑法》、《建设工程质量管理条例》，制定本办法。

第二条 申请从事对涉及建筑物、构筑物结构安全的试块、试件以及有关材料检测的工程质量检测机构资质，实施对建设工程质量检测活动的监督管理，应当遵守本办法。

本办法所称建设工程质量检测（以下简称质量检测），是指工程质量检测机构（以下简称检测机构）接受委托，依据国家有关法律、法规和工程建设强制性标准，对涉及结构安全项目的抽样检测和对进入施工现场的建筑材料、构配件的见证取样检测。

第三条　国务院建设主管部门负责对全国质量检测活动实施监督管理，并负责制定检测机构资质标准。

省、自治区、直辖市人民政府建设主管部门负责对本行政区域内的质量检测活动实施监督管理，并负责检测机构的资质审批。

市、县人民政府建设主管部门负责对本行政区域内的质量检测活动实施监督管理。

第四条　检测机构是具有独立法人资格的中介机构。检测机构从事本办法附件一规定的质量检测业务，应当依据本办法取得相应的资质证书。

检测机构资质按照其承担的检测业务内容分为专项检测机构资质和见证取样检测机构资质。检测机构资质标准由附件二规定。

检测机构未取得相应的资质证书，不得承担本办法规定的质量检测业务。

第五条　申请检测资质的机构应当向省、自治区、直辖市人民政府建设主管部门提交下列申请材料：

（一）《检测机构资质申请表》一式三份；

（二）工商营业执照原件及复印件；

（三）与所申请检测资质范围相对应的计量认证证书原件及复印件；

（四）主要检测仪器、设备清单；

（五）技术人员的职称证书、身份证和社会保险合同的原件及复印件；

（六）检测机构管理制度及质量控制措施。

《检测机构资质申请表》由国务院建设主管部门制定式样。

第六条　省、自治区、直辖市人民政府建设主管部门在收到申请人的申请材料后，应当即时作出是否受理的决定，并向申请人出具书面凭证；申请材料不齐全或者不符合法定形式的，应当在5日内一次性告知申请人需要补正的全部内容。逾期不告知的，自收到申请材料之日起即为受理。

省、自治区、直辖市建设主管部门受理资质申请后，应当对申报材料进行审查，自受理之日起20个工作日内审批完毕并作出书面决定。对符合资质标准的，自作出决定之日起10个工作日内颁发《检测机构资质证书》，并报国务院建设主管部门备案。

第七条　《检测机构资质证书》应当注明检测业务范围，分为正本和副本，由国务院建设主管部门制定式样，正、副本具有同等法律效力。

第八条 检测机构资质证书有效期为 3 年。资质证书有效期满需要延期的，检测机构应当在资质证书有效期满 30 个工作日前申请办理延期手续。

检测机构在资质证书有效期内没有下列行为的，资质证书有效期届满时，经原审批机关同意，不再审查，资质证书有效期延期 3 年，由原审批机关在其资质证书副本上加盖延期专用章；检测机构在资质证书有效期内有下列行为之一的，原审批机关不予延期：

（一）超出资质范围从事检测活动的；

（二）转包检测业务的；

（三）涂改、倒卖、出租、出借或者以其他形式非法转让资质证书的；

（四）未按照国家有关工程建设强制性标准进行检测，造成质量安全事故或致使事故损失扩大的；

（五）伪造检测数据，出具虚假检测报告或者鉴定结论的。

第九条 检测机构取得检测机构资质后，不再符合相应资质标准的，省、自治区、直辖市人民政府建设主管部门根据利害关系人的请求或者依据职权，可以责令其限期改正；逾期不改的，可以撤回相应的资质证书。

第十条 任何单位和个人不得涂改、倒卖、出租、出借或者以其他形式非法转让资质证书。

第十一条 检测机构变更名称、地址、法定代表人、技术负责人，应当在 3 个月内到原审批机关办理变更手续。

第十二条 本办法规定的质量检测业务，由工程项目建设单位委托具有相应资质的检测机构进行检测。委托方与被委托方应当签订书面合同。

检测结果利害关系人对检测结果发生争议的，由双方共同认可的检测机构复检，复检结果由提出复检方报当地建设主管部门备案。

第十三条 质量检测试样的取样应当严格执行有关工程建设标准和国家有关规定，在建设单位或者工程监理单位监督下现场取样。提供质量检测试样的单位和个人，应当对试样的真实性负责。

第十四条 检测机构完成检测业务后，应当及时出具检测报告。检测报告经检测人员签字、检测机构法定代表人或者其授权的签字人签署，并加盖检测机构公章或者检测专用章后方可生效。检测报告经建设单位或者工程监理单位确认后，由施工单位归档。

见证取样检测的检测报告中应当注明见证人单位及姓名。

第十五条 任何单位和个人不得明示或者暗示检测机构出具虚假检测报告，不得篡改或者伪造检测报告。

第十六条　检测人员不得同时受聘于两个或者两个以上的检测机构。

检测机构和检测人员不得推荐或者监制建筑材料、构配件和设备。

检测机构不得与行政机关，法律、法规授权的具有管理公共事务职能的组织以及所检测工程项目相关的设计单位、施工单位、监理单位有隶属关系或者其他利害关系。

第十七条　检测机构不得转包检测业务。

检测机构跨省、自治区、直辖市承担检测业务的，应当向工程所在地的省、自治区、直辖市人民政府建设主管部门备案。

第十八条　检测机构应当对其检测数据和检测报告的真实性和准确性负责。

检测机构违反法律、法规和工程建设强制性标准，给他人造成损失的，应当依法承担相应的赔偿责任。

第十九条　检测机构应当将检测过程中发现的建设单位、监理单位、施工单位违反有关法律、法规和工程建设强制性标准的情况，以及涉及结构安全检测结果的不合格情况，及时报告工程所在地建设主管部门。

第二十条　检测机构应当建立档案管理制度。检测合同、委托单、原始记录、检测报告应当按年度统一编号，编号应当连续，不得随意抽撤、涂改。

检测机构应当单独建立检测结果不合格项目台账。

第二十一条　县级以上地方人民政府建设主管部门应当加强对检测机构的监督检查，主要检查下列内容：

（一）是否符合本办法规定的资质标准；

（二）是否超出资质范围从事质量检测活动；

（三）是否有涂改、倒卖、出租、出借或者以其他形式非法转让资质证书的行为；

（四）是否按规定在检测报告上签字盖章，检测报告是否真实；

（五）检测机构是否按有关技术标准和规定进行检测；

（六）仪器设备及环境条件是否符合计量认证要求；

（七）法律、法规规定的其他事项。

第二十二条　建设主管部门实施监督检查时，有权采取下列措施：

（一）要求检测机构或者委托方提供相关的文件和资料；

（二）进入检测机构的工作场地（包括施工现场）进行抽查；

（三）组织进行比对试验以验证检测机构的检测能力；

（四）发现有不符合国家有关法律、法规和工程建设标准要求的检测行为时，责令改正。

第二十三条 建设主管部门在监督检查中为收集证据的需要，可以对有关试样和检测资料采取抽样取证的方法；在证据可能灭失或者以后难以取得的情况下，经部门负责人批准，可以先行登记保存有关试样和检测资料，并应当在7日内及时作出处理决定，在此期间，当事人或者有关人员不得销毁或者转移有关试样和检测资料。

第二十四条 县级以上地方人民政府建设主管部门，对监督检查中发现的问题应当按规定权限进行处理，并及时报告资质审批机关。

第二十五条 建设主管部门应当建立投诉受理和处理制度，公开投诉电话号码、通讯地址和电子邮件信箱。

检测机构违反国家有关法律、法规和工程建设标准规定进行检测的，任何单位和个人都有权向建设主管部门投诉。建设主管部门收到投诉后，应当及时核实并依据本办法对检测机构作出相应的处理决定，于30日内将处理意见答复投诉人。

第二十六条 违反本办法规定，未取得相应的资质，擅自承担本办法规定的检测业务的，其检测报告无效，由县级以上地方人民政府建设主管部门责令改正，并处1万元以上3万元以下的罚款。

第二十七条 检测机构隐瞒有关情况或者提供虚假材料申请资质的，省、自治区、直辖市人民政府建设主管部门不予受理或者不予行政许可，并给予警告，1年之内不得再次申请资质。

第二十八条 以欺骗、贿赂等不正当手段取得资质证书的，由省、自治区、直辖市人民政府建设主管部门撤销其资质证书，3年内不得再次申请资质证书；并由县级以上地方人民政府建设主管部门处以1万元以上3万元以下的罚款；构成犯罪的，依法追究刑事责任。

第二十九条 检测机构违反本办法规定，有下列行为之一的，由县级以上地方人民政府建设主管部门责令改正，可并处1万元以上3万元以下的罚款；构成犯罪的，依法追究刑事责任：

（一）超出资质范围从事检测活动的；

（二）涂改、倒卖、出租、出借、转让资质证书的；

（三）使用不符合条件的检测人员的；

（四）未按规定上报发现的违法违规行为和检测不合格事项的；

（五）未按规定在检测报告上签字盖章的；

（六）未按照国家有关工程建设强制性标准进行检测的；

（七）档案资料管理混乱，造成检测数据无法追溯的；

（八）转包检测业务的。

第三十条　检测机构伪造检测数据，出具虚假检测报告或者鉴定结论的，县级以上地方人民政府建设主管部门给予警告，并处3万元罚款；给他人造成损失的，依法承担赔偿责任；构成犯罪的，依法追究其刑事责任。

第三十一条　违反本办法规定，委托方有下列行为之一的，由县级以上地方人民政府建设主管部门责令改正，处1万元以上3万元以下的罚款：

（一）委托未取得相应资质的检测机构进行检测的；

（二）明示或暗示检测机构出具虚假检测报告，篡改或伪造检测报告的；

（三）弄虚作假送检试样的。

第三十二条　依照本办法规定，给予检测机构罚款处罚的，对检测机构的法定代表人和其他直接责任人员处罚款数额5%以上10%以下的罚款。

第三十三条　县级以上人民政府建设主管部门工作人员在质量检测管理工作中，有下列情形之一的，依法给予行政处分；构成犯罪的，依法追究刑事责任：

（一）对不符合法定条件的申请人颁发资质证书的；

（二）对符合法定条件的申请人不予颁发资质证书的；

（三）对符合法定条件的申请人未在法定期限内颁发资质证书的；

（四）利用职务上的便利，收受他人财物或者其他好处的；

（五）不依法履行监督管理职责，或者发现违法行为不予查处的。

第三十四条　检测机构和委托方应当按照有关规定收取、支付检测费用。没有收费标准的项目由双方协商收取费用。

第三十五条　水利工程、铁道工程、公路工程等工程中涉及结构安全的试块、试件及有关材料的检测按照有关规定，可以参照本办法执行。节能检测按照国家有关规定执行。

第三十六条　本规定自2005年11月1日起施行。

附件一：

质量检测的业务内容

一、专项检测

（一）地基基础工程检测

1. 地基及复合地基承载力静载检测；
2. 桩的承载力检测；
3. 桩身完整性检测；
4. 锚杆锁定力检测。

（二）主体结构工程现场检测

1. 混凝土、砂浆、砌体强度现场检测；
2. 钢筋保护层厚度检测；
3. 混凝土预制构件结构性能检测；
4. 后置埋件的力学性能检测。

（三）建筑幕墙工程检测

1. 建筑幕墙的气密性、水密性、风压变形性能、层间变位性能检测；
2. 硅酮结构胶相容性检测。

（四）钢结构工程检测

1. 钢结构焊接质量无损检测；
2. 钢结构防腐及防火涂装检测；
3. 钢结构节点、机械连接用紧固标准件及高强度螺栓力学性能检测；
4. 钢网架结构的变形检测。

二、见证取样检测

1. 水泥物理力学性能检验；
2. 钢筋（含焊接与机械连接）力学性能检验；
3. 砂、石常规检验；
4. 混凝土、砂浆强度检验；
5. 简易土工试验；
6. 混凝土掺加剂检验；
7. 预应力钢绞线、锚夹具检验；
8. 沥青、沥青混合料检验。

附件二：

检测机构资质标准

一、专项检测机构和见证取样检测机构应满足下列基本条件：

（一）专项检测机构的注册资本不少于100万元人民币，见证取样检测机构不少于80万元人民币；

（二）所申请检测资质对应的项目应通过计量认证；

（三）有质量检测、施工、监理或设计经历，并接受了相关检测技术培训的专业技术人员不少于10人；边远的县（区）的专业技术人员可不少于6人；

（四）有符合开展检测工作所需的仪器、设备和工作场所；其中，使用属于强制检定的计量器具，要经过计量检定合格后，方可使用；

（五）有健全的技术管理和质量保证体系。

二、专项检测机构除应满足基本条件外，还需满足下列条件：

（一）地基基础工程检测类

专业技术人员中从事工程桩检测工作3年以上并具有高级或者中级职称的不得少于4名，其中1人应当具备注册岩土工程师资格。

（二）主体结构工程检测类

专业技术人员中从事结构工程检测工作3年以上并具有高级或者中级职称的不得少于4名，其中1人应当具备二级注册结构工程师资格。

（三）建筑幕墙工程检测类

专业技术人员中从事建筑幕墙检测工作3年以上并具有高级或者中级职称的不得少于4名。

（四）钢结构工程检测类

专业技术人员中从事钢结构机械连接检测、钢网架结构变形检测工作3年以上并具有高级或者中级职称的不得少于4名，其中1人应当具备二级注册结构工程师资格。

三、见证取样检测机构除应满足基本条件外，专业技术人员中从事检测工作3年以上并具有高级或者中级职称的不得少于3名；边远的县（区）可不少于2人。

民用建筑节能管理规定

（2005年11月10日建设部令第143号发布）

第一条 为了加强民用建筑节能管理，提高能源利用效率，改善室内热环境质量，根据《中华人民共和国节约能源法》、《中华人民共和国建筑法》、《建设工程质量管理条例》，制定本规定。

第二条 本规定所称民用建筑，是指居住建筑和公共建筑。

本规定所称民用建筑节能，是指民用建筑在规划、设计、建造和使用过程中，通过采用新型墙体材料，执行建筑节能标准，加强建筑物用能设备的运行管理，合理设计建筑围护结构的热工性能，提高采暖、制冷、照明、通风、给排水和通道系统的运行效率，以及利用可再生能源，在保证建筑物使用功能和室内热环境质量的前提下，降低建筑能源消耗，合理、有效地利用能源的活动。

第三条 国务院建设行政主管部门负责全国民用建筑节能的监督管理工作。

县级以上地方人民政府建设行政主管部门负责本行政区域内民用建筑节能的监督管理工作。

第四条 国务院建设行政主管部门根据国家节能规划，制定国家建筑节能专项规划；省、自治区、直辖市以及设区城市人民政府建设行政主管部门应当根据本地节能规划，制定本地建筑节能专项规划，并组织实施。

第五条 编制城乡规划应当充分考虑能源、资源的综合利用和节约，对城镇布局、功能区设置、建筑特征，基础设施配置的影响进行研究论证。

第六条 国务院建设行政主管部门根据建筑节能发展状况和技术先进、经济合理的原则，组织制定建筑节能相关标准，建立和完善建筑节能标准体系；省、自治区、直辖市人民政府建设行政主管部门应当严格执行国家民用建筑节能有关规定，可以制定严于国家民用建筑节能标准的地方标准或者实施细则。

第七条 鼓励民用建筑节能的科学研究和技术开发，推广应用节能型的建筑、结构、材料、用能设备和附属设施及相应的施工工艺、应用技术和管理技术，促进可再生能源的开发利用。

第八条 鼓励发展下列建筑节能技术和产品：

（一）新型节能墙体和屋面的保温、隔热技术与材料；

（二）节能门窗的保温隔热和密闭技术；

（三）集中供热和热、电、冷联产联供技术；

（四）供热采暖系统温度调控和分户热量计量技术与装置；

（五）太阳能、地热等可再生能源应用技术及设备；

（六）建筑照明节能技术与产品；

（七）空调制冷节能技术与产品；

（八）其他技术成熟、效果显著的节能技术和节能管理技术。

鼓励推广应用和淘汰的建筑节能部品及技术的目录，由国务院建设行政主管部门制定；省、自治区、直辖市建设行政主管部门可以结合该目录，制定适合本区域的鼓励推广应用和淘汰的建筑节能部品及技术的目录。

第九条　国家鼓励多元化、多渠道投资既有建筑的节能改造，投资人可以按照协议分享节能改造的收益；鼓励研究制定本地区既有建筑节能改造资金筹措办法和相关激励政策。

第十条　建筑工程施工过程中，县级以上地方人民政府建设行政主管部门应当加强对建筑物的围护结构（含墙体、屋面、门窗、玻璃幕墙等）、供热采暖和制冷系统、照明和通风等电器设备是否符合节能要求的监督检查。

第十一条　新建民用建筑应当严格执行建筑节能标准要求，民用建筑工程扩建和改建时，应当对原建筑进行节能改造。

既有建筑节能改造应当考虑建筑物的寿命周期，对改造的必要性、可行性以及投入收益比进行科学论证。节能改造要符合建筑节能标准要求，确保结构安全，优化建筑物使用功能。

寒冷地区和严寒地区既有建筑节能改造应当与供热系统节能改造同步进行。

第十二条　采用集中采暖制冷方式的新建民用建筑应当安设建筑物室内温度控制和用能计量设施，逐步实行基本冷热价和计量冷热价共同构成的两部制用能价格制度。

第十三条　供热单位、公共建筑所有权人或者其委托的物业管理单位应当制定相应的节能建筑运行管理制度，明确节能建筑运行状态各项性能指标、节能工作诸环节的岗位目标责任等事项。

第十四条　公共建筑的所有权人或者委托的物业管理单位应当建立用能档案，在供热或者制冷间歇期委托相关检测机构对用能设备和系统的性能进行综合检测评价，定期进行维护、维修、保养及更新置换，保证设备和系统的正常运行。

第十五条　供热单位、房屋产权单位或者其委托的物业管理等有关单位，应当记录并按有关规定上报能源消耗资料。

鼓励新建民用建筑和既有建筑实施建筑能效测评。

第十六条　从事建筑节能及相关管理活动的单位，应当对其从业人员进行建筑节能标准与技术等专业知识的培训。

建筑节能标准和节能技术应当作为注册城市规划师、注册建筑师、勘察设计注册工程师、注册监理工程师、注册建造师等继续教育的必修内容。

第十七条 建设单位应当按照建筑节能政策要求和建筑节能标准委托工程项目的设计。

建设单位不得以任何理由要求设计单位、施工单位擅自修改经审查合格的节能设计文件，降低建筑节能标准。

第十八条 房地产开发企业应当将所售商品住房的节能措施、围护结构保温隔热性能指标等基本信息在销售现场显著位置予以公示，并在《住宅使用说明书》中予以载明。

第十九条 设计单位应当依据建筑节能标准的要求进行设计，保证建筑节能设计质量。

施工图设计文件审查机构在进行审查时，应当审查节能设计的内容，在审查报告中单列节能审查章节；不符合建筑节能强制性标准的，施工图设计文件审查结论应当定为不合格。

第二十条 施工单位应当按照审查合格的设计文件和建筑节能施工标准的要求进行施工，保证工程施工质量。

第二十一条 监理单位应当依照法律、法规以及建筑节能标准、节能设计文件、建设工程承包合同及监理合同对节能工程建设实施监理。

第二十二条 对超过能源消耗指标的供热单位、公共建筑的所有权人或者其委托的物业管理单位，责令限期达标。

第二十三条 对擅自改变建筑围护结构节能措施，并影响公共利益和他人合法权益的，责令责任人及时予以修复，并承担相应的费用。

第二十四条 建设单位在竣工验收过程中，有违反建筑节能强制性标准行为的，按照《建设工程质量管理条例》的有关规定，重新组织竣工验收。

第二十五条 建设单位未按照建筑节能强制性标准委托设计，擅自修改节能设计文件，明示或暗示设计单位、施工单位违反建筑节能设计强制性标准，降低工程建设质量的，处20万元以上50万元以下的罚款。

第二十六条 设计单位未按照建筑节能强制性标准进行设计的，应当修改设计。未进行修改的，给予警告，处10万元以上30万元以下罚款；造成损失的，依法承担赔偿责任；2年内，累计3项工程未按照建筑节能强制性标准设计的，责令停业整顿，降低资质等级或者吊销资质证书。

第二十七条 对未按照节能设计进行施工的施工单位，责令改正；整改所发生的工程费用，由施工单位负责；可以给予警告，情节严重的，处工程合同价款2%以上4%以下的罚款；2年内，累计3项工程未按照符合节能标准要求的设计进行施工的，责令停业整顿，降低资质等级或者吊销资质证书。

第二十八条　本规定的责令停业整顿、降低资质等级和吊销资质证书的行政处罚，由颁发资质证书的机关决定；其他行政处罚，由建设行政主管部门依照法定职权决定。

第二十九条　农民自建低层住宅不适用本规定。

第三十条　本规定自2006年1月1日起施行。原《民用建筑节能管理规定》（建设部令第76号）同时废止。

注册监理工程师管理规定

（2006年1月26日建设部令第147号发布）

第一章　总　　则

第一条　为了加强对注册监理工程师的管理，维护公共利益和建筑市场秩序，提高工程监理质量与水平，根据《中华人民共和国建筑法》、《建设工程质量管理条例》等法律法规，制定本规定。

第二条　中华人民共和国境内注册监理工程师的注册、执业、继续教育和监督管理，适用本规定。

第三条　本规定所称注册监理工程师，是指经考试取得中华人民共和国监理工程师资格证书（以下简称资格证书），并按照本规定注册，取得中华人民共和国注册监理工程师注册执业证书（以下简称注册证书）和执业印章，从事工程监理及相关业务活动的专业技术人员。

未取得注册证书和执业印章的人员，不得以注册监理工程师的名义从事工程监理及相关业务活动。

第四条　国务院建设主管部门对全国注册监理工程师的注册、执业活动实施统一监督管理。

县级以上地方人民政府建设主管部门对本行政区域内的注册监理工程师的注册、执业活动实施监督管理。

第二章 注 册

第五条 注册监理工程师实行注册执业管理制度。

取得资格证书的人员，经过注册方能以注册监理工程师的名义执业。

第六条 注册监理工程师依据其所学专业、工作经历、工程业绩，按照《工程监理企业资质管理规定》划分的工程类别，按专业注册。每人最多可以申请两个专业注册。

第七条 取得资格证书的人员申请注册，由省、自治区、直辖市人民政府建设主管部门初审，国务院建设主管部门审批。

取得资格证书并受聘于一个建设工程勘察、设计、施工、监理、招标代理、造价咨询等单位的人员，应当通过聘用单位向单位工商注册所在地的省、自治区、直辖市人民政府建设主管部门提出注册申请；省、自治区、直辖市人民政府建设主管部门受理后提出初审意见，并将初审意见和全部申报材料报国务院建设主管部门审批；符合条件的，由国务院建设主管部门核发注册证书和执业印章。

第八条 省、自治区、直辖市人民政府建设主管部门在收到申请人的申请材料后，应当即时作出是否受理的决定，并向申请人出具书面凭证；申请材料不齐全或者不符合法定形式的，应当在5日内一次性告知申请人需要补正的全部内容。逾期不告知的，自收到申请材料之日起即为受理。

对申请初始注册的，省、自治区、直辖市人民政府建设主管部门应当自受理申请之日起20日内审查完毕，并将申请材料和初审意见报国务院建设主管部门。国务院建设主管部门自收到省、自治区、直辖市人民政府建设主管部门上报材料之日起，应当在20日内审批完毕并作出书面决定，并自作出决定之日起10日内，在公众媒体上公告审批结果。

对申请变更注册、延续注册的，省、自治区、直辖市人民政府建设主管部门应当自受理申请之日起5日内审查完毕，并将申请材料和初审意见报国务院建设主管部门。国务院建设主管部门自收到省、自治区、直辖市人民政府建设主管部门上报材料之日起，应当在10日内审批完毕并作出书面决定。

对不予批准的，应当说明理由，并告知申请人享有依法申请行政复议或者提起行政诉讼的权利。

第九条 注册证书和执业印章是注册监理工程师的执业凭证，由注册监理工程师本人保管、使用。

注册证书和执业印章的有效期为3年。

第十条　初始注册者，可自资格证书签发之日起3年内提出申请。逾期未申请者，须符合继续教育的要求后方可申请初始注册。

申请初始注册，应当具备以下条件：

（一）经全国注册监理工程师执业资格统一考试合格，取得资格证书；

（二）受聘于一个相关单位；

（三）达到继续教育要求；

（四）没有本规定第十三条所列情形。

初始注册需要提交下列材料：

（一）申请人的注册申请表；

（二）申请人的资格证书和身份证复印件；

（三）申请人与聘用单位签订的聘用劳动合同复印件；

（四）所学专业、工作经历、工程业绩、工程类中级及中级以上职称证书等有关证明材料；

（五）逾期初始注册的，应当提供达到继续教育要求的证明材料。

第十一条　注册监理工程师每一注册有效期为3年，注册有效期满需继续执业的，应当在注册有效期满30日前，按照本规定第七条规定的程序申请延续注册。延续注册有效期3年。延续注册需要提交下列材料：

（一）申请人延续注册申请表；

（二）申请人与聘用单位签订的聘用劳动合同复印件；

（三）申请人注册有效期内达到继续教育要求的证明材料。

第十二条　在注册有效期内，注册监理工程师变更执业单位，应当与原聘用单位解除劳动关系，并按本规定第七条规定的程序办理变更注册手续，变更注册后仍延续原注册有效期。

变更注册需要提交下列材料：

（一）申请人变更注册申请表；

（二）申请人与新聘用单位签订的聘用劳动合同复印件；

（三）申请人的工作调动证明（与原聘用单位解除聘用劳动合同或者聘用劳动合同到期的证明文件、退休人员的退休证明）。

第十三条　申请人有下列情形之一的，不予初始注册、延续注册或者变更注册：

（一）不具有完全民事行为能力的；

（二）刑事处罚尚未执行完毕或者因从事工程监理或者相关业务受到刑事处

罚，自刑事处罚执行完毕之日起至申请注册之日止不满2年的；

（三）未达到监理工程师继续教育要求的；

（四）在两个或者两个以上单位申请注册的；

（五）以虚假的职称证书参加考试并取得资格证书的；

（六）年龄超过65周岁的；

（七）法律、法规规定不予注册的其他情形。

第十四条 注册监理工程师有下列情形之一的，其注册证书和执业印章失效：

（一）聘用单位破产的；

（二）聘用单位被吊销营业执照的；

（三）聘用单位被吊销相应资质证书的；

（四）已与聘用单位解除劳动关系的；

（五）注册有效期满且未延续注册的；

（六）年龄超过65周岁的；

（七）死亡或者丧失行为能力的；

（八）其他导致注册失效的情形。

第十五条 注册监理工程师有下列情形之一的，负责审批的部门应当办理注销手续，收回注册证书和执业印章或者公告其注册证书和执业印章作废：

（一）不具有完全民事行为能力的；

（二）申请注销注册的；

（三）有本规定第十四条所列情形发生的；

（四）依法被撤销注册的；

（五）依法被吊销注册证书的；

（六）受到刑事处罚的；

（七）法律、法规规定应当注销注册的其他情形。

注册监理工程师有前款情形之一的，注册监理工程师本人和聘用单位应当及时向国务院建设主管部门提出注销注册的申请；有关单位和个人有权向国务院建设主管部门举报；县级以上地方人民政府建设主管部门或者有关部门应当及时报告或者告知国务院建设主管部门。

第十六条 被注销注册者或者不予注册者，在重新具备初始注册条件，并符合继续教育要求后，可以按照本规定第七条规定的程序重新申请注册。

第三章 执 业

第十七条 取得资格证书的人员，应当受聘于一个具有建设工程勘察、设计、施工、监理、招标代理、造价咨询等一项或者多项资质的单位，经注册后方可从事相应的执业活动。从事工程监理执业活动的，应当受聘并注册于一个具有工程监理资质的单位。

第十八条 注册监理工程师可以从事工程监理、工程经济与技术咨询、工程招标与采购咨询、工程项目管理服务以及国务院有关部门规定的其他业务。

第十九条 工程监理活动中形成的监理文件由注册监理工程师按照规定签字盖章后方可生效。

第二十条 修改经注册监理工程师签字盖章的工程监理文件，应当由该注册监理工程师进行；因特殊情况，该注册监理工程师不能进行修改的，应当由其他注册监理工程师修改，并签字、加盖执业印章，对修改部分承担责任。

第二十一条 注册监理工程师从事执业活动，由所在单位接受委托并统一收费。

第二十二条 因工程监理事故及相关业务造成的经济损失，聘用单位应当承担赔偿责任；聘用单位承担赔偿责任后，可依法向负有过错的注册监理工程师追偿。

第四章 继续教育

第二十三条 注册监理工程师在每一注册有效期内应当达到国务院建设主管部门规定的继续教育要求。继续教育作为注册监理工程师逾期初始注册、延续注册和重新申请注册的条件之一。

第二十四条 继续教育分为必修课和选修课，在每一注册有效期内各为48学时。

第五章 权利和义务

第二十五条 注册监理工程师享有下列权利：

（一）使用注册监理工程师称谓；

（二）在规定范围内从事执业活动；

（三）依据本人能力从事相应的执业活动；

（四）保管和使用本人的注册证书和执业印章；

（五）对本人执业活动进行解释和辩护；

（六）接受继续教育；

（七）获得相应的劳动报酬；

（八）对侵犯本人权利的行为进行申诉。

第二十六条 注册监理工程师应当履行下列义务：

（一）遵守法律、法规和有关管理规定；

（二）履行管理职责，执行技术标准、规范和规程；

（三）保证执业活动成果的质量，并承担相应责任；

（四）接受继续教育，努力提高执业水准；

（五）在本人执业活动所形成的工程监理文件上签字、加盖执业印章；

（六）保守在执业中知悉的国家秘密和他人的商业、技术秘密；

（七）不得涂改、倒卖、出租、出借或者以其他形式非法转让注册证书或者执业印章；

（八）不得同时在两个或者两个以上单位受聘或者执业；

（九）在规定的执业范围和聘用单位业务范围内从事执业活动；

（十）协助注册管理机构完成相关工作。

第六章 法律责任

第二十七条 隐瞒有关情况或者提供虚假材料申请注册的，建设主管部门不予受理或者不予注册，并给予警告，1年之内不得再次申请注册。

第二十八条 以欺骗、贿赂等不正当手段取得注册证书的，由国务院建设主管部门撤销其注册，3年内不得再次申请注册，并由县级以上地方人民政府建设主管部门处以罚款，其中没有违法所得的，处以1万元以下罚款，有违法所得的，处以违法所得3倍以下且不超过3万元的罚款；构成犯罪的，依法追究刑事责任。

第二十九条 违反本规定，未经注册，擅自以注册监理工程师的名义从事工程监理及相关业务活动的，由县级以上地方人民政府建设主管部门给予警告，责令停止违法行为，处以3万元以下罚款；造成损失的，依法承担赔偿责任。

第三十条 违反本规定，未办理变更注册仍执业的，由县级以上地方人民政府建设主管部门给予警告，责令限期改正；逾期不改的，可处以5 000元以下的罚款。

第三十一条 注册监理工程师在执业活动中有下列行为之一的，由县级以上地方人民政府建设主管部门给予警告，责令其改正，没有违法所得的，处以1万元以下罚款，有违法所得的，处以违法所得3倍以下且不超过3万元的罚款；造成损失的，依法承担赔偿责任；构成犯罪的，依法追究刑事责任：

（一）以个人名义承接业务的；

（二）涂改、倒卖、出租、出借或者以其他形式非法转让注册证书或者执业印章的；

（三）泄露执业中应当保守的秘密并造成严重后果的；

（四）超出规定执业范围或者聘用单位业务范围从事执业活动的；

（五）弄虚作假提供执业活动成果的；

（六）同时受聘于两个或者两个以上的单位，从事执业活动的；

（七）其他违反法律、法规、规章的行为。

第三十二条 有下列情形之一的，国务院建设主管部门依据职权或者根据利害关系人的请求，可以撤销监理工程师注册：

（一）工作人员滥用职权、玩忽职守颁发注册证书和执业印章的；

（二）超越法定职权颁发注册证书和执业印章的；

（三）违反法定程序颁发注册证书和执业印章的；

（四）对不符合法定条件的申请人颁发注册证书和执业印章的；

（五）依法可以撤销注册的其他情形。

第三十三条 县级以上人民政府建设主管部门的工作人员，在注册监理工程师管理工作中，有下列情形之一的，依法给予处分；构成犯罪的，依法追究刑事责任：

（一）对不符合法定条件的申请人颁发注册证书和执业印章的；

（二）对符合法定条件的申请人不予颁发注册证书和执业印章的；

（三）对符合法定条件的申请人未在法定期限内颁发注册证书和执业印章的；

（四）对符合法定条件的申请不予受理或者未在法定期限内初审完毕的；

（五）利用职务上的便利，收受他人财物或者其他好处的；

（六）不依法履行监督管理职责，或者发现违法行为不予查处的。

第七章　附　　则

第三十四条　注册监理工程师资格考试工作按照国务院建设主管部门、国务院人事主管部门的有关规定执行。

第三十五条　香港特别行政区、澳门特别行政区、台湾地区及外籍专业技术人员，申请参加注册监理工程师注册和执业的管理办法另行制定。

第三十六条　本规定自2006年4月1日起施行。1992年6月4日建设部颁布的《监理工程师资格考试和注册试行办法》（建设部令第18号）同时废止。

房屋建筑工程抗震设防管理规定

（2006年1月27日建设部令第148号发布）

第一条　为了加强对房屋建筑工程抗震设防的监督管理，保护人民生命和财产安全，根据《中华人民共和国防震减灾法》、《中华人民共和国建筑法》、《建设工程质量管理条例》、《建设工程勘察设计管理条例》等法律、行政法规，制定本规定。

第二条　在抗震设防区从事房屋建筑工程抗震设防的有关活动，实施对房屋建筑工程抗震设防的监督管理，适用本规定。

第三条　房屋建筑工程的抗震设防，坚持预防为主的方针。

第四条　国务院建设主管部门负责全国房屋建筑工程抗震设防的监督管理工作。

县级以上地方人民政府建设主管部门负责本行政区域内房屋建筑工程抗震设防的监督管理工作。

第五条　国家鼓励采用先进的科学技术进行房屋建筑工程的抗震设防。

制定、修订工程建设标准时，应当及时将先进适用的抗震新技术、新材料和新结构体系纳入标准、规范，在房屋建筑工程中推广使用。

第六条　新建、扩建、改建的房屋建筑工程，应当按照国家有关规定和工程建设强制性标准进行抗震设防。

任何单位和个人不得降低抗震设防标准。

第七条　建设单位、勘察单位、设计单位、施工单位、工程监理单位，应当遵守有关房屋建筑工程抗震设防的法律、法规和工程建设强制性标准的规定，保证房屋建筑工程的抗震设防质量，依法承担相应责任。

第八条　城市房屋建筑工程的选址，应当符合城市总体规划中城市抗震防灾专业规划的要求；村庄、集镇建设的工程选址，应当符合村庄与集镇防灾专项规划和村庄与集镇建设规划中有关抗震防灾的要求。

第九条　采用可能影响房屋建筑工程抗震安全，又没有国家技术标准的新技术、新材料的，应当按照有关规定申请核准。申请时，应当说明是否适用于抗震设防区以及适用的抗震设防烈度范围。

第十条　《建筑工程抗震设防分类标准》中甲类和乙类建筑工程的初步设计文件应当有抗震设防专项内容。

超限高层建筑工程应当在初步设计阶段进行抗震设防专项审查。

新建、扩建、改建房屋建筑工程的抗震设计应当作为施工图审查的重要内容。

第十一条　产权人和使用人不得擅自变动或者破坏房屋建筑抗震构件、隔震装置、减震部件或者地震反应观测系统等抗震设施。

第十二条　已建成的下列房屋建筑工程，未采取抗震设防措施且未列入近期拆除改造计划的，应当委托具有相应设计资质的单位按现行抗震鉴定标准进行抗震鉴定：

（一）《建筑工程抗震设防分类标准》中甲类和乙类建筑工程；

（二）有重大文物价值和纪念意义的房屋建筑工程；

（三）地震重点监视防御区的房屋建筑工程。

鼓励其他未采取抗震设防措施且未列入近期拆除改造计划的房屋建筑工程产权人，委托具有相应设计资质的单位按现行抗震鉴定标准进行抗震鉴定。

经鉴定需加固的房屋建筑工程，应当在县级以上地方人民政府建设主管部门确定的限期内采取必要的抗震加固措施；未加固前应当限制使用。

第十三条　从事抗震鉴定的单位，应当遵守有关房屋建筑工程抗震设防的法律、法规和工程建设强制性标准的规定，保证房屋建筑工程的抗震鉴定质量，依法承担相应责任。

第十四条　对经鉴定需抗震加固的房屋建筑工程，产权人应当委托具有相应资质的设计、施工单位进行抗震加固设计与施工，并按国家规定办理相关手续。

抗震加固应当与城市近期建设规划、产权人的房屋维修计划相结合。经鉴定需抗震加固的房屋建筑工程在进行装修改造时，应当同时进行抗震加固。

有重大文物价值和纪念意义的房屋建筑工程的抗震加固，应当注意保持其原有风貌。

第十五条 房屋建筑工程的抗震鉴定、抗震加固费用，由产权人承担。

第十六条 已按工程建设标准进行抗震设计或抗震加固的房屋建筑工程在合理使用年限内，因各种人为因素使房屋建筑工程抗震能力受损的，或者因改变原设计使用性质，导致荷载增加或需提高抗震设防类别的，产权人应当委托有相应资质的单位进行抗震验算、修复或加固。需要进行工程检测的，应由委托具有相应资质的单位进行检测。

第十七条 破坏性地震发生后，当地人民政府建设主管部门应当组织对受损房屋建筑工程抗震性能的应急评估，并提出恢复重建方案。

第十八条 震后经应急评估需进行抗震鉴定的房屋建筑工程，应当按照抗震鉴定标准进行鉴定。经鉴定需修复或者抗震加固的，应当按照工程建设强制性标准进行修复或者抗震加固。需易地重建的，应当按照国家有关法律、法规的规定进行规划和建设。

第十九条 当发生地震的实际烈度大于现行地震动参数区划图对应的地震基本烈度时，震后修复或者建设的房屋建筑工程，应当以国家地震部门审定、发布的地震动参数复核结果，作为抗震设防的依据。

第二十条 县级以上地方人民政府建设主管部门应当加强对房屋建筑工程抗震设防质量的监督管理，并对本行政区域内房屋建筑工程执行抗震设防的法律、法规和工程建设强制性标准情况，定期进行监督检查。

县级以上地方人民政府建设主管部门应当对村镇建设抗震设防进行指导和监督。

第二十一条 县级以上地方人民政府建设主管部门应当对农民自建低层住宅抗震设防进行技术指导和技术服务，鼓励和指导其采取经济、合理、可靠的抗震措施。

地震重点监视防御区县级以上地方人民政府建设主管部门应当通过拍摄科普教育宣传片、发送农房抗震图集、建设抗震样板房、技术培训等多种方式，积极指导农民自建低层住宅进行抗震设防。

第二十二条 县级以上地方人民政府建设主管部门有权组织抗震设防检查，并采取下列措施：

（一）要求被检查的单位提供有关房屋建筑工程抗震的文件和资料；

（二）发现有影响房屋建筑工程抗震设防质量的问题时，责令改正。

第二十三条 地震发生后，县级以上地方人民政府建设主管部门应当组织专家，对破坏程度超出工程建设强制性标准允许范围的房屋建筑工程的破坏原因进行调查，并依法追究有关责任人的责任。

国务院建设主管部门应当根据地震调查情况，及时组织力量开展房屋建筑工程抗震科学研究，并对相关工程建设标准进行修订。

第二十四条　任何单位和个人对房屋建筑工程的抗震设防质量问题都有权检举和投诉。

第二十五条　违反本规定，擅自使用没有国家技术标准又未经审定通过的新技术、新材料，或者将不适用于抗震设防区的新技术、新材料用于抗震设防区，或者超出经审定的抗震烈度范围的，由县级以上地方人民政府建设主管部门责令限期改正，并处以1万元以上3万元以下罚款。

第二十六条　违反本规定，擅自变动或者破坏房屋建筑抗震构件、隔震装置、减震部件或者地震反应观测系统等抗震设施的，由县级以上地方人民政府建设主管部门责令限期改正，并对个人处以1 000元以下罚款，对单位处以1万元以上3万元以下罚款。

第二十七条　违反本规定，未对抗震能力受损、荷载增加或者需提高抗震设防类别的房屋建筑工程，进行抗震验算、修复和加固的，由县级以上地方人民政府建设主管部门责令限期改正，逾期不改的，处以1万元以下罚款。

第二十八条　违反本规定，经鉴定需抗震加固的房屋建筑工程在进行装修改造时未进行抗震加固的，由县级以上地方人民政府建设主管部门责令限期改正，逾期不改的，处以1万元以下罚款。

第二十九条　本规定所称抗震设防区，是指地震基本烈度六度及六度以上地区（地震动峰值加速度≥0.05g的地区）。

本规定所称超限高层建筑工程，是指超出国家现行规范、规程所规定的适用高度和适用结构类型的高层建筑工程，体型特别不规则的高层建筑工程，以及有关规范、规程规定应当进行抗震专项审查的高层建筑工程。

第三十条　本规定自2006年4月1日起施行。

工程造价咨询企业管理办法

（2006年3月22日建设部令第149号发布）

第一章　总　　则

第一条　为了加强对工程造价咨询企业的管理，提高工程造价咨询工作质量，维护建设市场秩序和社会公共利益，根据《中华人民共和国行政许可法》、《国务院对确需保留的行政审批项目设定行政许可的决定》，制定本办法。

第二条 在中华人民共和国境内从事工程造价咨询活动，实施对工程造价咨询企业的监督管理，应当遵守本办法。

第三条 本办法所称工程造价咨询企业，是指接受委托，对建设项目投资、工程造价的确定与控制提供专业咨询服务的企业。

第四条 工程造价咨询企业应当依法取得工程造价咨询企业资质，并在其资质等级许可的范围内从事工程造价咨询活动。

第五条 工程造价咨询企业从事工程造价咨询活动，应当遵循独立、客观、公正、诚实信用的原则，不得损害社会公共利益和他人的合法权益。

任何单位和个人不得非法干预依法进行的工程造价咨询活动。

第六条 国务院建设主管部门负责全国工程造价咨询企业的统一监督管理工作。

省、自治区、直辖市人民政府建设主管部门负责本行政区域内工程造价咨询企业的监督管理工作。

有关专业部门负责对本专业工程造价咨询企业实施监督管理。

第七条 工程造价咨询行业组织应当加强行业自律管理。

鼓励工程造价咨询企业加入工程造价咨询行业组织。

第二章 资质等级与标准

第八条 工程造价咨询企业资质等级分为甲级、乙级。

第九条 甲级工程造价咨询企业资质标准如下：

（一）已取得乙级工程造价咨询企业资质证书满3年；

（二）企业出资人中，注册造价工程师人数不低于出资人总人数的60%，且其出资额不低于企业注册资本总额的60%；

（三）技术负责人已取得造价工程师注册证书，并具有工程或工程经济类高级专业技术职称，且从事工程造价专业工作15年以上；

（四）专职从事工程造价专业工作的人员（以下简称专职专业人员）不少于20人，其中，具有工程或者工程经济类中级以上专业技术职称的人员不少于16人；取得造价工程师注册证书的人员不少于10人，其他人员具有从事工程造价专业工作的经历；

（五）企业与专职专业人员签订劳动合同，且专职专业人员符合国家规定的职业年龄（出资人除外）；

（六）专职专业人员人事档案关系由国家认可的人事代理机构代为管理；

（七）企业注册资本不少于人民币100万元；

（八）企业近3年工程造价咨询营业收入累计不低于人民币500万元；

（九）具有固定的办公场所，人均办公建筑面积不少于10平方米；

（十）技术档案管理制度、质量控制制度、财务管理制度齐全；

（十一）企业为本单位专职专业人员办理的社会基本养老保险手续齐全；

（十二）在申请核定资质等级之日前3年内无本办法第二十七条禁止的行为。

第十条　乙级工程造价咨询企业资质标准如下：

（一）企业出资人中，注册造价工程师人数不低于出资人总人数的60%，且其出资额不低于注册资本总额的60%；

（二）技术负责人已取得造价工程师注册证书，并具有工程或工程经济类高级专业技术职称，且从事工程造价专业工作10年以上；

（三）专职专业人员不少于12人，其中，具有工程或者工程经济类中级以上专业技术职称的人员不少于8人；取得造价工程师注册证书的人员不少于6人，其他人员具有从事工程造价专业工作的经历；

（四）企业与专职专业人员签订劳动合同，且专职专业人员符合国家规定的职业年龄（出资人除外）；

（五）专职专业人员人事档案关系由国家认可的人事代理机构代为管理；

（六）企业注册资本不少于人民币50万元；

（七）具有固定的办公场所，人均办公建筑面积不少于10平方米；

（八）技术档案管理制度、质量控制制度、财务管理制度齐全；

（九）企业为本单位专职专业人员办理的社会基本养老保险手续齐全；

（十）暂定期内工程造价咨询营业收入累计不低于人民币50万元；

（十一）申请核定资质等级之日前无本办法第二十七条禁止的行为。

第三章　资质许可

第十一条　申请甲级工程造价咨询企业资质的，应当向申请人工商注册所在地省、自治区、直辖市人民政府建设主管部门或者国务院有关专业部门提出申请。

省、自治区、直辖市人民政府建设主管部门、国务院有关专业部门应当自受理申请材料之日起20日内审查完毕，并将初审意见和全部申请材料报国务院建设主管部门；国务院建设主管部门应当自受理之日起20日内作出决定。

第十二条 申请乙级工程造价咨询企业资质的，由省、自治区、直辖市人民政府建设主管部门审查决定。其中，申请有关专业乙级工程造价咨询企业资质的，由省、自治区、直辖市人民政府建设主管部门商同级有关专业部门审查决定。

乙级工程造价咨询企业资质许可的实施程序由省、自治区、直辖市人民政府建设主管部门依法确定。

省、自治区、直辖市人民政府建设主管部门应当自作出决定之日起30日内，将准予资质许可的决定报国务院建设主管部门备案。

第十三条 申请工程造价咨询企业资质，应当提交下列材料并同时在网上申报：

（一）《工程造价咨询企业资质等级申请书》；

（二）专职专业人员（含技术负责人）的造价工程师注册证书、造价员资格证书、专业技术职称证书和身份证；

（三）专职专业人员（含技术负责人）的人事代理合同和企业为其交纳的本年度社会基本养老保险费用的凭证；

（四）企业章程、股东出资协议并附工商部门出具的股东出资情况证明；

（五）企业缴纳营业收入的营业税发票或税务部门出具的缴纳工程造价咨询营业收入的营业税完税证明；企业营业收入含其他业务收入的，还需出具工程造价咨询营业收入的财务审计报告；

（六）工程造价咨询企业资质证书；

（七）企业营业执照；

（八）固定办公场所的租赁合同或产权证明；

（九）有关企业技术档案管理、质量控制、财务管理等制度的文件；

（十）法律、法规规定的其他材料。

新申请工程造价咨询企业资质的，不需要提交前款第（五）项、第（六）项所列材料。

第十四条 新申请工程造价咨询企业资质的，其资质等级按照本办法第十条第（一）项至第（九）项所列资质标准核定为乙级，设暂定期一年。

暂定期届满需继续从事工程造价咨询活动的，应当在暂定期届满30日前，向资质许可机关申请换发资质证书。符合乙级资质条件的，由资质许可机关换发资质证书。

第十五条　准予资质许可的，资质许可机关应当向申请人颁发工程造价咨询企业资质证书。

工程造价咨询企业资质证书由国务院建设主管部门统一印制，分正本和副本。正本和副本具有同等法律效力。

工程造价咨询企业遗失资质证书的，应当在公众媒体上声明作废后，向资质许可机关申请补办。

第十六条　工程造价咨询企业资质有效期为3年。

资质有效期届满，需要继续从事工程造价咨询活动的，应当在资质有效期届满30日前向资质许可机关提出资质延续申请。资质许可机关应当根据申请作出是否准予延续的决定。准予延续的，资质有效期延续3年。

第十七条　工程造价咨询企业的名称、住所、组织形式、法定代表人、技术负责人、注册资本等事项发生变更的，应当自变更确立之日起30日内，到资质许可机关办理资质证书变更手续。

第十八条　工程造价咨询企业合并的，合并后存续或者新设立的工程造价咨询企业可以承继合并前各方中较高的资质等级，但应当符合相应的资质等级条件。

工程造价咨询企业分立的，只能由分立后的一方承继原工程造价咨询企业资质，但应当符合原工程造价咨询企业资质等级条件。

第四章　工程造价咨询管理

第十九条　工程造价咨询企业依法从事工程造价咨询活动，不受行政区域限制。

甲级工程造价咨询企业可以从事各类建设项目的工程造价咨询业务。

乙级工程造价咨询企业可以从事工程造价5 000万元人民币以下的各类建设项目的工程造价咨询业务。

第二十条　工程造价咨询业务范围包括：

（一）建设项目建议书及可行性研究投资估算、项目经济评价报告的编制和审核；

（二）建设项目概预算的编制与审核，并配合设计方案比选、优化设计、限额设计等工作进行工程造价分析与控制；

（三）建设项目合同价款的确定（包括招标工程工程量清单和标底、投标报价的编制和审核）；合同价款的签订与调整（包括工程变更、工程洽商和索赔费用的计算）及工程款支付，工程结算及竣工结（决）算报告的编制与审核等；

（四）工程造价经济纠纷的鉴定和仲裁的咨询；

（五）提供工程造价信息服务等。

工程造价咨询企业可以对建设项目的组织实施进行全过程或者若干阶段的管理和服务。

第二十一条 工程造价咨询企业在承接各类建设项目的工程造价咨询业务时，应当与委托人订立书面工程造价咨询合同。

工程造价咨询企业与委托人可以参照《建设工程造价咨询合同》（示范文本）订立合同。

第二十二条 工程造价咨询企业从事工程造价咨询业务，应当按照有关规定的要求出具工程造价成果文件。

工程造价成果文件应当由工程造价咨询企业加盖有企业名称、资质等级及证书编号的执业印章，并由执行咨询业务的注册造价工程师签字、加盖执业印章。

第二十三条 工程造价咨询企业设立分支机构的，应当自领取分支机构营业执照之日起30日内，持下列材料到分支机构工商注册所在地省、自治区、直辖市人民政府建设主管部门备案：

（一）分支机构营业执照复印件；

（二）工程造价咨询企业资质证书复印件；

（三）拟在分支机构执业的不少于3名注册造价工程师的注册证书复印件；

（四）分支机构固定办公场所的租赁合同或产权证明。

省、自治区、直辖市人民政府建设主管部门应当在接受备案之日起20日内，报国务院建设主管部门备案。

第二十四条 分支机构从事工程造价咨询业务，应当由设立该分支机构的工程造价咨询企业负责承接工程造价咨询业务、订立工程造价咨询合同、出具工程造价成果文件。

分支机构不得以自己名义承接工程造价咨询业务、订立工程造价咨询合同、出具工程造价成果文件。

第二十五条 工程造价咨询企业跨省、自治区、直辖市承接工程造价咨询业务的，应当自承接业务之日起30日内到建设工程所在地省、自治区、直辖市人民政府建设主管部门备案。

第二十六条 工程造价咨询收费应当按照有关规定，由当事人在建设工程造价咨询合同中约定。

第二十七条　工程造价咨询企业不得有下列行为：

（一）涂改、倒卖、出租、出借资质证书，或者以其他形式非法转让资质证书；

（二）超越资质等级业务范围承接工程造价咨询业务；

（三）同时接受招标人和投标人或两个以上投标人对同一工程项目的工程造价咨询业务；

（四）以给予回扣、恶意压低收费等方式进行不正当竞争；

（五）转包承接的工程造价咨询业务；

（六）法律、法规禁止的其他行为。

第二十八条　除法律、法规另有规定外，未经委托人书面同意，工程造价咨询企业不得对外提供工程造价咨询服务过程中获知的当事人的商业秘密和业务资料。

第二十九条　县级以上地方人民政府建设主管部门、有关专业部门应当依照有关法律、法规和本办法的规定，对工程造价咨询企业从事工程造价咨询业务的活动实施监督检查。

第三十条　监督检查机关履行监督检查职责时，有权采取下列措施：

（一）要求被检查单位提供工程造价咨询企业资质证书、造价工程师注册证书，有关工程造价咨询业务的文档，有关技术档案管理制度、质量控制制度、财务管理制度的文件；

（二）进入被检查单位进行检查，查阅工程造价咨询成果文件以及工程造价咨询合同等相关资料；

（三）纠正违反有关法律、法规和本办法及执业规程规定的行为。

监督检查机关应当将监督检查的处理结果向社会公布。

第三十一条　监督检查机关进行监督检查时，应当有两名以上监督检查人员参加，并出示执法证件，不得妨碍被检查单位的正常经营活动，不得索取或者收受财物、谋取其他利益。

有关单位和个人对依法进行的监督检查应当协助与配合，不得拒绝或者阻挠。

第三十二条　有下列情形之一的，资质许可机关或者其上级机关，根据利害关系人的请求或者依据职权，可以撤销工程造价咨询企业资质：

（一）资质许可机关工作人员滥用职权、玩忽职守作出准予工程造价咨询企业资质许可的；

（二）超越法定职权作出准予工程造价咨询企业资质许可的；

（三）违反法定程序作出准予工程造价咨询企业资质许可的；

（四）对不具备行政许可条件的申请人作出准予工程造价咨询企业资质许可的；

（五）依法可以撤销工程造价咨询企业资质的其他情形。

工程造价咨询企业以欺骗、贿赂等不正当手段取得工程造价咨询企业资质的，应当予以撤销。

第三十三条 工程造价咨询企业取得工程造价咨询企业资质后，不再符合相应资质条件的，资质许可机关根据利害关系人的请求或者依据职权，可以责令其限期改正；逾期不改的，可以撤回其资质。

第三十四条 有下列情形之一的，资质许可机关应当依法注销工程造价咨询企业资质：

（一）工程造价咨询企业资质有效期满，未申请延续的；

（二）工程造价咨询企业资质被撤销、撤回的；

（三）工程造价咨询企业依法终止的；

（四）法律、法规规定的应当注销工程造价咨询企业资质的其他情形。

第三十五条 工程造价咨询企业应当按照有关规定，向资质许可机关提供真实、准确、完整的工程造价咨询企业信用档案信息。

工程造价咨询企业信用档案应当包括工程造价咨询企业的基本情况、业绩、良好行为、不良行为等内容。违法行为、被投诉举报处理、行政处罚等情况应当作为工程造价咨询企业的不良记录记入其信用档案。

任何单位和个人有权查阅信用档案。

第五章　法律责任

第三十六条 申请人隐瞒有关情况或者提供虚假材料申请工程造价咨询企业资质的，不予受理或者不予资质许可，并给予警告，申请人在1年内不得再次申请工程造价咨询企业资质。

第三十七条 以欺骗、贿赂等不正当手段取得工程造价咨询企业资质的，由县级以上地方人民政府建设主管部门或者有关专业部门给予警告，并处以1万元以上3万元以下的罚款，申请人3年内不得再次申请工程造价咨询企业资质。

第三十八条 未取得工程造价咨询企业资质从事工程造价咨询活动或者超越资质等级承接工程造价咨询业务的，出具的工程造价成果文件无效，由县级以上地方人民政府建设主管部门或者有关专业部门给予警告，责令限期改正，并处以 1 万元以上 3 万元以下的罚款。

第三十九条　违反本办法第十七条规定，工程造价咨询企业不及时办理资质证书变更手续的，由资质许可机关责令限期办理；逾期不办理的，可处以 1 万元以下的罚款。

第四十条　有下列行为之一的，由县级以上地方人民政府建设主管部门或者有关专业部门给予警告，责令限期改正；逾期未改正的，可处以 5 000元以上 2 万元以下的罚款：

（一）违反本办法第二十三条规定，新设立分支机构不备案的；

（二）违反本办法第二十五条规定，跨省、自治区、直辖市承接业务不备案的。

第四十一条　工程造价咨询企业有本办法第二十七条行为之一的，由县级以上地方人民政府建设主管部门或者有关专业部门给予警告，责令限期改正，并处以 1 万元以上 3 万元以下的罚款。

第四十二条　资质许可机关有下列情形之一的，由其上级行政主管部门或者监察机关责令改正，对直接负责的主管人员和其他直接责任人员依法给予处分；构成犯罪的，依法追究刑事责任：

（一）对不符合法定条件的申请人准予工程造价咨询企业资质许可或者超越职权作出准予工程造价咨询企业资质许可决定的；

（二）对符合法定条件的申请人不予工程造价咨询企业资质许可或者不在法定期限内作出准予工程造价咨询企业资质许可决定的；

（三）利用职务上的便利，收受他人财物或者其他利益的；

（四）不履行监督管理职责，或者发现违法行为不予查处的。

第六章　附　　则

第四十三条　本办法自 2006 年 7 月 1 日起施行。2000 年 1 月 25 日建设部发布的《工程造价咨询单位管理办法》（建设部令第 74 号）同时废止。

本办法施行前建设部发布的规章与本办法的规定不一致的，以本办法为准。

第四十四条　本办法第九条第（二）项、第（六）项和第十条第（一）项、第（五）项的规定，暂不适用于本办法施行前已取得工程造价咨询资质且尚未进行改制的单位。

注册造价工程师管理办法

（2006 年 12 月 25 日建设部令第 150 号）

第一章 总 则

第一条 为了加强对注册造价工程师的管理，规范注册造价工程师执业行为，维护社会公共利益，制定本办法。

第二条 中华人民共和国境内注册造价工程师的注册、执业、继续教育和监督管理，适用本办法。

第三条 本办法所称注册造价工程师，是指通过全国造价工程师执业资格统一考试或者资格认定、资格互认，取得中华人民共和国造价工程师执业资格（以下简称执业资格），并按照本办法注册，取得中华人民共和国造价工程师注册执业证书（以下简称注册证书）和执业印章，从事工程造价活动的专业人员。

未取得注册证书和执业印章的人员，不得以注册造价工程师的名义从事工程造价活动。

第四条 国务院建设主管部门对全国注册造价工程师的注册、执业活动实施统一监督管理；国务院铁路、交通、水利、信息产业等有关部门按照国务院规定的职责分工，对有关专业注册造价工程师的注册、执业活动实施监督管理。

省、自治区、直辖市人民政府建设主管部门对本行政区域内注册造价工程师的注册、执业活动实施监督管理。

第五条 工程造价行业组织应当加强造价工程师自律管理。

鼓励注册造价工程师加入工程造价行业组织。

第二章 注 册

第六条 注册造价工程师实行注册执业管理制度。

取得执业资格的人员，经过注册方能以注册造价工程师的名义执业。

第七条 注册造价工程师的注册条件为：

（一）取得执业资格；

（二）受聘于一个工程造价咨询企业或者工程建设领域的建设、勘察设计、施工、招标代理、工程监理、工程造价管理等单位；

（三）无本办法第十二条不予注册的情形。

第八条　取得执业资格的人员申请注册的，应当向聘用单位工商注册所在地的省、自治区、直辖市人民政府建设主管部门（以下简称省级注册初审机关）或者国务院有关部门（以下简称部门注册初审机关）提出注册申请。

对申请初始注册的，注册初审机关应当自受理申请之日起 20 日内审查完毕，并将申请材料和初审意见报国务院建设主管部门（以下简称注册机关）。注册机关应当自受理之日起 20 日内作出决定。

对申请变更注册、延续注册的，注册初审机关应当自受理申请之日起 5 日内审查完毕，并将申请材料和初审意见报注册机关。注册机关应当自受理之日起 10 日内作出决定。

注册造价工程师的初始、变更、延续注册，逐步实行网上申报、受理和审批。

第九条　取得资格证书的人员，可自资格证书签发之日起 1 年内申请初始注册。逾期未申请者，须符合继续教育的要求后方可申请初始注册。初始注册的有效期为 4 年。

申请初始注册的，应当提交下列材料：

（一）初始注册申请表；

（二）执业资格证件和身份证件复印件；

（三）与聘用单位签订的劳动合同复印件；

（四）工程造价岗位工作证明；

（五）取得资格证书的人员，自资格证书签发之日起 1 年后申请初始注册的，应当提供继续教育合格证明；

（六）受聘于具有工程造价咨询资质的中介机构的，应当提供聘用单位为其交纳的社会基本养老保险凭证、人事代理合同复印件，或者劳动、人事部门颁发的离退休证复印件；

（七）外国人、台港澳人员应当提供外国人就业许可证书、台港澳人员就业证书复印件。

第十条　注册造价工程师注册有效期满需继续执业的，应当在注册有效期满 30 日前，按照本办法第八条规定的程序申请延续注册。延续注册的有效期为 4 年。

申请延续注册的，应当提交下列材料：

（一）延续注册申请表；

（二）注册证书；

（三）与聘用单位签订的劳动合同复印件；

（四）前一个注册期内的工作业绩证明；

（五）继续教育合格证明。

第十一条 在注册有效期内，注册造价工程师变更执业单位的，应当与原聘用单位解除劳动合同，并按照本办法第八条规定的程序办理变更注册手续。变更注册后延续原注册有效期。

申请变更注册的，应当提交下列材料：

（一）变更注册申请表；

（二）注册证书；

（三）与新聘用单位签订的劳动合同复印件；

（四）与原聘用单位解除劳动合同的证明文件；

（五）受聘于具有工程造价咨询资质的中介机构的，应当提供聘用单位为其交纳的社会基本养老保险凭证、人事代理合同复印件，或者劳动、人事部门颁发的离退休证复印件；

（六）外国人、台港澳人员应当提供外国人就业许可证书、台港澳人员就业证书复印件。

第十二条 有下列情形之一的，不予注册：

（一）不具有完全民事行为能力的；

（二）申请在两个或者两个以上单位注册的；

（三）未达到造价工程师继续教育合格标准的；

（四）前一个注册期内工作业绩达不到规定标准或未办理暂停执业手续而脱离工程造价业务岗位的；

（五）受刑事处罚，刑事处罚尚未执行完毕的；

（六）因工程造价业务活动受刑事处罚，自刑事处罚执行完毕之日起至申请注册之日止不满 5 年的；

（七）因前项规定以外原因受刑事处罚，自处罚决定之日起至申请注册之日止不满 3 年的；

（八）被吊销注册证书，自被处罚决定之日起至申请注册之日止不满 3 年的；

（九）以欺骗、贿赂等不正当手段获准注册被撤销，自被撤销注册之日起至申请注册之日止不满 3 年的；

（十）法律、法规规定不予注册的其他情形。

第十三条 被注销注册或者不予注册者，在具备注册条件后重新申请注册的，按照本办法第八条第一款、第二款规定的程序办理。

第十四条　准予注册的，由注册机关核发注册证书和执业印章。

注册证书和执业印章是注册造价工程师的执业凭证，应当由注册造价工程师本人保管、使用。

造价工程师注册证书由注册机关统一印制。

注册造价工程师遗失注册证书、执业印章，应当在公众媒体上声明作废后，按照本办法第八条第一款、第三款规定的程序申请补发。

第三章　执　　业

第十五条　注册造价工程师执业范围包括：

（一）建设项目建议书、可行性研究投资估算的编制和审核，项目经济评价，工程概、预、结算、竣工结（决）算的编制和审核；

（二）工程量清单、标底（或者控制价）、投标报价的编制和审核，工程合同价款的签订及变更、调整、工程款支付与工程索赔费用的计算；

（三）建设项目管理过程中设计方案的优化、限额设计等工程造价分析与控制，工程保险理赔的核查；

（四）工程经济纠纷的鉴定。

第十六条　注册造价工程师享有下列权利：

（一）使用注册造价工程师名称；

（二）依法独立执行工程造价业务；

（三）在本人执业活动中形成的工程造价成果文件上签字并加盖执业印章；

（四）发起设立工程造价咨询企业；

（五）保管和使用本人的注册证书和执业印章；

（六）参加继续教育。

第十七条　注册造价工程师应当履行下列义务：

（一）遵守法律、法规、有关管理规定，恪守职业道德；

（二）保证执业活动成果的质量；

（三）接受继续教育，提高执业水平；

（四）执行工程造价计价标准和计价方法；

（五）与当事人有利害关系的，应当主动回避；

（六）保守在执业中知悉的国家秘密和他人的商业、技术秘密。

第十八条　注册造价工程师应当在本人承担的工程造价成果文件上签字并

盖章。

第十九条 修改经注册造价工程师签字盖章的工程造价成果文件，应当由签字盖章的注册造价工程师本人进行；注册造价工程师本人因特殊情况不能进行修改的，应当由其他注册造价工程师修改，并签字盖章；修改工程造价成果文件的注册造价工程师对修改部分承担相应的法律责任。

第二十条 注册造价工程师不得有下列行为：

（一）不履行注册造价工程师义务；

（二）在执业过程中，索贿、受贿或者谋取合同约定费用外的其他利益；

（三）在执业过程中实施商业贿赂；

（四）签署有虚假记载、误导性陈述的工程造价成果文件；

（五）以个人名义承接工程造价业务；

（六）允许他人以自己名义从事工程造价业务；

（七）同时在两个或者两个以上单位执业；

（八）涂改、倒卖、出租、出借或者以其他形式非法转让注册证书或者执业印章；

（九）法律、法规、规章禁止的其他行为。

第二十一条 在注册有效期内，注册造价工程师因特殊原因需要暂停执业的，应当到注册初审机关办理暂停执业手续，并交回注册证书和执业印章。

第二十二条 注册造价工程师在每一注册期内应当达到注册机关规定的继续教育要求。

注册造价工程师继续教育分为必修课和选修课，每一注册有效期各为60学时。经继续教育达到合格标准的，颁发继续教育合格证明。

注册造价工程师继续教育，由中国建设工程造价管理协会负责组织。

第四章 监督管理

第二十三条 县级以上人民政府建设主管部门和其他有关部门应当依照有关法律、法规和本办法的规定，对注册造价工程师的注册、执业和继续教育实施监督检查。

第二十四条 注册机关应当将造价工程师注册信息告知注册初审机关。

省级注册初审机关应当将造价工程师注册信息告知本行政区域内市、县人民政府建设主管部门。

第二十五条 县级以上人民政府建设主管部门和其他有关部门依法履行监

督检查职责时，有权采取下列措施：

（一）要求被检查人员提供注册证书；

（二）要求被检查人员所在聘用单位提供有关人员签署的工程造价成果文件及相关业务文档；

（三）就有关问题询问签署工程造价成果文件的人员；

（四）纠正违反有关法律、法规和本办法及工程造价计价标准和计价办法的行为。

第二十六条　注册造价工程师违法从事工程造价活动的，违法行为发生地县级以上地方人民政府建设主管部门或者其他有关部门应当依法查处，并将违法事实、处理结果告知注册机关；依法应当撤销注册的，违法行为发生地县级以上地方人民政府建设主管部门或者其他有关部门应当将违法事实、处理建议及有关材料告知注册机关。

第二十七条　注册造价工程师有下列情形之一的，其注册证书失效：

（一）已与聘用单位解除劳动合同且未被其他单位聘用的；

（二）注册有效期满且未延续注册的；

（三）死亡或者不具有完全民事行为能力的；

（四）其他导致注册失效的情形。

第二十八条　有下列情形之一的，注册机关或者其上级行政机关依据职权或者根据利害关系人的请求，可以撤销注册造价工程师的注册：

（一）行政机关工作人员滥用职权、玩忽职守作出准予注册许可的；

（二）超越法定职权作出准予注册许可的；

（三）违反法定程序作出准予注册许可的；

（四）对不具备注册条件的申请人作出准予注册许可的；

（五）依法可以撤销注册的其他情形。

申请人以欺骗、贿赂等不正当手段获准注册的，应当予以撤销。

第二十九条　有下列情形之一的，由注册机关办理注销注册手续，收回注册证书和执业印章或者公告其注册证书和执业印章作废：

（一）有本办法第二十七条所列情形发生的；

（二）依法被撤销注册的；

（三）依法被吊销注册证书的；

（四）受到刑事处罚的；

（五）法律、法规规定应当注销注册的其他情形。

注册造价工程师有前款所列情形之一的，注册造价工程师本人和聘用单位应当及时向注册机关提出注销注册申请；有关单位和个人有权向注册机关举报；县级以上地方人民政府建设主管部门或者其他有关部门应当及时告知注册机关。

第三十条 注册造价工程师及其聘用单位应当按照有关规定，向注册机关提供真实、准确、完整的注册造价工程师信用档案信息。

注册造价工程师信用档案应当包括造价工程师的基本情况、业绩、良好行为、不良行为等内容。违法违规行为、被投诉举报处理、行政处罚等情况应当作为造价工程师的不良行为记入其信用档案。

注册造价工程师信用档案信息按有关规定向社会公示。

第五章 法律责任

第三十一条 隐瞒有关情况或者提供虚假材料申请造价工程师注册的，不予受理或者不予注册，并给予警告，申请人在 1 年内不得再次申请造价工程师注册。

第三十二条 聘用单位为申请人提供虚假注册材料的，由县级以上地方人民政府建设主管部门或者其他有关部门给予警告，并可处以 1 万元以上 3 万元以下的罚款。

第三十三条 以欺骗、贿赂等不正当手段取得造价工程师注册的，由注册机关撤销其注册，3 年内不得再次申请注册，并由县级以上地方人民政府建设主管部门处以罚款。其中，没有违法所得的，处以 1 万元以下罚款；有违法所得的，处以违法所得 3 倍以下且不超过 3 万元的罚款。

第三十四条 违反本办法规定，未经注册而以注册造价工程师的名义从事工程造价活动的，所签署的工程造价成果文件无效，由县级以上地方人民政府建设主管部门或者其他有关部门给予警告，责令停止违法活动，并可处以 1 万元以上 3 万元以下的罚款。

第三十五条 违反本办法规定，未办理变更注册而继续执业的，由县级以上人民政府建设主管部门或者其他有关部门责令限期改正；逾期不改的，可处以 5 000元以下的罚款。

第三十六条 注册造价工程师有本办法第二十条规定行为之一的，由县级以上地方人民政府建设主管部门或者其他有关部门给予警告，责令改正，没有违法所得的，处以 1 万元以下罚款，有违法所得的，处以违法所得 3 倍以下且不超过 3 万元的罚款。

第三十七条 违反本办法规定，注册造价工程师或者其聘用单位未按照要求提供造价工程师信用档案信息的，由县级以上地方人民政府建设主管部门或者其他有关部门责令限期改正；逾期未改正的，可处以1 000元以上1万元以下的罚款。

第三十八条　县级以上人民政府建设主管部门和其他有关部门工作人员，在注册造价工程师管理工作中，有下列情形之一的，依法给予处分；构成犯罪的，依法追究刑事责任：

（一）对不符合注册条件的申请人准予注册许可或者超越法定职权作出注册许可决定的；

（二）对符合注册条件的申请人不予注册许可或者不在法定期限内作出注册许可决定的；

（三）对符合法定条件的申请不予受理或者未在法定期限内初审完毕的；

（四）利用职务之便，收取他人财物或者其他好处的；

（五）不依法履行监督管理职责，或者发现违法行为不予查处的。

第六章　附　　则

第三十九条　造价工程师执业资格考试工作按照国务院人事主管部门的有关规定执行。

第四十条　本办法自2007年3月1日起施行。2000年1月21日发布的《造价工程师注册管理办法》（建设部令第75号）同时废止。

工程建设项目招标代理机构资格认定办法

（2007年1月11日建设部令第154号发布）

第一条　为了加强对工程建设项目招标代理机构的资格管理，维护工程建设项目招标投标活动当事人的合法权益，根据《中华人民共和国招标投标法》、《中华人民共和国行政许可法》等有关法律和行政法规，制定本办法。

第二条　在中华人民共和国境内从事各类工程建设项目招标代理业务机构资格的认定，适用本办法。

本办法所称工程建设项目（以下简称工程），是指土木工程、建筑工程、线路管道和设备安装工程及装饰装修工程项目。

本办法所称工程建设项目招标代理（以下简称工程招标代理），是指工程招标代理机构接受招标人的委托，从事工程的勘察、设计、施工、监理以及与工程建设有关的重要设备（进口机电设备除外）、材料采购招标的代理业务。

第三条 国务院建设主管部门负责全国工程招标代理机构资格认定的管理。

省、自治区、直辖市人民政府建设主管部门负责本行政区域内的工程招标代理机构资格认定的管理。

第四条 从事工程招标代理业务的机构，应当依法取得国务院建设主管部门或者省、自治区、直辖市人民政府建设主管部门认定的工程招标代理机构资格，并在其资格许可的范围内从事相应的工程招标代理业务。

第五条 工程招标代理机构资格分为甲级、乙级和暂定级。

甲级工程招标代理机构可以承担各类工程的招标代理业务。

乙级工程招标代理机构只能承担工程总投资 1 亿元人民币以下的工程招标代理业务。

暂定级工程招标代理机构，只能承担工程总投资 6 000万元人民币以下的工程招标代理业务。

第六条 工程招标代理机构可以跨省、自治区、直辖市承担工程招标代理业务。

任何单位和个人不得限制或者排斥工程招标代理机构依法开展工程招标代理业务。

第七条 甲级工程招标代理机构资格由国务院建设主管部门认定。

乙级、暂定级工程招标代理机构资格由工商注册所在地的省、自治区、直辖市人民政府建设主管部门认定。

第八条 申请工程招标代理资格的机构应当具备下列条件：

（一）是依法设立的中介组织，具有独立法人资格；

（二）与行政机关和其他国家机关没有行政隶属关系或者其他利益关系；

（三）有固定的营业场所和开展工程招标代理业务所需设施及办公条件；

（四）有健全的组织机构和内部管理的规章制度；

（五）具备编制招标文件和组织评标的相应专业力量；

（六）具有可以作为评标委员会成员人选的技术、经济等方面的专家库；

（七）法律、行政法规规定的其他条件。

第九条 申请甲级工程招标代理资格的机构，除具备本办法第八条规定的条件外，还应当具备下列条件：

（一）取得乙级工程招标代理资格满 3 年；

（二）近3年内累计工程招标代理中标金额在16亿元人民币以上（以中标通知书为依据，下同）；

（三）具有中级以上职称的工程招标代理机构专职人员不少于20人，其中具有工程建设类注册执业资格人员不少于10人（其中注册造价工程师不少于5人），从事工程招标代理业务3年以上的人员不少于10人；

（四）技术经济负责人为本机构专职人员，具有10年以上从事工程管理的经验，具有高级技术经济职称和工程建设类注册执业资格；

（五）注册资本金不少于200万元。

第十条　申请乙级工程招标代理资格的机构，除具备本办法第八条规定的条件外，还应当具备下列条件：

（一）取得暂定级工程招标代理资格满1年；

（二）近3年内累计工程招标代理中标金额在8亿元人民币以上；

（三）具有中级以上职称的工程招标代理机构专职人员不少于12人，其中具有工程建设类注册执业资格人员不少于6人（其中注册造价工程师不少于3人），从事工程招标代理业务3年以上的人员不少于6人；

（四）技术经济负责人为本机构专职人员，具有8年以上从事工程管理的经历，具有高级技术经济职称和工程建设类注册执业资格；

（五）注册资本金不少于100万元。

第十一条　新设立的工程招标代理机构具备第八条和第十条第（三）、（四）、（五）项条件的，可以申请暂定级工程招标代理资格。

第十二条　申请工程招标代理机构资格的机构，应当提供下列资料：

（一）工程招标代理机构资格申请报告；

（二）《工程招标代理机构资格申请表》及电子文档；

（三）企业法人营业执照；

（四）工程招标代理机构章程以及内部管理规章制度；

（五）专职人员身份证复印件、劳动合同、职称证书或工程建设类注册执业资格证书、社会保险缴费凭证以及人事档案代理证明；

（六）法定代表人和技术经济负责人的任职文件、个人简历等材料，技术经济负责人还应提供从事工程管理经历证明；

（七）办公场所证明，主要办公设备清单；

（八）出资证明及上一年度经审计的企业财务报告（含报表及说明，下同）；

（九）评标专家库成员名单；

（十）法律、法规要求提供的其他有关资料。

申请甲级、乙级工程招标代理机构资格的，还应当提供工程招标代理有效业绩证明（工程招标代理合同、中标通知书和招标人评价意见）。

工程招标代理机构应当对所提供资料的真实性负责。

第十三条 申请甲级工程招标代理机构资格的，应当向机构工商注册所在地的省、自治区、直辖市人民政府建设主管部门提出申请。

省、自治区、直辖市人民政府建设主管部门应当自受理申请之日起20日内初审完毕，并将初审意见和申请材料报国务院建设主管部门。

国务院建设主管部门应当自省、自治区、直辖市人民政府建设主管部门受理申请材料之日起40日内完成审查，公示审查意见，公示时间为10日。

第十四条 乙级、暂定级工程招标代理机构资格的具体实施程序，由省、自治区、直辖市人民政府建设主管部门依法确定。

省、自治区、直辖市人民政府建设主管部门应当将认定的乙级、暂定级的工程招标代理机构名单在认定后15日内，报国务院建设主管部门备案。

第十五条 工程招标代理机构的资格，在认定前由建设主管部门组织专家委员会评审。

第十六条 工程招标代理机构资格证书分为正本和副本，由国务院建设主管部门统一印制，正本和副本具有同等法律效力。

甲级、乙级工程招标代理机构资格证书的有效期为5年，暂定级工程招标代理机构资格证书的有效期为3年。

第十七条 甲级、乙级工程招标代理机构的资格证书有效期届满，需要延续资格证书有效期的，应当在其工程招标代理机构资格证书有效期届满60日前，向原资格许可机关提出资格延续申请。

对于在资格有效期内遵守有关法律、法规、规章、技术标准，信用档案中无不良行为记录，且业绩、专职人员满足资格条件的甲级、乙级工程招标代理机构，经原资格许可机关同意，有效期延续5年。

第十八条 暂定级工程招标代理机构的资格证书有效期届满，需继续从事工程招标代理业务的，应当重新申请暂定级工程招标代理机构资格。

第十九条 工程招标代理机构在资格证书有效期内发生下列情形之一的，应当自情形发生之日起30日内，到原资格许可机关办理资格证书变更手续，原资格许可机关在2日内办理变更手续：

（一）工商登记事项发生变更的；

（二）技术经济负责人发生变更的；

（三）法律法规规定的其他需要变更资格证书的情形。

由省、自治区、直辖市人民政府建设主管部门办理变更的，省、自治区、直辖市人民政府建设主管部门应当在办理变更后15日内，将变更情况报国务院建设主管部门备案。

第二十条　工程招标代理机构申请资格证书变更的，应当提交以下材料：

（一）资格证书变更申请；

（二）企业法人营业执照复印件；

（三）资格证书正、副本复印件；

（四）与资格变更事项有关的证明材料。

第二十一条　工程招标代理机构合并的，合并后存续或者新设立的机构可以承继合并前各方中较高的资格等级，但应当符合相应的资格条件。

工程招标代理机构分立的，只能由分立后的一方工程招标代理机构承继原工程招标代理机构的资格，但应当符合原工程招标代理机构的资格条件。承继原工程招标代理机构资格的一方由分立各方协商确定；其他各方资格按照本办法的规定申请重新核定。

第二十二条　工程招标代理机构在领取新的工程招标代理机构资格证书的同时，应当将原资格证书交回原发证机关予以注销。

工程招标代理机构需增补（含增加、更换、遗失补办）工程招标代理机构资格证书的，应当持资格证书增补申请等材料向资格许可机关申请办理。遗失资格证书的，在申请补办前，应当在公众媒体上刊登遗失声明。资格许可机关应当在2日内办理完毕。

第二十三条　工程招标代理机构应当与招标人签订书面合同，在合同约定的范围内实施代理，并按照国家有关规定收取费用；超出合同约定实施代理的，依法承担民事责任。

第二十四条　工程招标代理机构应当在其资格证书有效期内，妥善保存工程招标代理过程文件以及成果文件。

工程招标代理机构不得伪造、隐匿工程招标代理过程文件以及成果文件。

第二十五条　工程招标代理机构在工程招标代理活动中不得有下列行为：

（一）与所代理招标工程的招投标人有隶属关系、合作经营关系以及其他利益关系；

（二）从事同一工程的招标代理和投标咨询活动；

（三）超越资格许可范围承担工程招标代理业务；

（四）明知委托事项违法而进行代理；

（五）采取行贿、提供回扣或者给予其他不正当利益等手段承接工程招标代理业务；

（六）未经招标人书面同意，转让工程招标代理业务；

（七）泄露应当保密的与招标投标活动有关的情况和资料；

（八）与招标人或者投标人串通，损害国家利益、社会公共利益和他人合法权益；

（九）对有关行政监督部门依法责令改正的决定拒不执行或者以弄虚作假方式隐瞒真相；

（十）擅自修改经招标人同意并加盖了招标人公章的工程招标代理成果文件；

（十一）涂改、倒卖、出租、出借或者以其他形式非法转让工程招标代理资格证书；

（十二）法律、法规和规章禁止的其他行为。

申请资格升级的工程招标代理机构或者重新申请暂定级资格的工程招标代理机构，在申请之日起前一年内有前款规定行为之一的，资格许可机关不予批准。

第二十六条 国务院建设主管部门和省、自治区、直辖市建设主管部门应当通过核查工程招标代理机构从业人员、经营业绩、市场行为、代理质量状况等情况，加强对工程招标代理机构资格的管理。

第二十七条 工程招标代理机构取得工程招标代理资格后，不再符合相应条件的，建设主管部门根据利害关系人的请求或者依据职权，可以责令其限期改正；逾期不改的，资格许可机关可以撤回其工程招标代理资格。被撤回工程招标代理资格的，可以按照其实际达到的条件，向资格许可机关提出重新核定工程招标代理资格的申请。

第二十八条 有下列情形之一的，资格许可机关或者其上级机关，根据利害关系人的请求或者依据职权，可以撤销工程招标代理资格：

（一）资格许可机关工作人员滥用职权、玩忽职守作出准予资格许可的；

（二）超越法定职权作出准予资格许可的；

（三）违反法定程序作出准予资格许可的；

（四）对不符合许可条件的申请作出资格许可的；

（五）依法可以撤销工程招标代理资格的其他情形。

以欺骗、贿赂等不正当手段取得工程招标代理资格证书的，应当予以撤销。

第二十九条 有下列情形之一的，资格许可机关应当依法注销工程招标代理机构资格，并公告其资格证书作废，工程招标代理机构应当及时将资格证书交回资格许可机关：

（一）资格证书有效期届满未依法申请延续的；

（二）工程招标代理机构依法终止的；

（三）资格证书被撤销、撤回，或者吊销的；

（四）法律、法规规定的应当注销资格的其他情形。

第三十条 建设主管部门应当建立工程招标代理机构信用档案，并向社会公示。

工程招标代理机构应当按照有关规定，向资格许可机关提供真实、准确、完整的企业信用档案信息。

工程招标代理机构的信用档案信息应当包括机构基本情况、业绩、工程质量和安全、合同违约等情况。本办法第二十五条第一款规定的行为、被投诉举报处理的违法行为、行政处罚等情况应当作为不良行为记入其信用档案。

第三十一条 工程招标代理机构隐瞒有关情况或者提供虚假材料申请工程招标代理机构资格的，资格许可机关不予受理或者不予行政许可，并给予警告，该机构1年内不得再次申请工程招标代理机构资格。

第三十二条 工程招标代理机构以欺骗、贿赂等不正当手段取得工程招标代理机构资格的，由资格许可机关给予警告，并处3万元罚款；该机构3年内不得再次申请工程招标代理机构资格。

第三十三条 工程招标代理机构不及时办理资格证书变更手续的，由原资格许可机关责令限期办理；逾期不办理的，可处以1 000元以上1万元以下的罚款。

第三十四条 工程招标代理机构未按照规定提供信用档案信息的，由原资格许可机关给予警告，责令限期改正；逾期未改正的，可处以1 000元以上1万元以下的罚款。

第三十五条 未取得工程招标代理资格或者超越资格许可范围承担工程招标代理业务的，该工程招标代理无效，由原资格许可机关处以3万元罚款。

第三十六条 工程招标代理机构涂改、倒卖、出租、出借或者以其他形式非法转让工程招标代理资格证书的，由原资格许可机关处以3万元罚款。

第三十七条 有本办法第二十五条第（一）、（二）、（四）、（五）、（六）、（九）、（十）、（十二）项行为之一的，处以3万元罚款。

第三十八条 本办法自2007年3月1日起施行。《工程建设项目招标代理机构资格认定办法》（建设部令第79号）同时废止。

外商投资建设工程服务企业管理规定

（2007年1月22日建设部、商务部令第155号发布）

第一条 为进一步扩大对外开放，规范对外商投资建设工程服务企业的管理，根据《中华人民共和国建筑法》、《中华人民共和国招标投标法》、《中华人民共和国中外合资经营企业法》、《中华人民共和国中外合作经营企业法》、《中华人民共和国外资企业法》、《建设工程质量管理条例》等法律、行政法规，制定本规定。

第二条 在中华人民共和国境内设立外商投资建设工程服务企业，申请外商投资建设工程服务企业资质，实施对外商投资建设工程服务企业的监督管理，适用本规定。

第三条 本规定所称外商投资建设工程服务企业，是指在中华人民共和国境内依法设立，并取得相应资质的中外合资经营建设工程服务企业、中外合作经营建设工程服务企业和外资建设工程服务企业。

本规定所称建设工程服务，包括建设工程监理、工程招标代理和工程造价咨询。

第四条 外国投资者在中华人民共和国境内设立外商投资建设工程服务企业，从事建设工程服务活动，应当依法取得商务主管部门颁发的外商投资企业批准证书，经工商行政管理部门注册登记，并取得建设主管部门颁发的相应建设工程服务企业资质证书。

第五条 外商投资建设工程服务企业从事建设工程服务活动，应当遵守中华人民共和国法律、法规、规章。

外商投资建设工程服务企业在中华人民共和国境内的合法经营活动及合法权益受中华人民共和国法律、法规、规章的保护。

第六条 国务院商务主管部门及其依法授权的省、自治区、直辖市人民政府商务主管部门负责外商投资建设工程服务企业设立的管理工作。

国务院建设主管部门负责外商投资建设工程服务企业资质的管理工作；省、自治区、直辖市人民政府建设主管部门按照本规定负责本行政区域内外商投资建设工程服务企业资质的管理工作。

第七条 外商投资建设工程服务企业的设立由国务院商务主管部门授权的省、自治区、直辖市人民政府商务主管部门审批。

申请外商投资建设工程服务企业甲级资质的，由国务院建设主管部门审批；申请外商投资建设工程服务企业乙级或者乙级以下资质的，由省、自治区、直辖市人民政府建设主管部门审批。

第八条　设立外商投资建设工程服务企业，申请外商投资建设工程服务企业资质的程序：

（一）申请者向拟设立企业所在地的省、自治区、直辖市人民政府商务主管部门提出设立申请。

（二）省、自治区、直辖市人民政府商务主管部门在受理申请之日起5日内将申请材料送省、自治区、直辖市人民政府建设主管部门征求意见。

（三）省、自治区、直辖市人民政府建设主管部门在收到征求意见函之日起10日内提出书面意见。省、自治区、直辖市人民政府商务主管部门在收到建设主管部门书面意见之日起30日内作出批准或者不予批准的书面决定。予以批准的，发给外商投资企业批准证书；不予批准的，书面说明理由。

（四）取得外商投资企业批准证书的，应当在30日内到登记主管机关办理企业登记注册。

（五）取得企业法人营业执照后，申请外商投资建设工程服务企业资质的，按照有关资质管理规定办理。

第九条　省、自治区、直辖市人民政府建设主管部门审批的外商投资建设工程服务企业资质，应当在批准之日起30日内报国务院建设主管部门备案。

第十条　申请设立外商投资建设工程服务企业应当向省、自治区、直辖市人民政府商务主管部门提交以下资料：

（一）外商投资建设工程服务企业设立申请书；

（二）外商投资建设工程服务企业合同和章程（其中，设立外资建设工程服务企业的只提供章程）；

（三）企业名称预先核准通知书；

（四）投资方注册（登记）证明、投资方银行资信证明；

（五）投资方拟派出的董事长、董事会成员、经理、工程技术负责人等任职文件及证明文件；

（六）经注册会计师审计或者会计事务所审计的投资方最近三年的资产负债表和损益表，投资方成立不满三年的，按照其实际成立年份提供相应的资产负债表和损益表。

第十一条　申请外商投资建设工程服务企业资质，应当向建设主管部门提交以下资料：

（一）外商投资建设工程服务企业资质申请表：

（二）外商投资企业批准证书；

（三）企业法人营业执照；

（四）投资方在其所在国或者地区的注册（登记）证明、相关业绩证明、银行资信证明；

（五）经注册会计师或者会计师事务所审计的投资方最近三年的资产负债表和损益表，投资方成立不满三年的，按照其成立年限提供相应的资产负债表和损益表；

（六）建设工程监理、工程招标代理或工程造价咨询企业资质管理规定要求提交的其他资料。

第十二条 本规定要求申请者提交的主要资料应当使用中文，证明文件原件是外文的，应当提供中文译本。

第十三条 申请设立外商投资建设工程服务企业的外方投资者，应当是在其所在国从事相应工程服务的企业、其他经济组织或者注册专业技术人员。

第十四条 申请外商投资建设工程服务企业资质，应当符合相应的建设工程监理、工程招标代理和工程造价咨询企业资质标准要求的条件。

第十五条 外商投资建设工程服务企业申请晋升资质等级或者申请增加其他建设工程服务企业资质，应当依照有关规定到建设主管部门办理相关手续。

第十六条 外商投资建设工程服务企业变更合同、章程条款的，应当到省、自治区、直辖市人民政府商务主管部门办理相关手续。

第十七条 外商投资建设工程服务企业在中华人民共和国境内从事建设工程服务活动，违反《中华人民共和国建筑法》、《中华人民共和国招标投标法》、《建设工程质量管理条例》等有关法律、法规和相关资质管理规定的，依照有关规定进行处罚。

第十八条 香港特别行政区、澳门特别行政区和台湾地区的投资者在其他省、自治区、直辖市内投资设立建设工程服务企业，从事建设工程服务活动，参照本规定执行，法律、法规、国务院另有规定的除外。

第十九条 本规定由国务院建设主管部门和国务院商务主管部门负责解释。

第二十条 本规定自2007年3月26日起施行。

工程监理企业资质管理规定

（2007年6月26日建设部令第158号发布）

第一章　总　　则

第一条　为了加强工程监理企业资质管理，规范建设工程监理活动，维护建筑市场秩序，根据《中华人民共和国建筑法》、《中华人民共和国行政许可法》、《建设工程质量管理条例》等法律、行政法规，制定本规定。

第二条　在中华人民共和国境内从事建设工程监理活动，申请工程监理企业资质，实施对工程监理企业资质监督管理，适用本规定。

第三条　从事建设工程监理活动的企业，应当按照本规定取得工程监理企业资质，并在工程监理企业资质证书（以下简称资质证书）许可的范围内从事工程监理活动。

第四条　国务院建设主管部门负责全国工程监理企业资质的统一监督管理工作。国务院铁路、交通、水利、信息产业、民航等有关部门配合国务院建设主管部门实施相关资质类别工程监理企业资质的监督管理工作。

省、自治区、直辖市人民政府建设主管部门负责本行政区域内工程监理企业资质的统一监督管理工作。省、自治区、直辖市人民政府交通、水利、信息产业等有关部门配合同级建设主管部门实施相关资质类别工程监理企业资质的监督管理工作。

第五条　工程监理行业组织应当加强工程监理行业自律管理。

鼓励工程监理企业加入工程监理行业组织。

第二章　资质等级和业务范围

第六条　工程监理企业资质分为综合资质、专业资质和事务所资质。其中，专业资质按照工程性质和技术特点划分为若干工程类别。

综合资质、事务所资质不分级别。专业资质分为甲级、乙级；其中，房屋建筑、水利水电、公路和市政公用专业资质可设立丙级。

第七条　工程监理企业的资质等级标准如下：

（一）综合资质标准

1. 具有独立法人资格且注册资本不少于600万元。

2. 企业技术负责人应为注册监理工程师，并具有15年以上从事工程建设工作的经历或者具有工程类高级职称。

3. 具有5个以上工程类别的专业甲级工程监理资质。

4. 注册监理工程师不少于60人，注册造价工程师不少于5人，一级注册建造师、一级注册建筑师、一级注册结构工程师或者其它勘察设计注册工程师合计不少于15人次。

5. 企业具有完善的组织结构和质量管理体系，有健全的技术、档案等管理制度。

6. 企业具有必要的工程试验检测设备。

7. 申请工程监理资质之日前一年内没有本规定第十六条禁止的行为。

8. 申请工程监理资质之日前一年内没有因本企业监理责任造成重大质量事故。

9. 申请工程监理资质之日前一年内没有因本企业监理责任发生三级以上工程建设重大安全事故或者发生两起以上四级工程建设安全事故。

（二）专业资质标准

1. 甲级

（1）具有独立法人资格且注册资本不少于300万元。

（2）企业技术负责人应为注册监理工程师，并具有15年以上从事工程建设工作的经历或者具有工程类高级职称。

（3）注册监理工程师、注册造价工程师、一级注册建造师、一级注册建筑师、一级注册结构工程师或者其它勘察设计注册工程师合计不少于25人次；其中，相应专业注册监理工程师不少于《专业资质注册监理工程师人数配备表》（附表1）中要求配备的人数，注册造价工程师不少于2人。

（4）企业近2年内独立监理过3个以上相应专业的二级工程项目，但是，具有甲级设计资质或一级及以上施工总承包资质的企业申请本专业工程类别甲级资质的除外。

（5）企业具有完善的组织结构和质量管理体系，有健全的技术、档案等管理制度。

（6）企业具有必要的工程试验检测设备。

（7）申请工程监理资质之日前一年内没有本规定第十六条禁止的行为。

（8）申请工程监理资质之日前一年内没有因本企业监理责任造成重大质量事故。

（9）申请工程监理资质之日前一年内没有因本企业监理责任发生三级以上工程建设重大安全事故或者发生两起以上四级工程建设安全事故。

2. 乙级

（1）具有独立法人资格且注册资本不少于100万元。

（2）企业技术负责人应为注册监理工程师，并具有10年以上从事工程建设工作的经历。

（3）注册监理工程师、注册造价工程师、一级注册建造师、一级注册建筑师、一级注册结构工程师或者其它勘察设计注册工程师合计不少于15人次。其中，相应专业注册监理工程师不少于《专业资质注册监理工程师人数配备表》（附表1）中要求配备的人数，注册造价工程师不少于1人。

（4）有较完善的组织结构和质量管理体系，有技术、档案等管理制度。

（5）有必要的工程试验检测设备。

（6）申请工程监理资质之日前一年内没有本规定第十六条禁止的行为。

（7）申请工程监理资质之日前一年内没有因本企业监理责任造成重大质量事故。

（8）申请工程监理资质之日前一年内没有因本企业监理责任发生三级以上工程建设重大安全事故或者发生两起以上四级工程建设安全事故。

3. 丙级

（1）具有独立法人资格且注册资本不少于50万元。

（2）企业技术负责人应为注册监理工程师，并具有8年以上从事工程建设工作的经历。

（3）相应专业的注册监理工程师不少于《专业资质注册监理工程师人数配备表》（附表1）中要求配备的人数。

（4）有必要的质量管理体系和规章制度。

（5）有必要的工程试验检测设备。

（三）事务所资质标准

1. 取得合伙企业营业执照，具有书面合作协议书。

2. 合伙人中有3名以上注册监理工程师，合伙人均有5年以上从事建设工程监理的工作经历。

3. 有固定的工作场所。

4. 有必要的质量管理体系和规章制度。

5. 有必要的工程试验检测设备。

第八条　工程监理企业资质相应许可的业务范围如下：

（一）综合资质

可以承担所有专业工程类别建设工程项目的工程监理业务。

（二）专业资质

1. 专业甲级资质：

可承担相应专业工程类别建设工程项目的工程监理业务（见附表2）。

2. 专业乙级资质：

可承担相应专业工程类别二级以下（含二级）建设工程项目的工程监理业务（见附表2）。

3. 专业丙级资质：

可承担相应专业工程类别三级建设工程项目的工程监理业务（见附表2）。

（三）事务所资质

可承担三级建设工程项目的工程监理业务（见附表2），但是，国家规定必须实行强制监理的工程除外。

工程监理企业可以开展相应类别建设工程的项目管理、技术咨询等业务。

第三章 资质申请和审批

第九条 申请综合资质、专业甲级资质的，应当向企业工商注册所在地的省、自治区、直辖市人民政府建设主管部门提出申请。

省、自治区、直辖市人民政府建设主管部门应当自受理申请之日起20日内初审完毕，并将初审意见和申请材料报国务院建设主管部门。

国务院建设主管部门应当自省、自治区、直辖市人民政府建设主管部门受理申请材料之日起60日内完成审查，公示审查意见，公示时间为10日。其中，涉及铁路、交通、水利、通信、民航等专业工程监理资质的，由国务院建设主管部门送国务院有关部门审核。国务院有关部门应当在20日内审核完毕，并将审核意见报国务院建设主管部门。国务院建设主管部门根据初审意见审批。

第十条 专业乙级、丙级资质和事务所资质由企业所在地省、自治区、直辖市人民政府建设主管部门审批。

专业乙级、丙级资质和事务所资质许可。延续的实施程序由省、自治区、直辖市人民政府建设主管部门依法确定。

省、自治区、直辖市人民政府建设主管部门应当自作出决定之日起10日内，将准予资质许可的决定报国务院建设主管部门备案。

第十一条 工程监理企业资质证书分为正本和副本，每套资质证书包括一本正本，四本副本。正、副本具有同等法律效力。

工程监理企业资质证书的有效期为5年。

工程监理企业资质证书由国务院建设主管部门统一印制并发放。

第十二条　申请工程监理企业资质，应当提交以下材料：

（一）工程监理企业资质申请表（一式三份）及相应电子文档；

（二）企业法人、合伙企业营业执照；

（三）企业章程或合伙人协议；

（四）企业法定代表人、企业负责人和技术负责人的身份证明、工作简历及任命（聘用）文件；

（五）工程监理企业资质申请表中所列注册监理工程师及其他注册执业人员的注册执业证书；

（六）有关企业质量管理体系、技术和档案等管理制度的证明材料；

（七）有关工程试验检测设备的证明材料。

取得专业资质的企业申请晋升专业资质等级或者取得专业甲级资质的企业申请综合资质的，除前款规定的材料外，还应当提交企业原工程监理企业资质证书正、副本复印件，企业《监理业务手册》及近两年已完成代表工程的监理合同、监理规划、工程竣工验收报告及监理工作总结。

第十三条　资质有效期届满，工程监理企业需要继续从事工程监理活动的，应当在资质证书有效期届满60日前，向原资质许可机关申请办理延续手续。

对在资质有效期内遵守有关法律、法规、规章、技术标准，信用档案中无不良记录，且专业技术人员满足资质标准要求的企业，经资质许可机关同意，有效期延续5年。

第十四条　工程监理企业在资质证书有效期内名称、地址、注册资本、法定代表人等发生变更的，应当在工商行政管理部门办理变更手续后30日内办理资质证书变更手续。

涉及综合资质、专业甲级资质证书中企业名称变更的，由国务院建设主管部门负责办理，并自受理申请之日起3日内办理变更手续。

前款规定以外的资质证书变更手续，由省、自治区、直辖市人民政府建设主管部门负责办理。省、自治区、直辖市人民政府建设主管部门应当自受理申请之日起3日内办理变更手续，并在办理资质证书变更手续后15日内将变更结果报国务院建设主管部门备案。

第十五条　申请资质证书变更，应当提交以下材料：

（一）资质证书变更的申请报告；

（二）企业法人营业执照副本原件；

（三）工程监理企业资质证书正、副本原件。

工程监理企业改制的，除前款规定材料外，还应当提交企业职工代表大会或股东大会关于企业改制或股权变更的决议、企业上级主管部门关于企业申请改制的批复文件。

第十六条 工程监理企业不得有下列行为：

（一）与建设单位串通投标或者与其他工程监理企业串通投标，以行贿手段谋取中标；

（二）与建设单位或者施工单位串通弄虚作假、降低工程质量；

（三）将不合格的建设工程、建筑材料、建筑构配件和设备按照合格签字；

（四）超越本企业资质等级或以其他企业名义承揽监理业务；

（五）允许其他单位或个人以本企业的名义承揽工程；

（六）将承揽的监理业务转包；

（七）在监理过程中实施商业贿赂；

（八）涂改、伪造、出借、转让工程监理企业资质证书；

（九）其他违反法律法规的行为。

第十七条 工程监理企业合并的，合并后存续或者新设立的工程监理企业可以承继合并前各方中较高的资质等级，但应当符合相应的资质等级条件。

工程监理企业分立的，分立后企业的资质等级，根据实际达到的资质条件，按照本规定的审批程序核定。

第十八条 企业需增补工程监理企业资质证书的（含增加、更换、遗失补办），应当持资质证书增补申请及电子文档等材料向资质许可机关申请办理。遗失资质证书的，在申请补办前应当在公众媒体刊登遗失声明。资质许可机关应当自受理申请之日起3日内予以办理。

第四章 监督管理

第十九条 县级以上人民政府建设主管部门和其他有关部门应当依照有关法律、法规和本规定，加强对工程监理企业资质的监督管理。

第二十条 建设主管部门履行监督检查职责时，有权采取下列措施：

（一）要求被检查单位提供工程监理企业资质证书、注册监理工程师注册执业证书，有关工程监理业务的文档，有关质量管理、安全生产管理、档案管理等企业内部管理制度的文件；

（二）进入被检查单位进行检查，查阅相关资料；

（三）纠正违反有关法律、法规和本规定及有关规范和标准的行为。

第二十一条　建设主管部门进行监督检查时，应当有两名以上监督检查人员参加，并出示执法证件，不得妨碍被检查单位的正常经营活动，不得索取或者收受财物、谋取其他利益。

有关单位和个人对依法进行的监督检查应当协助与配合，不得拒绝或者阻挠。

监督检查机关应当将监督检查的处理结果向社会公布。

第二十二条　工程监理企业违法从事工程监理活动的，违法行为发生地的县级以上地方人民政府建设主管部门应当依法查处，并将违法事实、处理结果或处理建议及时报告该工程监理企业资质的许可机关。

第二十三条　工程监理企业取得工程监理企业资质后不再符合相应资质条件的，资质许可机关根据利害关系人的请求或者依据职权，可以责令其限期改正；逾期不改的，可以撤回其资质。

第二十四条　有下列情形之一的，资质许可机关或者其上级机关，根据利害关系人的请求或者依据职权，可以撤销工程监理企业资质：

（一）资质许可机关工作人员滥用职权、玩忽职守作出准予工程监理企业资质许可的；

（二）超越法定职权作出准予工程监理企业资质许可的；

（三）违反资质审批程序作出准予工程监理企业资质许可的；

（四）对不符合许可条件的申请人作出准予工程监理企业资质许可的；

（五）依法可以撤销资质证书的其他情形。

以欺骗、贿赂等不正当手段取得工程监理企业资质证书的，应当予以撤销。

第二十五条　有下列情形之一的，工程监理企业应当及时向资质许可机关提出注销资质的申请，交回资质证书，国务院建设主管部门应当办理注销手续，公告其资质证书作废：

（一）资质证书有效期届满，未依法申请延续的；

（二）工程监理企业依法终止的；

（三）工程监理企业资质依法被撤销、撤回或吊销的；

（四）法律、法规规定的应当注销资质的其他情形。

第二十六条　工程监理企业应当按照有关规定，向资质许可机关提供真实、准确、完整的工程监理企业的信用档案信息。

工程监理企业的信用档案应当包括基本情况、业绩、工程质量和安全、合同违约等情况。被投诉举报和处理、行政处罚等情况应当作为不良行为记入其信用档案。

工程监理企业的信用档案信息按照有关规定向社会公示，公众有权查阅。

第五章　法律责任

第二十七条　申请人隐瞒有关情况或者提供虚假材料申请工程监理企业资质的，资质许可机关不予受理或者不予行政许可，并给予警告，申请人在1年内不得再次申请工程监理企业资质。

第二十八条　以欺骗、贿赂等不正当手段取得工程监理企业资质证书的，由县级以上地方人民政府建设主管部门或者有关部门给予警告，并处1万元以上2万元以下的罚款，申请人3年内不得再次申请工程监理企业资质。

第二十九条　工程监理企业有本规定第十六条第七项、第八项行为之一的，由县级以上地方人民政府建设主管部门或者有关部门予以警告，责令其改正，并处1万元以上3万元以下的罚款；造成损失的，依法承担赔偿责任；构成犯罪的，依法追究刑事责任。

第三十条　违反本规定，工程监理企业不及时办理资质证书变更手续的，由资质许可机关责令限期办理；逾期不办理的，可处以1千元以上1万元以下的罚款。

第三十一条　工程监理企业未按照本规定要求提供工程监理企业信用档案信息的，由县级以上地方人民政府建设主管部门予以警告，责令限期改正；逾期未改正的，可处以1千元以上1万元以下的罚款。

第三十二条　县级以上地方人民政府建设主管部门依法给予工程监理企业行政处罚的，应当将行政处罚决定以及给予行政处罚的事实、理由和依据，报国务院建设主管部门备案。

第三十三条　县级以上人民政府建设主管部门及有关部门有下列情形之一的，由其上级行政主管部门或者监察机关责令改正，对直接负责的主管人员和其他直接责任人员依法给予处分；构成犯罪的，依法追究刑事责任：

（一）对不符合本规定条件的申请人准予工程监理企业资质许可的；

（二）对符合本规定条件的申请人不予工程监理企业资质许可或者不在法定期限内作出准予许可决定的；

（三）对符合法定条件的申请不予受理或者未在法定期限内初审完毕的；

（四）利用职务上的便利，收受他人财物或者其他好处的；

（五）不依法履行监督管理职责或者监督不力，造成严重后果的。

第六章　附　　则

第三十四条　本规定自2007年8月1日起施行。2001年8月29日建设部颁布的《工程监理企业资质管理规定》（建设部令第102号）同时废止。

附件：1. 专业资质注册监理工程师人数配备表

2. 专业工程类别和等级表

附表1 专业资质注册监理工程师人数配备表 （单位：人）

序号	工 程 类 别	甲级	乙级	丙级
1	房屋建筑工程	15	10	5
2	冶炼工程	15	10	
3	矿山工程	20	12	
4	化工石油工程	15	10	
5	水利水电工程	20	12	5
6	电力工程	15	10	
7	农林工程	15	10	
8	铁路工程	23	14	
9	公路工程	20	12	5
10	港口与航道工程	20	12	
11	航天航空工程	20	12	
12	通信工程	20	12	
13	市政公用工程	15	10	5
14	机电安装工程	15	10	

注：表中各专业资质注册监理工程师人数配备是指企业取得本专业工程类别注册的注册监理工程师人数。

附表2　专业工程类别和等级表

序号	工程类别		一　级	二　级	三　级
一	房屋建筑工程	一般公共建筑	28层以上；36米跨度以上（轻钢结构除外）；单项工程建筑面积3万平方米以上	14~28层；24~36米跨度（轻钢结构除外）；单项工程建筑面积1万~3万平方米	14层以下；24米跨度以下（轻钢结构除外）；单项工程建筑面积1万平方米以下
		高耸构筑工程	高度120米以上	高度70~120米	高度70米以下
		住宅工程	小区建筑面积12万平方米以上；单项工程28层以上	建筑面积6万~12万平方米；单项工程14~28层	建筑面积6万平方米以下；单项工程14层以下
二	冶炼工程	钢铁冶炼、连铸工程	年产100万吨以上；单座高炉炉容1 250立方米以上；单座公称容量转炉100吨以上；电炉50吨以上；连铸年产100万吨以上或板坯连铸单机1 450毫米以上	年产100万吨以下；单座高炉炉容1 250立方米以下；单座公称容量转炉100吨以下；电炉50吨以下；连铸年产100万吨以下或板坯连铸单机1 450毫米以下	
		轧钢工程	热轧年产100万吨以上，装备连续、半连续轧机；冷轧带板年产100万吨以上，冷轧线材年产30万吨以上或装备连续、半连续轧机	热轧年产100万吨以下，装备连续、半连续轧机；冷轧带板年产100万吨以下，冷轧线材年产30万吨以下或装备连续、半连续轧机	
		冶炼辅助工程	炼焦工程年产50万吨以上或炭化室高度4.3米以上；单台烧结机100平方米以上；小时制氧300立方米以上	炼焦工程年产50万吨以下或炭化室高度4.3米以下；单台烧结机100平方米以下；小时制氧300立方米以下	
		有色冶炼工程	有色冶炼年产10万吨以上；有色金属加工年产5万吨以上；氧化铝工程40万吨以上	有色冶炼年产10万吨以下；有色金属加工年产5万吨以下；氧化铝工程40万吨以下	
		建材工程	水泥日产2 000吨以上；浮化玻璃日熔量400吨以上；池窑拉丝玻璃纤维、特种纤维；特种陶瓷生产线工程	水泥日产2 000吨以下；浮化玻璃日熔量400吨以下；普通玻璃生产线；组合炉拉丝玻璃纤维；非金属材料、玻璃钢、耐火材料、建筑及卫生陶瓷厂工程	

续表

序号	工程类别		一　级	二　级	三　级
三	矿山工程	煤矿工程	年产120万吨以上的井工矿工程；年产120万吨以上的洗选煤工程；深度800米以上的立井井筒工程；年产400万吨以上的露天矿山工程	年产120万吨以下的井工矿工程；年产120万吨以下的洗选煤工程；深度800米以下的立井井筒工程；年产400万吨以下的露天矿山工程	
		冶金矿山工程	年产100万吨以上的黑色矿山采选工程；年产100万吨以上的有色砂矿采、选工程；年产60万吨以上的有色脉矿采、选工程	年产100万吨以下的黑色矿山采选工程；年产100万吨以下的有色砂矿采、选工程；年产60万吨以下的有色脉矿采、选工程	
		化工矿山工程	年产60万吨以上的磷矿、硫铁矿工程	年产60万吨以下的磷矿、硫铁矿工程	
		铀矿工程	年产10万吨以上的铀矿；年产200吨以上的铀选冶	年产10万吨以下的铀矿；年产200吨以下的铀选冶	
		建材类非金属矿工程	年产70万吨以上的石灰石矿；年产30万吨以上的石膏矿、石英砂岩矿	年产70万吨以下的石灰石矿；年产30万吨以下的石膏矿、石英砂岩矿	
四	化工石油工程	油田工程	原油处理能力150万吨/年以上、天然气处理能力150万方/天以上、产能50万吨以上及配套设施	原油处理能力150万吨/年以下、天然气处理能力150万方/天以下、产能50万吨以下及配套设施	
		油气储运工程	压力容器8MPa以上；油气储罐10万立方米/台以上；长输管道120千米以上	压力容器8MPa以下；油气储罐10万立方米/台以下；长输管道120千米以下	
		炼油化工工程	原油处理能力在500万吨/年以上的一次加工及相应二次加工装置和后加工装置	原油处理能力在500万吨/年以下的一次加工及相应二次加工装置和后加工装置	
		基本原材料工程	年产30万吨以上的乙烯工程；年产4万吨以上的合成橡胶、合成树脂及塑料和化纤工程	年产30万吨以下的乙烯工程；年产4万吨以下的合成橡胶、合成树脂及塑料和化纤工程	

续表

序号	工程类别		一　级	二　级	三　级
四	化工石油工程	化肥工程	年产20万吨以上合成氨及相应后加工装置；年产24万吨以上磷氨工程	年产20万吨以下合成氨及相应后加工装置；年产24万吨以下磷氨工程	
		酸碱工程	年产硫酸16万吨以上；年产烧碱8万吨以上；年产纯碱40万吨以上	年产硫酸16万吨以下；年产烧碱8万吨以下；年产纯碱40万吨以下	
		轮胎工程	年产30万套以上	年产30万套以下	
		核化工及加工工程	年产1 000吨以上的铀转换化工工程；年产100吨以上的铀浓缩工程；总投资10亿元以上的乏燃料后处理工程；年产200吨以上的燃料元件加工工程；总投资5 000万元以上的核技术及同位素应用工程	年产1 000吨以下的铀转换化工工程；年产100吨以下的铀浓缩工程；总投资10亿元以下的乏燃料后处理工程；年产200吨以下的燃料元件加工工程；总投资5 000万元以下的核技术及同位素应用工程	
		医药及其它化工工程	总投资1亿元以上	总投资1亿元以下	
五	水利水电工程	水库工程	总库容1亿立方米以上	总库容1千万～1亿立方米	总库容1千万立方米以下
		水力发电站工程	总装机容量300MW以上	总装机容量50MW～300MW	总装机容量50MW以下
		其他水利工程	引调水堤防等级1级；灌溉排涝流量5立方米/秒以上；河道整治面积30万亩以上；城市防洪城市人口50万人以上；围垦面积5万亩以上；水土保持综合治理面积1 000平方公里以上	引调水堤防等级2、3级；灌溉排涝流量0.5～5立方米/秒；河道整治面积3万～30万亩；城市防洪城市人口20万～50万人；围垦面积0.5万～5万亩；水土保持综合治理面积100～1 000平方公里	引调水堤防等级4、5级；灌溉排涝流量0.5立方米/秒以下；河道整治面积3万亩以下；城市防洪城市人口20万人以下；围垦面积0.5万亩以下；水土保持综合治理面积100平方公里以下

续表

序号	工程类别		一 级	二 级	三 级
六	电力工程	火力发电站工程	单机容量30万千瓦以上	单机容量30万千瓦以下	
		输变电工程	330千伏以上	330千伏以下	
		核电工程	核电站；核反应堆工程		
七	农林工程	林业局(场)总体工程	面积35万公顷以上	面积35万公顷以下	
		林产工业工程	总投资5 000万元以上	总投资5 000万元以下	
		农业综合开发工程	总投资3 000万元以上	总投资3 000万元以下	
		种植业工程	2万亩以上或总投资1 500万元以上；	2万亩以下或总投资1 500万元以下	
		兽医/畜牧工程	总投资1 500万元以上	总投资1 500万元以下	
		渔业工程	渔港工程总投资3 000万元以上；水产养殖等其他工程总投资1 500万元以上	渔港工程总投资3 000万元以下；水产养殖等其他工程总投资1 500万元以下	
		设施农业工程	设施园艺工程1公顷以上；农产品加工等其他工程总投资1500万元以上	设施园艺工程1公顷以下；农产品加工等其他工程总投资1 500万元以下	
		核设施退役及放射性三废处理处置工程	总投资5 000万元以上	总投资5 000万元以下	

续表

序号	工程类别		一 级	二 级	三 级
八	铁路工程	铁路综合工程	新建、改建一级干线；单线铁路40千米以上；双线30千米以上及枢纽	单线铁路40千米以下；双线30千米以下；二级干线及站线；专用线、专用铁路	
		铁路桥梁工程	桥长500米以上	桥长500米以下	
		铁路隧道工程	单线3 000米以上；双线1 500米以上	单线3 000米以下；双线1 500米以下	
		铁路通信、信号、电力电气化工程	新建、改建铁路（含枢纽、配、变电所、分区亭）单双线200千米及以上	新建、改建铁路（不含枢纽、配、变电所、分区亭）单双线200千米及以下	
九	公路工程	公路工程	高速公路	高速公路路基工程及一级公路	一级公路路基工程及二级以下各级公路
		公路桥梁工程	独立大桥工程；特大桥总长1 000米以上或单跨跨径150米以上	大桥、中桥桥梁总长30～1 000米或单跨跨径20～150米	小桥总长30米以下或单跨跨径20米以下；涵洞工程
		公路隧道工程	隧道长度1 000米以上	隧道长度500～1 000米	隧道长度500米以下
		其它工程	通讯、监控、收费等机电工程，高速公路交通安全设施、环保工程和沿线附属设施	一级公路交通安全设施、环保工程和沿线附属设施	二级及以下公路交通安全设施、环保工程和沿线附属设施
十	港口与航道工程	港口工程	集装箱、件杂、多用途等沿海港口工程20 000吨级以上；散货、原油沿海港口工程30 000吨级以上；1 000吨级以上内河港口工程	集装箱、件杂、多用途等沿海港口工程20 000吨级以下；散货、原油沿海港口工程30 000吨级以下；1000吨级以下内河港口工程	

续表

序号	工程类别		一　级	二　级	三　级
十	港口与航道工程	通航建筑与整治工程	1 000 吨级以上	1 000 吨级以下	
		航道工程	通航 30 000 吨级以上船舶沿海复杂航道；通航 1 000吨级以上船舶的内河航运工程项目	通航 30 000 吨级以下船舶沿海航道；通航 1 000 吨级以下船舶的内河航运工程项目	
		修造船水工工程	10 000 吨位以上的船坞工程；船体重量 5 000 吨位以上的船台、滑道工程	10 000 吨位以下的船坞工程；船体重量 5 000 吨位以下的船台、滑道工程	
		防波堤、导流堤等水工工程	最大水深 6 米以上	最大水深 6 米以下	
		其它水运工程项目	建安工程费 6 000 万元以上的沿海水运工程项目；建安工程费 4 000 万元以上的内河水运工程项目	建安工程费 6 000 万元以下的沿海水运工程项目；建安工程费 4 000 万元以下的内河水运工程项目	
十一	航天航空工程	民用机场工程	飞行区指标为 4E 及以上及其配套工程	飞行区指标为 4D 及以下及其配套工程	
		航空飞行器	航空飞行器（综合）工程总投资 1 亿元以上；航空飞行器（单项）工程总投资 3 000 万元以上	航空飞行器（综合）工程总投资 1 亿元以下；航空飞行器（单项）工程总投资 3 000 万元以下	
		航天空间飞行器	工程总投资 3 000 万元以上；面积 3 000 平方米以上：跨度 18 米以上	工程总投资 3 000 万元以下；面积 3 000 平方米以下；跨度 18 米以下	

续表

序号	工程类别		一 级	二 级	三 级
十二	通信工程	有线、无线传输通信工程，卫星、综合布线	省际通信、信息网络工程	省内通信、信息网络工程	
		邮政、电信、广播枢纽及交换工程	省会城市邮政、电信枢纽	地市级城市邮政、电信枢纽	
		发射台工程	总发射功率500千瓦以上短波或600千瓦以上中波发射台；高度200米以上广播电视发射塔	总发射功率500千瓦以下短波或600千瓦以下中波发射台；高度200米以下广播电视发射塔	
十三	市政公用工程	城市道路工程	城市快速路、主干路，城市互通式立交桥及单孔跨径100米以上桥梁；长度1 000米以上的隧道工程	城市次干路工程，城市分离式立交桥及单孔跨径100米以下的桥梁；长度1 000米以下的隧道工程	城市支路工程、过街天桥及地下通道工程
		给水排水工程	10万吨/日以上的给水厂；5万吨/日以上污水处理工程；3立方米/秒以上的给水、污水泵站；15立方米/秒以上的雨泵站；直径2.5米以上的给排水管道	2万～10万吨/日的给水厂；1万～5万吨/日污水处理工程；1～3立方米/秒的给水、污水泵站；5～15立方米/秒的雨泵站；直径1～2.5米的给水管道；直径1.5～2.5米的排水管道	2万吨/日以下的给水厂；1万吨/日以下污水处理工程；1立方米/秒以下的给水、污水泵站；5立方米/秒以下的雨泵站；直径1米以下的给水管道；直径1.5米以下的排水管道

续表

序号	工程类别		一　级	二　级	三　级
十三	市政公用工程	燃气热力工程	总储存容积1 000立方米以上液化气贮罐场（站）；供气规模15万立方米/日以上的燃气工程；中压以上的燃气管道、调压站；供热面积150万平方米以上的热力工程	总储存容积1 000立方米以下的液化气贮罐场（站）；供气规模15万立方米/日以下的燃气工程；中压以下的燃气管道、调压站；供热面积50万~150万平方米的热力工程	供热面积50万平方米以下的热力工程
		垃圾处理工程	1 200吨/日以上的垃圾焚烧和填埋工程	500~1 200吨/日的垃圾焚烧及填埋工程	500吨/日以下的垃圾焚烧及填埋工程
		地铁轻轨工程	各类地铁轻轨工程		
		风景园林工程	总投资3 000万元以上	总投资1 000万~3 000万元	总投资1 000万元以下
十四	机电安装工程	机械工程	总投资5 000万元以上	总投资5 000万以下	
		电子工程	总投资1亿元以上；含有净化级别6级以上的工程	总投资1亿元以下；含有净化级别6级以下的工程	
		轻纺工程	总投资5 000万元以上	总投资5 000万元以下	
		兵器工程	建安工程费3 000万元以上的坦克装甲车辆、炸药、弹箭工程；建安工程费2 000万元以上的枪炮、光电工程；建安工程费1 000万元以上的防化民爆工程	建安工程费3 000万元以下的坦克装甲车辆、炸药、弹箭工程；建安工程费2 000万元以下的枪炮、光电工程；建安工程费1 000万元以下的防化民爆工程	
		船舶工程	船舶制造工程总投资1亿元以上；船舶科研、机械、修理工程总投资5 000万元以上	船舶制造工程总投资1亿元以下；船舶科研、机械、修理工程总投资5 000万元以下	
		其他工程	总投资5 000万元以上	总投资5 000万元以下	

说明：

1. 表中的“以上”含本数，“以下”不含本数。

2. 未列入本表中的其他专业工程，由国务院有关部门按照有关规定在相应的工程类别中划分等级。

3. 房屋建筑工程包括结合城市建设与民用建筑修建的附建人防工程。

建筑业企业资质管理规定

（2007 年 6 月 26 日建设部令第 159 号发布）

第一章　总　　则

第一条　为了加强对建筑活动的监督管理，维护公共利益和建筑市场秩序，保证建设工程质量安全，根据《中华人民共和国建筑法》、《中华人民共和国行政许可法》、《建设工程质量管理条例》、《建设工程安全生产管理条例》等法律、行政法规，制定本规定。

第二条　在中华人民共和国境内申请建筑业企业资质，实施对建筑业企业资质监督管理，适用本规定。

本规定所称建筑业企业，是指从事土木工程、建筑工程、线路管道设备安装工程、装修工程的新建、扩建、改建等活动的企业。

第三条　建筑业企业应当按照其拥有的注册资本、专业技术人员、技术装备和已完成的建筑工程业绩等条件申请资质，经审查合格，取得建筑业企业资质证书后，方可在资质许可的范围内从事建筑施工活动。

第四条　国务院建设主管部门负责全国建筑业企业资质的统一监督管理。国务院铁路、交通、水利、信息产业、民航等有关部门配合国务院建设主管部门实施相关资质类别建筑业企业资质的管理工作。

省、自治区、直辖市人民政府建设主管部门负责本行政区域内建筑业企业资质的统一监督管理。省、自治区、直辖市人民政府交通、水利、信息产业等有关部门配合同级建设主管部门实施本行政区域内相关资质类别建筑业企业资质的管理工作。

第二章　资质序列、类别和等级

第五条　建筑业企业资质分为施工总承包、专业承包和劳务分包三个序列。

第六条　取得施工总承包资质的企业（以下简称施工总承包企业），可以承接施工总承包工程。施工总承包企业可以对所承接的施工总承包工程内各专业工程全部自行施工，也可以将专业工程或劳务作业依法分包给具有相应资质的专业承包企业或劳务分包企业。

取得专业承包资质的企业（以下简称专业承包企业），可以承接施工总承包企业分包的专业工程和建设单位依法发包的专业工程。专业承包企业可以对所承接的专业工程全部自行施工，也可以将劳务作业依法分包给具有相应资质的劳务分包企业。

取得劳务分包资质的企业（以下简称劳务分包企业），可以承接施工总承包企业或专业承包企业分包的劳务作业。

第七条　施工总承包资质、专业承包资质、劳务分包资质序列按照工程性质和技术特点分别划分为若干资质类别。各资质类别按照规定的条件划分为若干资质等级。

第八条　建筑业企业资质等级标准和各类别等级资质企业承担工程的具体范围，由国务院建设主管部门会同国务院有关部门制定。

第三章　资质许可

第九条　下列建筑业企业资质的许可，由国务院建设主管部门实施：

（一）施工总承包序列特级资质、一级资质；

（二）国务院国有资产管理部门直接监管的企业及其下属一层级的企业的施工总承包二级资质、三级资质；

（三）水利、交通、信息产业方面的专业承包序列一级资质；

（四）铁路、民航方面的专业承包序列一级、二级资质；

（五）公路交通工程专业承包不分等级资质、城市轨道交通专业承包不分等级资质。

申请前款所列资质的，应当向企业工商注册所在地省、自治区、直辖市人民政府建设主管部门提出申请。其中，国务院国有资产管理部门直接监管的企业及其下属一层级的企业，应当由国务院国有资产管理部门直接监管的企业向国务院建设主管部门提出申请。

省、自治区、直辖市人民政府建设主管部门应当自受理申请之日起20日内初审完毕并将初审意见和申请材料报国务院建设主管部门。

国务院建设主管部门应当自省、自治区、直辖市人民政府建设主管部门受理申请材料之日起60日内完成审查，公示审查意见，公示时间为10日。其中，涉及铁路、交通、水利、信息产业、民航等方面的建筑业企业资质，由国务院建设主管部门送国务院有关部门审核，国务院有关部门在20日内审核完毕，并将审核意见送国务院建设主管部门。

第十条 下列建筑业企业资质许可，由企业工商注册所在地省、自治区、直辖市人民政府建设主管部门实施：

（一）施工总承包序列二级资质（不含国务院国有资产管理部门直接监管的企业及其下属一层级的企业的施工总承包序列二级资质）；

（二）专业承包序列一级资质（不含铁路、交通、水利、信息产业、民航方面的专业承包序列一级资质）；

（三）专业承包序列二级资质（不含民航、铁路方面的专业承包序列二级资质）；

（四）专业承包序列不分等级资质（不含公路交通工程专业承包序列和城市轨道交通专业承包序列的不分等级资质）。

前款规定的建筑业企业资质许可的实施程序由省、自治区、直辖市人民政府建设主管部门依法确定。

省、自治区、直辖市人民政府建设主管部门应当自作出决定之日起30日内，将准予资质许可的决定报国务院建设主管部门备案。

第十一条 下列建筑业企业资质许可，由企业工商注册所在地设区的市人民政府建设主管部门实施：

（一）施工总承包序列三级资质（不含国务院国有资产管理部门直接监管的企业及其下属一层级的企业的施工总承包三级资质）；

（二）专业承包序列三级资质；

（三）劳务分包序列资质；

（四）燃气燃烧器具安装、维修企业资质。

前款规定的建筑业企业资质许可的实施程序由省、自治区、直辖市人民政府建设主管部门依法确定。

企业工商注册所在地设区的市人民政府建设主管部门应当自作出决定之日起30日内，将准予资质许可的决定通过省、自治区、直辖市人民政府建设主管部门，报国务院建设主管部门备案。

第十二条 建筑业企业资质证书分为正本和副本，正本一份，副本若干份，由国务院建设主管部门统一印制，正、副本具备同等法律效力。资质证书有效期为5年。

第十三条 建筑业企业可以申请一项或多项建筑业企业资质；申请多项建筑业企业资质的，应当选择等级最高的一项资质为企业主项资质。

第十四条 首次申请或者增项申请建筑业企业资质，应当提交以下材料：

（一）建筑业企业资质申请表及相应的电子文档；

（二）企业法人营业执照副本；

（三）企业章程；

（四）企业负责人和技术、财务负责人的身份证明、职称证书、任职文件及相关资质标准要求提供的材料；

（五）建筑业企业资质申请表中所列注册执业人员的身份证明、注册执业证书；

（六）建筑业企业资质标准要求的非注册的专业技术人员的职称证书、身份证明及养老保险凭证；

（七）部分资质标准要求企业必须具备的特殊专业技术人员的职称证书、身份证明及养老保险凭证；

（八）建筑业企业资质标准要求的企业设备、厂房的相应证明；

（九）建筑业企业安全生产条件有关材料；

（十）资质标准要求的其他有关材料。

第十五条　建筑业企业申请资质升级的，应当提交以下材料：

（一）本规定第十四条第（一）、（二）、（四）、（五）、（六）、（八）、（十）项所列资料；

（二）企业原资质证书副本复印件；

（三）企业年度财务、统计报表；

（四）企业安全生产许可证副本；

（五）满足资质标准要求的企业工程业绩的相关证明材料。

第十六条　资质有效期届满，企业需要延续资质证书有效期的，应当在资质证书有效期届满60日前，申请办理资质延续手续。

对在资质有效期内遵守有关法律、法规、规章、技术标准，信用档案中无不良行为记录，且注册资本、专业技术人员满足资质标准要求的企业，经资质许可机关同意，有效期延续5年。

第十七条　建筑业企业在资质证书有效期内名称、地址、注册资本、法定代表人等发生变更的，应当在工商部门办理变更手续后30日内办理资质证书变更手续。

由国务院建设主管部门颁发的建筑业企业资质证书，涉及企业名称变更的，应当向企业工商注册所在地省、自治区、直辖市人民政府建设主管部门提出变更申请，省、自治区、直辖市人民政府建设主管部门应当自受理申请之日起2日内将有关变更证明材料报国务院建设主管部门，由国务院建设主管部门在2

日内办理变更手续。

前款规定以外的资质证书变更手续，由企业工商注册所在地的省、自治区、直辖市人民政府建设主管部门或者设区的市人民政府建设主管部门负责办理。省、自治区、直辖市人民政府建设主管部门或者设区的市人民政府建设主管部门应当自受理申请之日起 2 日内办理变更手续，并在办理资质证书变更手续后 15 日内将变更结果报国务院建设主管部门备案。

涉及铁路、交通、水利、信息产业、民航等方面的建筑业企业资质证书的变更，办理变更手续的建设主管部门应当将企业资质变更情况告知同级有关部门。

第十八条 申请资质证书变更，应当提交以下材料：

（一）资质证书变更申请；

（二）企业法人营业执照复印件；

（三）建筑业企业资质证书正、副本原件；

（四）与资质变更事项有关的证明材料。

企业改制的，除提供前款规定资料外，还应当提供改制重组方案、上级资产管理部门或者股东大会的批准决定、企业职工代表大会同意改制重组的决议。

第十九条 企业首次申请、增项申请建筑业企业资质，不考核企业工程业绩，其资质等级按照最低资质等级核定。

已取得工程设计资质的企业首次申请同类别或相近类别的建筑业企业资质的，可以将相应规模的工程总承包业绩作为工程业绩予以申报，但申请资质等级最高不超过其现有工程设计资质等级。

第二十条 企业合并的，合并后存续或者新设立的建筑业企业可以承继合并前各方中较高的资质等级，但应当符合相应的资质等级条件。

企业分立的，分立后企业的资质等级，根据实际达到的资质条件，按照本规定的审批程序核定。

企业改制的，改制后不再符合资质标准的，应按其实际达到的资质标准及本规定申请重新核定；资质条件不发生变化的，按本规定第十八条办理。

第二十一条 取得建筑业企业资质的企业，申请资质升级、资质增项，在申请之日起前一年内有下列情形之一的，资质许可机关不予批准企业的资质升级申请和增项申请：

（一）超越本企业资质等级或以其他企业的名义承揽工程，或允许其他企业或个人以本企业的名义承揽工程的；

（二）与建设单位或企业之间相互串通投标，或以行贿等不正当手段谋取中标的；

（三）未取得施工许可证擅自施工的；

（四）将承包的工程转包或违法分包的；

（五）违反国家工程建设强制性标准的；

（六）发生过较大生产安全事故或者发生过两起以上一般生产安全事故的；

（七）恶意拖欠分包企业工程款或者农民工工资的；

（八）隐瞒或谎报、拖延报告工程质量安全事故或破坏事故现场、阻碍对事故调查的；

（九）按照国家法律、法规和标准规定需要持证上岗的技术工种的作业人员未取得证书上岗，情节严重的；

（十）未依法履行工程质量保修义务或拖延履行保修义务，造成严重后果的；

（十一）涂改、倒卖、出租、出借或者以其他形式非法转让建筑业企业资质证书；

（十二）其他违反法律、法规的行为。

第二十二条　企业领取新的建筑业企业资质证书时，应当将原资质证书交回原发证机关予以注销。

企业需增补（含增加、更换、遗失补办）建筑业企业资质证书的，应当持资质证书增补申请等材料向资质许可机关申请办理。遗失资质证书的，在申请补办前应当在公众媒体上刊登遗失声明。资质许可机关应当在2日内办理完毕。

第四章　监督管理

第二十三条　县级以上人民政府建设主管部门和其他有关部门应当依照有关法律、法规和本规定，加强对建筑业企业资质的监督管理。

上级建设主管部门应当加强对下级建设主管部门资质管理工作的监督检查，及时纠正资质管理中的违法行为。

第二十四条　建设主管部门、其他有关部门履行监督检查职责时，有权采取下列措施：

（一）要求被检查单位提供建筑业企业资质证书、注册执业人员的注册执业证书，有关施工业务的文档，有关质量管理、安全生产管理、档案管理、财务管理等企业内部管理制度的文件；

（二）进入被检查单位进行检查，查阅相关资料；

（三）纠正违反有关法律、法规和本规定及有关规范和标准的行为。

建设主管部门、其他有关部门依法对企业从事行政许可事项的活动进行监督检查时，应当将监督检查情况和处理结果予以记录，由监督检查人员签字后归档。

第二十五条 建设主管部门、其他有关部门在实施监督检查时，应当有两名以上监督检查人员参加，并出示执法证件，不得妨碍企业正常的生产经营活动，不得索取或者收受企业的财物，不得谋取其他利益。

有关单位和个人对依法进行的监督检查应当协助与配合，不得拒绝或者阻挠。

监督检查机关应当将监督检查的处理结果向社会公布。

第二十六条 建筑业企业违法从事建筑活动的，违法行为发生地的县级以上地方人民政府建设主管部门或者其他有关部门应当依法查处，并将违法事实、处理结果或处理建议及时告知该建筑业企业的资质许可机关。

第二十七条 企业取得建筑业企业资质后不再符合相应资质条件的，建设主管部门、其他有关部门根据利害关系人的请求或者依据职权，可以责令其限期改正；逾期不改的，资质许可机关可以撤回其资质。被撤回建筑业企业资质的企业，可以申请资质许可机关按照其实际达到的资质标准，重新核定资质。

第二十八条 有下列情形之一的，资质许可机关或者其上级机关，根据利害关系人的请求或者依据职权，可以撤销建筑业企业资质：

（一）资质许可机关工作人员滥用职权、玩忽职守作出准予建筑业企业资质许可的；

（二）超越法定职权作出准予建筑业企业资质许可的；

（三）违反法定程序作出准予建筑业企业资质许可的；

（四）对不符合许可条件的申请人作出准予建筑业企业资质许可的；

（五）依法可以撤销资质证书的其他情形。

以欺骗、贿赂等不正当手段取得建筑业企业资质证书的，应当予以撤销。

第二十九条 有下列情形之一的，资质许可机关应当依法注销建筑业企业资质，并公告其资质证书作废，建筑业企业应当及时将资质证书交回资质许可机关：

（一）资质证书有效期届满，未依法申请延续的；

（二）建筑业企业依法终止的；

（三）建筑业企业资质依法被撤销、撤回或吊销的；

（四）法律、法规规定的应当注销资质的其他情形。

第三十条　有关部门应当将监督检查情况和处理意见及时告知资质许可机关。资质许可机关应当将涉及有关铁路、交通、水利、信息产业、民航等方面的建筑业企业资质被撤回、撤销和注销的情况告知同级有关部门。

第三十一条　企业应当按照有关规定，向资质许可机关提供真实、准确、完整的企业信用档案信息。

企业的信用档案应当包括企业基本情况、业绩、工程质量和安全、合同履约等情况。被投诉举报和处理、行政处罚等情况应当作为不良行为记入其信用档案。

企业的信用档案信息按照有关规定向社会公示。

第五章　法律责任

第三十二条　申请人隐瞒有关情况或者提供虚假材料申请建筑业企业资质的，不予受理或者不予行政许可，并给予警告，申请人在1年内不得再次申请建筑业企业资质。

第三十三条　以欺骗、贿赂等不正当手段取得建筑业企业资质证书的，由县级以上地方人民政府建设主管部门或者有关部门给予警告，并依法处以罚款，申请人3年内不得再次申请建筑业企业资质。

第三十四条　建筑业企业有本规定第二十一条行为之一，《中华人民共和国建筑法》、《建设工程质量管理条例》和其他有关法律、法规对处罚机关和处罚方式有规定的，依照法律、法规的规定执行；法律、法规未作规定的，由县级以上地方人民政府建设主管部门或者其他有关部门给予警告，责令改正，并处1万元以上3万元以下的罚款。

第三十五条　建筑业企业未按照本规定及时办理资质证书变更手续的，由县级以上地方人民政府建设主管部门责令限期办理；逾期不办理的，可处以1 000元以上1万元以下的罚款。

第三十六条　建筑业企业未按照本规定要求提供建筑业企业信用档案信息的，由县级以上地方人民政府建设主管部门或者其他有关部门给予警告，责令限期改正；逾期未改正的，可处以1 000元以上1万元以下的罚款。

第三十七条　县级以上地方人民政府建设主管部门依法给予建筑业企业行政处罚的，应当将行政处罚决定以及给予行政处罚的事实、理由和依据，报国务院建设主管部门备案。

第三十八条　建设主管部门及其工作人员，违反本规定，有下列情形之一的，由其上级行政机关或者监察机关责令改正；情节严重的，对直接负责的主管人员和其他直接责任人员，依法给予行政处分：

（一）对不符合条件的申请人准予建筑业企业资质许可的；

（二）对符合条件的申请人不予建筑业企业资质许可或者不在法定期限内作出准予许可决定的；

（三）对符合条件的申请不予受理或者未在法定期限内初审完毕的；

（四）利用职务上的便利，收受他人财物或者其他好处的；

（五）不依法履行监督管理职责或者监督不力，造成严重后果的。

第六章　附　　则

第三十九条　取得建筑业企业资质证书的企业，可以从事资质许可范围相应等级的建设工程总承包业务，可以从事项目管理和相关的技术与管理服务。

第四十条　本规定自2007年9月1日起施行。2001年4月18日建设部颁布的《建筑业企业资质管理规定》（建设部令第87号）同时废止。

建设工程勘察设计资质管理规定

（2007年6月26日建设部令第160号发布）

第一章　总　　则

第一条　为了加强对建设工程勘察、设计活动的监督管理，保证建设工程勘察、设计质量，根据《中华人民共和国行政许可法》、《中华人民共和国建筑法》、《建设工程质量管理条例》和《建设工程勘察设计管理条例》等法律、行政法规，制定本规定。

第二条　在中华人民共和国境内申请建设工程勘察、工程设计资质，实施对建设工程勘察、工程设计资质的监督管理，适用本规定。

第三条　从事建设工程勘察、工程设计活动的企业，应当按照其拥有的注册资本、专业技术人员、技术装备和勘察设计业绩等条件申请资质，经审查合格，取得建设工程勘察、工程设计资质证书后，方可在资质许可的范围内从事建设工程勘察、工程设计活动。

第四条　国务院建设主管部门负责全国建设工程勘察、工程设计资质的统一监督管理。国务院铁路、交通、水利、信息产业、民航等有关部门配合国务院建设主管部门实施相应行业的建设工程勘察、工程设计资质管理工作。

省、自治区、直辖市人民政府建设主管部门负责本行政区域内建设工程勘察、工程设计资质的统一监督管理。省、自治区、直辖市人民政府交通、水利、信息产业等有关部门配合同级建设主管部门实施本行政区域内相应行业的建设工程勘察、工程设计资质管理工作。

第二章　资质分类和分级

第五条　工程勘察资质分为工程勘察综合资质、工程勘察专业资质、工程勘察劳务资质。

工程勘察综合资质只设甲级；工程勘察专业资质设甲级、乙级，根据工程性质和技术特点，部分专业可以设丙级；工程勘察劳务资质不分等级。

取得工程勘察综合资质的企业，可以承接各专业（海洋工程勘察除外）、各等级工程勘察业务；取得工程勘察专业资质的企业，可以承接相应等级相应专业的工程勘察业务；取得工程勘察劳务资质的企业，可以承接岩土工程治理、工程钻探、凿井等工程勘察劳务业务。

第六条　工程设计资质分为工程设计综合资质、工程设计行业资质、工程设计专业资质和工程设计专项资质。

工程设计综合资质只设甲级；工程设计行业资质、工程设计专业资质、工程设计专项资质设甲级、乙级。

根据工程性质和技术特点，个别行业、专业、专项资质可以设丙级，建筑工程专业资质可以设丁级。

取得工程设计综合资质的企业，可以承接各行业、各等级的建设工程设计业务；取得工程设计行业资质的企业，可以承接相应行业相应等级的工程设计业务及本行业范围内同级别的相应专业、专项（设计施工一体化资质除外）工程设计业务；取得工程设计专业资质的企业，可以承接本专业相应等级的专业工程设计业务及同级别的相应专项工程设计业务（设计施工一体化资质除外）；取得工程设计专项资质的企业，可以承接本专项相应等级的专项工程设计业务。

第七条　建设工程勘察、工程设计资质标准和各资质类别、级别企业承担工程的具体范围由国务院建设主管部门商国务院有关部门制定。

第三章 资质申请和审批

第八条 申请工程勘察甲级资质、工程设计甲级资质，以及涉及铁路、交通、水利、信息产业、民航等方面的工程设计乙级资质的，应当向企业工商注册所在地的省、自治区、直辖市人民政府建设主管部门提出申请。其中，国务院国资委管理的企业应当向国务院建设主管部门提出申请；国务院国资委管理的企业下属一层级的企业申请资质，应当由国务院国资委管理的企业向国务院建设主管部门提出申请。

省、自治区、直辖市人民政府建设主管部门应当自受理申请之日起20日内初审完毕，并将初审意见和申请材料报国务院建设主管部门。

国务院建设主管部门应当自省、自治区、直辖市人民政府建设主管部门受理申请材料之日起60日内完成审查，公示审查意见，公示时间为10日。其中，涉及铁路、交通、水利、信息产业、民航等方面的工程设计资质，由国务院建设主管部门送国务院有关部门审核，国务院有关部门在20日内审核完毕，并将审核意见送国务院建设主管部门。

第九条 工程勘察乙级及以下资质、劳务资质、工程设计乙级（涉及铁路、交通、水利、信息产业、民航等方面的工程设计乙级资质除外）及以下资质许可由省、自治区、直辖市人民政府建设主管部门实施。具体实施程序由省、自治区、直辖市人民政府建设主管部门依法确定。

省、自治区、直辖市人民政府建设主管部门应当自作出决定之日起30日内，将准予资质许可的决定报国务院建设主管部门备案。

第十条 工程勘察、工程设计资质证书分为正本和副本，正本一份，副本六份，由国务院建设主管部门统一印制，正、副本具备同等法律效力。资质证书有效期为5年。

第十一条 企业首次申请工程勘察、工程设计资质，应当提供以下材料：

（一）工程勘察、工程设计资质申请表；

（二）企业法人、合伙企业营业执照副本复印件；

（三）企业章程或合伙人协议；

（四）企业法定代表人、合伙人的身份证明；

（五）企业负责人、技术负责人的身份证明、任职文件、毕业证书、职称证书及相关资质标准要求提供的材料；

（六）工程勘察、工程设计资质申请表中所列注册执业人员的身份证明、注册执业证书；

（七）工程勘察、工程设计资质标准要求的非注册专业技术人员的职称证书、毕业证书、身份证明及个人业绩材料；

（八）工程勘察、工程设计资质标准要求的注册执业人员、其他专业技术人员与原聘用单位解除聘用劳动合同的证明及新单位的聘用劳动合同；

（九）资质标准要求的其他有关材料。

第十二条　企业申请资质升级应当提交以下材料：

（一）本规定第十一条第（一）、（二）、（五）、（六）、（七）、（九）项所列资料；

（二）工程勘察、工程设计资质标准要求的非注册专业技术人员与本单位签定的劳动合同及社保证明；

（三）原工程勘察、工程设计资质证书副本复印件；

（四）满足资质标准要求的企业工程业绩和个人工程业绩。

第十三条　企业增项申请工程勘察、工程设计资质，应当提交下列材料：

（一）本规定第十一条　所列（一）、（二）、（五）、（六）、（七）、（九）的资料；

（二）工程勘察、工程设计资质标准要求的非注册专业技术人员与本单位签定的劳动合同及社保证明；

（三）原资质证书正、副本复印件；

（四）满足相应资质标准要求的个人工程业绩证明。

第十四条　资质有效期届满，企业需要延续资质证书有效期的，应当在资质证书有效期届满60日前，向原资质许可机关提出资质延续申请。

对在资质有效期内遵守有关法律、法规、规章、技术标准，信用档案中无不良行为记录，且专业技术人员满足资质标准要求的企业，经资质许可机关同意，有效期延续5年。

第十五条　企业在资质证书有效期内名称、地址、注册资本、法定代表人等发生变更的，应当在工商部门办理变更手续后30日内办理资质证书变更手续。

取得工程勘察甲级资质、工程设计甲级资质，以及涉及铁路、交通、水利、信息产业、民航等方面的工程设计乙级资质的企业，在资质证书有效期内发生企业名称变更的，应当向企业工商注册所在地省、自治区、直辖市人民政府建设主管部门提出变更申请，省、自治区、直辖市人民政府建设主管部门应当自受理申请之日起2日内将有关变更证明材料报国务院建设主管部门，由国务院建设主管部门在2日内办理变更手续。

前款规定以外的资质证书变更手续，由企业工商注册所在地的省、自治区、直辖市人民政府建设主管部门负责办理。省、自治区、直辖市人民政府建设主管部门应当自受理申请之日起2日内办理变更手续，并在办理资质证书变更手续后15日内将变更结果报国务院建设主管部门备案。

涉及铁路、交通、水利、信息产业、民航等方面的工程设计资质的变更，国务院建设主管部门应当将企业资质变更情况告知国务院有关部门。

第十六条 企业申请资质证书变更，应当提交以下材料：

（一）资质证书变更申请；

（二）企业法人、合伙企业营业执照副本复印件；

（三）资质证书正、副本原件；

（四）与资质变更事项有关的证明材料。

企业改制的，除提供前款规定资料外，还应当提供改制重组方案、上级资产管理部门或者股东大会的批准决定、企业职工代表大会同意改制重组的决议。

第十七条 企业首次申请、增项申请工程勘察、工程设计资质，其申请资质等级最高不超过乙级，且不考核企业工程勘察、工程设计业绩。

已具备施工资质的企业首次申请同类别或相近类别的工程勘察、工程设计资质的，可以将相应规模的工程总承包业绩作为工程业绩予以申报。其申请资质等级最高不超过其现有施工资质等级。

第十八条 企业合并的，合并后存续或者新设立的企业可以承继合并前各方中较高的资质等级，但应当符合相应的资质标准条件。

企业分立的，分立后企业的资质按照资质标准及本规定的审批程序核定。

企业改制的，改制后不再符合资质标准的，应按其实际达到的资质标准及本规定重新核定；资质条件不发生变化的，按本规定第十六条办理。

第十九条 从事建设工程勘察、设计活动的企业，申请资质升级、资质增项，在申请之日起前一年内有下列情形之一的，资质许可机关不予批准企业的资质升级申请和增项申请：

（一）企业相互串通投标或者与招标人串通投标承揽工程勘察、工程设计业务的；

（二）将承揽的工程勘察、工程设计业务转包或违法分包的；

（三）注册执业人员未按照规定在勘察设计文件上签字的；

（四）违反国家工程建设强制性标准的；

（五）因勘察设计原因造成过重大生产安全事故的；

（六）设计单位未根据勘察成果文件进行工程设计的；

（七）设计单位违反规定指定建筑材料、建筑构配件的生产厂、供应商的；

（八）无工程勘察、工程设计资质或者超越资质等级范围承揽工程勘察、工程设计业务的；

（九）涂改、倒卖、出租、出借或者以其他形式非法转让资质证书的；

（十）允许其他单位、个人以本单位名义承揽建设工程勘察、设计业务的；

（十一）其他违反法律、法规行为的。

第二十条　企业在领取新的工程勘察、工程设计资质证书的同时，应当将原资质证书交回原发证机关予以注销。

企业需增补（含增加、更换、遗失补办）工程勘察、工程设计资质证书的，应当持资质证书增补申请等材料向资质许可机关申请办理。遗失资质证书的，在申请补办前应当在公众媒体上刊登遗失声明。资质许可机关应当在 2 日内办理完毕。

第四章　监督与管理

第二十一条　国务院建设主管部门对全国的建设工程勘察、设计资质实施统一的监督管理。国务院铁路、交通、水利、信息产业、民航等有关部门配合国务院建设主管部门对相应的行业资质进行监督管理。

县级以上地方人民政府建设主管部门负责对本行政区域内的建设工程勘察、设计资质实施监督管理。县级以上人民政府交通、水利、信息产业等有关部门配合同级建设主管部门对相应的行业资质进行监督管理。

上级建设主管部门应当加强对下级建设主管部门资质管理工作的监督检查，及时纠正资质管理中的违法行为。

第二十二条　建设主管部门、有关部门履行监督检查职责时，有权采取下列措施：

（一）要求被检查单位提供工程勘察、设计资质证书、注册执业人员的注册执业证书，有关工程勘察、设计业务的文档，有关质量管理、安全生产管理、档案管理、财务管理等企业内部管理制度的文件；

（二）进入被检查单位进行检查，查阅相关资料；

（三）纠正违反有关法律、法规和本规定及有关规范和标准的行为。

建设主管部门、有关部门依法对企业从事行政许可事项的活动进行监督检查时，应当将监督检查情况和处理结果予以记录，由监督检查人员签字后归档。

第二十三条 建设主管部门、有关部门在实施监督检查时，应当有两名以上监督检查人员参加，并出示执法证件，不得妨碍企业正常的生产经营活动，不得索取或者收受企业的财物，不得谋取其他利益。

有关单位和个人对依法进行的监督检查应当协助与配合，不得拒绝或者阻挠。

监督检查机关应当将监督检查的处理结果向社会公布。

第二十四条 企业违法从事工程勘察、工程设计活动的，其违法行为发生地的建设主管部门应当依法将企业的违法事实、处理结果或处理建议告知该企业的资质许可机关。

第二十五条 企业取得工程勘察、设计资质后，不再符合相应资质条件的，建设主管部门、有关部门根据利害关系人的请求或者依据职权，可以责令其限期改正；逾期不改的，资质许可机关可以撤回其资质。

第二十六条 有下列情形之一的，资质许可机关或者其上级机关，根据利害关系人的请求或者依据职权，可以撤销工程勘察、工程设计资质：

（一）资质许可机关工作人员滥用职权、玩忽职守作出准予工程勘察、工程设计资质许可的；

（二）超越法定职权作出准予工程勘察、工程设计资质许可；

（三）违反资质审批程序作出准予工程勘察、工程设计资质许可的；

（四）对不符合许可条件的申请人作出工程勘察、工程设计资质许可的；

（五）依法可以撤销资质证书的其他情形。

以欺骗、贿赂等不正当手段取得工程勘察、工程设计资质证书的，应当予以撤销。

第二十七条 有下列情形之一的，企业应当及时向资质许可机关提出注销资质的申请，交回资质证书，资质许可机关应当办理注销手续，公告其资质证书作废：

（一）资质证书有效期届满未依法申请延续的；

（二）企业依法终止的；

（三）资质证书依法被撤销、撤回，或者吊销的；

（四）法律、法规规定的应当注销资质的其他情形。

第二十八条 有关部门应当将监督检查情况和处理意见及时告知建设主管部门。资质许可机关应当将涉及铁路、交通、水利、信息产业、民航等方面的资质被撤回、撤销和注销的情况及时告知有关部门。

第二十九条 企业应当按照有关规定，向资质许可机关提供真实、准确、完整的企业信用档案信息。

企业的信用档案应当包括企业基本情况、业绩、工程质量和安全、合同违约等情况。被投诉举报和处理、行政处罚等情况应当作为不良行为记入其信用档案。

企业的信用档案信息按照有关规定向社会公示。

第五章　法律责任

第三十条　企业隐瞒有关情况或者提供虚假材料申请资质的，资质许可机关不予受理或者不予行政许可，并给予警告，该企业在 1 年内不得再次申请该资质。

第三十一条　企业以欺骗、贿赂等不正当手段取得资质证书的，由县级以上地方人民政府建设主管部门或者有关部门给予警告，并依法处以罚款；该企业在 3 年内不得再次申请该资质。

第三十二条　企业不及时办理资质证书变更手续的，由资质许可机关责令限期办理；逾期不办理的，可处以 1 000元以上 1 万元以下的罚款。

第三十三条　企业未按照规定提供信用档案信息的，由县级以上地方人民政府建设主管部门给予警告，责令限期改正；逾期未改正的，可处以 1 000元以上 1 万元以下的罚款。

第三十四条　涂改、倒卖、出租、出借或者以其他形式非法转让资质证书的，由县级以上地方人民政府建设主管部门或者有关部门给予警告，责令改正，并处以 1 万元以上 3 万元以下的罚款；造成损失的，依法承担赔偿责任；构成犯罪的，依法追究刑事责任。

第三十五条　县级以上地方人民政府建设主管部门依法给予工程勘察、设计企业行政处罚的，应当将行政处罚决定以及给予行政处罚的事实、理由和依据，报国务院建设主管部门备案。

第三十六条　建设主管部门及其工作人员，违反本规定，有下列情形之一的，由其上级行政机关或者监察机关责令改正；情节严重的，对直接负责的主管人员和其他直接责任人员，依法给予行政处分：

（一）对不符合条件的申请人准予工程勘察、设计资质许可的；

（二）对符合条件的申请人不予工程勘察、设计资质许可或者未在法定期限内作出许可决定的；

（三）对符合条件的申请不予受理或者未在法定期限内初审完毕的；

（四）利用职务上的便利，收受他人财物或者其他好处的；

（五）不依法履行监督职责或者监督不力，造成严重后果的。

第六章　附　　则

第三十七条　本规定所称建设工程勘察包括建设工程项目的岩土工程、水文地质、工程测量、海洋工程勘察等。

第三十八条　本规定所称建设工程设计是指：

（一）建设工程项目的主体工程和配套工程（含厂（矿）区内的自备电站、道路、专用铁路、通信、各种管网管线和配套的建筑物等全部配套工程）以及与主体工程、配套工程相关的工艺、土木、建筑、环境保护、水土保持、消防、安全、卫生、节能、防雷、抗震、照明工程等的设计。

（二）建筑工程建设用地规划许可证范围内的室外工程设计、建筑物构筑物设计、民用建筑修建的地下工程设计及住宅小区、工厂厂前区、工厂生活区、小区规划设计及单体设计等，以及上述建筑工程所包含的相关专业的设计内容（包括总平面布置、竖向设计、各类管网管线设计、景观设计、室内外环境设计及建筑装饰、道路、消防、安保、通信、防雷、人防、供配电、照明、废水治理、空调设施、抗震加固等）。

第三十九条　取得工程勘察、工程设计资质证书的企业，可以从事资质证书许可范围内相应的建设工程总承包业务，可以从事工程项目管理和相关的技术与管理服务。

第四十条　本规定自2007年9月1日起实施。2001年7月25日建设部颁布的《建设工程勘察设计企业资质管理规定》（建设部令第93号）同时废止。

建设工程勘察质量管理办法

（2002年12月4日建设部令第115号发布　根据2007年11月22日建设部令第163号修正）

第一章　总　　则

第一条　为了加强对建设工程勘察质量的管理，保证建设工程质量，根据

《中华人民共和国建筑法》、《建设工程质量管理条例》、《建设工程勘察设计管理条例》等有关法律、法规，制定本办法。

第二条　凡在中华人民共和国境内从事建设工程勘察活动的，必须遵守本办法。

本办法所称建设工程勘察，是指根据建设工程的要求，查明、分析、评价建设场地的地质地理环境特征和岩土工程条件，编制建设工程勘察文件的活动。

第三条　工程勘察企业应当按照有关建设工程质量的法律、法规、工程建设强制性标准和勘察合同进行勘察工作，并对勘察质量负责。

勘察文件应当符合国家规定的勘察深度要求，必须真实、准确。

第四条　国务院建设行政主管部门对全国的建设工程勘察质量实施统一监督管理。

国务院铁路、交通、水利等有关部门按照国务院规定的职责分工，负责对全国的有关专业建设工程勘察质量的监督管理。

县级以上地方人民政府建设行政主管部门对本行政区域内的建设工程勘察质量实施监督管理。

县级以上地方人民政府有关部门在各自的职责范围内，负责对本行政区域内的有关专业建设工程勘察质量的监督管理。

第二章　质量责任和义务

第五条　建设单位应当为勘察工作提供必要的现场工作条件，保证合理的勘察工期，提供真实、可靠的原始资料。

建设单位应当严格执行国家收费标准，不得迫使工程勘察企业以低于成本的价格承揽任务。

第六条　工程勘察企业必须依法取得工程勘察资质证书，并在资质等级许可的范围内承揽勘察业务。

工程勘察企业不得超越其资质等级许可的业务范围或者以其他勘察企业的名义承揽勘察业务；不得允许其他企业或者个人以本企业的名义承揽勘察业务；不得转包或者违法分包所承揽的勘察业务。

第七条　工程勘察企业应当健全勘察质量管理体系和质量责任制度。

第八条　工程勘察企业应当拒绝用户提出的违反国家有关规定的不合理要求，有权提出保证工程勘察质量所必需的现场工作条件和合理工期。

第九条　工程勘察企业应当参与施工验槽，及时解决工程设计和施工中与勘察工作有关的问题。

第十条 工程勘察企业应当参与建设工程质量事故的分析，并对因勘察原因造成的质量事故，提出相应的技术处理方案。

第十一条 工程勘察项目负责人、审核人、审定人及有关技术人员应当具有相应的技术职称或者注册资格。

第十二条 项目负责人应当组织有关人员做好现场踏勘、调查，按照要求编写《勘察纲要》，并对勘察过程中各项作业资料验收和签字。

第十三条 工程勘察企业的法定代表人、项目负责人、审核人、审定人等相关人员，应当在勘察文件上签字或者盖章，并对勘察质量负责。

工程勘察企业法定代表人对本企业勘察质量全面负责；项目负责人对项目的勘察文件负主要质量责任；项目审核人、审定人对其审核、审定项目的勘察文件负审核、审定的质量责任。

第十四条 工程勘察工作的原始记录应当在勘察过程中及时整理、核对，确保取样、记录的真实和准确，严禁离开现场追记或者补记。

第十五条 工程勘察企业应当确保仪器、设备的完好。钻探、取样的机具设备、原位测试、室内试验及测量仪器等应当符合有关规范、规程的要求。

第十六条 工程勘察企业应当加强职工技术培训和职业道德教育，提高勘察人员的质量责任意识。观测员、试验员、记录员、机长等现场作业人员应当接受专业培训，方可上岗。

第十七条 工程勘察企业应当加强技术档案的管理工作。工程项目完成后，必须将全部资料分类编目，装订成册，归档保存。

第三章 监督管理

第十八条 工程勘察文件应当经县级以上人民政府建设行政主管部门或者其他有关部门（以下简称工程勘察质量监督部门）审查。工程勘察质量监督部门可以委托施工图设计文件审查机构（以下简称审查机构）对工程勘察文件进行审查。

审查机构应当履行下列职责：

（一）监督检查工程勘察企业有关质量管理文件、文字报告、计算书、图纸图表和原始资料等是否符合有关规定和标准；

（二）发现勘察质量问题，及时报告有关部门依法处理。

第十九条 工程勘察质量监督部门应当对工程勘察企业质量管理程序的实

施、试验室是否符合标准等情况进行检查，并定期向社会公布检查和处理结果。

第二十条　工程勘察发生重大质量、安全事故时，有关单位应当按照规定向工程勘察质量监督部门报告。

第二十一条　任何单位和个人有权向工程勘察质量监督部门检举、投诉工程勘察质量、安全问题。

第四章　罚　　则

第二十二条　工程勘察企业违反《建设工程勘察设计管理条例》、《建设工程质量管理条例》的，由工程勘察质量监督部门按照有关规定给予处罚。

第二十三条　违反本办法规定，建设单位未为勘察工作提供必要的现场工作条件或者未提供真实、可靠原始资料的，由工程勘察质量监督部门责令改正；造成损失的，依法承担赔偿责任。

第二十四条　违反本办法规定，工程勘察企业未按照工程建设强制性标准进行勘察、弄虚作假、提供虚假成果资料的，由工程勘察质量监督部门责令改正，处10万元以上30万元以下的罚款；造成工程质量事故的，责令停业整顿，降低资质等级；情节严重的，吊销资质证书；造成损失的，依法承担赔偿责任。

第二十五条　违反本办法规定，工程勘察企业有下列行为之一的，由工程勘察质量监督部门责令改正，处1万元以上3万元以下的罚款：

（一）勘察文件没有责任人签字或者签字不全的；

（二）原始记录不按照规定记录或者记录不完整的；

（三）不参加施工验槽的；

（四）项目完成后，勘察文件不归档保存的。

第二十六条　审查机构未按照规定审查，给建设单位造成损失的，依法承担赔偿责任；情节严重的，由工程勘察质量监督部门撤销委托。

第二十七条　依照本办法规定，给予勘察企业罚款处罚的，由工程勘察质量监督部门对企业的法定代表人和其他直接责任人员处以企业罚款数额的5%以上10%以下的罚款。

第二十八条　国家机关工作人员在建设工程勘察质量监督管理工作中玩忽职守、滥用职权、徇私舞弊的，依法给予行政处分；构成犯罪的，依法追究刑事责任。

第五章　附　　则

第二十九条　本办法自2003年2月1日起施行。

建筑起重机械安全监督管理规定

（2008年1月28日建设部令第166号发布）

第一条　为了加强建筑起重机械的安全监督管理，防止和减少生产安全事故，保障人民群众生命和财产安全，依据《建设工程安全生产管理条例》、《特种设备安全监察条例》、《安全生产许可证条例》，制定本规定。

第二条　建筑起重机械的租赁、安装、拆卸、使用及其监督管理，适用本规定。

本规定所称建筑起重机械，是指纳入特种设备目录，在房屋建筑工地和市政工程工地安装、拆卸、使用的起重机械。

第三条　国务院建设主管部门对全国建筑起重机械的租赁、安装、拆卸、使用实施监督管理。

县级以上地方人民政府建设主管部门对本行政区域内的建筑起重机械的租赁、安装、拆卸、使用实施监督管理。

第四条　出租单位出租的建筑起重机械和使用单位购置、租赁、使用的建筑起重机械应当具有特种设备制造许可证、产品合格证、制造监督检验证明。

第五条　出租单位在建筑起重机械首次出租前，自购建筑起重机械的使用单位在建筑起重机械首次安装前，应当持建筑起重机械特种设备制造许可证、产品合格证和制造监督检验证明到本单位工商注册所在地县级以上地方人民政府建设主管部门办理备案。

第六条　出租单位应当在签订的建筑起重机械租赁合同中，明确租赁双方的安全责任，并出具建筑起重机械特种设备制造许可证、产品合格证、制造监督检验证明、备案证明和自检合格证明，提交安装使用说明书。

第七条　有下列情形之一的建筑起重机械，不得出租、使用：

（一）属国家明令淘汰或者禁止使用的；

（二）超过安全技术标准或者制造厂家规定的使用年限的；

（三）经检验达不到安全技术标准规定的；

（四）没有完整安全技术档案的；

（五）没有齐全有效的安全保护装置的。

第八条　建筑起重机械有本规定第七条第（一）、（二）、（三）项情形之一的，出租单位或者自购建筑起重机械的使用单位应当予以报废，并向原备案机关办理注销手续。

第九条　出租单位、自购建筑起重机械的使用单位，应当建立建筑起重机械安全技术档案。

建筑起重机械安全技术档案应当包括以下资料：

（一）购销合同、制造许可证、产品合格证、制造监督检验证明、安装使用说明书、备案证明等原始资料；

（二）定期检验报告、定期自行检查记录、定期维护保养记录、维修和技术改造记录、运行故障和生产安全事故记录、累计运转记录等运行资料；

（三）历次安装验收资料。

第十条　从事建筑起重机械安装、拆卸活动的单位（以下简称安装单位）应当依法取得建设主管部门颁发的相应资质和建筑施工企业安全生产许可证，并在其资质许可范围内承揽建筑起重机械安装、拆卸工程。

第十一条　建筑起重机械使用单位和安装单位应当在签订的建筑起重机械安装、拆卸合同中明确双方的安全生产责任。

实行施工总承包的，施工总承包单位应当与安装单位签订建筑起重机械安装、拆卸工程安全协议书。

第十二条　安装单位应当履行下列安全职责：

（一）按照安全技术标准及建筑起重机械性能要求，编制建筑起重机械安装、拆卸工程专项施工方案，并由本单位技术负责人签字；

（二）按照安全技术标准及安装使用说明书等检查建筑起重机械及现场施工条件；

（三）组织安全施工技术交底并签字确认；

（四）制定建筑起重机械安装、拆卸工程生产安全事故应急救援预案；

（五）将建筑起重机械安装、拆卸工程专项施工方案，安装、拆卸人员名单，安装、拆卸时间等材料报施工总承包单位和监理单位审核后，告知工程所在地县级以上地方人民政府建设主管部门。

第十三条　安装单位应当按照建筑起重机械安装、拆卸工程专项施工方案及安全操作规程组织安装、拆卸作业。

安装单位的专业技术人员、专职安全生产管理人员应当进行现场监督，技术负责人应当定期巡查。

第十四条 建筑起重机械安装完毕后，安装单位应当按照安全技术标准及安装使用说明书的有关要求对建筑起重机械进行自检、调试和试运转。自检合格的，应当出具自检合格证明，并向使用单位进行安全使用说明。

第十五条 安装单位应当建立建筑起重机械安装、拆卸工程档案。

建筑起重机械安装、拆卸工程档案应当包括以下资料：

（一）安装、拆卸合同及安全协议书；

（二）安装、拆卸工程专项施工方案；

（三）安全施工技术交底的有关资料；

（四）安装工程验收资料；

（五）安装、拆卸工程生产安全事故应急救援预案。

第十六条 建筑起重机械安装完毕后，使用单位应当组织出租、安装、监理等有关单位进行验收，或者委托具有相应资质的检验检测机构进行验收。建筑起重机械经验收合格后方可投入使用，未经验收或者验收不合格的不得使用。

实行施工总承包的，由施工总承包单位组织验收。

建筑起重机械在验收前应当经有相应资质的检验检测机构监督检验合格。

检验检测机构和检验检测人员对检验检测结果、鉴定结论依法承担法律责任。

第十七条 使用单位应当自建筑起重机械安装验收合格之日起30日内，将建筑起重机械安装验收资料、建筑起重机械安全管理制度、特种作业人员名单等，向工程所在地县级以上地方人民政府建设主管部门办理建筑起重机械使用登记。登记标志置于或者附着于该设备的显著位置。

第十八条 使用单位应当履行下列安全职责：

（一）根据不同施工阶段、周围环境以及季节、气候的变化，对建筑起重机械采取相应的安全防护措施；

（二）制定建筑起重机械生产安全事故应急救援预案；

（三）在建筑起重机械活动范围内设置明显的安全警示标志，对集中作业区做好安全防护；

（四）设置相应的设备管理机构或者配备专职的设备管理人员；

（五）指定专职设备管理人员、专职安全生产管理人员进行现场监督检查；

（六）建筑起重机械出现故障或者发生异常情况的，立即停止使用，消除故障和事故隐患后，方可重新投入使用。

第十九条 使用单位应当对在用的建筑起重机械及其安全保护装置、吊具、索具等进行经常性和定期的检查、维护和保养，并做好记录。

使用单位在建筑起重机械租期结束后，应当将定期检查、维护和保养记录移交出租单位。

建筑起重机械租赁合同对建筑起重机械的检查、维护、保养另有约定的，从其约定。

第二十条 建筑起重机械在使用过程中需要附着的，使用单位应当委托原安装单位或者具有相应资质的安装单位按照专项施工方案实施，并按照本规定第十六条规定组织验收。验收合格后方可投入使用。

建筑起重机械在使用过程中需要顶升的，使用单位委托原安装单位或者具有相应资质的安装单位按照专项施工方案实施后，即可投入使用。

禁止擅自在建筑起重机械上安装非原制造厂制造的标准节和附着装置。

第二十一条 施工总承包单位应当履行下列安全职责：

（一）向安装单位提供拟安装设备位置的基础施工资料，确保建筑起重机械进场安装、拆卸所需的施工条件；

（二）审核建筑起重机械的特种设备制造许可证、产品合格证、制造监督检验证明、备案证明等文件；

（三）审核安装单位、使用单位的资质证书、安全生产许可证和特种作业人员的特种作业操作资格证书；

（四）审核安装单位制定的建筑起重机械安装、拆卸工程专项施工方案和生产安全事故应急救援预案；

（五）审核使用单位制定的建筑起重机械生产安全事故应急救援预案；

（六）指定专职安全生产管理人员监督检查建筑起重机械安装、拆卸、使用情况；

（七）施工现场有多台塔式起重机作业时，应当组织制定并实施防止塔式起重机相互碰撞的安全措施。

第二十二条 监理单位应当履行下列安全职责：

（一）审核建筑起重机械特种设备制造许可证、产品合格证、制造监督检验证明、备案证明等文件；

（二）审核建筑起重机械安装单位、使用单位的资质证书、安全生产许可证和特种作业人员的特种作业操作资格证书；

（三）审核建筑起重机械安装、拆卸工程专项施工方案；

（四）监督安装单位执行建筑起重机械安装、拆卸工程专项施工方案情况；

（五）监督检查建筑起重机械的使用情况；

（六）发现存在生产安全事故隐患的，应当要求安装单位、使用单位限期整改，对安装单位、使用单位拒不整改的，及时向建设单位报告。

第二十三条 依法发包给两个及两个以上施工单位的工程，不同施工单位在同一施工现场使用多台塔式起重机作业时，建设单位应当协调组织制定防止塔式起重机相互碰撞的安全措施。

安装单位、使用单位拒不整改生产安全事故隐患的，建设单位接到监理单位报告后，应当责令安装单位、使用单位立即停工整改。

第二十四条 建筑起重机械特种作业人员应当遵守建筑起重机械安全操作规程和安全管理制度，在作业中有权拒绝违章指挥和强令冒险作业，有权在发生危及人身安全的紧急情况时立即停止作业或者采取必要的应急措施后撤离危险区域。

第二十五条 建筑起重机械安装拆卸工、起重信号工、起重司机、司索工等特种作业人员应当经建设主管部门考核合格，并取得特种作业操作资格证书后，方可上岗作业。

省、自治区、直辖市人民政府建设主管部门负责组织实施建筑施工企业特种作业人员的考核。

特种作业人员的特种作业操作资格证书由国务院建设主管部门规定统一的样式。

第二十六条 建设主管部门履行安全监督检查职责时，有权采取下列措施：

（一）要求被检查的单位提供有关建筑起重机械的文件和资料；

（二）进入被检查单位和被检查单位的施工现场进行检查；

（三）对检查中发现的建筑起重机械生产安全事故隐患，责令立即排除；重大生产安全事故隐患排除前或者排除过程中无法保证安全的，责令从危险区域撤出作业人员或者暂时停止施工。

第二十七条 负责办理备案或者登记的建设主管部门应当建立本行政区域内的建筑起重机械档案，按照有关规定对建筑起重机械进行统一编号，并定期向社会公布建筑起重机械的安全状况。

第二十八条 违反本规定，出租单位、自购建筑起重机械的使用单位，有下列行为之一的，由县级以上地方人民政府建设主管部门责令限期改正，予以警告，并处以5 000元以上1万元以下罚款：

（一）未按照规定办理备案的；

（二）未按照规定办理注销手续的；

（三）未按照规定建立建筑起重机械安全技术档案的。

第二十九条　违反本规定，安装单位有下列行为之一的，由县级以上地方人民政府建设主管部门责令限期改正，予以警告，并处以5 000元以上3万元以下罚款：

（一）未履行第十二条第（二）、（四）、（五）项安全职责的；

（二）未按照规定建立建筑起重机械安装、拆卸工程档案的；

（三）未按照建筑起重机械安装、拆卸工程专项施工方案及安全操作规程组织安装、拆卸作业的。

第三十条　违反本规定，使用单位有下列行为之一的，由县级以上地方人民政府建设主管部门责令限期改正，予以警告，并处以5 000元以上3万元以下罚款：

（一）未履行第十八条第（一）、（二）、（四）、（六）项安全职责的；

（二）未指定专职设备管理人员进行现场监督检查的；

（三）擅自在建筑起重机械上安装非原制造厂制造的标准节和附着装置的。

第三十一条　违反本规定，施工总承包单位未履行第二十一条第（一）、（三）、（四）、（五）、（七）项安全职责的，由县级以上地方人民政府建设主管部门责令限期改正，予以警告，并处以5 000元以上3万元以下罚款。

第三十二条　违反本规定，监理单位未履行第二十二条第（一）、（二）、（四）、（五）项安全职责的，由县级以上地方人民政府建设主管部门责令限期改正，予以警告，并处以5 000元以上3万元以下罚款。

第三十三条　违反本规定，建设单位有下列行为之一的，由县级以上地方人民政府建设主管部门责令限期改正，予以警告，并处以5 000元以上3万元以下罚款；逾期未改的，责令停止施工：

（一）未按照规定协调组织制定防止多台塔式起重机相互碰撞的安全措施的；

（二）接到监理单位报告后，未责令安装单位、使用单位立即停工整改的。

第三十四条　违反本规定，建设主管部门的工作人员有下列行为之一的，依法给予处分；构成犯罪的，依法追究刑事责任：

（一）发现违反本规定的违法行为不依法查处的；

（二）发现在用的建筑起重机械存在严重生产安全事故隐患不依法处理的；

（三）不依法履行监督管理职责的其他行为。

第三十五条　本规定自2008年6月1日起施行。

中华人民共和国注册建筑师条例实施细则

（2008年1月29日建设部令第167号发布）

第一章　总　　则

第一条　根据《中华人民共和国行政许可法》和《中华人民共和国注册建筑师条例》（以下简称《条例》），制定本细则。

第二条　中华人民共和国境内注册建筑师的考试、注册、执业、继续教育和监督管理，适用本细则。

第三条　注册建筑师，是指经考试、特许、考核认定取得中华人民共和国注册建筑师执业资格证书（以下简称执业资格证书），或者经资格互认方式取得建筑师互认资格证书（以下简称互认资格证书），并按照本细则注册，取得中华人民共和国注册建筑师注册证书（以下简称注册证书）和中华人民共和国注册建筑师执业印章（以下简称执业印章），从事建筑设计及相关业务活动的专业技术人员。

未取得注册证书和执业印章的人员，不得以注册建筑师的名义从事建筑设计及相关业务活动。

第四条　国务院建设主管部门、人事主管部门按职责分工对全国注册建筑师考试、注册、执业和继续教育实施指导和监督。

省、自治区、直辖市人民政府建设主管部门、人事主管部门按职责分工对本行政区域内注册建筑师考试、注册、执业和继续教育实施指导和监督。

第五条　全国注册建筑师管理委员会负责注册建筑师考试、一级注册建筑师注册、制定颁布注册建筑师有关标准以及相关国际交流等具体工作。

省、自治区、直辖市注册建筑师管理委员会负责本行政区域内注册建筑师考试、注册以及协助全国注册建筑师管理委员会选派专家等具体工作。

第六条　全国注册建筑师管理委员会委员由国务院建设主管部门商人事主管部门聘任。

全国注册建筑师管理委员会由国务院建设主管部门、人事主管部门、其他有关主管部门的代表和建筑设计专家组成，设主任委员一名、副主任委员若干名。全国注册建筑师管理委员会秘书处设在建设部执业资格注册中心。全国注册建筑师管理委员会秘书处承担全国注册建筑师管理委员会的日常工作职责，并承担相应的法律责任。

省、自治区、直辖市注册建筑师管理委员会由省、自治区、直辖市人民政府建设主管部门商同级人事主管部门参照本条第一款、第二款规定成立。

第二章 考　试

第七条 注册建筑师考试分为一级注册建筑师考试和二级注册建筑师考试。注册建筑师考试实行全国统一考试，每年进行一次。遇特殊情况，经国务院建设主管部门和人事主管部门同意，可调整该年度考试次数。

注册建筑师考试由全国注册建筑师管理委员会统一部署，省、自治区、直辖市注册建筑师管理委员会组织实施。

第八条 一级注册建筑师考试内容包括：建筑设计前期工作、场地设计、建筑设计与表达、建筑结构、环境控制、建筑设备、建筑材料与构造、建筑经济、施工与设计业务管理、建筑法规等。上述内容分成若干科目进行考试。科目考试合格有效期为八年。

二级注册建筑师考试内容包括：场地设计、建筑设计与表达、建筑结构与设备、建筑法规、建筑经济与施工等。上述内容分成若干科目进行考试。科目考试合格有效期为四年。

第九条 《条例》第八条第（一）、（二）、（三）项，第九条第（一）项中所称相近专业，是指大学本科及以上建筑学的相近专业，包括城市规划、建筑工程和环境艺术等专业。

《条例》第九条第（二）项所称相近专业，是指大学专科建筑设计的相近专业，包括城乡规划、房屋建筑工程、风景园林、建筑装饰技术和环境艺术等专业。

《条例》第九条第（四）项所称相近专业，是指中等专科学校建筑设计技术的相近专业，包括工业与民用建筑、建筑装饰、城镇规划和村镇建设等专业。

《条例》第八条第（五）项所称设计成绩突出，是指获得国家或省部级优秀工程设计铜质或二等奖（建筑）及以上奖励。

第十条 申请参加注册建筑师考试者，可向省、自治区、直辖市注册建筑师管理委员会报名，经省、自治区、直辖市注册建筑师管理委员会审查，符合《条例》第八条或者第九条规定的，方可参加考试。

第十一条 经一级注册建筑师考试，在有效期内全部科目考试合格的，由全国注册建筑师管理委员会核发国务院建设主管部门和人事主管部门共同用印的一级注册建筑师执业资格证书。

经二级注册建筑师考试，在有效期内全部科目考试合格的，由省、自治区、直辖市注册建筑师管理委员会核发国务院建设主管部门和人事主管部门共同用印的二级注册建筑师执业资格证书。

自考试之日起，九十日内公布考试成绩；自考试成绩公布之日起，三十日内颁发执业资格证书。

第十二条 申请参加注册建筑师考试者，应当按规定向省、自治区、直辖市注册建筑师管理委员会交纳考务费和报名费。

第三章 注 册

第十三条 注册建筑师实行注册执业管理制度。取得执业资格证书或者互认资格证书的人员，必须经过注册方可以注册建筑师的名义执业。

第十四条 取得一级注册建筑师资格证书并受聘于一个相关单位的人员，应当通过聘用单位向单位工商注册所在地的省、自治区、直辖市注册建筑师管理委员会提出申请；省、自治区、直辖市注册建筑师管理委员会受理后提出初审意见，并将初审意见和申请材料报全国注册建筑师管理委员会审批；符合条件的，由全国注册建筑师管理委员会颁发一级注册建筑师注册证书和执业印章。

第十五条 省、自治区、直辖市注册建筑师管理委员会在收到申请人申请一级注册建筑师注册的材料后，应当即时作出是否受理的决定，并向申请人出具书面凭证；申请材料不齐全或者不符合法定形式的，应当在五日内一次性告知申请人需要补正的全部内容。逾期不告知的，自收到申请材料之日起即为受理。

对申请初始注册的，省、自治区、直辖市注册建筑师管理委员会应当自受理申请之日起二十日内审查完毕，并将申请材料和初审意见报全国注册建筑师管理委员会。全国注册建筑师管理委员会应当自收到省、自治区、直辖市注册建筑师管理委员会上报材料之日起，二十日内审批完毕并作出书面决定。

审查结果由全国注册建筑师管理委员会予以公示，公示时间为十日，公示时间不计算在审批时间内。

全国注册建筑师管理委员会自作出审批决定之日起十日内，在公众媒体上公布审批结果。

对申请变更注册、延续注册的，省、自治区、直辖市注册建筑师管理委员会应当自受理申请之日起十日内审查完毕。全国注册建筑师管理委员会应当自收到省、自治区、直辖市注册建筑师管理委员会上报材料之日起，十五日内审批完毕并作出书面决定。

二级注册建筑师的注册办法由省、自治区、直辖市注册建筑师管理委员会依法制定。

第十六条　注册证书和执业印章是注册建筑师的执业凭证，由注册建筑师本人保管、使用。

注册建筑师由于办理延续注册、变更注册等原因，在领取新执业印章时，应当将原执业印章交回。

禁止涂改、倒卖、出租、出借或者以其他形式非法转让执业资格证书、互认资格证书、注册证书和执业印章。

第十七条　申请注册建筑师初始注册，应当具备以下条件：

（一）依法取得执业资格证书或者互认资格证书；

（二）只受聘于中华人民共和国境内的一个建设工程勘察、设计、施工、监理、招标代理、造价咨询、施工图审查、城乡规划编制等单位（以下简称聘用单位）；

（三）近三年内在中华人民共和国境内从事建筑设计及相关业务一年以上；

（四）达到继续教育要求；

（五）没有本细则第二十一条所列的情形。

第十八条　初始注册者可以自执业资格证书签发之日起三年内提出申请。逾期未申请者，须符合继续教育的要求后方可申请初始注册。

初始注册需要提交下列材料：

（一）初始注册申请表；

（二）资格证书复印件；

（三）身份证明复印件；

（四）聘用单位资质证书副本复印件；

（五）与聘用单位签订的聘用劳动合同复印件；

（六）相应的业绩证明；

（七）逾期初始注册的，应当提交达到继续教育要求的证明材料。

第十九条　注册建筑师每一注册有效期为二年。注册建筑师注册有效期满需继续执业的，应在注册有效期届满三十日前，按照本细则第十五条规定的程序申请延续注册。延续注册有效期为二年。

延续注册需要提交下列材料：

（一）延续注册申请表；

（二）与聘用单位签订的聘用劳动合同复印件；

（三）注册期内达到继续教育要求的证明材料。

第二十条 注册建筑师变更执业单位，应当与原聘用单位解除劳动关系，并按照本细则第十五条规定的程序办理变更注册手续。变更注册后，仍延续原注册有效期。

原注册有效期届满在半年以内的，可以同时提出延续注册申请。准予延续的，注册有效期重新计算。

变更注册需要提交下列材料：

（一）变更注册申请表；

（二）新聘用单位资质证书副本的复印件；

（三）与新聘用单位签订的聘用劳动合同复印件；

（四）工作调动证明或者与原聘用单位解除聘用劳动合同的证明文件、劳动仲裁机构出具的解除劳动关系的仲裁文件、退休人员的退休证明复印件；

（五）在办理变更注册时提出延续注册申请的，还应当提交在本注册有效期内达到继续教育要求的证明材料。

第二十一条 申请人有下列情形之一的，不予注册：

（一）不具有完全民事行为能力的；

（二）申请在两个或者两个以上单位注册的；

（三）未达到注册建筑师继续教育要求的；

（四）因受刑事处罚，自刑事处罚执行完毕之日起至申请注册之日止不满五年的；

（五）因在建筑设计或者相关业务中犯有错误受行政处罚或者撤职以上行政处分，自处罚、处分决定之日起至申请之日止不满二年的；

（六）受吊销注册建筑师证书的行政处罚，自处罚决定之日起至申请注册之日止不满五年的；

（七）申请人的聘用单位不符合注册单位要求的；

（八）法律、法规规定不予注册的其他情形。

第二十二条 注册建筑师有下列情形之一的，其注册证书和执业印章失效：

（一）聘用单位破产的；

（二）聘用单位被吊销营业执照的；

（三）聘用单位相应资质证书被吊销或者撤回的；

（四）已与聘用单位解除聘用劳动关系的；

（五）注册有效期满且未延续注册的；

（六）死亡或者丧失民事行为能力的；

（七）其他导致注册失效的情形。

第二十三条　注册建筑师有下列情形之一的，由注册机关办理注销手续，收回注册证书和执业印章或公告注册证书和执业印章作废：

（一）有本细则第二十二条所列情形发生的；

（二）依法被撤销注册的；

（三）依法被吊销注册证书的；

（四）受刑事处罚的；

（五）法律、法规规定应当注销注册的其他情形。

注册建筑师有前款所列情形之一的，注册建筑师本人和聘用单位应当及时向注册机关提出注销注册申请；有关单位和个人有权向注册机关举报；县级以上地方人民政府建设主管部门或者有关部门应当及时告知注册机关。

第二十四条　被注销注册者或者不予注册者，重新具备注册条件的，可以按照本细则第十五条规定的程序重新申请注册。

第二十五条　高等学校（院）从事教学、科研并具有注册建筑师资格的人员，只能受聘于本校（院）所属建筑设计单位从事建筑设计，不得受聘于其他建筑设计单位。在受聘于本校（院）所属建筑设计单位工作期间，允许申请注册。获准注册的人员，在本校（院）所属建筑设计单位连续工作不得少于二年。具体办法由国务院建设主管部门商教育主管部门规定。

第二十六条　注册建筑师因遗失、污损注册证书或者执业印章，需要补办的，应当持在公众媒体上刊登的遗失声明的证明，或者污损的原注册证书和执业印章，向原注册机关申请补办。原注册机关应当在十日内办理完毕。

第四章　执　　业

第二十七条　取得资格证书的人员，应当受聘于中华人民共和国境内的一个建设工程勘察、设计、施工、监理、招标代理、造价咨询、施工图审查、城乡规划编制等单位，经注册后方可从事相应的执业活动。

从事建筑工程设计执业活动的，应当受聘并注册于中华人民共和国境内一个具有工程设计资质的单位。

第二十八条　注册建筑师的执业范围具体为：

（一）建筑设计；

（二）建筑设计技术咨询；

（三）建筑物调查与鉴定；

（四）对本人主持设计的项目进行施工指导和监督；

（五）国务院建设主管部门规定的其他业务。

本条第一款所称建筑设计技术咨询包括建筑工程技术咨询，建筑工程招标、采购咨询，建筑工程项目管理，建筑工程设计文件及施工图审查，工程质量评估，以及国务院建设主管部门规定的其他建筑技术咨询业务。

第二十九条 一级注册建筑师的执业范围不受工程项目规模和工程复杂程度的限制。二级注册建筑师的执业范围只限于承担工程设计资质标准中建设项目设计规模划分表中规定的小型规模的项目。

注册建筑师的执业范围不得超越其聘用单位的业务范围。注册建筑师的执业范围与其聘用单位的业务范围不符时，个人执业范围服从聘用单位的业务范围。

第三十条 注册建筑师所在单位承担民用建筑设计项目，应当由注册建筑师任工程项目设计主持人或设计总负责人；工业建筑设计项目，须由注册建筑师任工程项目建筑专业负责人。

第三十一条 凡属工程设计资质标准中建筑工程建设项目设计规模划分表规定的工程项目，在建筑工程设计的主要文件（图纸）中，须由主持该项设计的注册建筑师签字并加盖其执业印章，方为有效。否则设计审查部门不予审查，建设单位不得报建，施工单位不准施工。

第三十二条 修改经注册建筑师签字盖章的设计文件，应当由原注册建筑师进行；因特殊情况，原注册建筑师不能进行修改的，可以由设计单位的法人代表书面委托其他符合条件的注册建筑师修改，并签字、加盖执业印章，对修改部分承担责任。

第三十三条 注册建筑师从事执业活动，由聘用单位接受委托并统一收费。

第五章 继续教育

第三十四条 注册建筑师在每一注册有效期内应当达到全国注册建筑师管理委员会制定的继续教育标准。继续教育作为注册建筑师逾期初始注册、延续注册、重新申请注册的条件之一。

第三十五条 继续教育分为必修课和选修课，在每一注册有效期内各为四十学时。

第六章 监督检查

第三十六条 国务院建设主管部门对注册建筑师注册执业活动实施统一的监督管理。县级以上地方人民政府建设主管部门负责对本行政区域内的注册建筑师注册执业活动实施监督管理。

第三十七条 建设主管部门履行监督检查职责时，有权采取下列措施：

（一）要求被检查的注册建筑师提供资格证书、注册证书、执业印章、设计文件（图纸）；

（二）进入注册建筑师聘用单位进行检查，查阅相关资料；

（三）纠正违反有关法律、法规和本细则及有关规范和标准的行为。

建设主管部门依法对注册建筑师进行监督检查时，应当将监督检查情况和处理结果予以记录，由监督检查人员签字后归档。

第三十八条 建设主管部门在实施监督检查时，应当有两名以上监督检查人员参加，并出示执法证件，不得妨碍注册建筑师正常的执业活动，不得谋取非法利益。

注册建筑师和其聘用单位对依法进行的监督检查应当协助与配合，不得拒绝或者阻挠。

第三十九条 注册建筑师及其聘用单位应当按照要求，向注册机关提供真实、准确、完整的注册建筑师信用档案信息。

注册建筑师信用档案应当包括注册建筑师的基本情况、业绩、良好行为、不良行为等内容。违法违规行为、被投诉举报处理、行政处罚等情况应当作为注册建筑师的不良行为记入其信用档案。

注册建筑师信用档案信息按照有关规定向社会公示。

第七章 法律责任

第四十条 隐瞒有关情况或者提供虚假材料申请注册的，注册机关不予受理，并由建设主管部门给予警告，申请人一年之内不得再次申请注册。

第四十一条 以欺骗、贿赂等不正当手段取得注册证书和执业印章的，由全国注册建筑师管理委员会或省、自治区、直辖市注册建筑师管理委员会撤销注册证书并收回执业印章，三年内不得再次申请注册，并由县级以上人民政府建设主管部门处以罚款。其中没有违法所得的，处以1万元以下罚款；有违法所得的处以违法所得3倍以下且不超过3万元的罚款。

第四十二条 违反本细则，未受聘并注册于中华人民共和国境内一个具有工程设计资质的单位，从事建筑工程设计执业活动的，由县级以上人民政府建设主管部门给予警告，责令停止违法活动，并可处以1万元以上3万元以下的罚款。

第四十三条 违反本细则，未办理变更注册而继续执业的，由县级以上人民政府建设主管部门责令限期改正；逾期未改正的，可处以5 000元以下的罚款。

第四十四条 违反本细则，涂改、倒卖、出租、出借或者以其他形式非法转让执业资格证书、互认资格证书、注册证书和执业印章的，由县级以上人民政府建设主管部门责令改正，其中没有违法所得的，处以1万元以下罚款；有违法所得的处以违法所得3倍以下且不超过3万元的罚款。

第四十五条 违反本细则，注册建筑师或者其聘用单位未按照要求提供注册建筑师信用档案信息的，由县级以上人民政府建设主管部门责令限期改正；逾期未改正的，可处以1 000元以上1万元以下的罚款。

第四十六条 聘用单位为申请人提供虚假注册材料的，由县级以上人民政府建设主管部门给予警告，责令限期改正；逾期未改正的，可处以1万元以上3万元以下的罚款。

第四十七条 有下列情形之一的，全国注册建筑师管理委员会或者省、自治区、直辖市注册建筑师管理委员可以撤销其注册：

（一）全国注册建筑师管理委员会或者省、自治区、直辖市注册建筑师管理委员的工作人员滥用职权、玩忽职守颁发注册证书和执业印章的；

（二）超越法定职权颁发注册证书和执业印章的；

（三）违反法定程序颁发注册证书和执业印章的；

（四）对不符合法定条件的申请人颁发注册证书和执业印章的；

（五）依法可以撤销注册的其他情形。

第四十八条 县级以上人民政府建设主管部门、人事主管部门及全国注册建筑师管理委员会或者省、自治区、直辖市注册建筑师管理委员的工作人员，在注册建筑师管理工作中，有下列情形之一的，依法给予处分；构成犯罪的，依法追究刑事责任：

（一）对不符合法定条件的申请人颁发执业资格证书、注册证书和执业印章的；

（二）对符合法定条件的申请人不予颁发执业资格证书、注册证书和执业印章的；

（三）对符合法定条件的申请不予受理或者未在法定期限内初审完毕的；

（四）利用职务上的便利，收受他人财物或者其他好处的；

（五）不依法履行监督管理职责，或者发现违法行为不予查处的。

第八章　附　　则

第四十九条　注册建筑师执业资格证书由国务院人事主管部门统一制作；一级注册建筑师注册证书、执业印章和互认资格证书由全国注册建筑师管理委员会统一制作；二级注册建筑师注册证书和执业印章由省、自治区、直辖市注册建筑师管理委员会统一制作。

第五十条　香港特别行政区、澳门特别行政区、台湾地区的专业技术人员按照国家有关规定和有关协议，报名参加全国统一考试和申请注册。

外籍专业技术人员参加全国统一考试按照对等原则办理；申请建筑师注册的，其所在国应当已与中华人民共和国签署双方建筑师对等注册协议。

第五十一条　本细则自2008年3月15日起施行。1996年7月1日建设部颁布的《中华人民共和国注册建筑师条例实施细则》（建设部令第52号）同时废止。

市政公用设施抗灾设防管理规定

（2008年10月7日住房和城乡建设部令第1号发布）

第一条　为了加强对市政公用设施抗灾设防的监督管理，提高市政公用设施的抗灾能力，保障市政公用设施的运行安全，保护人民生命财产安全，根据《中华人民共和国城乡规划法》、《中华人民共和国防震减灾法》、《中华人民共和国突发事件应对法》、《建设工程质量管理条例》等法律、行政法规，制定本规定。

第二条　市政公用设施的抗灾设防，适用本规定。

本规定所称市政公用设施，是指规划区内的城市道路（含桥梁）、城市轨道交通、供水、排水、燃气、热力、园林绿化、环境卫生、道路照明等设施及附属设施。

本规定所称抗灾设防是指针对地震、台风、雨雪冰冻、暴雨、地质灾害等自然灾害所采取的工程和非工程措施。

第三条 市政公用设施抗灾设防实行预防为主、平灾结合的方针。

第四条 国务院住房和城乡建设主管部门（以下简称国务院住房和城乡建设主管部门）依法负责全国市政公用设施抗灾设防的监督管理工作。

县级以上地方人民政府建设主管部门依法负责本行政区域内市政公用设施抗灾设防的具体管理工作。

第五条 国务院住房和城乡建设主管部门和省、自治区、直辖市人民政府建设主管部门应当根据实际防灾要求，制定、修订有关工程建设标准，将市政公用设施的抗灾设防要求和先进、适用、成熟的技术措施纳入工程建设标准。

第六条 国家鼓励采用符合工程建设标准的先进技术方法和材料设备，进行市政公用设施的抗灾设计与施工。在工程设计和施工中采用可能影响市政公用设施抗灾能力，且无相应工程建设标准的新技术、新材料的，应当按照国家有关规定申请核准。

第七条 市政公用设施的建设单位、勘察单位、设计单位、施工单位、工程监理单位，市政公用设施的运营、养护单位以及从事市政公用设施抗灾抗震鉴定、工程检测活动的单位，应当遵守有关建设工程抗灾设防的法律、法规和技术标准，依法承担相应责任。

第八条 城乡规划中的防灾专项规划应当包括以下内容：

（一）在对规划区进行地质灾害危险性评估的基础上，对重大市政公用设施和可能发生严重次生灾害的市政公用设施，进行灾害及次生灾害风险、抗灾性能、功能失效影响和灾时保障能力评估，并制定相应的对策；

（二）根据各类灾害的发生概率、城镇规模以及市政公用设施的重要性、使用功能、修复难易程度、发生次生灾害的可能性等，提出市政公用设施布局、建设和改造的抗灾设防要求和主要措施；

（三）避开可能产生滑坡、塌陷、水淹危险或者周边有危险源的地带，充分考虑人们及时、就近避难的要求，利用广场、停车场、公园绿地等设立避难场所，配备应急供水、排水、供电、消防、通讯、交通等设施。

第九条 城乡规划中的市政公用设施专项规划应当满足下列要求：

（一）快速路、主干道以及对抗灾救灾有重要影响的道路应当与周边建筑和设施设置足够的间距，广场、停车场、公园绿地、城市轨道交通应当符合发生灾害时能尽快疏散人群和救灾的要求；

（二）水源、气源和热源设置，供水、燃气、热力干线的设计以及相应厂站的布置，应当满足抗灾和灾后迅速恢复供应的要求，符合防止和控制爆炸、火灾等次生灾害的要求，重要厂站应当配有自备电源和必要的应急储备；

（三）排水设施应当充分考虑下沉式立交桥下、地下工程和其他低洼地段的排水要求，防止次生洪涝灾害；

（四）生活垃圾集中处理和污水处理设施应当符合灾后恢复运营和预防二次污染的要求，环境卫生设施配置应当满足灾后垃圾清运的要求；

（五）法律、法规、规章规定的其他要求。

第十条　市政公用设施的选址和建设应当符合城乡规划以及防灾专项规划、市政公用设施各项专业规划和有关工程建设标准的要求。

位于抗震设防区、洪涝易发区或者地质灾害易发区内的市政公用设施的选址和建设还应当分别符合城市抗震防灾、洪涝防治和地质灾害防治等专项规划的要求。

第十一条　新建、改建和扩建市政公用设施应当按照有关工程建设标准进行抗灾设防。任何单位和个人不得擅自降低抗灾设防标准。

第十二条　新建、改建和扩建市政公用设施应当按照国家有关标准设置安全监测、健康监测、应急自动处置和防灾设施，并与主体工程同时设计、同时施工、同时投入使用。安全监测、健康监测、应急自动处置和防灾设施投资应当纳入建设项目预算。

第十三条　对重大市政公用设施和可能发生严重次生灾害的市政公用设施进行可行性研究时，建设单位应当组织专家对工程选址和设计方案进行抗灾设防专项论证。

第十四条　对抗震设防区的下列市政公用设施，建设单位应当在初步设计阶段组织专家进行抗震专项论证：

（一）属于《建筑工程抗震设防分类标准》中特殊设防类、重点设防类的市政公用设施；

（二）结构复杂或者采用隔震减震措施的大型城镇桥梁和城市轨道交通桥梁，直接作为地面建筑或者桥梁基础以及处于可能液化或者软粘土层的隧道；

（三）超过一万平方米的地下停车场等地下工程设施；

（四）震后可能发生严重次生灾害的共同沟工程、污水集中处理设施和生活垃圾集中处理设施；

（五）超出现行工程建设标准适用范围的市政公用设施。

国家或者地方对抗震设防区的市政公用设施还有其他规定的，还应当符合其规定。

第十五条 市政公用设施抗震专项论证的内容包括：市政公用设施的抗震设防类别、抗震设防烈度及设计地震动参数的采用、场地类型和场地抗震性能、抗震概念设计、抗震计算、抗震及防止次生灾害措施、基础抗震性能等。对有特殊要求的工程，还应当论证其地震应急处置方案和健康监测方案设计。

第十六条 建设单位组织抗震专项论证时，应当有三名以上国家或者工程所在地的省、自治区、直辖市市政公用设施抗震专项论证专家库成员参加。

国家或者省、自治区、直辖市的市政公用设施抗震专项论证专家库成员分别由国务院住房和城乡建设主管部门和省、自治区、直辖市人民政府建设主管部门公布。

第十七条 对风荷载起控制作用的城镇桥梁和城市轨道交通桥梁等市政公用设施，建设单位应当在初步设计阶段组织专家进行抗风专项论证。

第十八条 施工图审查机构在进行施工图审查时，应当审查市政公用设施抗灾设防内容。

对应当进行抗灾设防专项论证、抗震专项论证、抗风专项论证的市政公用设施，建设单位应当在提交施工图的同时将专项论证意见送施工图审查机构。

对应当进行而未进行抗灾设防专项论证、抗震专项论证、抗风专项论证的市政公用设施，或者进行了抗灾设防专项论证、抗震专项论证、抗风专项论证的市政公用设施，其设计图纸未执行专项论证意见的，施工图审查结论为不合格。

第十九条 建设单位应当针对市政公用设施建设期间的防灾薄弱环节，组织制定技术措施和应急预案，并组织实施。

第二十条 市政公用设施的运营、养护单位应当定期对市政公用设施进行维护、检查和更新，确保市政公用设施的抗灾能力。

市政公用设施的运营、养护单位应当加强对重大市政公用设施、可能发生严重次生灾害的市政公用设施的关键部位和关键设备的安全监测、健康监测工作，定期对土建工程和运营设施的抗灾性能进行评价，并制定相应的技术措施。

市政公用设施的运营、养护单位应当保存有关市政公用设施抗灾设防资料和维护、检查、监测、评价、鉴定、修复、加固、更新、拆除等记录，建立信息系统，实行动态管理，并及时将有关资料报城建档案管理机构备案。

第二十一条 任何单位和个人不得擅自变动或者破坏市政公用设施的防灾设施、抗震抗风构件、隔震或者振动控制装置、安全监测系统、健康监测系统、应急自动处置系统以及地震反应观测系统等设施。

第二十二条 市政公用设施的运营、养护单位应当按照工程建设标准和应急措施，设置安全报警、监控电视、漏电报警、燃气等易燃易爆气体和有毒有害气体报警、防汛、消防、逃生、紧急疏散照明、应急发电、应急通讯、救援等器材和设备，定期维护、检查、更新，并保持正常运行。

第二十三条 市政公用设施超出合理使用年限，或者在合理使用年限内，但因环境、人为等各种因素抗灾能力受损的，市政公用设施的运营、养护单位应当委托具有相应资质的单位进行检测评估，需要进行修复或者加固的，应当委托具有相应资质的单位进行修复或者加固。

第二十四条 抗震设防区内已建成的下列市政公用设施，原设计未采取抗震设防措施且未列入近期改造、改建、拆除计划的，市政公用设施的产权单位应当委托具有相应设计资质的单位按照抗震鉴定标准进行抗震鉴定：

（一）属于《建筑工程抗震设防分类标准》中特殊设防类、重点设防类的城镇桥梁，城市轨道交通，燃气、供水、排水、热力设施；

（二）第（一）项之外的其他重大市政公用设施和可能发生严重次生灾害的市政公用设施；

（三）有重大文物价值和纪念意义的市政公用设施；

（四）地震重点监视防御区内的市政公用设施。

经鉴定不符合抗震要求的市政公用设施应当进行改造、改建，或者由具有相应资质的设计、施工单位按照有关工程建设标准依法进行抗震加固设计与施工；未进行改造、改建或者加固前，应当限制使用。

第二十五条 县级以上地方人民政府建设主管部门应当根据当地实际情况，制定自然灾害应急预案并组织实施。

市政公用设施的运营、养护单位应当根据市政公用设施的具体情况，制定自然灾害应急预案，建立应急抢险和救援队伍，配备抢险、救援器材设备，并定期组织演练。定期演练每年不得少于一次。

第二十六条 灾害发生时，县级以上地方人民政府建设主管部门以及市政公用设施的运营、养护单位应当按照相应的应急预案及时组织应对响应。

第二十七条 灾害发生后，县级以上地方人民政府建设主管部门应当组织工程技术人员对受灾的市政公用设施进行应急评估，并及时将市政公用设施因灾直接经济损失情况报上级建设主管部门以及同级人民政府民政主管部门。

经应急评估需进行抗灾鉴定的市政公用设施，其运营、养护单位应当委托具有相应资质的单位，按照国家有关工程建设标准进行鉴定。经鉴定需修复、加固或者重建的，应当按照工程建设标准进行修复、加固或者重建。

经应急评估可继续使用的市政公用设施，其运营、养护单位应当进行安全性检查，经检查合格后，方可恢复运营、使用。

第二十八条 自然灾害发生后，县级以上地方人民政府建设主管部门应当组织专家，对破坏程度超出工程建设标准允许范围的市政公用设施进行调查分析，对因违反工程建设强制性标准造成破坏的，依法追究有关责任人的责任。

第二十九条 灾区人民政府建设主管部门进行恢复重建时，应当坚持基础设施先行的原则。

需易地重建的市政公用设施，应当按照国家有关法律、法规的规定进行规划和建设。

地震后修复或者建设市政公用设施，应当以国家地震部门审定、发布的地震动参数复核结果，作为抗震设防的依据。

当发生超过当地设防标准的其他自然灾害时，灾后修复或者建设的市政公用设施，应当以国家相关灾害预测、预报部门公布的灾害发生概率，作为抗灾设防的依据。

第三十条 县级以上地方人民政府建设主管部门应当加强对市政公用设施抗灾设防质量的监督管理，并对本行政区域内市政公用设施执行抗灾设防的法律、法规和工程建设强制性标准情况，定期进行监督检查，并可以采取下列措施：

（一）要求被检查的单位提供有关市政公用设施抗灾设防的文件和资料；

（二）发现有影响市政公用设施抗灾设防质量的问题时，责令相关责任人委托具有资质的专业机构进行必要的检测、鉴定，并提出整改措施。

第三十一条 违反本规定，擅自采用没有工程建设标准又未经核准的新技术、新材料的，由县级以上地方人民政府建设主管部门责令限期改正，并处以1万元以上3万元以下罚款。

第三十二条 违反本规定，擅自变动或者破坏市政公用设施的防灾设施、抗震抗风构件、隔震或者振动控制装置、安全监测系统、健康监测系统、应急自动处置系统以及地震反应观测系统等设施的，由县级以上地方人民政府建设主管部门责令限期改正，并对个人处以1 000元以下罚款，对单位处以1万元以上3万元以下罚款。

第三十三条 违反本规定，未对经鉴定不符合抗震要求的市政公用设施进行改造、改建或者抗震加固，又未限制使用的，由县级以上地方人民政府建设主管部门责令限期改正，逾期不改的，处以1万元以上3万元以下罚款。

第三十四条 本规定所称重大市政公用设施，包括快速路、主干道、对抗灾救灾有重要影响的城镇道路上的大型桥梁（含大型高架桥、立交桥）、隧道工程、城市广场、防灾公园绿地，公共地下停车场工程、城市轨道交通工程、城镇水源工程、水厂、供水排水主干管、高压和次高压城镇燃气热力枢纽工程、城镇燃气热力管道主干管、城镇排水工程、大型污水处理中心、大型垃圾处理设施等。

本规定所称可能发生严重次生灾害的市政公用设施，是指遭受破坏后可能引发强烈爆炸或者大面积的火灾、污染、水淹等情况的市政公用设施。

本规定所称抗震设防区，是指地震基本烈度六度及六度以上地区（地震动峰值加速度≥0.05g 的地区）。

第三十五条　本规定自 2008 年 12 月 1 日起施行，建设部 1994 年 11 月 10 日发布的《建设工程抗御地震灾害管理规定》（建设部令第 38 号）同时废止。

房屋建筑和市政基础设施工程竣工验收备案管理办法

（2000 年 4 月 4 日建设部令第 78 号发布　根据 2009 年
10 月 19 日住房和城乡建设部令第 2 号修正）

第一条　为了加强房屋建筑和市政基础设施工程质量的管理，根据《建设工程质量管理条例》，制定本办法。

第二条　在中华人民共和国境内新建、扩建、改建各类房屋建筑和市政基础设施工程的竣工验收备案，适用本办法。

第三条　国务院住房和城乡建设主管部门负责全国房屋建筑和市政基础设施工程（以下统称工程）的竣工验收备案管理工作。

县级以上地方人民政府建设主管部门负责本行政区域内工程的竣工验收备案管理工作。

第四条　建设单位应当自工程竣工验收合格之日起 15 日内，依照本办法规定，向工程所在地的县级以上地方人民政府建设主管部门（以下简称备案机关）备案。

第五条　建设单位办理工程竣工验收备案应当提交下列文件：

（一）工程竣工验收备案表；

（二）工程竣工验收报告。竣工验收报告应当包括工程报建日期，施工许可证号，施工图设计文件审查意见，勘察、设计、施工、工程监理等单位分别签署的质量合格文件及验收人员签署的竣工验收原始文件，市政基础设施的有关质量检测和功能性试验资料以及备案机关认为需要提供的有关资料；

（三）法律、行政法规规定应当由规划、环保等部门出具的认可文件或者准许使用文件；

（四）法律规定应当由公安消防部门出具的对大型的人员密集场所和其他特殊建设工程验收合格的证明文件；

（五）施工单位签署的工程质量保修书；

（六）法规、规章规定必须提供的其他文件。

住宅工程还应当提交《住宅质量保证书》和《住宅使用说明书》。

第六条 备案机关收到建设单位报送的竣工验收备案文件，验证文件齐全后，应当在工程竣工验收备案表上签署文件收讫。

工程竣工验收备案表一式两份，一份由建设单位保存，一份留备案机关存档。

第七条 工程质量监督机构应当在工程竣工验收之日起5日内，向备案机关提交工程质量监督报告。

第八条 备案机关发现建设单位在竣工验收过程中有违反国家有关建设工程质量管理规定行为的，应当在收讫竣工验收备案文件15日内，责令停止使用，重新组织竣工验收。

第九条 建设单位在工程竣工验收合格之日起15日内未办理工程竣工验收备案的，备案机关责令限期改正，处20万元以上50万元以下罚款。

第十条 建设单位将备案机关决定重新组织竣工验收的工程，在重新组织竣工验收前，擅自使用的，备案机关责令停止使用，处工程合同价款2%以上4%以下罚款。

第十一条 建设单位采用虚假证明文件办理工程竣工验收备案的，工程竣工验收无效，备案机关责令停止使用，重新组织竣工验收，处20万元以上50万元以下罚款；构成犯罪的，依法追究刑事责任。

第十二条 备案机关决定重新组织竣工验收并责令停止使用的工程，建设单位在备案之前已投入使用或者建设单位擅自继续使用造成使用人损失的，由建设单位依法承担赔偿责任。

第十三条 竣工验收备案文件齐全，备案机关及其工作人员不办理备案手续的，由有关机关责令改正，对直接责任人员给予行政处分。

第十四条 抢险救灾工程、临时性房屋建筑工程和农民自建低层住宅工程，不适用本办法。

第十五条　军用房屋建筑工程竣工验收备案，按照中央军事委员会的有关规定执行。

第十六条　省、自治区、直辖市人民政府住房和城乡建设主管部门可以根据本办法制定实施细则。

第十七条　本办法自发布之日起施行。

房屋建筑和市政基础设施工程质量监督管理规定

（2010 年 8 月 1 日住房和城乡建设部令第 5 号发布）

第一条　为了加强房屋建筑和市政基础设施工程质量的监督，保护人民生命和财产安全，规范住房和城乡建设主管部门及工程质量监督机构（以下简称主管部门）的质量监督行为，根据《中华人民共和国建筑法》、《建设工程质量管理条例》等有关法律、行政法规，制定本规定。

第二条　在中华人民共和国境内主管部门实施对新建、扩建、改建房屋建筑和市政基础设施工程质量监督管理的，适用本规定。

第三条　国务院住房和城乡建设主管部门负责全国房屋建筑和市政基础设施工程（以下简称工程）质量监督管理工作。

县级以上地方人民政府建设主管部门负责本行政区域内工程质量监督管理工作。

工程质量监督管理的具体工作可以由县级以上地方人民政府建设主管部门委托所属的工程质量监督机构（以下简称监督机构）实施。

第四条　本规定所称工程质量监督管理，是指主管部门依据有关法律法规和工程建设强制性标准，对工程实体质量和工程建设、勘察、设计、施工、监理单位（以下简称工程质量责任主体）和质量检测等单位的工程质量行为实施监督。

本规定所称工程实体质量监督，是指主管部门对涉及工程主体结构安全、主要使用功能的工程实体质量情况实施监督。

本规定所称工程质量行为监督，是指主管部门对工程质量责任主体和质量检测等单位履行法定质量责任和义务的情况实施监督。

第五条　工程质量监督管理应当包括下列内容：

（一）执行法律法规和工程建设强制性标准的情况；

（二）抽查涉及工程主体结构安全和主要使用功能的工程实体质量；

（三）抽查工程质量责任主体和质量检测等单位的工程质量行为；

（四）抽查主要建筑材料、建筑构配件的质量；

（五）对工程竣工验收进行监督；

（六）组织或者参与工程质量事故的调查处理；

（七）定期对本地区工程质量状况进行统计分析；

（八）依法对违法违规行为实施处罚。

第六条 对工程项目实施质量监督，应当依照下列程序进行：

（一）受理建设单位办理质量监督手续；

（二）制订工作计划并组织实施；

（三）对工程实体质量、工程质量责任主体和质量检测等单位的工程质量行为进行抽查、抽测；

（四）监督工程竣工验收，重点对验收的组织形式、程序等是否符合有关规定进行监督；

（五）形成工程质量监督报告；

（六）建立工程质量监督档案。

第七条 工程竣工验收合格后，建设单位应当在建筑物明显部位设置永久性标牌，载明建设、勘察、设计、施工、监理单位等工程质量责任主体的名称和主要责任人姓名。

第八条 主管部门实施监督检查时，有权采取下列措施：

（一）要求被检查单位提供有关工程质量的文件和资料；

（二）进入被检查单位的施工现场进行检查；

（三）发现有影响工程质量的问题时，责令改正。

第九条 县级以上地方人民政府建设主管部门应当根据本地区的工程质量状况，逐步建立工程质量信用档案。

第十条 县级以上地方人民政府建设主管部门应当将工程质量监督中发现的涉及主体结构安全和主要使用功能的工程质量问题及整改情况，及时向社会公布。

第十一条 省、自治区、直辖市人民政府建设主管部门应当按照国家有关规定，对本行政区域内监督机构每三年进行一次考核。

监督机构经考核合格后，方可依法对工程实施质量监督，并对工程质量监督承担监督责任。

第十二条 监督机构应当具备下列条件：

（一）具有符合本规定第十三条规定的监督人员。人员数量由县级以上地方人民政府建设主管部门根据实际需要确定。监督人员应当占监督机构总人数的75%以上；

（二）有固定的工作场所和满足工程质量监督检查工作需要的仪器、设备和工具等；

（三）有健全的质量监督工作制度，具备与质量监督工作相适应的信息化管理条件。

第十三条　监督人员应当具备下列条件：

（一）具有工程类专业大学专科以上学历或者工程类执业注册资格；

（二）具有三年以上工程质量管理或者设计、施工、监理等工作经历；

（三）熟悉掌握相关法律法规和工程建设强制性标准；

（四）具有一定的组织协调能力和良好职业道德。

监督人员符合上述条件经考核合格后，方可从事工程质量监督工作。

第十四条　监督机构可以聘请中级职称以上的工程类专业技术人员协助实施工程质量监督。

第十五条　省、自治区、直辖市人民政府建设主管部门应当每两年对监督人员进行一次岗位考核，每年进行一次法律法规、业务知识培训，并适时组织开展继续教育培训。

第十六条　国务院住房和城乡建设主管部门对监督机构和监督人员的考核情况进行监督抽查。

第十七条　主管部门工作人员玩忽职守、滥用职权、徇私舞弊，构成犯罪的，依法追究刑事责任；尚不构成犯罪的，依法给予行政处分。

第十八条　抢险救灾工程、临时性房屋建筑工程和农民自建低层住宅工程，不适用本规定。

第十九条　省、自治区、直辖市人民政府建设主管部门可以根据本规定制定具体实施办法。

第二十条　本规定自2010年9月1日起施行。

住房和城乡建设部关于废止和修改部分规章的决定

（2010年12月31日住房和城乡建设部令第9号发布）

经2010年12月31日第68次住房和城乡建设部常务会议审议，决定废止、修改下列规章，现予发布，自发布之日起生效。

一、废止下列规章

1.《城市房屋拆迁单位管理规定》（1991 年 7 月 8 日建设部令第 12 号发布）

2.《城市地下水开发利用保护管理规定》（1993 年 12 月 4 日建设部令第 30 号发布）

3.《开发区规划管理办法》（1995 年 6 月 1 日建设部令第 43 号发布）

4.《城市异产毗连房屋管理规定》（1989 年 11 月 21 日建设部令第 5 号发布，根据 2001 年 8 月 15 日建设部令第 94 号修正）

5.《城市房地产中介服务管理规定》（1996 年 1 月 8 日建设部令第 50 号发布，根据 2001 年 8 月 15 日建设部令第 97 号修正）

二、修改下列规章

1. 将《城市公厕管理办法》（建设部令第 9 号）第十条第二款中的"征用"修改为"使用"，第十七条中的"《城市建设档案管理暂行规定》"修改为"《城市建设档案管理规定》"，第二十六条中的"《中华人民共和国治安管理处罚条例》"修改为"《中华人民共和国治安管理处罚法》"。

2. 将《城市国有土地使用权出让转让规划管理办法》（建设部令第 22 号）第一条中的"《中华人民共和国城市规划法》"修改为"《中华人民共和国城乡规划法》"。

3. 将《建制镇规划建设管理办法》（建设部令第 44 号）第一条中的"《城市规划法》"修改为"《城乡规划法》"，删除第三十二条中的"征用"，第四十七条中的"《治安管理处罚条例》"修改为"《治安管理处罚法》"。

4. 将《城建监察规定》（建设部令第 55 号）第七条第一项中的"《中华人民共和国城市规划法》"修改为"《中华人民共和国城乡规划法》"。

5. 将《城市建设档案管理规定》（建设部令第 90 号）第一条中的"《中华人民共和国城市规划法》"修改为"《中华人民共和国城乡规划法》"。

6. 将《城市地下空间开发利用管理规定》（建设部令第 108 号）第一条中的"《中华人民共和国城市规划法》"和第九条、第十二条中的"《城市规划法》"修改为"《中华人民共和国城乡规划法》"。

7. 将《住宅室内装饰装修管理办法》（建设部令第 110 号）第三十九条中的"《城市规划法》"修改为"《中华人民共和国城乡规划法》"。

8. 将《城市绿线管理办法》（建设部令第 112 号）第一条、第八条、第十二条、第十六条中的"《城市规划法》"修改为"《中华人民共和国城乡规划法》"。

9. 将《外商投资城市规划服务企业管理规定》（建设部令第 116 号）第一条中的“《中华人民共和国城市规划法》”修改为“《中华人民共和国城乡规划法》”。

10. 将《城市抗震防灾规划管理规定》（建设部令第 117 号）第一条、第二十三条中的“《中华人民共和国城市规划法》”修改为“《中华人民共和国城乡规划法》”。

11. 将《城市紫线管理办法》（建设部令第 119 号）第一条中的“《中华人民共和国城市规划法》”和第二十条中的“《城市规划法》”修改为“《中华人民共和国城乡规划法》”。

12. 将《城市动物园管理规定》（建设部令第 133 号）第三十一条中的“《中华人民共和国治安管理处罚条例》”修改为“《中华人民共和国治安管理处罚法》”。

13. 将《建设部关于纳入国务院决定的十五项行政许可的条件的规定》（建设部令第 135 号）的第十五项行政许可删除。

14. 将《城市地下管线工程档案管理办法》（建设部令第 136 号）第一条中的“《中华人民共和国城市规划法》”修改为“《中华人民共和国城乡规划法》”。

15. 将《城市黄线管理办法》（建设部令第 144 号）第一条、第十七条中的“《城市规划法》”修改为“《中华人民共和国城乡规划法》”。

16. 将《城市蓝线管理办法》（建设部令第 145 号）第一条、第十四条中的“《中华人民共和国城市规划法》”修改为“《中华人民共和国城乡规划法》”。